侵犯财产罪实务精解

ON THE PRACTICE
OF
CRIMES OF PROPERTY VIOLATION

罗开卷／著

法律出版社 LAW PRESS · CHINA
—— 北京 ——

图书在版编目(CIP)数据

侵犯财产罪实务精解 / 罗开卷著. -- 北京 ; 法律出版社, 2023
ISBN 978-7-5197-7694-7

Ⅰ. ①侵… Ⅱ. ①罗… Ⅲ. ①侵犯财产罪-研究 Ⅳ. ①D914.04

中国国家版本馆 CIP 数据核字(2023)第046244号

侵犯财产罪实务精解
QINFAN CAICHANZUI SHIWU JINGJIE

罗开卷 著

策划编辑 朱海波
责任编辑 朱海波
装帧设计 汪奇峰

出版发行 法律出版社
编辑统筹 法律应用出版分社
责任校对 蒋 橙
责任印制 刘晓伟
经 销 新华书店

开本 710毫米×1000毫米 1/16
印张 32.25 字数 500千
版本 2023年5月第1版
印次 2023年5月第1次印刷
印刷 三河市龙大印装有限公司

地址:北京市丰台区莲花池西里7号(100073)
网址:www.lawpress.com.cn
投稿邮箱:info@lawpress.com.cn
举报盗版邮箱:jbwq@lawpress.com.cn
销售电话:010-83938349
客服电话:010-83938350
咨询电话:010-63939796

书号:ISBN 978-7-5197-7694-7
定价:128.00元

作者简介

罗开卷

湖南隆回人，法学博士、博士后，现任上海市浦东新区人民法院党组成员、副院长，三级高级法官，上海法院审判业务专家，曾任上海市高级人民法院刑二庭副庭长、刑庭副庭长。在《法商研究》《现代法学》《政治与法律》《法律适用》《人民司法》《人民法院报》等刊物公开发表论文100余篇。已出版专著2部即《新型经济犯罪实务精解》和《贪污贿赂罪实务精解》，主编《刑事疑难案例精析》，合著《国际恐怖主义及其防治研究》，参与编写《国际公约与刑法若干问题研究》《刑事审判方法》《刑事审判实务教程》《职务犯罪审判实务》《法律适用精要》《法官自由裁量精义》《司法观点集成》等著作10余部。

序

在我担任上海市高级人民法院(以下简称上海高院)副院长,分管刑事审判工作期间,罗开卷同志曾先后担任上海高院刑二庭副庭长、刑庭副庭长。他在繁杂工作之余,勤于思考,善于学习,笔耕不辍,撰写出版了其第二本实务型专著《贪污贿赂罪实务精解》,我也曾提了一些意见和建议,该书出版后得到业界的一致肯定。仅时隔两年多,他又一力作《侵犯财产罪实务精解》成稿并请我为该书作序,甚是欣慰!

开卷于2008年法学博士毕业后入职上海高院,一直从事刑事审判业务。他办理和指导办理了一系列大要案和疑难复杂案件,且非常注意研究和思考,并认真梳理、提炼裁判规则,形成不少可复制、可推广的经验和做法。2021年11月开卷赴上海市浦东新区人民法院任副院长,在抓好审判管理的同时,他仍注重到审判一线办理案件,参加专业法官会议讨论疑难复杂和新类型案件,又积累了一些新经验、新做法。2022年10月他被上海高院授予"上海法院审判业务专家"称号,这既是对他审判和调研能力的又一次充分肯定,也是他不懈努力以及对工作孜孜不倦追求的结果!

《侵犯财产罪实务精解》一书是开卷多年理论学习与实践积累之作,也是他入职法院十四年以来的办案经验之谈。财产犯罪是常见多发的一类犯罪,争议问题不少。尤其是近年来犯罪手段智能化、网络化,犯罪对象数字化、虚拟化,部分犯罪集团化、产业化,因之关于盗骗交织型犯罪的罪名认定,电信网络诈骗的共犯认定及与衍生犯罪的界分，虚拟财产能否成为财产犯罪的对象及如何计算犯罪数额，涉微信、支付宝等新型支付方式侵财犯罪的定性，涉财产犯罪上下游犯罪之间的定罪协调与量刑平衡等，都还存在一些认识分歧，有的甚至影响法律适用统一，因此有必要系统、深入地研究探讨。

全书分为九章，对刑法分则第五章侵犯财产罪的13个罪名均进行了探讨。其中，抢劫罪、抢夺罪、盗窃罪、诈骗罪、职务侵占罪、挪用资金罪和敲诈勒索罪等7个罪名，不仅是常见多发犯罪，而且实务问题相对较多，故均独立成章予以探讨。对比较突出的盗骗交织型犯罪，亦独立成章，置于盗窃罪、诈骗罪两章之后，便于论述和阅读。为此，该书改变法条顺序，将抢夺罪章节移至抢劫罪后。其中，在近似罪名界分中，论及了聚众哄抢罪和挪用特定款物罪。对于剩余的侵占罪、故意毁坏财物罪、破坏生产经营罪和拒不支付劳动报酬罪等4个罪名，专设其他侵犯财产罪一章予以论述。细读全书，我认为本书具有以下三个鲜明特点：

一是实务性强。本书取名“实务精解”，名副其实。全书坚持问题导向，聚焦实务，以“审查要点”展开，紧紧围绕实践中已经影响和容易影响财产罪法律适用统一的疑难复杂新类型问题，游刃于问题与理论、规范之间，提出解决问题尤其是推进法律适用统一的裁判规则和方法，全是“干货”。例如，关于虚拟财产，有的认为本质上属于财产，故盗窃虚拟财产的构成盗窃罪；有的则认为属于计算机信息系统数据，故盗窃虚拟财产的构成非法获取计算机信息系统数据罪，上述问题争议较大，因此作者不惜笔墨进行详细探讨，认为虚拟财产具有管理可能性、转移可能性与价值性等财物的基本特征，可以成为盗窃等侵财犯罪的对象，只要科学合理认定虚拟财产的价值，对盗窃虚拟财产的以盗窃罪定罪处罚，可以确保罪罚相当。再如，涉微信、支付宝等新型支付方式的侵财犯罪，以盗窃罪还是以信用卡诈骗、贷款诈骗等诈骗类犯罪定性，司法实践中见仁见智，导致类案不同判，因不同罪名的定罪量刑标准存在明显差异，案件的处理结果往往直接关系罪与非罪、罪轻与罪重及一罪与数罪，这不仅影响被告人的权益，也影响司法公信、权威。对此，作者进行了类型化分析，并结合主客观相统一的定罪原则及社会公众的一般认知，提出多数情况下宜以盗窃罪定性。有时一个案例胜过一打文件，作者为充分论证其观点,全书共引用370余个典型案例,通过案例剖析实务难题、论证刑法理论和阐述实务实践,凸显了法官“作品”的实务风格。

二是指导性强。实践出真知,真知促实践。本书的实务性特色,使之更具有较强的针对性和指导性,一定程度上可谓类案办案指南。一方面,该书注重归纳、提炼实务经验,形成裁判规则和方法,对解决“类案”问题具有指导性。例如,关于诈骗罪与合同诈骗罪,实践中有时难以区分,作者为此提出“三步”区分法,即第一步看有无利用合同骗取财物,第二步看涉案合同是否属于经济合同,第三步看是否在签订、履行经济合同过程中骗取对方当事人财物。关于“资金操控型”非法证券期货交易犯罪的性质认定,作者提出“四步”审查法,即第一步审查交易平台是否具有资质,以区分合法经营与非法经营;第二步审查投资者的入金是否进入真实合法的市场交易,以区分非法经营与诈骗等非经营性犯罪;第三步审查犯罪手法是否采用欺诈手段、主要获利是通过“吃客损”还是获取佣金等手续费,以判断是否成立诈骗罪;第四步审查投资者的主观认知即是否被骗,如未受骗,其入金也未进入真实合法的市场交易,则需跳出诈骗和非法经营考虑是否构成其他犯罪。上述裁判规则和方法,不仅授人以鱼,更是授人以渔,具有重要的规范论和方法论意义,对促进法律适用统一、防止类案不同判和确保司法公正,大有裨益。另一方面,该书以争议问题为切入点,透过现象看本质,努力探寻理论根基,提出符合法目的性价值的解决“个案”问题之道。例如,关于知假买假的维权行为与敲诈勒索的界限,作者着眼于法秩序统一性,既然民法及消费者权益保护法等赋予职业打假人索赔的请求权基础,故知假买假的维权行为一般不构成敲诈勒索罪,但对于虚构维权事实进而通过威胁、要挟等方式索赔的职业“打假”行为,触犯《刑法》规定的,可依法认定为敲诈勒索罪。我认为作者较好地把握了敲诈勒索罪的行为本质。

三是说理性强。法律需要辨法析理,是将原则和效果融为一体的智慧,使胜败皆服。尤其是刑事审判,需要兼顾国法天理人情,强化裁判说理,融合法理情,让人民群众切实感受到公平和正义。本书作者立足审判实践,兼顾经验和逻辑,提出了诸多裁判规则和方法,论证严密,说服力强。例如,关于诈骗数额中是否扣除诈骗成本，作者紧紧抓住诈骗罪的本质特征，即诈骗罪是取得罪，行为人实际骗取的数额通常与被害人遭受损失的数额相一致，提炼出诈骗成本扣除规则，即支付给被害人以外的第三人的诈骗成本不予扣除、支付给被害人的货币应予扣除、支付给被害人的具有利用可能性的财物可予扣除、支付给被害人的不具有利用可能性的财物一般不应扣除。再如，关于财产罪与赃物罪这一上下游犯罪之间的定罪与量刑问题，作者认为掩饰、隐瞒犯罪所得等下游犯罪虽然具有独立的犯罪构成和法定刑，但其行为对象是由上游犯罪衍生而来，二者的社会危害性紧密相连，犯罪成立与否及量刑轻重原则上依附于上游犯罪的社会危害性程度，上下游犯罪之间存在重轻、主从关系，定罪量刑时需要充分考量上下游犯罪之间的平衡，为此，提出"一对一"上下游犯罪之间定罪要协调、量刑要平衡，即原则上只有上游犯罪构成犯罪下游犯罪才可定罪处罚，否则导致处罚不平衡；原则上对下游犯罪的量刑不应重于对上游犯罪的量刑，否则导致刑罚轻重"倒挂"现象。我认为上述论证，融合了法律人的专业判断与民众的朴素认知，具有较强的说服力。

当然，该书还存在一些值得商榷和完善的方面，如关于不法原因给付之物是否可以成为侵占罪的对象，理论上还存在争议；关于将出借、出售他人使用的银行卡进行挂失、补卡取款的行为，是构成侵占罪还是盗窃罪，可以做进一步探讨。但瑕不掩瑜，该书无疑又是实务领域的一部佳作，对办案人员正确履职具有重要指导作用，对法学教学科研人员探讨法律问题、社会大众学习法律知识，亦有较大的参考价值，希望开卷将来能有更多、更好的作品问世，为中国的司法实践和理论研究继续做出自己的贡献！

是为序。

林　立*

谨识于上海

2022 年 12 月 18 日

* 上海高院原党组成员、副院长，一级高级法官。

目录

第一章

抢劫罪论

第二章

抢夺罪论

第三章

盗窃罪论

第四章

诈骗罪论

第五章

盗骗交织型犯罪论

第六章

职务侵占罪论

第七章 挪用资金罪论

第八章 敲诈勒索罪论

第九章 其他侵犯财产罪论

附录

侵犯财产罪刑法条文、司法解释及其他规范性文件

第一章

抢劫罪论

抢劫罪是指以非法占有为目的，以暴力、胁迫或者其他方法，当场强行劫取公私财物的行为。

一　抢劫罪审查要点

主要审查四个方面：第一，是否以暴力、胁迫或者其他方法当场强行劫取公私财物；第二，是否以非法占有为目的；①第三，实施犯罪行为时是否年满十四周岁；第四，是否侵犯他人的财产权利、人身权利。

（一）是否以暴力、胁迫或者其他方法当场强行劫取公私财物

一般认为，成立抢劫罪要求当场使用暴力、胁迫或者其他方法，并当场强行劫取公私财物，即"两个当场"。其中，暴力、胁迫或者其他方法是手段行为，强行劫取公私财物是目的行为。

---

① 对本书中"非法占有"之"占有"，不能仅理解为一种事实上的占有，而应作"所有"之理解，从而区别于民法中的占有，彰显刑法对财产法益保护的特殊性。参见贾宇：《犯罪故意研究》，商务印书馆 2020 年版，第 273 页。

1. 是否使用暴力、胁迫或者其他方法

抢劫罪为重罪,其中的"暴力"是指最狭义的暴力,即对被害人不法行使有形力,使其不能反抗的行为,如殴打、捆绑、伤害、禁闭等。① 暴力是外力对他人身体的强制,在程度上要求足以抑制对方的反抗,但不要求事实上抑制住对方的反抗,也不要求给他人造成伤害结果。实践中,使用暴力劫财的抢劫案件中,有相当部分并未给他人造成伤害结果。

相应地,抢劫罪中的"胁迫"为暴力胁迫,即当场立即使用暴力相威胁,使被害人产生恐惧心理而不敢反抗。关于胁迫的程度,要求足以抑制对方的反抗。

"其他方法"应与暴力、胁迫两种手段具有同质性,即暴力、胁迫以外的致使被害人不知反抗(包括部分不能反抗)的强制方法,如使用药物麻醉、用酒将被害人灌醉、使用催眠术等致使被害人不知或者不能反抗而劫取其财物。例如,将他人禁闭于预设的房间内,使其失去抗拒能力,并当场劫取其财物的,因未使用暴力或者以暴力相威胁,是属于趁人不备、公然夺取财物的抢夺行为,还是属于以欺骗方法骗取他人财物的诈骗行为,抑或属于采用其他方法当场将他人财物劫走的抢劫行为?该案中,行为人之所以能够得逞,是因为其经过策划,预先将作案地点的唯一窗户用砖头堵住,又安装防盗门并将屋里的门扣焊死,使人无法从屋子里面将门打开,然后按照计划,将被害人引入其精心设置的"机关"中,并利用"机关"将被害人禁闭起来,从而使被害人在被劫取财物时陷于不能抗拒、也不能及时采取当场夺回财物控制权的有效措施的状态,从而使自己当场劫取被害人财物的目的得以实现。这显然与抢夺犯罪被害人没有丧失夺回自己财物的行动自由和能力不同,其行为完全符合抢劫罪中"其他方法"的认定标准,应以抢劫罪论处。②

需要注意的是,"其他方法"和被害人处于不知或者不能反抗的状态必须有着直接因果关系,如果利用由被害人自己的原因(自己喝醉、正在熟睡、因病昏迷

① 参见张明楷:《刑法学(下)》(第6版),法律出版社2021年版,第1269页。

② 参见周峰:《邹代明抢劫案》,载最高人民法院刑事审判第一庭、第二庭编:《刑事审判参考》总第24辑,法律出版社2002年版。

等)或其他原因(被他人打昏、撞伤、灌醉等)所致不知或者不能反抗的状态,趁机非法占有其财物的,只能构成盗窃罪或其他犯罪,不能构成抢劫罪。[①]

2. 是否当场强行劫取公私财物

当场强行劫取公私财物,即使用了暴力、胁迫或者其他方法后,当场违反被害人意志将财物转移给自己或者第三人占有。财物包括有体物、无体物和财产性利益,但抢劫罪中劫取的财物一般为有体物和财产性利益。抢劫的对象一般为动产,是否包括不动产,存在争议。因《刑法》对抢劫枪支、弹药、爆炸物、危险物质的,规定了特别罪名即抢劫枪支、弹药、爆炸物、危险物质罪,故枪支、弹药、爆炸物、危险物质不属于一般抢劫罪中劫取的财物内容。此外,还需注意以下几种情形:

第一,具有财产属性的虚拟财产可以成为抢劫等财产犯罪的对象。例如,周某使用暴力,胁迫顾某、洪某将持有的1249.995个以太坊、32,605.8087个瑞波币、144.599个莱特币、390,005个QC币转入其账户内。后其将上述虚拟货币部分抛售,获得167万余元。生效裁判认为,周某以暴力、胁迫方法劫取他人财物,数额巨大,其行为构成抢劫罪。[②] 实践中,盗窃虚拟财产案件相对较多,后文盗窃罪部分将对虚拟财产的性质及盗窃虚拟财产的定罪与量刑做探讨。

第二,毒品、假币、淫秽物品等违禁品可以成为抢劫的对象。对于违禁品,虽然禁止流通,但不可否认其具有实际价值,故并不妨碍将其视为一种财物。作为本罪对象的公私财物,既可以是被害人合法占有的财物,也可以是被害人非法取得的财物。对此,2005年《最高人民法院关于审理抢劫、抢夺刑事案件适用法律若干问题的意见》(以下简称《两抢意见》)第七条规定,以毒品、假币、淫秽物品等违禁品为对象,实施抢劫的,以抢劫罪定罪;抢劫的违禁品数量作为量刑情节予以考虑。抢劫违禁品后又以违禁品实施其他犯罪的,应以抢劫罪与具体实施的其他犯罪实行数罪并罚。

---

① 参见高铭暄、马克昌主编:《刑法学》(第10版),北京大学出版社、高等教育出版社2022年版,第500页。

② 参见浙江省宁波市中级人民法院刑事判决书,(2020)浙02刑初24号。

第三，赌资、赃款赃物可以成为抢劫的对象（俗称“黑吃黑”）。赌资、赃款赃物等非法财物，并非财物本身非法，而是对这些财物的占有和持有是非法的。非法财物并不是无主物而可以任意处置，而是有的本来就属于公私合法所有而被违法犯罪者非法占有，如盗窃的赃款赃物，有的是依法应当由国家没收归公，如赌资。对这些财物，应当依法由国家职能部门加以剥夺，然后归还合法所有人，无合法所有人的则应上交国库。行为人违法侵占这些非法财物的行为，是将他人对财物的非法占有转为自己对财物的非法占有，其行为性质仍然是对财物合法所有权的非法侵犯，该行为当然具有社会危害性。[①] 对于违法侵占非法财物，构成犯罪的，应当根据具体案情确定案件性质和应定的罪名，依法予以惩处。如《两抢意见》第七条规定，抢劫赌资、犯罪所得的赃款赃物的，以抢劫罪定罪，但行为人仅以其所输赌资或所赢赌债为抢劫对象，一般不以抢劫罪定罪处罚；构成其他犯罪的，依照刑法的相关规定处罚。以所输赌资或者所赢赌债为抢劫对象的情形中，赌博参与人员实际占有赌资，但其占有的来源并不合法，缺乏法律根据，赌资与其原所有人（参与赌博的另一方）仍然存在某种联系，当然这种联系并不是法律意义上的联系，而是一般民众观念认识上的联系，即一般均认为所抢的赌资、赌债应属于其个人所有的财产。[②] 质言之，因行为人主观上对所输赌资或者所赢赌债的性质毕竟不像抢劫罪中对于他人财物的性质那样认识清晰和明确，其主观故意的内容与抢劫他人财物有所不同，综合考虑其主观故意和客观危害性，一般不以抢劫罪定罪处罚。[③] 但是，对于以自己已经支付的嫖资为目标实施抢劫的，应以抢劫罪论处。虽然已经交付的嫖资属于不法原因给付，是行政没收的对象，但在经由行政没收这一法定程序改变现状之前，他人占有的嫖资可以成

---

① 参见贾宇主编：《刑法原理与实务》（第4版），中国政法大学出版社2017年版，第368～369页；赵秉志：《侵犯财产罪》，中国人民公安大学出版社2003年版，第96～97页。

② 参见王力欣：《密禹故意杀人案》，载最高人民法院中国应用法学研究所编：《人民法院案例选》总第108辑，人民法院出版社2017年版。在该案中，按照“举重以明轻”的朴素法理，抢劫赌资在一定条件下可以不作为抢劫罪处理，那盗窃赌资在相似条件下更可以不作为盗窃罪处理，即“行为人因赌博纠纷杀人后，窃取本人所输赌资的行为不构成盗窃罪，仅以故意杀人罪定罪处罚”。

③ 参见最高人民法院刑事审判第一庭编：《现行刑事法律司法解释及其理解与适用》（上册），人民法院出版社2010年版，第760页。

为盗窃、抢劫等犯罪的对象。嫖资已经转移至他人实际占有,行为人不存在对行为对象属性错误认识的可能性,其劫取“他人财物”的行为,符合抢劫罪的构成要件。①

第四,债务等财产性利益可以成为抢劫的对象。② 财产性利益是指财物以外的有财产价值的利益。通过暴力、胁迫或者其他方法消灭债务③,即非法占有了他人的债权,与非法占有他人价值相当的财物无本质区别,故可构成抢劫罪。例如,采用暴力手段从被害人身上抢回已过偿还期限的借条,并予以销毁,使其所欠他人债务消灭,从而非法占有他人财物的行为,构成抢劫罪。④ 借条对债权人来讲既是债权凭证,又是财产凭证,可以成为抢劫罪的犯罪对象。债务人单方面强行免掉自己偿债义务的行为,实际上就是非法占有了本属于他人的财产。再如,采用暴力、胁迫手段强行索取欠款凭证,并让被害人在收条上签名,以消灭债务,该行为侵害了他人的财产性利益和人身权利,构成抢劫罪。债务已经消灭,属于犯罪既遂。⑤ 又如,在拖欠被害人钱款的情况下,以暴力、胁迫手段逼迫书写收条,进而消灭债务的,构成抢劫罪。⑥ 以暴力、胁迫手段迫使书写收条,实现非法占有债权的目的,无疑改变了原有财产权利关系,导致被害人丧失债权,应认定为抢劫既遂。公安机关及时侦破案件,恢复原有财产权利关系,就如同公安机关追回被抢财物返还给被害人一样,属于事后行为,量刑时予以考虑,但并不影响抢劫既遂的认定。

---

① 相关案例可参见马金勇:《刘波抢劫案》,载最高人民法院中国应用法学研究所编:《人民法院案例选》总第121辑,人民法院出版社2018年版。

② 有的表述为,借据、欠条等借款凭证可以成为抢劫、盗窃、诈骗、抢夺的对象。具体而言,债务人以消灭债务为目的,抢劫、盗窃、诈骗、抢夺合法、有效的借据、欠条等借款凭证,并且该借款凭证是确认债权债务关系存在的唯一证明的,可以抢劫罪、盗窃罪、诈骗罪、抢夺罪论处。债务人以外的人在债务人的教唆之下实施或者帮助债务人实施抢劫、盗窃、诈骗、抢夺借据、欠条等借款凭证行为,并且明知债务人是为了消灭债务的,以抢劫罪、盗窃罪、诈骗罪、抢夺罪的共犯论处。

③ 此处的债务为合法债务,涉及非法债务的,不成立抢劫罪;构成其他犯罪的,以相关犯罪论处。

④ 参见杜新珍:《茆玉林等抢劫案》,载最高人民法院中国应用法学研究所编:《人民法院案例选》总第80辑,人民法院出版社2012年版。

⑤ 参见王海波:《戚道云等抢劫案》,载最高人民法院刑事审判第一庭、第二庭编:《刑事审判参考》总第14辑,法律出版社2001年版。

⑥ 参见杜曦明、张向东、陶松兵:《刁海珠抢劫案》,载最高人民法院刑事审判第一、二、三、四、五庭主办:《刑事审判参考》总第102集,法律出版社2016年版。

实践中，抢劫借条的案件往往由经济纠纷转化而来，与一般有预谋的抢劫犯罪相比，社会危害性较轻，且借条有别于实际财物，鉴于此，笔者倾向同意这样的观点，即暴力抢走借条的行为社会危害性并不在于借条所记载的债务数额的多少，而在于该暴力行为的主观恶性和对社会关系的破坏性。具体而言，从罪责刑相适应角度，不宜将借条上所载的债务金额等同于犯罪数额作为量刑依据；否则，很容易认定为“抢劫数额巨大”，需要判处十年有期徒刑以上刑罚，可能导致罪刑失衡。[①]

债务可以成为抢劫的对象，那么，债权是否可以成为抢劫的对象？通过暴力、胁迫手段设立债权的，“只是一种权利的设定，但实际上行为人并没有对财物进行占有，或者实际上行为人没有获取财物，他只是获得了有可能获得财物的权利，而且这种权利最终能不能实现还不确定”。[②] 故此，倾向认为债权不能成为抢劫对象。如果既劫取了财物同时又强迫被害人写下借条的，可将逼写借条的行为作为量刑情节考虑。

例如，先以暴力威胁逼迫被害人写下退资20万元的凭证，被害人被迫汇款8万元，后因实在无钱，又重新写下12万元的借条并承诺日后履行才得以被释放。行为人构成抢劫罪，抢劫8万元属数额巨大，未得的12万元作为量刑情节考虑，而不成立敲诈勒索罪实行数罪并罚。[③]

第五，对于使用暴力强行向他人当场“借款”的，属于以借为名行抢劫之实，即抢劫他人钱款，构成抢劫罪。[④]

第六，对于抢劫家庭成员或者近亲属财产的是否以抢劫罪论处，需要具体分析。《两抢意见》第七条规定，为个人使用，以暴力、胁迫等手段取得家庭成员或者近亲属财产的，一般不以抢劫罪定罪处罚，构成其他犯罪的，依照刑法的相关

① 相关案例可参见杜新珍：《茆玉林等抢劫案》，载最高人民法院中国应用法学研究所编：《人民法院案例选》总第80辑，人民法院出版社2012年版。

② 参见刘宪权：《刑法学名师讲演录（分论）》（第3版），上海人民出版社2021年版，第662页。

③ 参见邹政：《以暴力威胁手段逼写借条是否构成抢劫罪》，载《人民司法（案例）》2010年第20期。

④ 参见林勇康、黄卫民：《蔡苏卫等抢劫案》，载最高人民法院刑事审判第一、二、三、四、五庭主办：《刑事审判参考》总第84集，法律出版社2012年版。

规定处理;教唆或者伙同他人采取暴力、胁迫等手段劫取家庭成员或者近亲属财产的,可以抢劫罪定罪处罚。例如,丈夫伙同或者教唆他人抢劫自己与妻子的共同财产的,可构成抢劫罪。①

(二)主观上是否以非法占有为目的

本罪主观方面为直接故意,即主观上具有以强制性手段非法占有他人财物的目的。虽客观上有强抢他人财物的行为,但不具有非法占有目的的,不以抢劫罪论处。例如,无生活来源的尿毒症患者,为了入狱获得基本生活和治疗,持刀抢劫他人现金,待抢劫完成后,又持刀逼迫被害人报警,然后将所抢现金退还给被害人。该案中,行为人虽然客观上实施了抢劫行为,但其主观上没有非法占有他人财物的故意,故不宜以抢劫罪论处;构成其他犯罪的,依照《刑法》的相关规定处罚。再如,以求死为目的持刀向他人索要财物,因主观上不以非法占有为目的,客观上也没有当场取得财物,不符合抢劫罪的构成要件。行为人在公共场所持刀威胁、恐吓他人,无事生非,扰乱社会秩序,情节恶劣,构成寻衅滋事罪。②

2000 年《最高人民法院关于对为索取法律不予保护的债务非法拘禁他人行为如何定罪问题的解释》规定:"为索取高利贷、赌债等法律不予保护的债务,非法扣押、拘禁他人的,以非法拘禁罪定罪处罚。"《两抢意见》第九条规定,行为人为索取债务,使用暴力、暴力威胁等手段的,一般不以抢劫罪定罪处罚;构成故意伤害等其他犯罪的,以故意伤害罪等规定处罚。也说是说,使用暴力、暴力威胁等手段索取债务的,因不以非法占有他人财物为目的,故不成立抢劫罪。

《两抢意见》第七条规定,抢劫赌资的,以抢劫罪定罪,但仅以其所输赌资或者所赢赌债为抢劫对象,一般不以抢劫罪定罪处罚;构成其他犯罪的,依照刑法的相关规定处罚。前文已述,因行为人对所输赌资或者所赢赌债的性质认识不

① 参见尚召生、鸿滨:《包胜芹等故意伤害、抢劫案》,载最高人民法院刑事审判第一庭、第二庭编:《刑事审判参考》总第 14 辑,法律出版社 2001 年版;韩强、张波:《刘汉福等抢劫案》,载最高人民法院刑事审判第一庭、第二庭编:《刑事审判参考》总第 15 辑,法律出版社 2001 年版。

② 参见高欣欣、刘鹃:《唐某寻衅滋事案》,载最高人民法院中国应用法学研究所编:《人民法院案例选》总第 121 辑,人民法院出版社 2018 年版。

清晰和不明确，主观故意和客观危害性不同于直接抢劫他人财物，即主观上对该类财产性质的认识不同于普通抢劫罪中对“他人财物”的认识，客观危害性主要集中于特定的赌博参与人员之间，故对抢回所输赌资或者所赢赌债的行为一般不给予单独的刑法评价。需要注意的是，实践中不能强求行为人在慌乱之中抢回的数额刚好与自己所输赌资或者所赢赌债的数额相等。但是，如果抢取的财物明显超出自己所输赌资或者所赢赌债的范围，则应当以抢劫罪论处。例如，所输赌资为200余元，但在赌博现场劫取他人现金1350元和手机一部，所抢现金数额明显超出其所输赌资，所抢手机更不属于其所输赌资，足以表明其具有非法占有他人财物的主观故意，应当以抢劫罪论处。[①]

如果抢回的是自己所有的财物，当然无非法占有他人财物之目的，不以抢劫罪论处。例如，聚众以暴力手段抢回被依法查扣的制假设备的，是否构成抢劫罪？[②] 因行为人主观上并非要非法占有公私财物，而只是不法对抗国家机关的打假执法公务活动，意欲夺回已被国家机关工作人员依法查扣的本属于自己所有的制假设备，即只有妨害公务而无强占公私财物的主观目的，不构成抢劫罪或者聚众哄抢罪，而构成妨害公务罪。再如，强行夺取被行政机关扣押的本人财物的，是否构成抢劫罪？行政机关合法扣押他人财产所形成的占有权，来源于他人对扣押财产的所有权这一本权。拟制公共财产权不能对抗财产所有权。在财产所有人非法夺回被扣财产而判断其是否具有非法占有之目的时，必须考察其是否有后续索赔行为或者默认获赔行为，否则不能以财产犯罪认定。而应考察手段行为是否具有暴力性，并参照非法处置查封、扣押、冻结的财产罪的立法精神，把握行为对行政管理秩序的侵犯这一客体实质，以妨害公务罪定罪为宜。[③]

---

① 参见刘芹伶：《张超抢劫案》，载最高人民法院刑事审判第一、二、三、四、五庭主办：《刑事审判参考》总第87集，法律出版社2013年版。

② 参见陈建安、汪鸿滨：《江世田等妨害公务案》，载最高人民法院刑事审判第一庭、第二庭编：《刑事审判参考》总第28辑，法律出版社2002年版。

③ 参见游涛、王昕炜：《强行夺取被行政机关扣押的本人财产之性质》，载《人民司法（案例）》2010年第22期。

需要注意的是,《刑法》第二百八十九条规定,聚众"打砸抢",毁坏或者抢走公私财物的,除判令退赔外,对首要分子,依照抢劫罪的规定定罪处罚。该种类型的准抢劫罪,不以首要分子对他人财物的非法占有为必要条件。如首要分子组织、策划或者指挥聚众"打砸抢",不论其之后是否实施了毁坏或者抢走公私财物的行为,也应认定为抢劫罪。

(三)实施犯罪行为时是否年满十四周岁

关于抢劫罪主体要求年满十四周岁,具有刑事责任能力。2021 年 3 月 1 日开始施行的《刑法修正案(十一)》将法定最低刑事责任年龄下调至十二周岁,即已满十二周岁不满十四周岁的人,犯故意杀人、故意伤害罪,致人死亡或者以特别残忍手段致人重伤造成严重残疾,情节恶劣,经最高人民检察院核准追诉的,应当负刑事责任。关于其中的"犯故意杀人、故意伤害罪",并非指结果意义上的犯故意杀人罪和犯故意伤害罪,而是只要存在故意杀人和故意伤害犯罪行为即可。故此,对于为抢劫财物而预谋故意杀人,或者在劫取财物过程中为制服被害人反抗而故意杀人,以抢劫一罪认定的情形,罪名虽然是抢劫罪,但该抢劫罪中包含了故意杀人犯罪行为。也就是说,对于该种情形,已满十二周岁不满十四周岁的人在满足一定条件下也需承担刑事责任。

根据《刑法》第十七条第四款、第五款的规定,对不满十八周岁的人追究刑事责任的,应当从轻或者减轻处罚;因不满十六周岁不予刑事处罚的,责令其父母或者其他监护人加以管教;在必要的时候,依法进行专门矫治教育。

(四)是否侵犯他人的财产权利、人身权利

抢劫罪侵犯的是复杂客体即财产权利和人身权利。一般认为,既然将抢劫罪规定在财产犯罪中,表明是将财产权利作为保护的主要方面,即财产权利为主要客体。其实,这是由抢劫罪的主观与客观要件的内容和特点决定的。主观上,行为人的整个犯罪目的或者说最终目的是非法强占公私财物;客观上,人身强制

行为是手段行为,取财行为是目的行为,前者由后者决定并为后者的实现服务。①

二 抢劫罪既未遂及抢劫数额的认定

(一)抢劫罪既未遂的认定

根据《两抢意见》第十条的规定,既侵犯财产权利又侵犯人身权利,具备劫取财物或者造成他人轻伤以上后果两者之一的,均属抢劫既遂;既未劫取财物,又未造成他人人身伤害后果的,属抢劫未遂。

抢劫罪的基本犯存在既未遂,故携带凶器抢夺、转化型抢劫也存在既未遂,同样以是否侵犯他人的财产权利、人身权利作为既未遂的判断标准。例如,携带凶器在银行营业大厅抢夺储户现金,因未实施暴力,不存在人身伤害问题,既遂、未遂问题应从是否取得财物方面来认定。行为人趁被害人等待存款之机,从被害人手中抢得现金,在此瞬间,从被害人的角度似乎已失去对该现金的控制,但是结合银行营业大厅这一特定环境,行为人并未实际控制、取得该财物,且在其尚未跑出银行营业大厅时即被当场抓获,故仍属抢劫未遂。② 关于转化型抢劫的既未遂认定,后文将专门论述。

《两抢意见》第十条还规定,抢劫罪的八种处罚情节中除"抢劫致人重伤、死亡的"这一结果加重情节之外,其余七种处罚情节同样存在既遂、未遂问题,其中属抢劫未遂的,应当根据刑法关于加重情节的法定刑规定,结合未遂犯的处理原则量刑。事实上,对于抢劫加重犯,如果既未劫取到财物也未造成他人轻伤以上后果的,即判处十年有期徒刑以上刑罚,显然罪责刑不相适应。

① 参见马克昌主编,吴振兴、莫洪宪执行主编:《百罪通论》(下卷),北京大学出版社 2014 年版,第 678 页;贾宇主编:《刑法原理与实务》(第 4 版),中国政法大学出版社 2017 年版,第 371 页;赵秉志:《侵犯财产罪》,中国人民公安大学出版社 2003 年版,第 49 页。

② 参见陈文全:《曾贤勇抢劫案》,载最高人民法院刑事审判第一庭、第二庭编:《刑事审判参考》总第 27 辑,法律出版社 2002 年版。

（二）抢劫数额的认定

抢劫罪在侵犯财产权利上无入罪的数额要求。抢劫违禁品的，将违禁品数量作为量刑情节考虑。抢劫文物的，以文物的不同等级作为量刑情节考虑，后文将论述，即参照盗窃文物的量刑标准确定抢劫文物的基本犯和加重犯。抢劫其他财物的，以实际劫取的财物价值确定抢劫数额，并以数额是否巨大区分基本犯和加重犯。

第一，根据《两抢意见》第六条的规定，抢劫信用卡后使用、消费的，其实际使用、消费的数额为抢劫数额；抢劫信用卡后未实际使用、消费的，不计数额，根据情节轻重量刑。所抢信用卡数额巨大，但未实际使用、消费或者实际使用、消费的数额未达到巨大标准的，不适用“抢劫数额巨大”的法定刑。例如，劫取被害人的信用卡后，通过威胁获得该信用卡密码，从该卡内取出现金 2 万元，后又以转账方式转走该卡内资金 5 万元，因被害人报案，该 5 万元被银行冻结而未被取走。行为人抢劫的数额为 2 万元还是 7 万元？[①] 该案中，虽然行为人掌握了被害人的信用卡密码，但并不代表其已经控制了该信用卡内的全部财产金额，只有取出的 2 万元才能计入抢劫数额（属于抢劫既遂），因银行冻结而未能取走的 5 万元不应计入抢劫数额（属于抢劫未遂）。在抢劫犯罪案件中，行为人劫取了信用卡，甚至获取了密码，均不等于行为人已经获取了信用卡上所记载的财物；被害人丧失了对信用卡本身的控制，也不意味着已经丧失了信用卡上所记载的财物。鉴于信用卡所具有的抽象财物与具体财物的双重属性，在抢劫信用卡类犯罪中，只有以行为人从信用卡中实际获取的财物数额，也即信用卡所有人受到的实际损失为抢劫数额的认定标准，才能完整、客观地体现抢劫信用卡行为的社会危害性。

不同于信用卡，对于抢劫银行承兑汇票的，因银行承兑汇票属于记名的、可挂失的有价支付凭证，在尚未贴现前，其票面数额只有财产权利上的象征意义，

① 参见杨华：《姚小林等抢劫案》，载最高人民法院刑事审判第一、二、三、四、五庭主办：《刑事审判参考》总第 109 集，法律出版社 2017 年版。

仅抢劫银行承兑汇票并不意味着已经获得了对承兑汇票所记载财产的完全控制。只有将承兑汇票票面金额内的资金兑现或者转让才能真正占有他人财产，从而实现非法占有他人财产的犯罪目的。故此，行为人劫取他人买卖占有的银行承兑汇票，并在控制占有人前提下对票据进行套现，其行为构成抢劫罪。[①] 抢劫数额巨大的承兑汇票，因意志以外的原因未能贴现的，应认定为抢劫数额巨大且未遂。[②]

第二，《两抢意见》第六条规定，为抢劫其他财物，劫取机动车辆当作犯罪工具或者逃跑工具使用的，被劫取机动车辆的价值计入抢劫数额；为实施抢劫以外的其他犯罪劫取机动车辆的，以抢劫罪和实施的其他犯罪实行数罪并罚。例如，抢劫他人财物后，为逃匿而劫取他人的机动车，并随后将该车烧毁，该车的价值是否计入抢劫数额？[③] 因为被抢车辆具有"被抢财物"的性质，应计入抢劫数额。在劫取机动车辆当作犯罪工具或者逃跑工具使用的情形中，行为人往往并非出于"使用目的"，而是将其作为实施其他犯罪的工具或者用于犯罪后逃跑，一般用后即予毁弃，基本上不存在返还的可能。因此，可以认定行为人仍是以非法占有为目的控制和利用机动车辆，在客观上也侵害了被害人的财产权利。虽然毁弃机动车辆属于非法占有之后的处分行为，但并不阻碍"非法占有"的成立。故劫取机动车作为犯罪工具或者逃跑工具也成立抢劫罪，被劫取的机动车的价值应计入抢劫数额。

第三，《两抢意见》第六条还规定，抢劫存折、机动车辆的数额计算，参照执行2013年《最高人民法院、最高人民检察院关于办理盗窃刑事案件适用法律若干问题的解释》(以下简称《盗窃解释》)的相关规定。具体而言，如果抢劫存折等有价支付凭证、有价证券、有价票证的，参照《盗窃解释》第五条规定认定抢劫数额。

---

① 参见尹晓涛、姜金良：《劫取银行承兑汇票并控制套现构成抢劫罪》，载《人民司法(案例)》2016年第32期。该案例还认为，对于被害人的身份认定，应以实际损失主体为判断标准，票据占有人、被套现者均应认定为本案被害人，平等进行保护。

② 参见李元成、李小源：《李四刚抢劫案》，载最高人民法院中国应用法学研究所编：《人民法院案例选》总第133辑，人民法院出版社2019年版。

③ 参见唐俊杰：《夏洪生抢劫、破坏电力设备案》，载最高人民法院刑事审判第一、二、三、四、五庭主办：《刑事审判参考》总第76集，法律出版社2011年版。

如果抢劫机动车辆的,参照《盗窃解释》第四条规定认定抢劫数额,即被抢财物有有效价格证明的,根据有效价格证明认定;无有效价格证明,或者根据价格证明认定抢劫数额明显不合理的,应当按照有关规定委托估价机构估价。

实践中,对于交易公司经营资料后再抢回的,如何定性及认定犯罪数额?例如,李某与被害人达成以26万元的价格买卖一套公司经营资料的协议,并约定交易时间和地点。后李某与罗某等人预谋,即在其与被害人交易完成后将公司经营资料抢回,并许诺给予其好处。某日,李某将公司经营资料交予被害人,收取了被害人给予的现金26万元,后李某先行离开,并通知在附近等候的罗某等人实施抢劫,随即罗某等人从被害人手中劫走了上述公司经营资料。对于此案,生效裁判认为,涉案公司经营资料不是普通的文件、资料,而是具有一定的价值(该价值经交易双方主观认同)且可被被害人一方予以客观使用的物品。劫取被害人通过交易获取的公司经营资料,使得被害人丧失对26万元交易标的的占有,不仅侵犯了被害人的财产权利,同时侵犯了被害人的人身权利。李某与罗某等人以非法占有为目的,采用暴力方法劫取他人价值26万元的财物,数额巨大,其行为均构成抢劫罪。① 该案中,公司经营资料属于具有一定价值的特定财物,对于特定财物,于不同人而言价值是不同的。李某与被害人达成了以26万元交易公司经营资料的协议,且双方进行了实际交易,说明涉案公司经营资料价值26万元已得到交易双方认同,故认定本案的抢劫数额为26万元,既符合李某等人的犯罪预期目的,也符合民事交易的相关规定。

三 转化型抢劫罪的成立要件及具体认定

实践中,转化型抢劫较常见多发。根据《刑法》第二百六十九条的规定,犯盗窃、诈骗、抢夺罪,为窝藏赃物、抗拒抓捕或者毁灭罪证而当场使用暴力或者以暴力相威胁的,依照抢劫罪的规定定罪处罚。一般认为,转化型抢劫罪是一种法律

① 参见陈昶主编:《2020年上海法院案例精选》,上海人民出版社2022年版,第375~377页。

拟制而非注意规定。

(一)转化型抢劫罪的成立条件

1. 前提条件:犯盗窃、诈骗、抢夺罪

主要把握两个问题:一是所犯的盗窃、诈骗、抢夺罪是指具体罪名还是具体犯罪行为;二是所犯的盗窃、诈骗、抢夺罪是否需要达到构罪标准,是否要达到既遂状态。

第一,所犯的盗窃、诈骗、抢夺罪是指具体犯罪行为而不是具体罪名。正如关于相对刑事责任年龄人承担刑事责任范围问题即"《刑法》第十七条第二款规定的八种犯罪,是指具体犯罪行为而不是具体罪名"一样,所犯的盗窃、诈骗、抢夺罪也是指具体犯罪行为而不是具体罪名。抢劫罪属于侵犯财产犯罪,故转化型抢劫罪,其先行行为的对象必须是公私财物,犯罪主观方面也必须具有非法占有目的。具体而言,盗窃、诈骗、抢夺罪既包括一般类型的盗窃、诈骗、抢夺罪,也包括其他侵害他人财产权利的特殊类型盗窃、诈骗、抢夺罪。例如,拾得他人遗留在 ATM 内的银行卡并使用,系信用卡诈骗,被当场发现后为抗拒抓捕而使用暴力,应当转化为抢劫,以抢劫罪定罪处罚。[①] 再如,盗窃电力设备过程中,为抗拒抓捕而实施暴力或者以暴力相威胁的,可以转化为抢劫罪。盗窃使用中的电力设备,同时构成盗窃罪和破坏电力设备罪的,应从一重处。因此,当对盗窃行为选择破坏电力设备罪处罚较重,而盗窃行为又具备转化型抢劫罪的构成要件时,对行为人应在破坏电力设备罪和抢劫罪中择一重罪处罚。[②]

而对于主要侵犯公共安全、社会管理秩序等其他客体的盗窃、诈骗、抢夺行为,一般不宜适用该规定以抢劫罪论处。例如,盗窃、抢夺国家机关公文、证件、印章罪,其保护的客体是国家机关的正常管理活动和信誉,如果在盗窃国家机关公文、证件、印章时,为抗拒抓捕而当场使用暴力,因其实施的前部分行为不是侵

---

① 参见王海虹、程昊、余琳燕:《王艳峰抢劫案》,载最高人民法院刑事审判第一、二、三、四、五庭主办:《刑事审判参考》总第 113 集,法律出版社 2019 年版。

② 参见陈攀:《杨辉、石磊等破坏电力设备案》,载最高人民法院刑事审判第一、二、三、四、五庭主办:《刑事审判参考》总第 70 集,法律出版社 2010 年版。

犯财产类犯罪,故不能转化为抢劫罪。此外,如果盗窃、诈骗、抢夺行为侵犯的客体性质比较模糊,财产属性不十分明确,一般也不宜纳入转化抢劫的前提犯罪范围,如盗窃尸体行为,尽管行为人可能出于牟取非法利益的目的盗窃尸体,但其侵害的主要是死者及其亲属的名誉、尊严,该行为不宜作为转化抢劫的前提犯罪。①

第二,所犯的盗窃、诈骗、抢夺罪虽无需达到构罪标准,无需达到既遂状态,但需具备一定的条件。《两抢意见》第五条规定,行为人实施盗窃、诈骗、抢夺行为,未达到"数额较大",为窝藏赃物、抗拒抓捕或者毁灭罪证当场使用暴力或者以暴力相威胁,情节较轻、危害不大的,一般不以犯罪论处;但具有下列情节之一的,可依照《刑法》第二百六十九条的规定,以抢劫罪定罪处罚:(1)盗窃、诈骗、抢夺接近"数额较大"标准的;(2)入户或者在公共交通工具上盗窃、诈骗、抢夺后在户外或交通工具外实施上述行为的;(3)使用暴力致人轻微伤以上后果的;(4)使用凶器或者以凶器相威胁的;(5)具有其他严重情节的。2016年《最高人民法院关于审理抢劫刑事案件适用法律若干问题的指导意见》(以下简称《抢劫意见》)第三条进一步明确,"犯盗窃、诈骗、抢夺罪"主要是指行为人已经着手实施盗窃、诈骗、抢夺行为,一般不考察盗窃、诈骗、抢夺行为是否既遂。但是,所涉财物数额明显低于"数额较大"的标准,又不具有《两抢意见》第五条所列五种情节之一的,不构成抢劫罪。

实践中,有的已经犯罪既遂,因被人发现,为抗拒抓捕等而当场使用暴力或者以暴力相威胁;有的还在进行之中,犯罪尚未既遂即被人发现,为抗拒抓捕等而当场使用暴力或者以暴力相威胁。例如,在盗窃未遂的情况下,为抗拒抓捕而当场使用暴力,情节严重的,构成抢劫罪,即盗窃是否既遂不影响抢劫罪的成立。② 再如,徐某曾经有多次盗窃行为,并多次被判处有期徒刑,刚刑满释放半年,即盗窃他人放置于机电维修部门口的马达配件(价值未达到数额较大),被

① 参见王海虹、程昊、余琳燕:《王艳峰抢劫案》,载最高人民法院刑事审判第一、二、三、四、五庭主办:《刑事审判参考》总第113集,法律出版社2019年版。

② 参见杨才清:《穆文军抢劫案》,载最高人民法院刑事审判第一庭、第二庭编:《刑事审判参考》总第41集,法律出版社2005年版。

被害人发现，徐某为抗拒抓捕，采用拳击、撕咬等方式殴打被害人，致被害人头部、手臂等多处受伤，经鉴定，构成轻微伤。生效裁判认为，徐某在实施盗窃过程中，为抗拒抓捕而当场使用暴力，致人轻微伤，其行为构成抢劫罪。徐某系累犯，应当从重处罚；因意志以外的原因而未得逞，系抢劫未遂，予以减轻处罚。[①] 该案中，虽然徐某的盗窃金额未达到数额较大，但其系累犯，且为抗拒抓捕而当场使用暴力致人轻微伤，其符合转化型抢劫的前提条件。徐某抢劫未遂，予以减轻处罚，确保罪责刑相适应。

2. 主观条件：为窝藏赃物、抗拒抓捕或者毁灭罪证

犯盗窃、诈骗、抢夺罪后，只有在“窝藏赃物、抗拒抓捕或毁灭罪证”的主观目的支配下当场实施暴力或者以暴力相威胁的，才构成转化型抢劫罪。故此，如果主观目的是非法占有他人财物而非窝藏赃物、抗拒抓捕或者毁灭罪证，当场使用暴力或者以暴力相威胁的，因不具备转化型抢劫罪的主观要件，直接以抢劫罪定罪处罚。例如，在盗窃过程中，由于担心盗窃行为被正在熟睡的被害人发现而当场使用暴力，导致一人重伤、一人轻微伤。[②] 该案中，行为人的主观目的并非窝藏赃物、抗拒抓捕或者毁灭罪证，而是非法强行占有被害人财物。换言之，其主观犯意已由秘密窃取公私财物转化为当场使用暴力手段劫取公私财物，已构成抢劫罪，而不需要按转化型抢劫罪处理，应直接以抢劫罪定罪处罚。再如，在诈骗过程中，尚未取得财物即被他人发现，为了继续非法占有财物而使用暴力或者以暴力相威胁的，直接认定为抢劫罪，而非转化型抢劫罪。[③]

3. 客观条件：当场使用暴力或者以暴力相威胁

具体应注意三个问题：第一，根据《抢劫意见》第三条的规定，“当场”是指在盗窃、诈骗、抢夺的现场以及行为人刚离开现场即被他人发现并抓捕的情形。“当场”是时间与空间的结合体，“是与犯罪现场直接相关、相连的，且在时空上不

---

① 参见上海市浦东新区人民法院刑事判决书，(2021)沪 0115 刑初 5396 号。

② 参见叶巍、高军：《朱永友抢劫案》，载最高人民法院刑事审判第一庭、第二庭编：《刑事审判参考》总第 41 集，法律出版社 2005 年版。

③ 参见聂昭伟：《龚文彬等抢劫、贩卖毒品案》，载最高人民法院刑事审判第一、二、三、四、五庭主办：《刑事审判参考》总第 70 集，法律出版社 2010 年版。

间断的整个行为过程的场所”。[①] 也就是说，“当场”通常是指当时、当地，但又不限于当时、当地，既包括犯罪现场及其空间的延伸，也包括犯罪时段及其时间的延伸。[②]

实践中，应综合考虑时空的接续性、先后行为的关联性以及追捕事态的继续性。例如，抢夺车辆后被对方GPS追踪，行为人始终在视线范围之内，追捕行为一直处于持续状态，那么就视为案发现场一直在延长，截获行为人的地方就可以视为“当场”。在这种情况下，行为人被堵截拦停后持枪威胁被害方的追赶人员，属于“当场”以暴力相威胁，构成转化型抢劫罪。[③] 相反，如果时空已经中断，以通过调看监控掌握的线索对实施盗窃的行为人实施抓捕，此时行为人为抗拒抓捕使用暴力致抓捕人轻伤的，显然不构成转化型抢劫罪，而属于独立的犯罪行为，即构成盗窃罪和故意伤害罪，两罪并罚。再如，行为人实施盗窃后离开现场一段距离，因其他原因被发现的，就不宜认定为“当场”，此时行为人抗拒抓捕致人死伤的，应以盗窃罪和故意伤害罪或者故意杀人罪等罪名追究刑事责任。又如，在盗窃现场未被发觉，在运赃途中被发觉，为抗拒抓捕而杀人，不能认定为转化型抢劫罪。[④]

第二，针对对窝藏赃物、毁灭罪证起阻碍作用或者实施抓捕的人，如被害人、司法工作人员或者其他群众，当场使用暴力或者以暴力相威胁。在盗窃过程中，控制、殴打对其并无抓捕意图的过往群众，就不构成转化型抢劫罪。[⑤]

第三，暴力和威胁需达到一定的程度。根据《抢劫意见》第三条的规定，对于以摆脱的方式逃脱抓捕，暴力强度较小，未造成轻伤以上后果的，可不认定为“使用暴力”，不以抢劫罪论处。实践中，对暴力程度应当有所限制，应当以被害人不敢抓捕或者不能抓捕为限。如果行为人不具有伤害意图，只是为摆脱和逃跑而

---

① 参见刘宪权：《刑法学名师讲演录(分论)》(第3版)，上海人民出版社2021年版，第669页。

② 参见卢方主编：《经济、财产犯罪案例精选》，上海人民出版社2008年版，第280页。

③ 参见徐清岱：《李智豪抢劫案》，载最高人民法院刑事审判第一、二、三、四、五庭主办：《刑事审判参考》总第110集，法律出版社2018年版。

④ 参见马燕燕：《运赃途中抗拒抓捕不构成转化型抢劫》，载《人民司法(案例)》2010年第6期。

⑤ 参见陈攀：《杨辉、石磊等破坏电力设备案》，载最高人民法院刑事审判第一、二、三、四、五庭主办：《刑事审判参考》总第70集，法律出版社2010年版。

推推搡搡,没有造成轻伤以上后果的,则可不认定使用暴力,不以抢劫罪定罪处罚。如此规定,有效区分了主动使用暴力和被动摆脱行为之间的罪责差异。例如,行为人以撬门入户的方式,从被害人家中窃取价值 1 万余元的手镯、手表和现金等物,其行为已构成盗窃罪。行为人离开前遇到返回家中的被害人,被害人随即抓住行为人的衣领殴打其面部几拳,行为人并未主动回击,而是想尽快摆脱被害人的抓捕。行为人逃离途中,因被害人拉扯其衣领不放,将被害人扯至楼下;其间,被害人还踢踹行为人,致二人摔倒,后行为人借势脱掉外衣逃离。[①] 该案整个过程中,行为人没有对被害人主动使用暴力,仅是躲闪被害人的殴打和追捕,虽致被害人摔倒,但没有造成轻伤以上的后果。按照《抢劫意见》的规定,行为人盗窃后为抗拒抓捕所实施的暴力程度不明显的摆脱行为,不应认定为转化型抢劫罪的暴力行为,对其不以抢劫罪定罪处罚。

但是,主动使用暴力的,则不属于摆脱行为。例如,某日凌晨 2 时许,张某至被害人住处,拉开房门进入屋内,窃得被害人放于屋内鞋盒上手提包内的 600 元。张某欲离开时被被害人发现,即上前对被害人采用捂嘴、按住大腿等手段阻止其呼救并逃逸。该案中,张某及其辩护人提出,张某的暴力行为不足以构成转化型抢劫罪。但经查明,张某在实施盗窃后,为抗拒被害人的抓捕,当场使用捂嘴、按住大腿等暴力手段,而非被动摆脱行为,并致使被害人不能抓捕,其行为符合转化型抢劫罪的特征,构成抢劫罪。

(二)相对刑事责任年龄人犯盗窃、诈骗、抢夺罪,为窝藏赃物、抗拒抓捕或者毁灭罪证而当场使用暴力或者以暴力相威胁的,不转化为抢劫罪

已满十四周岁不满十六周岁的相对刑事责任年龄人犯盗窃、诈骗、抢夺罪,为窝藏赃物、抗拒抓捕或者毁灭罪证,当场使用暴力或者以暴力相威胁的,能否

---

① 参见杜军燕:《尹林军、任文军盗窃案》,载最高人民法院刑事审判第一、二、三、四、五庭主办:《刑事审判参考》总第 109 集,法律出版社 2017 年版。

转化为抢劫罪？对此存在不同认识及不同做法。[①] 2006 年《最高人民法院关于审理未成年人刑事案件具体应用法律若干问题的解释》(以下简称《未成年人刑事案件解释》)颁布后，理论界仍然有不同意见，但实践层面已经取得共识，即相对刑事责任年龄人犯盗窃、诈骗、抢夺罪的不能转化为抢劫罪。

《未成年人刑事案件解释》第十条第一款规定："已满十四周岁不满十六周岁的人盗窃、诈骗、抢夺他人财物，为窝藏赃物、抗拒抓捕或者毁灭罪证，当场使用暴力，故意伤害致人重伤或者死亡，或者故意杀人的，应当分别以故意伤害罪或者故意杀人罪定罪处罚。"第二款规定："已满十六周岁不满十八周岁的人犯盗窃、诈骗、抢夺罪，为窝藏赃物、抗拒抓捕或者毁灭罪证而当场使用暴力或者以暴力相威胁的，应当依照刑法第二百六十九条的规定定罪处罚；情节轻微的，可不以抢劫罪定罪处罚。"《未成年人刑事案件解释》明确指出，第一，相对刑事责任年龄人虽然实施了转化型抢劫的行为，但因相对刑事责任年龄人依法对盗窃罪、诈骗罪、抢夺罪不负刑事责任，即不具备转化型抢劫罪的基础，不以转化型抢劫罪论处，但应对其暴力行为造成他人重伤或者死亡的结果依法承担刑事责任，即以故意伤害罪或者故意杀人罪定罪处罚。第二，只有已满十六周岁的完全刑事责任能力年龄人，才有可能构成转化型抢劫罪，以抢劫罪定罪处罚。该规定严格限缩了相对刑事责任年龄人的刑事处罚范围，体现了刑法对未成年人犯罪从宽处罚的立法精神。

例如，不满十六周岁的王某入户盗窃他人 2700 余元财物，被害人发现后将其挡在户内。王某为达到逃离现场的目的，当场将被害人头部、手部咬伤后挣脱逃出房间，后至该小区正门入口时被保安人员挡获。[②] 该案中，王某犯罪时已满

---

① 曾有观点认为，相对刑事责任年龄人犯盗窃、诈骗、抢夺罪的可以转化为抢劫罪。抢劫罪既包括典型的抢劫罪，也包括转化型抢劫罪以及"携带凶器抢夺"的抢劫罪。无论是哪种抢劫罪，都既侵犯了他人的财产权利，也侵犯了他人的人身权利。转化型抢劫罪规定的"犯盗窃、诈骗、抢夺罪"，主要是指犯有盗窃、诈骗、抢夺罪行，而并未明确要求行为人犯这些罪行时必须同时达到完全刑事责任年龄才可。如不满十六周岁的人抢夺他人数额较大的财物，为抗拒抓捕当场实施暴力致人轻伤，情节严重，构成转化型抢劫犯罪。参见陈建明、汪鸿滨：《姜金福抢劫案》，载最高人民法院刑事审判第一庭、第二庭编：《刑事审判参考》总第 28 辑，法律出版社 2003 年版。

② 参见杨明：《王伟华抢劫案》，载最高人民法院刑事审判第一、二、三、四、五庭主办：《刑事审判参考》总第 86 集，法律出版社 2013 年版。

十四周岁不满十六周岁,对其盗窃行为不负刑事责任,故对其盗窃后为抗拒抓捕而当场使用暴力的行为不转化为抢劫罪。其后续实施的暴力行为属故意伤害行为,因未致人重伤或者死亡后果,根据《刑法》第十七条第二款的规定,其暴力行为不构成故意伤害罪。对王某不予刑事处罚,依法责令其法定代理人加以管教。

(三)转化型抢劫罪既未遂的认定

前面论及,转化型抢劫属于抢劫,同样存在既未遂,具体应当以是否实际劫得财物或者造成他人轻伤以上后果作为转化型抢劫既未遂的区分标准,即不再以盗窃、诈骗、抢夺的既未遂标准作为认定转化型抢劫既未遂的依据。① 因为在转化型抢劫案件中,先前的盗窃等罪已与其后的暴力等行为连成一体,成为连续的犯罪过程,盗窃等行为只是其中的一个组成部分,已不具有独立评价的意义。换言之,尽管行为人已经盗窃"得手",其犯罪行为仍处于继续进行之中。在这种情况下,并不存在"犯罪已达既遂形态,后又转回到未遂形态"的问题。因此,对于转化型抢劫应当适用与典型抢劫相同的既未遂区分标准。②

例如,盗窃价值150元的电瓶,为抗拒抓捕而实施暴力造成被害人轻微伤,构成转化型抢劫罪。行为人虽然已经将电瓶拿走,非法占有了该财物,但是,在此后的抗拒抓捕过程中,其逃离现场时将电瓶遗留在了现场,并未实际劫获财物。而且行为人的暴力行为仅造成被害人轻微伤,没有达到造成他人轻伤以上的后果。故行为人既未劫取财物,也未造成他人轻伤以上后果,为抢劫未遂。③

再如,赵某趁被害人不备,上前抢夺其放置于饭桌上的价值200余元的黑色手包1只,内有现金9000元,后逃跑。被害人发现后立即追赶并将赵某扭获。赵某为抗拒抓捕,以掌掴的方式殴打被害人头面部,后被群众人赃俱获。被害人因

① 需要注意的是,转化型抢劫是目的犯,既未遂的认定并不以窝藏赃物、抗拒抓捕或者毁灭罪证是否成功为准,只要行为人有这种意图而施以暴力或者以暴力相威胁就足矣。参见贾宇:《犯罪故意研究》,商务印书馆2020年版,第206页。

② 参见谭劲松:《谷贵成抢劫案》,载最高人民法院刑事审判第一、二、三、四、五庭主办:《刑事审判参考》总第56集,法律出版社2007年版。

③ 参见王奕、陆文奕:《杨飞飞、徐某抢劫案》,载最高人民法院刑事审判第一、二、三、四、五庭主办:《刑事审判参考》总第79集,法律出版社2011年版。

外力作用致头面部软组织挫伤、左手背挫伤，已分别构成轻微伤。对于此案，生效裁判认为，赵某以非法占有为目的，在实施抢夺犯罪后为抗拒抓捕而当场使用暴力，致一人轻微伤，其行为已构成抢劫罪。被害人在财物被抢夺后立即追赶，在赵某跑出不远时即将赵某抓住，路人、保安等相继加入追捕，在此过程中被害人财物仍处于被害人及抓捕者的目击控制范围而未完全失控，赵某最终被人赃俱获，并未实际占有财物；且赵某造成被害人轻微伤后果，其实施的暴力强度较小，从罪责刑相适应角度出发，认定赵某抢劫未遂更能罚当其罪。该案中，如果赵某未实施暴力抗拒抓捕，即其抢夺行为未转化为抢劫罪，因被害人的及时发现及立即追赶，其尚未完全控制涉案财物，被害人也未完全失去对财物的控制，且最终其未实现对涉案财物的非法占有，被害人也未遭受财产损失，故属于抢夺未遂，后文“抢夺罪部分”将对此进行具体探讨。从这个角度分析，赵某的行为属于抢劫未遂。此外，因转化型抢劫罪的既未遂标准参照普通抢劫罪的标准，即判断抢劫罪是否既遂应看实行行为终了时是否发生犯罪结果，为此，即使认定赵某抢夺既遂，但在转化为抢劫罪后，其最终既未劫取到财物，也未造成被害人轻伤以上后果，其行为仅构成抢劫罪未遂。①

（四）共同犯罪中转化型抢劫罪的认定

根据《抢劫意见》第三条的规定，两人以上共同实施盗窃、诈骗、抢夺犯罪，其中部分行为人为窝藏赃物、抗拒抓捕或者毁灭罪证而当场使用暴力或者以暴力相威胁的，对于其余行为人是否以抢劫罪共犯论处，主要看其对实施暴力或者以暴力相威胁的行为人是否形成共同犯意、提供帮助。基于一定意思联络，对实施暴力或者以暴力相威胁的行为人提供帮助或者实际成为帮凶的，可以抢劫共犯论处。实践中，需要关注以下六种情形：

第一，就“为窝藏赃物、抗拒抓捕或者毁灭罪证而当场使用暴力或者以暴力相威胁”事先有预谋，如“能偷就偷、偷不成就抢”等，则有共同犯意，他人当场使

① 类似案例可参见张金：《陈田伟抢劫案》，载最高人民法院中国应用法学研究所编：《人民法院案例选》总第137辑，人民法院出版社2019年版。

用暴力或者以暴力相威胁属于共犯的一部分，对于其余人以抢劫罪共犯论处。第二，事先虽无预谋，但明知他人携带砍刀、匕首、棍棒等明显用于伤害人身的犯罪工具，其余人应预见他人可能将之作为抗拒抓捕的工具，如客观上他人当场使用了暴力或者以暴力相威胁的，因一切都在其余人的概括故意之内，对于其余人以抢劫罪共犯论处。第三，事先无预谋，但发现他人当场使用暴力或者以暴力相威胁后，给予精神支持或者提供帮助的，无疑形成意思联络，产生新的共同犯意，对于其余人以抢劫罪共犯论处。第四，事先无预谋，但发现他人当场使用暴力或者以暴力相威胁后未逃跑，而是停留在现场继续参与实施盗窃、诈骗、抢夺行为的，说明其认同他人行为，并以实际行动予以支持、配合，此时形成新的共同犯意，对于其余人以抢劫罪共犯论处。第五，事先无预谋，发现他人当场使用暴力或者以暴力相威胁后，并未给予精神支持或者提供帮助，而是明确表示反对、阻止或者逃跑等，因其不认可他人行为，即此时未形成新的共同犯意，他人行为属于实行过限，转化为抢劫罪，而对于其余人不转化为抢劫罪。第六，虽事后才知晓他人当场使用了暴力或者以暴力相威胁，并参与了分赃，表面上是对他人行为的追认，但因事先无预谋、事中未发现，欠缺主观明知，未与他人形成新的共同犯意，不应对他人的过限行为承担刑事责任，否则违背主客观相统一的定罪原则。

例如，陈某纠集他人盗窃铁板。盗窃前，陈某等前往铁板堆放现场进行察看，并将一把钢筋钳藏于现场附近。按照事先约定，各行为人分骑两辆电动三轮车到达铁板堆放处。经察看无人后，陈某等人取出事先藏在此地的钢筋钳剪断捆扎铁板的钢丝，将铁板搬运至两辆电动三轮车上。工地值班员发现后即上前大喊“抓贼”，其他几人当即骑车逃离现场，陈某见状则拿起钢筋钳威吓，并说“再过来，就砸死你”，值班员见状不敢上前抓捕。后陈某骑车逃离现场。[①] 该案中，各行为人事先只商议盗窃，未就盗窃被发现后使用暴力或者以暴力相威胁形成共同故意。虽然陈某事先在盗窃地点藏了一把钢筋钳，并在被人发现后使用钢筋钳进行威胁，但钢筋钳系盗窃工具，与事先携带砍刀、匕首、棍棒等明显用于伤

① 参见聂昭伟、曹敏：《陈万学抢劫、刘永等人盗窃案》，载最高人民法院刑事审判第一、二、三、四、五庭主办：《刑事审判参考》总第83集，法律出版社2012年版。

害人身的犯罪工具不同，其他行为人也无法预料到陈某在遇到抓捕时会使用钢筋钳威胁对方，故该行为属于陈某个人实行过限，应由其本人承担刑事责任。在盗窃犯罪被值班人员发现后，陈某为抗拒抓捕而当场持钢筋钳进行威胁，因事发突然，其他行为人为避免被抓获而本能地逃离现场，故其他行为人与采取威胁手段抗拒抓捕的陈某之间并未形成新的犯罪故意，陈某的行为属于实行过限，其他行为人对此不应承担责任。故认定陈某一人构成转化型抢劫罪，其他行为人仅构成盗窃罪。

四　抢劫罪加重情节的理解与适用

抢劫罪共有八种法定加重情节，即有下列情形之一的，处十年以上有期徒刑、无期徒刑或者死刑，并处罚金或者没收财产：(1)入户抢劫的；(2)在公共交通工具上抢劫的；(3)抢劫银行或者其他金融机构的；(4)多次抢劫或者抢劫数额巨大的；(5)抢劫致人重伤、死亡的；(6)冒充军警人员抢劫的；(7)持枪抢劫的；(8)抢劫军用物资或者抢险、救灾、救济物资的。

（一）“入户抢劫”的认定

入户抢劫（包括入户盗窃转化为入户抢劫）比较常见多发，基于“户”这一场所的特殊性，因同时侵犯了住宅的安全，具有较一般抢劫行为更严重的社会危害性。根据2000年《最高人民法院关于审理抢劫案件具体应用法律若干问题的解释》（以下简称《抢劫解释》）第一条的规定，“入户抢劫”是指为实施抢劫行为而进入他人生活的与外界相对隔离的住所，包括封闭的院落、牧民的帐篷、渔民作为家庭生活场所的渔船、为生活租用的房屋等进行抢劫的行为。对于入户盗窃，因被发现而当场使用暴力或者以暴力相威胁的行为，应当认定为入户抢劫。

《两抢意见》第一条作了细化规定，即认定“入户抢劫”应当注意三个问题：一是“户”的范围。“户”在这里是指住所，其特征表现为供他人家庭生活和与外界相对隔离两个方面,前者为功能特征,后者为场所特征。一般情况下,集体宿舍、旅店宾馆、临时搭建工棚等不应认定为“户”,但在特定情况下,如果确实具有上述两个特征的,也可以认定为“户”。二是“入户”目的的非法性。进入他人住所须以实施抢劫等犯罪为目的。抢劫行为虽然发生在户内,但行为人不以实施抢劫等犯罪为目的进入他人住所,而是在户内临时起意实施抢劫的,不属于“入户抢劫”。三是暴力或者暴力胁迫行为必须发生在户内。入户实施盗窃被发现,行为人为窝藏赃物、抗拒抓捕或者毁灭罪证而当场使用暴力或者以暴力相威胁的,如果暴力或者暴力胁迫行为发生在户内,可以认定为“入户抢劫”;如果发生在户外,不能认定为“入户抢劫”。

需要注意的是,前面论及,抢劫罪的八种加重处罚情节中除“抢劫致人重伤、死亡的”这一结果加重情节之外,其余七种处罚情节均存在既未遂问题。就“入户抢劫”而言,实施了入户抢劫行为,如果既未劫取到财物也未造成他人轻伤以上后果的,属于“入户抢劫”未遂,选择法定刑幅度“十年以上有期徒刑、无期徒刑或者死刑,并处罚金或者没收财产”,同时考虑未遂情节。实践中,意图入户抢劫途中被抓获的,能否认定为“入户抢劫”未遂?显然,行为人尚未入户即被抓获,不能认定为“入户抢劫”,既然不是“入户抢劫”,就不能进而认定为“入户抢劫”未遂。反之,如果将该行为认定为“入户抢劫”未遂,对应法定刑幅度“十年以上有期徒刑、无期徒刑或者死刑,并处罚金或者没收财产”,刑罚明显畸重。行为人主观上具有抢劫的故意,并携带作案工具,在去抢劫的途中被抓获,虽然不具备“入户抢劫”这一加重情节,但应认定一般抢劫的犯罪预备,构成抢劫罪(预备),可以比照既遂犯从轻或者减轻处罚。①

1. 关于“户”的范围

根据“户”所应兼具的功能特征和场所特征,一般情况下,单位的办公楼、学校、公共娱乐场所、集体宿舍、旅店宾馆、临时搭建工棚等不应认定为“户”,但在特定情况下,如果确实具有上述两个特征的,也可以认定为“户”。例如,尽管是

① 参见叶飞、沈莉波、赵璧:《意图入户抢劫途中被抓获不能认定为入户抢劫》,载《人民司法(案例)》2010 年第 16 期。

违章建筑,但有人在里面起居,则属于“户”。

第一,对于商住两用的房屋性质,应根据抢劫之时该房屋所处的状态确定其是否属于“户”。一般来说,当处于营业状态时,该场所是对外开放的,不具备“户”的功能特征。当夜间已处于关门歇业、休息的状态时,该场所不对外开放,系作为生活起居之用,具备“户”的场所特征和功能特征。《抢劫意见》第二条对此作了细化规定,即对于部分时间从事经营、部分时间用于生活起居的场所,行为人在非营业时间强行入内抢劫或者以购物等为名骗开房门入内抢劫的,应认定为“入户抢劫”。对于部分用于经营、部分用于生活且之间有明确隔离的场所,即“前店后院”式场所,行为人进入生活场所实施抢劫的,应认定为“入户抢劫”;如场所之间没有明确隔离,行为人在营业时间入内实施抢劫的,不认定为“入户抢劫”,但在非营业时间入内实施抢劫的,应认定为“入户抢劫”。例如,在营业时间,进入营业区域与生活区域无明显间隔的店铺抢劫的,不属于“入户抢劫”。[①]再如,在个体家庭旅馆针对旅馆主人实施的抢劫是否属于“入户抢劫”?[②] 该场所在作为被害人家庭生活起居场所的同时,还是被害人经营旅馆的办公场所。旅馆是24小时营业,则意味着一方面被害人的居住场所具有开放性,客人可以随时到这里办理住宿等事务;另一方面,被害人的居住场所不以家庭生活起居为限。该居住场所的功能是不固定、可以随时变换的,而且这种功能上的不确定性,不存在时间段的限制,因而在具体功能上不具有可区分性,不宜认定为“户”,故进入该场所抢劫的不属于“入户抢劫”。

第二,对于住所类卖淫场所,兼具性交易与生活起居的功能,能否认定为“户”,存在争议。例如有观点认为,被害人的住处兼有家庭生活及卖淫嫖娼两种功能,在被害人不从事卖淫活动时,房屋主要用于被害人个人生活起居,其符合“户”的功能性特征无疑。但在卖淫期间,房屋的功能则由生活起居转变为从事非法活动,不再具有“户”的功能性特征。在被害人允许行为人进入房屋之时起,

① 参见沈志先主编:《公报案例精析》,法律出版社2010年版,第59页;《上海市嘉定区人民检察院诉魏培明等人抢劫案》,载《最高人民法院公报》2005年第4期。

② 参见韩亮、杨金华:《杨廷祥等抢劫案》,载最高人民法院刑事审判第一庭、第二庭编:《刑事审判参考》总第39集,法律出版社2005年版。

就可以视为被害人开始实施约定的卖淫活动,其住处也失去了家庭生活这一"户"的功能性特征。同时被害人通过网络向不特定的多数人发布招嫖信息,其他人只要以嫖娼为名联系被害人,很容易就能进入被害人的住处。故在从事卖淫活动时,被害人实际上主动放弃了对其住处私密性的保护,其住处仅有公民住宅的外形,而实质上与其他用于非法经营活动的开放性场所没有本质区别。因此,被害人的房屋在约定从事卖淫活动期间不属于刑法意义上的"户",行为人以嫖娼为名进入被害人住处,并采用暴力、威胁手段劫取财物的,其行为构成一般抢劫而非"入户抢劫"。①

笔者持肯定观点,即对住所类卖淫场所应认定为"户"。刑法对"户"的保护显然与户主的性别、职业等因素无关,只要其符合刑法中对"户"保护的立法旨趣,就应当无差别地进行刑法保护。所以,在对"户"进行界定时,既不能为了打击犯罪而随意认定为"户",也不能不考量被害人的权益保护而不认定为"户",而应当在行为人和被害人之间进行利益保护平衡的双重性考量。卖淫女虽然在租借的涉案房屋内进行卖淫,但亦在其中居住,并不完全对外开放,属兼具非法经营性和日常家居性场所,在行为人进入该房屋前或者没有进行卖淫嫖娼时,具有供被害人生活并与外界相对隔离的特性,理应认定为刑法意义上的"户",且"户"的认定也不以是否一人居住或者家庭成员多人居住而改变,故行为人以嫖娼为名,有预谋地携带作案工具骗开被害人租住房门后进行抢劫,具有入户的非法性,依法应认定为"入户抢劫"。

同样,对于利用住处开设赌场即住所类赌场的性质,也不能因为具有赌博场所功能而否定其具有"户"的性质。②

---

① 参见任素贤、于书生:《谎称嫖娼进卖淫女房屋抢劫的行为定性》,载《人民司法(案例)》2016 年第 8 期。

② 当然,也有观点认为,入户抢劫中的"户",不仅是抢劫的场所,更是抢劫的对象。例如,明知他人在家中设局赌博,仅以参赌人员为抢劫对象,所劫取的赃款、赃物全部为参赌人员的财物,未另外危及户内财产。尽管闯入了居民住所,并对居民住所内的人员实施了抢劫,但是,由于主观上没有对住户实施抢劫的犯罪故意,客观上也没有实施针对住户及财产抢劫的行为,这种入户实际上是进入赌博场所,而非家庭生活场所。参见朱肇曾、包海燕:《陆剑钢等抢劫案》,载最高人民法院刑事审判第一庭、第二庭编:《刑事审判参考》总第 37 集,法律出版社 2004 年版。

第三,关于租用的暂住房屋性质,关键在于其是否具备“户”的特征,如租住者通过一定安全保障措施使之与外界隔离,如将房门上锁的,则具备“户”的特征。当然,无人居住的待租房屋因尚不具有“户”的功能特征,不能认定为“户”。进入无人居住的待租房屋实施抢劫的,不属于“入户抢劫”。①

第四,对于共同租住的房屋,只要是供家庭生活且与外界相对隔离的,应认定为“户”。“户”一般应与家庭生活相关,但这仅是对一般常态而言,并不绝对要求“户”内居住的人员必须具有亲属关系,也就是说,并不限于住所必须为一个家庭生活所用。只要这种住所具有与外界相对隔离的特征,居住的成员比较固定,成为居住成员的生活场所,就可以认定为刑法意义上的“户”,而不应受到住所中的人员和人员关系的限制。如非法进入他人共同租住的房屋抢劫的,属于“入户抢劫”。② 当然,不具有家庭成员身份的人共同租用的住所,如果每一个承租人相对于其他人都没有相对独立的空间,该房屋应属于群体共同休息和活动的公共场所,就不能认定为刑法意义上的“户”。此外,家庭成员共同居住的住所,隐私性和排他性则是以整体体现的,即使各成员没有相对独立的空间,也不影响认定为“户”。

共同租住的房屋属于“户”,对于提供配好的钥匙给同伙,让同伙入室抢劫共同居住人的,行为人与同伙均构成“入户抢劫”。③

第五,封闭的居民院落是否属于“户”?笔者持肯定意见。一方面,居民的房屋所有权中包含院落在内;另一方面,封闭的居民院落是居民生活起居场所,与外界相对隔离,他人未经允许不得入内。从这个意义上,此种情况下的“户”不仅限于房间之内,还及于封闭的院落。

2. 以实施抢劫等犯罪为目的而非法入户

“入户抢劫”的“入户”,不仅要求具有非法性即违背他人意愿,而且还要求

---

① 相关案例可参见张剑:《韦猛抢劫案》,载最高人民法院刑事审判第一、二、三、四、五庭主办:《刑事审判参考》总第 109 集,法律出版社 2017 年版。

② 参见翟超、程捷:《韩维等抢劫案》,载最高人民法院刑事审判第一、二、三、四、五庭主办:《刑事审判参考》总第 59 集,法律出版社 2008 年版。

③ 参见吴小军、万兵:《尹志刚、李龙云抢劫案》,载最高人民法院刑事审判第一、二、三、四、五庭主办:《刑事审判参考》总第 89 集,法律出版社 2013 年版。

以实施抢劫、盗窃、诈骗、抢夺等侵财犯罪为目的。

第一，基于正当理由入户后，在户内临时起意抢劫的，无疑属于在户抢劫，不属于“入户抢劫”。根据《抢劫意见》第二条的规定，因访友办事等原因经户内人员允许入户后，临时起意实施抢劫，或者临时起意实施盗窃、诈骗等犯罪而转化为抢劫的，不应认定为“入户抢劫”。例如，行为人在征得被害人同意后进入其家中，在被害人家中休息时，趁被害人外出之机盗走其存放在枕头下的一部手机和箱子里的1060元现金，后在将盗窃的现金揣进自己口袋时，被外出回来的被害人发现、抓住，行为人用力强行挣脱，并捡起一根木棒和亮出一根带黑花点的布绳子以对被害人殴打和捆绑相威胁，从而阻止被害人追赶，后将现金和手机拿走逃离现场。[①] 该案中，行为人并非非法入户，而是征得被害人同意后入户，后临时起意实施盗窃，因被发现而当场实施暴力或者以暴力相威胁，转化为抢劫，但属于在户抢劫，而非“入户抢劫”。

第二，以杀人、伤害、强奸等非侵财犯罪目的而侵入他人住所，并实施相应暴力行为后，在户内临时起意抢劫的，虽具有入户的非法性，但入户并非以抢劫等侵财为目的，故为在户抢劫而非“入户抢劫”。例如，以强奸目的入户，在强奸过程中临时起意劫取财物的，因不以实施抢劫及盗窃、诈骗、抢夺等图财型犯罪为目的而进入他人住所；而且，如果将入户同时作为强奸和抢劫的手段行为，是对同一行为的重复评价，也违反主客观相一致的定罪原则，故不能认定为“入户抢劫”。[②]

第三，以赌博、嫖娼目的受邀约入户，因入户不违背他人意愿，对入户后临时起意抢劫的，不为“入户抢劫”，而属于在户抢劫。但是，通过欺骗等手段，以嫖娼之名进入住所类卖淫场所或者以赌博之名进入住所类赌场行抢劫之实的，其系

---

① 参见张剑：《秦红抢劫案》，载最高人民法院刑事审判第一、二、三、四、五庭主办：《刑事审判参考》总第109集，法律出版社2017年版。类似案件，如行为人出于报复等非法的动机、目的进入他人住宅，在户内实施了猥亵行为后又临时起意实施抢劫的，其行为构成抢劫罪，但不能认定为“入户抢劫”。参见吴如玉：《冯月明强制猥亵妇女、抢劫、敲诈勒索案》，载最高人民法院中国应用法学研究所编：《人民法院案例选》总第79辑，人民法院出版社2012年版。

② 参见杨军：《虞正策强奸、抢劫案》，载最高人民法院刑事审判第一、二、三、四、五庭主办：《刑事审判参考》总第70集，法律出版社2010年版。

以实施抢劫犯罪为目的而非法入户,事实上该入户行为违背他人意愿,应认定为“入户抢劫”。

第四,虽以嫖娼名义入户,但兼具嫖娼和抢劫两种目的,也就是既想嫖娼又想在嫖娼过程中或者结束后劫取卖淫女财物的,因在入户前即具有抢劫犯罪目的,应认定为“入户抢劫”,而非在户内临时起意抢劫的在户抢劫。

第五,对于抢劫合租者财物的是否属于“入户抢劫”,需作具体分析。如果租住者各居一个房间,且各房间之间采取一定安全保障措施使之与外界隔离的,此时具有“户”的特征,行为人非法进入合租者房屋抢劫的,属于“入户抢劫”。但是,如果合租者之间基于相互信任,并未采取安全保障措施使之与外界隔离的,此时不具有“户”的特征,行为人进入合租者房屋抢劫的,因不具有入户的非法性,不应认定为“入户抢劫”。

3. 暴力或者暴力胁迫行为必须发生在户内

“入户抢劫”的“抢劫”,要求在户内实施抢劫行为。例如,暴力劫财行为始发在户外,持续至户内,并在户内劫得财物的,仍应认定为“入户抢劫”。[①] 再如,虽在犯罪伊始并未表现出“入户”抢劫的主观故意,但在犯罪过程中以抢劫他人财物为目的持刀追赶进入他人户内,并在户内实施抢劫行为的,应当认定为“入户抢劫”。[②]

需要注意的是,根据《抢劫意见》第三条第三款的规定,入户盗窃、诈骗、抢夺后,为了窝藏赃物、抗拒抓捕或者毁灭罪证,在户内当场使用暴力或者以暴力相威胁的,构成“入户抢劫”。因《刑法》对“入户盗窃”的入罪无数额要求,故入户盗窃转化为“入户抢劫”的也并无数额要求,故《抢劫解释》第一条第二款明确规定,对于入户盗窃,因被发现而当场使用暴力或者以暴力相威胁的行为,应当认定为“入户抢劫”。例如,翻墙进入被害人家中窃取300余元,后被恰逢回家的被害人发现。行为人为抗拒抓捕,在房间内对被害人进行殴打,造成被害人轻微

---

① 参见张华、吴春艳:《夏鹏飞、汪宣峰抢劫、敲诈勒索、盗窃案》,载最高人民法院刑事审判第一庭、第二庭编:《刑事审判参考》总第42集,法律出版社2005年版。

② 参见徐振华、徐海宏、王星光:《刘长庚抢劫案》,载最高人民法院刑事审判第一、二、三、四、五庭主办:《刑事审判参考》总第91集,法律出版社2014年版。

伤,后逃跑。[①] 该案中,行为人入户盗窃较少财物后被发现,为抗拒抓捕在户内当场使用暴力,致人轻微伤,其行为以“入户抢劫”论处,构成抢劫罪。但根据《刑法》规定,入户诈骗、抢夺的,如不考虑多次抢夺,入罪均有数额要求,故对于是否按照《抢劫意见》第三条第三款的规定转化为“入户抢劫”,笔者认为,仍然应受该条第一款的限定,即所涉财物数额如明显低于“数额较大”的标准,又不具有《两抢意见》第五条所列五种情节之一的,不构成转化型抢劫罪。

同时需要提及的是,入户盗窃、诈骗、抢夺转化为“入户抢劫”的,法定刑往往是从“三年以下有期徒刑、拘役或者管制”直接跳至“十年以上有期徒刑、无期徒刑或者死刑”,即跨过了“三年以上十年以下有期徒刑”这一刑档。加之,入户盗窃、诈骗、抢夺转化为“入户抢劫”的,往往是在被发现后使用暴力或者胁迫手段,主观上仅有突发故意,主要是为了逃离现场。而在典型的入户抢劫中,行为人具有预谋故意,犯罪意志坚决,劫财目的明确,其可能采取的行为手段和暴力程度也更难预料。也就是说,转化型“入户抢劫”较之典型的入户抢劫,行为人的主观恶性往往要轻、人身危险性往往要低,故对两者应该在量刑上有所区分。基于以上两方面考虑,从罪责刑相适应角度,应严格慎重认定转化型“入户抢劫”。例如,某日凌晨2时许,董某至被害人张某住处,拉开房门进入屋内,窃得被害人放于屋内鞋盒上手提包内的600元。董某欲离开时被被害人发现,即上前对被害人采用捂嘴、按住大腿等手段阻止其呼救并逃逸。该案中,董某在实施盗窃后,为抗拒被害人的抓捕,当场使用捂嘴、按住大腿等轻微暴力,致使被害人不能抓捕,其行为转化为抢劫罪。董某入户盗取了少量财物并使用了轻微暴力,如果认定其为“入户抢劫”,并在十年有期徒刑以上刑罚的幅度内量刑,一定程度上存在架空抢劫罪有期徒刑三年至十年法定刑幅度的问题,有违罪责刑相适应原则,故生效裁判认定董某的行为构成抢劫罪的基本犯。[②] 该案例明确,对于入户盗窃少量财物,被发现后为抗拒抓捕在户内使用轻微暴力,没有给被害人造成严重人身

---

① 参见杜军燕:《张红军抢劫、盗窃案》,载最高人民法院刑事审判第一、二、三、四、五庭主办:《刑事审判参考》总第109集,法律出版社2017年版。

② 参见任素贤、于书生:《入户盗窃后为抗拒抓捕使用轻微暴力的定性》,载《人民司法(案例)》2015年第16期。

伤害的,转化为抢劫罪的基本犯,不宜直接以入户抢劫论处。对于入户诈骗、抢夺转化抢劫的,也应如上掌握为妥。

(二)“在公共交通工具上抢劫”的认定

该规定主要针对车匪路霸,近年来,此类案件已不多见。基于公共交通工具的“公共性”,即在运行区间具有一定的社会性,“在公共交通工具上抢劫”危及不特定多数人的人身和财产权利,又危害公共交通运输安全,从而较抢劫罪的基本犯具有更为严重的社会危害性。①

根据《抢劫意见》第二条的规定,“公共交通工具”包括从事旅客运输的各种公共汽车,大、中型出租车,火车,地铁,轻轨,轮船,飞机等,不含小型出租车。对于虽不具有商业营运执照,但实际从事旅客运输的大、中型交通工具,可认定为“公共交通工具”。接送职工的单位班车、接送师生的校车等大、中型交通工具,视为“公共交通工具”。“在公共交通工具上抢劫”既包括在处于运营状态的公共交通工具上对旅客及司售、乘务人员实施抢劫,也包括拦截运营途中的公共交通工具对旅客及司售、乘务人员实施抢劫,②但不包括在未运营的公共交通工具上针对司售、乘务人员实施抢劫。以暴力、胁迫或者麻醉等手段对公共交通工具上的特定人员实施抢劫的,一般应认定为“在公共交通工具上抢劫”。

针对特定的被害人在公共交通工具上实施抢劫,*例如,从犯罪预备到抢劫既遂后逃离现场的过程中,抢劫行为侵害的对象自始至终都是针对特定的被害人一人,对车内其他同乘人员没有任何威胁性语言和行为,更没有实施暴力,是否属于“在公共交通工具上抢劫”?*③ 评判该行为是否属于“在公共交通工具上抢劫”,不以行为人是否对不特定多数人实施抢劫为标准,而以不特定多数人的人

① 参见黄祥青:《刑法适用疑难破解》,法律出版社 2007 年版,第 270 页。

② 至于行为人是在车上动手,或者是拦截车辆,以暴力威胁使乘客将财物扔到车下,或者是威逼乘客下车,在车下实施抢劫,只是抢劫方式、方法不同,其社会危害性没有区别。参见高铭暄主编:《刑法专论》(下编),高等教育出版社 2002 年版,第 743 页。

③ 参见尚贞华、朱锡平:《李政、侍鹏抢劫案》,载最高人民法院刑事审判第一、二、三、四、五庭主办:《刑事审判参考》总第 49 集,法律出版社 2006 年版。

身权利、财产权利是否受到威胁或者抢劫行为是否足以使不特定多数人受到威胁为标准。该案中,虽然仅针对被害人一人实施抢劫,无侵犯不特定多数人人身和财产的主观故意,但对被害人施以拳脚和语言威胁等行为,直接使车内其他同乘人员产生恐惧感,侵害了车内其他同乘人员的人身权利、财产权利以及社会公共秩序,故构成抢劫罪的加重情节。

需要提及的是,《抢劫意见》第三条第三款规定,在公共交通工具上盗窃、诈骗、抢夺后,为了窝藏赃物、抗拒抓捕或者毁灭罪证,在公共交通工具上当场使用暴力或者以暴力相威胁的,构成"在公共交通工具上抢劫"。因《刑法》对在公共交通工具上扒窃、携带凶器盗窃的入罪无数额要求,故在公共交通工具上扒窃、携带凶器盗窃转化为在公共交通工具上抢劫的也应无数额要求。但是,对于在公共交通工具上盗窃(普通盗窃)、诈骗、抢夺的,如不考虑多次盗窃和多次抢夺,入罪均有数额要求,故是否按照《抢劫意见》第三条第三款的规定转化为"在公共交通工具上抢劫",笔者认为,仍然应受该条第一款的限定,即所涉财物数额如明显低于"数额较大"的标准,又不具有《两抢意见》第五条所列五种情节之一的,不构成转化型抢劫罪。

(三)"抢劫银行或者其他金融机构"的认定

因此类抢劫对象特殊,具有较一般抢劫犯罪更为严重的社会危害性。但近年来防护力度不断加大,极大地挤压了此类犯罪的空间,就是曾经比较突出的抢劫运钞车案件,也鲜有发生。根据《抢劫解释》第三条的规定,"抢劫银行或者其他金融机构"是指抢劫银行或者其他金融机构的经营资金、有价证券和客户的资金等;抢劫正在使用中的银行或者其他金融机构的运钞车的,视为"抢劫银行或者其他金融机构"。值得注意的是,抢劫银行或者其他金融机构的办公用品、交通工具等财物,不能认定为"抢劫银行或者其他金融机构"。

据上,因在银行营业大厅"抢劫"客户现金不同于抢劫银行或者其他金融机构,故不属抢劫银行。但如果被害人已将现金递交银行或者其他金融机构工作人员，则该行为应以抢劫银行或者其他金融机构论处。①

对于采取破坏性手段将 ATM 机砸坏，并取走其中现金的行为，虽然 ATM 机中的现金属于银行或者其他金融机构的经营资金，但是行为人使用暴力针对的是物而非人，即采取破坏性手段窃取财物，故应以盗窃罪论处。

（四）“多次抢劫或者抢劫数额巨大”的认定

因此类抢劫次数多或者抢劫数额大，故而较一般抢劫犯罪具有更为严重的社会危害性。根据《抢劫解释》第四条的规定，“抢劫数额巨大”的认定标准参照各地确定的盗窃数额巨大的认定标准执行。根据《两抢意见》第三条的规定，“多次抢劫”是指抢劫三次以上。对“多次”的认定，应以行为人实施的每一次抢劫行为均已构成犯罪为前提，综合考虑犯罪故意的产生、犯罪行为实施的时间、地点等因素，客观分析、认定。对于基于一个犯意实施犯罪的，如在同一地点同时对在场的多人实施抢劫；或基于同一犯意在同一地点实施连续抢劫犯罪的，如在同一地点连续地对途经此地的多人进行抢劫；或在一次犯罪中对一栋居民楼房中的几户居民连续实施入户抢劫的，一般应认定为一次犯罪。

1.“多次抢劫”的认定

“多次抢劫”作为抢劫罪的加重犯，因其法定刑重，故应从严掌握。从罪责刑相适应角度，“多次抢劫”中的每一次抢劫行为应限定为构成犯罪的抢劫行为。

之所以将“多次抢劫”规定为加重情节，是因为行为人出于非法占有他人财物的目的，一而再、再而三地实施抢劫行为，显示其具有主观恶性深和社会危害大的情节，理应承担加重的刑罚。但对于多次抢劫预备行为，由于行为人尚未着手实行犯罪，惯犯特征并不明显，况且“多次抢劫”的起点刑为十年有期徒刑以上的重刑，故不宜将社会危害性并不十分严重的多次抢劫预备行为纳入其中。② 同样，对于应当免除处罚的犯罪中止，如既未劫得钱财又未造成人身伤害，属于没

① 参见陈文全：《曾贤勇抢劫案》，载最高人民法院刑事审判第一庭、第二庭编：《刑事审判参考》总第 27 辑，法律出版社 2002 年版。

② 参见徐升：《祝日峰、祝某强抢劫案》，载最高人民法院刑事审判第一、二、三、四、五庭主办：《刑事审判参考》总第 112 集，法律出版社 2018 年版。

有造成损害的犯罪中止,从行为人的主观恶性程度及罪罚相当角度讲,不应计入"多次抢劫"的次数。例如,行为人共实施三次抢劫行为,其中一次属于应当免除处罚的没有造成损害的抢劫中止,则对全案不以"多次抢劫"论处。否则,没有体现刑法免除处罚的宽宥原则,又须判处十年有期徒刑以上刑罚的重刑,明显罪责刑不相适应。[①]

对于"多次抢劫",如果每次抢劫均为未遂,既未劫得钱财又未造成轻伤以上人身伤害的,则全案以未遂论处,并从罪责刑相适应角度,决定是否从轻或者减轻处罚。如果"多次抢劫"中部分既遂部分未遂的,对全案能否以未遂论处?存有争议。例如,先后实施两次抢劫行为,抢得财物共计价值2320元,第三次实施抢劫时被当场抓获。第三次抢劫既未抢得任何财物,也未给被害人造成轻伤以上后果,属于抢劫未遂。那么,对本案能否认定为抢劫未遂?生效裁判认为,行为人实施抢劫三次,两次既遂、一次未遂,属于"多次抢劫"。"多次抢劫"为量刑情节,仅有构成与否问题,而无既未遂之分,故不认定本案为抢劫未遂。[②] 笔者赞同该生效裁判的结论,即"多次抢劫"中部分既遂部分未遂的,对全案不以未遂论处。主要理由为:第一,"多次抢劫"中每次抢劫均为既遂的,全案当然是既遂;如果每次都是未遂的,则全案为未遂,对此没有争论。因此,"多次抢劫"不仅有构成与否问题,还有既未遂之分。第二,"多次抢劫"中部分既遂部分未遂的,就全案而言,可能既劫得了钱财也造成了被害人轻伤以上人身伤害结果,或者二者有其一,如此,将全案认定为未遂,以偏概全,不足为取。相反,对全案不认定为未遂,但在量刑时考虑部分未遂的实际情形,罪责刑更相适应。第三,"多次抢劫"作为加重犯,更多地强调次数,因此多次实施抢劫行为,即使部分未遂的,也说明行为人的主观恶性深、社会危害性大,对部分既遂部分未遂的情形不认定为抢劫未遂,体现了从严惩处"多次抢劫"的立法精神。第四,特殊情形下,如"多次抢劫"中的多数情形为未遂,而且既遂部分尚属一般情节的,从罪责刑相适应角度,判处十年有期徒刑以上刑罚明显过重的,则可考虑未遂情节予以减轻处罚,以确

① 相关案例可参见邹碧华主编:《2013年上海法院案例精选》,上海人民出版社2013年版,第589~591页。
② 参见马秋生:《多次抢劫的犯罪形态》,载《人民司法(案例)》2013年第22期。

保罪罚相当。

2.“抢劫数额巨大”的认定

“抢劫数额巨大”的认定标准参照各地确定的盗窃数额巨大的认定标准执行,根据《盗窃解释》第一条的规定,抢劫数额在3万元至10万元以上的为数额巨大。根据《抢劫意见》的规定,“抢劫数额巨大”是指实际抢得的财物数额巨大。对以数额巨大的财物为明确目标,由于意志以外的原因,未能抢到财物或实际抢得的财物数额不大的,应同时认定“抢劫数额巨大”和犯罪未遂的情节,根据刑法有关规定,结合未遂犯的处理原则量刑。

需要注意的是,盗窃文物的构成盗窃罪,抢劫文物的当然构成抢劫罪。根据《盗窃解释》第九条第一款的规定,盗窃不同等级文物的,分别对应盗窃“数额较大”、“数额巨大”和“数额特别巨大”,即盗窃国家不同等级文物与盗窃相应数额在刑法上作同等评价。按照该逻辑,抢劫文物的,也应该有基本犯和情节加重犯。抢劫“数额巨大”参照盗窃“数额巨大”认定,对抢劫文物的如何参照适用、确定量刑档次呢?根据《盗窃解释》第九条第一款的规定,盗窃国有馆藏三级文物的为盗窃“数额巨大”、盗窃二级以上文物的为盗窃“数额特别巨大”,相应地,对抢劫三级以上文物的应认定抢劫“数额巨大”。例如,抢劫经文物管理部门鉴定为国家一级文物的汉白玉龙雕,即使盗窃该文物的,属于盗窃“数额特别巨大”,应处十年以上有期徒刑、无期徒刑,更何况是抢劫行为,故应认定为抢劫“数额巨大”。[①] 参照《盗窃解释》的规定认定,既符合法律解释逻辑,也符合《刑法》和司法解释的本意。

按照文物藏品的定级标准,文物藏品分为珍贵文物和一般文物,其中珍贵文物又分为一级文物、二级文物和三级文物。具有特别重要历史、艺术和科学价值的列为一级文物。按照《盗窃解释》的上述规定,抢劫一般文物的,构成抢劫罪的基本犯;抢劫珍贵文物的,包括一级文物、二级文物和三级文物,均应认定为抢劫“数额巨大”。

① 参见杜金梨等:《王建利等抢劫案》,载最高人民法院刑事审判第一、二、三、四、五庭主办:《刑事审判参考》总第61集,法律出版社2008年版。

(五)“抢劫致人重伤、死亡”的认定

实践中,该情节较为常见,属于结果加重情节,因造成被害人重伤、死亡这一严重后果,因而具有较一般抢劫犯罪更为严重的社会危害性。此处只有已经造成重伤、死亡后果的才可适用,对于未造成该后果的未遂情况不予适用。

“抢劫致人重伤、死亡”的主观内容既包括故意伤害、杀害被害人而致人重伤、死亡,又包括在抢劫过程中过失致人重伤、死亡。致人死亡的,包括现场死亡和经抢救无效死亡。就故意而言,既包括直接故意,也包括间接故意。例如,直接故意伤害、杀害被害人,致人重伤或者死亡;为劫取财物不顾他人死活,间接故意致人重伤或者死亡。“抢劫致人重伤、死亡”中的“致”,必须达到招引、引来、招致的程度。也就是说,“抢劫致人重伤、死亡”情节的认定,关键看为抢劫财物对被害人使用暴力、胁迫或者其他方法是否直接造成被害人重伤、死亡的结果,即两者之间是否具有引起与被引起的关系,是否具有刑法上的因果关系。① 如有,予以认定;反之,则不能将该重伤、死亡结果评价为抢劫的加重结果,否则就是客观归责。例如,抢劫过程中,当场使用暴力抗拒抓捕,致使抓捕人员意外被车撞死,抓捕人员的意外身亡,不适用“抢劫致人死亡”的加重情节。② 再如,被害人因被抢劫后自杀身亡的,也不能认定为“抢劫致人死亡”。③

---

① 刑法上的因果关系,从形式上可以区分为简单因果关系、复杂因果关系、中断的因果关系三种。简单因果关系,是指一危害行为直接而合乎规律地引起一个或者几个危害结果的发生。复杂因果关系,是指两个或者两个以上的危害行为共同作用或者先后衔接产生一个或几个危害结果。所谓中断的因果关系,是指某种危害行为引起或者正在引起某种危害结果,在因果关系的发展过程中,介入了另一原因,如介入了第三者的行为、被害人自身的行为或者特殊自然事实等其他因素,从而切断了原来的因果关系,行为人只对另一原因介入前的情形负责,介入原因引起的最后结果与前因行为之间没有因果关系。成立中断的因果关系,必须具备以下条件:第一,须有另一原因的介入;第二,介入原因须为异常原因,即通常情况下不会介入的某种行为或者自然力;第三,中途介入的原因须合乎规律地引起最后结果的发生。其具体判断标准为:一是先前行为对结果发生所起的作用大小。作用大,则先前行为与结果有因果关系,反之则无。二是介入因素的异常性大小。过于异常,则先前行为与结果无因果关系,反之则有。三是介入因素本身对结果发生所起的作用大小。作用大,则先前行为与结果无因果关系,反之则有。

② 参见吴海涛:《金海亮抢劫案》,载最高人民法院中国应用法学研究所编:《人民法院案例选》总第 65 辑,人民法院出版社 2009 年版。

③ 参见高铭暄主编:《刑法专论》(下编),高等教育出版社 2002 年版,第 744 页。

在抢劫案件中,行为人直接对被害人实施杀害行为,造成被害人死亡的,二者当然存在因果关系。但是,对于没有直接对被害人实施杀害行为,而被害人最终死亡的,如何认定二者之间的因果关系?此种情形下,抢劫行为与被害人死亡结果之间必须具备因果关系不中断的条件,即在被害人的死亡结果与抢劫行为之间具有刑法上的因果关系的情况下,才能认定“抢劫致人死亡”。反之,如果抢劫行为发生后,由于其他因素的介入导致被害人死亡,即抢劫行为与被害人死亡结果之间的因果关系是中断的,则不应认定为“抢劫致人死亡”。也就是说,抢劫行为与被害人死亡结果之间具有紧密联系即可,即使介入第三方的行为,只要不足以改变抢劫行为系造成被害人死亡最主要因素的认定,就可以认定为“抢劫致人死亡”。例如,为抢劫而捆绑被害人的手脚,并将被害人放置在二楼,被害人在呼救时坠楼身亡,被害人的呼救行为和坠楼结果与行为人的抢劫行为之间具有因果关系,属于“抢劫致人死亡”。①

再如,在公共绿地处,诱骗被害人饮用放有镇静剂的饮料,并对其进行殴打、掐脖子等行为,劫取其财物,导致其神志不清、昏睡。次日上午,在该绿地东南边水沟里发现被害人的尸体。经鉴定,被害人系被他人扼颈后溺水致窒息而死亡。能否认定本案为“抢劫致人死亡”?② 抢劫致人死亡主要有三种情形:一是使用暴力追求或者放任被害人死亡结果的发生;二是抢劫过程中使用暴力过失致人死亡;三是抢劫时置被害人于危险状态而不予救助,放任其死亡结果的发生。这三种情形无一例外地表明,抢劫行为与被害人死亡结果之间都具有合乎规律的引起与被引起的关系。其中,第一、第二种情形属于直接的因果关系,即被害人的死亡完全是由抢劫行为直接引起的,而第三种情形则属于间接因果关系,即不中断的因果关系。本案中,虽然不明确被害人在什么情况下溺水死亡,但从整个案件情况看,不管是行为人直接将被害人抛进水沟,还是被害人自己跌入水沟,被害人溺亡结果与行为人使用麻醉方法实施抢劫行为之间具有不中断的因果关

---

① 参见罗勋、杨华:《郭建良抢劫案》,载最高人民法院刑事审判第一、二、三、四、五庭主办:《刑事审判参考》总第 109 集,法律出版社 2017 年版。

② 参见胡立新、张若瑶、杜军燕:《王国全抢劫案》,载最高人民法院刑事审判第一、二、三、四、五庭主办:《刑事审判参考》总第 60 集,法律出版社 2008 年版。

系,应认定为"抢劫致人死亡"。实践中,为了不放纵犯罪,又不至于扩大惩罚面,对认定抢劫致人死亡予以必要限制,即被害人死亡结果系抢劫过程中当场发生,或者在抢劫实行行为影响下发生,如抢劫过程中被害人试图逃离现场时不慎跌下山涧或者遭遇车祸丧生的情形等。在此种情形下,行为人的抢劫行为在逻辑上可以归为被害人死亡的必要条件,可以认定为"抢劫致人死亡"。[①]

例如,在高速公路上持刀抢劫出租车司机,被害人下车呼救时被其他车辆撞击致死,能否适用"抢劫致人死亡"?[②] 该案中,行为人应当能够预见到被害人在遭受抢劫时可能会本能地下车逃生,并且高速公路上车速较快,被害人下车逃生极有可能发生事故。具言之,没有暴力劫取财物行为,被害人就不会慌不择路地逃向快车道,故行为人的抢劫行为与被害人本能地仓皇逃离行为之间具有直接的因果关系。而高速公路上过往车辆司机无法预料到突然有人闯入快车道,即肇事司机本身无过错,其驾车行为属于通常的介入因素。因此,被害人被路过车辆撞击致死不能中断抢劫行为与被害人死亡结果之间的因果关系,行为人应当承担抢劫致人死亡的刑事责任。

例如,使用暴力方法劫取他人财物,致被害人左髂总静脉破裂而失血性休克,经抢救无效而死亡。辩护人提出,被害人死因不明,救治医院未发现被害人左髂总静脉破裂,造成被害人左髂总静脉未缝合而失血性休克,虽不构成医疗事故,但不排除存在医疗过错或者医疗过失,不能排除救治措施与被害人死亡结果之间的因果关系。对此,医院抢救中的失误能否中断抢劫行为与被害人死亡结果之间的因果关系?[③] 该案中,被害人左髂总静脉的破裂不是医院的抢救行为造成的,而是行为人持刀捅刺造成的。尽管医院在抢救过程中存在失误,但这种失误并非明显失误,在行为人的持刀捅刺行为引起被害人死亡结果发生的可能性较大,而医院抢救行为对结果发生的影响力并非主要的情况下,是行为人的持刀

① 参见陈兴良主编:《刑法各论精释》(上),人民法院出版社2015年版,第355页。

② 参见孙海燕:《徐伟抢劫案》,载最高人民法院刑事审判第一、二、三、四、五庭主办:《刑事审判参考》总第89集,法律出版社2013年版。

③ 参见赵善芹:《张校抢劫案》,载最高人民法院刑事审判第一、二、三、四、五庭主办:《刑事审判参考》总第79集,法律出版社2011年版。

捅刺行为直接导致了被害人的死亡，即医院抢救中的非明显失误不能中断抢劫行为与被害人死亡结果之间的因果关系，应认定本案系“抢劫致人死亡”。

例如，为抢劫、强奸同一被害人，穿插实施多种多次暴力犯罪行为，致使被害人跳楼逃离，造成被害人重伤后果，能否就抢劫罪而言认定为“抢劫致人重伤”？在抢劫、强奸等暴力犯罪中，行为人实施的暴力行为通常会引起被害人的反抗或者逃离行为。本案中，被害人作为一名女性，独自面对身体素质远强于自己的行为人，在行为人不停地对其穿插实施一系列殴打、强奸等暴力行为的情况下，其跳楼逃离行为符合常识常情。被害人在行为人已将房门反锁的情况下为躲避侵害只有跳楼逃离一条途径。换言之，在此情况下，行为人的暴力侵害行为与被害人的介入行为（跳楼逃离行为）之间存在必然关联性，由此造成的被害人重伤后果与行为人的暴力行为之间存在必然、直接的联系，行为人的暴力行为能够合乎规律地引发被害人的跳楼逃离行为，被害人的跳楼逃离行为未中断行为人的暴力行为与被害人重伤后果之间的因果关系，故行为人应当对被害人逃离过程中造成的重伤结果承担刑事责任，即就抢劫罪而言属于“抢劫致人重伤”。[①]

例如，在共同抢劫犯罪中，对于部分行为人引起的致人重伤、死亡后果，其余未在现场的行为人应否对此后果承担责任？[②] 答案是肯定的。首先，抢劫罪侵害的是他人的财产权利和人身权利，故行为人劫取财物时，其暴力行为造成被害人伤害、死亡后果的，刑法不再单独予以评价，而仅作为一个量刑情节考量。可见，抢劫罪中的暴力行为不是独立于抢劫罪以外的独立行为，不具备适用实行过限的前提条件。其次，抢劫罪的手段行为包括“使用暴力”，在共同抢劫犯罪中，即使部分行为人不希望使用暴力，但对其他共同犯罪人可能使用暴力应当有所预见并予以认可，这也是抢劫罪与非暴力型财产犯罪的一个重要区别。因此，在共同抢劫犯罪中，部分人应当对其他行为人使用暴力造成他人伤亡后果承担刑事责任，并不违背主客观相一致原则。

---

① 参见武胜：《刘某抢劫、强奸案》，载最高人民法院刑事审判第一、二、三、四、五庭主办：《刑事审判参考》总第89集，法律出版社2013年版。

② 参见蒋征宇：《郭玉林等抢劫案》，载最高人民法院刑事审判第一庭、第二庭编：《刑事审判参考》总第27辑，法律出版社2002年版。

(六)"冒充军警人员抢劫"的认定

这是一种身份加重。冒充军警人员抢劫在侵犯公私财产所有权和公民人身权利之外,还败坏军队和警察在人民群众中良好的声誉和形象,破坏军民、警民关系,故加重处罚。

1."冒充军警人员抢劫"即冒充军人、警察抢劫,冒充保安、治安联防队员抢劫的不认定为冒充警察抢劫

"冒充军警人员抢劫"中的"军警人员",包括军人和警察。故冒充保安、治安联防队员进行抢劫的,不能认定为冒充警察抢劫。例如,在抢劫过程中头戴保安帽,以查身份证、抓小偷的名义进入建筑工地或者工人宿舍实施抢劫的,不认定为冒充警察抢劫。①

《两抢意见》对冒充正在执行公务的人民警察、联防人员,以抓卖淫嫖娼、赌博等违法行为为名非法占有财物的行为定性予以明确,即行为人冒充正在执行公务的人民警察"抓赌""抓嫖",没收赌资或者罚款的行为,构成犯罪的,以招摇撞骗罪从重处罚;②在实施上述行为中使用暴力或者暴力威胁的,以抢劫罪定罪处罚。行为人冒充治安联防队员"抓赌""抓嫖",没收赌资或者罚款的行为,构成犯罪的,以敲诈勒索罪定罪处罚;在实施上述行为中使用暴力或者暴力威胁的,以抢劫罪定罪处罚。上述规定,对冒充正在执行公务的人民警察和冒充抓赌、抓嫖的治安联防队员进行了区分,将前者规定为招摇撞骗罪,而将后者规定为敲诈勒索罪,该区分与上文关于冒充治安联防队员进行抢劫不认定为冒充警察抢劫所体现的精神是一致的。

---

① 参见苏敏:《王志坚抢劫、强奸、盗窃案》,载最高人民法院刑事审判第一、二、三、四、五庭主办:《刑事审判参考》总第73集,法律出版社2010年版。

② 有观点认为,该种情况只能以敲诈勒索罪定罪处罚。主要理由在于,招摇撞骗罪与诈骗罪一样,都具有被害人"自愿"交出财物的特征。此类案件中,往往以将卖淫嫖娼、参赌等人员带到公安局(派出所)处理为要挟,被害人是在被迫的状态下交出赌资或者罚款的,说明被害人实际上受到了胁迫,这种胁迫往往又是非暴力胁迫,即用非暴力胁迫获取财物的,不构成招摇撞骗罪和诈骗罪,而构成敲诈勒索罪。参见刘宪权:《刑法学名师讲演录(分论)》(第3版),上海人民出版社2021年版,第700~701页。

2.“冒充军警人员抢劫”的具体认定

《抢劫意见》明确,对冒充军人或者警察抢劫的认定,要注重对行为人是否穿着军警制服、携带枪支、是否出示军警证件等情节进行综合审查,判断是否足以使他人误以为是军警人员。对于行为人仅穿着类似军警的服装或者仅以言语宣称系军警人员但未携带枪支、也未出示军警证件而实施抢劫的,要结合抢劫地点、时间、暴力或威胁的具体情形,依照常人判断标准,确定是否认定为“冒充军警人员抢劫”。实践中,认定“冒充军警人员抢劫”需要把握以下三点:

第一,应具有一定的表现形式。例如,主动亮明军警人员身份、出示军警证件、身着军警制式服装、携带警械、驾驶军警车辆等。但并非具有上述表现形式就予以认定,还需根据实际情况考察行为人的主观方面,如并非出于抢劫目的,则不予认定,否则是客观归罪。第二,应达到使一般人能够相信其身份的程度。冒充军警人员抢劫与一般抢劫相比,在于其还损害了军人、警察的形象。如仅用口头方式冒充军警,“演技”拙劣、破绽百出,按照普通人的辨识能力可以识破,未能使一般人轻易相信,既没有构成一定的威胁,也没有损害军人、警察的形象,其社会危害性与一般抢劫无异,就不宜认定,可作为酌定从重情节。第三,不可简单地依据结果来认定。冒充行为存在被害人相信与不相信两种结果,虽然被害人是否相信对于冒充行为的认定具有一定影响,但并非只要被害人识破了假军警身份,就一概不予认定。《抢劫意见》对此使用的是“常人标准”而非“被害人标准”,即假如伎俩高超,足以使一般人信以为真,但恰巧被具有军警专业知识的被害人轻易识破,虽然冒充失败,但不可因此而不予认定,即仍应认定为“冒充军警人员抢劫”。例如,抢劫时自称是派出所的便衣民警,虽然具有冒充警察的行为,但仅是口头宣称系警察,既没有穿着警察制服,也没有驾驶警用交通工具或者使用警用械具等,更没有出示警察证件,以普通人的辨识能力能够轻易识破其假警察身份。案发后,被害人每天晚上去案发现场,试图抓住对其实施抢劫的男子,由此也可以看出,被害人在案发时根本不相信行为人是警察,其冒充行为明显没有达到应有的程度和效果,也没有损害警察的形象,社会危害性与一般抢劫无异,故不认定为“冒充军警人员抢劫”。①

需要注意的是,实践中曾经认为,“举轻以明重”,对于真的军警人员抢劫的,其所具有的社会危害性要比冒充真的军警人员抢劫更大,应当加重处罚。② 为此,《抢劫意见》第二条规定,军警人员利用自身的真实身份实施抢劫的,不认定为“冒充军警人员抢劫”,应依法从重处罚,而非加重处罚。笔者认为,如此规定一方面遵循了罪刑法定原则,另一方面此种情况鲜有发生,即使发生通过依法从重处罚即可达到处罚效果。

(七)“持枪抢劫”的认定

对持枪抢劫的加重处罚,着眼于枪支具有较大杀伤力的功能,属于危险性较大的工具。根据《抢劫解释》第五条的规定,“持枪抢劫”是指行为人使用枪支或者向被害人显示持有、佩带的枪支进行抢劫的行为;“枪支”的概念和范围,适用《枪支管理法》的规定。

据上,“持枪抢劫”应当是指为达到抢劫目的而使用枪支的行为,而使用枪支是指为了达到一定目的而故意向对方显露枪支或者开枪射击,以让被害人感受到枪支的杀伤功能和威慑功能的行为。抢劫中使用枪支通常包含两种情形:一是抢劫中开枪以制服被害人;二是为了达到抢劫目的而故意向被害人显露枪支以给被害人造成心理恐惧致其不敢反抗。故此,为抢劫而携带枪支的并不一定就属于“持枪抢劫”,如在抢劫中未使用枪支进行威胁或者伤害,或者未向对方显露枪支或者仅仅是口头上表示有枪,均因既未使用枪支也未显示枪支的,不能认定是“持枪抢劫”。例如,粟某等4人为了抢劫金店而将手枪带至现场,粟某安排莫某携带手枪在金店外望风,其间,莫某还携带手枪进入金店意图搬运保险柜。但根据4人的交代和金店被绑值班人员的陈述,莫某在抢劫金店过程中并未向金店值班人员显露枪支。粟某虽供称,其携带手枪主要是为了在抢劫后的驾车

---

① 参见郭宏伟:《王志国、肖建美抢劫案》,载最高人民法院刑事审判第一、二、三、四、五庭主办:《刑事审判参考》总第109集,法律出版社2017年版。

② 参见马克昌主编,吴振兴、莫洪宪执行主编:《百罪通论》(下卷),北京大学出版社2014年版,第718页。

逃跑过程中对抓捕人员起威慑作用或者打爆追捕车辆的轮胎,但这一情况毕竟没有实际发生。因此,对4人为抢劫而携带枪支,但实际未使用的行为,不认定为“持枪抢劫”。①

需要注意的是,“持枪抢劫”中的枪支,应当属于《枪支管理法》规定的枪支范围。对于持仿真枪等假枪抢劫的,虽然一时可以“以假乱真”,但因不具有“使用的现实可能性”,既不能发挥枪支致人死伤的功效,客观上也不可能造成他人死伤,故不认定为“持枪抢劫”。

此外,盗窃后持枪抗拒抓捕的能否认定为“持枪抢劫”?例如,刘某与周某结伙至一公司,先用携带的毒鸭肉毒死看门狗,后用大力钳剪断窗栅进入厂房实施盗窃,刘某将不同样式的袜子共计价值1.9万余元扔出窗口,周某将袜子装进事先准备的蛇皮袋运离现场。后因被巡逻的联防人员发现,刘某为抗拒抓捕,使用随身携带的枪支向联防人员射击,致其轻伤。经鉴定,该枪系以火药发射为动力,可以击发并具有杀伤力。② 对于此案,刘某在实施盗窃过程中,为抗拒抓捕当场使用枪支射击实施抓捕的人员,并致一人轻伤,其行为构成转化型抢劫罪。刘某在实施盗窃的过程中,随身携带枪支,其主观目的已经包含为确保顺利取得财物并逃离现场而使用枪支的意图,且其盗窃后为抗拒抓捕使用了枪支,致一人轻伤,其犯意已经转化为使用枪支劫取财物,应认定为“持枪抢劫”。盗窃后持枪抗拒抓捕,因使用枪支进行暴力拒捕而转化为抢劫罪。同时,因实施的暴力拒捕行为使用了国家明令管制的枪支,与一般的暴力拒捕行为相比,社会危害性明显更大,应当在量刑时体现。因此,将盗窃后持枪抗拒抓捕的行为认定为“持枪抢劫”,不仅没有违反禁止重复评价原则,反而有利于充分评价犯罪行为,实现罪责刑相适应。

事实上,将盗窃后持枪抗拒抓捕的认定为“持枪抢劫”,与司法解释等文件规定的将入户或者在公共交通工具上盗窃、诈骗、抢夺后为抗拒抓捕当场使用暴力

① 参见贺平凡、时军:《粟君才等抢劫、非法持有枪支案》,载最高人民法院刑事审判第一、二、三、四、五庭主办:《刑事审判参考》总第55集,法律出版社2007年版。

② 参见陆红源、白艳利:《盗窃后持枪抗拒抓捕属于持枪抢劫》,载《人民司法(案例)》2011年第2期。

或者以暴力相威胁的认定为“入户抢劫”或者“在公共交通工具上抢劫”，所体现的精神是一致的。

（八）“抢劫军用物资或者抢险、救灾、救济物资”的认定

军用物资和抢险、救灾、救济物资属于特殊保护对象，故抢劫军用物资或者抢险、救灾、救济物资的，因其所具有的社会危害性较一般抢劫行为要大，加重处罚。军用物资，是指除枪支、弹药等武器装备以外，供军事上使用的其他物资。抢劫部队枪支、弹药的，以抢劫枪支、弹药罪论处。抢险、救灾、救济物资，是指国家或者地方已确定或者正在用于抢险、救灾、救济的物资。

五 携带凶器抢夺的认定

“由于携带凶器抢夺不仅侵犯了他人的财产，而且对他人的人身也构成威胁，其危害程度较之普通的抢夺行为大得多，并且有一定的抢劫的特征。因此，为了更好地保护公民的人身权利和财产权利，对携带凶器抢夺的，依照抢劫罪定罪处罚。”[①]一般认为，对携带凶器抢夺的行为以抢劫罪论处，是法律拟制而非注意规定。

根据《抢劫解释》第六条的规定，“携带凶器抢夺”是指行为人随身携带枪支、爆炸物、管制刀具等国家禁止个人携带的器械进行抢夺或者为了实施犯罪而携带其他器械进行抢夺的行为。对此，《两抢意见》第四条进一步明确，行为人随身携带国家禁止个人携带的器械以外的其他器械抢夺，但有证据证明该器械确实不是为了实施犯罪准备的，不以抢劫罪定罪；行为人将随身携带凶器有意加以显露、能为被害人所察觉到的，直接以抢劫罪定罪处罚；行为人携带凶器抢夺后，在逃跑过程中为窝藏赃物、抗拒抓捕或者毁灭罪证而当场使用暴力或者以暴力相威胁的，适用《刑法》第二百六十七条第二款的规定定罪处罚。

① 李淳、王尚新主编：《中国刑法修订的背景与适用》，法律出版社 1998 年版，第 326 页。

具体而言，第一，枪支、爆炸物、管制刀具等国家禁止个人携带的器械，具有较大的杀伤力和威慑力，携带行为本身就具有违法性，故携带这些器械进行抢夺的，直接认定为携带凶器抢夺，以抢劫罪论处。

第二，携带国家禁止个人携带的器械以外的其他器械进行抢夺的能否认定为携带凶器抢夺，关键在于"其他器械"是否属于凶器，对此应坚持主客观相统一原则认定，即客观上该器械具有较大的杀伤力和威慑力，主观上是为了实施犯罪准备的即作为抢夺的后盾。最为典型的如"菜刀""斧头""铁锤""水果刀""杀猪刀"等物品，正常使用时并不具有杀伤他人的机能，但为实施犯罪而准备并随身携带的，则具有较大的杀伤力和威慑力，应认定为凶器。故携带"菜刀"、"斧头"、"铁锤"、"水果刀"和"杀猪刀"等器械进行抢夺的，一般可认定为携带凶器抢夺，以抢劫罪论处。例如，携带斧头窜至银行营业厅内，趁被害人拿出现金放在柜台准备办理存款业务之时，将其现金抢走，欲逃跑时被群众于厅内当场抓获，并被搜出随身携带的斧头一把。该案中，行为人携带斧头在银行营业大厅抢夺储户现金，客观上其携带的器械具有较大的杀伤力和威慑力，主观上其是为了实施犯罪准备的，属于携带凶器抢夺，构成抢劫罪。

但有证据证明该器械确实不是为了实施犯罪准备的，不以抢劫罪定罪，数额较大或者多次抢夺的，以抢夺罪定罪处罚。例如，一木匠去工地工作途中，临时起意抢夺他人财物，尽管其携带的工具箱中有斧头等器械，但不是为实施抢夺犯罪而准备的，故不能认定为携带凶器抢夺而以抢劫罪论处，如果本次抢夺数额较大的，以抢夺罪定罪处罚。

第三，携带凶器抢夺中的"携带"即"随身带着"，要求行为人在抢夺时将凶器带在身上或者置于身边附近，具有随时可能使用或者当场能够及时使用的特点，即具有随时使用的可能性。携带凶器"抢夺"，即携带凶器公然夺取他人财物，不存在向被害人显露、暗示自己所携带的凶器甚至使用所携带的凶器的意思，否则就是强抢他人财物。故将随身携带的凶器有意加以显露、能为被害人所察觉到，即对被害人施加了人身强制，故而劫取财物的，符合抢劫罪的构成要件，直接以抢劫罪定罪处罚。使用所携带的凶器劫取财物的，则完全符合抢劫罪的构成要件。

第四，携带凶器抢夺即构成抢劫罪，在逃跑过程中为窝藏赃物、抗拒抓捕或者毁灭罪证而当场使用暴力或者以暴力相威胁的，属于抢劫后的行为表现，故仍适用《刑法》第二百六十七条第二款的规定定罪处罚，而不适用《刑法》第二百六十九条关于转化型抢劫罪的规定。

六 抢劫罪中承继共犯的刑事责任

在事中通谋的共同犯罪中，存在承继的共同犯罪现象，即先行为人已经实施了一部分实行行为，后行为人以共同犯罪的意思参与实行或者提供帮助。承继犯与先行为人构成共同犯罪，对于其刑事责任需坚持罪责自负和罪责刑相适应原则，即只对其参与的行为承担责任，而不对参与前的先行为人实施的行为及结果承担责任。因为利用先行为人已经造成的结果不等于后行为人的行为与该结果之间具有因果关系，后行为人不应对与自己行为没有因果关系的结果承担责任。[①] 抢劫罪中的承继犯，主要有两种情形。

（一）明知他人抢劫，在抢劫手段行为结束后，参与共同非法占有他人财物的刑事责任

显然，先行为人虽然实施了抢劫的手段行为，但尚未劫取他人财物，即抢劫行为尚未结束，此时后行为人明知先行为人抢劫而参与其中，形成共同的抢劫故意，并实施了属于抢劫罪的部分行为即劫取他人财物行为，与先行为人构成抢劫罪的共犯，应对其参与的部分抢劫行为承担刑事责任。

在事先无通谋，但明知他人抢劫的情况下，于他人暴力行为致被害人死亡后参与共同搜取被害人财物的，构成盗窃罪还是抢劫罪？是否需要承担致人死亡

① 参见张明楷：《刑法学（上）》（第6版），法律出版社2021年版，第589页。

的刑事责任?① 该情形中,行为人事前虽无抢劫的主观故意,事中亦未实施抢劫的暴力行为,但其在他人使用暴力致使被害人死亡后、抢劫犯罪行为尚处于持续状态期间,明知他人的行为系抢劫犯罪,而参与后续的搜取被害人财物的行为,属于事中参与的共同犯罪即承继犯,应以抢劫罪的共犯定性。行为人在参与前,他人已经对被害人实施了暴力并致被害人死亡,其对此事先无共同犯意,事中亦没有实施共同暴力行为,根据罪责自负原则,其对参与抢劫前他人实施的暴力行为及致被害人死亡的结果不应承担刑事责任,即不承担“抢劫致人死亡”的加重处罚责任,如果也无“抢劫数额巨大”等其他加重情节的,对行为人在三年以上十年以下有期徒刑幅度内量刑,并处罚金。如果行为人在共同犯罪中系从犯的,还应对其适用从犯从宽处罚的规定。

当然,如果是在对他人前期犯罪行为的具体动机、目的、性质欠缺明知的情况下参与他人后续犯罪行为的,因其与他人的主观故意内容可能并非一致,故应根据主客观相一致原则,结合其主观故意内容和实施的客观行为,确定具体罪名。例如,以为被害人的死亡结果并非犯罪行为所致,从而参与其中搜取被害人财物的,此时因仅有盗窃故意,如窃取财物数额较大的,应以盗窃罪定罪处罚。

(二)明知他人犯盗窃、诈骗、抢夺罪后为窝藏赃物、抗拒抓捕或者毁灭罪证当场使用暴力或者以暴力相威胁,参与其中的刑事责任

就是参与他人转化为抢劫的犯罪行为。例如,他人实施盗窃行为,为抗拒抓捕当场使用暴力,后行为人加入其中,对其如何定性?如果造成被害人死伤的,如何量刑?② 首先关于定性。行为人与他人虽无事先预谋,但明知他人在实施盗窃后为抗拒抓捕当场使用暴力,仍然参与其中提供支持和帮助,形成共同犯罪故意,并付诸共同犯罪行为。虽然行为人参与的是转化行为,但该行为与他人之前实施的盗窃行为是一个连续的整体,不能割裂开来,应统一评价,故其与他人一

① 参见高军:《侯吉辉、匡家荣、何德权抢劫案》,载最高人民法院刑事审判第一、二、三、四、五庭主办:《刑事审判参考》总第 62 集,法律出版社 2008 年版。

② 参见章晓瑜、曹永校:《翟光强等抢劫案》,载最高人民法院刑事审判第一、二、三、四、五庭主办:《刑事审判参考》总第 109 集,法律出版社 2017 年版。

起构成转化型抢劫罪。其次关于量刑。因行为人仅参与转化行为,未参与之前的盗窃行为,故根据罪责自负原则,量刑时应根据其在转化行为中的动机是为自身利益还是帮助他人逃避抓捕、所起作用是否帮助他人非法占有了财物、成功逃避了抓捕、所造成的结果是否造成被害人死伤等,决定其在共同犯罪中的地位、作用,以做到罪责刑相适应。例如,在他人窃取数额巨大的财物后,参与暴力拒捕行为,帮助他人非法占有了财物、成功逃避了抓捕,则全案属于抢劫数额巨大,处十年以上有期徒刑、无期徒刑或者死刑,并处罚金或者没收财产。对于行为人而言,虽然其未参与之前的盗窃行为,但其通过参与暴力拒捕,帮助他人非法占有了所窃取的财物,故对其也应认定为抢劫数额巨大。如果综合评价后行为人属于从犯的,再适用从犯从宽处罚的规定。再如,行为人参与暴力拒捕行为造成被害人重伤、死亡的,此时其无疑应承担抢劫致人重伤、死亡的加重处罚责任。但在具体量刑时,需查明其在致人重伤、死亡中所起作用的大小,如所起作用小,可以认定为从犯,确保罪罚相当。

根据主客观相统一原则,虽然参与了暴力拒捕行为,但不明知他人之前实施了盗窃、诈骗、抢夺行为的,则因欠缺非法取财的主观目的,不符合转化型抢劫罪的构成要件,即不与他人成立抢劫罪的共同犯罪,而仅对其暴力行为致被害人死伤的结果承担故意伤害罪或者故意杀人罪的刑事责任。

七 抢劫罪数的认定

(一)抢劫杀人的罪数认定

抢劫杀人犯罪中,认定抢劫罪一罪还是以抢劫罪和故意杀人罪两罪并罚,关键在于行为人是否基于一个抢劫故意,为非法占有他人财物排除障碍而杀人。如是,则不论杀人行为是在抢劫财物之前、之时或者之后,均以抢劫罪一罪定罪处罚;如否,则以抢劫罪和故意杀人罪两罪并罚。对此,2001 年《最高人民法院关于抢劫过程中故意杀人案件如何定罪问题的批复》(以下简称《故意杀人定罪批复》)规定,行为人为劫取财物而预谋故意杀人,或者在劫取财物过程中,为制服被害人反抗而故意杀人的,以抢劫罪定罪处罚。行为人实施抢劫后,为灭口而故意杀人的,以抢劫罪和故意杀人罪定罪,实行数罪并罚。该批复中,为劫取财物而预谋故意杀人,或者在劫取财物过程中为制服被害人反抗而故意杀人的,都是基于一个抢劫故意,故以抢劫罪一罪定罪处罚,如致人重伤、死亡的,适用“抢劫致人重伤、死亡”的法定条款。而在实施抢劫后,为灭口而故意杀人的,则是基于抢劫和故意杀人两个故意,故以抢劫罪和故意杀人罪实行数罪并罚。实践中,以下三个问题值得关注。

1. 为保护劫取的财物而当场施暴致人伤亡的是认定抢劫罪一罪还是以抢劫罪与故意伤害(杀人)罪并罚

例如,从被害人手中劫得财物后,因被害人欲当场夺回被劫财物,行为人为了非法占有该财物而当场对被害人实施暴力并致其伤亡的,是否需要单独认定为故意伤害罪或者故意杀人罪?① 该案中,被害人欲夺回财物,意味着行为人劫取财物的目的尚未实现。行为人为了保护其犯罪成果而当场使用暴力,该暴力行为具有非法占有他人财物的目的,仍然属于抢劫犯罪手段行为的一部分,不具有单独评价的意义,无须另行认定故意伤害罪或者故意杀人罪。事实上,该案属于《故意杀人定罪批复》中“在劫取财物过程中,为制服被害人反抗而故意杀人的,以抢劫罪定罪处罚”的情形。

2. 预谋并实施抢劫和杀人灭口的是认定抢劫罪一罪还是以抢劫罪与故意杀人罪并罚

《故意杀人定罪批复》关于“实施抢劫后,为灭口而故意杀人的,以抢劫罪和故意杀人罪定罪,实行数罪并罚”的规定,是基于行为人在抢劫后又产生了杀人灭口的主观故意,故以抢劫罪和故意杀人罪实行数罪并罚。该情形的成立要件为:一是故意杀人行为发生在实施抢劫之后;二是故意杀人是为了灭口。虽然杀人灭口的故意产生于实施抢劫之后,但不能推定只有杀人灭口的故意产生于实

① 参见聂昭伟:《龚文彬等抢劫、贩卖毒品案》,载最高人民法院刑事审判第一、二、三、四、五庭主办:《刑事审判参考》总第70集,法律出版社2010年版。

施抢劫之后才可以实行两罪并罚。事实上,杀人灭口的故意既可以产生于实施抢劫之后,也可以产生于预谋阶段,只要在抢劫行为完成后又为了灭口而实施杀人行为的,就应当数罪并罚。

根据刑法理论,罪名的确定必须坚持主客观相统一原则。对于确有证据证明行为人预谋劫取财物并杀人灭口,之后按照预谋内容在抢劫行为实施完毕后又杀人灭口的情形,从主观要件看,行为人有两个明确的犯罪故意:一是实施劫取财物的故意;二是为灭口而杀人的故意。从客观要件看,行为人也有两个客观行为:一是实施了不以杀人作为手段的劫取财物行为,如果通过直接剥夺他人生命的手段来劫取财物,之后则无"灭口"之说;二是实施了以"灭口"为目的的直接剥夺他人生命行为。根据主客观相统一的定罪原则,预谋并实施抢劫和杀人灭口的情形,行为人具有两个犯意,并先后实施了抢劫和杀人灭口两个行为,分别符合抢劫罪和故意杀人罪的犯罪构成要件,应以抢劫罪和故意杀人罪实行数罪并罚。①

3. 为劫取财物而预谋故意杀人但仅致人轻伤且劫取财物数额不大的是认定抢劫罪还是故意杀人罪(未遂)

《故意杀人定罪批复》关于"为劫取财物而预谋故意杀人,或者在劫取财物过程中,为制服被害人的反抗而故意杀人的,以抢劫罪定罪处罚"的规定,主要基于抢劫致人重伤或者死亡的一般情形,抢劫致人重伤或者死亡的,以抢劫罪定罪处罚,最高法定刑为死刑,并处罚金或者没收财产;以故意杀人罪定罪处罚,最高法定刑只是死刑,并无并处罚金或者没收财产的规定。相比较而言,在故意杀人手段行为与抢劫财物目的行为成立牵连犯的场合,从一重处即以抢劫罪定罪处罚,符合罪责刑相适应原则。

对于为劫取财物而预谋故意杀人但仅致人轻伤且劫取财物数额不大的非常态情形,以抢劫罪定罪处罚,处三年以上十年以下有期徒刑,并处罚金;而以故意杀人罪(未遂)定罪处罚,处死刑、无期徒刑或者十年以上有期徒刑,情节较轻的,

① 相关案例可参见黄应生、戴忠华:《赵东波、赵军故意杀人、抢劫案》,载最高人民法院刑事审判第一、二、三、四、五庭主办:《刑事审判参考》总第64集,法律出版社2009年版。

处三年以上十年以下有期徒刑。显然,该种情形与《故意杀人定罪批复》规定不符,如果仍然以抢劫罪定罪处罚未必属于较重的处罚,可能导致罪责刑不相适应。故此,笔者认为,根据《故意杀人定罪批复》体现的从一重处精神,需要根据案情作具体分析:第一,如果故意杀人未遂,情节恶劣的,因不能比照既遂犯减轻处罚,需处死刑、无期徒刑或者十年以上有期徒刑,此时以故意杀人罪(未遂)定罪处罚无疑属于较重的处罚。第二,如果故意杀人未遂,情节较轻的,处三年以上十年以下有期徒刑,而以抢劫罪定罪处罚,需处三年以上十年以下有期徒刑,并处罚金,此时以抢劫罪定罪处罚属于较重的处罚。

当然,如果劫取的财物数额巨大,或者有在公共交通工具上抢劫等加重处罚情节的,为劫取财物而预谋故意杀人仅致人轻伤的情形,以抢劫罪定罪处罚仍然属于较重的处罚,即以抢劫罪论处。

(二)其他情形的罪数认定

根据《两抢意见》第八条的规定,行为人实施伤害、强奸等犯罪行为,在被害人未失去知觉,利用被害人不能反抗、不敢反抗的处境,临时起意劫取他人财物的,应以此前所实施的具体犯罪与抢劫罪实行数罪并罚;在被害人失去知觉或者没有发觉的情形下,以及实施故意杀人犯罪行为之后,临时起意拿走他人财物的,应以此前所实施的具体犯罪与盗窃罪实行数罪并罚。在前一种情况下,虽然前期暴力行为的目的并非排除被害人的反抗,且此时暴力行为已经停止,但由于其先前的伤害、强奸等暴力行为对被害人的影响并没有消失,在时间和空间上仍具有延续性,而且行为人正是利用这种延续性的状态,即被害人不能反抗、不敢反抗的处境,劫取被害人的财物,其行为仍然具有现实的暴力性,因而以抢劫罪论处。而后一种情况,没有利用被害人不能反抗、不敢反抗、不知反抗的处境,临时起意拿走他人的财物,实为窃取他人财物,故以盗窃罪论处。

故意杀人后又取走被害人财物的,如何定性?[①] 此类案件中,如果先因他故

① 参见董朝阳:《计永欣故意杀人案》,载最高人民法院刑事审判第一庭、第二庭编:《刑事审判参考》总第24辑,法律出版社2002年版。

实施了杀人行为，而后又临时起意取走被害人财物的，因先前的杀人行为与事后的取财行为之间并无手段与目的的关系，不能认定为抢劫罪，而只能分别认定为故意杀人罪和盗窃罪，实行数罪并罚。

当然，根据《故意杀人定罪批复》的规定，如果以劫取财物为目的，在实施杀人行为后，利用被害人已经死亡或者不能反抗的状态拿走被害人财物的，则应以抢劫罪定罪处罚。因此，在实施杀人行为后，利用被害人已经死亡或者不能反抗的状态拿走被害人财物的行为，是以抢劫罪定罪处罚还是以故意杀人罪和盗窃罪并罚，关键在于行为人的主观动机，即基于劫财目的，还是基于杀人故意并临时起意非法占有他人财物。实践中，对于行为人有无劫财目的，一方面要审查其供述和辩解是否具有合理性，另一方面要审查其供述的主观目的与客观行为、客观情况是否具有一致性。[①]

八 抢劫罪与抢夺、敲诈勒索、绑架等犯罪的界限

实践中，抢劫罪与抢夺罪、聚众哄抢罪、敲诈勒索罪、绑架罪、寻衅滋事罪等属于近似犯罪，容易混淆。根据《两抢意见》第九条的规定，抢劫罪表现为行为人劫取财物一般应在同一时间、同一地点，具有“当场性”，加上“当场”使用暴力、胁迫或者其他方法，即“两个当场”是抢劫罪的本质特征，并以是否具备“两个当场”区分抢劫罪与近似犯罪。

（一）抢劫罪与抢夺罪的界限

抢夺罪表现为公然夺取他人财物时并不使用暴力、威胁等侵犯被害人人身的手段行为，这是抢夺罪与抢劫罪在客观上的显著区别。抢夺罪不使用暴力，而是使用强力，且此种强力仅作用于被抢夺的财物，而抢劫罪则是使用暴力，并将

① 相关案例可参见王永兴：《蒋伟伟抢劫案》，载最高人民法院刑事审判第一、二、三、四、五庭主办：《刑事审判参考》总第120集，法律出版社2020年版。

暴力直接施加于被害人人身，强制其身体。例如，酒后无故殴打他人，并非夺取财物的手段，属于寻衅滋事；后见财临时起意，趁被害人被打倒在地之机，夺走被害人的手机，因并非事先即有强行占有他人财物的目的，只是见财临时起意夺走他人财物，不符合抢劫罪的构成特征，应认定为抢夺罪。①

（二）抢劫罪与聚众哄抢罪的界限

聚众哄抢罪，是指聚众哄抢公私财物，数额较大或者有其他严重情节的行为。犯该罪的，仅处罚首要分子和积极参加者，对一般参加者不追究刑事责任。

抢劫罪与聚众哄抢罪虽然都有个“抢”字，但两罪的界限明显。一是客体不同。抢劫罪侵犯的客体是复杂客体即公私财产所有权和人身权，而聚众哄抢罪侵犯的客体是公私财产所有权和社会的正常管理秩序。二是客观表现不同。抢劫罪表现为当场使用暴力、胁迫或者其他方法，强行夺取公私财物；而聚众哄抢罪表现为聚集、纠合多人，一哄而上，公然夺取公私财物，但是不采用暴力、胁迫或其他人身强制方法，否则构成抢劫罪。

（三）抢劫罪与敲诈勒索罪的界限

两罪在客观方面都可以采用威胁手段，且均可以当场取得财物，但威胁的特定内容不同：第一，从威胁的方式看，抢劫罪的威胁是当着被害人的面直接发出的；而敲诈勒索罪的威胁可以当面发出，也可以通过书信、电话、微信、短信或者第三者转达。第二，从实施威胁的时间看，抢劫罪的威胁，表现为如不交出财物，就要当场实施所威胁的内容；而敲诈勒索罪的威胁，一般表现为如不答应要求，将在以后的某个时间实施威胁的内容。第三，从威胁的内容看，抢劫罪的威胁，是以杀害、伤害等侵害人身权利相威胁；而敲诈勒索罪的威胁，内容更为广泛，包括对人身的伤害或者毁坏财物、名誉等。第四，从非法取得财物的时间看，抢劫罪是当场实施威胁并当场取得财物，而敲诈勒索罪则既可以当场也可以在事后

---

① 参见赵新杰：《亢红昌抢劫案》，载最高人民法院刑事审判第一庭、第二庭编：《刑事审判参考》总第28辑，法律出版社2002年版。

取得财物。

例如，行为人在收取“管理费”遭到拒绝时，拾起地上的一只铁锤追打被害人，当场威胁到被害人的人身安全。在这一紧要情况下，被害人之妻被迫交给其“管理费”1500元。显然，行为人在客观上当场使用暴力并索取“管理费”，对其应以抢劫罪论处。[①] 再如，当场出示菜刀并叫被害人将手指剁下来，是以当场使用暴力相威胁。但被害人拿不出钱，其之后交出的2000元是到外面向他人借来的，存在一定程度的时间和空间跨度。对此，在非法取得财物的时间方面能否理解为“即时”“当场”取得？事后被害人被迫独自外出借钱，此时被害人完全脱离了行为人的控制，本可以向有关部门报案，但在担心日后遭到报复的情况下向他人借齐2000元交给行为人，是否符合敲诈勒索罪的构成特征？[②] 在以暴力威胁实施的抢劫犯罪中，对“当场”的认定必须结合暴力威胁以及所形成的对被害人的身体和精神强制的方式及程度，进行具体分析。只要暴力威胁造成了强制，且该强制一直持续，即使时间延续较长，没有自然终止或者没有因外力影响而被中断，空间也发生了一定转换，同样可以认定为“当场”。本案中，自行为人实施暴力威胁行为到被害人外出借款并交给行为人是一个自然的连贯过程，其间并未中断，故认定其系即时、当场取得财物，其行为构成抢劫罪。

又如，对于事出有因，被害人并非被打了两巴掌而被迫交出财物，而是因为行为人掌握了其在单位盗窃的事实，害怕告发后被单位除名才被迫交出财物，即行为人主要通过要挟手段非法占有被害人财物的，其行为符合敲诈勒索罪的构成特征，对其应以敲诈勒索罪定罪处罚。[③] 对于在抢劫过程中威胁被害人事后交出钱财的，因不是当场实施，而是要求被害人事后送钱，不符合抢劫罪的构成特征。而且，因为在当场实施暴力抢劫后已将被害人放掉，而不是对其进行直接的

① 参见罗来庆：《从一则案例看敲诈勒索罪与抢劫罪的区别》，载《人民法院报》2014年5月20日，第6版。

② 参见张国辉：《何木生抢劫案》，载最高人民法院刑事审判第一庭、第二庭编：《刑事审判参考》总第23辑，法律出版社2002年版。

③ 参见徐清云：《林华明等敲诈勒索案》，载最高人民法院刑事审判第一庭、第二庭编：《刑事审判参考》总第44集，法律出版社2006年版。

人身控制,使其失去行动自由,也不构成绑架罪。该行为系以非法占有为目的对被害人实施威胁,进行精神强制,使其产生恐惧、害怕心理,不得已而交出个人财物,符合敲诈勒索罪的构成特征。①

(四)抢劫罪与绑架罪的界限

根据《两抢意见》第九条的规定,绑架罪是侵害他人人身自由权利的犯罪,其与抢劫罪的区别在于:第一,主观方面不尽相同。抢劫罪中,行为人一般出于非法占有他人财物的故意实施抢劫行为;绑架罪中,行为人既可能为勒索他人财物而实施绑架行为,也可能出于其他非经济目的实施绑架行为。第二,行为手段不尽相同。抢劫罪表现为行为人劫取财物一般应在同一时间、同一地点,具有"当场性";绑架罪表现为行为人以杀害、伤害等方式向被绑架人的亲属或者其他人或单位发出威胁,索取赎金或者提出其他非法要求,劫取财物一般不具有"当场性"。绑架过程中又当场劫取被害人随身携带财物的,同时触犯绑架罪和抢劫罪两罪名,应择一重罪定罪处罚。

例如,将被害人劫持至一旅馆内予以非法拘禁,迫使其本人交付5000元现金后予以释放,该行为构成绑架罪还是抢劫罪?② 以索要财物为目的,实施暴力手段劫持被害人并对其予以非法拘禁的,不具备以被绑架人为人质向被绑架人以外的第三人勒索财物这一绑架罪的基本特征,不构成绑架罪。暴力挟持他人并非法索取财物的,具备抢劫罪的两个"当场",构成抢劫罪,其间实施的非法拘禁行为与抢劫行为存在牵连,按照牵连犯从一重处原则,不再单独定罪。

再如,采用殴打、持刀威胁手段,当场抢走被害人随身携带的财物,后又继续实施威胁行为向被害人索取财物,并将被害人挟持至其兄的餐馆,谎称开车时撞

---

① 参见李亚飞、许浩:《周建平、卫杨林、吴江、刘有志抢劫、敲诈勒索案》,载最高人民法院刑事审判第一庭、第二庭编:《刑事审判参考》总第18辑,法律出版社2001年版。当然,对于该问题的定性,理论界存在不同意见。例如,有观点认为,抢劫罪中的取得财物不必具有当场性,如明知被害人当时身无分文,但使用暴力严重压制其反抗,迫使对方次日交付财物的,应认定为抢劫罪。参见张明楷:《刑法学(下)》(第6版),法律出版社2021年版,第1271页。

② 参见马殿振:《杨保营等抢劫、绑架案》,载最高人民法院刑事审判第一庭、第二庭编:《刑事审判参考》总第35集,法律出版社2004年版。

了人送医院抢救需要交押金，被害人之兄信以为真，即拿出300元和3本银行存折交给被害人。离开餐馆后，被害人将钱和存折交给行为人。此案构成抢劫罪还是绑架罪？① 抢劫罪与绑架罪的关键区别在于，抢劫罪是使用暴力、胁迫等强制手段，直接劫取被害人的财物。所谓直接劫取被害人的财物，既包括当场劫走被害人随身携带的财物，也包括挟持被害人至其住所等财物存放处劫走其财物等。而以勒索财物为目的的绑架罪，则是将被害人绑架后，以被绑架人的亲属或者其他人对被绑架人的安危担忧来威胁被绑架人的亲属或其他人，向被绑架对象以外的第三人索取财物，被绑架人与被勒索人是分离的，不是同一人。该案中，由于行为人并未向被害人之兄表示被害人已被绑架，也非直接向被害人之兄实施勒索，被害人之兄并不知道被害人此时正被挟持，也未感受到被勒索，之所以给钱，目的是帮助被害人解决因为撞人产生的治疗押金问题，而非受到行为人的要挟或者勒索。故此，应认定行为人是在向被害人本人索取钱财，而非转向被害人之兄进行勒索，其侵害的对象始终是被害人本人，其行为构成抢劫罪。

又如，劫持被害人后，要求被害人以勒赎之外的名义向其家属索要财物，构成抢劫还是绑架罪？② 该案中，因为是威胁被害人让其与其亲属联系索要财物，并没有直接向被害人亲属发出威胁索要赎金，故该行为符合抢劫罪当场施暴、当场取财的构成要件。实践中，控制被害人并通过被害人向其亲属索要钱财的情形比较复杂。例如，有的是通过被害人转达勒赎请求，以使被害人亲属确信其被控制的事实并增加威慑力量；有的是明确要求被害人不能暴露其被控制的事实，使被害人家属误以为其因正当事由需要钱财而提供；有的是笼统要求被害人向其家属索要钱财，至于被害人以何种名义向其家属索要钱财在所不问。对此，在定性上需要具体情况具体分析。对于前两种情形，应以是否胁迫第三人为标准，如是胁迫第三人，则认定为绑架罪；如否，则认定为抢劫罪。对于第三种情形，由于第三人对行为人是否胁迫被害人处于不确定状态，需要视被害人与第三人的

---

① 参见林必金：《王团结、潘友利、黄福忠抢劫、敲诈勒索案》，载最高人民法院刑事审判第一庭、第二庭编：《刑事审判参考》总第36集，法律出版社2004年版。

② 参见牛克乾、郭彦东：《张红亮等抢劫、盗窃案》，载最高人民法院刑事审判第一、二、三、四、五庭主办：《刑事审判参考》总第75集，法律出版社2011年版。

沟通情况而具体认定。如果被害人告知第三人其人身被控制而要钱，则构成绑架罪；如果被害人并未告知第三人其人身被控制，即使被害人亲属已感知到，在无证据证实行为人有明确的胁迫第三人的主观犯意和客观行为的情形下，应以抢劫罪定罪处罚。

还如，绑架他人后，挟人质至被害人亲属住所，仅以人质的人身安危相威胁，逼迫其亲属交付一定数额财物的，构成抢劫还是绑架罪？[①] 该案中，因并未对亲属的人身及其家中财产安全造成直接威胁，故应认定为绑架罪。

（五）抢劫罪与寻衅滋事罪的界限

根据《两抢意见》第九条的规定，寻衅滋事罪是严重扰乱社会秩序的犯罪，行为人实施寻衅滋事的行为时，客观上也可能表现为强拿硬要公私财物的特征。这种强拿硬要的行为与抢劫罪的区别在于：前者行为人主观上还具有逞强好胜和通过强拿硬要来填补其精神空虚等目的，后者行为人一般只具有非法占有他人财物的目的；前者行为人客观上一般不以严重侵犯他人人身权利的方法强拿硬要财物，而后者行为人则以暴力、胁迫等方式作为劫取他人财物的手段。司法实践中，对于未成年人使用或威胁使用轻微暴力强抢少量财物的行为，一般不宜以抢劫罪定罪处罚，其行为符合寻衅滋事罪特征的，可以寻衅滋事罪定罪处罚。[②]

例如，多次拦截儿童，强行夺取较低经济价值的物品（袜子），构成抢劫罪还是寻衅滋事罪？从构成要件角度判断一个行为是构成抢劫罪还是寻衅滋事罪，首先，应当考察行为人的主观目的是非法占有他人财物，还是满足畸形的生理和心理需要；其次，应当判断该行为客观上主要侵害他人财产权利、人身权利，还是滋扰他人，破坏社会秩序。此外，在区分两罪时，还要充分发挥罪责刑相适应原则的指导作用，正确衡量犯罪行为的实质危害性大小。该案中，行为人多次尾随、拦截儿童，控制儿童后，强行脱下其所穿袜子并抢走，共几十双。单从行为方

---

① 参见王秀叶、王驰：《当面勒索与当场抢劫的区分》，载《人民司法（案例）》2011 年第 14 期。

② 实践中，未成年人以大欺小、以强凌弱或者寻求精神刺激，随意殴打，以轻微暴力索要少量财物的，不构成抢劫罪，扰乱公共场所秩序情节严重的，可以寻衅滋事罪定罪处罚。参见徐松青、张华：《未成年人抢劫、寻衅滋事等罪名之辨》，载《人民司法（案例）》2011 年第 14 期。

式看，行为人实施了暴力压制被害人反抗和当场夺取他人财物的行为，似乎符合抢劫罪的构成要件。但是，从财物经济价值角度来看，儿童旧袜价值低廉，行为人的行为侵犯财产权利的一面并不突出；从行为人主观目的来看，其强抢儿童旧袜，并不是为了获取财物的经济价值，而是出于一种追求精神刺激，满足自己不健康的心理和生理需要，客观上滋扰了他人，破坏了社会公共秩序。此外，行为人的行为不仅符合多次强拿硬要他人财物、强拿硬要未成年人财物造成恶劣社会影响等司法解释明确列举的入罪情形，同时也符合多次拦截未成年人这一入罪条件。因此，无论是从行为方式、行为的客观危害，还是从主观目的分析，行为人的行为更符合寻衅滋事罪的特征，而不是抢劫罪。以寻衅滋事罪定罪处罚，更能体现罪责刑相适应。①

再如，因对曾经的同学心生不满，纠集他人"收拾"该同学，以轻微暴力强拿硬要其两部手机，事后经其要求虽退还一部，但仍非法占有另一部不退还，卖得赃款挥霍，该行为构成抢劫罪还是寻衅滋事罪？本案中，行为人实施的暴力殴打和强拿硬要手机行为，其主观上并非单纯是为了非法占有被害人的财物，而是通过这些方式以实现教训、报复被害人的目的。客观上，使用轻微暴力强拿硬要财物的行为扰乱了正常的社会秩序，其暴力强度并未超出寻衅滋事罪所涵括的程度，符合寻衅滋事罪的构成要件。而且行为人中有一人为未成年人，另二人刚成年，以寻衅滋事罪定罪处刑更能罚当其罪。②

又如，使用轻微暴力帮助他人抢回赌资的，构成抢劫罪还是寻衅滋事罪？从主观方面看，行为人主观上并无非法占有他人财物的故意，而是教训、吓唬被害人和帮助他人追回赌资，与抢劫罪中非法占有他人财物的故意有所区别。从暴力程度看，行为人在公共场所通过拳打脚踢的方式，使被害人忍气吞声，从而公然拿走被害人的少量财物，其强度比抢劫中的暴力威胁程度明显要弱，主要侵犯的是社会公共秩序，其行为更符合寻衅滋事罪中的"强拿硬要"的特征。从客观

① 参见彭冬梅、王丽冰：《朱伦军寻衅滋事案》，载最高人民法院刑事审判第一、二、三、四、五庭主办：《刑事审判参考》总第122集，法律出版社2020年版。

② 参见司明灯、余剑锋、刘思源：《张彪等寻衅滋事案》，载最高人民法院刑事审判第一、二、三、四、五庭主办：《刑事审判参考》总第65集，法律出版社2009年版。

表现看,行为人在公共场所实施轻微暴力强索财物,暴力强度尚未超出寻衅滋事罪的强度范围,且主要侵犯的是社会公共秩序。从罪责刑相适应看,权衡行为人的主观恶性及行为的社会危害性,认定为“强拿硬要”型寻衅滋事罪,有助于罚当其罪,处理上更为恰当。故对于不以非法占有他人财物为目的,使用轻微暴力帮助他人抢回赌资的行为,应以寻衅滋事罪定罪处罚。①

事实上,《两抢意见》也规定:“行为人仅以所输赌资或所赢赌债为抢劫对象,一般不以抢劫罪定罪处罚。构成其他犯罪的,依照刑法的相关规定处罚。”对上述案例以寻衅滋事罪定罪处罚,与《两抢意见》的精神是一致的。

九　暴力、威胁手段下抢劫罪与强迫交易罪的区分

实践中,对于从事正常商品买卖、交易或者劳动服务的人,以暴力、胁迫手段迫使他人交出与合理价钱、费用相差“悬殊”“极为悬殊”的钱物,情节严重的,是以强迫交易罪还是以抢劫罪定罪处罚,存在较大争议。例如,出租车驾驶员张某,在机场接载乘客后采用言语威胁、关闭车门、开车绕圈、急刹车等手段,先后强迫多名被害人支付高额车费。关于张某行为的定性,一种观点认为,张某作为出租车驾驶员,多次采用言语威胁、关闭车门、开车绕圈等方式强迫被害人支付超额车费,扰乱了正常的出租车营运秩序,侵害了他人的合法权益,应认定为情节严重,以强迫交易罪定罪处罚。另一种观点则认为,张某尽管与被害人之间存在特定的出租车运输服务交易,但通过强迫交易手段所获取的超额车费与合理车费相差悬殊,属于以交易为名行抢劫之实,对其行为应以抢劫罪定罪处罚。②

针对上述争议,先从构成要件上区分抢劫罪与强迫交易罪,然后就暴力、威胁手段下如何区分两罪提炼认定规则。

---

① 参见彭帅:《黄民喜等寻衅滋事案》,载最高人民法院刑事审判第一、二、三、四、五庭主办:《刑事审判参考》总第113集,法律出版社2019年版。

② 参见罗开卷:《暴力、威胁手段下强迫交易罪与抢劫罪的区分》,载《人民法院报》2011年9月1日,第7版。

(一)从构成要件区分强迫交易罪与抢劫罪

两罪客观上都可以使用暴力、威胁手段,都可以侵犯被害人的财产权利、人身权利,但两罪具有以下几个主要区别:第一,客体不同。抢劫罪侵犯的客体是公私财产所有权和他人的人身权利,而强迫交易罪侵犯的客体是公平、自由、平等的市场交易秩序和交易相对方的合法权益。第二,犯罪手段不同。抢劫罪的犯罪手段除使用暴力、威胁之外,还可以使用其他手段如用酒灌醉、用药麻醉等,而强迫交易罪只能使用暴力、威胁手段。在两罪共同的暴力、威胁犯罪手段上,对暴力、威胁的程度要求不同。强迫交易罪中的暴力、威胁程度以足以使交易相对方产生心理强制而不得已进行交易为限,而抢劫罪中的暴力、威胁程度需要使被害人不敢反抗或者不能反抗,暴力、威胁的程度要求更高。第三,客观表现不同。抢劫罪在客观方面表现为强行劫取公私财物的行为;而强迫交易罪表现为强买强卖商品,强迫他人提供或者接受服务,强迫他人参与或者退出投标、拍卖,强迫他人转让或者收购公司、企业的股份、债券或者其他资产,强迫他人参与或者退出特定的经营活动的行为。抢劫罪的行为人一般是无偿占有被害人的财物,而强迫交易罪的行为人在强迫交易相对方达成交易后一般会以给付对方一定数额的货币、商品,或者要求对方接受一定的服务作为代价。第四,情节要求不同。强迫交易行为只有情节严重的才构成犯罪,而抢劫罪没有情节严重的要求。第五,主体不同。强迫交易罪的主体可以是自然人,也可以是单位,而抢劫罪的主体只能是自然人,不包括单位。第六,主观目的不同。抢劫罪的行为人主观上是为了非法占有公私财物,而强迫交易罪的行为人主观上是为了进行不公平的交易,牟取非法经济利益。

*例如,以暴力、威胁手段强迫他人提供贷款的行为如何定性?*因不能证明行为人具有非法占有他人财物的目的,故不能以抢劫罪或者敲诈勒索罪定罪处罚。以暴力、威胁手段强迫他人提供贷款,且办理了贷款手续,属于强迫他人提供金融服务,情节严重的,如给他人造成了数额巨大的经济损失,符合强迫交易罪的

构成特征。①

(二)暴力、威胁手段下抢劫罪与强迫交易罪的区分要点

根据《两抢意见》第九条的规定,从事正常商品买卖、交易或者劳动服务的人,以暴力、胁迫手段迫使他人交出与合理价钱、费用相差不大的钱物,情节严重的,以强迫交易罪定罪处罚;以非法占有为目的,以买卖、交易、服务为幌子采用暴力、胁迫手段迫使他人交出与合理价钱、费用相差悬殊的钱物的,以抢劫罪定罪处刑。

具体而言,对于从事正常商品买卖、交易或者劳动服务的人,以暴力、胁迫手段迫使他人交出与合理价钱、费用相差不大的钱物,情节严重的,以强迫交易罪定罪处罚,一般没有争议。例如,薛某见市场上腊肠生意红火,决心独霸市场,于是雇用赵某、庞某,采用威胁、恫吓手段强行收购街市上多名屠宰户的生猪小肠,再以高出市场价0.5~1元的价格强行卖给多名腊肠加工户,每月获利4000余元。对于此案,薛某、赵某、庞某以威胁手段强买强卖商品,情节严重,其行为均构成强迫交易罪。

对于以非法占有为目的,以买卖、交易、服务为幌子,采用暴力、胁迫手段迫使他人交出与合理价钱、费用相差悬殊的钱物的行为,以抢劫罪定罪处罚,一般也没有争议。例如,孟某、孙某、王某以出售淫秽光盘为诱饵,分头在某电子电器市场内寻找作案对象,后孟某找到邱某,将其骗至一无人居住的公房内。孙某、王某见孟某骗来邱某,即紧随其后,三人将邱某围住,强迫其购买光盘。邱某不从,三人即采用语言威胁方法,劫得其现金420元,后扔下几张空白光盘给邱某即逃离现场。三人还以同样的方法劫得梁某现金3000余元。对于此案,孟某、孙某、王某以空白光盘冒充淫秽光盘,以贩卖淫秽光盘为诱饵,诱骗被害人至偏僻处,凭借人多势众,强迫被害人高价购买空白光盘,在遭到拒绝后便实施胁迫等行为,从表面上看系以高价强卖光盘,实质上则反映了三人主观上具有非法占

① 参见薛淑兰:《郑小平、邹小虎抢劫案》,载最高人民法院刑事审判第一庭、第二庭编:《刑事审判参考》总第17辑,法律出版社2001年版。

有他人财物的故意。三人围住一名被害人,客观上就已经给被害人造成了精神压力,继而实施语言威胁等,加剧了被害人的恐惧心理,致使被害人无法反抗,被迫当场交出财物。孟某等三人实施的该种“交易”行为,不仅侵犯了他人的财产所有权,还侵犯了他人的人身权利,构成抢劫罪。

在前述薛某等强迫交易案中,高出市场价 0.5 ~ 1 元的价格无疑属于与合理价格相差不大的价格,也即合理差价。那么,何谓“与合理价钱、费用相差不大的钱物”？尽管《两抢意见》第九条还规定,在具体认定时,既要考虑超出合理价钱、费用的绝对数额,还要考虑超出合理价钱、费用的比例,加以综合判断。但是,由于该规定没有给出一个明确、具体的标准,致使实践中因对“与合理价钱、费用相差不大的钱物”的理解不同,即使行为人系从事正常商品买卖、交易或者劳动服务的人,也对具体个案是以抢劫罪还是以强迫交易罪定罪处罚往往分歧较大。例如,梁某、郭某系载客摩托车司机,曹某、陆某欲从甲地前往乙地,与梁某、郭某以 20 元达成协议。梁某、郭某发现曹某、陆某系外地人,遂将曹某、陆某二人拉至人迹罕至的地方,让其另增加 200 元才愿意拉至乙地。曹某不从,梁某即上前一拳将其打倒。陆某想到自己是外地人,又不知身陷何处,赶忙掏出 200 元给梁某和郭某,梁某、郭某遂将曹某、陆某二人拉至乙地。对于此案,一审法院认为,梁某、郭某以非法占有为目的,以摩托车载客服务为幌子,采用暴力手段迫使他人交出与合理价钱、费用相差悬殊的钱物,其行为均构成抢劫罪。一审判决后,梁某、郭某不服,提起上诉,二审法院驳回上诉、维持原判。该案后又经审判监督程序以强迫交易罪作了改判。①

与梁某、郭某强迫交易案类似的案件还有不少,如曾经广受社会关注的保罗国际“天价头”案。② 某职业学院女学生张某、袁某,在保罗国际美容美发(河南)有限公司分别选择了 38 元和 68 元的剪发服务。在剪发过程中,为张某、袁某服务的剪发师程某、杜某在店长金某授意下,采用隐瞒价格的方法,以各种理由诱

---

① 参见罗开卷:《新型经济犯罪实务精解》,上海人民出版社 2017 年版,第 284 ~ 285 页。

② 参见邓红阳、赵红旗:《保罗国际“天价头”案一审宣判 4 被告人以强迫交易罪领刑》,载《法制日报》2009 年 4 月 3 日,第 3 版。

骗张某、袁某接受多项服务，并按照该公司法定代表人叶某的指使执意要求张某、袁某二人办理该店 9800 元的会员卡。后当两名被害人无力支付被索要的 7000 多元理发费时，金某、程某、杜某等人在叶某在场的情况下，为达到叶某的要求，将两名被害人限制在店内并予以看管，强迫二人联系同学借款结账。被害人张某、袁某在精神恐惧、无奈之下筹足款项，按照美发店要求被迫办理了一张 9800 元的会员卡，并支付“理发费”6013 元（打折价）后才得以脱身。对于此案，叶某、金某、程某、杜某作为保罗国际美容美发（河南）有限公司直接负责的主管人员和直接责任人员，以威胁手段强迫他人接受服务，情节严重，其行为均构成强迫交易罪。考虑四人在共同犯罪中的地位和作用，以及叶某在案发后已赔偿被害人经济损失等情节，对叶某判处有期徒刑一年六个月，对金某判处有期徒刑一年三个月，对程某、杜某各判处有期徒刑一年二个月，同时对四人均并处罚金 5000 元。

对于与梁某、郭某强迫交易案、保罗国际“天价头”案案情类似的一些案件，有的认识不一致，导致出现类案不同判现象。认为以抢劫罪定罪处罚的理由主要在于：从事正常商品买卖、交易或者劳动服务的人，以暴力、胁迫手段迫使他人交出的钱物与合理价钱、费用相差“悬殊”，此时“名为交易，实为抢劫”，应以抢劫罪定罪处罚。笔者认为，对于从事正常商品买卖、交易或者劳动服务的人，以暴力、胁迫手段迫使他人交出与合理价钱、费用相差“悬殊”的钱物，情节严重的，是以抢劫罪还是以强迫交易罪定罪处罚，主要应结合以下三个方面进行综合判断。

1. 行为人与被害人之间是否存在特定的交易

根据《刑法》规定，行为人当场使用暴力或者威胁手段并当场取得他人财物的行为，除可能构成抢劫罪外，还有可能构成强迫交易罪。此时，区分两罪的关键在于行为人与被害人之间是否存在特定的交易即商品买卖、提供或接受服务。一般情况下，存在特定的交易，构成强迫交易罪；不存在特定的交易，构成抢劫罪。存在特定的交易，说明行为人一般是在牟取非法经济利益的主观动机驱动下，通过使用暴力或者威胁手段促成商品或者服务的交易，达到牟取非法经济利益的目的,即行为人牟取“暴利”尽管使用了暴力或者威胁手段,但系通过客观的交易行为获得,这种行为破坏了公平、自由、平等的市场交易秩序,侵害了交易相对方的合法权益,情节严重的,符合强迫交易罪的构成要件。该行为流程图:牟取非法经济利益的主观动机驱动→使用暴力或者威胁手段→促成商品或者服务的不公平交易→牟取非法经济利益(此“暴利”包括合理价钱、费用和非法经济利益两部分)。

如果不存在特定的交易,说明行为人是在非法占有他人财物的主观动机驱动下,直接通过使用暴力或者威胁手段达到获取他人财物的目的,这种行为侵犯了他人的财产所有权及人身权利,符合抢劫罪的构成要件。该行为流程图:非法占有他人财物的主观动机驱动→使用暴力或者威胁手段→非法占有他人财物。可见,行为人与被害人之间是否存在特定的交易,对于区分抢劫罪和强迫交易罪至关重要。

当然,特定的交易应该是从事正常商品买卖、交易或者劳动服务的人与被害人之间进行的。对于并非从事正常商品买卖、交易或者劳动服务之人,使用暴力或者威胁手段促成商品或者服务的不公平交易的情形即“一次性交易”,应具体分析。如果采用暴力、胁迫手段迫使他人交出与合理价钱、费用相差不大的钱物,情节严重的,仍属于强迫交易罪范畴。但是,如果采用暴力、胁迫手段迫使他人交出与合理价钱、费用相差“悬殊”的钱物的,一般会认为行为人是以买卖、交易、服务为幌子,采用暴力、胁迫手段促成“一次性交易”,实现非法占有目的,宜以抢劫罪定罪处罚。

2. 行为人所牟取的非法经济利益超出合理价钱、费用的绝对数额和比例

如果行为人与被害人之间存在特定的交易,就应看行为人所牟取的非法经济利益超出合理价钱、费用的绝对数额和比例。绝对数额大,比例未必高。因此,既要考虑超出合理价钱、费用的绝对数额,又要考虑超出合理价钱、费用的比例。对于超出合理价钱、费用的绝对数额不大,比例不高即相差“不大”的情形,情节严重的,以强迫交易罪定罪处罚。对于超出合理价钱、费用的绝对数额大、比例高即相差“悬殊”的情形,实践中一般也以强迫交易罪定罪处罚。因为行为人不以非法占有为目的，而是通过不合理的价格促成交易，从而牟取“暴利”。[①]如果是超出合理价钱、费用的绝对数额特别大、比例特别高即相差“极为悬殊”的情形，则一般以抢劫罪定罪处罚。例如，强迫他人用 2 万元购买一块价值 10 元的电子手表，就难以证明不具有非法占有目的，应认定以交易为名行非法占有他人财物之实，即属抢劫。实践中认定相差“不大”较为容易，而何谓相差“悬殊”、相差“极为悬殊”，在无明确规定的情形下，需要综合多种因素作出判断。

3. 行为人使用暴力、威胁手段的程度

在对暴力、威胁程度的要求上，强迫交易罪低于抢劫罪。[②] 根据前文论述，在商品买卖、提供或接受服务中，行为人使用暴力、威胁手段，如果不足以危害被害人的身体健康或者生命安全，即没有达到致使其不敢反抗或者不能反抗的程度，并由此牟取或者意欲牟取超出合理价钱、费用的相差“不大”、相差“悬殊”的非法利益，情节严重的，以强迫交易罪定罪处罚。在上述情形下，如果牟取或者意欲牟取超出合理价钱、费用的相差“极为悬殊”的非法利益，由于手段行为尚未达到致使被害人不敢反抗或者不能反抗的程度，情节严重的，也以强迫交易罪论处更为妥当。如果使用暴力、威胁手段足以危害被害人的身体健康或者生命安全，致使其不敢反抗或者不能反抗，并由此牟取或意欲牟取超出合理价钱、费用的相

① 可参见《重庆市渝中区人民检察院诉朱波伟、雷秀平抢劫案》，载《最高人民法院公报》2006 年第 4 期。该案例明确，如出租车驾驶员在正常营运过程中，采用不足以危及乘客的身体健康或者生命安全的暴力、威胁手段（如语言威胁、强行搜身等），向乘客索取与合理价格相差悬殊的高额出租车服务费，情节严重的，其行为构成强迫交易罪。

② 以暴力、威胁为犯罪手段的犯罪，由于其犯罪性质及其法定刑不同，对暴力、威胁的程度要求也不尽相同。一般而言，犯罪性质越严重，法定刑越高，对暴力、威胁程度的要求就越高，反之越低。例如，抢劫罪为重罪，法定最高刑为死刑，故要求暴力、威胁达到使人不能、不敢反抗的程度。而强迫交易罪为轻罪，法定最高刑为七年有期徒刑，故对暴力和威胁的程度要求相对较低。关于强迫交易罪中“暴力”的程度，如针对人，笔者认为应以轻伤为限。主要理由为：首先，从处罚上看，强迫交易罪的最高法定刑高于故意伤害罪（轻伤）的最高法定刑，在强迫交易致人轻伤的场合，以强迫交易罪定罪处罚能确保罪刑均衡。其次，在强迫交易致人轻伤的场合，构成故意伤害罪（轻伤）与强迫交易罪的牵连，即强迫交易致人轻伤行为是手段，达成交易是目的，属于手段与目的的牵连，一般应从一重处，即以强迫交易罪定罪处罚。最后，强迫交易罪侵犯的为双重客体，而故意伤害罪侵犯的为单一客体，如果在强迫交易致人轻伤的场合以故意伤害罪定罪处罚，则仅评价了强迫行为，并未全面评价强迫交易这一整体犯罪行为。而以强迫交易罪定罪处罚，不仅可以判处更重刑罚，而且对强迫交易致人轻伤以及强迫交易所破坏的市场秩序都进行了评价，即在强迫交易致人轻伤的场合，以强迫交易罪定罪处罚更能全面评价犯罪行为。

差“不大”的非法利益的，由于行为人不具有非法占有目的，如果致人重伤或者死亡的，以故意伤害罪定罪处罚；否则，情节严重的，仍应以强迫交易罪定罪处罚。在使用暴力、威胁手段致使被害人不敢反抗或者不能反抗的场合，如果行为人牟取或者意欲牟取超出合理价钱、费用的相差“悬殊”、相差“极为悬殊”的非法利益的，则应以抢劫罪定罪处罚。因为在相差“悬殊”、相差“极为悬殊”的情形下，非法占有部分一般大于合理价钱、费用部分，使用足以危害被害人身体健康或者生命安全的暴力、威胁手段，就说明行为人既想促成交易又想实现非法占有目的，仅就非法占有部分而言构成抢劫罪。

在前述梁某、郭某强迫交易案，保罗国际“天价头”案中，尽管行为人使用暴力、威胁手段牟取的非法经济利益与合理价钱、费用相差“悬殊”，但行为人均为从事正常劳动服务之人，与被害人之间存在特定的摩托车载乘、美容美发服务交易。虽然行为人为促成不公平交易使用了暴力、威胁手段，但尚未达到致使被害人不敢反抗或者不能反抗的程度。结合行为人的主客观情况，其行为均符合强迫交易罪构成要件。

同理，前述出租车驾驶员张某案中，张某与被害人之间存在特定的出租车运输服务交易。尽管其为促成不公平交易使用了暴力、威胁手段，但尚未达到致使被害人不敢反抗或者不能反抗的程度；尽管其也获取了超额车费，但考虑开车绕圈等因素，该超额车费仍属于与合理费用相差“悬殊”的范围，故对其行为以强迫交易罪定罪处罚更为妥当。

第二章

抢夺罪论

抢夺罪是指以非法占有为目的,公然夺取公私财物,数额较大或者多次抢夺的行为。

一 抢夺罪审查要点

抢夺罪主体为一般主体,主观方面为直接故意,实践中主要审查三个方面:第一,是否公然夺取公私财物;第二,是否以非法占有为目的;第三,是否侵犯公私财产权利。

(一)是否公然夺取公私财物

抢夺罪在客观上表现为公然夺取公私财物,包含“公然”夺取财物而非秘密窃取财物,及“夺取”财物而非劫取财物。

1.“公然”夺取财物而非秘密窃取财物

这是抢夺罪与盗窃罪的主要区别。“公然”夺取财物,即在财物所有人或者保管人在场的情况下,当着财物所有人或者保管人的面,或者采取可以使其立即发觉的方法夺取财物。①至于财物所有人或者保管人是否即刻发觉，在所不问。无论是抢夺罪中的“公然”夺取财物，还是盗窃罪中的“秘密”窃取财物，都是以行为人的认识为准，而不以财物所有人或者保管人是否注意到行为人的抢夺意图或者盗窃意图来定。例如，采用自认为不使他人发觉的方法占有他人财物，即使客观上已被他人发觉或者注视，也不影响盗窃性质的认定。同样，基于抢夺意图，趁人不备，将他人手中的钱包夺走，尽管当时该人正在打瞌睡，没有注意到行为人的取财行为，但不影响抢夺性质的认定。

2.“夺取”财物而非劫取财物

这是抢夺罪与抢劫罪的主要区别。在抢劫罪中，通过对被害人使用强制力，使其不能、不敢、不知反抗而劫取其财物；而在抢夺罪中，并不采用暴力或者暴力威胁等侵犯被害人人身的手段来夺取财物，即将有形之力作用于财物上，对财物使用强力。

实践中，一般是“趁人不备”夺取财物，但在财物所有人或者保管人有备的情况下夺取财物的也不鲜见。例如，到一家金店以欲购买金项链为由，骗取金店营业员的信任，要求营业员从柜台内将金项链取出并佩戴在其脖子上，后在照镜佯装看货过程中，趁机逃跑。显然，该案中的财物保管人即营业员是有备的，那么对行为人能否以抢夺罪论处？笔者认为答案是肯定的。第一，行为人并未对营业员使用强制力，即并非劫取财物，不构成抢劫罪。第二，营业员虽然以为行为人欲购买，按照商业惯例将金项链交予其试戴，但其在未付款项的情况下不能带离金店，即行为人虽然通过使用骗术成为金项链的暂时持有人，但金项链仍然处于营业员的实际控制之下，营业员并未受骗而将金项链交付给行为人，故行为人趁机逃跑占有金项链的行为，不构成诈骗罪。第三，行为人是在营业员“看着的情况下”趁机逃跑并占有金项链的，显然不是秘密窃取，不构成盗窃罪。第四，“趁人不备”夺取财物属于公然夺取，“趁人有备”夺取财物的更应该属于公然夺取。且“趁人有备”夺取财物，主观恶性更大，社会危害性更严重。需要注意的

① 参见王作富主编：《刑法分则实务研究》（中），中国方正出版社2010年版，第1130页；贾宇主编：《刑法原理与实务》（第4版），中国政法大学出版社2017年版，第385页。

是,《刑法》并未将“趁人不备”规定为抢夺罪客观方面的必备要件,实践中不能因为多数情况为“趁人不备”,而将“趁人有备”情况排除在抢夺罪之外。

(二)是否以非法占有为目的

抢夺罪与抢劫罪、盗窃罪一样,都属于违反占有者意志转移占有的犯罪,即成立抢夺罪,要求行为人在主观上以非法占有公私财物为目的。反之,如果不以非法占有为目的,即使实施了公然夺取公私财物的行为,也不符合抢夺罪的构成要件,不以抢夺罪论处。

根据《两抢意见》第七条的规定,“仅以其所输赌资或者所赢赌债为抢劫对象,一般不以抢劫罪定罪处罚”,同理,如仅以其所输赌资或者所赢赌债为抢夺对象,一般也不应以抢夺罪定罪处罚,构成其他犯罪的,依照刑法的相关规定处罚。

但是,如果以非法占有为目的,即使抢夺本人因质押而被第三人保管的财物,也构成抢夺罪。例如,行为人趁停车场保管员不备,将其向典当公司借款6.5万元而提供的担保物即小轿车从停车场强行开走。之后,行为人携车逃匿,且未向典当公司清偿上述借款。后停车场向典当公司赔偿经济损失及支付相关诉讼费用共计9万余元。[①] 该案中,虽然行为人公然开走的系自己所有的财物,但该财物已经依法质押给他人,并处于他人合法监管之下。质言之,自行为人的小轿车被质权人交付给停车场保管之时起,该车的占有权已经从行为人经质权人转移到了停车场保管站,行为人趁保管员不备,强行开走该车并携车逃匿,且未向典当公司清偿借款,导致停车场根据保管合同遭受经济损失,其行为符合抢夺罪的构成特征,且数额巨大,应当以抢夺罪定罪处罚。

(三)是否侵犯公私财产权利

抢夺罪系以非法占有为目的,不采用暴力或者暴力威胁等侵犯被害人人身的手段来夺取财物,故侵犯的是公私财产权利。基于本罪当场夺取财物这一特

① 参见林旭群、邹海媚:《李丽波抢夺案》,载最高人民法院刑事审判第一、二、三、四、五庭主办:《刑事审判参考》总第95集,法律出版社2014年版。

点，抢夺的对象仅为可移动的财物，既包括他人合法取得的财物，也包括他人非法取得的财物，如赌资、赃款赃物等。

是否侵犯公私财产权利，涉及抢夺既未遂问题。多数认为，应以实际控制为标准区别抢夺的既遂与未遂，[①]即已实际控制夺取的财物为抢夺既遂，未实际控制所夺取的财物为抢夺未遂。但实践中就如何理解"实际控制"，见仁见智，并引发争议。例如，刘某步行至一路口，趁被害人不备，从其手中抢走钱包一个及手机一部，后在逃离现场时，被害人大声呼救并追赶，行人及民警闻讯后相继加入追赶，将刘某人赃俱获。刘某抢夺既遂还是未遂？一种观点认为，刘某从被害人处夺取钱包和手机即逃离，被害人对自己的财物已经失去控制，刘某抢夺犯罪行为已经完成，其行为应以犯罪既遂论处。被害人、行人及民警的追赶行为属于事后抓捕行为，不影响抢夺罪既遂的成立。另一种观点则认为，刘某实施抢夺行为后，被害人即大声呼救并追赶，行人及民警闻讯后相继加入追赶，将刘某人赃俱获，故可认为被害人的财物仍处于被害人及抓捕者的目击控制范围而未失控，应认定为抢夺未遂。

笔者认为，对"实际控制"应作实质理解，即行为人能够支配该项财物，[②]相应地，财物所有人或者保管人已经完全失去控制。就上述案例而言，刘某确实夺取了被害人的财物，但被害人立即发觉并进行追赶，后在行人及民警的相继追赶下将刘某人赃俱获，显然，刘某并未实际控制被抢夺的财物，非法占有目的尚未达到，被害人因立即发觉并追赶，也并未完全失去对其财物的控制，故认定为抢夺罪未遂更为妥当，既符合刑法理论，更符合一般社会观念，也有利于量刑的平衡。

《刑法修正案（九）》增设"多次抢夺的"亦可构成抢夺罪，即抢夺罪的行为类型分为普通型（数额型）抢夺和特殊型（多次型）抢夺。就普通型（数额型）抢夺而言，根据2013年《最高人民法院、最高人民检察院关于办理抢夺刑事案件适用法律若干问题的解释》（以下简称《抢夺解释》）第一条的规定，抢夺公私财物价值1000元至3000元以上、3万元至8万元以上、20万元至40万元以上的，应当

① 参见马克昌主编，吴振兴、莫洪宪执行主编：《百罪通论》（下卷），北京大学出版社2014年版，第825页。
② 参见王作富主编：《刑法分则实务研究》（中），中国方正出版社2010年版，第1134页。

分别认定为“数额较大”“数额巨大”“数额特别巨大”。

二 “多次抢夺”的认定

“多次抢夺”即三次或者三次以上抢夺,因普通型抢夺为抢夺罪的基本行为类型,“多次抢夺”为特殊类型,因此“多次抢夺”必须具备抢夺罪的基本特征。此外,认定“多次抢夺”还需注意以下三个方面。

(一)“多次抢夺”是抢夺罪的兜底规定

《刑法修正案(九)》增设“多次抢夺”,主要原因在于“多次抢夺”体现出行为人具有抢夺习性,主观恶性较深,人身危险性较大,这样规定严密了法网,扩大了处罚范围。从抢夺罪罪状来看,“多次抢夺”与普通抢夺是并列关系,但从立法将单次不构成犯罪即单次抢夺数额未达到较大标准的多次抢夺行为累加在一起以犯罪论处,表明“多次抢夺”是普通抢夺的兜底规定。

具体而言,第一,单次抢夺数额均未达到较大标准,多次抢夺的数额累计起来亦未达到较大标准的,才存在以“多次抢夺”论处的可能。第二,如果“多次抢夺”中有一次或者二次以上的抢夺数额达到较大标准,或者多次抢夺的数额累计起来达到较大标准的,此时“多次抢夺”与普通抢夺竞合,由于“多次抢夺”系普通抢夺的兜底规定,此时普通抢夺具有入罪的优先性,即应优先考虑以普通抢夺定性,将其他不构成犯罪的抢夺行为作为量刑情节考虑。

*如第一次抢夺500元,第二次抢夺600元,第三次驾驶非机动车抢夺1500元。*根据《抢夺解释》第一条的规定,抢夺公私财物价值1000元至3000元以上,应当认定为“数额较大”。该解释第二条又规定了特殊情形,共十一种,数额较大标准减半,假若3000元以上为“数额较大”,即1500元以上为“数额较大”,其中第四项为“驾驶机动车、非机动车抢夺”。故此,上述案例中,共有三次抢夺,作为一个整体可以构成抢夺罪;从单次看,第一次和第二次均未达到数额较大标准,

但第三次驾驶非机动车抢夺1500元,可适用减半标准,属于抢夺数额较大,构成抢夺罪。那么,该案以“多次抢夺”入罪,还是以普通抢夺入罪？因普通抢夺具有入罪的优先性,应认定为数额较大的抢夺,并将第一次和第二次抢夺行为作为量刑情节考虑。

(二)可将二年内抢夺三次以上的认定为“多次抢夺”

“多次抢夺”即三次以上的抢夺。但是,对于三次以上的抢夺,是限制在一年内还是二年内、三年内……？因目前尚无具体规定,只能作合理解释。

笔者认为,虽然《抢夺解释》第二条第三项规定,具有“一年内抢夺三次以上”的情形,在认定抢夺数额较大时可以减半,但该规定仅是“从抢夺的次数方面对需要严惩的抢夺行为予以规定,一年内抢夺三次以上,较通常情形下的抢夺行为社会危害性更大,应从严惩处”,[①]故采取减半数额标准,而非将“多次抢夺”的时间限制在一年之内。事实上,“多次抢夺”较之“多次盗窃”和“多次敲诈勒索”,具有更大的社会危害性,而《盗窃解释》第三条第一款规定,“二年内盗窃三次以上的,应当认定为‘多次盗窃’”;2013年《最高人民法院、最高人民检察院关于办理敲诈勒索刑事案件适用法律若干问题的解释》(以下简称《敲诈勒索解释》)第三条规定,“二年内敲诈勒索三次以上的,应当认定为‘多次敲诈勒索’”,相较之下,对“多次抢夺”中的“多次”理应低于至少等于上述标准,即“二年内抢夺三次以上”。如引用《抢夺解释》规定,将“多次抢夺”解释为“一年内抢夺三次以上”,将造成与“多次盗窃”“多次敲诈勒索”认定上的实质不合理,也不符合《刑法修正案(九)》扩张抢夺罪处罚范围的立法初衷。

(三)“多次抢夺”达到刑事处罚标准的才以犯罪论处

理论上,“多次抢夺”中的每次抢夺包括既遂、未遂、中止等形态,并且不要求是未经处理的,对于其中若干次抢夺已被公安机关行政处罚的,不影响累加后以

① 参见陈国庆、韩耀元、宋丹:《〈关于办理抢夺刑事案件适用法律若干问题的解释〉解读》,载《人民检察》2014年第2期。

"多次抢夺"论处,已经执行的行政拘留和罚款应当分别折抵刑期和罚金。当然,对于已经刑事处罚的抢夺行为,不应累加到"多次抢夺"之中,否则将出现同一事实被再次以犯罪论处的情形,明显违反禁止重复评价原则。

"多次抢夺"入罪是多次抢夺违法行为累加后的质变。尽管《刑法》规定"多次抢夺"严密了法网,扩大了处罚范围,但在刑事处罚标准的把握上仍应坚持刑法的谦抑性,不能唯次数论,而应从整体上考量多次抢夺行为是否具有严重的社会危害性。由于"多次抢夺"与普通抢夺属于并列关系,因此,在罪量上应具有同等性。在总体把握上,"多次抢夺"中的每一次抢夺应以达到治安处罚标准为妥。在具体认定上,可以从数额和情节两方面进行考虑。在数额上,对于"多次抢夺"的财物累加后接近数额较大标准的,一般可作为犯罪处理。在情节上,综合考虑每次抢夺的动机、时间、对象、既未遂形态等,确有刑事处罚必要的,才以犯罪论处。如"多次抢夺"价值低微财物的,因总体尚属情节显著轻微、危害不大,不作为犯罪处理。

三　抢夺罪与抢劫、盗窃、诈骗等犯罪的界限

抢夺罪与抢劫、盗窃、诈骗等犯罪,都属于常见的财产犯罪,且都以非法占有为目的,区别在于行为方式不同。不采用暴力或者暴力威胁等侵犯被害人人身的手段,公然夺取财物,是抢夺罪的本质特征,故以此来区分抢夺罪与抢劫、盗窃、诈骗等犯罪。

(一)抢夺罪与抢劫罪的界限

在抢劫罪部分,已就两罪的区分作了一些探讨,即以是否使用暴力或者暴力威胁等侵犯被害人人身的手段获取财物来区分两罪。例如,某日零时许,彭某蒙面闯入被害人吴某卧室,趁吴某单身一人在室内电脑桌前上网之际,走到吴某的左后侧,伸双手环绕至吴某胸前,将吴某戴在脖子上价值1.2万余元的千足金项

链(含足金挂件一枚)拽走,并逃离现场。公诉机关认为,彭某以非法占有为目的入户抢劫,其行为构成抢劫罪。彭某的辩护人认为,本案作案时间短,被害人没有受到伤害,也不存在持续性暴力,应定性为抢夺罪。生效裁判认为,彭某以非法占有为目的,趁人不备,公然夺取他人财物,数额较大,其行为已构成抢夺罪。彭某入户抢夺,在量刑时酌情从重处罚。[①] 该案中,彭某为方便摘下佩戴在被害人脖子上的项链,站在被害人身后伸双手环绕至被害人胸前,以极短的时间将金项链拽走后逃离,其作案手法直接指向被害人的金项链,并未接触到被害人身体,作案时间短暂,且双方无任何交流,其行为亦不足以对被害人产生精神压制。彭某并未对被害人采用暴力或者暴力威胁等侵犯人身的强制手段,而是在被害人来不及反抗的情况下,对金项链使用强力,将其拽走,故彭某的行为不构成抢劫罪。彭某入户夺取他人数额较大的财物,符合抢夺罪的构成要件。而且,对其以抢夺罪论处有利于罪责刑相适应;相反,如认定为"入户抢劫",法定起刑点为十年有期徒刑,量刑明显畸重。

再如,王某伙同他人在街上以下象棋残局诱赌,企图诱骗在旁观看的老人江某参与。因江某不愿意参与赌棋,王某等人就强行拉住江某的手,将江某戴在右手无名指上的一枚黄金戒指掰下后抢走。公诉机关指控王某等人的行为构成抢劫罪。一审法院认为,王某等人的行为着力点在于被害人的财物,并没有危害被害人人身,故王某等人的行为构成抢夺罪。后检察机关以一审法院判决适用法律错误为由提出抗诉,认为王某等人强行拉住被害人的手,并将戴在被害人手上的金戒指强行掰下,王某等人的行为足以形成对被害人的人身强制,致其不能反抗,从而劫取其财物,故王某等人的行为构成抢劫罪。二审法院支持抗诉,对王某等人的行为改判抢劫罪。[②] 该案中,王某等人直接对一老年被害人人身使用强制力,被害人因其手被拉住而无法反抗。正是这种强制力的作用,被害人在其金戒指被抢之前,已经意识到王某等人要抢其戒指,其主观上具有反抗意思,但客观上其手被王某等人拉住,丧失反抗能力,致使王某等人将其金戒指抢走。质言

① 参见郭伟清主编:《2017 年上海法院案例精选》,上海人民出版社 2018 年版,第 452 ~ 453 页。

② 参见沈言:《如何区分抢劫罪中的暴力与抢夺罪中的强力》,载《人民司法(案例)》2008 年第 4 期。

之,王某等人并非为夺取金戒指而直接对金戒指使用强力,而是先通过对被害人使用强制力,致使被害人不能反抗后再抢走其金戒指,故王某等人的行为不构成抢夺罪,而构成抢劫罪。

又如,李某经预谋,驾驶集装箱卡车至加油站加入柴油后,为逃避支付油费,驾车驶离加油站。加油站工作人员发现后抓住驾驶室门阻拦,李某加速行驶,迫使工作人员放手后逃离现场,或者加油站工作人员发现后抓住驾驶室门及座椅阻拦,李某行驶十余米后,强行扯开工作人员的手并致其倒地受伤后驾车逃离,涉案柴油价值近4000元。另外,李某还驾驶集装箱卡车至加油站加入柴油后,为逃避支付油费,趁工作人员不备高速驾车驶离加油站,涉案柴油价值8000余元。生效裁判认为,李某以非法占有为目的,采用暴力方法劫取单位财物,其行为构成抢劫罪;以非法占有为目的,趁人不备,公然抢夺单位财物,其行为又构成抢夺罪,应两罪并罚。该案被俗称为"加霸王油"案,即加油后不付钱,要么趁工作人员(财物管理人员)不备高速驾车驶离加油站,要么在工作人员阻拦下强行驾车驶离加油站。加油后应当付钱,这是常理！李某加油后不付钱即驾车驶离,主观上具有非法占有加油站财物的故意,客观上趁财物管理人员不备高速驾车驶离加油站,显然是公然夺取加油站财物而非秘密窃取加油站财物,并能够为工作人员所即刻发现,故涉案8000余元的事实符合抢夺罪的构成要件。涉案近4000元的事实中,李某加油后为了不付钱即驶离,虽然仅驶离了一点距离,但仍系公然夺取加油站财物,构成抢夺罪。即刻就被工作人员发现,工作人员向前抓住驾驶室门及座椅阻拦,李某非但不停车,反而继续加速行驶以迫使工作人员放手,或者强行扯开工作人员的手并致其倒地受伤,最终驾车逃离,此时,其行为性质发生了转化,即犯抢夺罪后,为抗拒抓捕当场使用暴力,转化为抢劫罪。事实上,对于该节事实,即使不认定为转化型抢劫罪,也可以如此解释为抢劫罪,即在工作人员的阻拦下,通过加速行驶以迫使工作人员放手,或者强行扯开工作人员的手,致使工作人员不能反抗而驶离现场,达到劫取加油站财物的目的。

(二)抢夺罪与盗窃罪的界限

两罪的界限在于是公然夺取财物还是秘密窃取财物,如果是公然夺取财物,为抢夺;如果是秘密窃取财物,则为盗窃。例如,欲窃取他人财物,尚未窃取到即被发现,此时行为人没有对被害人使用暴力或者暴力威胁等侵犯人身的手段,被害人也未予以制止,任其拿取财物,后行为人当着被害人的面拿走财物后逃离。该案中,因盗窃行为已被被害人发觉,故行为人不再是秘密窃取他人财物,此时行为人并未对被害人使用暴力或者暴力威胁等侵犯人身的手段,而是公然夺取其财物,故属于抢夺。如认定为盗窃,既不符合《刑法》规定,也不符合社会的一般观念。

(三)抢夺罪与诈骗罪的界限

例如,王某经预谋,通过网络找寻手机卖家,并以购买手机为由,将被害人约至某处见面,再以试机为由取得被害人手机,之后谎称需要取款付钱,在驾驶摩托车搭载被害人取款途中,趁被害人先下车不备之机,携带手机驾车逃逸。关于此案,王某在取得被害人手机过程中,诈骗行为与抢夺行为交织,如何定性?一种观点认为,王某以购买手机为幌子,通过设置“试机”“取款付钱”“被害人先下车”等圈套,最终骗取了被害人的手机,其行为构成诈骗罪。另一种观点则认为,王某以非法占有为目的,趁人不备,公然夺取他人财物,其行为构成抢夺罪。

笔者认为,对于抢夺与诈骗行为交织时的罪名确定,应以取得财物的关键行为作为认定犯罪性质的依据,也就是抢来的还是骗来的。上述案件中,王某取得被害人手机的时间节点是一个关键因素。虽然被害人在王某以“试机”为由的蒙骗下,主动将手机交给王某,但不能就此简单地认为被害人主动、自愿交付了财物,因为此时交易尚未完成,被害人仅是按照惯例将手机交给王某验看、试用,即王某只是手机的暂时持有人,其持有行为是在被害人的监督和控制下进行的,其并未取得对财物的有效控制。王某使得财物脱离被害人并取得财物控制的时间,应当是趁被害人下车而驾车逃逸之时。换言之,被害人并未基于王某的诈骗行为而处分其财物,因此,诈骗行为并非王某获取财物的关键行为。恰恰王某趁被害人先下车的机会,携带从被害人处取得的手机迅速驾车逃逸的行为,才是其获取财物的关键行为,该行为符合抢夺罪的法律特征。故对前述案件的定性,取决于王某取得被害人财物这一关键行为的性质，即对整个行为的性质认定为抢夺而非诈骗。

从上述案例也可以看出，趁人不备忽然夺取他人财物的情形，属于比较典型的“机会犯”，“抢夺的时机要么是行为人创造的，要么是利用的，以造成被害人来不及采取保护措施”。[①] 该案中，王某就是通过诈骗行为制造机会，然后趁被害人不备，公然夺取其财物。

（四）抢夺罪与特殊抢夺罪的界限

特殊抢夺罪，如抢夺枪支、弹药、爆炸物、危险物质罪，抢夺国家机关公文、证件、印章罪，抢夺国有档案罪，抢夺武装部队公文、证件、印章罪，抢夺武器装备、军用物资罪，与抢夺罪存在异同，相同之处即均采取公然夺取手段，不同之处主要是抢夺对象不同、侵犯客体不同及主观故意内容不同。实践中，需要根据主客观相统一原则进行定罪。

第一，如果明知是特定物品而抢夺的，不构成抢夺罪，而应以上述相应罪名定罪处罚。第二，如果持概括故意，“抢到什么算什么”，最终抢夺到的为特定物品而非一般财物的，应以上述相应罪名定罪处罚；最终抢夺到的为一般财物的，以抢夺罪论处；如果最终抢夺到的既有特定物品也有一般财物的，同时构成抢夺罪和其他抢夺类犯罪，系想象竞合，择一重罪处罚。第三，如果基于认识错误将特定物品作为一般财物实施抢夺的，属于刑法中的认识错误，因特定物品事实上也属于财物的范畴，根据主客观相统一的定罪原则，以抢夺罪论处。

四 驾驶车辆夺取财物的定性

驾驶车辆夺取财物即驾驶机动车、非机动车夺取他人财物，俗称“飞车”抢夺，较之一般抢夺行为，危险性要高，容易造成他人伤亡的后果。故《抢夺解释》

① 参见马克昌主编，吴振兴、莫洪宪执行主编：《百罪通论》（下卷），北京大学出版社2014年版，第825页。

第二条、第三条、第四条规定,驾驶机动车、非机动车抢夺的,入罪的数额较大标准减半,法定刑升格的数额标准亦减半,即抢夺数额达到"数额巨大"50%的认定为"其他严重情节",达到"数额特别巨大"50%的认定为"其他特别严重情节"。对驾驶车辆夺取财物的,既降低了入罪标准,也相应地降低了法定刑升格标准,充分体现依法严惩的精神。

根据《抢夺解释》第六条的规定,驾驶机动车、非机动车夺取他人财物,具有下列情形之一的,应当以抢劫罪定罪处罚:(1)夺取他人财物时因被害人不放手而强行夺取的;(2)驾驶车辆逼挤、撞击或者强行逼倒他人夺取财物的;(3)明知会致人伤亡仍然强行夺取并放任造成财物持有人轻伤以上后果的。理解与适用上述规定,需注意以下几个方面。

第一,驾驶机动车、非机动车夺取他人财物,具有《抢夺解释》第六条规定的三种情形的,以抢劫罪定罪处罚;不属于这三种情形的,一般以抢夺罪定罪处罚。第二,"夺取他人财物时因被害人不放手而强行夺取"的情形,说明突然夺取未得逞,在被害人瞬间发觉并采取保护措施后,继续予以强行夺取的,已经由对物使用强力传导为对被害人人身使用强制力,即行为性质由抢夺变成了抢劫,故以抢劫罪论处。第三,"驾驶车辆逼挤、撞击或者强行逼倒他人夺取财物"的情形,显然是利用车辆先对被害人人身使用暴力,然后利用被害人处于不能反抗的境地,夺取其财物,该行为性质属于以暴力手段劫取他人财物,应以抢劫罪论处。第四,对于"明知会致人伤亡仍然强行夺取并放任造成财物持有人轻伤以上后果"的情形,因明知驾驶车辆夺取财物行为会致人伤亡而强行夺取,说明该暴力行为虽然是直接作用于财物,但该财物为被害人所随身携带,对财物的强力会间接作用于被害人人身,即具有对人暴力的性质,故应以抢劫罪论处。

根据《抢夺解释》第六条第三项规定的精神,对于非驾驶车辆夺取财物的,如果明知用力抢夺财物会致被害人伤亡仍然强行夺取并放任造成被害人轻伤以上后果的,如在危险地带抢夺他人财物,使被害人身体失衡,造成被害人轻伤以上后果的,也应以抢劫罪定罪处罚。当然,在多数情形下,行为人往往意识不到会致被害人伤亡,也不希望或者放任造成被害人伤亡的后果,此时如果实施的夺取行为造成被害人伤亡后果的，因行为人主观上系过失，同时构成抢夺罪和过失致人重伤罪或者过失致人死亡罪，系想象竞合，择一重罪处罚。当然，《抢夺解释》第三条、第四条对此作了规定，即导致他人重伤的认定为“其他严重情节”，导致他人死亡的认定为“其他特别严重情节”。如此，因已将造成被害人伤亡后果作为从重量刑情节考量，以抢夺罪定罪属于较重的处罚。

五 逃缴通行费、停车费的性质认定

关于非法占有应当缴纳的通行费、停车费的行为如何定性，涉及侵犯他人财产性利益的问题，主要应结合行为手段来判断行为的性质。如果采取欺骗手段非法占有应当缴纳的通行费、停车费的，应以诈骗罪论处。2002 年《最高人民法院关于审理非法生产、买卖武装部队车辆号牌等刑事案件具体应用法律若干问题的解释》[①]第三条规定：使用伪造、变造、盗窃的武装部队车辆号牌，骗免养路费、通行费等各种规费，数额较大的，以诈骗罪论处。例如，陈某等人把蔬菜水果堆放在普通货车最后一排，再将普通货车伪装成可以在高速公路上免费通行的“绿通车”，从而偷逃巨额高速公路通行费 70 余万元。生效裁判认为，陈某等人的行为构成诈骗罪。[②] 如果趁收费人员不在岗，甚至破坏收费杆，或者采取收费人员不能发觉的方法，秘密地偷逃应当缴纳的通行费、停车费的，应以盗窃罪论处。以上基本无争议。

然而，关于跟车逃缴通行费、停车费的行为如何定性，因为并未采取欺骗手段，故不存在骗与被骗的问题，实践中主要存在抢夺罪“公然夺取”与盗窃罪“秘

① 已被 2011 年《最高人民法院、最高人民检察院关于办理妨害武装部队制式服装、车辆号牌管理秩序等刑事案件具体应用法律若干问题的解释》所代替。根据该解释第六条的规定，实施《刑法》第三百七十五条规定的犯罪行为，同时又构成逃税、诈骗、冒充军人招摇撞骗等犯罪的，依照处罚较重的规定定罪处罚。可以这样理解，使用伪造、变造、盗窃的武装部队车辆号牌，骗免养路费、通行费等各种规费，数额较大的，仍然构成诈骗罪。

② 参见卢金增、吴增慧：《假冒“绿通车”逃费 “小聪明”惹上大麻烦》，载《检察日报》2022 年 6 月 16 日，第 4 版。

密窃取”两种意见。[①] 例如，刘某在某航站楼停车库缴费处，利用紧跟前车、趁收费杆未落下之机，快速通过收费口，逃缴停车费511次，合计逃缴停车费1.1万余元。生效裁判认为，刘某的行为构成盗窃罪。再如，高某与刘某共同出资拍卖获得小客车一辆，并将该车停入某航站楼停车场，以便办理相关过户手续。后高某与刘某预谋，共同乘坐他人驾驶的一辆别克商务车至停车场，再由高某驾驶小客车，跟随刘某乘坐的商务车至停车场出口处的收费道闸口，趁闸机收费工作人员开启闸机栏杆放商务车通行、栏杆尚未放下之机，快速尾随前车公然闯闸机，逃缴停车费共计1万余元。生效裁判认为，高某与刘某的行为均构成抢夺罪。以跟车方法逃缴高速公路通行费的案件，同样存在以抢夺罪还是以盗窃罪定性的分歧。笔者倾向于以抢夺罪定罪处罚。[②] 首先，通行费、停车费等财产性利益可以成为抢夺、盗窃等侵财犯罪的对象。其次，行为人采用跟车闯卡方式强行通过收费站，即趁收费杆尚未落下之机驶离，显然是利用收费人员来不及通过收费杆拦停车辆收取费用，而非在收费人员不知情的情况下秘密窃取本应缴纳而未缴纳的费用，故不是秘密地偷逃通行费或者停车费，不符合盗窃罪的客观要件。最后，表面上行为人并非从收费人员手中抢夺财物，但其公然逃缴本应缴纳的相关费用的行为，相应地致使管理方积极财产减少，侵犯了管理方的财产性利益，与公然从收费人员手中夺取相应财物并无本质区别，该行为符合抢夺罪的构成要件。[③] 据上，行为人以非法占有为目的，采用跟车闯卡方式公然逃缴通行费、停车

① 也有观点认为，跟车逃缴通行费行为，破坏了高速公路正常的运行秩序，损害了社会公共秩序，属于“强拿硬要”寻衅滋事行为，情节严重的，应当定性为寻衅滋事罪。但笔者认为，跟车逃缴通行费行为侵害的主要是高速公路管理方的财产性利益，而非社会公共秩序。而且，寻衅滋事罪中的“强拿硬要”行为所侵害的主要是与财产有关的国民安全感，而跟车逃缴通行费行为除侵害高速公路管理方的财产性利益外，所造成的国民不安感尚达不到刑法规制的程度，故对此类行为以侵犯财产类犯罪评价为妥。

② 有观点认为，行为人主观上具有采取秘密手段通关的认知，客观上没有采取暴力等行为，具有“秘密”属性。跟车闯卡多次逃避缴纳过路费的行为，属于秘密窃取本应属于收费方的财产性利益，主观上具有非法占有财物的目的，应当认定为盗窃罪。参见董浩然：《高速公路跟车逃避过路费应认定为盗窃罪》，载《江苏法治报》2021年9月1日，第2版。

③ 当然也有观点认为，因为行为人没有将收费站的任何财物（包括债权）转移为自己或者第三者占有，因此，这种逃费案件不可能成立抢夺罪与盗窃罪。参见张明楷：《刑法学（下）》（第6版），法律出版社2021年版，第1301页。

费,数额较大或者多次实施该行为的,应以抢夺罪论处。①

目前,高速公路收费站大力推广 ETC 收费模式,对于跟车逃缴通行费的,是否也以抢夺罪论处?有观点认为,应以诈骗罪论处。主要理由为,一方面行为人实施了使 ETC 及其管理者陷入错误认识的欺骗行为。行为人自驾车驶入高速公路时即隐瞒"逃费"的想法并不为 ETC 及其管理者所知,对方正是误认为其会付费才允许其驶入通行。行为人利用 ETC 当两车距离过短只对前车进行收费的规则,紧跟前车通行,使 ETC 误认为仅有一辆车而未收费放行。另一方面,ETC 及其管理者基于错误认识而处分财产性利益。行为人通过紧跟前车的方式,利用 ETC 收费规则的特点,使 ETC 及其管理者基于错误认识无意识处分了财产性利益,并造成了实际财产损失的后果,故应当以诈骗罪定罪处罚。② 笔者认为,跟车逃缴 ETC 通行费行为也应以抢夺罪论处。首先,行为人以非法占有为目的,该行为无疑侵害了高速公路管理方的财产性利益,故应结合逃缴通行费的行为手段来判断行为的性质。其次,无论是采取人工收费模式还是采取 ETC 收费模式,减速慢行、"一车一杆",是社会共知的通行规则。行为人跟车逃缴 ETC 通行费行为,显然不是利用 ETC 收费的规则漏洞,而是违反社会共知的通行规则,公然闯卡、强行通过收费站的行为。该行为既非秘密通过行为,也非 ETC 及其管理者基于错误认识而处分财产性利益的放行行为,故该行为不符合盗窃罪和诈骗罪的构成要件。最后,虽然收费站大力推广 ETC 收费模式,但仍然安排有人员从事服务管理和收费工作。跟车逃缴 ETC 通行费行为,违背 ETC 及其管理者的意志,而且是公然进行的,该行为符合抢夺罪的构成要件。

---

① 有观点认为,对于偷逃车辆通行费行为应评价为抢夺罪。具体应从逃避缴费的离开通道,收费人员的当场反应,行为人的逃费手段、次数、金额等入手,综合现场客观证据细节和被告人的供述内容,判断行为人的故意内容,最终基于主客观一致原则准确认定罪名。具体参见周维平、廖清顺:《跟车尾随过杆偷逃车辆通行费的性质》,载《人民司法(案例)》2020 年第 32 期。

② 参见张乾:《跟车逃交 ETC 通行费如何定性》,载《检察日报》2020 年 4 月 24 日,第 3 版。

第三章

盗窃罪论

盗窃罪是指以非法占有为目的,盗窃公私财物,数额较大,或者多次盗窃、入户盗窃、携带凶器盗窃、扒窃公私财物的行为。

一 盗窃罪审查要点

盗窃罪包括五种行为类型,即"普通盗窃"、"多次盗窃"、"入户盗窃"、"携带凶器盗窃"和"扒窃"。"普通盗窃"即数额较大的盗窃,为盗窃罪的基本行为类型,除了在成罪上要求"数额较大"外,其特征一般为多次盗窃、入户盗窃、携带凶器盗窃和扒窃所共有。盗窃罪的审查要点,主要包括五个方面:第一,是否实施了"秘密窃取"行为;第二,是否秘密窃取了公私"财物";第三,单位盗窃还是自然人盗窃;第四,是否秘密窃取了"数额较大"的公私财物;第五,是否具有非法占有目的。

(一)是否实施了"秘密窃取"行为

盗窃罪是非暴力型占有犯罪,是以平和手段即非暴力胁迫手段,违反占有人意志,将财物转移为自己或者第三者(包括单位,即单位盗窃)占有。

盗窃指"用不合法的手段秘密地取得"之义,即秘密窃取,是指"行为人采用自认为不被财物所有人、保管人发觉的手段,将他人财物置于自己控制和支配下"。[①] 只要行为人主观上是意图秘密窃取,即使客观上已被他人发觉或者注视,也不影响盗窃性质的认定。[②] 在公开窃取构成盗窃的场合,也要求行为人在主观上是采用自认为不使他人发觉的方法占有他人财物,但客观上对于其他人而言则是公开的,或者是在光天化日之下窃取他人财物,比较典型的如扒窃行为、盗窃快递员临时寄放于小区门卫室的他人快递包裹行为等。如果行为人认识到他人已发觉或者在他人注视下继而占有他人财物的,则不再是秘密窃取,而是公然夺取。否则,既超出了"盗窃"一词的最大文义射程,也不符合盗窃即"偷"的一般社会观念。例如,途经居民小区门口,趁无人之际,窃得他人尚未取走的快递包裹一件,内有黄金手镯一只,价值6000余元。对于此案,行为人以非法占有为目的,秘密窃取他人财物,数额较大,其行为构成盗窃罪。

(二)是否秘密窃取了公私"财物"

盗窃罪的对象为财物。[③] 第一,这里的"财物"具有经济价值性。代表或者可代表一定数额的财产权益、有别于传统财物形式的诸如账号、密码、虚拟货币等也可成为盗窃罪对象。关于盗窃虚拟财产的认定,后文将予以探讨。

盗窃电脑"COA标签"[④]的行为是否构成盗窃罪,如何认定犯罪数额,关键在于"COA标签"是否属于刑法意义上的财产。"COA标签"是一种新型的编码型产品,因其序列号具有激活正版操作系统软件,实现正版软件的各项功能,以及证明所预装或购买的软件为正版软件的功能,具有使用价值,而且"COA标签"

---

① 参见贾宇主编:《刑法学》(第3版),中国政法大学出版社2017年版,第355页。

② 参见高铭暄、马克昌主编:《刑法学》(第10版),北京大学出版社、高等教育出版社2022年版,第506页。

③ 例如以黑客手段,侵入苹果手机系统,通过有关软件获取该苹果手机ID密码,再高价予以出售。苹果手机ID密码可以在任何计算机终端使用,用于确认用户在计算机信息系统上操作权限的数据,是身份认证信息,属于计算机信息系统数据,而不属于财物,故对上述窃取行为不以财产犯罪论处,但符合非法获取计算机信息系统数据罪的构罪特征。参见李世寅、黄宏图:《以黑客手段窃取手机ID密码的刑事责任》,载《人民司法(案例)》2018年第23期。

④ "COA标签"即Certificate Of Authenticity的简称,又称正版证明标签,凡正版Windows操作系统软件都带有"正版证明(COA)标签"。

包含了无差别的人类劳动,具有可支配性、流通性,属于刑法意义上的财产,秘密窃取“COA标签”的行为,侵犯了他人对“COA标签”的所有权,窃取数额较大的,构成盗窃罪。由于正版系统OEM版“COA标签”需要同电脑一同购买,不能分离,那么用户购买的OEM版“COA标签”的价格,就是不带OEM版“COA标签”的裸机和带OEM版“COA标签”的电脑之间的差价。以张某等盗窃案为例。张某等人经预谋,至一电脑公司,使用牙签将DELL等品牌计算机机箱上的“COA标签”刮下,共窃取379张标签,并伺机销售。经微软公司比对,上述379张“COA标签”中,有5张在微软公司数据库中没有相应信息,18张部分信息模糊不清,其余356张“COA标签”均系微软正版操作系统的标签。以DELL等品牌计算机公司销售未带“COA标签”的计算机与销售带“COA标签”的计算机之间的差价计算,上述356张“COA标签”价值10.6万余元。故认定张某等人的盗窃数额为10.6万余元。[①]

采取秘密手段,偷逃通行费、停车费等,系窃取财产性利益,数额较大或者多次盗窃的,可以盗窃罪论处。例如,组织他人用假车牌上道领卡,破坏高速护栏等设施下道,偷逃高速通行费,累计逃费180余万元。生效裁判认为,该偷逃通行费的行为构成盗窃罪。同理,对于偷逃停车费的,也以盗窃罪论处。[②] 至于采取欺骗手段逃避通行费、停车费的,则应该以诈骗罪论处。对于采取跟车方式逃避通行费、停车费的,笔者倾向于以抢夺罪论处,在前文抢夺罪部分已对此作了探讨。

与偷逃通行费、停车费类似,采取秘密手段逃避车辆租金的,亦系窃取财产性利益,数额较大或者多次盗窃的,也应以盗窃罪论处。例如,租赁新能源汽车运营公司管理的分时租赁车辆,为逃避车辆租金,通过拆除车辆终端GPS等方式,使车辆在未付租金的情况下脱离被害单位控制,长期用于个人网约车营运使

---

① 参见倪建军、伍红梅、何斐明:《秘密窃取COA标签行为的定性》,载《人民司法(案例)》2013年第8期。

② 有观点认为,行为人通过逃费行为虽然获得了利益(事实上没有缴费),但不存在具体利益的转移,即不符合转移占有的特征,不能构成盗窃罪。参见张明楷:《刑法学(下)》(第6版),法律出版社2021年版,第1238页。

用,造成被害单位损失租金4万余元。生效裁判认为,该秘密逃避车辆租金的行为构成盗窃罪。

第二,盗窃罪的对象“财物”包括可支配的有体物和无体物。有体物一般限于动产。无体物如电力、煤气、天然气等。阳光、风力等自然资源尚不能成为盗窃罪的对象。电信码号资源可以成为盗窃罪的对象,如《刑法》第二百六十五条规定,以牟利为目的,盗接他人通信线路、复制他人电信码号或者明知是盗接、复制的电信设备、设施而使用的,以盗窃罪论处。增值税专用发票等可以成为盗窃罪的对象,如《刑法》第二百一十条规定,盗窃增值税专用发票或者可以用于骗取出口退税、抵扣税款的其他发票的,以盗窃罪论处。

实践中,电信公司内部免费宽带账号,能够带来上网流量,具有财产价值,属于无形财产,视为财物。秘密窃取电信公司内部免费宽带账户,向社会高价出售牟利,侵犯了电信公司的财产权益,该行为构成盗窃罪。[①] 移动电话充值卡的明文密码作为充值卡有效充值的依据,代表一定金额的电信服务,即该密码本身具有一定的财产价值,属于财物范畴。非法侵入移动公司充值中心数据库修改数据,生成密码后,将充值密码予以销售的行为属于将电信卡非法充值后使用,该行为构成盗窃罪。[②] 电信资费具有财产属性,可以成为盗窃对象,根据2000年《最高人民法院关于审理扰乱电信市场管理秩序案件具体应用法律若干问题的解释》的规定,以给他人造成的电信资费损失数额认定盗窃数额。例如,为牟取非法利益,利用计算机互联网秘密窃取他人公司账号、密码,并群发短信广告,造成他人财产损失,以盗窃罪论处。[③] QQ密保卡上的数据与公共信息网络上网的账号、密码在本质上相似,具备承载和保护一定数额的无形财产的功能,具有普通财物所具有的使用价值和交换价值,视为财物。窃取QQ密保卡上的数据并

① 参见黄莹、郭榕榕:《许赞良、汤焯杰盗窃案》,载最高人民法院刑事审判第一、二、三、四、五庭主办:《刑事审判参考》总第115集,法律出版社2019年版。相关案例还可参见彭智刚、徐志豪:《窃取并倒卖上网流量构成盗窃罪》,载《人民司法(案例)》2015年第18期。

② 参见谭劲松:《程稚瀚盗窃案》,载最高人民法院刑事审判第一、二、三、四、五庭主办:《刑事审判参考》总第72集,法律出版社2010年版。

③ 参见沈言、马惟菁、马良骥:《利用网络非法获取公司账号密码并群发短信广告构成盗窃罪》,载《人民法院报》2012年6月7日,第6版。

进行非法充值，致使腾讯公司对应的等值服务资费遭受损失的，以盗窃罪定罪处罚。参照司法解释关于非法充值电信资费的规定即按照电信资费损失数额认定盗窃数额，涉案密保卡的被盗数额以实际财产损失认定盗窃数额。[①] 网络域名具有专属性和唯一性，具有市场交换价值，可以货币形式进行交易，故具备法律意义上的财产属性。利用技术手段，通过变更网络域名绑定邮箱及注册ID，实现对域名的非法占有，并使原所有人丧失对网络域名的合法占有和控制，其目的是非法获取网络域名的财产价值，其行为给网络域名的所有人带来直接的经济损失。该行为符合以非法占有为目的，窃取他人财产性利益的盗窃罪本质属性，应以盗窃罪论处。对于网络域名的价值，可综合考虑网络域名的购入价、销赃价、域名升值潜力、市场热度等综合认定。[②] 纺织品出口数量配额，按照国家政策可以转让，具有财产属性。通过纺织品网上交易平台窃取并转让他人的纺织品出口配额牟利的行为，应以盗窃罪论处。[③]

手机数据流量可以成为盗窃罪的对象。手机数据流量是网络运营商承诺为使用者手机终端提供一定流量数据的服务，需要运营商人力、设备等成本的投入，其在进入流通领域后能够为运营商带来经济收益，被窃取后也会给运营商带来财产损失，具备财物的价值属性。而流量虽是一种无形服务，但运营商可以通过技术手段予以控制、分配及使用，具有管理可能性。因此，手机数据流量虽是网络运营商提供的一种电信服务，但同时也具备财物的基本特征，属于刑法意义上的财物，可以成为盗窃罪的对象。那么，盗窃手机数据流量的，如何估价？实践中，数据流量计费存在套餐价、非套餐价等多种计价形式，存在很大的价格区间，难以准确估价。同时，被害单位统计的损失数额与行为人的销赃数额通常也存在很大差异。对此，可参照《盗窃解释》第四条第一款第五项关于"盗接他人通信线路、复制他人电信码号出售的，按照销赃数额认定盗窃数额"的规定，以销赃数额认定盗窃数额。《最高人民法院研究室关于盗窃互联网上网流量如何认定

① 参见冯鼎臣、范敦强、张西俊：《陈某盗窃案》，载最高人民法院刑事审判第一、二、三、四、五庭主办：《刑事审判参考》总第87集，法律出版社2013年版。

② 参见张四毛盗窃案，最高人民检察院指导案例37号（2017年）。

③ 参见姜君伟、涂平一：《窃取纺织品出口配额构成盗窃罪》，载《人民司法（案例）》2008年第24期。

盗窃数额的研究意见》亦认为,由于难以查明被害单位的实际损失数额,而以销赃数额认定盗窃数额实际上对被告人有利,且符合诉讼经济原则,即对盗窃互联网上网流量的,可以按照销赃数额认定盗窃数额。例如,刘某利用联通公司操作系统的漏洞,通过淘宝网购买联通手机卡,用其骗取的联通公司员工的两组工号、密码进入该公司 CBSS 操作系统内申请停机保号后,再擅自开通上网功能,制成无限流量手机卡后出售他人,违法所得 15 万余元。刘某以上述方法窃取联通公司的通讯流量,造成联通公司严重财产损失。生效裁判认为,刘某以非法占有为目的,利用计算机操作系统漏洞,秘密窃取公司财物,数额巨大,其行为构成盗窃罪,[①]即以销赃数额 15 万余元认定刘某的盗窃数额。

毒品、假币、淫秽物品等违禁品,赌资、赃款赃物等非法财物,既然可以成为抢劫罪的对象,当然也可以成为盗窃罪的对象。根据《盗窃解释》第一条的规定,盗窃毒品等违禁品,应当按照盗窃罪处理的,根据情节轻重量刑。[②] 鉴于盗窃罪和抢劫罪都是侵犯财产的犯罪,盗抢财物的数额是量刑的重要依据,因此,在审理此类盗窃案件时可以适当参考当地毒品非法交易的价格计算数额。[③]

第三,盗窃罪属于转移占有型财产犯罪,即取得罪,其对象必须是他人占有的财物。[④] “占有”在客观上是指事实上的支配,不仅包括物理支配范围内的支配,也包括社会观念上可以推知的财物的支配状态;在主观上只要求他人对其事实上支配的财物具有概括的、抽象的支配意识,既包括明确的支配意识,也包括潜在的支配意识。占有意识对事实的支配的认定起补充作用。[⑤] 自己占有的他人财物不可能成为盗窃罪对象。例如,周某与陈某签订协议书,约定周某将其一

① 参见上海市第一中级人民法院刑事判决书,(2015)沪一中刑终字第 2515 号。

② 盗窃毒品如何定罪量刑?相关案例可参见朱平:《薛佩军等盗窃案》,载最高人民法院刑事审判第一庭、第二庭编:《刑事审判参考》总第 27 辑,法律出版社 2002 年版。

③ 参见高贵君、王勇、吴光侠:《〈全国部分法院审理毒品犯罪案件工作座谈会纪要〉的理解与适用》,载《人民司法(应用)》2009 年第 3 期。

④ 如果只是他人占有的辅助者,则不占有该财物。例如,同行的秘书、助理替上司提着的公文包,属于上司占有;在车站、码头、材料批发市场等地替他人搬运行李、货物至站外、车上的,行李、货物属于权利人占有。

⑤ 参见张明楷:《刑法学(下)》(第 6 版),法律出版社 2021 年版,第 1231 页。

辆吉利牌轿车以2.55万元的价格出售给陈某(已交付钱款),并约定由周某驾驶该车送陈某回其住处交付,当车行至陈某住处附近时,周某以买水为借口将陈某支下车后私自将车开走,后陈某无法与周某取得联系。对于本案,公诉机关以盗窃罪提起公诉,而生效裁判认为,周某以非法占有为目的,在合同履行过程中收受对方当事人给付的钱款后逃匿,其行为构成合同诈骗罪而非盗窃罪。本案中,周某与陈某虽已签订协议书并交付钱款,但车辆并未实际交付,仍然处于周某的占有之下,自己占有的他人财物不能成为盗窃罪对象,故指控周某的行为构成盗窃罪不妥,但周某在履行合同中骗取他人钱款,属于合同诈骗。[①]

此外,窃取财物行为是排除他人对财物的支配建立新的支配关系的过程,如果只是单纯排除他人对财物的支配,如将他人喂养的鱼、鸟放走,便不是窃取行为,可能成立故意毁坏财物罪。

值得注意的是,上文中的转移占有,往往针对盗窃罪中财产积极增加的多数情形,即秘密窃取他人占有之财物。而偷逃通行费、停车费、秘密逃避车辆租金等情形,系消极财产的不法减少,即将本应支付给被害人(单位)的相关费用,通过秘密手段不予支付,最终本应减少的财产没有相应减少,从而实现非法占有被害人(单位)财产之目的。

(三)单位盗窃还是自然人盗窃

盗窃罪主体只能为自然人。对于单位组织、指使盗窃的,根据2014年《全国人民代表大会常务委员会关于〈中华人民共和国刑法〉第三十条的解释》即“公司、企业、事业单位、机关、团体等单位实施刑法规定的危害社会的行为,刑法分则和其他法律未规定追究单位的刑事责任的,对组织、策划、实施该危害社会行为的人依法追究刑事责任”,以及《盗窃解释》第十三条即“单位组织、指使盗窃,符合刑法第二百六十四条及本解释有关规定的,以盗窃罪追究组织者、指使者、直接实施者的刑事责任”的规定,以盗窃罪追究组织者、指使者、直接实施者的刑事责任。

---

① 参见罗开卷:《盗窃罪行为类型解析》,载赵秉志主编:《刑法论丛》2015年第3卷。

例如，刘某、郑某、周某实施的单位盗窃案。刘某原系酒店总经理，郑某、周某原系酒店职工。酒店安装中央空调时，身为总经理的刘某公然指使酒店电工郑某、周某采用绕过供电部门用电计量装置、擅自接线手段进行窃电，3 年中共窃电 32 万多千瓦，价值 27 万余元。此案发生于多年前，关于罪与非罪争议极大。如今看来，以盗窃罪追究刘某、郑某、周某的刑事责任，已于法有据。

（四）是否秘密窃取了“数额较大”的公私财物

对于普通盗窃，数额较大的，才成立盗窃罪。根据《盗窃解释》第一条的规定，盗窃公私财物价值 1000 元至 3000 元以上、3 万元至 10 万元以上、30 万元至 50 万元以上的，应当分别认定为盗窃“数额较大”“数额巨大”“数额特别巨大”。根据《盗窃解释》第二条的规定，盗窃公私财物，具有下列情形之一的，“数额较大”的标准可以按照一般标准的 50% 即减半确定：（1）曾因盗窃受过刑事处罚的；（2）一年内曾因盗窃受过行政处罚的；（3）组织、控制未成年人盗窃的；（4）自然灾害、事故灾害、社会安全事件等突发事件期间，在事件发生地盗窃的；（5）盗窃残疾人、孤寡老人、丧失劳动能力人的财物的；（6）在医院盗窃病人或者其亲友财物的[①]；（7）盗窃救灾、抢险、防汛、优抚、扶贫、移民、救济款物的；（8）因盗窃造成严重后果的。

同时，根据《盗窃解释》第六条的规定，盗窃公私财物，具有该解释第二条第三项至第八项规定情形之一，数额达到一般标准的“数额巨大”、“数额特别巨大”50% 的，可以分别认定为“其他严重情节”或者“其他特别严重情节”。

---

① 实践中适用本项规定，应该把握盗窃行为发生地限定为“医院”范围，窃取对象是病人或者其亲友的财物。对于明知是去医院途中的病人及其家属的财物而盗窃的情况，虽然行为人的主观恶性和盗窃行为的社会危害性与“在医院盗窃病人或者其亲友财物的”情形可能相当，但终究不是在医院这一特定场所盗窃，故需严格把握，一般不能以该项规定处理。但是，如果符合该条第五项“盗窃残疾人、孤寡老人、丧失劳动能力人的财物的”情形，或者第八项“因盗窃造成其他严重后果的”情形（如造成重疾病人因钱款被窃不能及时就医治疗，或者病人、家属因此精神失常等），且数额达到一般标准的“数额较大”“数额巨大”“数额特别巨大”50% 的，应分别认定为盗窃的“数额较大”、“其他严重情节”或者“其他特别严重情节”。否则，只能按照一般标准定罪量刑。

(五)是否具有非法占有目的

盗窃罪的主观方面是直接故意,即明知是公私财物,以非法占有为目的,实施窃取财物的行为。如果不具有非法占有目的,如误认为他人的财物为自己的财物而取走的,不构成盗窃罪。对于窃取他人合法占有的本人财物,如果具有非法占有目的,以致他人因负赔偿责任而遭受财产损失的,以盗窃罪论处,后文将对此作详细论述。

需要注意的是,对于盗接他人通信线路、复制他人电信码号或者明知是盗接、复制的电信设备、设施而使用的行为,《刑法》第二百六十五条规定,以牟利为目的的,才以盗窃罪论处。“以牟利为目的”,即通过出售、出租、自用、转让等行为谋取经济利益。

二 “多次盗窃”的认定

根据《盗窃解释》第三条第一款的规定,二年内盗窃三次以上的,应当认定为“多次盗窃”。实践中,理解和把握“多次盗窃”需要关注以下几个方面。

(一)多次盗窃是盗窃罪的兜底规定

刑法规定多次盗窃,主要原因在于多次盗窃体现出行为人具有盗窃习性,主观恶性较深,人身危险性较大,这样规定严密了法网,扩大了处罚范围。从盗窃罪罪状来看,多次盗窃与普通盗窃及入户盗窃、携带凶器盗窃、扒窃三种特殊盗窃是并列关系,但立法将单次不构成犯罪的多次盗窃行为累加在一起以犯罪论处,多次盗窃更是普通盗窃和三种特殊盗窃的兜底规定。由于入户盗窃、携带凶器盗窃、扒窃已经成为盗窃罪的独立行为类型,而且这三种特殊盗窃在入罪上没有数额要求,故多次盗窃中的盗窃往往指普通盗窃,当然也不排除包括入户盗窃、携带凶器盗窃和扒窃的情形。

由于多次盗窃是将单次不构成犯罪的多次盗窃行为累加在一起以犯罪论处,因此,当多次盗窃与普通盗窃或者三种特殊盗窃竞合时,即多次盗窃中的一次盗窃系数额较大的普通盗窃或者系特殊盗窃的情形,由于多次盗窃系兜底规定,此时普通盗窃或者特殊盗窃具有入罪的优先性,即应优先考虑以普通盗窃或者特殊盗窃定性,将其他不构成犯罪的盗窃行为作为量刑情节考虑。

例如,张某因盗窃被处以行政拘留七日;3个月后又因盗窃被处以行政拘留十五日;半年后某日,张某在人行道处窃得他人停放在该处价值1550元的电动自行车一辆,后被公安机关抓获。张某一年内已有两次盗窃行为受到行政处罚后又盗窃(普通盗窃),数额1550元。假设普通盗窃的数额较大起点为3000元,那么,张某的行为是构成普通盗窃还是多次盗窃?一种观点认为,张某的行为属于多次盗窃,成立盗窃罪,已受过的行政处罚应折抵相应刑罚。另一种观点则认为,根据《盗窃解释》第二条的规定,即“盗窃公私财物,具有下列情形之一的,数额较大的标准可以按照前条规定标准的50%确定:(1)曾因盗窃受过刑事处罚的;(2)一年内曾因盗窃受过行政处罚的;(3)组织、控制未成年人盗窃的;(4)自然灾害、事故灾害、社会安全事件等突发事件期间,在事件发生地盗窃的;(5)盗窃残疾人、孤寡老人、丧失劳动能力人的财物的;(6)在医院盗窃病人或者其亲友财物的;(7)盗窃救灾、抢险、防汛、优抚、扶贫、移民、救济款物的;(8)因盗窃造成严重后果的”,张某在一年内曾因盗窃受过行政处罚又实施盗窃,按照减半认定,盗窃数额较大,其行为还构成普通盗窃,但已受过的行政处罚不能折抵相应刑罚。

笔者认为,根据多次盗窃与普通盗窃的关系,对张某的行为应以普通盗窃论处,将已受行政处罚的前科事实作为量刑情节考虑。反之,如果认为张某的行为属于多次盗窃,还需要将已受过的行政处罚折抵相应刑罚,不利于打击犯罪,也不符合刑法中竞合时从一重处的做法。

据上,也可以得出如下裁判规则:盗窃数额已达到“数额较大”、“数额巨大”或者“数额特别巨大”的相应数额标准,应当直接在相应的刑罚幅度内量刑;只有盗窃数额未达到相应标准,才根据《盗窃解释》规定进行二次判断,如是否有减半认定的情形等。假如盗窃“数额巨大”的标准为10万元以上50万元以下，行为人在医院盗窃病人价值10万元的财物，其盗窃数额属于“巨大”，直接在三年以上十年以下有期徒刑幅度内量刑，将在医院盗窃病人财物的情节作为酌定从重量刑情节考虑，即数额与情节间的特殊关系决定了数额在入罪量刑中的首要地位，未作为确定量刑起点和基准刑的减半情节，应作为二次量刑情节予以考虑。当然，如果行为人在医院盗窃病人的财物价值为8万元，此时从数额标准看不符合“巨大”标准，但因为属于减半认定情形即达到5万元就属于“数额巨大”，故仍然可以将其盗窃行为认定为“数额巨大”的盗窃，在三年以上十年以下有期徒刑幅度内量刑。此时，已经考量了减半情节在量刑中的作用。

（二）多次盗窃中的每次盗窃是指基于同一或者概括的盗窃犯意实施的一次盗窃行为，包括既遂、未遂、中止三种形态

成立多次盗窃的次数要求为三次或三次以上，二次不为多次；时间限制为二年内，超过二年的不属于多次盗窃。

例如，王某因盗窃行为被公安机关处以行政拘留十日，罚款500元。半年后某日下午，王某至某村1078号102室处，破窗伸手，窃得被害人杨某放于该处价值152元的三星牌手机一部及价值28元的双肩包一个。接着又至该村1079号201室处，破窗伸手，窃得被害人李某放置于该处的橙色双肩包一个，后又将该包放回。

本案中，王某曾因实施盗窃行为被处治安拘留十日、罚款500元，后又于半年后某日下午在同一村内连续窃取相邻两户人家的财物。因该日下午王某的连续盗窃数额均未达到较大标准，但王某实施的所有盗窃行为发生在二年内，故王某是否构成多次盗窃从而以犯罪论处，关键在于其在同一村内连续窃取相邻两户人家财物的行为，是属于一次盗窃还是二次盗窃。如属于一次盗窃，王某的行为不构成犯罪；如属于二次盗窃，则王某的行为属于多次盗窃，构成犯罪。对此，涉及“多次盗窃中的每一次”如何认定的问题。

关于多次盗窃中的每一次盗窃，有观点认为，《刑法》第二百六十四条规定，

多次盗窃是为了扩大盗窃罪的处罚范围而非加重处罚条件。既然如此,对多次盗窃就不能再作过于严格的限制解释。首先,在同一时间、同一地点对同一被害人所实施的盗窃,就是一次盗窃。在同一地点盗窃三位被害人财物的,应认定为多次盗窃。在不同时间、不同地点盗窃同一被害人的财物的,也是多次盗窃。其次,对于"次"应当根据客观行为认定,而不能根据行为人的主观心理状态认定。例如,对于基于一个概括的犯意,连续在一定场所三次盗窃不同被害人的财物,或者对一栋办公楼中的几个办公室连续实施盗窃的,应当按照客观行为认定为多次盗窃,而不能按主观心理状态认定为一次盗窃。

笔者认为,多次盗窃中的每一次盗窃,是指基于同一或概括的盗窃犯意实施的一次盗窃行为。对于"在同一时间、同一地点对同一被害人所实施的盗窃",当然就是一次盗窃。但"对于基于一个盗窃犯意、在特定时空范围内实施的连续盗窃行为,宜作一次盗窃行为评价,不应认定为多次盗窃;对于出于数个独立的盗窃犯意、在明显间隔时段里反复实施的盗窃行为,应认定为多次盗窃"。[①] 而且,《两抢意见》第三条也明确,对于行为人基于一个犯意实施犯罪的,如在同一地点同时对在场的多人实施抢劫的;或基于同一犯意在同一地点实施连续抢劫犯罪的,如在同一地点连续地对途经此地的多人进行抢劫的;或在一次犯罪中对一栋居民楼房中的几户居民连续实施入户抢劫的,一般应认定为一次犯罪。多次盗窃与多次抢劫属于相同情况,理应作同一解释。因此,上述"在不同时间、不同地点盗窃同一被害人的财物的是多次盗窃"的观点是正确的,但"在同一地点盗窃三位被害人财物的应认定为多次盗窃;对于基于一个概括的犯意,连续在一定场所三次盗窃不同被害人的财物,或者对一栋办公楼中的几个办公室连续实施盗窃的,也应认定为多次盗窃"的观点则是欠科学的。

基于以上分析,前述案例中王某于某日下午在同一村内连续窃取相邻两户人家财物的行为,系基于一个盗窃犯意、在特定时空范围内实施的连续盗窃行为,宜作为一次盗窃行为评价,如此,王某的行为不构成盗窃罪。

而且,《刑法》规定多次盗窃入罪的依据在于盗窃行为的次数,而不在于盗窃

① 参见黄祥青:《认定多次盗窃的事实与法理依据》,载《人民司法(应用)》2009年第9期。

行为是否得逞,故未对盗窃行为的形态作出限制,盗窃行为应当包括完成和未完成两种形态。实践中一般不处罚预备行为,有条件地处罚未遂和中止行为,故多次盗窃中的盗窃通常包括既遂、未遂、中止三种形态。

(三)多次盗窃中的每次盗窃并不要求未经处理,但不包括已经刑事处罚的

多次盗窃中的每次盗窃并不要求未经处理,因此,对于其中若干次盗窃已被公安机关行政处罚的,不影响累加后以多次盗窃定罪处罚,已经执行的行政拘留和罚款应当分别折抵刑期和罚金。例如,《行政处罚法》第三十五条规定:"违法行为构成犯罪,人民法院判处拘役或者有期徒刑时,行政机关已经给予当事人行政拘留的,应当依法折抵相应刑期。违法行为构成犯罪,人民法院判处罚金时,行政机关已经给予当事人罚款的,应当折抵相应罚金;行政机关尚未给予当事人罚款的,不再给予罚款。"这样,不违反禁止重复评价原则。已被行政处罚的事实,应当在起诉意见书、起诉书和判决书中一并认定。

有观点认为,如三次中有受过刑事处罚的,也应该算在三次内。笔者认为,首先,对于已经刑事处罚的盗窃,不应累加以多次盗窃定罪处罚,否则,就会出现同一事实被再次以犯罪论处,明显违反禁止重复评价原则。其次,从立法逻辑上看,尽管刑法将多次盗窃与其他四种盗窃并列规定在盗窃罪的起点刑内,但多次盗窃是为严密刑事法网而设,当其他四种盗窃行为单次均不构成犯罪,只要二年内有三次这种盗窃行为,达到刑事处罚标准的,即可以盗窃罪定罪处罚。如果将已经受过刑事处罚的某次盗窃犯罪行为划入多次盗窃的范围,明显会使得《刑法》第二百六十四条条文规定的逻辑关系混乱。最后,就具体量刑情节的判断而言,实践中会带来困惑。例如,行为人在二年之内的前二次盗窃行为有被判处有期徒刑的,第三次又因盗窃行为被发现,如果认定构成犯罪且又可以判处有期徒刑以上刑罚的,是否认定累犯?认定累犯,重复评价明显;反之,不符合《刑法》总则关于累犯的规定。

(四)综合评价多次盗窃,达到刑事处罚标准的才以犯罪论处

犯罪行为是违法行为的"量"达到一定程度后的质变,多次盗窃入罪则应该

是多次盗窃违法行为累加后的质变。尽管《刑法》规定多次盗窃严密了法网，扩大了处罚范围，但在刑事处罚标准的把握上仍应坚持刑法的谦抑性，不能唯次数论，而应从整体上考量多次盗窃行为是否具有严重的社会危害性。由于多次盗窃与其他四种盗窃属于并列关系，因此，在罪量上应具有同等性。在总体把握上，多次盗窃中的每一次盗窃应以达到治安处罚标准为妥。在具体认定上，可以从数额和情节两方面进行考虑。在数额上，多次窃取的财物累加后接近①数额较大标准的，一般应作为犯罪处理。在情节上，综合考虑每次盗窃的动机、时间、对象、方式，确有刑事处罚必要的，才以犯罪论处。对于虽实施了三次以上的盗窃行为，如每次窃得几个苹果、窃取少量蔬菜、饥饿情况下至超市窃取价值几十元的盒饭、面包等情形，但因总体尚属情节显著轻微、危害不大的，可以不作为犯罪处理，给予治安处罚即可。

（五）定罪量刑标准

根据《刑法》规定，实施多次盗窃行为，构成犯罪不需要盗窃数额达到一定标准。当累计多次盗窃数额达 3 万元至 10 万元以上、30 万元至 50 万元以上的，应当分别认定为盗窃“数额巨大”“数额特别巨大”。根据《盗窃解释》第六条的规定，多次盗窃公私财物，具有该解释第二条第三项至第八项②规定情形之一，数额达到一般标准的“数额巨大”“数额特别巨大”50% 的，可以分别认定为“其他严重情节”或者“其他特别严重情节”。

三 “入户盗窃”的认定

根据《盗窃解释》第三条第二款的规定，非法进入供他人家庭生活，与外界相

---

① 实践中，达到“数额较大”标准 80% 以上即为接近。

② 组织、控制未成年人盗窃的；自然灾害、事故灾害、社会安全事件等突发事件期间，在事件发生地盗窃的；盗窃残疾人、孤寡老人、丧失劳动能力人的财物的；在医院盗窃病人或者其亲友财物的；盗窃救灾、抢险、防汛、优抚、扶贫、移民、救济款物的；因盗窃造成严重后果的。

对隔离的住所盗窃的，应当认定为“入户盗窃”。2011 年施行的《刑法修正案(八)》将入户盗窃单列，“入户”成为盗窃罪的入罪情节，即实施入户盗窃行为，构成犯罪不需要盗窃数额达到一定标准，但根据《刑法》第十三条的规定，情节显著轻微，危害不大的，不应认定为犯罪。如此规定，目的在于加强对公民住宅和人身安全的保护。

(一)“入户盗窃”的成罪要件

1. 实施了入户行为

入户盗窃与入户抢劫中的“户”属于相同术语，应作同一理解。关于“户”的范围，《抢劫解释》、《两抢意见》及《盗窃解释》均作了明确规定。且本书抢劫罪部分，就加重情节“入户抢劫”中“户”的范围作了详细论述，对此不再赘述。质言之，入户盗窃中的“户”是指住所，其特征表现为供他人家庭生活和与外界相对隔离两个方面，前者为功能特征，后者为场所特征。一般情况下，单位的办公楼、学校、公共娱乐场所、集体宿舍、旅店宾馆、临时搭建工棚等不应认定为“户”，但在特定情况下，如果确实具有上述两个特征的，也可以认定为“户”。

实践中，对于商住两用的房屋，应根据行为人实施盗窃时该房屋所处的状态确定其是否属于“户”。一般来说，当处于营业状态时，该场所是对外开放的，不具备“户”的功能特征，不应视为入户盗窃。当夜间已处于关门歇业、休息的状态时，该场所不对外开放，系作为生活起居之用，具备“户”的场所特征和功能特征，此时属于入户盗窃。

对于住所类卖淫场所，其兼具性交易与生活起居的功能，但主要还是作为生活起居之所，只要该住所具备“户”的特征，就应认定为“户”。非法进入此类场所盗窃的，应认定为入户盗窃。同样，对于利用住处开设赌场的即住所类赌场，也不能因为其具有赌博场所功能而否定“户”的性质。非法进入此类场所盗窃的，应认定为入户盗窃。

关于租用的暂住房屋性质，关键在于其是否具备“户”的特征，如租住者通过一定安全保障措施使之与外界隔离，将房门上锁的，则具备“户”的特征，此时入室盗窃的,应认定为入户盗窃。

对于进入正在装修且无人居住的房屋内实施盗窃是否属于入户盗窃,实践中存在较大争议。例如,某日晚7时许,乔某骑车至某居民楼,发现该楼402室系正在装修且尚无人居住的房屋,遂将拖把从防盗门上沿的空隙处伸进屋内,打开门锁进入房间,窃取室内价值711.6元的电线、网线、电话线、电缆、冲击钻及水表等物后逃离。随后,乔某又骑车至同一小区另一居民楼再次行窃时被当场扭获。对于本案,如果普通盗窃的数额较大起点为3000元,则本案不构成普通盗窃。那么,乔某是否构成入户盗窃?关键在于正在装修且尚无人居住的房屋是否属于刑法中的"户"。对此,存在不同观点。一种观点认为,乔某的行为不构成入户盗窃。主要理由为:第一,本案的案发地虽然与外界相对隔离,但在被装修期间是一个施工场所,业主、施工人员均没有将此作为家庭生活起居的场所,故不是刑法意义上"户"的范围。第二,刑法规制入户盗窃,不仅在于保护他人财产,更在于保护他人住宅和人身的安全。对于进入他人尚未用于生活起居、不可能使他人家庭生活的安全性、私密性受到侵害的房屋实施盗窃的行为,以入户盗窃入罪处罚不符合立法本意。另一种观点则认为,乔某的行为构成入户盗窃。主要理由为,正在装修的房屋系已交付使用的房屋,其权属也已归业主所有,是否装修都不具有开放性,具备"户"的场所特征;而且,"供他人家庭生活"可以是正在供他人家庭生活,也可以是将要供他人家庭生活,装修房屋无疑具备"户"的功能特征,进入正在装修的房屋内实施盗窃,不仅侵害了他人的财产权,而且还侵害了他人未来家庭生活的安全权,故宜认定为入户盗窃。笔者赞同前种观点,即乔某的行为不以入户盗窃定罪处罚,其行为不构成盗窃罪。主要理由是:首先,"户"的功能特征即"供他人家庭生活",应指正处在他人家庭生活之用状况的情形,而不是将要供他人家庭生活的情形。其次,进入正在装修而无人居住的房屋内实施盗窃,由于该房屋并未被用于他人家庭生活,不是现实的他人家庭生活空间,根本不可能对他人住宅及人身的安全造成现实危害,其性质仅仅是入室而非入户。最后,进入他人居住的房屋实施盗窃与进入正在装修而无人居住的房屋实施盗窃,具有不同的社会危害性,应该区别对待,对进入正在装修而无人居住的房屋实施盗窃不以入户盗窃论处,体现刑法的谦抑精神。但值得注意的是,正在装修且业主居住的房屋,则具备了“户”的场所特征和功能特征,如果非法进入实施盗窃的,应以入户盗窃论处。而对于装修期间,施工人员基于装修便利短暂居住于装修房内的,应视为建筑工地的延伸,仅具有临时工棚的性质,如果非法进入实施盗窃的,不宜以入户盗窃论处。

对于进入周末房内实施盗窃是否属于入户盗窃,也存在争议。例如,张某在郊区有一别墅、在市区有一公寓房,张某通常在上班时间住在市区公寓房,周末回郊区别墅居住,上班时间别墅房为空关时间。刘某在张某上班期间,进入其在郊区的空关别墅窃取价值2000余元财物,后被抓获。对于本案中刘某的行为能否被认定为入户盗窃,也存在两种不同观点。争议的焦点在于上班期间空关的别墅是否具有“户”的功能特征。笔者认为,本案中上班期间空关的别墅即周末房,是张某生活起居场所之一,无疑具有“户”的场所特征,只是使用率较低而已。“户”的功能特征与使用率的高低没有必然联系,对于进入具有生活起居场所性质的周末房内实施盗窃的,应认定为入户盗窃。

进入封闭的居民院落内盗窃而未进入房间内盗窃的,是否属于入户盗窃?对于这种情况,笔者认为也应当认定为入户盗窃。一方面,居民的房屋所有权中包含院落在内;另一方面,封闭的居民院落是居民生活起居场所,与外界相对隔离,他人未经允许不得入内。从这个意义上讲,此种情况下的“户”不仅限于房间之内,还及于封闭的院落。

进入厨房盗窃是否为入户盗窃?笔者认为,城市房屋的厨房与客厅、卧室是一体的,进入厨房盗窃应为入户盗窃。对于农村中与主人住处相对分离的厨房,尽管厨房的功能主要是做饭,但这一功能也属于居民家庭生活的一部分,同时由于农村的厨房具有相对封闭性,因此,此种情况也应当认定为入户盗窃。[①] 当然,公共厨房,则不宜作为“户”的部分。

需要强调的是,入“户”以行为人进入“户”内为必要。如果行为人仅以手伸入其邻居住宅外墙的门窗,从窗内窃取多件衣服或者其他物品,或者以木杆伸入

① 参见王海:《“多次盗窃”什么情形下构成犯罪》,载《中国检察官》2007年第2期。

他人房间内勾取皮包等，考虑到行为人没有进入“户”内，对公民住所安全的侵害程度较行为人进入“户”内实施盗窃弱，不宜认定为“入户盗窃”。[①]

2. 入户目的具有非法性

入户盗窃以行为人入户目的具有非法性为要件。笔者认为，入户盗窃中的入户目的非法性与入户抢劫中的入户目的非法性属于相同情况，应作同一理解。根据《两抢意见》第一条的规定，入户盗窃中入户目的的“非法性”应理解为，为实施盗窃、抢劫、诈骗、抢夺等侵财犯罪而入户。关于行为人“入户”就是为了盗窃的观点，人为地限制了入户目的的范围，也与客观实际不符。例如以抢劫目的入户，后发现被害人不在而偷拿其财物的情形，无论是从对被害人权益的侵害、对行为人的刑事处罚，还是从实际操作的便利角度，以入户盗窃论处都是较为合适的。行为人以杀人、伤害、强奸等非侵财犯罪目的而侵入他人住所，并实施相应暴力行为，之后在户内临时起意盗窃的，为在户盗窃而非入户盗窃，但量刑时应将在“户内”这一特定场所作为酌定从重情节考量。如果以上述动机非法入户后，未实施相关暴力犯罪转而起意窃取财物的，系犯意转化，应认定为入户盗窃。[②] 当然，如果基于正当理由入户后，在“户内”临时起意盗窃的，则为在户盗窃而非入户盗窃。

窃取室友财物的行为，因不具有入户的非法性，不为入户盗窃。对于合租房屋情况，如果租住者各居一个房间，且各房间之间采取一定安全保障措施使之与外界隔离的，此时具有“户”的特征，行为人非法进入合租者房屋行窃的，属于入户盗窃。例如，某日17时许，杨某至合租者李某居住的房间内，窃得其放置在卧室抽屉的交通银行卡1张及写有密码的纸条，并于当日18时许至工商银行ATM上分三次取现共1.5万元，后将卡及纸条放回原处。本案中，争议焦点在于杨某的行为能否认定为入户盗窃。根据杨某供述及被害人李某陈述，李某与杨某居

---

① 参见张军主编：《〈刑法修正案（八）〉条文及配套司法解释》，人民法院出版社2011年版，第267页。

② 有人认为犯意升高者，从新意（变更后的意思）；犯意降低者，从旧意（变更前的意思）。参见郑健才：《刑法总则》（修订再版），台北，三民书局1982年版，第93页。笔者认为，在犯意升高的情况下从新意，无论是理论上还是实践上都没有障碍。在犯意降低的情况下从旧意，理论上没有问题，但实践中如果从新意，并将旧意作为量刑情节考虑，可能更具有可操作性。

住于101室，各居其中的一个房间，且均将各自房门上锁，各自租住的房间均与外界隔离，实际已具备“户”的特征，故杨某潜入李某房间盗窃，应认定为入户盗窃。当然，如果合租者之间基于相互信任，并未采取安全保障措施使之与外界隔离的，此时不具有“户”的特征，行为人进入合租者房屋行窃的，因不具有入户的非法性，不应认定为入户盗窃。①

为嫖娼而进入住所类卖淫场所的，其入户行为因得到卖淫者许可而不具有非法性，如嫖娼未成、在嫖娼过程中或者嫖娼结束后，临时起意盗窃户内财物的，属于在户盗窃而非入户盗窃。同样，为赌博而进入住所类赌场的，其入户行为因得到开设赌场者许可而不具有非法性，如临时起意盗窃户内财物的，也属于在户盗窃而非入户盗窃。当然，通过欺骗等手段，以嫖娼之名进入住所类卖淫场所或者以赌博之名进入住所类赌场行盗窃之实的，其入户行为具有非法性，属于入户盗窃。

实践中，认定行为人“入户”目的是否具有非法性，可以综合考虑以下几个方面：一是入户的时间。例如在户内无人时或凌晨、深夜潜入的，入户目的正当性减弱，而入户目的非法性增强。二是行为人与被害人之间的关系。行为人与被害人关系密切，入户目的正当性增强，相反，如互不往来甚至素不相识，入户目的非法性增强。三是行为人供述入户目的的合理程度。一般来说，供述的合理程度越高，入户目的非法性越低，反之亦然。四是被害人对住所的安全保障程度。住所的安全保障程度越高，则入户的手段越难，入户目的非法性也就越高，反之亦然。五是行为人突破“户”的手段。手段越是正常，入户目的非法性越低；反之，如溜门撬锁、挖洞跳墙、潜入他人室内的，入户目的的非法性增强。六是行为人在户内活动的异常程度。在户内活动越是异常，如戴上白手套、东张西望、神情紧张等，入户目的非法性越强。

---

① 参见王瑞琼、王娇霞：《认定入户盗窃须以非法入户为标准》，载《人民司法(案例)》2016年第14期。该案例认为，对于合租房中实施盗窃的行为，就要考察其入户的非法性问题。各合租人彼此之间相互熟悉，可以随意进出他人房间的情况下，行为人进入他人房间的行为客观上并不违背居住人的意愿，不具有非法性，因此不应认定为入户盗窃。

3. 在户内实施了盗窃行为

入户盗窃不仅要求行为人非法入户，而且还要求入户后在户内实施了盗窃行为。因此，在入户盗窃行为被刑法规定为盗窃罪犯罪构成要件的情况下，其先行的非法入户行为被作为盗窃罪的组成部分为盗窃罪所一并评价，一般不再以非法侵入住宅罪处理。[①] 非法入户后在户内并未实施盗窃，继而在户外实施盗窃行为的，也不为入户盗窃，而属于其他类型盗窃，对非法入户行为根据是否违反刑法规定视情独立以非法侵入住宅罪处理或者作为盗窃罪从重量刑情节考虑。

以上三个方面，为入户盗窃的基本特征。以王某入户盗窃案[②]为例。经王某居间介绍，可洛丝公司社长石某租借某弄5号2302室居住，并委托王某聘请钟点工进行保洁，代付水电煤气费用等，每次钟点工来保洁时在物业管理前台登记并领取门卡，保洁结束后再将门卡归还。之后，王某聘请邱某为石某打扫房间。半年后邱某辞职，后王某从物业管理前台领取门卡放在身边没有归还。某日13时许，王某持门卡进入石某租借的房屋，先走进卫生间，出来后从裤子口袋里取出随身携带的白手套戴上，从石某的包里窃得3万日元。据查，石某在家中安装了摄像头，经回放录像，发现房产中介王某进入其家中实施了盗窃。王某到案后交代了盗窃行为，但始终辩解当日是为了抄煤气读数进入石某住所。一审法院认为，王某进入被害人房屋具有合法理由，故其盗窃被害人租房内的财物不应认定为入户盗窃，而是普通盗窃。一审判决后，检察机关提出抗诉，认为王某入户具有非法性，其盗窃行为应认定为入户盗窃。二审法院认为，根据王某进入房屋实施盗窃的过程，应认定其以盗窃为目的进入他人居住的房屋实施盗窃行为，属于入户盗窃。

本案的争议焦点在于王某的行为属于入户盗窃还是普通盗窃。首先，涉案

---

① 在2011年施行的《刑法修正案(八)》将“入户”作为盗窃罪的入罪情节前，对于入户盗窃，财物数额未达到盗窃罪定罪标准，但严重妨碍他人的居住与生活安宁的，可以按非法侵入住宅罪定罪处罚。相关案例可参见秦鹏、陈雄平:《毛君、徐杰非法侵入住宅案》，载最高人民法院刑事审判第一、二、三、四、五庭主办:《刑事审判参考》总第66集，法律出版社2009年版。

② 参见沈言:《犯罪目的证明中推论的运用——上海二中院判决王洪飞盗窃案》，载《人民法院报》2013年1月31日，第6版。

房屋系被害人石某租借用于日常居住的场所,且王某已进入室内,应当认定其实施了入“户”行为。其次,王某辩称其“入户”目的是抄煤气读数,并于当日将煤气读数报给了物业前台。但涉案房屋在案发日前已经结束了煤气读数抄报工作,且前台当班人员证实王某并未向其报告煤气读数,可见,王某的入户理由并不成立。而且王某自保洁员辞职后,随身携带门卡一直没有归还,这种入户的手段与保洁员每次使用门卡后归还前台的物业管理惯例相悖。加之王某进入涉案房屋后,戴上随身携带的白手套从被害人石某的包里窃得3万日元,其在户内的活动完全背离了入户抄煤气读数该有的行为内容及方式,相关证据足以认定王某在入户之时即具有盗窃意图。最后,王某进入石某住所后窃取了其放于住所的3万日元。综上,王某以盗窃为目的进入他人住所实施的盗窃行为,应认定为入户盗窃。

(二)定罪量刑标准

根据《刑法》规定,实施入户盗窃行为,构成犯罪不需要盗窃数额达到一定标准。根据《盗窃解释》第六条的规定,入户盗窃,数额达到一般标准的“数额巨大”(3万元至10万元以上)、“数额特别巨大”(30万元至50万元以上)50%的,可以分别认定为“其他严重情节”或者“其他特别严重情节”。

四 “携带凶器盗窃”的认定

2011年施行的《刑法修正案(八)》将携带凶器盗窃单列,“携带凶器”成为盗窃罪的入罪情节,即实施携带凶器盗窃行为,构成犯罪不需要盗窃数额达到一定标准,但根据《刑法》第十三条的规定,情节显著轻微,危害不大的,不应认定为犯罪。如此规定,不仅是因为携带凶器盗窃会侵害他人的财产所有权,更在于盗窃时携带凶器客观上有侵害他人人身权利的危险性。根据《盗窃解释》第三条第三款的规定,携带枪支、爆炸物、管制刀具等国家禁止个人携带的器械盗窃,或者为了实施违法犯罪携带其他足以危害他人人身安全的器械盗窃的，应当认定为携带凶器盗窃。

（一）“携带凶器盗窃”的认定要点

1. 携带凶器盗窃中的“凶器”包括国家禁止个人携带的器械和其他足以危害他人人身安全的器械

“凶器”是指行凶时所用的器具。携带凶器盗窃借鉴了《抢劫解释》第六条关于“携带凶器抢夺”的规定。[①] 但又不完全等同于携带凶器抢夺，因为抢夺往往是零距离或近距离占有他人财物，均存在行为人使用携带的凶器侵害他人人身权利的可能性，且可能性高，被害人当场发觉比率高，实践中使用凶器的比率也较高。而盗窃一般是秘密窃取他人财物，尽管也存在行为人使用携带的凶器侵害他人人身权利的可能性，但与携带凶器抢夺相比，总体上被害人当场发觉比率不高，实践中行为人使用凶器侵害被害人的比率也较低。

枪支、爆炸物、管制刀具等国家禁止个人携带的器械具有较大的杀伤力，国家禁止流通，携带枪支、爆炸物、管制刀具等国家禁止个人携带的器械本身是一种违法行为，在一定程度上也可以反映出行为人的犯罪倾向。携带这些器械实施盗窃行为的，客观上增加了他人人身安全受侵害的可能性，故应认定为携带凶器盗窃。当然，对于携带国家管制的凶器实施对他人人身安全没有侵害可能性的盗窃的场合，客观上不存在侵害他人人身安全的危险性，不应认定为携带凶器盗窃。

对于“其他足以危害他人人身安全的器械”是否属于凶器，应坚持主客观相统一原则认定，即在客观上必须具有足以危害他人人身安全的危险性，与国家禁止个人携带的器械具有相当性。国家禁止个人携带的器械属于性质上的凶器，而“其他足以危害他人人身安全的器械”属于用法上的凶器。最为典型的如“菜刀”“斧头”“铁锤”“杀猪刀”等物品，正常使用时并不具有杀伤他人的机能，但在

① 《抢劫解释》第六条规定，“携带凶器抢夺”是指行为人随身携带枪支、爆炸物、管制刀具等国家禁止个人携带的器械进行抢夺或者为了实施犯罪而携带其他器械进行抢夺的行为。

用于或者准备用于违法犯罪时则足以危害他人人身安全，属于“其他足以危害他人人身安全的器械”，应认定为凶器。实践中，在何种情况下可以将具有杀伤力的物品认定为“其他足以危害他人人身安全的器械”，可以综合物品的杀伤机能的高低；物品用于杀伤他人的盖然性程度；根据一般社会观念，该物品所具有的对生命、身体的危险感的程度；物品被携带的可能性大小[①]等因素认定。以菜刀为例，菜刀正常使用不具有杀伤机能，但用于违法犯罪杀伤机能则非常高，而且根据一般社会观念，菜刀对生命、身体的危险感程度相当高，事实上常成为危害他人人身安全的重要工具，故一般外出不携带菜刀。对于携带菜刀实施盗窃的，应认定为携带凶器盗窃。对于“小螺丝刀”“微型刀片”等器械，尽管加以使用后也能致人死伤，但根据社会一般观念，属于不足以危害他人人身安全的器械，即使携带实施盗窃的，也不能认定为携带凶器盗窃。

对于“其他足以危害他人人身安全的器械”，还要求行为人在主观上意图在行窃行为被发觉后将其作为劫取财物或者拒捕的工具，而不是单纯地作为盗窃工具使用。因为携带国家禁止个人携带的器械以外的其他器械本身并不能反映出违法性，只有行为人的主观目的是实施违法犯罪才反映此类器械的“凶器”本性。此处的“违法犯罪”不限于盗窃。行为人可能基于实施盗窃犯罪而携带，也可能基于盗窃以外的违法犯罪意图而携带，转而临时起意盗窃。基于盗窃而携带，无疑属于携带凶器盗窃。基于实施其他违法犯罪而携带，转而实施盗窃的，比较典型的如为抢劫而携带铁棒，后抢劫不成实施盗窃的，属于犯意转化，但行为人都有使用携带的凶器的打算，故应以实行行为认定为携带凶器盗窃。相反，如果携带的本意不是实施违法犯罪，后因临时起意盗窃，且没有使用打算的，则不应认定为携带凶器盗窃。例如，木匠下班途中临时起意盗窃，其随身携带的斧头、凿子等并非为犯罪准备，在实施盗窃行为时也没有使用的打算，就不应认定为携带凶器盗窃。但是，如果木匠携带斧头、凿子的目的并非从事木匠工作，而是实施盗窃，则与平常人携带斧头、凿子盗窃无异，应认定为携带凶器盗窃。

“凶器”是用来行凶的，故行为人一般不将其作为盗窃工具使用。行为人携

① 参见张明楷：《刑法学（下）》（第6版），法律出版社2021年版，第1245页。

带“凶器”的主要意图,在于当行窃行为被发觉后用于劫取财物或者拒捕,即有对人使用的意思及对人使用造成伤害的可能性,唯有如此,携带凶器盗窃才存在侵害他人人身安全的危险性,为刑法所重点打击。如果器械仅作为盗窃工具,用于破除财物防护设施或者其他便利盗窃实行的用途,即使足以危害他人人身安全,因为行为人在主观上没有将该器械用于侵害他人人身的打算,一般不宜认定为携带凶器盗窃。对于这种情况,应审查分析器械与盗窃行为、目标之间的联系,判断携带的器械属于凶器还是盗窃工具。

一般而言,器械与盗窃行为、目标之间存在必然关联的,应认定器械为盗窃工具,否则为凶器。换言之,应当综合考虑器械是否为盗窃所需,是否超出了盗窃工具的需要范围。例如,行为人携带大力钳盗窃电动自行车,其携带大力钳就是为了破坏车锁,在这种器械与盗窃行为、目标之间有紧密联系的情况下,就不能仅因为大力钳本身会对人身安全构成危险而将其认定为凶器。又如,行为人在公交车上扒窃,除随身携带划包用的小刀片外,还携带足以危害他人人身安全的铁棒,此时铁棒与扒窃行为之间没有必然关联,应认定铁棒为凶器。再如,袁某携带斧头,采用钻窗方式进入购物广场,窃走收银箱2只,内有现金1000元;骏士牌拉杆箱1只、男士外套3件、男式裤子2条,价值1021元。本案中,袁某携带斧头的目的是实施盗窃,但又与盗窃行为之间没有必然关联,即斧头不是盗窃工具,而斧头属于足以危害他人人身安全的器械,故袁某的行为应认定为携带凶器盗窃。相反,如果行为人深夜携带斧头去他人自留地盗伐林木,尽管斧头属于足以危害他人人身安全的器械,但由于斧头与盗窃行为、目标之间具有紧密联系,且行为人也没有将斧头用于行凶的意图,故此时不宜认定斧头为凶器,只能视为盗窃工具,这样也符合一般社会观念。

当然,不排除将携带的凶器作为盗窃工具使用的情况。例如,王某至某学校,使用菜刀撬开财务室的铁门,从铁皮柜内窃得2000余元后逃逸。本案中,王某携带菜刀不仅是为了作为犯罪工具,且实际上菜刀与该盗窃行为之间也没有必然关联,故王某携带菜刀盗窃,属于携带凶器盗窃。类似案例,如某日晚10时许,李某至某银行支行,使用随身携带的刀具撬坏内存268,600元的自动存取款一体机面板进行盗窃,后因被他人发现而未得逞。

对于携带的工具兼具犯罪工具与凶器双重属性的场合,如携带长柄老虎钳用于剪切摩托车、电动自行车锁具的,不能仅凭长柄老虎钳具有足以危害他人人身安全的性能而一律认定为携带凶器盗窃,而应结合行为人的主观犯意和客观行为表现综合作出判定。如果行窃者确实仅用作盗窃工具,没有用于行凶意图,宜认定为普通盗窃。相反,如果有行凶意图,或者有将长柄老虎钳兼作侵害他人人身安全用途前科的,则宜认定为携带凶器盗窃。对于将国家禁止个人携带的器械作为盗窃工具使用的,由于此类器械具有较大的杀伤力,应直接认定为携带凶器盗窃。

2. 携带的凶器处于现实支配之下且具有随时使用的可能性

携带是持有的一种表现形式,指"随身带着",即将某种物品带在身上或者置于身边附近,置于现实的支配之下,可以随时供自己使用。就携带凶器盗窃而言,要求行为人在盗窃时将凶器带在身上或者置于身边附近,具有随时将凶器加以使用的特点。实践中,携带凶器表现为手持凶器、怀中藏着凶器、背包中藏着凶器等。对于凶器置于身边附近的情况,关键在于盗窃时能否对其加以有效支配、使用。对于将凶器放在车内,下车后步行一段距离盗窃的情况,由于凶器与盗窃现场距离较远,行为人在盗窃时显然难以随时使用,故不能认定为"携带"。例如,行为人意欲盗窃而将匕首藏于背包中,但在翻墙潜入他人房间时背包掉在墙外,行为人继而在户内盗窃的,由于其包内的凶器不能供盗窃时随时使用,故也不认定为携带凶器盗窃。

"携带"可以包括"明携"与"暗携"两种情形。在抢夺犯罪中,由于携带凶器抢夺是公然进行,因此《刑法》将"明携"行为规定为抢劫。而在盗窃犯罪中,携带凶器盗窃对被害人而言是秘密进行的,因此,行为人盗窃时是否展示携带的凶器,即"明携"还是"暗携"都不影响认定携带凶器盗窃。随身携带凶器只是要求具有随时使用的可能性,成立携带凶器盗窃并不要求实际使用凶器。如果行为人在行窃过程中被财物所有人或者保管人发觉,有意展示携带的凶器的,其实质是通过展示凶器以压制被害人达到劫取财物或者拒捕的目的,此时应认定为抢劫，前者直接以抢劫罪论处，后者则属于转化型抢劫罪。当然，对于在携带凶器盗窃时，为窝藏赃物、抗拒抓捕或者毁灭罪证而当场使用凶器施暴或者威胁的，应以转化型抢劫罪论处。

3. 携带凶器行为与盗窃行为存在手段与目的的关系

携带凶器的目的是实施盗窃。在为实施违法犯罪携带非管制凶器盗窃的场合，尽管在携带之初存在盗窃以外的犯意，但转而实施盗窃的，系犯意转化，携带的目的转为实施盗窃。对于以杀人、强奸等犯意携带凶器，在杀害、强奸他人后又临时起意窃取被害人财物的，尽管行为人在盗窃之时随身携带了凶器，但携带凶器的目的是杀人、强奸，在盗窃时也没有使用该凶器的打算，故该凶器与盗窃行为无手段与目的的关系，不宜认定为携带凶器盗窃。

同时，携带凶器盗窃要求携带凶器在先，盗窃行为在后，即行为人在实施盗窃行为之前就已经携带了凶器，对于没有携带凶器实施盗窃，而是在实施盗窃行为被发觉后从身边获取凶器用以压制被害人达到劫取财物或者拒捕目的的，不能认定为携带凶器盗窃，而应认定为抢劫（包括转化型抢劫）。

（二）定罪量刑标准

根据《刑法》规定，实施携带凶器盗窃行为，构成犯罪不需要盗窃数额达到一定标准。根据《盗窃解释》第六条的规定，携带凶器盗窃，数额达到一般标准的“数额巨大”（3 万元至 10 万元以上）、“数额特别巨大”（30 万元至 50 万元以上）50% 的，可以分别认定为“其他严重情节”或者“其他特别严重情节”。

五 “扒窃”的认定

扒窃行为具有近身性、团伙性等特点，往往发生在大庭广众之下，严重侵犯公民财产和人身安全，严重影响群众安全感，扰乱公共场所秩序，社会危害性很大。刑法将扒窃规定为一种独立的行为类型，体现了刑法对人民群众人身财产安全的切实关注和严格保护。实施扒窃行为,构成犯罪不需要盗窃数额达到一定标准,但根据《刑法》第十三条的规定,情节显著轻微,危害不大的,不应认定为犯罪。根据《盗窃解释》第三条第四款的规定,在公共场所或者公共交通工具上盗窃他人随身携带的财物的,应当认定为"扒窃"。显然,扒窃与其他盗窃行为类型相比,具有两个明显特征:一是限定在公共场所或公共交通工具上;二是盗窃他人随身携带的财物。

(一)扒窃的场所特征和对象特征

1. 场所特征:发生在"公共场所或者公共交通工具上"

对于其他盗窃没有场所限制,而对于扒窃,要求发生在公共场所或者公共交通工具上。根据《刑法》第二百九十一条的列举,公共场所主要是指车站、码头、民用航空站、商场、公园、影剧院、展览会、运动场或者其他公共场所。其他公共场所,如街道、网吧、娱乐场所、集贸市场、公共厕所等。参照《两抢意见》第二条的规定,公共交通工具承载的旅客具有不特定多数人的特点;公共交通工具主要是指从事旅客运输的各种公共汽车、大、中型出租车、火车、船只、飞机等正在运营中的机动公共交通工具。当然,地铁也是主要的公共交通工具。对于未运营中的大、中型公共交通工具、小型出租车,不能认定为公共交通工具。可见,公共场所和公共交通工具,体现不特定或者多数人能够进出的特点,兼具场所开放性(进出自由)、人员不特定或者人数较多的特点。当然,不同的场所,开放程度、人员多寡都不一样,如影剧院,需要购票才可以进去。对于不开放、人员特定的场所和交通工具,不能认定为公共场所或者公共交通工具。而且,场所的公共性具有相对性,如非营业时间的餐厅,就不能认定为公共场所。

公共场所或者公共交通工具,尽管具有开放性,但也会因为不同时段出现人员数量的变化,如公共交通工具上有时只有少数几个人,深夜、凌晨时段车站有时空无一人或者只有数人,此时是否也属于公共场所。有论者予以否定,认为扒窃行为实施时,需要有多数人在场,因为只有使不特定民众感知,才会转化为对自己财产安全的担忧,进而转变为对整体社会安全感的降低。而且也只有多数人在场才会扰乱公共秩序。行为人如果在夜深人静的公园、关门歇业的酒吧等没有多数人在场的情况下实施窃取他人财物的行为，只能以普通的盗窃处理。[①]对此，笔者持否定意见，正如有论者所言，公共场所的属性不应随人员数量的变化而变化，否则某个地方将会在公共场所和非公共场所之间来回变化，导致对公共场所认定上的随意，这是刑法作为保障法所不允许的。再者，扒窃之所以入罪，除了行为人的主观恶性较大外，还因为扒窃行为在侵犯财产权利的同时，具有危害被害人人身安全的危险。相比在人多的公共场所窃取他人随身携带的物品而言，在深夜、凌晨空无一人或者人数稀少的公共场所窃取他人随身携带的物品，对被害人的威胁更大，既然前者都认定为扒窃，后者就更应当认定为扒窃。保护被害人人身安全的立法意图要求只要是在公共场所开放期间，公共场所的属性就不应随着时间和人数的变化而变化。[②]

实践中，对公共交通工具的认定较容易，但对于部分场所是否属于公共场所，争议较大。例如，某日12时许，黄某与朋友一起，在金皇朝大酒店二楼会议厅内参加朋友子女考取大学的酒宴。陶某作为该厅服务员，利用其负责该厅服务的便利条件，趁人不备，从黄某挂在座椅背面上的背包内窃得现金5600元。两天后的19时许，周某在金皇朝大酒店二楼七号包厢内请朋友吃饭，并随手将自己的皮包放置于身旁的空椅上。陶某利用其单独负责该包厢服务的便利条件，先将放置有周某皮包的椅子移至角落，后趁人不备，从周某的皮包内窃得现金1万元。对于本案，陶某的行为无疑属于盗窃，但属于普通盗窃还是扒窃存在争议。

酒店（包括宾馆、旅店等），一般来说就是给宾客提供歇宿和饮食的场所，对社会公众开放，无疑属于公共场所。其中，酒店的大厅也相对开放，多数人可以自由进出，事实上一般参加酒宴人数众多，这一场所无疑属于公共场所。因此，本案中陶某在酒店会议厅内窃取黄某财物5600元一节，属于在公共场所盗窃。

---

① 参见王东海：《扒窃的理性界定》，载《中国检察官》2012年第20期。

② 参见陈家林：《论刑法中的扒窃——对〈刑法修正案（八）〉的分析与解读》，载《法律科学》2011年第4期。

但陶某在包厢内窃取周某财物1万元一节,是否属于在公共场所盗窃,存在较大争议。肯定论者认为,酒店的包厢也对社会公众开放,尽管包厢服务人员相对固定,但不影响其公共场所的属性,故陶某在酒店包厢内盗窃属于在公共场所盗窃。否定论者则认为,场所的公共性具有相对性,场所的整体公共性不影响其局部的私密性。例如,酒店在整体上属于公共场所,但如果部分区域被人为物理分割后,如包厢,在特定时间段内被顾客包下供私人活动,该包厢就不再向公众开放即排斥其他人在该时段的自由进入,此时包厢的空间相对封闭,其中的人员相对熟悉且相对特定,故总体表现出私人属性,而非公共属性。而且,一般相约到包厢这样相对独立、封闭的房间内就餐的客人之间是熟悉或者有关联的,在一同就餐的时间段内无疑属于特定的人员。包厢内的服务员代表酒店为客人提供服务,不仅与酒店有关联,还与接受服务的客人有关联,即使不止一人,也应属于特定的人员。此外,依生活常理,对于私人在包厢就餐的场合,事实上也不会有陌生人随意进出、停留,否则要包厢何用?

笔者倾向认为,酒店的包厢属于公共场所。主要理由为:第一,根据系统论,作为整体的酒店属于公共场所,那么作为部分的酒店大厅、包厢理应属于公共场所。第二,酒店包厢的设置不尽一致,有的独立性、封闭性强,有的只是象征性地隔开。即使包厢相对独立、封闭,服务人员也仍然可以自由进出,且也经常存在服务人员变更的情况,甚至不排除个别服务人员为非法目的故意进出包厢。因此,尽管包厢在一定时段体现了一定的私人属性,但难以改变其作为为社会公众提供服务的公共场所属性。第三,扒窃的社会危害性除了严重侵犯公民财产和人身安全外,还严重影响群众安全感,扰乱公共场所秩序。尽管在特定的时段包厢内的人员比较特定,但包厢对社会公众是开放的,在包厢窃取他人随身携带的财物,无疑会影响包厢甚至整个酒店的安全感。如此,本案陶某在包厢内窃取周某财物1万元一节,属于在公共场所盗窃。

同理,酒店的厕所、会议室等都属于公共场所。列车属于公共交通工具、娱乐场所属于公共场所。其中,列车的硬座车厢、卧铺车厢、软卧包间等都应属于公共交通工具。娱乐场所的大厅、包房等,都应属于公共场所。在这些交通工具上或者场所内窃取他人随身携带的财物的，都应认定为扒窃。

2. 对象特征：他人随身携带的财物

随身携带的财物，显然只能为有体物，无体物如电力、煤气等不能成为扒窃的对象。如何理解“随身携带”，见仁见智，主要有“贴身说”、“贴身及近身说”、“贴身及触手可及的近身说”及“贴身及目力可及说”。

“贴身说”认为，随身携带的财物只能是被害人贴身放置在衣服口袋或者包中的财物；或者为未离身的财物，即被害人的身体应当与财物有接触，如装在衣服口袋内的手机、钱包，手提、肩背的包，坐、躺、倚靠时与身体有直接接触的行李等。① “贴身及近身说”认为，随身携带的财物是指他人带在身上或者置于身边附近的财物。“贴身及触手可及的近身说”②认为，随身携带的财物包括财物主人贴身穿着、佩戴或者拎在手上的财物，以及虽未附着于主人的身体，但距离极近，可以随时直接触摸、检查的财物。“贴身及目力可及说”认为，随身携带的财物既包括手中握有该财物或者将财物置于衣裤口袋、随身的挎包中的典型情形，也包括放置于身边的目光可及的财物。

从词义上看，扒窃是指从别人身上偷窃（财物）之义，没有场所限制，对象为身上财物即采用的是贴身标准。但《盗窃解释》关于扒窃的规定，一方面增加了场所特征，即作了限缩解释，要求窃取行为必须是在公共场所或者公共交通工具上实施；另一方面将扒窃的对象作了扩大解释，要求是针对随身携带的财物，而不是身上的财物。“随身”指带在身上或者跟在身旁，“携带”指带着，“随身携带”指带在身上或者跟在身旁之义。如此，随身携带的财物除带在身上的贴身财物外，还包括置于身旁的财物。以《盗窃解释》规定为标准，上述“贴身说”范围

① 有案例认为，从事实认定角度看，“贴身说”能够为扒窃行为的认定提供可操作的证据证明标准，采取“贴身说”是罪责刑相适应的基本要求。因此认为，放置在座椅旁、自行车筐内等的财物，由于没有与失主身体有物理接触，因而不能成为扒窃的对象，只能是普通盗窃的对象。具体可参见刘艳青：《张金福盗窃案》，载最高人民法院刑事审判第一、二、三、四、五庭主办：《刑事审判参考》总第128辑，法律出版社2021年版。

② 有的表述为“贴身及随手可及”，即扒窃是指秘密窃取他人“贴身放置”或者置于“随手可及”范围内的随身财物的行为。参见黄祥青：《盗窃罪的认定思路与要点》，载《人民司法（应用）》2014年第7期。“随身携带的财物”应理解为贴身的可携带的财物，或者在近身范围内可支配、可掌控和可携带的财物。参见刘宪权：《刑法学名师讲演录（分论）》（第3版），上海人民出版社2021年版，第687页。

太窄。

实践中,“随身携带的财物”包括贴身财物没有争议,关键是以什么为标准把握置于身旁的财物?笔者认为,采用“触手可及的近身说”是比较合适的。理由为:第一,“随身携带”理应体现占有人对财物的紧密直接接触,即财物处于身体掌控之下,可用身体随时直接触摸、检查即触手可及。事实上,在公共场所或者公共交通工具上,人们除将财物置于身上如手提、肩背、倚靠外,还习惯于将财物置于触手可及的身边,如放置于座椅旁、自行车(电动自行车)车筐内等,特别是对于大件或较重财物如行李箱等,习惯置于触手可及的身边。因为个体对随身携带的财物有一种天然的自主和控制的权利,认为财物随身携带是最安全的,而扒窃却是对个体安全空间预期的直接威胁,一旦财物和身体有了距离,这种安全预期就会降低,随之扒窃的人身威胁也会削弱。而“近身说”中,何谓近身,难以把握。特别是“目力可及说”,也可以说是近身,但人与人之间的目力存在差异,有的甚至较大,而且还受天气、灯光等影响,故难以把握,事实上可操作性也不强。更为关键的是,触手不及的近身财物,尽管处于目力控制之下,却未处于身体掌控之下,容易成为违法犯罪对象,且被害人由于财物触手不及,往往不易发觉扒窃行为,也难以行使自救行为。

第二,扒窃入刑,加大了打击力度,一方面是因为行为人敢于在公共场所或者公共交通工具上盗窃他人随身携带的财物,凸显其较深的主观恶性和较大的人身危险性;另一方面在于扒窃具有近身性、团伙性等易对群众造成现实危害的特质,故认定扒窃的实质标准除考虑对他人财产权的侵害外,还应着重考虑此类盗窃行为容易被人及时发觉,从而容易引发伤害、抢劫等侵犯他人人身安全犯罪的现实危险性。可见,扒窃的社会危害性和对法律所保护利益的侵犯程度比普通盗窃更加强烈和严重。由于贴身或者触手可及的财物都处于他人的紧密控制之下,窃取贴身财物与窃取触手可及财物,都容易被人及时发觉,在侵犯他人人身安全的可能性程度上也不易区分。在有些情况下,如窃取自行车车筐内、桌面上等触手可及的财物,较窃取贴身的背包内财物,可能更容易被人及时发觉。但如果是窃取触手不及的财物,则对侵犯他人人身安全的危险性程度明显减弱,此时认定为普通盗窃即可实现罪刑均衡。

第三,采用"贴身及触手可及的近身说"标准,也符合立法本意。例如,全国人大常委会法制工作委员会刑法室编著的《〈中华人民共和国刑法〉释义及实用指南》一书指出:"扒窃行为往往采取掏兜、割包等手法,严重侵犯公民财产和人身安全,扰乱公共场所秩序。而且技术性强,多为屡抓屡放的惯犯,应当予以严厉打击。"①立法本意中,"掏兜、割包"手法针对贴身财物,但之后使用了"等"字,应为等外之义,为列举未尽,即与"掏兜、割包"具有相当性的其他手法都应包括在内。在公共场所或者公共交通工具上窃取他人触手可及的财物,也严重侵犯公民财产和人身安全,扰乱公共场所秩序,应为扒窃,符合立法本意。

需要注意的是,对于窃取他人贴身的财物,被害人控制财物意识的强弱一般不影响扒窃的认定,实践也基本无争议。例如,某日零时许,彭某见宋某躺在道路边的花坛上,便趁宋某醉酒熟睡之际,窃得其拿在手中的皮包一只,内有现金2700元和价值8000元的加油卡2张。当彭某逃离时,被民警人赃俱获。一审法院认为,彭某以非法占有为目的,盗窃他人财物,数额较大,其行为构成盗窃罪。一审判决后,公诉机关提起抗诉,认为彭某的行为系扒窃。二审法院认为,彭某以非法占有为目的,在公共场所秘密窃取被害人贴身放置的财物,符合扒窃的行为特征,构成盗窃罪,故撤销原判,改判较重刑罚。根据上述分析,笔者认为,本案发生在公共交通道路边,属于公共场所。尽管被害人醉酒熟睡,但装有现金和加油卡的皮包在其手中,即被盗财物与被害人人身密切相连、未曾分离,属于贴身财物,即使被害人处于熟睡状态,由于彭某盗窃时势必接触被害人的身体,对其人身安全造成潜在威胁,故彭某的行为属于扒窃而非普通盗窃,二审法院的改判是正确的。

但是,对于窃取他人随身携带的触手可及的近身财物,在成立扒窃上是否要求占有人处于能够掌控财物的意识状态之下,存在不同意见。例如,某日8时30分许,付某、李某趁被害人陈某正在火车站检票口附近的座位上瞌睡之机,由付

① 王尚新主编、全国人大常委会法制工作委员会刑法室编著:《〈中华人民共和国刑法〉释义及实用指南》,中国民主法制出版社2011年版,第448页。

某先窃取陈某置于身旁的一只拉杆箱，内有索尼牌笔记本电脑一台及衣服等物。李某再将陈某放置于座位右侧的双肩背包窃走，内有现金4.65万元、价值2160元的索尼牌高清摄像机和价值1620元的苹果牌平板电脑各一台。在付某、李某准备逃离时被民警抓获。对于该案中付某、李某的行为属于扒窃还是普通盗窃，一种观点认为，被盗物品被放置于被害人陈某身旁，一般人一目了然可判断该财物处于被害人的现实占有、控制范围之内，属于被害人随身携带的财物，故付某、李某的行为属于扒窃。另一种观点则认为，本案的被盗财物被放置于被害人身旁，在被害人清醒情况下，一伸手就可以拿到，处于随时控制的范围内，但由于被害人打瞌睡，这一瞌睡状态改变了其对自身财物的随时控制状态，不宜将其被盗财物认定为随身携带财物。被盗财物与被害人身体处于分离状态，付某、李某盗窃其财物时，无需触及其身体，不会伤害其人身安全，也就没有必要适用处罚更为严厉的扒窃。故付某、李某的行为属于普通盗窃。

笔者认为，不论是窃取他人贴身的财物还是触手可及的近身财物，被害人控制财物意识的强弱都不应影响扒窃的认定。首先，扒窃入刑，予以严厉打击，强调的是扒窃属于近身性违法犯罪行为，行为人主观恶性大，容易侵犯他人人身安全，不应当也没有必要对被害人控制随身携带财物的意识强弱提出苛刻要求，被害人意识强弱不应成为认定扒窃行为的阻却因素。因为只要被害人控制财物的事实状态能够让一般人所认知，他人就应当予以充分尊重，法律就应当予以有效保护，否则不利于严厉打击扒窃行为。其次，对于随身携带财物的控制意识，因人而异，难以给出明确的标准。而且，要证明睡着、醉酒等状态下被害人在财物被盗时是否具有控制意识、控制意识强弱，也是很困难的，不具有可操作性，况且即使是打盹、睡着了或者处于醉酒状态，每个人对财物被盗的反应灵敏度也不一样。还有，在意识较弱的情况下随时都有可能意识增强，并用身体直接触摸、检查携带的财物。最后，针对贴身财物和触手可及的近身财物，试图对被害人控制财物意识的强弱作出不同要求，不具有科学性，如醉酒情况下，即使是贴身财物，被害人也未必及时发觉财物被盗。

此外，对于随身携带的触手可及的近身财物，在时间维度内，占有人应当持续地处于对财物的近身占有状态，即具有用身体直接触摸、检查财物的随时性。如果占有人离开财物即对财物触手未及，即使是短暂的离开，尽管尚未丧失对财物的占有，也不能评价为近身占有。例如，旅客因去洗手间而临时放置于候车室座位上的财物，因失去与人身的紧密接触，不能认定为随身携带的财物。在空间维度内，占有人应与财物可直接接触。对于旅客放置于列车行李架远端的行李、进店购书的顾客放置于书店门口包架上的书包，因财物距离人身较远，虽目光可及，但触手未及，不属于紧密接触的财物，不能认定为随身携带的财物。如果财物与占有人被物理分割为不同空间，即使实际距离很近，因为不能直接触摸、检查财物，也不能评价为随身携带的财物。比较典型的如乘客放置于客车底部行李舱内的背包，由于被车厢地板分割为两个独立的空间，即使乘客离背包不足半米，也不能认为乘客对背包处于紧密占有状态。

(二)定罪量刑标准

根据《刑法》规定，实施扒窃行为，构成犯罪不需要盗窃数额达到一定标准。根据《盗窃解释》第一条的规定，扒窃数额达 3 万元至 10 万元以上、30 万元至 50 万元以上的，应当分别认定为盗窃"数额巨大""数额特别巨大"。根据《盗窃解释》第六条的规定，扒窃他人财物，具有该解释第二条第三项至第八项规定情形之一，[①]数额达到一般标准的"数额巨大""数额特别巨大"50%的，可以分别认定为"其他严重情节"或者"其他特别严重情节"。

六　入户窃取车钥匙并盗窃户外车辆的性质

实践中，非法入户后不论是顺手牵羊窃取车钥匙，还是有目的地窃取车钥

① 组织、控制未成年人盗窃的；自然灾害、事故灾害、社会安全事件等突发事件期间，在事件发生地盗窃的；盗窃残疾人、孤寡老人、丧失劳动能力人的财物的；在医院盗窃病人或者其亲友财物的；盗窃救灾、抢险、防汛、优抚、扶贫、移民、救济款物的；因盗窃造成严重后果的。

匙,之后将停放于户内的自行车、电动车、摩托车、小汽车盗走的,都属于入户盗窃车辆,没有争议。但是,对于利用入户窃取的车钥匙盗窃户外车辆的是否属于入户盗窃车辆,类似的问题如利用扒窃的车钥匙盗窃户外车辆的是否属于扒窃车辆等,存在不同的裁判思路,需要进行探讨并推进适法统一。

(一)类案存在不同的裁判思路

1. 认为不属于入户盗窃

例如,生效裁判认定,行为人以非法占有为目的,采用入户手段窃取被害人的车辆钥匙,进而窃取被害人停放在楼下价值3.6万余元的小汽车,数额巨大,其行为构成盗窃罪。①

该案的认定思路为,入户盗窃车钥匙和利用入户窃取的车钥匙盗窃户外车辆,存在时空不一致,属于两次盗窃行为。入户盗窃车钥匙侵犯了被害人的财产权利和住宅安宁权,利用入户窃取的车钥匙盗窃户外车辆时已经离户即在户外盗窃,此时仅侵犯被害人的财产权而未侵犯其住宅安宁权,故不能将车辆价值计入入户盗窃的数额。入户盗窃车钥匙属于入户盗窃,构成盗窃罪;盗窃户外车辆,数额巨大,亦构成盗窃罪,两行为之间属于入户盗窃与普通盗窃的牵连,从一重处即全案以数额巨大的普通盗窃对应的第二档法定刑为量刑基准,将入户盗窃车钥匙行为作为量刑情节考虑。

2. 认为属于入户盗窃

例如,生效裁判认定,行为人以非法占有为目的,采用入户手段窃取被害人的车辆钥匙,进而窃取被害人停放于门口价值800余元的摩托车,属于入户盗窃,其行为构成盗窃罪。②

该案的认定思路为,入户盗窃车钥匙和利用入户窃取的车钥匙盗窃户外车

① 根据《盗窃解释》第一条的规定,盗窃财物数额达到“3万元至10万元以上”属于数额巨大。本案涉案金额3.6万余元,认定为数额巨大。参见陈昶主编:《2019年上海法院案例精选》,上海人民出版社2021年版,第428页。

② 参见殷一村、徐升:《巫建福盗窃案》,载最高人民法院刑事审判第一、二、三、四、五庭主办:《刑事审判参考》总第108集,法律出版社2017年版。

辆,尽管存在时间间隔和空间转换即时空不一致,但户内钥匙与户外车辆连为一体,且入户盗窃车钥匙之时,目的明确即离户后盗窃车辆,故入户盗窃车钥匙和利用入户窃取的车钥匙盗窃户外车辆,属于分步在户内户外完成的盗窃行为,是一次完整的盗窃行为,应当认定为入户盗窃,相应地将车辆价值计入入户盗窃的数额。

(二)对利用入户窃取的车钥匙盗窃户外车辆的不以入户盗窃论处

"入户盗窃"不仅要求非法入户还要求在户内盗窃他人财物。对利用入户窃取的车钥匙盗窃户外车辆的,因为是在户外盗窃他人放置于户外的财物,不以入户盗窃论处。主要理由为:

第一,窃取车钥匙不等于窃取车辆。众所周知,车辆带有车钥匙,车钥匙是车辆的一部分,而不是相反。虽然一般通过车钥匙控制车辆,但这种控制也可以说是车钥匙承载的功能,就是可以进入车内并启动车辆,而非承载或者代表车辆本身,即"车钥匙不等于车辆",故窃取车钥匙不等于窃取车辆,车钥匙被盗并非车辆被盗。事实上也是如此,入户窃取了车钥匙并不意味着窃取了户外车辆,也并不意味着就能够成功窃取到车辆。至于入户窃取有价支付凭证等物品,进而对他处的关联财物实现控制的情形,之所以一般将之以入户盗窃论处,主要原因是有价支付凭证不同于车钥匙,其承载的就是财物本身,且社会观念上也认为有价支付凭证被盗就是财物被盗。例如,入户盗窃信用卡,尤其是盗窃之前或者同时获取了信用卡密码,此时被害人信用卡内的财产实际已经被行为人控制,故入户盗窃信用卡后在户外使用(包括刷卡消费、提取现金等)的数额应一并计入入户盗窃数额。[①]

第二,户外车辆并不属于户内财物,窃取户外车辆并非窃取户内财物。既然窃取的是户外财物,就不符合入户盗窃中关于在户内盗窃他人财物的要求。而且社会观念上,一般认为户外车辆被盗是放置于户外的财物被盗,而非户内财物

① 参见卞飙、张欣欣:《李春旺盗窃案》,载最高人民法院刑事审判第一、二、三、四、五庭主办:《刑事审判参考》总第77集,法律出版社2011年版。

被盗。

综上,既然对利用入户窃取的车钥匙在户外盗窃车辆的行为不以入户盗窃论处,相应地,户外窃取的车辆价值不应计入入户盗窃数额。同理,利用扒窃的车钥匙盗窃户外车辆的,也不属于扒窃他人财物。

(三)入户窃取车钥匙并盗窃户外车辆的应评价为一次兼具入户性和户外性特征的盗窃行为

入户窃取车钥匙并在户内盗窃车辆的,无疑只评价为一次盗窃行为。那么,入户窃取车钥匙并在户外盗窃车辆的,是同样评价为一次盗窃行为还是两次盗窃行为?笔者认为,应评价为兼具入户性和户外性特征的一次盗窃行为。

第一,车辆和车钥匙多数时间处于分离状态,决定了入户窃取车钥匙与户外盗窃车辆之间必然存在时间间隔和空间转换的时空不一致。车辆和车钥匙虽然是一个整体,但多数时间车钥匙与车辆处于分离状态,也因此,入户窃取车钥匙后再去户外窃取车辆,必然存在时间间隔和空间转换,但一般间隔时间较短、空间距离较近。第二,入户窃取车钥匙与户外盗窃车辆之间虽然存在时空不一致,但系在一个盗窃犯意支配下分步实施的一次完整的盗窃行为。车钥匙是车辆的一部分,其本身的财产价值不大,窃取车钥匙一般并非盗窃的最终目的,最终目的通常是盗窃车辆,即在户内盗窃车钥匙之时,该盗窃犯意一般就包含了离户后即去盗窃户外车辆的内容。换言之,入户窃取车钥匙与户外盗窃车辆,因存在时空不一致,从表面上看是两个独立的盗窃行为,但实质上属于一个盗窃犯意支配下分步实施的两个行为,这两个行为结合起来就是一次完整的盗窃行为。而且于行为人而言,入户窃取车钥匙后只有继续窃取户外车辆,才能实现盗窃目的。第三,入户窃取车钥匙并在户内盗窃车辆与入户窃取车钥匙并在户外盗窃车辆,仅是盗窃车辆的场所不同而已,既然对前者评价为一次盗窃,对后者也应评价为一次盗窃,而非评价为具有牵连关系的两次盗窃行为。

需要注意的是,对入户窃取车钥匙并在户外盗窃车辆应评价为一次盗窃行为,不能因为对利用入户窃取的车钥匙盗窃户外车辆不以入户盗窃论处,而对整个盗窃行为不以入户盗窃论处。事实上,该种盗窃行为兼具入户性和户外性特征,即该盗窃的前部分行为属于入户盗窃、后部分行为属于普通盗窃,故不能简单地将整个盗窃行为认定为入户盗窃或者普通盗窃。

当然,评价为一次盗窃行为的前提是入户窃取车钥匙后即去户外盗窃车辆,中间间隔时间较短,其间也未因客观原因而中断。假若因发现有人巡逻而放弃本次盗窃,或者因为车辆停放距离较远、停放地点较偏而未能找到车辆,间隔一段时间后,改日再持该车钥匙去盗窃车辆的,此时评价为两次盗窃行为更为合理。

(四)入户窃取车钥匙并户外盗窃车辆的定罪量刑

实践中,入户盗窃情形众多,就本部分而言,着重探讨两种情形:一是非法入户后仅窃取车钥匙并在户外盗窃车辆;二是非法入户后不仅窃取了其他财物,还顺手牵羊窃取了车钥匙,并在户外盗窃车辆,对此如何定罪量刑?

1. 不影响定罪

前面提到,这种盗窃行为兼顾入户性和户外性特征。而且,刑法未对入户盗窃的入罪规定数额,故非法入户后,即使仅窃取价值不大的车钥匙,不论后续是否盗窃户外车辆,也不论盗窃的户外车辆价值大小,单就入户盗窃而言就构成盗窃罪。而且,车钥匙本身有价值,属于财物,入户窃取车钥匙的,属于盗窃既遂。因此,入户窃取车钥匙后,是否继续盗窃户外车辆以及被盗车辆价值大小等,只会影响量刑的轻重。

2. 非法入户后仅窃取车钥匙并在户外盗窃车辆的量刑

一般可以分为几种情形探讨量刑:第一,户外窃取的车辆如自行车、电动车、摩托车价值未达到数额较大标准,即户外盗窃行为不构成盗窃罪。此时,因入户窃取车钥匙的行为构成盗窃罪,故全案以盗窃罪论处,在第一档法定刑幅度内量刑,将户外盗窃车辆情况作为量刑情节考虑。

第二,户外窃取的车辆价值达到数额较大、数额巨大、数额特别巨大标准,即户外盗窃行为构成盗窃罪。此时,因该种盗窃行为兼具入户性和户外性特征,前部分“入户窃取车钥匙”构成盗窃罪，后部分“户外窃取车辆”亦构成盗窃罪，此种情况下应比较前部分行为与后部分行为对应的法定刑幅度，选择较重的作为量刑基准，同时将另一行为作为量刑情节考虑。具体而言，一是户外窃取的车辆价值达到数额较大，此时与入户窃取车钥匙均对应第一档法定刑，对全案应客观表述，可以选择其一作为量刑基准，而将另一行为作为量刑情节考虑；二是户外窃取的车辆价值达到数额巨大或者数额特别巨大，此时户外窃取车辆的行为对应更重的法定刑幅度，故全案应表述为盗窃数额巨大或者特别巨大，将入户盗窃作为量刑情节考虑。

第三，如果户外窃取的车辆价值达到数额巨大或者数额特别巨大的50%的，能否按照《盗窃解释》规定的法定刑跳档减半标准，分别认定为法定刑第二档的“其他严重情节”或者法定刑第三档的“其他特别严重情节”？笔者认为，单就户外盗窃车辆而言，如属于《盗窃解释》第二条规定的入罪和法定刑跳档减半情节“自然灾害、事故灾害、社会安全事件等突发事件期间，在事件发生地盗窃”或者“盗窃残疾人、孤寡老人、丧失劳动能力人的财物”，当然可以适用法定刑跳档减半标准。此外，考虑户外盗窃前的入户盗窃因素，即虽然将入户窃取车钥匙并在户外盗窃车辆的评价为一次盗窃行为，但该种盗窃的部分行为具有入户情节，而入户情节属于《刑法》规定的入罪情节，其与《盗窃解释》第二条规定的入罪和法定刑跳档减半情节相比，对定罪和量刑的影响更大，因此完全可以考虑该入户行为的社会危害性程度，如结合入户的非法手段及入户窃取财物给被害人造成的危害等，视情况将其解释为《盗窃解释》第二条第八项“因盗窃造成严重后果”的情形。例如，普通盗窃数额巨大为10万元以上，户外窃取的车辆价值6万元，虽不以入户盗窃论处，但考虑入户窃取车钥匙这一入户情节，如属于“因盗窃造成严重后果”情形的，减半即5万元以上跳档，属于“其他严重情节”。当然，如果入户盗窃车钥匙情节尚未造成严重后果的，则不能适用《盗窃解释》第二条第八项的规定跳档。

3. 非法入户后顺手牵羊窃取车钥匙并在户外盗窃车辆的量刑

例如，非法入户后窃取价值1万元的财物和1把车钥匙，离户后盗走价值5

万元的车辆。此时,入户盗窃与普通盗窃并存,如何量刑?后文将进行具体论述。基本思路是:第一,比较两种行为对应的法定刑幅度,选择较重的作为量刑基准,并将另一行为作为量刑情节考虑。如果对应的法定刑幅度相当,则选择其一作为量刑基准,将另一行为作为量刑情节考虑。第二,如果累计数额就轻以普通盗窃认定,导致法定刑跳档的,必须累计并在较高档次的法定刑幅度内量刑,以实现罪罚相当。

综上,对于本部分内容首先提及的两个案例,第一个不认定为入户盗窃,但户外盗窃的车辆价值属于数额巨大,按照牵连犯从一重处原则,对全案在第二档法定刑幅度内量刑;第二个认定为入户盗窃,虽户外盗窃的车辆价值尚未达到数额较大,不构成犯罪,但该财物属于入户盗窃的财物,对全案在第一档法定刑幅度内量刑。应当说这两个案例均有其特别性,即无论对利用入户窃取的车钥匙盗窃户外车辆是否以入户盗窃论处,也无论对入户窃取车钥匙并在户外盗窃车辆是否评价为一次盗窃行为,所得出的量刑与两个案例的生效裁判大致相当。但是,如果案例一、案例二中的车辆价值均接近数额巨大,按照各自判法,案例一仍将选择在第一档法定刑幅度内量刑,案例二将选择在第二档法定刑幅度内量刑,即出现明显不同的量刑结果。故此,唯有统一认识,才能统一裁判。

七 两种以上盗窃行为并存的处理

盗窃罪包括五种行为类型,前文已分别论述。实践中,同一盗窃案件中,有的只涉及一种盗窃行为,根据《刑法》及《盗窃解释》规定即可进行定罪量刑;而有的涉及两种或者两种以上盗窃行为,如既有普通盗窃又有入户盗窃,既有入户盗窃又有扒窃等,此时如何定罪量刑,《刑法》及《盗窃解释》并未明确规定,需要参照类案处理规则。

(一)普通盗窃与入户盗窃、携带凶器盗窃、扒窃并存的处理

《刑法》对入户盗窃、携带凶器盗窃、扒窃均未规定入罪的数额要求,实践中

只要实施了入户盗窃、携带凶器盗窃或者扒窃行为,即可以盗窃罪定罪处罚。因此,如果普通盗窃与特殊型盗窃并存,且都属于应该追诉的,不论普通盗窃是否达到入罪的数额较大标准,不影响定罪。具体而言,第一,普通盗窃未达到入罪标准,不以犯罪论处,但并存的特殊型盗窃构成盗窃罪,故将普通盗窃作为从重量刑情节即可。

第二,普通盗窃与特殊型盗窃虽然属于不同类型的盗窃行为,但都属于盗窃,故可以累计数额处理并且必要时必须累计处理,否则将导致不合理、轻纵犯罪。假如普通盗窃数额在10万元以上为盗窃数额巨大,甲有两次普通盗窃行为,涉案数额分别为9万元和2万元;乙也有两次盗窃行为,一次为普通盗窃,涉案9万元,一次为入户盗窃,涉案2万元。显然,甲虽然为普通盗窃,单次盗窃数额均未达到巨大标准,但累计数额11万元属于数额巨大,应在第二档法定刑幅度内量刑。相比较而言,乙除了有普通盗窃外还有入户盗窃行为,且涉案总金额也为11万元,其社会危害性应该大于甲,故对乙的普通盗窃数额和入户盗窃数额也应该累计,否则对乙只能选择第一档法定刑,导致处罚不协调、轻纵犯罪。

第三,何时必须累计、如何累计?如上所述,即在累计数额导致法定刑跳档时必须累计,否则在处罚上将出现轻于仅有普通盗窃的现象。按照有利于被告人原则,“数额累计应就轻认定”,即以入罪、法定刑跳档数额较高的行为为标准进行定罪量刑。[①] 累计普通盗窃数额和特殊型盗窃数额,以普通盗窃的数额“巨大”“特别巨大”为标准,如果达到数额巨大或者数额特别巨大的,选择第二档或者第三档法定刑幅度,同时将特殊盗窃这一情节,作为从重量刑考虑因素。再举一例,假如普通盗窃数额在50万元以上为盗窃数额特别巨大,甲普通盗窃45万元,入户盗窃6万元。此时,如果不累计,对甲只能在第二档法定刑幅度内量刑。但是,累计数额51万元,就轻认定属于普通盗窃的“数额特别巨大”,在第三档法定刑幅度内量刑。

当然,累计数额不跳档的不予累计,直接选择较重的盗窃行为确定量刑基

---

① 参见陈庆安、罗开卷:《同类不同种行为的立法分析与数额认定》,载《郑州大学学报(哲学社会科学版)》2011年第6期。

准,将另一盗窃行为作为量刑情节考虑即可确保罪罚相当。

需要注意的是,扒窃的跳档数额虽然没有减半标准,但扒窃的社会危害性较普通盗窃要大,故普通盗窃与扒窃并存时,如需累计,累计数额后仍以普通盗窃的数额“巨大”“特别巨大”为标准,并将扒窃这一行为作为量刑情节考虑。

(二)入户盗窃、携带凶器盗窃、扒窃并存的处理

三种特殊盗窃行为均无入罪的数额要求,但是否在第二档或者第三档法定刑幅度内量刑,需要看数额,其中入户盗窃、携带凶器盗窃的跳档数额采用减半标准,而扒窃的跳档数额没有减半标准,与普通盗窃相同。故入户盗窃、携带凶器盗窃、扒窃并存时,应作如下处理:

第一,入户盗窃与携带凶器盗窃并存时,如累计数额跳档的,累计数额跳档,因两种盗窃行为的跳档标准相同,故不存在就轻认定问题。当然,如果累计数额不跳档的则不予累计,综合两种行为的社会危害性判处刑罚,或者以较重的行为对应的第二档或者第三档法定刑为量刑基准,将另一行为作为量刑情节考虑。

第二,扒窃与入户盗窃或者携带凶器盗窃并存时,如累计数额跳档的,累计数额跳档,扒窃的跳档数额因没有减半标准,高于入户盗窃、携带凶器盗窃的跳档数额,故累计后就轻认定即应以扒窃的跳档标准跳档,以第二档或者第三档法定刑为量刑基准,同时将入户盗窃或者携带凶器盗窃作为量刑情节考虑。同样,如果累计数额不跳档的则不予累计,综合两种行为的社会危害性判处刑罚,或者以较重的行为对应的第二档或者第三档法定刑为量刑基准,将另一行为作为量刑情节考虑。

八　盗窃既未遂认定及并存的量刑考量

盗窃罪属于转移占有型财产犯罪。普通盗窃无疑存在既未遂形态。对于多次盗窃、入户盗窃、携带凶器盗窃和扒窃,虽然均无入罪数额要求,但这仅是成罪

条件,并不意味着在犯罪形态上没有窃取到财物也属于犯罪既遂。笔者认为,多次盗窃、入户盗窃、携带凶器盗窃和扒窃亦存在既未遂形态,[①]即窃取到财物的为既遂,如因意志以外的原因而未窃取到财物的为未遂。

(一)以失控说作为盗窃既未遂的划分标准

实践中主要存在三种划分标准,即失控说、控制说和失控加控制说。虽然一般情形下,行为人取得对被盗财物的实际控制,财物所有人、占有人即失去对被盗财物的实际控制。但也存在财物所有人、占有人失去对被盗财物的实际控制,而行为人对被盗财物未取得实际控制的情况。例如,入户实施盗窃,将户内财物扔到院墙外,欲待翻墙出去后再捡走。恰巧有人路过,因觉无人看管遂将该财物拿走,据为己有。

笔者认为,从有利于保护他人财产角度,对盗窃既未遂的划分标准,采用失控说更为合理。因为财物所有人、占有人失去对被盗财物的实际控制,即说明其合法权益已经遭受侵害,危害结果已经发生。至于行为人是否最终达到非法占有并任意处置该财物的目的,并不影响既遂的成立。

失控是以控制为前提,如无控制则无失控。因不同的财物在大小、体积、性质、形态等方面存在差异,故对不同的财物会存在不同的控制方式。而且,因财物的放置场所不同等因素,对于相同的财物也会存在不同的控制方式。实践中,财物控制方式主要有身体掌控,目击控制,场所、器具控制,连接、固定控制,隐匿、埋藏控制,道德、生活习惯控制等。“认定人对财物的控制行为,应当以人在主观上具有控制意识,在客观上具有控制、支配力为构成要素。认定盗窃等财产犯罪的既未遂形态,应当结合人对财物的具体控制方式,从失控和控制两方面综合考虑,并且注意不同控制方式的相互连接现象。”[②]

需要注意的是,目前普遍采用电子监控手段来加强对财物的控制和监管,对

① 多次盗窃中的既未遂形态,是指每一次盗窃存在的既未遂形态,即多次盗窃中的每次盗窃可能全是既遂,也可能全是未遂,或者有的既遂、有的未遂。

② 黄祥青:《论刑法上财物控制关系的认定》,载《人民司法(应用)》2006 年第 12 期。

此,是否影响盗窃既未遂的判断标准呢?笔者认为,采取监控手段并不等同于对财物的控制,如行为人在监控之下实施了盗窃行为并取得对财物的控制,被害人即失去对财物的控制,无疑属于既遂,故对财物采用监控手段并不影响盗窃既未遂的判断标准。例如,入户盗窃,行为人窃取财物走出房门后就已经取得对被窃财物的控制,被害人则失去对被窃财物的控制,财产所有权已受到实质侵害。虽然在实施盗窃的过程中被群众发现,之后处于群众的监视之下,但是群众在户外的监视不能等同于被害人对财物的控制。已实际窃得财物并离开被害人住所,系入户盗窃既遂。① 再如,趁无人之际,将摩拜单车租赁公司投放于公共场所、处于上锁状态的出租自行车搬至暂住处占为己有。虽然行为人未破坏GPS定位系统,摩拜公司很快通过定位系统找到了单车的具体位置,但其将单车搬移至其暂住处,已经完全控制了该单车,也从物理空间上阻断了其他人对单车控制的可能性,即其盗窃行为系既遂。②

但是,如果在警察的监控下实施盗窃,即使实施完了盗窃行为,也窃取到了财物,但事实上因警察的监控布防,被害人不会失去对财物的控制,盗窃行为也不可能得逞,故不宜认定为既遂,而应认定为未遂。

(二)盗窃既未遂认定的常见问题

1.入户盗窃、户内盗窃的既未遂认定

对于入户盗窃、户内盗窃,户主的权利范围就是户内,故将财物盗至户外即财物失控,为既遂。农村住宅一般有院墙和大门,户主的权利范围是院墙和大门以内,即将财物盗至院墙和大门以外为既遂。例如,入户盗窃,将所窃财物藏于随身携带的包内,在室内继续翻寻财物时遇户主返家,未及逃离即被当场扭获。此案当属入户盗窃未遂,对在户外望风的同案犯亦以未遂论处。再如,入户盗窃,窃取财物后正准备逃离,恰巧一只脚在房门内一只脚已到户外之际户主返

---

① 参见沈言:《花荣盗窃案》,载最高人民法院刑事审判第一、二、三、四、五庭主办:《刑事审判参考》总第101集,法律出版社2015年版。

② 参见茆荣华主编:《2018年上海法院案例精选》,上海人民出版社2020年版,第447~448页。

家，未及逃离即被当场扭获。此案中，因行为人尚未完全出户，户主亦未对涉案财物完全失去控制，故也属于入户盗窃未遂。对于户内盗窃，也应参照上述标准认定既未遂。保姆盗窃主人财物后藏于衣帽间及保姆房间属于盗窃既遂还是未遂？将财物藏于衣帽间并没有达到事实上的足以排除被害人占有的支配力，没有实现对财物的非法占有，因此系盗窃未遂。对藏于保姆房间的财物，保姆房间确实不同于房屋中的其他地方，具有一定的私密性，在一定程度上可以说是对主人房屋占有力的一种限制。但是，保姆房间毕竟是房屋的组成部分之一，保姆对该房间的有限使用权不同于承租人的独立占有权，故也应认定为盗窃未遂。①

2. 盗窃公司、厂区财物的既未遂认定

对于在公司、厂区盗窃，公司、工厂的权利范围就是整个公司、厂区即公司、厂区院墙以内，将财物盗离公司、厂区即财物失控，属于既遂。例如，将在炼钢厂窃取的工业原料铌铁，藏匿于驾驶的货车内欲偷运出厂，当运至厂区门卫处时被查获。该案中，因被盗财物尚未脱离厂区控制，故为未遂。再如，至公司盗割得价值2万余元的电机电缆线，尚未运离公司即被巡逻队员查获。该案也属未遂。

实践中，对于在公司、厂区盗窃的既未遂认定，还需结合被盗财物大小及出公司、出厂的管理规定。例如盗窃体积小、重量轻的财物，出公司、出厂无需经过严格检查即可带出的，则带出车间、带出仓库即为既遂。如需经过严格检查方可出公司、出厂的，则以出公司、出厂为既遂。对于盗窃体积大的财物，出公司、出厂时往往会受到门卫的盘查和阻拦，故只有带出公司、厂区大门才为既遂。

3. 盗窃超市财物的既未遂认定

对于盗窃超市财物，货主的权利范围就是整个超市，因允许顾客在超市的一定范围内自由拿取商品，故将财物盗出收银台即失控，属于既遂。如意欲窃取财物，因未在收银台扫码付费而被查获，属于未遂。当然，在非营业时间盗窃超市财物的，因此时超市处于关闭状态，则将财物盗出大门为既遂。

① 参见刘娟娟、薛美琴：《林燕盗窃案》，载最高人民法院刑事审判第一、二、三、四、五庭主办：《刑事审判参考》总第68集，法律出版社2009年版。

4. 盗窃运输途中财物的既未遂认定

对于盗窃运输中的货物,因被盗货物脱离运输工具,货主即失去对该货物的实际控制,故以被盗货物脱离运输工具为既遂。

5. 扒窃他人财物的既未遂认定

对于扒窃他人随身携带的财物,物主对财物的控制范围就是衣兜或者随身携带的包、袋、箱子等,故将财物窃出物主的衣兜、包、袋、箱子等为既遂。

6. 盗窃有价支付凭证、有价证券、有价票证的既未遂认定

虽然被盗财物存在不同类型,但一般情况下,窃取了财物即为既遂。但是,如果盗窃的是有价支付凭证、有价证券、有价票证,其既未遂的认定需考虑记名与不记名等情形。

第一,盗窃不记名、不挂失的有价支付凭证、有价证券、有价票证,因"认券不认人",窃取了该证券就意味着非法占有了该证券上所记载数额的财产,故窃取了该证券即为既遂。为此,《盗窃解释》第五条第一项规定:"盗窃不记名、不挂失的有价支付凭证、有价证券、有价票证的,应当按票面数额和盗窃时应得的孳息、奖金或者奖品等可得收益一并计算盗窃数额。"

第二,盗窃记名的有价支付凭证、有价证券、有价票证,因"既认券又认人",窃取该证券后并不意味着完全控制了该证券所记载数额的财产,故只有最终支取该证券中记载的财物才为既遂。为此,《盗窃解释》第五条第二项规定:"盗窃记名的有价支付凭证、有价证券、有价票证,已经兑现的,按照兑现部分的财物价值计算盗窃数额;没有兑现,但失主无法通过挂失、补领、补办手续等方式避免损失的,按照给失主造成的实际损失计算盗窃数额。"

7. 盗窃机动车、非机动车的既未遂认定

采用撬锁、暴力破坏锁具等方式窃取机动车、非机动车案件,有的是普通盗窃,也有的是入户盗窃。如系入户盗窃的,根据前文论述的场所控制,将车辆盗至户外即为既遂。如系户外盗窃的,因车辆停放场所不同,如有的停放于小区内、单位内,有的停放于路边,有的停放于停车场;以及控制方式和控制力度不同,如有的有专人看管,有的无人看管,故不能简单地以被盗车辆是否移动为既

未遂区分标准。

第一,盗窃小区内车辆,无论是停放于地面停车位还是停放于地下停车场的车辆,车辆所有人仅通过车锁控制车辆,且车辆一般无专人看管、小区门卫也不会查验车辆是否为行为人所有,故此时只要破坏锁具,使非机动车可以乘用,使机动车发动置于可以驶离状态,当车辆开始移动,所有人便失去对车辆的控制,即为盗窃既遂。

第二,盗窃停放于路边或者停车场内车辆,多数停车场虽收费但无专人看管,故车辆所有人仍是通过车锁控制车辆,如上情形,当车辆开始移动之际即为盗窃既遂。

第三,盗窃停放于有专人看管的地下车库、收费停车场内车辆,安保人员实际充当了车辆保管人的角色,代替车辆所有人看管车辆,因而车辆所有人对车辆的控制也就不仅限于车锁,而延伸至看管人的看守控制。此时,如果破坏车辆锁具,使车辆处于可随时驶离状态时,车辆所有人对车辆的控制力减弱,但并未完全失去对财物的控制。当车辆驶离此类车库、停车场的限定区域后,车辆所有人才失去对车辆的控制,此时为盗窃既遂。

第四,将非机动车搬离停放地点的盗窃既未遂认定。实践中,有的盗窃非机动车案件中,行为人不破坏车锁,而是将停放在路边上锁的非机动车快速搬上面包车等,然后迅速驶离现场。在这种盗窃中,虽然行为人并未破坏车锁,但是将被盗车辆装载于面包车内,关闭车门即将驶离之际,车辆所有人即失去对车辆的控制,此时应认定为既遂。

第五,被害人视线控制及控制延伸对既未遂的影响。实践中,有的被害人将车辆停放在路边未上锁,然后去附近办事,其视线对车辆有所控制,如行为人实施盗窃车辆后,被害人即时发现而呼叫、追赶,此时虽然行为人已推动或者驾驶车辆而逃跑,但被害人经追赶后抓住行为人而追回车辆,被害人对车辆从视线控制再到身体追赶,并未完全失控,这种情况下应认定为盗窃未遂。如果经被害人呼叫,周围群众协力而将行为人抓获的,也应理解为被害人对车辆的控制权延伸到群众对人民财产的控制,此时也应认定为盗窃未遂。当然,实践中可能存在多种控制方式的交叉,需要结合案情具体分析。

(三)盗窃罪(未遂)对应的法定刑幅度

多次盗窃、入户盗窃、携带凶器盗窃和扒窃,无入罪的数额标准,意即未遂的亦可入罪。对于普通盗窃,数额较大的才以犯罪论处。这种成罪标准,显然是既遂形态。盗窃数额较大的财物,未遂的,因不具有严重的社会危害性,属于情节显著轻微危害不大,不认为是犯罪。但是,如具有严重的社会危害性,则存在定罪处罚的需要。为此,《盗窃解释》第十二条第一款规定:“盗窃未遂,具有下列情形之一的,应当依法追究刑事责任:(一)以数额巨大的财物为盗窃目标的;(二)以珍贵文物为盗窃目标的;(三)其他情节严重的情形。”也就是具有上述三种情形的盗窃未遂,以盗窃罪(未遂)定罪处罚。

以数额巨大的财物为盗窃目标,“应当是指行为人形成明确盗窃指向的目标物价值巨大。如果行为人刚刚侵入他人家中,尚在寻找所欲盗窃的具体财物时即被抓获的,不能以家中财产总值巨大或者特别巨大而简单定罪”。①

以数额巨大的财物为盗窃目标,未遂的,追究刑事责任,言下之意是,如果以数额较大的财物为盗窃目标,未遂的,不予追究刑事责任。这也意味着,以数额巨大的财物为盗窃目标,未遂的情形,与“盗窃数额较大的财物,既遂的情形”相当。因此,对于该种盗窃的未遂,也应在第一档法定刑幅度内量刑。据上,以数额巨大的财物为盗窃目标,或者以珍贵文物为盗窃目标,盗窃未遂;或者盗窃未遂,有其他情节严重的情形,如果依法追究刑事责任的,在第一档法定刑幅度内量刑。相应地,以数额特别巨大的财物为盗窃目标,盗窃未遂的;或者盗窃未遂,有其他特别情节严重的情形的,在第二档法定刑幅度内量刑。至于盗窃珍贵文物未遂的,是否存在在第二档法定刑幅度内量刑的问题,目前尚无相关规定。

盗窃未遂入罪后,全案属于未遂,能否将未遂情节再作为量刑情节考量?笔者倾向认为,因在入罪和对应法定刑幅度时,已经充分发挥了未遂情节的作用,故在具体量刑时一般不应再考虑未遂情节。

---

① 参见黄祥青:《盗窃罪的认定思路与要点》,载《人民司法(应用)》2014年第7期。

(四)盗窃既未遂并存的量刑考量

盗窃既未遂并存包括两种情形:一是实施两次以上盗窃行为,其中有的既遂、有的未遂;二是只实施一次盗窃行为,部分既遂、部分未遂。如既遂、未遂并非均构罪,以构罪的作为量刑基准,将未构罪的作为量刑情节考虑。当既遂、未遂均构罪的,此时如何量刑?《盗窃解释》第十二条作了规定,即盗窃既有既遂,又有未遂,分别达到不同量刑幅度的,依照处罚较重的规定处罚;达到同一量刑幅度的,以盗窃罪既遂处罚。

实践中,对于实施的两次以上盗窃行为,有的既遂、有的未遂,如果达到同一量刑幅度的,以犯罪既遂酌情从重处罚。如果分别达到不同量刑幅度的,“应当先决定对未遂部分是否减轻处罚,确定未遂部分对应的法定刑幅度,再与既遂部分对应的法定刑幅度进行比较,选择适用处罚较重的法定刑幅度,并酌情从重处罚”。[①]

对于只实施一次盗窃行为,部分既遂、部分未遂的,亦如上处理。例如,以数额特别巨大的财物(价值55万余元)为盗窃目标,由于意志以外的原因仅少部分得逞(2万余元),应认定为“盗窃数额特别巨大”的未遂,对应第二档法定刑幅度,与盗窃数额较大的既遂对应第一档法定刑幅度相比,处罚较重,即选择未遂部分对应的第二档法定刑幅度进行量刑,并考虑既遂部分酌情从重处罚。[②]

对于多次盗窃,因视为一个盗窃犯罪行为,故即使存在既未遂并存,也不存在从一重处问题,而只需在具体量刑时考虑未遂情节即可。

九 盗窃数额认定及认识错误对数额认定的影响

盗窃数额是决定盗窃罪行轻重的重要因素。在五种盗窃类型中,盗窃数额

① 王某明合同诈骗案,最高人民法院指导案例62号(2016年)。

② 参见聂昭伟:《程少杰盗窃、传授犯罪方法案》,载《刑事审判参考》总第128辑,法律出版社2021年版。

决定普通盗窃的罪与非罪。

(一)盗窃数额的认定

一般而言,除破坏性盗窃外,盗窃数额即被害人受到的实际损失数额。① 例如,甲将自己名下银行卡套件出售给他人用于收取电信诈骗款项,之后通过挂失、补卡方式将卡内资金全部转走。挂失时卡内余额为400,012.58元,分多次转向多个账户,共花费跨行手续费32元。公诉机关指控甲犯帮助信息网络犯罪活动罪和盗窃罪。关于甲的盗窃数额(所在地区的盗窃数额特别巨大标准为40万元以上),一种意见认为应以挂失时的余额400,012.58元认定,为数额特别巨大;另一种意见认为应以实际获取的金额399,980.58元认定,未达到40万元,为数额巨大。依本书观点,甲所花费的跨行手续费32元,系支出的犯罪成本,故指控其盗窃的数额为被害人受到的实际损失数额即挂失时的余额400,012.58元,属于盗窃数额特别巨大。

《盗窃解释》第四条、第五条等对盗窃数额的认定作了明确规定,此处不再赘述。下文结合典型案例,介绍几种盗窃犯罪的数额认定方法。

1. 盗窃打折、特价物品的数额认定

对商品价格打折扣或者以特价销售,系商家惯用的促销手段。如行为人至商场窃取打折扣或者特价商品,此时吊牌上往往有两个价格,即原价和折扣价或者特价,如何认定盗窃数额?以原价认定,往往过高,那么能否以折扣价或者特价认定?事实上,折扣价也可能高于商家的成本价,特价则可能低于成本价,但无论如何,都要按照《盗窃解释》第四条第一款第一项的规定,被盗财物有有效价

---

① 对于在同一犯罪目的驱使下,以同一(类)财物整体或部分为犯罪对象,采用"盗窃—返还—再盗窃"循环模式连续多次实施盗窃的,其盗窃数额应累计计算,对返还部分价值的数额不予扣减,但犯罪数额应以犯罪对象财产所有权的最大价值为限。例如,尹某利用其事先知晓的被害人涂某的银行卡、微信支付密码等,趁借用被害人手机之际私自将被害人的微信与银行卡进行绑定,采用微信转账等方式窃取被害人银行账户内资金用于赌博,赌博赢取的资金又返还至该账户内。尹某虽连续多次窃取被害人银行账户内资金累计110,562.4元,但被害人原本所有的银行账户内资金最大数额(扣除正常支出)为55,686.76元,故尹某的盗窃犯罪数额应认定为55,686.76元。参见郭百顺、金腾超:《以"盗窃—返还—再盗窃"模式多次盗窃的数额认定》,载《人民司法(案例)》2021年第29期。

格证明的，根据有效价格证明认定；无有效价格证明，或者根据价格证明认定盗窃数额明显不合理的，应当按照有关规定委托估价机构估价。换言之，吊牌上的原价或者折扣价、特价，未必是合理价格，从公允角度，不能直接作为认定被盗物品的价格。而且，要遵循“任何人不得从其违法行为中获利”原则，当折扣价或者特价低于被盗物品的价格时，因该折扣价或者特价是促销价格，应让利于正常购买者，而不能让行为人从其盗窃行为中获得该优惠，即不得以该折扣价或者特价认定盗窃数额。

2. 盗窃字画、古玩、玉石等特殊财物的数额认定

对盗窃字画、古玩、玉石等特殊财物案件，因字画、古玩、玉石等真伪难辨，鉴定估价难，行为人往往提出涉案的字画、古玩、玉石等真伪存疑、估价虚高。对此，第一，应明确对赃物进行真伪鉴定的范围和价值评估的主体机构。第二，在估价之前必须进行真伪鉴定，防止“未定性先定价”。第三，作出鉴定和估价后，适时听取被害人、行为人的具体意见。第四，规范赃物发还手续，对字画、文物、珠宝等贵重物品应妥善留存，或者在发还前拍照固定，以免对案件办理产生不利影响。

例如，一盗窃书法作品案件，公诉机关指控及一审法院认定所窃书法作品价值22.3万元。一审判决后，被告人及辩护人提出，公安机关在委托评估时对涉案书法作品的真假没有认定，博物馆专家不具备鉴定涉案书法作品真伪的资质，该市价格认证中心没有鉴定书法作品真假的能力和资质，其作出的价格鉴定意见不能作为定罪量刑的依据。在未确定涉案书法作品真伪的情况下认定盗窃价值错误，请求重新鉴定真伪及价格。二审法院在查明书法作品来源、购买价格等基础事实的前提下，委托专业部门作出作品真伪的认定后，再由价格认证中心出具价格鉴定意见。经真伪鉴定和价格鉴定，排除合理怀疑，最后认定所窃书法作品价值为1.22万元。[①]

再如，一窃取收藏家收藏的名家印章案件。被告人将窃取的其中一枚印章，

---

① 参见陈克娥、沈怡侃：《张国群等盗窃案》，载最高人民法院刑事审判第一、二、三、四、五庭主办：《刑事审判参考》总第111集，法律出版社2018年版。

邀请篆刻家加刻了观款,后以15万元的价格在西泠印社公开拍卖成交,但经价格认定,无观款的原印章价值仅5万元。对此,被告人及被害人均提出异议。被告人认为该枚印章真伪存疑,且拍卖价格虚高。被害人则认为该枚印章虽为"文化大革命"时期仅花10元购入,但以其收藏家的专业眼界认定该枚印章必为真品,且价值远超鉴定价格。该案中,因认定文玩藏品不同于一般物品,没有明确的市场指导价格,且本案中还存在他人加工的后介入因素,必须对各方的鉴定、评估全面综合评判才能客观认定据以量刑的价格。法院经详细询问鉴定方法和定价原则后,认为被害人多年收藏书画印章,对名家印章有较高的鉴赏及鉴别能力;篆刻家应被告人要求在该枚印章上加刻了观款;该枚印章通过国内印章拍卖最权威的西泠印社的专家认定、被告人本人提出10万元的拍卖保留价、并最终以高价拍卖成功;加之文物保护研究中心的鉴定意见和估价机构聘请的专家认定,以上均反映并证实该印章系真品。在此基础上,该枚印章在西泠印社以15万元的价格公开拍卖成交,足以反映该枚印章的市场价格。但该枚印章在被盗时,尚无篆刻家所刻观款,且拍卖价格存在一定程度背离印章价值的情况,相比较而言,价格认定机构出具的价值5万元的价格认定结论,更能客观反映该枚印章被盗时的价值。最终认定该枚印章的盗窃数额为5万元。[1]

此外,对于玉器、古玩、书画、名贵珠宝等,如属于民间收藏的一般文物,根据《盗窃解释》第九条的规定,在价值认定方法上等同于普通财物。如果属于文物,则无需价值认定,直接以文物的等级和件数以相应罪名定罪量刑。

3.盗买盗卖股票的数额认定

非法侵入他人股票账户,利用窃取的账号、密码与自己的股票账户进行交易非法牟利,即在他人不知情的情况下高价买进或者低价卖出某一股票,使自己账户从低吃高抛同一种股票中获利,这种作案手段虽与一般的盗窃手段不同,但仍符合盗窃罪的构成特征。行为人主观上是为了通过盗买盗卖股票非法占有被害人的财产,客观上是在被害人不知情的情况下非法占有了其财产,且非法占有的盗买盗卖股票的"获利"款直接来源于被害人的财产损失,这种盗窃手段与直接

① 参见上海市静安区人民法院刑事判决书,(2017)沪0106刑初1367号。

非法占有被害人的财产在本质上是相同的,其行为符合盗窃罪的主客观构成要件,应以盗窃罪定罪处罚。

例如,盗用他人账户买卖股票,由此给被害人造成30余万元的经济损失,从中获利14万余元,如何认定盗窃数额?将获利数额14万余元认定为盗窃数额较为合理,被害人的损失数额可以作为量刑情节考虑。首先,盗窃数额一般是指盗窃财物的实际价值。对于盗买盗卖股票案件,行为人并非为了直接非法占有股票所体现的财产价值,而是通过盗买盗卖股票行为获得超额价差。其次,由于股票价格的即时性和波动性,交易成功与否由多种因素决定,被害人遭受了损失但行为人却可能没有获利,故将被害人的损失认定为盗窃数额,既没有可操作性,也存在很大的不确定性。以获利数额作为盗买盗卖股票案件的盗窃数额,较为合理。这种认定方法忽略了行为人盗窃行为与被害人损失之间的因果关系,但可以根据《盗窃解释》第四条第二款的规定,将被害人的损失数额作为量刑情节考虑。①

4. 采取破坏性手段盗窃财物的数额认定

《盗窃解释》第十一条第一项规定:"采用破坏性手段盗窃公私财物,造成其他财物损毁的,以盗窃罪从重处罚;同时构成盗窃罪和其他犯罪的,择一重罪从重处罚。"该解释第四条第二款规定:"盗窃行为给失主造成的损失大于盗窃数额的,损失数额可以作为量刑情节考虑。"也就是说,被损毁财物的数额不应计入盗窃数额,或者说不以被害人的损失作为盗窃数额。例如,以破坏性手段盗窃正在使用中的变压器内铜芯,变压器价值13,020元,变压器内铜芯价值7000元,销赃所得1400元,盗窃数额应认定为7000元,并将给被害人造成的损失数额作为量刑情节考虑。②

5. 盗窃财物后加工出售的应将加工费用从犯罪数额中扣除

《盗窃解释》取消了1998年《最高人民法院关于办理盗窃案件具体应用法律

① 参见陈靖宇、张亚静:《钱炳良盗窃案》,载最高人民法院刑事审判第一庭、第二庭编:《刑事审判参考》总第41集,法律出版社2005年版。

② 参见唐俊杰:《夏洪生抢劫、破坏电力设备案》,载最高人民法院刑事审判第一、二、三、四、五庭主办:《刑事审判参考》总第76集,法律出版社2011年版。

若干问题的解释》(以下简称1998年《盗窃解释》)中关于“销赃数额高于被盗物价值,按销赃数额计算盗窃数额”的规定,使盗窃数额的认定还原于被盗物品本身的价值。而且,1998年《盗窃解释》规定的销赃数额,是指盗窃财物后直接销赃的数额,而不是指将盗窃的财物改装、加工后销赃的数额。对于盗窃金砂后加工成黄金销赃,盗窃数额应当以所盗金砂价值4500元认定,还是以加工成黄金后的销赃数额18,414元认定?该案中,行为人盗窃金砂后,使用加工设施,经过他人加工后才提炼出黄金,其销赃款中不仅包含金砂本身的价值,还包含其将金砂加工提炼出黄金所用的相关成本和人工费用。显然,将被盗金砂进行加工提炼后的黄金销售,不属于1998年《盗窃解释》规定的按销赃数额计算的情形。而按市场零售价的中等价格计算,认定本案盗窃数额为4500元,既不违反1998年《盗窃解释》关于数额认定的规定,也符合《盗窃解释》关于数额认定的精神。[①]

当然,对于未予认定的部分,虽然不属于犯罪数额,但系通过犯罪获取的非法收益,应予追缴没收。

6. 被盗财物灭失情况下可以销赃数额认定盗窃数额

例如,将窃取的玉石进行典当,得款3000元。案发后,该玉石已被典当行转手而无法追缴。再如,入户盗窃,窃取黄金金条2根,予以销赃后得赃款2万元,案发后未能追缴到金条。在被盗财物灭失且难以通过法律规定的核价方法确定其价值的情况下,能否直接以销赃数额计算盗窃数额,存在一定争议。一种观点认为,应以销赃数额认定。另一种观点则认为,1998年《盗窃解释》虽有关于以销赃数额认定盗窃犯罪金额的规定,但该解释在《盗窃解释》实施后已被废止,而《盗窃解释》中没有关于“销赃数额”的规定,故以销赃数额认定盗窃数额似乎缺乏法律依据。

笔者认为,被盗财物灭失的情况下,可以按照销赃数额认定盗窃数额。根据《盗窃解释》第四条第一款第一项的规定,被盗财物有有效价格证明的,根据有效价格证明认定;无有效价格证明,或者根据价格证明认定盗窃数额明显不合理

---

① 参见肖良玉、何庆、肖凤:《饶继军盗窃案》,载最高人民法院刑事审判第一、二、三、四、五庭主办:《刑事审判参考》总第93集,法律出版社2014年版。

的,应当按照有关规定委托估价机构估价。可见,对赃物的价值认定并非一概需要估价,只有当赃物价格不明或者难以确定时才应当估价。因此,对于被盗财物已灭失的,如被害人能够提供相应的购买发票,且发票上所描述的财物特征与被告人供述一致的,应当以购买发票上记载的金额认定赃物价值。被告人提出异议,认为购买发票不能真实反映赃物价值的,应当提供相应的证据。若被害人不能提供有效的价格证明,且被盗财物因灭失无法估价的,可以销赃数额证据作为赃物价值的认定依据。一方面,结合销赃数额证据及其他在案证据,盗窃事实清楚;另一方面,销赃数额接近赃物价值,且一般会低于赃物价值,以销赃数额认定不仅符合客观情况,不至于放纵犯罪,而且有利于被告人。1998 年《盗窃解释》规定销赃数额高于赃物价值的,以销赃数额认定,体现依法严惩精神。《盗窃解释》虽然废止了该规定,但不能认为特殊情况下不能以销赃数额认定盗窃数额。例如,该解释第四条第一款第五项规定,盗接他人通信线路、复制他人电信码号出售的,按照销赃数额认定盗窃数额。前文中亦论及,盗窃互联网上网流量的,因难以查明被害单位的实际损失数额,可以按照销赃数额认定盗窃数额。

7. 被害人陈述与被告人供述不一致的数额认定

实践中,经常会出现被害人陈述的被盗财物与被告人供述不一致的情况,有的是被害人陈述的被盗财物少于被告人供述的财物,有的则是被害人陈述的被盗财物多于被告人供述的财物。对此,需要加强对事实和证据的审查,并结合常理作出判断。

如果被害人陈述的被盗财物少于被告人供述的财物,一般应当根据被害人的陈述,就低认定盗窃数额。例如,被害人陈述被盗现金 1 万元,而被告人供述盗窃现金 2 万元,则宜认定盗窃的财物为 1 万元。如果被害人陈述的被盗财物多于被告人的供述,实践中比较普遍的做法是,当本证、反证的证明力相当,被盗财物难以查清的,依照有利于被告人原则,就低认定盗窃数额。鉴于这种处理方式可能会放纵犯罪,因此有必要确立一种除外原则,即如果通过仔细审查被害人陈述和被告人供述,并综合全案相关证据进行分析,应当采信被害人陈述并排除被告人供述的,则应当依照被害人的陈述认定盗窃数额。又如,指控被告人盗窃

14 起,盗窃他人财物价值共计 31,649 元,属于盗窃数额巨大,被告人辩解两起事实中其所盗财物少于被害人陈述的被盗财物,只有 3000 元而非指控的 15,000 元,故其 14 起盗窃的财物价值共计不足 2 万元,属于数额较大。经查,这两起盗窃的被害人均系被盗当日即报警,各自陈述的被盗情况均有其他证据予以印证,真实可信;而被告人一直拒绝如实供述全部犯罪事实,其辩解明显有避重就轻之嫌,可信度较低,不予采信,故依据证明力较强的被害人陈述认定盗窃财物数额。①

再如,被告人稳定供述涉案金额为 2 万元,而被害人陈述的被窃金额是 2.5 万元左右。因仅有被告人供述和被害人陈述,并无其他证据相印证,依照有效证据印证认定规则,当认定犯罪数额的主要证据为言词证据,且该犯罪数额存在多个结论不同的证据证明时,应当依据有效证据能够印证的数额或者部分数额作出认定。本案中,被告人供述和被害人陈述中相互印证的是 2 万元,故涉案数额应认定为 2 万元。②

(二)认识错误对盗窃数额认定的影响

刑法上的认识错误包括对法律认识的错误和对事实认识的错误。对法律认识的错误,是指行为人对自己行为的法律性质和事实情况的认识发生错误。这种错误一般是由行为人不知法律和误解法律造成的,包括对自己的行为是否构成犯罪、构成何种犯罪、是否要受处罚以及受何种处罚等,在认识上发生错误。一般而言,行为人对法律认识的错误不影响定罪,但根据案件的具体情况可作为量刑的酌定情节予以考虑。对事实认识的错误,是指行为人对自己的行为是否属于犯罪构成要件的事实情况的认识错误。客体认识的错误,应当按照行为人意图侵犯的客体定罪。对象认识的错误,法律性质相同的,如将甲当作乙加以侵害,对刑事责任不发生影响;法律性质不同的,如误以人为兽而实施杀伤,应根据

① 参见唐俊杰、张显春:《姜青松盗窃案》,载最高人民法院刑事审判第一、二、三、四、五庭主办:《刑事审判参考》总第 91 集,法律出版社 2014 年版。

② 参见李敏、费晔:《占有他人遗忘物后又归还不构成犯罪》,载《人民司法(案例)》2017 年第 35 期。

实际情况认定为过失犯罪或者意外事件,误以兽为人的,则属于犯罪未遂。行为性质的认识错误,如不知是赃物而代为销售,不能认定为销售赃物。工具认识的错误,即对工具效能认识的错误,因具备犯罪的主客观要件,不影响犯罪的成立,但因未发生犯罪既遂的犯罪结果,以犯罪未遂追究刑事责任。因果关系的认识错误,即行为人对自己所实施的行为是否造成实际发生的危害结果存在认识上的错误,一般并不影响行为性质的认定。①

1. 盗窃对象认识错误不影响盗窃性质的认定

盗窃案件中的认识错误,多数为对所盗财物价值有认识错误,也有个别为盗窃对象认识错误。对盗窃对象存有认识错误,如误将甲的财物作为乙的财物予以盗窃的,显然不影响盗窃性质的认定。再如,债权人误将非债务人的财物作为债务人的财物加以盗窃,虽然属于犯罪对象认识错误,但无论是债务人的财物还是第三人的财物,法律性质相同,都属于同一构成要件范围内的认识错误,对犯罪行为性质不产生实质影响,仍应以盗窃罪定罪处罚。该案中,债权人本可通过合法途径实现其债权7000余元,但其却采用秘密窃取手段获取财物,具有非法占有目的。而且所窃取的财物价值2.5万元,明显高于其债权数额,其后续亦未实施实现债权的跟进行为,如通告债务人、向人民法院起诉申请对所窃财物进行诉讼保全等,其占有的非法性明显。②

当然,如果误将自己的财物作为他人财物予以盗窃的,则不符合盗窃罪的构成要件。

2. 对所盗财物的价值有重大认识错误的影响盗窃数额的认定

对所盗财物的价值认识错误,主要是将价值高的财物误认为价值低的财物而盗走,影响盗窃数额的认定,关系罪与非罪、罪轻与罪重。对此,必须坚持主客观相统一原则,防止客观归罪或者主观归罪。一般而言,只要对所盗财物的价值具有可能性认识,如主观上抱着"能偷多少偷多少、偷到什么算什么"的心态或者

---

① 参见贾宇:《犯罪故意研究》,商务印书馆2020年版,第188~190页;贾宇主编:《刑法原理与实务》(第4版),中国政法大学出版社2017年版,第82~84页。

② 参见林旭群、邹海媚:《关盛艺盗窃案》,载最高人民法院刑事审判第一、二、三、四、五庭主办:《刑事审判参考》总第99集,法律出版社2015年版。

采取特定手段进行盗窃，均应视为具有概括故意，即具备了盗窃故意的认识因素，按照所盗财物的实际价值认定盗窃数额。只有在特定环境和条件下，对所盗财物的价值有重大认识错误的，才会影响盗窃数额的认定。实践中，以下两种情形值得关注：

第一，如果主观认识所盗财物价值微薄，而客观上盗窃了数额较大的财物，此时因对所盗财物的价值有重大认识错误，不应认定为盗窃数额较大，不以盗窃罪论处。

第二，如果所盗财物的真实价值为数额巨大甚至特别巨大，而行为人根本没有认识到数额巨大或者特别巨大，此时因对所盗财物的价值有重大认识错误，不应认定为数额巨大或者特别巨大，即不影响定罪但影响量刑。2003 年发生在北京的“天价葡萄案”①，即对所盗财物价值有重大认识错误的典型案例。该案中，4 名民工主观上只是想偷普通的葡萄，而实际上偷的是天价葡萄，做梦也想不到涉案的 23.5 公斤葡萄价值 11，220 元，即对所盗葡萄的价值产生重大认识错误。后按照市场价格重新评估，得出涉案葡萄的价值应为 376 元。因 4 名民工的盗窃数额未达到较大标准，检方决定不起诉。

再如，某女卖淫结束准备离开时，趁某男不备，顺手将其在床头柜上的嫖资及一只手表拿走，后将该手表藏匿于租住房的灶台内。次日，某男询问某女是否拿了手表，并称该表不值什么钱，如果退还，愿给 2000 元，但某女坚决否认拿走

① 简要案情为：2003 年 8 月 7 日凌晨 3 时，北京市海淀区香山派出所民警巡逻至香山门头村幼儿园门前时，见 4 名男子抬着一只编织袋往村里走。警惕的民警立即停车上前盘查。见警察盘问，4 名男子神色惊慌地解释编织袋内装的是葡萄，是从朋友地里摘来准备带回工地吃的。但民警没有听信他们的解释，将 4 名男子连同一编织袋的葡萄带回派出所。在派出所里，葡萄的来源得以弄清。4 名男子在香山某建筑工地打工，住在香山脚下。6 日晚，几人商量弄些水果来吃。其中一名在北京市农林科学院林业果树研究所（以下简称林果所）当过临时工的李某说，林果所内种的水果好吃，到那里弄去。当晚 1 时许，4 名民工步行近 1 小时翻墙进入林果所院内，在李某的带领下来到葡萄研究园。坐在葡萄架下，4 名民工“甩开膀子”猛吃一气，临走时还捡来一只编织袋，开始摘葡萄架上的葡萄，装满后抬着编织袋翻墙出来，在回工地的路上被警察逮个正着。盘查后，警方获悉，该 4 名男子编织袋中为其偷来的 47 斤科研用葡萄，是林果所葡萄研究园投资 40 万元、历经 10 年培育研制的科研新品种。4 名民工的馋嘴之举令其中的 20 余株试验链中断，损失无法估量。后北京市物价局（现市场监督管理局）价格认证中心对被偷的葡萄进行评估，涉案的 23.5 公斤葡萄直接经济损失为 11，220 元。该葡萄一时被人们称为“天价”葡萄。

手表。某男报案后,公安机关根据该女供述在其租住房的灶台内起获了手表。另查明,某女一直不能准确说出所盗手表的牌号、型号等具体特征,并认为该表只值六七百元,拿走手表是因为某男行为粗暴,为了发泄不满。经鉴定,涉案手表价值 12 万余元。对于该案,某女顺手拿走他人手表的行为,主观上虽然具有非法占有他人财物的目的,但当时没有认识到所盗手表的实际价值,其认识到的价值只是“数额较大”,即某女主观上只有非法占有他人“数额较大”财物的故意,而无非法占有“数额特别巨大”财物的故意。由于某女对所盗财物价值存在重大误解(或者认识错误),其所认识的数额远远低于实际数额,根据主客观相统一原则,不能让其对所不能认识的价值数额承担相应的刑事责任,而应以其盗窃时所能认识到的价值数额作为量刑标准。①

还如曾经报道的一则新闻,一男子文某在加油站加油时,看到加油机上有一张卡不用输入密码,便直接拿起油枪成功“揩油”125.35 元,加满油后更是直接顺走了这张加油卡,一走了之。后当文某得知卡里还有余额 3700 多万元时,一时想贪点小便宜的他当场傻掉了。显然,该案中的文某对所盗财物的价值有重大认识错误,本想贪点小便宜,以为是几百元,没想到卡内余额竟然达到 3700 多万元,当然影响盗窃数额的认定。鉴于文某认识到所盗财物的价值不大,且其主动到派出所接受调查,态度良好,返还油卡,并支付了之前所加的 125.35 元油费,后派出所民警对文某进行了批评教育,并对他的盗窃违法行为给予行政处罚(从轻处罚)。②

十 盗窃虚拟财产的定罪与量刑

虚拟财产,一般是指狭义的数字化、非物化的财产形式,如 Q 币、比特币、游

① 参见何树志、薛付奇:《沈某某盗窃案》,载最高人民法院刑事审判第一庭、第二庭编:《刑事审判参考》总第 40 集,法律出版社 2005 年版。

② 参见陈栋:《3700 万! 男子加油站“顺”了张加油卡,一看余额,当场傻掉了》,载《钱江晚报》2020 年 12 月 31 日,第 1 版。

戏点卡、游戏装备等。虚拟财产具有几个显著特征：第一，虚拟性，即存在于网络环境或者网络空间中；第二，数字化，即以数字化的形式来模拟现实事物；第三，价值性，即具有独立于其他网络资源或者现实财产的价值；第四，可支配性，即在某一特定领域具有独占性。

（一）盗窃虚拟财产的定性

虚拟财产作为一种全新的权利保护类型被写进民法典，如《民法典》第一百二十七条规定："法律对数据、网络虚拟财产的保护有规定的，依照其规定。"该规定符合当前时代发展对于网络虚拟财产的保护需求，提供了高位阶的网络虚拟财产保护民事法律依据，为后续涉网络虚拟财产的立法留足空间。那么，虚拟财产能否成为刑法意义上的财产，如通过盗窃、诈骗、职务侵占等方式非法占有他人虚拟财产的，是否以盗窃、诈骗、职务侵占等财产犯罪论处？对此，曾经没有争议，即以财产犯罪论处。之后有观点认为，虚拟财产在本质上不属于财产，而属于计算机信息系统数据，如果按照非法获取计算机信息系统数据等计算机犯罪定罪处罚，定性更为准确，量刑也更为适当。也有观点认为，第一，涉网络游戏装备、游戏币等虚拟财产犯罪案件，原则上应当以非法获取计算机信息系统数据罪等数据犯罪论处，对极少数以欺骗、抢劫等方式实施不法侵害的，可以例外地以财产犯罪论处。第二，涉比特币、以太币等虚拟货币犯罪案件，原则上应当按照财产犯罪等处理，以更加客观、妥当地评价违法犯罪行为，贯彻罪责刑相适应基本原则，但这并非变相认同其货币性质。游戏币、比特币都可谓虚拟财产，但在生成原理、稀缺性、价值性方面存在明显差异，前者可谓"财产性数据"，后者可谓"数据型财产"。第三，涉案虚拟货币（财产）的处置应当视情况具体认定。涉及非法经营、非法集资等违法犯罪活动的，应当作为犯罪工具、违法所得予以没收，依法上缴国库；原所有人合法持有的，应当返还；已被转让的，应当责令退赔。[①]

例如，徐某受玩家金某委托代练游戏等级，获取了金某的游戏账户、密码、绑

① 参见王猛：《虚拟财产刑事案件司法实务——第四期实务刑法论坛实录》，载微信公众号"中国刑法学研究会"，2022年8月9日。

定邮箱及邮箱密码等信息。后徐某与金某因故发生矛盾,金某终止代练合同,并重新修改账户密码。徐某利用练级时获取的金某的绑定邮箱重置了金某游戏账户密码,登录金某账户后将金某充值所得的50万个“元宝”转移至本人游戏账户。该游戏中充值1元可换取10个“元宝”,金某购买“元宝”实际花费约4万元。徐某在自己玩游戏中消费使用30万个“元宝”,将20万个“元宝”在网上销售并得赃款1万元。金某发现账户异常后报案,遂案发。对此案中徐某行为的定性,存在两种观点:一种观点认为构成盗窃罪,[①]另一种观点认为构成非法获取计算机信息系统数据罪。

笔者认为,虽然目前存在两种不同的裁判方法,但肯定具有财物特征的虚拟财产可以成为刑法意义上的财产,成为财产犯罪的对象,盗窃虚拟财产的以盗窃罪定罪处罚,更为合理。主要理由是,第一,盗窃虚拟财产亦侵犯他人的财产权益,与盗窃现实财产并无本质不同。游戏币等虚拟财产具有管理可能性、转移可能性与价值性等财物的基本特征,其凝聚了游戏厂商开发、运营投入的人力、物力成本,在某种程度上被认为是一种劳动所得。特别是对玩家来说,它具有使用价值,而且可以转让。虚拟财产还具有交换价值,能够体现为现实中的一定财产价值。只是与传统财产相比,虚拟财产的价值性具有自身的特殊表现方式,且虚拟财产的所有人可通过个人账户对虚拟财产进行有效支配和控制,应当肯定这类虚拟财产的财产属性,如虚拟货币中的比特币,就有其价值和市值,可以进行转让,具有一般商品属性,应该属于财产的范围,受法律保护。[②] 第二,对盗窃虚拟财产的以盗窃罪定罪处罚,更符合社会观念。虚拟财产的财产属性日渐深入人心,对其的法律保护力度也越来越大。对采取盗窃方式非法占有他人的虚拟

---

① 实践中对于非法侵入他人计算机信息系统,窃取虚拟币并将之销售的行为,如同时构成非法获取计算机信息系统数据罪和盗窃罪的,有的认为系想象竞合犯,应当从一重处,一般情况下以盗窃罪处罚较重,故以盗窃罪定罪处罚。参见陈昶主编:《2022年上海法院案例精选》,上海人民出版社2022年版,第407~410页。

② 比特币是以区块链技术为基础的加密型“货币”,是否具有财产属性?非法取得的比特币是否应该返还,又应如何折价呢?上海市第一中级人民法院曾公开宣判一起比特币涉外财产损害赔偿纠纷上诉案,二审认定比特币属于网络虚拟财产,法律上予以保护,通过不合法手段取得的比特币应当全部返还或折价赔偿。参见宋宁华:《非法取得的比特币要还?上海一中院判决:要还!比特币属虚拟财产受法律保护》,载《新民晚报》2020年5月7日,第8版。

财产的,以盗窃罪定罪处罚更符合社会预期。第三,采取合理方法认定盗窃虚拟财产的犯罪数额,可以防止数额认定虚高现象,不会导致罪刑失衡。如此,对于采取诈骗、职务侵占等方法非法占有虚拟财产的,亦应以诈骗罪、职务侵占罪等财产犯罪论处。

(二)盗窃虚拟财产的数额认定

对盗窃虚拟货币,提出以非法获取计算机信息系统数据罪定罪处罚的理由之一,就是虚拟货币的价格往往是单方定价,存在虚高,不公允,如果对该行为以盗窃罪定罪处罚,容易导致量刑过重。为此,需吸纳该意见中的合理部分,确保犯罪数额认定合理,最终罪罚相当,即结合虚拟财产的特点,不宜简单地以厂商定价计算,而要在坚持填平原则的基础上,以实际损失认定犯罪数额,具体根据虚拟财产的价值体现形式、损失形态等认定。①

第一,不能简单地以厂商定价计算犯罪数额。游戏币等虚拟财产的产出成本与市场定价关系薄弱,单次生产不需投入等量成本,具有一次研发、无限复制的特征,定价与成本间不存在直接对应关系。相关犯罪中,虚拟财产的市场定价仅代表可获取的预期利益,不能反映直接损失,其市场总价可能远超实际购买者的购买能力和意愿,如以此认定犯罪数额并进行退赔,则可能会导致厂商等获取超出实际损失的利益。第二,坚持填平原则,以实际损失认定犯罪数额。价格认定既要与实际损失相当,也要在各类案件之间保持一贯性和协调性。财产犯罪

① 主要参考了2021年6月9日上海市第一中级人民法院发布的"信息网络犯罪法律适用疑难问题研讨"纪要内容。另张明楷教授主张,盗窃虚拟财产的数额计算,按照虚拟财产与法益主体的不同类型分别判断。第一类是用户从网络服务商或者第三者那里购买的价格相对稳定、价值不因用户的行为而产生变化的虚拟财产(如Q币、U币、游戏币等),应当按照服务商的官方价格计算财产价值。第二类是用户从网络服务商或者第三者那里购买的,经过加工后使之升级的虚拟财产(如游戏装备、用Q币装饰过的QQ空间等),考虑被害人在购买虚拟财产后的各种投入,可以按照市场平均价确定虚拟财产的数额。第三类是网络服务商的虚拟财产,如果按照网络公司的官方价格与市场价格计算,会导致数额巨大乃至特别巨大,因而造成量刑畸重。对此,行为人非法获取网络服务商的虚拟财产时,在具备数额较大(可以按官方价格计算)或者其他成立犯罪所必需的条件(如多次盗窃虚拟财产)的前提下,按情节量刑而不按数额量刑。判断情节是否严重,应综合考虑行为的次数、持续的时间、非法获取虚拟财产的种类与数量、销赃数额等,原则上应尽可能避免适用情节特别严重的法定刑。参见张明楷:《刑法学(下)》(第6版),法律出版社2021年版,第1255~1256页。

的实质是利益在行为人和被害人之间发生转移,认定财产犯罪的数额应与实际损失数额大体一致。虚拟财产如果进入流通环节具有交换价值的,一般以实际交易对价予以认定;①如果没有进入流通环节,没有交易对价的,原则上应由受害人对虚拟财产的成本价格进行举证,再结合犯罪时间、次数、获利金额等综合认定。

例如,利用黑客程序窃得一公司登录腾讯、网易在线充值系统使用的账号和密码,入侵该公司的在线充值系统,窃取Q币和游戏点卡后在网上低价抛售,共计窃取Q币32,298个及游戏点卡50点134张、100点60张。该案中,秘密窃取网络环境中的虚拟财产,构成盗窃罪。关于盗窃数额,应当按照虚拟财产在现实生活中对应的实际财产遭受损失的数额确定。虚拟财产在现实生活中对应的财产数额,可以参考该虚拟财产在现实生活中的实际交易价格来确定。Q币和游戏点卡在现实生活中的交易价格有多种,如网络公司在网上标出的销售价格,网络用户在线下互相交易形成的价格,网络公司与代理商之间交易的价格等。具体到本案,应当以网络公司与代理商之间的实际交易价格来确定被盗Q币和游戏点卡在现实生活中对应的财产数额。因为行为人实施盗窃行为,被害人的财产一般就会受到相应的损失,盗窃数额与被害人受到的财产损失密切相关。故以被害单位与腾讯公司、网易公司在合同中约定的交换价格来计算被盗Q币和游戏点卡在现实生活中代表的财产数额,共计25,948.96元,能准确反映被害单位遭受的财产损失。②

---

① 相关案例可参见宋环宇、王硕:《雒彬彬职务侵占案》,载最高人民法院中国应用法学研究所编:《人民法院案例选》总第91辑,人民法院出版社2016年版。该案例认为,网游客服盗刷游戏虚拟财产贩卖的,构成职务侵占罪,对犯罪数额,因网络虚拟财产的特殊性,其价值不宜直接依照网游公司的定价认定,以行为人在网上商城贩卖的价格认定更为合适,即以销赃数额认定犯罪数额。再如,朱某利用机器漏洞非法获取被害单位的游戏金币并予以出售,违法所得27万余元。该案中,因在案证据无法证实被害单位的实际损失,结合游戏金币的获取规则、销售及使用情况,把朱某的销赃获利数额27万余元认定为盗窃犯罪数额,较为合适。参见陈昶主编:《2022年上海法院案例精选》,上海人民出版社2022年版,第458~460页。

② 参见沈志先主编:《公报案例精析》,法律出版社2010年版,第80页。

十一 窃取他人合法占有的本人财物的定性

窃取他人合法占有的本人财物,是否构成犯罪,构成何罪?下文具体分析。

(一)处于他人占有、控制之下的本人财物可以成为本人实施盗窃、诈骗等侵财犯罪的对象

实践中,个人或者单位可能基于借用、保管或者民事质押而合法占有、控制本人财物,行政机关可能基于执法查扣、司法机关可能基于司法扣押等原因而合法占有、控制本人财物。个人或者单位虽然对本人财物没有所有权,但因为财物处于其合法占有、控制之下,其负有妥善保管、及时归还义务,或者依法处置后及时告知义务,如因保管不当造成财物毁损或者灭失的,还应依法承担赔偿责任。参照《刑法》第九十一条第二款即"在国家机关、国有公司、企业、集体企业和人民团体管理、使用或者运输中的私人财产,以公共财产论"的精神,处于个人或者单位合法占有、控制之下的他人财物,应视为其财物。

处于个人或者单位合法占有、控制之下的本人财物,无疑受法律保护,可以成为财产犯罪的对象。虽然该财物为本人所有,但此时不处于本人的占有、控制之下,故也可以成为本人实施盗窃、诈骗等侵财犯罪的对象。但是,窃回或者骗取该财产的行为,是否构成盗窃罪或者诈骗罪,还要看其是否具有非法占有目的。如果基于消灭债务、索取赔偿等原因而将财物窃回或者骗回的,显然具有非法占有目的,对其应以盗窃罪或者诈骗罪论处。如果基于不愿意将本人财物继续置于他人占有和控制之下、逃避法院执行或者行政处罚等原因而将财物窃回或者骗回,之后也未索赔的,因欠缺非法占有目的,不以盗窃罪或者诈骗罪论处。但如果构成其他犯罪的,按照其他犯罪处理。

例如,租车人使用伪造的机动车驾驶证,从汽车租赁公司租赁一小车,后因借款将该车质押,因所借钱款用于赌博,到期无法将车赎回并还给租车公司。租

车公司向租车人要车，租车人告知已将车质押，无钱赎回。租车公司经营者通过GPS定位系统找车，发现该车停在一汽车站，遂找到租车人，一起来到汽车站。租车人持租车公司的备用钥匙将该车从汽车站开走并隐藏，之后交给租车公司的经营者。[①] 该案中，租车人无钱赎回车辆，盗走质押给债权人的车辆的行为，具有非法占有目的，构成盗窃罪。租车公司经营者明知租车人无钱赎回处于债权人质押之下的车辆，也明知其无权私自开走该质押汽车，为挽回自身财产损失，仍积极帮助租车人盗回车辆，因其未采取正当、合法的方式主张权利，不属于自救行为，而系盗窃罪的帮助犯。帮助他人盗回本属于自己公司经营的财产，构成盗窃罪（共犯），但因为不具有非法占有目的，量刑时应当充分考虑这一主观要件要素。

（二）盗取本人被司法机关扣押的车辆的定性

例如，因涉刑事案件，一轿车被扣押。为取回停放在公安机关院内的被扣押车辆，在未办理任何返还涉案车辆手续的情况下，用该车另一把钥匙擅自将车开回。[②] 该案中，行为人并未向司法机关索赔，也未获得赔偿，表明其无非法占有司法机关财物的目的，故其将本人所有而被司法机关扣押的车辆擅自开走的行为不构成盗窃罪。但其在司法机关明确告知车辆被依法扣押的情况下，仍然擅自将扣押的涉案车辆开走，其行为扰乱了司法机关的正常活动，构成非法处置扣押财产罪。

再如，因未在法院判决确定的履行期内支付货款，法院强制执行，依法裁定扣押了涉案轿车，并加贴封条后将该车停放于法院停车场。行为人至法院停车场，趁无人之机，擅自撕毁车上的封条，将其所有的已被依法扣押的轿车开走并

---

① 参见贾莉：《廖承龙、张文清盗窃案》，载最高人民法院刑事审判第一、二、三、四、五庭主办：《刑事审判参考》总第91集，法律出版社2014年版。

② 参见王长河、罗明华：《何弦、汪顺太非法处置扣押的财产案》，载最高人民法院刑事审判第一、二、三、四、五庭主办：《刑事审判参考》总第108集，法律出版社2017年版。

藏匿。[①] 该案中，行为人把自己所有而被司法机关扣押的车辆擅自开走，之后并未提出索赔，表明其没有非法占有司法机关财物的目的，不构成盗窃罪。但其擅自转移、隐藏已被司法机关依法扣押的财产，情节严重，其行为构成非法处置扣押财产罪。当然，对非法处置被司法机关查封、扣押、冻结的财产的行为定性应当区分以下几种情况：如果非法隐藏、转移、变卖、故意毁损已被司法机关查封、扣押、冻结的财产的行为发生在诉讼保全程序中，而没有进入执行程序，那么应当以非法处置查封、扣押、冻结的财产罪定罪；如果此种行为发生在执行程序中，但行为人并非负有执行法院判决、裁定义务的人，亦应以非法处置查封、扣押、冻结的财产罪定罪；如果在执行程序中负有执行生效裁判义务的人实施了此种行为，但并没有拒不执行法院生效裁判目的的，也应当以非法处置查封、扣押、冻结的财产罪定罪；如果在执行程序中负有执行生效裁判义务的人实施了此种行为，且具有拒不执行法院生效裁判的目的，因为该行为系作为拒不执行法院裁判的手段实施的，两罪法定刑相同，以拒不执行判决、裁定罪定罪更为适当。

（三）盗取本人被查扣的车辆过程中致人伤亡的定性

因无驾驶执照，所驾车辆被交警查扣，停放在交警中队大院内。行为人夜间潜入该院内，趁值班人员不备偷取院门钥匙欲将车开走。值班人员发现后上前制止，行为人即殴打值班人员，并用绳索将其手、脚捆绑，用毛巾、手帕、布条堵、勒住其口鼻，致其窒息死亡。[②] 本案中，盗取所有权属于自己但被公安机关依法查扣的车辆，因不具有非法占有目的，不属于盗窃，也不存在转化为抢劫的问题。窃回自己车辆过程中，使用暴力致人伤亡的，构成故意伤害罪还是故意杀人罪，需要具体分析。就该案而言，为盗取自己被查扣的车辆，虽然对值班人员使用了暴力，但其主观上在于排除被害人的妨碍，这可以从其打击的部位、手段和凶器得到证明，既其不具有杀人动机，亦无希望或者放任被害人死亡后果发生的故

---

① 参见陈靖宇、陈利：《陆惠忠、刘敏非法处置扣押的财产案》，载最高人民法院刑事审判第一、二、三、四、五庭主办：《刑事审判参考》总第51集，法律出版社2006年版。

② 参见朱伟德：《王彬故意杀人案》，载最高人民法院刑事审判第一庭、第二庭编：《刑事审判参考》总第16辑，法律出版社2001年版。

意,但其对自己的行为将产生伤害被害人的后果是明知且希望的,故其在盗取自己被公安机关依法查扣的机动车辆过程中致人伤亡的行为构成故意伤害罪。

(四)出质人窃回质押物的定性及犯罪数额认定

质押是担保的一种方式,指债权人与债务人或债务人提供的第三人以协商订立书面合同的方式,移转债务人或者债务人提供的第三人的动产或权利的占有,在债务人不履行债务时,债权人有权以该财产价款优先受偿。债务人或者第三人为出质人,债权人为质权人。质权分为动产质权和权利质权两种。例如,债务人为担保债务履行,将其所有的轿车出质给债权人占有,就属于动产质权。在该质押关系中,出质人承担在不履行到期债务时质权人对其质押车辆价款优先受偿的法律后果;质权人对该质押车辆享有质权,即除行使占有权外,还可在出质人不履行到期债务时享有对该质押车辆价款的优先受偿权,以此担保其债权的实现。

1. 出质人窃回质押物的可构成盗窃罪

在质权法律关系中,设立质权并未改变出质人对质押物的所有权,但对所有权会产生一定的限制。例如,因设立质押,出质人就暂时丧失对质押物的合法占有权,质权人则取得对质押物的合法占有权,同时享有优先受偿权,承担妥善保管质押物等义务。出质人窃回的尽管是自己拥有所有权的质押物,但因为该质押物处于质权人的合法占有之下,其实施盗窃的目的并非仅仅是恢复对质押物的占有,而是消灭质权从而免除对债权人的债务,并尽可能得到相应赔偿。相应地,出质人窃回质押物的行为不仅将使债权人丧失对该质押物的质权即债权到期时无法实现债权或者享有优先受偿权,而且还会使其承担因保管不善导致质押物灭失的民事赔偿责任。可见,出质人窃回质押物与其窃取质权人所有的等值财物在行为性质上没有差异,质权人合法占有的质押物失窃与其所有的等值财物失窃在财产损害上也没有区别。质言之,出质人在主观上具有非法占有质权人财物的目的,客观上实施了秘密窃取质押物的行为,如果数额较大的,符合盗窃罪的构成要件。

当然,如果出质人窃回质押物后未将质押物藏匿,并及时告知质权人,或者当质权人询问质押物去向时未否认窃走行为,此时因不具有非法占有目的,不以盗窃罪论处。由此引发的纠纷,由民事调整即可。

2. 出质人窃回质押物的一般以质押物价值认定盗窃数额

对出质人窃回质押物的行为,在盗窃数额认定上,是以质押物的价值还是以质权人的债权损失为准,存在争议。

笔者认为,出质人窃回质押物的盗窃数额,一般应以质押物的价值而非质权人的债权损失数额为准。具体而言,如果质押物的价值小于债权数额或者基本相当,此时债权损失的数额对应的就是质押物的价值,无论是将债权损失数额还是质押物价值认定为盗窃数额,影响不大。但是,如果质押物的价值明显大于债权数额,此时若将债权损失数额认定为盗窃数额,就会导致不合理的结果:第一,造成出质人受到不应有的较轻处罚,因为他盗窃的是质押物,却以低于盗窃对象价值的债权损失数额作为其犯罪数额,人为地作了降格处理。第二,造成同罪不同罚,如在第三人而非出质人盗窃质押物的场合,毫无疑问应该将质押物的价值认定为盗窃数额,而对出质人盗窃的情况如将债权损失数额认定为盗窃数额的话,在盗窃质押物案件中盗窃数额的认定就会出现因人而异的奇怪现象。第三,造成与质权人的实际损失不一致,如果以债权损失数额认定为盗窃数额,说明质权人损失的就是债权,而实际上在质押物价值明显大于债权数额的情形下,当债务履行期届满质权人未受清偿的,可以与出质人协议以质物折价,也可以依法拍卖、变卖质物,质物折价或者拍卖、变卖后,其价款超过债权数额的部分归出质人所有,不足部分由债务人清偿,即出质人窃取质押物的,给质权人造成的损失应该是质押物的价值,否则就会出现质权人因妥善保管不当无需就超过债权部分向出质人承担民事责任的悖论。

当然,出质人窃回质押物的盗窃案件具有一定的特殊性。对于出质人只是为了免除债务,在窃回大于债权数额的质押物后,并未就超过债权部分向质权人提出索赔要求或者接受质权人给予赔偿的情况,于出质人而言只是免除了与质权人之间的特定债务即非法占有与其所负债务等同的财物,于质权人而言损失的只是与出质人之间的特定债权，此时以债权数额认定为盗窃数额更符合刑法的主客观相一致原则。[①] 但无论如何，对于第三人或出质人盗窃质押物的场合，都应以质押物价值认定为盗窃数额。

3. 典型案例及评析

例如，经预谋，伪造证明材料，将借用的他人车辆以7.2万元质押，并作出还款赎回的书面承诺。得款后共同分掉。后用事先另配的钥匙从质权人处将车盗走并归还给车主。[②] 本案中，行为人虽然主观上具有非法占有故意，但其伪造证件冒名质押，并从他人处取得质押款7.2万元时，并未给他人造成损失，双方之间是一种民事行为，即其行为此时尚不构成诈骗罪。其最终是通过盗窃行为实现非法占有目的，他人合法占有的质押物脱离占有，导致财产损失。其盗车行为是一个单独的盗窃行为，应以盗窃罪一罪定罪处罚。盗窃数额应当以被害人的实际损失即质押款7.2万元认定。

上述案件中，因质押行为成立且质押价格合理，所以质权人并未因为受骗而是因为"失窃"失去对车辆的占有而损失7.2万元，出质人并未因为采用欺骗手段而是因为"窃回"车辆、无需再支付7.2万元赎回车辆而占有了7.2万元，即本案行为性质为盗窃，出质人的主观故意是非法占有质押款7.2万元，质权人的实际损失也是质押款7.2万元，而且车辆质押款与车辆实际价值之间差异不大，在犯罪数额认定上无论是以车辆价值还是以车辆质押款为准，影响不大，故对本案

① 有观点认为，质押物所有人盗窃经质押债权形式转让的质押物，应当按照质押物原约定的优先受偿部分认定犯罪数额，质押物以质押债权形式转让后增加的数额不应纳入犯罪数额。例如，张某以其个人所有的奔驰轿车出价40万元质押给王某借款，王某扣除利息1.2万元和停车费600元，将其余38.74万元借款打到张某指定的银行账户。张某逾期未还款赎车。后王某以43万元将该奔驰轿车以质押债权转让形式转让给龚某。龚某又以47.8万元将该轿车以质押债权转让形式转让给龚某2。张某起意偷回涉案轿车，伙同他人，使用事先补办的车钥匙窃取龚某2停放的该轿车（价值63万元；车内有香烟6条，价值4200元；笔记本电脑一台，价值2200元），后以63万元价格将车转卖给他人。对于此案，生效裁判认为，张某主观上具有非法占有的故意，客观上实施了秘密窃取他人已经实际占有的财物，其行为构成盗窃罪。本案中先后两次质押转让，导致质押借款数额增加，该情形并未告知张某，故张某对后两次转质增加的债务并不承担法律责任，应当以王某向张某实际交付的借款38.74万元以及盗窃所得的香烟和电脑来认定本案的盗窃数额。参见陈靖：《盗窃质押物的数额认定》，载《人民司法（案例）》2020年第5期。

② 参见陈娇莹、潘庸鲁：《孙伟勇盗窃案》，载最高人民法院刑事审判第一、二、三、四、五庭主办：《刑事审判参考》总第84集，法律出版社2012年版。

中的出质人以盗窃罪论处,同时认定盗窃数额为7.2万元,是合理的。

(五)出质人窃回质押物并向质权人索赔的定性及犯罪数额认定

例如,向他人借款3万元,期限三周,约定利息3000元,同时将以5.6万元价格购买的轿车一辆进行质押。某日凌晨,出质人见上述质押轿车停放在小区楼下,遂使用备用钥匙将该车开走予以藏匿,并在事后否认开走质押轿车,还以质押车辆失窃为由要求赔偿。经协议,约定免除3.3万元借款及利息的债务,并另支付2万元赔偿款(该笔款项未支付)。后经鉴定,涉案轿车价值2.598万元。[①]该案中,出质人将车辆质押,车辆处于质权人的合法占有之下。出质人窃回质押的车辆并向质权人索赔的,如何定罪,如何认定犯罪数额?

1. 出质人窃回质押物并向质权人索赔的成立盗窃罪和诈骗罪的牵连犯,应从一重处即以盗窃罪或诈骗罪定罪处罚

第一,前文就出质人窃回质押物的定性作了探讨,本案中的出质人以非法占有为目的,秘密窃取质押给债权人的车辆,其行为构成盗窃罪。

第二,出质人以质押车辆失窃为由索赔的行为又构成诈骗罪。出质人秘密窃回质押车辆后,否认将质押车辆开走,使质权人误认为质押车辆已失窃,从而与出质人达成赔偿协议。出质人以非法占有为目的,隐瞒窃取质押车辆的真相,骗取赔偿款,其行为又构成诈骗罪。

第三,先盗后骗的行为成立盗窃罪和诈骗罪的牵连犯,应从一重处即以盗窃罪或诈骗罪定罪处罚。出质人为了达到非法占有质权人财物的目的,在窃回质押车辆后,隐瞒事实真相向质权人索赔,质权人误以为真,与出质人达成赔偿协议,显然,秘密窃取质押车辆行为与骗取赔偿款(包括免除债务)行为属于手段与目的的关系,成立盗窃罪与诈骗罪的牵连犯,应根据牵连犯从一重处的原则,对出质人定罪处罚。如此,出质人窃回质押物并向质权人索赔的行为,并非仅以盗窃罪定罪处罚。可能两罪对应不同的量刑幅度,如盗窃数额为较大,对应"三年

---

① 参见罗开卷、舒平锋:《出质人窃回质押财产并向质权人索赔行为的定性》,载《人民法院报》2014年7月10日,第7版。

以下有期徒刑、拘役或者管制,并处或者单处罚金”,而诈骗数额为巨大,对应“三年以上十年以下有期徒刑,并处罚金”,此时则以诈骗罪定罪处罚属于较重的刑罚。

2. 出质人窃回质押物并向质权人索赔的犯罪数额认定

出质人以失窃为由向质权人索赔,索赔数额就是诈骗数额。关于窃回质押物的行为,在盗窃数额认定上,如前所述,如果质押物的价值小于债权数额或者基本相当,此时盗窃数额以质押物价值或者债权损失数额认定均可;如果质押物的价值明显大于债权数额,则应以质押物的价值为准。

实践中有观点认为,对于窃回执法机关或者司法机关占有之下的本人财物并索赔的行为,进行索赔虽然存在诈骗行为,但该诈骗行为是其盗窃的后续行为,表明其主观上的非法占有目的。基于非法占有目的而实施的“先盗后骗”行为是一个完整的盗窃行为,符合盗窃罪的构成特征,只能认定为盗窃罪一罪。在这种盗窃案件中,行为人获得赔偿的数额往往高于财物本身的价值。这是因为他人在赔偿时除考虑财物本身的价值外,往往还会考虑到因财物丢失而给所有人造成的经济损失,在这种情况下,行为人因盗窃而给他人造成的财产损失表现为他人给付的赔偿数额,即只定盗窃罪一罪,不成立诈骗罪,也不存在盗窃罪与诈骗罪的牵连关系。关于盗窃数额,以给他人造成的财产损失为准,即以赔偿数额认定为盗窃数额。依此,如窃回的本人财物价值 10 万元,后以失窃为由索赔 12 万元,盗窃数额则为 12 万元。对此,即使不评价定罪问题,关于认定盗窃 12 万元,也值得商榷。第一,盗窃的对象并非质押物,故盗窃的对象或者意欲非法占有的对象并非消灭债务,而是财物本身所体现的价值 10 万元,相应地,执法机关或者司法机关失去的也是财物本身所体现的价值 10 万元。质言之,在索赔之前,盗窃数额已定。第二,假若赔偿 12 万元,仅给付 8 万元即案发,那是否意味着盗窃既遂 8 万元、未遂 4 万元?显然盗窃已经既遂,不存在未遂。笔者认为,事实上窃回执法机关或者司法机关占有之下的本人财物并索赔的行为,与出质人窃回质押物并向质权人索赔的行为属于同类行为,按照笔者认定的思路,上述所反映的问题,如认定盗窃 10 万元、诈骗 12 万元,从一重处,即可合理解决。

综上,就前述案例而言,出质人以非法占有质权人财物为目的,窃取质押车辆,构成盗窃罪。被盗车辆价值为2.598万元,债权数额为3.3万元,质押物价值明显小于债权数额,故盗窃数额应以质押物价值认定为2.598万元,属于盗窃数额较大。同时,出质人以质押车辆失窃为由向质权人索赔,骗取赔偿款5.3万元,其中2万元未遂,又构成诈骗罪。诈骗既遂3.3万元、未遂2万元,诈骗未遂2万元不构成诈骗罪,仅作为量刑情节,诈骗既遂3.3万元一般也属于数额较大。盗窃罪与诈骗罪之间系牵连关系,应从一重处。虽然两罪均对应"三年以下有期徒刑、拘役或者管制,并处或者单处罚金"的法定刑,但相比较而言,盗窃数额2.5万余元更接近"数额巨大"标准,故以盗窃罪定罪处罚属于较重的刑罚,即以盗窃罪追究出质人的刑事责任。

十二　共同盗窃中实行过限的认定

共同犯罪中的实行过限,是指共同犯罪人超出共同犯罪故意又犯其他罪,对其他罪只能由实行该种犯罪行为的人负责,对其余的人不能按共同犯罪论处。①实践中,共同盗窃中的实行过限需要研究两种情况:一种情况是部分共犯在盗窃之外还实施了转化型抢劫行为,其他共犯是否也转化为抢劫。另一种情况是部分共犯在共同的盗窃犯意之外还实施了其他行为(包括盗窃),其他共犯是否需对此行为负责。

(一)共同盗窃中部分共犯转化抢劫的认定

根据《刑法》关于转化型抢劫的规定,认定盗窃共犯的行为是否转化为抢劫罪,关键看其在窃取财物之后是否当场使用暴力或者以暴力相威胁。其中,对没有当场使用暴力或者以暴力相威胁的共犯,则要看其是否同意其他共犯当场使

① 参见高铭暄、马克昌主编:《刑法学》(第10版),北京大学出版社、高等教育出版社2022年版,第165页。

用暴力或者以暴力相威胁。如果是,其行为就由盗窃转化为抢劫;反之,其行为就不发生转化,仅负盗窃罪的刑事责任。例如,共同盗窃中,部分共犯因为抗拒抓捕当场实施暴力转化为抢劫罪,而此时其他共犯正在距现场几十米远的地方搬运赃物,既没有赶赴现场对被害人使用暴力或者以暴力相威胁,也没有对同伙使用暴力表示认同的意思表示。由此可见,在对被害人使用暴力和以暴力相威胁这个关键环节上,部分共犯与其他共犯之间既无共同的故意,也无共同的行为,不具备共同犯罪的要件。因此,其他共犯的行为不符合转化型抢劫罪的特征,只能认定为盗窃罪。①

(二)共同盗窃中部分共犯实施其他盗窃行为的认定

例如,共同预谋并实施盗窃后离开,对同伙的二次盗窃行为是否担责?行为人虽因中途离开没有实施第二次盗窃,但其作为整个盗窃活动的组织策划者,主观上对窃取财物的数量存在概括故意,虽未实施第二次盗窃行为,但其主观上并不排斥其他共犯再次实施盗窃。次日,其看到盗窃所得的财物远远超过第一次盗窃的数量时,没有提出质疑,而是事后积极参与销赃、分赃,故其应对两次盗窃行为均承担刑事责任。② 该案中,行为人主观上对实施盗窃犯罪具有概括故意,且同案犯的盗窃行为在其策划的共同故意范围内,其事后参与销赃、分赃行为系对全部盗窃活动的追认,故其对两次盗窃行为均应承担刑事责任。

当然,如果行为人并非组织策划者,而仅是一般参与者,在共同的盗窃犯意指向明确具体的情况下,则对同伙的其他盗窃行为不应承担责任。

(三)共同盗窃中部分共犯实施其他犯罪行为的认定

例如,甲乙预谋实施入户盗窃,甲在外望风,乙入户实施盗窃,但乙入户后除了窃取财物外还强奸了户主。显然,乙实施的强奸行为属于实行过限,甲无需对

① 参见洪冰:《张某某抢劫、李某某盗窃案》,载最高人民法院刑事审判第一庭、第二庭编:《刑事审判参考》总第32辑,法律出版社2003年版。

② 参见范凯、诸佳英:《翟高生、杨永涛等盗窃、抢劫案》,载最高人民法院刑事审判第一、二、三、四、五庭主办:《刑事审判参考》总第111集,法律出版社2018年版。

此负责,即甲在共同盗窃中负责望风,仅构成盗窃罪(入户盗窃),而乙构成盗窃罪(入户盗窃)和强奸罪,两罪并罚。

十三 盗窃罪与他罪竞合的罪名适用

主要包括两种情形,即盗窃罪与特殊盗窃罪形成法条竞合的罪名适用,以及盗窃罪与某些危害公共安全罪形成想象竞合的罪名适用。

(一)与特殊盗窃罪形成法条竞合的罪名适用

对于盗窃特定物的,《刑法》规定了一些特殊盗窃罪,如盗窃枪支、弹药、爆炸物、危险物质罪,盗窃国家机关公文、证件、印章罪,盗窃尸体、尸骨、骨灰罪,盗掘古文化遗址、古墓葬罪,盗掘古人类化石、古脊椎动物化石罪,盗窃国有档案罪,盗窃武装部队公文、证件、印章罪,盗窃武装部队专用标志罪,盗窃武器装备、军用物资罪等。盗窃特定物,同时构成盗窃罪和特殊盗窃罪的,系法条竞合,依照特别法优于普通法的原则,按照上述特殊盗窃罪定罪处罚。

(二)与危害公共安全罪形成想象竞合的罪名适用

某些盗窃行为可能会与破坏电力设备、破坏交通设施、破坏易燃易爆设备、破坏广播电视设施、公用电信设施等危害公共安全罪发生竞合。在该种情况下,如果盗窃的财物价值数额不大,不构成盗窃罪,但危害公共安全,构成危害公共安全罪的,以该罪定罪处罚;如果同时构成盗窃罪和危害公共安全罪的,系想象竞合,依照处罚较重的罪名定罪处罚。具体就以下三种情形作进一步探讨。

1. 盗窃电力设备的罪名适用

电力设备属于财物,故盗窃电力设备,数额较大的,构成盗窃罪。同时,采取破坏性手段盗窃正在使用中的电力设备,危害公共安全的,还构成破坏电力设备罪。对此,2007年《最高人民法院关于审理破坏电力设备刑事案件具体应用法律若干问题的解释》第三条规定:“盗窃电力设备,危害公共安全,但不构成盗窃罪的,以破坏电力设备罪定罪处罚;同时构成盗窃罪和破坏电力设备罪的,依照刑法处罚较重的规定定罪处罚。盗窃电力设备,没有危及公共安全,但应当追究刑事责任的,可以根据案件的不同情况,按照盗窃罪等犯罪处理。”也就是说,对于盗窃电力设备的行为,如果同时构成破坏电力设备罪和盗窃罪的,属于想象竞合,应从一重处。

实践中,采取破坏性手段盗窃电力设备的行为一般构成盗窃罪,是否还构成破坏电力设备罪,关键看盗窃对象是否属于正在使用中的电力设备或者正在使用中的电力设备的附属部件,盗窃此类电力设备往往会危害公共安全。

例如,盗割的是正在使用中的高压输电线路备用线,或者用于医疗、交通、抢险、生产、养殖等领域的正在使用中的电路,往往会危害公共安全,而对于一般生活用电、景观照明等用电线路则要视其损害的范围及时间,以及是否造成了严重后果而定。因此在没有相关证据直接证明其对公共安全造成实际损害的情况下,就只能通过其所偷窃的电力设备的地点和用途来判断其对公共安全的危害程度。盗割正在使用中的光铝线的行为,危害公共安全,同时构成盗窃罪和破坏电力设备罪,系想象竞合,从一重处,以破坏电力设备罪追究刑事责任。[①]

又如,铁路电气化接触网回流线是牵引电流的重要通道,其作用相当于普通照明电路中的零线,被剪断后将会造成牵引供电系统回流电路不畅通,电路参数发生变化,电能损耗加大,牵引变电所不能可靠动作,严重时电流中断。因此,铁路电气化接触网回流线与轨道、桥梁、隧道、公路、机场、航道、灯塔、标志等设施不同,它实质上起着保障电力输送畅通的作用,盗割回流线有可能造成电力供应中断,牵引机车失去动力而停车,但本身并不会使列车发生倾覆、毁坏的危险。据上,铁路电气化接触网回流线,虽然是交通设施的辅助设施,但其本身又具有独立的属性,故将铁路电气化接触网回流线认定为电力设备更符合司法实际。盗割铁路电气化接触网回流线的行为,既构成盗窃罪又构成破坏电力设备罪,从

① 参见张浩、张大巍:《冯留民破坏电力设备、盗窃案》,载最高人民法院刑事审判第一、二、三、四、五庭主办:《刑事审判参考》总第64集,法律出版社2009年版。

一重处,应以破坏电力设备罪论处。①

再如,将正在使用的变压器拆卸,窃取变压器内铜芯变卖。正在使用中的变压器属于关涉公共电力安全的设备。以破坏性手段窃取变压器内的铜芯,既构成盗窃罪又构成破坏电力设备罪,从一重处。在相应量刑档上,破坏电力设备罪的法定刑要高于盗窃罪的法定刑,故以破坏电力设备罪定罪处罚。②

需要注意的是,《盗窃解释》第十一条第一项规定:"采用破坏性手段盗窃公私财物,造成其他财物损毁的,以盗窃罪从重处罚;同时构成盗窃罪和其他犯罪的,择一重罪从重处罚。"也就是说,对于采取破坏性手段盗窃电力设备等财物的行为,构成盗窃罪的,被损毁财物的数额不计入盗窃数额,作为量刑情节考虑。此与《盗窃解释》第四条第二款"盗窃行为给失主造成的损失大于盗窃数额的,损失数额可以作为量刑情节考虑"的精神一致。当然,如果盗窃行为未构成犯罪,但损毁财物行为构成故意毁坏财物等其他犯罪的,以其他犯罪定罪处罚。

2. 盗窃窨井盖的罪名适用

与盗窃电力设备类似,盗窃窨井盖行为也涉及危害公共安全问题,有可能不构成盗窃罪但构成相关危害公共安全罪,或者构成盗窃罪与相关危害公共安全罪的想象竞合。为此,2020 年 3 月 16 日最高人民法院、最高人民检察院、公安部联合发布了《关于办理涉窨井盖相关刑事案件的指导意见》。根据该意见第一条、第二条的规定,盗窃正在使用中的社会机动车通行道路上的窨井盖,足以使汽车、电车发生倾覆、毁坏危险,尚未造成严重后果的,以破坏交通设施罪定罪处罚;盗窃人员密集往来的非机动车道、人行道以及车站、码头、公园、广场、学校、商业中心、厂区、社区、院落等生产生活、人员聚集场所的窨井盖,足以危害公共安全,尚未造成严重后果的,以以危险方法危害公共安全罪定罪处罚。

例如,夜间窃走公路上的两块窨井盖,后被及时发现并重新铺设,未给车辆、行人造成危害。经测量,该窨井开口的长宽均为 40 厘米。经价格认证中心认

① 参见杨才清:《彭定安破坏电力设备案》,载最高人民法院刑事审判第一庭、第二庭编:《刑事审判参考》总第 30 辑,法律出版社 2004 年版。

② 参见唐俊杰:《夏洪生抢劫、破坏电力设备案》,载最高人民法院刑事审判第一、二、三、四、五庭主办:《刑事审判参考》总第 76 集,法律出版社 2011 年版。

定,被盗的两块窨井盖的市场价格为260元。该案中,盗窃价值260元的两块窨井盖虽不构成盗窃罪,但在夜间窃取公路上的两块窨井盖且未采取保护措施,使窨井暴露在外,足以致使经过该处的车辆发生毁坏危险,尚未造成严重后果,应以破坏交通设施罪定罪处罚。

3. 盗窃油气、油气设备的罪名适用

根据2007年《最高人民法院、最高人民检察院关于办理盗窃油气、破坏油气设备等刑事案件具体应用法律若干问题的解释》第一条、第二条的规定,在实施盗窃油气等行为过程中,采用切割、打孔、撬砸、拆卸、开关等手段破坏正在使用的油气设备的,属于"破坏燃气或者其他易燃易爆设备"的行为;危害公共安全的,依照破坏易燃易爆设备罪的规定定罪处罚。该解释第三条规定,盗窃油气或者正在使用的油气设备,构成犯罪,但未危害公共安全的,以盗窃罪定罪处罚;盗窃油气,数额巨大但尚未运离现场的,以盗窃未遂定罪处罚。第四条规定,盗窃油气同时构成盗窃罪和破坏易燃易爆设备罪的,依照刑法处罚较重的规定定罪处罚。具体而言,第一,盗窃油气或者正在使用的油气设备,不危害公共安全,但构成盗窃罪的,以盗窃罪定罪处罚;第二,为盗窃油气,破坏正在使用的油气设备,危害公共安全的,以破坏易燃易爆设备罪定罪处罚,如同时构成破坏易燃易爆设备罪和盗窃罪的,系想象竞合,从一重处。

第四章

诈骗罪论

诈骗罪属于最为常见多发的财产犯罪之一,是指以非法占有为目的,采用虚构事实、隐瞒真相的欺骗方法,骗取数额较大的公私财物的行为。

一 诈骗罪审查要点

诈骗罪主体为一般主体,不包括单位①;主观方面为直接故意。实践中主要审查三个方面:第一,是否采用虚构事实、隐瞒真相的欺骗方法骗取数额较大的公私财物;第二,是否以非法占有为目的;第三,属于普通诈骗还是电信网络诈骗、“套路贷”诈骗。

(一)是否采用虚构事实、隐瞒真相的欺骗方法骗取数额较大的公私财物

这是诈骗罪的客观表现。就诈骗行为的阶段,有“五步曲”和“四步曲”之

① 对于单位组织、指使诈骗的,根据2014年《全国人民代表大会常务委员会关于〈中华人民共和国刑法〉第三十条的解释》的规定,以诈骗罪追究组织者、策划者、直接实施者的刑事责任。如单位成员骗取基本医疗保险基金的,基本医疗保险是一种社会保险,骗取基本医疗保险基金的行为不构成保险诈骗罪,而成立诈骗罪。单位实施诈骗犯罪的,尽管单位不构成犯罪,但单位中的组织者、指使者、直接实施者的行为符合诈骗罪构成要件的,应当承担诈骗罪的刑事责任。参见沈言:《基本医疗保险基金不能成为保险诈骗罪的对象》,载《人民司法(案例)》2014年第16期。

分。实践中,“五步曲”更富逻辑,即“行为人实施欺骗行为→对方陷入或者维持错误认识→对方基于错误认识处分财产→行为人取得财产→被害人遭受财产损失”[①]。这五个阶段环环相扣,互为因果,如行为人实施欺骗行为是因,对方陷入或者维持错误认识是果;对方陷入或者维持错误认识是因,后基于错误认识处分财产是果;对方基于错误认识处分财产是因,行为人取得财产是果;行为人取得财产是因,被害人遭受财产损失是果。如果行为人实施的欺骗行为被他人识破,他人并未因为受骗而产生错误认识,而是基于其他原因处分财产,则其获取的财产并非诈骗所得,因该行为过程不符合诈骗罪的要求,故其行为不构成诈骗罪。

1. 实施欺骗行为

这是诈骗类犯罪特有的犯罪手段,即实施了虚构事实、隐瞒真相的欺骗行为。不同于民事欺诈,诈骗罪中的“骗”需超出社会容忍程度,是“彻底的骗”[②],足以使他人陷入或者维持错误认识进而处分财产。[③] 对于是否达到“足以”程度,从公允角度,既要考虑受骗者的个体差异,也要注意社会一般人的认识。

2. 陷入或者维持错误认识

基于行为人的欺骗行为,对方也就是受骗者陷入或者维持错误认识。多数情况下,受骗者即被害人。少数情况下,如三角诈骗、诉讼诈骗等情形中,受骗者与被害人并非同一人。如为非法占有乙的财产,甲进行虚假诉讼,法官受骗作出错误判决,法院通过强制执行将乙的财产转移至甲的名下,显然,法官是受骗者,乙最终遭受财产损失,乙是被害人,但其并未受骗。

---

① “五步曲”即行为人以不法所有为目的实施欺骗行为→对方(受骗者)产生(或继续维持)错误认识→对方基于错误认识处分财产→行为人或第三者取得财产→被害人受到财产上的损失。参见张明楷:《刑法学(下)》(第6版),法律出版社2021年版,第1303页。“四步曲”即欺骗行为→被骗者陷入错误→骗取行为→被害人遭受财产损失。参见马克昌主编,吴振兴、莫洪宪执行主编:《百罪通论》(下卷),北京大学出版社2014年版,第771~772页。或者行为人实施欺骗行为→被害人产生认识错误→被害人基于认识错误处分(或交付)财产→被害人遭受财产损失。参见刘宪权:《刑法学名师讲演录(分论)》(第3版),上海人民出版社2021年版,第692页。或者行为人采取了欺骗手段→受害人发生了错误认识→受害人基于错误认识而实施了处分财产的行为→行为人获取财物或者财产性利益,且数额较大。参见王作富主编:《刑法分则实务研究(中)》,中国方正出版社2010年版,第1113~1116页。

② 参见刘宪权:《刑法学名师讲演录(分论)》(第3版),上海人民出版社2021年版,第692页。

③ 参见张明楷:《诈骗罪与金融诈骗罪研究》,清华大学出版社2006年版,第84页。

ATM 等机器体现的是人的意识，可以成为受骗的对象，即存在陷入错误认识的问题，故在 ATM 上冒用他人信用卡取款的，属于信用卡诈骗。当然，如果机器被损坏或者已损坏，此时因为没有辨识能力，不能继续按照人的要求体现意识，就不存在陷入错误认识的问题，故不能成为受骗的对象。

在诈骗类犯罪中，担保人、反担保人亦可以成为受骗的对象，并最终成为被害人。例如，以非法占有为目的，隐瞒真实情况欺骗担保人，为其担保向他人借款，甚至再骗取反担保人为其担保提供担保。[①] 此种情形中，因债务人无力归还借款，债权人可要求担保人甚至反担保人承担担保责任，故行为人表面上是骗取他人借款，但实际上侵害的是担保人或者反担保人的财产权益。[②]

3. 基于错误认识处分财产

受骗者陷入或者维持错误认识，并基于错误认识而处分财产，行为人即取得财产，这是诈骗罪区别于盗窃罪、敲诈勒索罪等财产犯罪的显著特征。受骗者处分财产，要求有客观的处分行为和主观的处分意思。客观上，财产的所有者或者占有者基于错误认识将财产处分给行为人或者第三人；主观上，财产的所有者或者占有者认识到自己是将财产处分给行为人或者第三人，即"自愿"而非被迫。

---

① 《民法典》第三百八十七条规定，债权人在借贷、买卖等民事活动中，为保障实现其债权，需要担保的，可以依照本法和其他法律的规定设立担保物权。第三人为债务人向债权人提供担保的，可以要求债务人提供反担保。反担保是指第三人为债务人向债权人提供担保的同时，又反过来要求债务人（借款人）对自己（担保人）提供担保的行为，可称为担保之担保，即为担保人提供的担保。

② 类似案例，如通过向银行贷款的方式骗取担保人的财产，构成合同诈骗罪。参见邓林：《秦文虚报注册资本、合同诈骗案》，载最高人民法院刑事审判第一庭、第二庭编：《刑事审判参考》总第 45 集，法律出版社 2006 年版。再如，伪造购销合同，通过与金融机构签订承兑合同，将获取的银行资金用于偿还其他个人债务，后因合同到期无力偿还银行债务而逃匿，致使反担保人遭受巨额财产损失的，构成合同诈骗罪。参见刘鲁：《曹戈合同诈骗案》，载最高人民法院刑事审判第一、二、三、四、五庭主办：《刑事审判参考》总第 76 集，法律出版社 2011 年版。当然，对于以骗取担保形式骗取贷款行为的定性，有观点认为，以被害方是谁作为认定行为性质的标准，既不符合刑法基本原理，也不利于司法实践中对这类案件性质的正确认定。对这类案件不能认定为合同诈骗罪，而应该认定为贷款诈骗罪。主要理由为，行为人的目的是占有金融机构的贷款，欺骗他人为其提供担保只是骗取金融机构贷款的一种手段，其行为实质还是骗取金融机构的信任，以占有贷款。金融机构处于被骗地位，至于金融机构是否要承担民事责任其实并不是刑事判决所要考虑的问题。在贷款诈骗案件中被骗者与民事责任承担者并不要求一致，被骗损失方是谁不应该成为对行为定性的决定性因素，事实上，即使是被骗提供担保的人最终承担了损失，也不能改变行为人骗取占有金融机构贷款的客观事实。参见刘宪权：《刑法学名师讲演录（分论）》（第 3 版），上海人民出版社 2021 年版，第 522 页。

如果行为人并非通过财产所有者或者占有者“自愿”处分财产而获得财产，则其行为性质不属于诈骗。同样，从无行为能力人如幼儿、高度精神病患者手中骗取财产或者从限制行为能力人处骗取该限制行为能力人无权处分的财产，因上述人员不能正确表达自己的意思，无处分能力，虽客观上有处分行为，但因欠缺主观上的处分意思，行为人的行为不构成诈骗罪。“利用那些没有处分权限的人而获得财物，则属于盗窃罪的间接正犯，无处分权限的人成了行为人盗窃罪的利用工具。”①

关于处分意思的内容，即是否要求财产处分者对所处分财产的性质、种类、数量、价值等都要有认识？对此，笔者认为，应具体情况具体分析，即一般情况下，只要财产的所有者或者占有者认识到自己是将财产处分给行为人或者第三人即可，但在行为人对财产的性质、种类、数量或者价值等有欺骗的情况下，则应当对财产的性质、种类、数量或者价值等有所认识。例如，行为人在超市里将价值贵重的物品放入价值便宜物品的包装盒内，收银员按照价值便宜物品的价格收费，然后将贵重物品交付给行为人，属于诈骗还是盗窃？如果不要求财产处分者对所处分财产的性质、种类、数量、价值等都要有认识，此案构成诈骗罪；反之，如果要求要有所认识，则因为没有认识到而没有处分意思，此案不构成诈骗罪而构成盗窃罪。笔者认为，收银员只认识到自己是将价值便宜的物品交给行为人，根本不知道包装盒内有价值贵重的物品，即其在价格上没有受骗，那何来处分贵重的物品？故行为人系在收银员不知情的情况下，以购买便宜物品为掩盖，窃取了超市的贵重物品，应以盗窃罪论处，盗窃数额为贵重物品与便宜物品的差价。

4. 行为人取得财产

受骗者基于错误认识而处分财产，行为人即骗取了财产。行为人取得财产，包括两种情形：一是积极财产的增加，如非法占有被害人的财产；二是消极财产的减少，如免除对被害人所负的债务，不缴纳应当向主管单位缴纳的费用等。如在抢夺罪部分提及的 2002 年《最高人民法院关于审理非法生产、买卖武装部队车辆号牌等刑事案件具体应用法律若干问题的解释》（已失效），该解释第三条第

① 刘艳红主编：《刑法学（下）》（第 2 版），北京大学出版社 2016 年版，第 319 页。

二款明确规定,使用伪造、变造、盗窃的武装部队车辆号牌,骗免养路费、通行费等各种规费,数额较大的,以诈骗罪论处。

行为人取得的财产,除了有体物之外,还包括无体物和财产性利益。如《刑法》第二百一十条第二款规定,使用欺骗手段骗取增值税专用发票或者可以用于骗取出口退税、抵扣税款的其他发票的,以诈骗罪论处。此处骗取的就是财产性利益,即出口退税、抵扣税款。再如,2000年《最高人民法院关于审理扰乱电信市场管理秩序案件具体应用法律若干问题的解释》第九条规定,以虚假、冒用的身份证件办理入网手续并使用移动电话,造成电信资费损失数额较大的,以诈骗罪论处。此处骗取的也是财产性利益,即电信资费。

近年来发生了针对各类电商平台的"薅羊毛"案件。例如,明知不符合电商平台新用户的优惠条件,仍通过黑灰产或者其他方式购买虚假注册的新人账号,利用技术手段避开电商平台风控措施大量下单,非法套取新人优惠补贴的行为。该行为主观上具有非法占有他人财物的故意,客观上采用了虚构事实、隐瞒真相的手段,如果被害人的实际损失达到数额较大的标准,应当认定为诈骗罪。[①] 此类案件中行为人在电商平台套取的新人优惠即为财产性利益,一般以被害人的实际损失金额认定诈骗数额。

实践中,很多商家采用消费积分返利商业模式(消费积分是促销成本),对此,一些不法分子采取欺骗手段骗取消费积分,再用消费积分去被害人处或者与被害人有合作关系的第三人处兑换财物、用于消费或者兑换其他消费积分,最终造成被害人财产损失。对此类案件应以诈骗罪论处,同时以被害人的实际损失金额认定诈骗数额。例如,叶某虚构商户身份,利用5家公司的交易平台,采用其名下及其所控制的他人名下招商银行信用卡交易后再退款等手法频繁骗取高额信用卡积分。叶某使用招商银行信用卡在上述5家公司平台进行虚假交易金额共计4164万余元,共非法获取招商银行309万余消费积分,并将消费积分用于兑换星巴克、南航航空里程及酒店积分,兑换最低成本合计达13万余元。生效

① 参见张金红:《田某某诈骗案》,载最高人民法院中国应用法学研究所编:《人民法院案例选》总第164辑,人民法院出版社2022年版。

裁判认为,叶某以非法占有为目的,通过虚构事实、隐瞒真相的方式,骗取他人财物,数额巨大,其行为构成诈骗罪。

上述案件中,消费积分系以计算机信息系统数据为载体,法律性质是财产性利益,可以作为财产犯罪的对象。但涉及消费积分的诈骗案件有其特殊性,即骗取了消费积分并不意味着就骗取了被害人的财物,只有将消费积分用于兑换财物或者消费,才会最终骗取被害人的财物,造成被害人财产损失。

此外,赃款赃物等可以成为诈骗罪的犯罪对象,即行为人骗取的财物可以是他人非法获得的赃款赃物。例如,甲获知乙要将一笔巨额资金汇入丙的账户,遂联系一中间人,请其帮忙提供一银行卡卡号。中间人找到丁,谈好报酬,丁将其借用的戊的银行卡卡号给中间人,中间人再给甲。甲通过技术手段秘密地将丙的收款银行账号修改为丁控制的戊的银行卡卡号。丁意识到涉案钱款可能是违法犯罪的赃款,在提供银行卡卡号之时即想"黑吃黑",其在获知涉案赃款到账后,并未按事先约定将涉案钱款交予中间人,而是第一时间套现转移,与他人分赃化用。丁与甲并不认识,也未从中间人处获知涉案钱款的具体来源。对丁的行为如何定性?本案中,甲秘密窃取他人巨额财物,其行为构成盗窃罪。丁未与甲事先共谋,也不明知甲窃取他人钱款而提供银行卡卡号,故其行为不构成盗窃罪的共犯。丁在涉案钱款到账前即想"黑吃黑",即具有非法占有目的,且有向甲隐瞒真相的欺诈行为,致使甲将其窃取的钱款"放心"地转入丁控制的银行卡,存在受骗而处分赃款行为。反之,如果甲知道丁想将该笔赃款占为己有,则不会将收款账号修改为丁控制的银行卡卡号,即不会将其窃取的赃款转入丁控制的银行卡。故此,丁的行为系非法占有型犯罪,构成诈骗罪,而非明知是赃款予以掩饰、隐瞒的掩饰、隐瞒犯罪所得罪。

5. 被害人遭受财产损失

行为人骗取财产,被害人即遭受损失财产。根据《刑法》规定,诈骗公私财物,数额较大的,构成诈骗罪。2011 年《最高人民法院、最高人民检察院关于办理诈骗刑事案件具体应用法律若干问题的解释》(以下简称 2011 年《诈骗解释》)第一条规定,诈骗公私财物价值 3000 元至 1 万元以上、3 万元至 10 万元以上、50

万元以上的，应当分别认定为“数额较大”“数额巨大”“数额特别巨大”。

（二）是否以非法占有为目的

诈骗罪作为骗取型财产犯罪，要求行为人在主观上以非法占有公私财物为目的。反之，如果不以非法占有为目的，即使实施了骗取公私财物的行为，也不符合诈骗罪的构成要件，不以诈骗罪论处；如果构成其他犯罪，依照《刑法》的相关规定处罚。

例如，王某驾驶陈某所有的重型自卸货车因超载违章被交警查获，后该车被交警支队扣押，并停放于某停车场内。后陈某在未处理违章的情况下，通过他人伪造《涉案车辆发放通知书》至该停车场，骗领上述价值20余万元的违章货车，并继续营运。公诉机关认为，陈某以非法占有为目的，通过虚构事实的方法骗取财物，数额巨大，应当以诈骗罪追究刑事责任。生效裁判认为，陈某在其车辆因违章被交警支队扣押后，为逃避处罚，通过他人伪造《涉案车辆发放通知书》，鉴于该通知书只有国家机关才能依法出具，且陈某正是持伪造的文件将违章车辆骗出，其行为构成伪造国家机关公文、印章罪。① 该案属于以非法手段取回自己所有但由他人合法占有财物的行为，实践中有的采取盗窃手段、有的采取诈骗手段等。无论采取何种非法手段，如果取回后没有后续的索赔行为，即没有给他人造成财产损失，就说明行为人在主观上没有非法占有目的，而是为了逃避行政处罚，故不能以盗窃、诈骗等侵财犯罪论处。当然，如果采取非法手段时触犯伪造国家机关公文、印章等其他犯罪，则依照《刑法》的相关规定处罚。上述案例即是这种情况。

关于非法占有目的的认定，虽然2011年《诈骗解释》未作具体规定，但是1996年《最高人民法院关于审理诈骗案件具体应用法律的若干问题的解释》（以下简称1996年《诈骗解释》）及其他规范性文件就特殊诈骗罪中非法占有目的认定的相关规定，对诈骗罪中非法占有为目的的认定具有参考意义。总体而言，认定是否具有非法占有目的，应当坚持主客观相一致的原则，既要避免单纯根据损

① 参见郭伟清主编：《2016年上海法院案例精选》，上海人民出版社2017年版，第396～397页。

失结果客观归罪,也不能仅凭被告人自己的供述,而应当根据案件具体情况具体分析。为便于参考,将1996年《诈骗解释》及其他规范性文件关于非法占有目的的认定的具体规定列明如下。

1996年《诈骗解释》第二条规定,行为人具有下列情形之一的,应认定其行为属于以非法占有为目的,利用经济合同进行诈骗:(1)明知没有履行合同的能力或者有效的担保,采取欺骗手段与他人签订合同,骗取财物数额较大并造成较大损失的;(2)合同签订后携带对方当事人交付的货物、货款、预付款或者定金、保证金等担保合同履行的财产逃跑的;(3)挥霍对方当事人交付的货物、货款、预付款或者定金、保证金等担保合同履行的财产,致使上述款物无法返还的;(4)使用对方当事人交付的货物、货款、预付款或者定金、保证金等担保合同履行的财产进行违法犯罪活动,致使上述款物无法返还的;(5)隐匿合同货物、货款、预付款或者定金、保证金等担保合同履行的财产,拒不返还的;(6)合同签订后,以支付部分货款,开始履行合同为诱饵,骗取全部货物后,在合同规定的期限内或者双方另行约定的付款期限内,无正当理由拒不支付其余货款的。

2001年《全国法院审理金融犯罪案件工作座谈会纪要》就金融诈骗罪中非法占有目的的认定作了具体规定,即在司法实践中,认定是否具有非法占有目的,应当坚持主客观相一致的原则,既要避免单纯根据损失结果客观归罪,也不能仅凭被告人自己的供述,而应当根据案件具体情况具体分析。根据司法实践,对于行为人通过诈骗的方法非法获取资金,造成数额较大资金不能归还,并具有下列情形之一的,可以认定为具有非法占有的目的:(1)明知没有归还能力而大量骗取资金的;(2)非法获取资金后逃跑的;(3)肆意挥霍骗取资金的;(4)使用骗取的资金进行违法犯罪活动的;(5)抽逃、转移资金、隐匿财产,以逃避返还资金的;(6)隐匿、销毁账目,或者搞假破产、假倒闭,以逃避返还资金的;(7)其他非法占有资金、拒不返还的行为。但是,在处理具体案件的时候,对于有证据证明行为人不具有非法占有目的的,不能单纯以财产不能归还就按金融诈骗罪处罚。

2018年修正的《最高人民法院、最高人民检察院关于办理妨害信用卡管理刑事案件具体应用法律若干问题的解释》第六条规定,持卡人以非法占有为目的,超过规定限额或者规定期限透支，经发卡银行两次有效催收后超过三个月仍不归还的，应当认定为“恶意透支”。对于是否以非法占有为目的，应当综合持卡人信用记录、还款能力和意愿、申领和透支信用卡的状况、透支资金的用途、透支后的表现、未按规定还款的原因等情节作出判断。不得单纯依据持卡人未按规定还款的事实认定非法占有目的。具有以下情形之一的，应当认定为“以非法占有为目的”，但有证据证明持卡人确实不具有非法占有目的的除外：(1)明知没有还款能力而大量透支，无法归还的；(2)使用虚假资信证明申领信用卡后透支，无法归还的；(3)透支后通过逃匿、改变联系方式等手段，逃避银行催收的；(4)抽逃、转移资金，隐匿财产，逃避还款的；(5)使用透支的资金进行犯罪活动的；(6)其他非法占有资金，拒不归还的情形。

2021 年修正的《最高人民法院关于审理非法集资刑事案件具体应用法律若干问题的解释》(以下简称《非法集资解释》)第七条规定，使用诈骗方法非法集资，具有下列情形之一的，可以认定为“以非法占有为目的”：(1)集资后不用于生产经营活动或者用于生产经营活动与筹集资金规模明显不成比例，致使集资款不能返还的；(2)肆意挥霍集资款，致使集资款不能返还的；(3)携带集资款逃匿的；(4)将集资款用于违法犯罪活动的；(5)抽逃、转移资金、隐匿财产，逃避返还资金的；(6)隐匿、销毁账目，或者搞假破产、假倒闭，逃避返还资金的；(7)拒不交代资金去向，逃避返还资金的；(8)其他可以认定非法占有目的的情形。集资诈骗罪中的非法占有目的，应当区分情形进行具体认定。

(三)是否属于电信网络诈骗、“套路贷”诈骗

电信网络诈骗和“套路贷”诈骗是两种新型的诈骗，相关规范性文件就办理两类诈骗案件作了特别规定，故在实践中需要甄别涉案诈骗行为是属于普通诈骗还是电信网络诈骗或者“套路贷”诈骗，以便精准适用法律规定。

1. 电信网络诈骗的认定

近年来，利用通讯工具、互联网等技术手段实施的电信网络诈骗持续高发。根据 2022 年 12 月 1 日起施行的《反电信网络诈骗法》第二条的规定，电信网络

诈骗是指以非法占有为目的,利用电信网络技术手段,通过远程、非接触等方式,诈骗公私财物的行为。电信网络诈骗是新型诈骗,是否构成诈骗罪,须在诈骗罪构成要件下进行评价。较之普通诈骗,电信网络诈骗是利用电信网络技术手段,针对不特定多数人实施诈骗。故此,在微信朋友圈发布虚假信息实施诈骗,具备电信网络诈骗的行为特征。①

虽然电信网络诈骗通常是针对不特定多数人实施的犯罪,但不宜将凡经电话、社交软件等通信工具联络实施的诈骗犯罪均认定为电信网络诈骗犯罪。例如,针对特定人通过电信网络联络实施的诈骗犯罪不属于电信网络诈骗。② 但是,向不特定人员发布虚假信息,实施"钓鱼型"诈骗的,不论是否骗取到财物,宜认定为电信网络诈骗。对有目的地获取具有某类共同特征的公民个人信息,或者通过购买等手段获取批量公民个人信息后,通过电话、网络实施"精准诈骗"的,因为被骗者在一定范围内仍具有不特定性,属于电信网络诈骗。

因电信网络诈骗采用电信网络技术手段,针对不特定多数人实施远程、非接触式诈骗,故较之普通诈骗具有更严重的社会危害性。第一,危害后果更为严重。电信网络诈骗手段隐蔽,又通常采取集团化、专业化方式作案,被害人数众多且分布广泛,涉案赃款数额巨大且转移迅速难以追回,案件侦破难度极大。第二,犯罪波及面更广。电信网络诈骗技术含量高,花样翻新快,行为人精心设计骗局,针对不特定人作案,波及人数多。电信网络诈骗不仅直接侵害被害人的财产权益,还引发、诱发、滋生大量侵犯公民个人信息,扰乱无线电通讯管理秩序,掩饰、隐瞒犯罪所得、犯罪所得收益等上下游关联违法犯罪,严重干扰电信网络秩序,严重破坏社会诚信,严重影响人民群众安全感和社会和谐稳定,社会危害性大,人民群众反映强烈。

考虑到电信网络诈骗的严重社会危害性,2016年《最高人民法院、最高人民检察院、公安部关于办理电信网络诈骗等刑事案件适用法律若干问题的意见》

---

① 参见谢璐凯、陈昌泽:《在微信朋友圈发布虚假信息实施诈骗属电信网络诈骗》,载《人民司法(案例)》2020年第26期。

② 参见王愫、王珂:《王郊诈骗案》,载最高人民法院刑事审判第一、二、三、四、五庭主办:《刑事审判参考》总第121集,法律出版社2020年版。

（以下简称《电信诈骗意见》）第二条规定，利用电信网络技术手段实施诈骗，诈骗公私财物价值3000元以上、3万元以上、50万元以上的，应当分别认定为诈骗罪的“数额较大”“数额巨大”“数额特别巨大”。在诈骗罪幅度数额标准内选取最低且确定的数额标准，体现依法严惩电信网络诈骗犯罪的刑事政策精神。

2.“套路贷”诈骗的认定

“套路贷”诈骗也是近年来出现的新类型诈骗。2019年《最高人民法院、最高人民检察院、公安部、司法部关于办理“套路贷”刑事案件若干问题的意见》（以下简称《套路贷意见》）第一条规定：“‘套路贷’，是对以非法占有为目的，假借民间借贷之名，诱使或迫使被害人签订‘借贷’或变相‘借贷’‘抵押’‘担保’等相关协议，通过虚增借贷金额、恶意制造违约、肆意认定违约、毁匿还款证据等方式形成虚假债权债务，并借助诉讼、仲裁、公证或者采用暴力、威胁以及其他手段非法占有被害人财物的相关违法犯罪活动的概括性称谓。”形象地说，“套路贷”即“套路+贷”，具有三大本质特征，即行为目的非法性、债权债务虚假性和“讨债”手段多样性。①

根据《套路贷意见》第三条的规定，实践中，“套路贷”的常见犯罪手法和步骤包括但不限于以下情形：一是制造民间借贷假象，如借款20万元，被骗签订50万元虚高借款合同；二是制造资金走账流水等虚假给付事实；三是故意制造违约或者肆意认定违约，如借款10万元，签订30万元虚高借款合同，肆意认定违约后，要求借款人偿还30万元；四是恶意垒高借款金额，如借款20万元，经两次平账后要求还款50万元；五是软硬兼施“索债”，如采取非法拘禁、殴打等暴力手段，或者采取喷油漆、堵锁眼、送花圈等软暴力手段。

需要注意的是，“套路贷”是对一类违法犯罪活动的概括性称谓，并非《刑法》中的概念术语。换言之，具有“套路贷”行为特征的，是否构成诈骗罪等犯罪，须在《刑法》规定的犯罪构成要件之下进行评价，而决不能以“套路贷”的行为特征取代《刑法》规定的犯罪构成要件。为此，《套路贷意见》第四条规定，实施“套

① 参见朱和庆、周川、李梦龙：《〈关于办理“套路贷”刑事案件若干问题的意见〉的理解与适用》，载《人民法院报》2019年6月20日，第5版。

路贷”过程中,未采用明显的暴力或者威胁手段,其行为特征从整体上表现为以非法占有为目的,通过虚构事实、隐瞒真相骗取被害人财物的,一般以诈骗罪定罪处罚。例如,陈某欲向一公司借款100万元,自称公司员工的张某等人使用假名与陈某商谈,要求以房屋作抵押签订200万元的借款合同。在陈某收到200万元转账后,要求其交付现金100万元作为保证金,并假意承诺只需按期归还实际借款金额100万元。后陈某多次联系还款遭拖延,至借款期限届满,张某指使公司员工要求陈某偿还200万元。陈某不愿意偿还200万元,并多次报警。其间,因还款问题引起冲突,陈某遭推搡殴打致轻微伤。该案属于典型的“套路贷”诈骗,张某等人为骗取陈某财物设置了“套路”,即出借200万元,交付100万元,另100万元作为保证金,并虚构按时还款只要归还100万元,之后单方面制造违约致使陈某还款不能,从而要求陈某归还200万元。张某等人以非法占有为目的,虚构事实,意图骗取他人数额特别巨大的财物,但被识破而未得逞,构成诈骗罪(未遂)。

此外,《套路贷意见》并未规定具体的定罪量刑标准,故对构成诈骗罪的“套路贷”,需根据2011年《诈骗解释》规定进行定罪量刑。同时考虑“套路贷”往往涉黑涉恶,故一般应体现依法严惩的刑事政策精神。

二 诈骗数额认定及扣减规则

诈骗数额较大的公私财物才构成诈骗罪。可见,诈骗罪是数额犯,诈骗数额大小直接关系罪与非罪以及罪轻与罪重。诈骗数额如何认定,是否扣除、如何扣除诈骗成本?下面就诈骗数额认定及诈骗成本扣除规则进行探讨。

(一)诈骗数额认定规则

诈骗数额,即行为人实际骗取的数额,通常与被害人遭受损失的数额一致。实践中,关于诈骗数额的认定,需要关注的问题为:一是如何认定被害人遭受损失的数额？二是诈骗数额难以认定，但被害人损失数额可以认定的，或者被害人损失数额低于或高于诈骗数额的，如何认定诈骗数额？

1. 诈骗数额为被害人遭受的直接损失数额

犯罪损失数额，一般为直接损失数额，不包括间接损失数额。故诈骗数额，为受骗者基于错误认识而处分的、最终给被害人财产造成直接损失的数额。相关司法解释已对此予以明确，如2018年修正的《最高人民法院、最高人民检察院关于办理妨害信用卡管理刑事案件具体应用法律若干问题的解释》第九条第一款第一句规定："恶意透支的数额，是指公安机关刑事立案时尚未归还的实际透支的本金数额，不包括利息、复利、滞纳金、手续费等发卡银行收取的费用。"

当然，如果考虑被害人的间接损失，其实际损失往往会大于行为人骗取的数额。但如何计算间接损失，因无具体标准，本身是一个难题。而以被害人遭受的直接损失数额认定诈骗数额，既客观又具有实操性，相对合理。虽然间接损失数额一般不影响对被告人的定罪及量刑幅度，但是间接损失数额及损失挽回情况，可以在量刑中适度考虑。

2. 诈骗数额难以认定但被害人损失数额可以认定的，以被害人损失数额认定诈骗数额

诈骗罪侵犯的是公私财产权利，公私财产是否受到侵犯以及造成公私财产损失的数额大小，直接决定诈骗行为的社会危害程度。因此，在诈骗数额难以认定但被害人损失数额可以认定的情况下，应以被害人损失数额认定诈骗数额。如2000年《最高人民法院关于审理扰乱电信市场管理秩序案件具体应用法律若干问题的解释》第九条规定："以虚假、冒用的身份证件办理入网手续并使用移动电话，造成电信资费损失数额较大的，……以诈骗罪定罪处罚。"据此，可以给电信公司造成的电信资费损失数额认定诈骗数额。例如，为获取回扣费以虚假身份证件办理入网手续，并使用移动电话拨打国际声讯台造成电信资费损失，应以诈骗罪论处。利用虚构的主体（假身份）购买手机卡，逃避电话话费缴纳义务，实质上是非法占有了电信公司的电信资费，故以给电信公司造成的电信资费损失

数额认定诈骗数额。[①] 再如,骗购电信卡贩卖给他人使用,造成电信资费巨大损失的,构成诈骗罪。具有逃缴电信资费的目的,不论是自己使用还是无偿交给他人使用,或者有偿转卖他人使用,都应对造成的电信资费损失承担诈骗的责任。[②]

3. 被害人损失数额高于诈骗数额的一般以被害人损失数额认定

实践中,如果被害人的直接损失数额或者交付数额高于诈骗所得,且这一差额又归因于行为人一方的诈骗行为,则诈骗数额应当以被害人损失数额或者交付数额认定。否则,对诈骗行为的刑法评价不全面,也不利于挽回被害人损失。

4. 被害人损失数额低于诈骗数额的应考虑是否扣除诈骗成本

此种情况并不鲜见,行为人为顺利实施诈骗行为,往往会投入一定的犯罪成本作为诱饵。如果这种投入直接以被害人为支付对象,就会导致被害人的损失数额低于行为人实际骗取的数额。对此,是否在认定诈骗数额时扣除诈骗成本,下文将予以详细探讨。

案发前已经归还的数额一般应予扣除。"案发前归还"既包括诈骗犯罪既遂之后、犯罪事实被侦查机关发现之前,行为人对被害人所受财产损失,出于修复被侵害的法律关系的主观意愿而主动进行补偿,或者被迫返还给被害人相关财物,也包括行为人多次、连续实施诈骗的情形下,以后次诈骗的财物偿还前次诈骗的行为。就理论上而言,诈骗犯罪既遂以后、案发前归还的数额,属于退赃数额,不能从诈骗数额中扣减,退赃情况作为量刑情节考量。但是,诈骗犯罪有其特殊性,尤其是案发前主动归还和以后次诈骗的财物偿还前次诈骗的情形,往往难以证明行为人对于案发前已经归还的部分具有非法占有目的,故从有利于被告人的角度出发,对于案发前归还的财物数额一般应从犯罪数额中扣除。如2021年修正的《非法集资解释》第八条第三款第一句规定:"集资诈骗的数额以

① 参见陈文全、洪冰:《刘国芳等诈骗案》,载最高人民法院刑事审判第一庭、第二庭编:《刑事审判参考》总第26辑,法律出版社2002年版。

② 参见洪冰、毛力:《王庆诈骗案》,载最高人民法院刑事审判第一庭、第二庭编:《刑事审判参考》总第24辑,法律出版社2002年版。

行为人实际骗取的数额计算，在案发前已归还的数额应予扣除。”①

需要提及的是，虽然 2011 年《诈骗解释》未重申 1996 年《诈骗解释》中的后骗归还前骗的数额认定扣除规则②，但并不意味着对于后骗归还前骗的数额，一律不从诈骗数额中扣除。对于这种连环诈骗，行为人受一个概括的犯罪故意支配，每次实施的诈骗行为不过是整个连环诈骗行为链条中的一个环节，故以案发前行为人实际取得的财物数额认定诈骗数额，已经归还的部分，因难以证明行为人具有非法占有目的，不计入诈骗数额更具有合理性。同理，对于单次诈骗中案发前主动归还的部分，亦难以证明行为人具有非法占有目的，同样不计入诈骗数额为妥。事实上，如此认定，从政策角度能够激励行为人尽可能返还款项，否则就可能导致诈骗犯罪分子实施诈骗后不再具有返还任何款项的动力。③ 当然，无论是单次诈骗还是连环诈骗，案发前行为人迫不得已返还给被害人相关财物的，因为并非其主动归还，此时往往能够证明其对于返还的财物具有非法占有目的，故对其被动返还的该部分财物不从诈骗数额中扣减为妥。

（二）诈骗成本扣除规则

行为人为实施诈骗而支付的成本即诈骗成本④，从支付对象看，有的支付给

① 集资诈骗罪属于目的犯，应当从非法占有目的实现的角度来认定诈骗数额。司法实践中，非法集资的规模或者非法集资的标的数额可以作为量刑情节适当予以考虑，但是，“诈骗数额”应以行为人实际骗取的数额计算。据此，集资诈骗犯罪当中已返还部分不应计入诈骗数额。参见刘为波：《〈关于审理非法集资刑事案件具体应用法律若干问题的解释〉的理解与适用》，载《人民司法（应用）》2011 年第 5 期。另有观点认为，在集资诈骗犯罪中，很难说行为人对前期收取的钱款具有非法占有目的，因为前期的收款及兑付实际上是为了营造赚钱的假象，进而吸引和收割后来的投资者。因此，对于案发前已经归还的，在计算犯罪数额时予以扣除，仅以案发时实际造成的损失认定犯罪数额是合理的。参见许浩：《诈骗犯罪数额认定中案发前归还钱款的扣除问题》，载《人民法院报》2022 年 6 月 9 日，第 6 版。

② 1996 年《诈骗解释》第九条规定：“对于多次进行诈骗，并以后次诈骗财物归还前次诈骗财物，在计算诈骗数额时，应当将案发前已经归还的数额扣除，按实际未归还的数额认定，量刑时可将多次行骗的数额作为从重情节予以考虑。”

③ 参见刘晓虎：《司法疑难之 329：诈骗犯罪在立案前退还的赃款是否计入犯罪金额》，载微信公众号“刑水浮萍”，2020 年 7 月 26 日。

④ 诈骗成本即行为人为实施诈骗犯罪而付出的成本，亦即犯罪成本。犯罪成本有广义和狭义之分。广义的犯罪成本，是指行为人为了顺利实施犯罪，实现犯罪既遂所必须付出的代价，分为物质成本和非物质成本。狭义的犯罪成本，仅指物质成本。本文探讨的仅为狭义上的犯罪成本。

被害人以外的第三人,有的直接支付给被害人;从支付的表现形式看,有的支付现金,有的支付财物。在认定诈骗数额中是否扣除诈骗成本,需要具体情况具体分析。

1. 支付给被害人以外的第三人的诈骗成本不予扣除

如购买作案工具、伪装道具,以及用于租用场地、交通工具和雇佣他人的支出等,因这些支出支付给了被害人以外的第三人,对被害人的损失没有任何弥补,即不影响被害人损失数额的认定,故在认定诈骗数额时不予扣除。如《非法集资解释》第八条第三款第二句规定:“行为人为实施集资诈骗活动而支付的广告费、中介费、手续费、回扣,或者用于行贿、赠与等费用,不予扣除。”

例如,徐某等人明知政府已经发布征地补偿公告,对抢栽、抢种、抢建的地上附属物或者农作物不予办理调查确认,仍合谋收购该区域内土地以获取动迁补偿资格,通过加盖附属建筑等手段以获取补偿款。徐某等人为拿地、搭建玻璃房等花销 80 余万元,骗取政府给予的动迁补偿款 129 万余元,实际所得 45 万元左右。该案中,徐某等人及其辩护人辩称,应从骗取的 129 万余元中扣除为拿地、搭建玻璃房等而支出的 80 余万元,即认定徐某等人的诈骗金额为实际所得的 45 万元。对于此案,生效裁判认为,徐某等人以非法占有为目的,骗取动迁补偿款 129 万余元,数额特别巨大,其行为构成诈骗罪。上述案件中,徐某等人为骗取动迁补偿款而投入的犯罪成本 80 余万元,非但没有弥补政府的财政损失,反而需要政府相关部门为拆除搭建的玻璃房等而支出额外费用。因此,徐某等人的诈骗金额应为 129 万余元,对为拿地、搭建玻璃房等而支出的 80 余万元不予扣除。

再如,寻梦公司旗下的“拼多多”平台开展“百亿补贴”专项活动。谢某利用其开设的店铺“天空电器店”,组织多人下单购买小米电视机后,再以高于活动价的价格回收,从而骗取寻梦公司补贴款共计 1.6 万余元。对于此案,生效裁判认为,谢某以非法占有为目的,组织多人到其开设的电商平台店铺购买商品后加价回收,骗取电商平台活动补贴款,数额较大,其行为构成诈骗罪。该案中,诈骗对象是寻梦公司旗下的“拼多多”平台,平台向谢某支付的补贴款即平台受骗后遭受的财产损失,谢某也取得了该补贴款,故平台支付的补贴款数额就是本案的诈骗犯罪数额。谢某在订单完成后向“刷单者”回收商品时支付的高于活动价部分钱款,是支付给被害单位以外的第三人的诈骗成本,不应从诈骗金额中扣除。

2. 支付给被害人的货币应予扣除

因货币具有流通性和经济价值,为实施诈骗而支付给被害人的货币,弥补了被害人的部分损失,社会危害性降低,故在认定诈骗数额时应予扣除。如《非法集资解释》第八条第三款第三句规定:“行为人为实施集资诈骗活动而支付的利息,除本金未归还可予折抵本金以外,应当计入诈骗数额。”也就是说,行为人实际骗取的数额等于被害人向行为人交付的集资款数额减去行为人向被害人还本付息的数额,亦即根据被害人的实际损失,对被害人实际得到部分补偿的部分从犯罪数额中予以扣除。

2019 年《套路贷意见》第六条第一款、第二款规定:“在认定‘套路贷’犯罪数额时,应当与民间借贷相区别,从整体上予以否定性评价,‘虚高债务’和以‘利息’‘保证金’‘中介费’‘服务费’‘违约金’等名目被犯罪嫌疑人、被告人非法占有的财物,均应计入犯罪数额。犯罪嫌疑人、被告人实际给付被害人的本金数额,不计入犯罪数额。”例如,签订借款合同 100 万元,其中 50 万元作为保证金,到手 50 万元,后又以中介费、劳务费名义强行拿走 10 万元。行为人肆意制造违约,要求归还 100 万元,诈骗数额是多少?该案中,行为人实际给付被害人本金 40 万元,要求被害人归还 100 万元,故诈骗金额为 60 万元,即扣除本金 40 万元。如果诈骗既遂,被害人仅损失 60 万元,故认定诈骗数额为 60 万元。如果诈骗未遂,被害人不仅没有损失,反而还占有行为人给付的本金 40 万元。故此,如果被骗取数额高于 40 万元,被害人存在损失;如果被骗取数额正好 40 万元,则相抵,被害人没有损失;如果被骗取数额低于 40 万元,被害人非但没有损失,反而还存在剩余。对于有剩余的情况,因为“本金 40 万元”具有犯罪工具性质,被害人应该退回,并予以没收。对此,《套路贷意见》第七条第一款第二句规定:“有证据证明是犯罪嫌疑人、被告人为实施‘套路贷’而交付给被害人的本金,赔偿被害人损失后如有剩余,应依法予以没收。”

有的以诈骗罪定罪的“套路贷”案件中,当被害人无力偿还时,行为人会安排其所属公司或者指定的关联公司、关联人员为被害人偿还“借款”即平账，从而恶意垒高借款金额。对此，在认定诈骗数额时同样应该扣除交付给被害人的本金。例如，甲“借给”被害人100万元，以保证金等各种名义扣除60万元，被害人仅到手40万元。后被害人无力偿还，甲遂将被害人介绍至乙处“借款”平账。被害人向乙借款200万元，其中100万元作为保证金等扣除，实际到手仅100万元，将该100万元归还给甲。乙以被害人“违约”为由，要求归还200万元，被害人尚未归还钱款即案发。该案中，如果甲乙不构成共同犯罪，则甲的诈骗数额是60万元即“虚高债务100万元－本金40万元”，因甲实际骗取了60万元，为既遂；乙的诈骗数额为100万元即“虚高债务200万元－本金100万元”，但未骗取到即案发，为未遂。如果甲乙系共同犯罪，因被害人从乙处实际借到的100万元已用于向甲平账，故甲乙实际上仅向被害人出借本金40万元，甲乙的诈骗数额则为160万元即“虚高债务200万元－本金40万元”，但尚未骗取到即案发，为未遂。①

3. 支付给被害人的具有利用可能性的财物可予扣除②

例如，王某以每根金条2.5万余元的价格进行典当。经鉴定，2根金条，每根重约200克，60～70克为纯金，其余为非贵重金属，平均每根价值1万元。王某明知该情况，仍然利用自己的假身份证，用假金条、商场的销售发票、伪造的纯金金条鉴定证书向典当行进行典当，典当金额共计5万余元（未扣除假金条中纯金的价值）。关于本案诈骗数额认定为5万余元还是3万余元，存在争议。③ 笔者认为，该案的诈骗数额认定为3万余元更为合理，主要理由为：第一，诈骗罪侵犯的是公私财产权利，故诈骗行为是否构成犯罪以及罪行的轻重，取决于对公私财

---

① 相关案例明确了以诈骗罪定罪的“套路贷”案件的犯罪数额计算方法，具体为：被害人经催讨后无力还款，行为人将债务平账至其他团伙，且其他团伙将平账钱款实际支付给行为人的，诈骗既遂金额按照“平账钱款－借款本金”予以认定；行为人着手实施“套路贷”诈骗行为，但由于意志以外的原因未得逞的，犯罪未遂的金额应当以“虚高借条的数额（或者诉讼数额）－借款本金数额”予以认定。参见张莺姿、马健博：《张凤江等14人诈骗案》，载最高人民法院刑事审判第一、二、三、四、五庭主办：《刑事审判参考》总第123集，法律出版社2020年版。

② 或者可以表述为，被害人实际取得的有现实经济价值的犯罪成本应予扣除。相关案例可参见孟丽娟：《贾海亮诈骗案》，载最高人民法院中国应用法学研究所编：《人民法院案例选》总第136辑，人民法院出版社2019年版。

③ 参见韩旸：《计算诈骗数额时是否应扣除犯罪成本》，载《中国检察官》2008年第6期。

产的侵犯程度。相应地，诈骗数额的认定取决于被害人因为诈骗行为而遭受的财产损失数额。第二，涉案的 2 根假金条中的纯金部分系犯罪成本，无疑具有利用的可能性，能够兑现为货币，从而能够有效弥补被害人的部分损失，故在认定诈骗数额时应予扣除。第三，符合主客观相统一原则。王某虽然通过欺骗手段将 2 根假金条典当 5 万余元，但其主观上知晓 2 根假金条价值 2 万元，仅会给典当行造成 3 万余元的损失，即其仅有非法占有典当行 3 万余元的主观目的。第四，相关司法解释及规范性文件明确规定，支付给被害人的货币应从诈骗数额中予以扣除。本案是黄金，具有货币属性，故也应从诈骗数额中扣除支付给被害人的黄金价值。第五，此类案件与无犯罪成本支出的诈骗案件相比，无论是行为人的主观恶性还是行为的社会危害性方面，均存在明显差异，以被害人的实际损失认定诈骗数额，更能实现罪责刑相适应原则。

同理，例如，以金包银手镯（手镯外层是金，里面是银）冒充金手镯诈骗典当行钱款。经鉴定，一只重约 40 克的银制手镯市场价为 1100 元左右，却在典当行典当获取钱款 7.8 万余元。该案中，支付给典当行的银手镯，属于具有利用可能性的财物，有市场价值，流通性强，能有效弥补典当行遭受的财产损失，故在认定诈骗数额时应予扣除。

4. 支付给被害人的不具有利用可能性的财物一般不应扣除

如果行为人支出的财物对于被害人没有利用可能性，无法实现被害人预期的交易目的，对弥补被害人所受的财产损失也没有实际意义，即使该犯罪成本有与被害人交付的财物相当的市场价值，甚至完全具备正常商品所应有的使用价值，一般也不应从诈骗类犯罪的数额中扣除。①

例如，阚某在从事茶叶生意过程中与被害人马某熟识，获取了对方信任。在得知马某对茶叶收藏很感兴趣且有一定的经济实力后，阚某谎称其有一提七饼“97 水蓝印”普洱茶出售，以一饼 34,000 元的价格与马某达成合意，骗得马某支付的货款 23 万余元。后阚某以云南海鑫堂普洱茶冒充“97 水蓝印”普洱茶向马某发货。经鉴定，该云南海鑫堂普洱茶的实际价值仅为 4000 余元。本案中，阚

① 详见 2018 年 11 月 9 日最高人民检察院侦查监督厅颁布的《检察机关办理电信网络诈骗案件指引》。

某以云南海鑫堂普洱茶冒充“97水蓝印”普洱茶向马某发货，在认定阚某的诈骗数额时，能否将云南海鑫堂普洱茶的价值从诈骗数额中进行扣除？对此，法院在全面审查上述财物对弥补被害人财产损失的有效性的基础上，认为本案中阚某交付的低档普洱茶的价值不应从犯罪数额中进行扣除。马某以投资、收藏的目的向阚某购买高档普洱茶，阚某实际交付的却是低档普洱茶。虽然该低档普洱茶也有确定的市场价值，能够满足普通消费者的食用需求，但是高档普洱茶所具有的收藏和投资价值是其独有的个性特征，也是低档普洱茶所不具备的。同时，这也是马某购买高档普洱茶的初衷和预期的交易目的。低档普洱茶既没有收藏和投资价值，通常也没有货币、黄金所特有的一般等价物属性，阚某向马某交付的低档普洱茶对弥补马某所受的财产损失没有多大实际意义。因此，该低档普洱茶的市场价值可不从阚某的诈骗数额中予以扣除。①

据上，如果行为人骗取他人钱款后，交付对方相当价值的财物，但该财物于对方而言没有利用的可能性，无法实现对方预期的交易目的，此时能否以诈骗罪论处，存在较大的争议。例如，宣称有名贵茶叶出售，收取他人货款5万元后仅交付相当价值的一般茶叶。毫无疑问，他人需要的是名贵茶叶，不需要一般茶叶。对于行为人而言，使用了欺骗方法，获取了5万元，但支付了相当于5万元的一般茶叶。对此，一种观点认为，如果没有行为人的欺骗行为，对方就不会花5万元去购买一般茶叶，花了5万元就是个别财产的损害，故行为人构成诈骗罪。另一种观点则认为，虽然因受骗花5万元买到的不是名贵茶叶而是一般茶叶，但行为人支付了相当于5万元价值的一般茶叶，其整体财产未减少，故行为人不构成诈骗罪。笔者认为，此种情形下，虽然行为人交付给对方的一般茶叶与对方交付的钱款价值相当，且具备正常商品所应有的使用价值，但对方欲购买的是名贵茶叶，一般茶叶于对方而言没有利用的可能性，无法实现预期的交易目的。虽然对方也可以将一般茶叶出售后用于弥补损失，但能否顺利出售本身也是一个问题，即弥补对方多少损失有不确定性，故不应从诈骗数额中扣除。如此，行为人

① 参见郑毅、段凰：《阚莹诈骗案》，载最高人民法院刑事审判第一、二、三、四、五庭主办：《刑事审判参考》总第124集，法律出版社2020年版。

骗取了他人5万元,构成诈骗罪。当然,此类案件有其特殊性,与普通诈骗案件相比,主观恶性相对要小,社会危害性程度相对要轻,故是否作为犯罪处理要格外慎重。事实上,对于该种欺诈交付行为,亦可以通过民事途径解决。

需要注意的是,如果交付的是假冒伪劣产品或者违禁物品,因交付行为本身具有违法性,显然不能从诈骗数额中扣除。对于不能从诈骗数额中扣除的诈骗成本,具有犯罪工具性质,应当予以没收。对于以价值低廉的物品作为诱饵即诈骗工具的,因对于被害人是否有利用可能性,对弥补被害人所受的财产损失是否有实际意义,难以确定,故实践中一般不予从犯罪数额中扣除,但作为犯罪工具的此类物品具有一定的价值,可以作为酌定量刑情节考虑。例如,李某伙同他人,用价值较低的工艺品,共计价值1.4万余元,冒充名家真迹,骗取多名被害人钱款共计18万余元。生效裁判认为,李某等人诈骗他人财物18万余元,不予扣除犯罪成本1.4万余元,其行为均构成诈骗罪。

三　诈骗既未遂认定及并存的量刑考量

主要探讨三个问题:一是诈骗罪的既未遂标准;二是诈骗未遂的构罪标准及量刑幅度选择;三是当诈骗既遂与未遂并存且均构成犯罪时,如何量刑。

(一)诈骗罪的既未遂标准

1.诈骗罪既未遂的区分标准

一般而言,受骗者基于错误认识处分财产的行为与行为人或者第三者取得财产的结果同时发生。因此,以行为人是否取得对公私财物的实际控制和支配作为诈骗罪既未遂标准,比较合理。对于通过银行卡转账的,只要被骗方将钱款转入行为人指定的银行卡账户,即为诈骗既遂。行为人是否将钱款取出,不影响既遂的认定。因为被骗钱款一到账,就意味着该笔钱款处于行为人的实际控制和支配之下,可以随时支取。行为人之后的取款、转账行为,是对所骗赃款的处置问题。如果以行为人实际取出钱款作为既遂标准，会导致诈骗的未遂完全取决于行为人的主观意志，而不是因为意志以外的原因未得逞。对于被骗钱款到账后尚未取款、转账即案发，警方通知银行冻结账户的情形，仍然属于诈骗既遂，追赃挽损情况作为量刑情节考虑。

例如，詹某等人利用手机群发诈骗短信，被害人将20万元汇入其指定的银行卡账户之后，其陆续提取了该笔钱款。詹某等人为了逃避侦查，丢弃该银行卡，但之后另有被害人将9万元汇入该银行卡账户，被害人发现受骗即报警，警方通知银行冻结该账户，追回该9万元。[①] 该案中，骗取的20万元进入行为人指定的银行卡账户，并被陆续提取，显然为诈骗既遂。被骗的9万元也进入了行为人指定的银行卡账户，理应属于诈骗既遂。但是在该9万元入账前，行为人为逃避侦查丢弃了银行卡，也就无法通过银行卡来实现对被害人财物的控制，且因该银行卡的户名不是行为人，其亦不能通过银行卡挂失等合法途径恢复对该银行卡的控制。故此时的9万元并未处于行为人的实际控制和支配之下，应认定为诈骗未遂。从被害人角度，虽然其将钱款汇入行为人指定的银行卡账户即失去对该笔钱款的占有，但其发现受骗后即报警，警方通知银行冻结该银行卡账户，追回涉案钱款，故被害人并未因为受骗而遭受财产损失。

需要注意的是，在以欺诈手段借助公权力行使骗取财物的案件中，因为公权力介入，涉案财产可能脱离被害人和行为人的占有，暂时处于"悬空"状态。如法院基于公权力将涉案财物予以扣押、冻结时，财产已经超出被害人和行为人的占有范畴，在名义上的占有人和私法上的实际占有人之间，又加入了公法上的占有人，且后者权力明显强于前两者的权利。此时，作为实际占有人的被害人丧失了对财物的占有，但是失去占有并不意味着损害的发生，也不意味着犯罪的既遂。例如，被害人得知款项被冻结后立即报案，相关法院并未将已冻结的款项发放给行为人，也未进行其他处理，则行为人的诈骗行为处于未完成状态，属于因案发等意志以外的因素未完成，系未遂。如果法院已将相应款项划拨，不论是发放给行为人，抑或是作其他处理，被害人财产损害均已实际发生，则行为人的行为即

① 参见沈志先主编：《2011年上海法院案例精选》，上海人民出版社2012年版，第469～470页。

构成诈骗罪既遂。[1]

2. 以诈骗罪定罪的“套路贷”案件的既未遂认定

在以诈骗罪定罪的“套路贷”案件中，行为人为了实施“套路贷”，会向被害人支付一定数额的本金，故只有当行为人从被害人处骗取到的金额大于本金数额时，被害人才有实际损失，存在既遂问题；反之，如果所骗取到的金额等于或者小于本金数额，被害人没有损失，就不是既遂而是未遂。对于这种既遂，一般可分两种情形：一种是被害人经催讨或者诉讼后，向行为人支付的钱款大于其借款本金；另一种是被害人经催讨后无力还款，行为人将被害人的债务平账至其他团伙，且其他团伙将平账钱款实际支付给行为人（行为人与其他团伙不成立共同犯罪）。此时的既遂数额，在第一种情形下为“既遂数额＝被害人实际支付的钱款－借款本金”，被害人存在实际损失；在第二种情形下，虽然被害人可能尚未归还向其他团伙“借来”用于平账的钱款，即可能没有实际损失，但就行为人而言，其已经完成诈骗行为，且已经实现犯罪目的，所非法占有的钱款将由被害人向其他团伙归还，故其既遂数额为“虚高债务即平账钱款－借款本金”。在第二种情形中，如果行为人与其他团伙系共同犯罪，则只有被害人归还的钱款数额大于本金数额，被害人才存在损失，行为人方是既遂，此时的既遂数额为“被害人实际支付的钱款－借款本金”。例如，虚高债务 100 万元，到手本金 40 万元，归还 50 万元，则既遂数额为 10 万元即“50 万元－40 万元”，被害人的实际损失为 10 万元。再如，用平账钱款 100 万元归还虚高债务 100 万元，则既遂数额为 60 万元，即“100 万元－40 万元”。当然，未骗取到的部分则为未遂，即虚高债务 100 万元，到手本金 40 万元，意欲骗取 60 万元，即“虚高债务 100 万元－到手本金 40 万元”，因被害人归还 50 万元，则既遂数额为 10 万元、未遂数额为 50 万元。

如果未经平账，被害人没有归还钱款或者归还的钱款小于本金数额，被害人实际上没有损失，行为人没有骗取到钱款，为未遂。未遂数额为“虚高债务－借款本金”或者“（虚高债务－归还钱款）－（借款本金－归还钱款）”。结合前述案

[1] 参见范莉、王星光：《王先杰诈骗案》，载最高人民法院刑事审判第一、二、三、四、五庭主办：《刑事审判参考》总第 102 集，法律出版社 2016 年版。

例，如虚高债务100万元，到手本金40万元，未归还即案发，则未遂数额为60万元即“100万元－40万元”，被害人没有实际损失。如归还了小于本金数额的钱款30万元，被害人仍然没有实际损失，此时的未遂数额仍然是60万元即“(100－30)万元－(40－30)万元”，即行为人获得的是支付出去的本金，相应的虚高债务减少、被害人所占的本金数额减少，但行为人意欲骗取的数额没有变化。

如果经过平账，之后被害人没有向其他“出借方”归还钱款或者归还的钱款小于平账钱款数额，于其他“出借方”而言，给予被害人的平账钱款是其支出的本金，连本金都未收回当然是未遂，未遂数额的认定方法如上所述，即“垒高后的虚高债务－平账钱款”或者“(垒高后的虚高债务－归还钱款)－(平账钱款－归还钱款)”。再结合前述案例，第一次虚高债务为100万元，到手40万元；如垒高后的虚高债务为200万元，到手的平账钱款100万元，未归还即案发。则未遂数额为100万元即“200万元－100万元”，被害人实际上既未归还第一次“借款”也未归还第二次“借款”，没有实际损失，反而占有第一次“借款”的本金40万元。如归还了小于平账数额的钱款80万元，被害人在本次“借款”中获得本金100万元，故没有损失(但结合前次“借款”而言，此时归还的80万元大于其实际到手的本金数额，整体上损失40万元)，此时的未遂数额也仍然是100万元即“(200－80)万元－(100－80)万元”。当然，如果第一次和第二次的“出借方”相互勾结，系共同犯罪，则共同意欲骗取的数额为160万元即“最终的虚高债务200万元－借款本金40万元”，被害人归还80万元即被害人实际损失40万元，故既遂数额40万元、未遂数额120万元。

需要注意的是，不论是否经过平账，案发时如果被害人有损失即归还的钱款大于所获得的本金数额，对被害人的合法财产，应当及时返还。相反，如果被害人没有损失即归还的钱款等于或者小于所获得的本金数额，在归还的钱款小于所获得的本金数额的情形，因相抵后尚有剩余，该部分钱款具有犯罪工具性质，根据2019年《套路贷意见》第七条的规定，应当依法予以没收。

（二）诈骗未遂的构罪标准及量刑幅度选择

《刑法》是有条件地处罚部分具有严重社会危害性的未遂犯。2011 年《诈骗解释》第五条第一款规定："诈骗未遂，以数额巨大的财物为诈骗目标的，或者具有其他严重情节的，应当定罪处罚。"第一，诈骗未遂，以数额巨大的财物为诈骗目标的，构成诈骗罪，应当定罪处罚。诈骗未遂，以数额特别巨大的财物为诈骗目标的，当然也构成诈骗罪，但是以数额较大的财物为诈骗目标的，则不构成诈骗罪。第二，诈骗未遂，具有其他严重情节的，构成诈骗罪，应当定罪处罚。诈骗未遂，具有其他特别严重情节的，当然也构成诈骗罪，但是情节并不严重的，则不构成诈骗罪。

1. 关于"诈骗未遂，以数额巨大或者数额特别巨大的财物为诈骗目标"的理解及构罪后的量刑幅度选择

实践中，诈骗既遂的，一般以所得数额认定诈骗数额。诈骗未遂的，则以诈骗指向的数额即其意图骗取的数额认定诈骗数额。诈骗未遂，以数额巨大的财物为诈骗目标的，构成诈骗罪（未遂）。这意味着，以数额巨大的财物为诈骗目标未遂的情形，与"诈骗数额较大的财物，既遂的情形"相当。因此，对于该种诈骗的未遂，也应在第一档法定刑幅度内量刑，即处三年以下有期徒刑、拘役或者管制，并处或者单处罚金。相应地，诈骗未遂，以数额特别巨大的财物为诈骗目标的，在第二档法定刑幅度内量刑，即处三年以上十年以下有期徒刑，并处罚金。①

诈骗未遂入罪后，全案属于未遂，能否将未遂情节再作为量刑情节考虑？笔者倾向认为，因在入罪和对应法定刑幅度时，已经充分发挥了未遂情节的作用，故在具体量刑时一般不应再考虑未遂情节。

根据 2011 年《诈骗解释》第一条的规定，诈骗公私财物价值 3 万元至 10 万元以上的认定为"数额巨大"，50 万元以上的认定为"数额特别巨大"。对电信网

---

① 参见刘双玉、马越、冀敏：《孙佳英、蒋志诈骗案》，载最高人民法院刑事审判第一、二、三、四、五庭主办：《刑事审判参考》总第 121 集，法律出版社 2020 年版。基本观点为，根据罪责刑相适应原则，以数额巨大的财物为诈骗目的的，或者具有其他严重情节的诈骗未遂，首先应当考虑适用基本的量刑幅度。

络诈骗依法严惩,根据2016年《电信诈骗意见》第二条的规定,利用电信网络技术手段实施诈骗,诈骗公私财物价值3万元以上的认定为“数额巨大”,50万元以上的认定为“数额特别巨大”。

2.关于“诈骗未遂,具有其他严重情节或者其他特别严重情节”的理解及构罪后的量刑幅度选择

根据2011年《诈骗解释》第五条的规定,利用发送短信、拨打电话、互联网等电信技术手段对不特定多数人实施诈骗,诈骗数额难以查证,但具有下列情形之一的,应当认定为“其他严重情节”,以诈骗罪(未遂)定罪处罚:(1)发送诈骗信息5000条以上的;(2)拨打诈骗电话500人次以上的;(3)诈骗手段恶劣、危害严重的。实施上述规定行为,数量达到第(1)项、第(2)项规定标准10倍以上的,或者诈骗手段特别恶劣、危害特别严重的,应当认定为“其他特别严重情节”,以诈骗罪(未遂)定罪处罚。

诈骗罪中的“其他严重情节”与“数额巨大”处于并列关系,“其他特别严重情节”与“数额特别巨大”处于并列关系。故根据“诈骗未遂,以数额巨大或者数额特别巨大的财物为诈骗目标”情形构罪后的量刑幅度选择,对于诈骗未遂,具有其他严重情节的,在第一档法定刑幅度内量刑,即处三年以下有期徒刑、拘役或者管制,并处或者单处罚金。诈骗未遂,具有其他特别严重情节的,在第二档法定刑幅度内量刑,即处三年以上十年以下有期徒刑,并处罚金。同样,在具体量刑时一般不应再考虑未遂情节。

对电信网络诈骗依法严惩,根据2016年《电信诈骗意见》第二条的规定,实施电信网络诈骗犯罪,犯罪嫌疑人、被告人实际骗得财物的,以诈骗罪(既遂)定罪处罚。诈骗数额难以查证,但具有下列情形之一的,应当认定为“其他严重情节”,以诈骗罪(未遂)定罪处罚:(1)发送诈骗信息5000条以上的,或者拨打诈骗电话500人次以上的;(2)在互联网上发布诈骗信息,页面浏览量累计5000次以上的。具有上述情形,数量达到相应标准10倍以上的,应当认定为“其他特别严重情节”,以诈骗罪(未遂)定罪处罚。

(三)诈骗既未遂并存的量刑考量

诈骗案件中,有的实施了几节诈骗事实,其中部分既遂、部分未遂;有的仅实施一节诈骗事实,如意欲骗取100万元,被害人实际支付60万元,尚有40万元未支付即案发,也存在部分既遂、部分未遂问题。其实,前文论及的以诈骗罪定罪的"套路贷"案件中,部分既遂部分未遂现象比较普遍。

对于既遂、未遂并存,如果既遂、未遂均不构罪,因为不存在累计入罪的问题,不以诈骗罪论处;仅有既遂或者未遂构罪的,则将不构罪的作为量刑情节考虑,即以构罪的作为量刑基准,未构罪的作为量刑情节考虑。那么,既遂、未遂均构罪的,此时如何量刑?2011年《诈骗解释》第六条及2016年《电信诈骗意见》第二条均规定,诈骗既有既遂,又有未遂,分别达到不同量刑幅度的,依照处罚较重的规定处罚;达到同一量刑幅度的,以诈骗罪既遂处罚。2019年《套路贷意见》第六条作了更为具体的规定,即"既有既遂,又有未遂,犯罪既遂部分与未遂部分分别对应不同法定刑幅度的,应当先决定对未遂部分是否减轻处罚,确定未遂部分对应的法定刑幅度,再与既遂部分对应的法定刑幅度进行比较,选择处罚较重的法定刑幅度,并酌情从重处罚;二者在同一量刑幅度的,以犯罪既遂酌情从重处罚。"

例如,诈骗既遂20万元、未遂60万元。诈骗既遂20万元对应数额巨大的法定刑"处三年以上十年以下有期徒刑,并处罚金";诈骗未遂60万元属于以数额特别巨大的财物为诈骗目标,对应第二档即数额巨大的法定刑"处三年以上十年以下有期徒刑,并处罚金"。显然,因二者在同一量刑幅度,无须考虑对未遂部分是否减轻处罚,即可决定对本案以诈骗既遂酌情从重处罚。再如,实施电信网络诈骗,骗取财物2万元;还发送诈骗信息5万条以上,或者拨打诈骗电话5000人次以上,或者在互联网上发布诈骗信息,页面浏览量累计5万次以上。诈骗既遂2万元,对应数额较大的法定刑"处三年以下有期徒刑、拘役或者管制,并处或者单处罚金";诈骗未遂,属于有"其他特别严重情节",对应第二档即数额巨大的法定刑"处三年以上十年以下有期徒刑,并处罚金"。因在选择法定刑时已经考虑了未遂情形，此时一般不再对未遂部分减轻处罚，故既遂、未遂处于不同的量刑幅度，对本案应选择诈骗未遂的法定刑幅度，并酌情从重处罚。[①]

四 诈骗犯罪与民事欺诈的界限

区分民事欺诈行为与刑事诈骗行为，关键在于行为人客观上是否实施了虚构事实、隐瞒真相骗取他人财物的行为，主观上是否具有非法占有他人财物的目的。民事欺诈行为不具有非法占有目的，只是由于客观原因，一时无法偿还；而诈骗罪是以非法占有为目的，不是因为客观原因不能归还，而是根本不打算偿还。

关于非法占有目的的认定，前文已经作了论述。质言之，既要避免单纯根据损害后果进行客观归罪，也不能仅凭行为人自己的供述证明，而必须坚持在客观基础上的主观判断，即在查明客观事实的前提下，根据一定的经验法则或者逻辑规则，推定行为人的主观目的。应当主要从以下三个方面进行判断：(1)行为人事前有无归还能力，如行为人的资产负债情况等；(2)行为人事中有无积极归还或者消极不归还行为或表现，如行为人编造事实或者隐瞒真相拖延归还被害人的财产等；(3)行为人事后处分财物及对他人财产损失的态度，如行为人是否通过实施诈骗行为排除被害人对其财产的控制并将其财产转归行为人或第三人名下，是否将被害人的财物用于双方约定的用途，抑或是消费、还债等个人用途，是否具有转移财产、隐匿财产、拒不交代财物的真实去向等欲使被害人财物无法收回的行为等。司法实践中，非法占有目的的认定应在综合考量上述事实的基础上推定得出。需要注意的是，行为人仅具有上述一种情形，如将被害人的财物用于个人还债等个人用途，并不意味着其一定具有非法占有目的，只有结合其他事实，如该还债行为导致其最终不能归还财物给被害人等，才可认定行为人具有非

① 王某明合同诈骗案，最高人民法院指导案例62号(2016年)。

法占有目的。[1]

实践中,有些民事债务纠纷很容易与诈骗罪相混淆,如编造谎言骗借财物,到期不能偿还;借贷后由于某种原因拖欠不还的;代人购物取走货款擅自挪用拖欠不还的等。对此应当从行为人是否赖账、双方当事人的关系、双方是否存在借贷关系的基础、事情的起因、借贷时有无偿还能力、不能偿还的原因、对欠债的态度和表现等方面综合分析,判断其在主观上是否具有非法占有目的。如果借账时具有偿还能力,借贷后因经营亏损,不能如期偿债或丧失偿债能力,或者代人购物取走货款后未能买到所需货物,因货款被骗无法归还或行为人违约挪用拖欠未还的,只要行为人不赖账、不逃避,并有积极设法偿还的诚意和努力,就应认定无非法占有目的,不以诈骗罪认定。如果骗借钱物用于挥霍或者非法活动,不能如期偿还,并有赖账行为,或者本无偿还能力而骗借钱物,到期不还的,或者具有偿还能力而拒不偿还的,则表明具有非法占有目的,骗取财物数额较大的,应当以诈骗罪论处。[2]

客观上是否实施了诈骗行为,一般应从欺骗内容、欺骗程度和欺骗结果三个方面予以界分。首先是欺骗内容。民事欺诈是个别事实或者局部事实的欺骗,诈骗犯罪则是整体事实或者全部事实的欺骗。其次是欺骗程度。如果行为人采用的欺骗手段达到了使他人产生错误认识并处分财物的程度,构成诈骗罪;如果虽然采用欺骗手段,但并没有达到使他人无对价交付财物的程度,则可能只构成民事欺诈。最后是欺骗结果,也可以从主观上理解为非法占有目的。民事欺诈行为中,当事人主观上也有谋取不正当利益的目的,但这种利益是通过民事行为谋取,如通过履行合同而实现合同利益。诈骗犯罪则是以非法占有为目的,行为人谋取的不是民事行为的对价利益,而是对方当事人的财物,即使行为人有表面上的履约行为,也只是掩人耳目或者迷惑对方的行为,是为了犯罪的顺利实施而

---

① 参见范莉、王星光:《王先杰诈骗案》,载最高人民法院刑事审判第一、二、三、四、五庭主办:《刑事审判参考》总第 102 集,法律出版社 2016 年版。

② 参见贾宇主编:《刑法学》(第 3 版),中国政法大学出版社 2017 年版,第 360 页。

付出的犯罪成本。①

例如，戴某担任中油置地公司法定代表人，但该公司因无实际经营项目而一直处于亏损状态。后戴某因赌博不仅将个人全部资产输光，而且欠债达1000余万元。为了归还上述巨额债务，戴某在明知自己和中油置地公司均无实际偿还能力的情况下起意诈骗他人钱款。戴某虚构有投资项目、急需资金周转等事实，以借款、房产中介、工程保证金等名义先后骗取被害人都某等6人钱款共计1130万元。其间，戴某除将所得钱款中的310万元用于归还给上述被害人外，另余820万元用于归还原先债务、个人消费等。至案发，戴某造成都某等6人经济损失共计820万元。戴某及其辩护人提出，戴某与6名被害人之间均为民事借贷关系，不存在刑事诈骗行为。对于此案，生效裁判认为，戴某与6名被害人之间的行为属于诈骗犯罪行为，主要理由为：第一，戴某采用虚构事实、隐瞒真相的方法取得6名被害人的钱款。在案证据证实，戴某分别以做生意亏了、归还银行贷款、投资某项目、北京购房、工程保证金、商洽房产项目佣金等名义向6名被害人借款，并许诺高额利息，但事后证实借款理由不存在，也没有将所借钱款用于约定的用途，而是用于个人消费、归还个人先前债务等，这些足以认定戴某系采用"虚构事实"的方法取得6名被害人的钱款。而且，被害人都某的陈述等证据证实，戴某尽管负债累累仍在外吹嘘其经济实力雄厚并过着奢侈生活，给被害人以很有经济实力的假象，其"隐瞒真相"也是骗取被害人钱款的手段之一。第二，戴某具有非法占有被害人钱款的目的。在案证据证实，戴某任职法定代表人的中油置地公司无任何经营项目，常年处于亏损状态，戴某本人也没有实际偿还能力，也未从事其他融资经营活动。在此情况下，戴某在取得6名被害人的钱款后，既没有将之用于约定的事项，而是用于个人消费、归还个人先前债务等，也没有还款的安排，而是以各种借口拖延，有意逃避被害人。这些足以认定戴某在主观上具有非法占有被害人钱款的目的。第三，戴某骗取被害人钱款共计820万元，属于数额特别巨大，其行为貌似民事借贷，实际上是以借为名行诈骗之实，给

① 参见李风林、段凰：《黄金章诈骗案》，载最高人民法院刑事审判第一、二、三、四、五庭主办：《刑事审判参考》总第124集，法律出版社2020年版。

被害人造成巨大经济损失，其行为具有严重的社会危害性，构成诈骗罪。[①] 需要注意的是，戴某在骗取钱款时，虽然对部分被害人出具了借条，但因为其系以借为名行诈骗之实，出具借条不影响其行为构成诈骗罪，同时不得将借条金额从诈骗数额中扣减。[②]

再如，王某被债权人张某、蔡某、上海银行无锡分行等个人和单位以未能偿还到期贷款和民间借贷为由诉至法院，或者申请诉前财产保全。法院先后作出民事判决、民事调解和民事裁定，责令王某返还债权人本息及其他诉讼费用，并裁定查封、冻结王某的财产，金额累计 4000 余万元。王某在明知其身负巨额债务，名下房产均遭法院查封的情况下，假借要开办投资有限公司之名，委托被害人孙某垫资 3000 万元代为办理工商注册登记手续。随后，王某将开办新公司以及将会有资金转入其新开立的个人账户的消息披露给债权人张某、蔡某以及上海银行无锡分行。后被害人孙某将 2850 万元转入王某的银行账户。相关法院即应债权人张某、蔡某、上海银行无锡分行申请，冻结了上述款项。被害人孙某得知款项被冻结后即报案，案发后涉案财物已发还被害人。[③] 对于此案，王某提出其并无假借成立新公司之名骗取垫资款的故意，其没有虚构事实、隐瞒真相，其行为不构成诈骗罪。生效裁判认为，王某以非法占有为目的，骗取他人钱财，数额特别巨大，其行为构成诈骗罪。王某已经着手实行犯罪，由于意志以外的原因而未得逞，是犯罪未遂。该案中，王某事前已身负巨额债务，名下房产均被查封，其并无注册成立新公司的资本，更无设立投资公司后所需的运营条件。王某

---

① 参见郭百顺、张涛：《不具备偿还能力高息借款构成诈骗罪》，载《人民司法（案例）》2011 年第 14 期。该案例认为，民事欺诈行为与非典型诈骗罪有一定的相似之处。在欠有巨额债务情况下，隐瞒真相、虚构事实向他人借款，致使数额较大的借款客观上无归还可能的，应以诈骗罪追究刑事责任。

② 有观点认为，行为人骗取他人财物后出具的借条本质上属于欠条，只能证明双方存在事实上的债权债务关系，无法证明是否存在真实的借贷关系，不能因此认定双方间系民间借贷关系。民间借贷与诈骗罪的本质区别在于行为人是否具有非法占有目的，应当坚持主客观相统一的原则，结合行为人借款时的还款能力、真实用途等具体行为表现综合判断，故骗取他人财物后单纯出具借条的行为不影响对非法占有目的的判断，应当以诈骗罪定性，借条金额不能在诈骗数额中予以扣减。参见于晓航、张媛：《骗取财物后出具欠条不影响诈骗罪的构成》，载《人民司法（案例）》2021 年第 14 期。

③ 参见范莉、王星光：《王先杰诈骗案》，载最高人民法院刑事审判第一、二、三、四、五庭主办：《刑事审判参考》总第 102 集，法律出版社 2016 年版。

与被害人约好垫资代为办理工商注册登记手续后，便将开办新公司以及将有资金转入其新开立的个人账户的消息披露给债权人及相关银行，使法院在被害人刚将垫资款打入约定账户后不久便根据债权人的申请对此款项予以冻结。综合上述事实，王某可以预见也应当预见到，在身负众多债务、涉及多起民事诉讼、名下房产均被法院查封的情况下，其将新开户银行卡的申请单等资料向债权人披露，甚至主动复印后提供给债权人，并告知卡上资金进入的时间，会导致该笔垫资款经债权人申请由法院冻结。上述客观行为足以反映出王某要求被害人垫资的真实目的并非注册成立新的公司，也根本没有打算归还被害人的垫资款，而是意图通过法院的公权力冻结上述款项，用于偿还其个人债务，应认定其具有非法占有目的。

五 诉讼诈骗的构造及定罪量刑

诉讼诈骗属于典型的三角诈骗，即以非法占有为目的，采取伪造证据、虚假陈述等手段，向人民法院提起民事诉讼，使法院作出有利于自己的判决，从而获取他人财物的行为。

（一）关于惩治诉讼诈骗的相关规定

2002 年 10 月 24 日《最高人民检察院法律政策研究室关于通过伪造证据骗取法院民事裁判占有他人财物的行为如何适用法律问题的答复》规定："以非法占有为目的，通过伪造证据骗取法院民事裁判占有他人财物的行为所侵害的主要是人民法院正常的审判活动可以由人民法院依照民事诉讼法的有关规定作出处理，不宜以诈骗罪追究行为人的刑事责任。如果行为人伪造证据时，实施了伪造公司、企业、事业单位、人民团体印章的行为，构成犯罪的，应当依照刑法第二百八十条第二款的规定，以伪造公司、企业、事业单位、人民团体印章罪追究刑事责任；如果行为人有指使他人作伪证行为，构成犯罪的应当依照刑法第三百零七条第一款的规定，以妨害作证罪追究刑事责任。”2006 年《最高人民法院研究室关于伪造证据通过诉讼获取他人财物的行为如何适用法律问题的批复》规定：“该问题在最高人民检察院法律政策研究室 2002 年 10 月 24 日发布的《关于通过伪造证据骗取法院民事裁判占有他人财物的行为如何适用法律问题的答复》中已经明确。该答复在起草过程中已征求了我室意见。你院（人民法院）在审理此后发生的有关案件时可参酌适用该《答复》的规定。”也就是说，对诉讼诈骗，最高司法机关认为不宜以诈骗罪论处，构成其他犯罪的，按照相关规定定罪处罚。

对诉讼诈骗能否以诈骗罪论处，争议不断。诉讼诈骗，属于典型的三角诈骗，如骗取他人数额较大的财物，较普通诈骗行为社会危害性更大，无疑符合诈骗罪的构成要件。故此，2015 年 11 月 1 日施行的《刑法修正案（九）》增设了虚假诉讼罪，即以捏造的事实提起民事诉讼，妨害司法秩序或者严重侵害他人合法权益的，构成虚假诉讼罪；非法占有他人财产或者逃避合法债务，又构成其他犯罪的，依照处罚较重的规定定罪从重处罚。2018 年《最高人民法院、最高人民检察院关于办理虚假诉讼刑事案件适用法律若干问题的解释》（以下简称《虚假诉讼解释》）第四条亦作了规定，即实施虚假诉讼行为，非法占有他人财产或者逃避合法债务，又构成诈骗罪，职务侵占罪，拒不执行判决、裁定罪，贪污罪等犯罪的，依照处罚较重的规定定罪从重处罚。至此，通过刑事立法和司法解释形式，明确了诉讼诈骗的定罪量刑原则，即以非法占有他人财产为目的，以捏造的事实提起民事诉讼，虚假诉讼行为本身构成虚假诉讼罪，通过虚假诉讼骗取他人财物，数额较大的，构成诈骗罪，虚假诉讼罪与诈骗罪之间属于牵连犯，即虚假诉讼行为属于手段行为，诈骗行为属于目的行为，依照处罚较重的规定定罪从重处罚。

值得注意的是，从立法原意来看，《刑法》增设虚假诉讼罪的目的，是依法惩治不具有合法诉权的行为人故意捏造案由事实，制造自己具有诉权的假象，意图骗取人民法院裁判文书，从而达到个人非法目的的行为。换句话说，对于虚假诉讼中的“诉讼”一词而言，行为人行使诉权、提交诉状为“诉”，人民法院立案受理为“讼”，而“讼”是“诉”的逻辑结果。所谓虚假诉讼，重点是其中“诉”的虚假性，刑法惩治的对象是行为人行使虚假诉权的行为，即原本不存在民事法律关系和民事纠纷,而行为人予以虚构并提起民事诉讼的"无中生有型"行为。如果行为人与他人之间确实存在真实的民事法律关系和民事纠纷,则其依法享有诉权,即使其篡改部分案件事实,亦不能认定为虚假诉讼罪,否则不符合立法原意。虚假诉讼罪限定为"无中生有型"行为,而不包括"部分篡改型"行为。①

笔者认为,在诉讼诈骗中,无论是"无中生有型"还是"部分篡改型","诉讼"都是诈骗的工具,故诉讼诈骗中的"诉讼"包括"无中生有型"和"部分篡改型",只是"部分篡改型"诉讼不构成虚假诉讼罪而已。事实上,"部分篡改型"诉讼诈骗的社会危害性可能会大于"无中生有型"。例如,乙欠甲50万元,甲伪造证据,提起民事诉讼,要求乙归还100万元;再如,甲无中生有,伪造证据,以捏造的事实提起民事诉讼,要求乙归还20万元。显然,通过"部分篡改"骗取他人50万元,与"无中生有"骗取他人20万元,性质相同,都是通过诉讼形式骗取他人财物,但其社会危害性大小并非简单地由"无中生有型"或"部分篡改型"所决定,而应取决于该行为对司法秩序的妨害程度以及对他人合法权益的侵害程度。当然,虽然"部分篡改型"诉讼不构成虚假诉讼罪,但是在实施"部分篡改型"行为过程中,如果伪造公司、企业、事业单位、人民团体印章或者以暴力、威胁、贿买等方法阻止证人作证,仍然可以伪造公司、企业、事业单位、人民团体印章罪或者妨害作证罪等罪名定罪处罚。同样,通过"部分篡改型"行为非法占有他人财物的,可以构成诈骗罪。

(二)诉讼诈骗的构造

无论实施的是"无中生有型"还是"部分篡改型"诉讼诈骗,都属于三角诈骗,与普通诈骗相比,主要差异体现在客体和客观要件上。在客体上,除了侵犯他人财产权益外,还妨害司法秩序。在客观要件上,具体表现为:第一,行为人实施虚构事实、隐瞒真相的行为,即实施虚假诉讼行为。如采取伪造证据、虚假陈述等手段,捏造民事法律关系,虚构民事纠纷,向人民法院提起民事诉讼。隐瞒债务已经全部清偿的事实,向人民法院提起民事诉讼,要求他人履行债务的,属

① 参见周峰、李加玺:《虚假诉讼罪具体适用中的两个问题》,载《人民法院报》2019年9月12日,第6版。

于以捏造的事实提起民事诉讼的虚假诉讼。向人民法院申请执行基于捏造的事实作出的仲裁裁决、公证债权文书，或者在民事执行过程中以捏造的事实对执行标的提出异议、申请参与执行财产分配的，亦属于以捏造的事实提起民事诉讼的虚假诉讼。第二，受骗者即法官陷入错误认识。受骗人为法官，被害人未产生错误认识。第三，法官基于错误认识作出裁判。如法官基于捏造的事实，作出裁判、制作财产分配方案等。法官具有作出财产处分的权限，其作出的裁判即财产处分行为。第四，行为人取得财产及被害人遭受财产损失，即通过法院裁判确定的内容，行为人非法占有被害人财产。

（三）通过“无中生有型”诉讼骗取他人数额较大的财物，同时构成虚假诉讼罪和诈骗罪的，依照处罚较重的规定定罪从重处罚

两罪之间属于牵连犯，且通过诉讼形式骗取他人财物，与普通诈骗相比，社会危害性更大，即不仅侵害他人财产权利，还妨害司法秩序。故此，同时构成虚假诉讼罪和诈骗罪的，在定罪处罚上“依照处罚较重的规定定罪从重处罚”，即“从一重重处”，而不是“从一重处”，以体现罪责刑相适应。

例如，明知借款人所欠借款200万元已经归还，仍然捏造事实起诉借款人及担保人，要求对方归还借款200万元及利息40万元。一审判决支持原告诉请，即判决被告归还200万元并支付一定利息。一审判决后，被告上诉。二审期间，原、被告达成和解协议，后被告方申请撤回上诉，二审法院裁定准许撤回上诉，双方均按原审判决执行。后原告被公安机关立案侦查。[①] 该案中，原告明知借款人所欠借款已经归还，仍然捏造事实起诉借款人及担保人，要求对方归还借款及利息，具有非法占有他人财产的主观目的，客观上实施了虚构事实、隐瞒真相的行为，致使法院作出错误裁判处分被害人的财产，符合诈骗罪的构成要件，但因意志以外的原因未得逞，系诈骗犯罪未遂。

笔者认为，对上述案件以诈骗罪定罪处罚是正确的。首先，原告采用捏造事

---

① 参见王凯凯：《朱港春、李俊乐诈骗案》，载最高人民法院刑事审判第一、二、三、四、五庭主办：《刑事审判参考》总第124集，法律出版社2020年版。

实的方法,通过变造证据等手段向法院提起民事诉讼,意图欺骗法院作出有利于自己的错误裁判,妨害司法秩序,其行为构成虚假诉讼罪。其次,原告明知债务人的借款已经全部归还,双方之间的债权债务法律关系已经消灭,仍然故意捏造事实,起诉要求借款人及担保人再次归还本息,说明其主观上具有非法占有他人财产的目的。其客观上虚构了被告尚欠200万元未归还的事实,受骗人法官产生错误认识并基于错误认识作出被告归还原告200万元、支付相应利息的判决即财产处分行为。但因原告意志以外的原因未得逞,否则原告将取得财产、被告将遭受财产损失。原告已经着手实施诈骗犯罪,并以数额特别巨大的财物为诈骗目标,因意志以外的原因而未得逞,其行为构成诈骗罪(未遂)。最后,原告同时犯虚假诉讼罪与诈骗罪,系牵连犯,依照处罚较重的规定定罪从重处罚。就虚假诉讼罪而言,原告行为已致使法院基于捏造的事实作出裁判,严重干扰正常司法活动或者严重损害司法公信力,属于"情节严重",应当判处三年以上七年以下有期徒刑,并处罚金。就诈骗罪(未遂)而言,以数额特别巨大的财物为诈骗目标,应当在诈骗罪第二档法定刑幅度内量刑,即应当判处三年以上十年以下有期徒刑,并处罚金。显然,以诈骗罪定罪处罚属于较重的处罚,即按照诈骗罪的规定定罪从重处罚。

再如,李某因欠高额债务无力偿还,遂起意将其与黄某夫妇(其母之养父母,其母已去世)共同共有的一套产权房登记到自己一人名下后用于抵押贷款。黄某妻子已过世,黄某尚健在,李某通过他人伪造死亡证明等材料,捏造黄某已去世的事实,以虚构的黄某的女儿为被告向法院提起法定继承纠纷的民事诉讼,要求继承系争房屋中黄某夫妇的份额。后法院组织双方调解,虚构的黄某之女应诉,与李某一同参与调解过程,并作出愿意放弃系争房屋继承权的虚假陈述。法院根据双方调解协议出具民事调解书,确认系争房屋中黄某夫妇的份额由李某继承。其后,李某据此民事调解书将系争房屋登记到自己一人名下(此时该房屋市场价值770余万元),并用于向他人抵押借款。对于此案,生效裁判认为,李某以非法占有为目的,通过向法院提起虚假诉讼的手段骗取他人财物,数额特别巨大,其行为构成诈骗罪。[①] 该案中,李某伙同他人以捏造的事实提起民事诉讼,妨害司法秩序,其行为构成虚假诉讼罪。同时,其以非法占有他人财产为目的,通过向法院提起虚假诉讼的手段骗取他人财物,数额特别巨大,其行为又构成诈骗罪。两罪之间系牵连犯,故依照处罚较重的诈骗罪定罪并从重处罚。

(四)通过"部分篡改型"诉讼骗取他人数额较大财物的行为,除构成诈骗罪外,如果还构成伪造公司、企业、事业单位、人民团体印章罪或者妨害作证罪等罪名的,应依照处罚较重的规定定罪处罚

通过"部分篡改型"诉讼骗取他人数额较大的财物,构成诈骗罪。虽然"部分篡改型"诉讼不构成虚假诉讼罪,但是在实施行为过程中,如果伪造公司、企业、事业单位、人民团体印章或者以暴力、威胁、贿买等方法阻止证人作证,则可能构成伪造公司、企业、事业单位、人民团体印章罪或者妨害作证罪等罪名。因伪造公司、企业、事业单位、人民团体印章或者妨害作证等行为,都是服务于诉讼诈骗,即属于手段行为,骗取财物是目的行为,故"部分篡改型"诉讼诈骗行为,同时构成伪造公司、企业、事业单位、人民团体印章罪或者妨害作证罪等犯罪和诈骗罪的,也属于牵连犯。此时,"从一重重处"还是"从一重处"? 笔者认为,应当"从一重处"。主要理由是:第一,《刑法》第三百零七条之一第三款对同时构成虚假诉讼罪和诈骗罪的,要求"从一重重处",属于特别规定。对于无特别规定的其他牵连犯,《刑法》及相关司法解释均规定"依照处罚较重的规定定罪处罚"即"从一重处"。第二,虽然是"从一重处",但结合案情需要从重处罚的,亦可达到"从一重重处"的效果,以确保罪责刑相适应。

当然,如果通过"部分篡改型"诉讼骗取他人数额较大财物的行为仅构成诈骗罪,则直接以诈骗罪定罪处罚。

---

① 参见陈昶主编:《2021 年上海法院案例精选》,上海人民出版社 2022 年版,第 386 ~ 387 页。

六 诈赌的性质及涉案财物处理

真正意义上的赌博,输赢具有偶然性,赌博结局具有不确定性。而且,“十赌九诈”。即使在赌博过程中使用一些骗术,但主要还是凭借运气和赌技赢取参与赌博者的钱财的,因并未改变其行为整体的赌博性质,属于赌中有诈情况,仍然以赌博论处。对此,1991 年 3 月 12 日《最高人民法院研究室关于设置圈套诱骗他人参赌获取钱财的案件应如何定罪问题的电话答复》(已失效)规定:“对于行为人以营利为目的,设置圈套,诱骗他人参赌的行为,需要追究刑事责任的,应以赌博罪论处。”1995 年 11 月 6 日《最高人民法院关于对设置圈套诱骗他人参赌又向索还钱财的受骗者施以暴力或暴力威胁的行为应如何定罪问题的批复》规定:“行为人设置圈套诱骗他人参赌获取钱财,属赌博行为,构成犯罪的,应当以赌博罪定罪处罚。参赌者识破骗局要求退还所输钱财,设赌者又使用暴力或者以暴力相威胁,拒绝退还的,应以赌博罪从重处罚;致参赌者伤害或者死亡的,应以赌博罪和故意伤害罪或者故意杀人罪,依法实行数罪并罚。”也就是说,对于诱骗他人参与赌博的行为,因并未改变赌博输赢具有偶然性的本质特征,故该行为侵犯的是社会管理秩序,以赌博罪定罪处罚。

(一)诈赌的行为性质

如果诱使他人参与赌博,或者在赌博过程中设圈套、做手脚,使用骗术控制赌局的输赢结果即稳赢不输,使输赢不再具有偶然性,从而“赢取”他人财物,此时不再是赌博,而属于赌博诈骗即诈赌,即以赌博为名行诈骗之实。在诈赌案件中,行为人以非法占有他人财物为目的,使用骗术控制赌局的输赢结果,稳赢不输,从而骗取他人财物;参赌者即被害人稳输不赢,误认为运气不佳而“自愿”按照赌博规则交出钱财。显然,通过诈赌骗取他人财物,数额较大的,完全符合诈骗罪的构成要件,应当以诈骗罪定罪处罚。

例如,黄某等人诈赌案。黄某等人合谋设置圈套诱骗姚某参赌,在赌博中使用诈赌伎俩弄虚作假骗取姚某现金15万余元和轿车2辆,共计价值56万余元。设置圈套诱人参赌,以打假牌的方式"赢取"他人钱财的行为构成赌博罪还是诈骗罪?[①] 该案中,黄某等人通过只赢不输的所谓赌博形式非法占有他人钱财,赌博行为只是达到非法占有他人钱财目的的手段,其不仅设置圈套诱使他人参赌,而且使用欺诈手段控制输赢结果,骗取特定被害人的信任,使其"自愿"依照赌博规则,认赌服输,交付巨额钱财。这属于一种以赌博为名实施的诈骗犯罪,完全符合诈骗罪的犯罪构成,应当以诈骗罪定罪处罚。

再如,史某诈赌案。史某购得用于赌博作假的透视扑克牌及隐形眼镜,预谋在赌博中使用。后史某使用作假用的透视扑克牌与他人一起进行赌博,并在赌博过程中佩戴隐形眼镜。至赌博结束,史某共赢得现金4.8万元。史某利用自己准备的特定赌具控制赌博输赢的行为如何定性?[②] 该案中,史某以非法占有为目的,事先购买诈赌所用的透视扑克牌和特制隐形眼镜,并提前将扑克牌放入赌博场所。在赌博过程中,史某佩戴特制隐形眼镜,能够看到其他人手中的扑克牌和桌面上的扑克牌的点数,从而根据牌的点数大小决定是否加注。而且按照被害人陈述和证人证言中提到的"其中有几局牌按照常理史某是不可能赢"的情况分析,史某采用欺诈手段已经掌控了赌局输赢的结果,被害人是在完全不知情的情况下"愿赌服输",而"自愿"按照赌博规则将钱财交与史某。因此,史某的行为属于典型的诈赌犯罪,应当以诈骗罪论处。

又如,王某、黄某诈赌案。程某电话联系王某,询问下午是否有赌局,其表示愿意参与赌博。王某答复,等其联系好人后再通知程某。王某因想起黄某可以通过在自动麻将机上做手脚控制赌博输赢,遂萌生与黄某合伙以诈赌方式骗取程某钱财的想法。王某经与黄某联系并共谋后,于当日下午,由黄某联系其他诈赌人员至约定赌博地点,并在自动麻将机内安装控制器,更换遥控骰子和带记号

① 参见康瑛:《黄艺等诈骗案》,载最高人民法院刑事审判第一、二、三、四、五庭主办:《刑事审判参考》总第57集,法律出版社2007年版。

② 参见赵芳、陈克娥:《史兴其诈骗案》,载最高人民法院刑事审判第一、二、三、四、五庭主办:《刑事审判参考》总第90集,法律出版社2013年版。

麻将,待安排妥当后联系王某,王某再约程某至上述地点进行赌博。王某、黄某等人通过操作控制器的方式控制赌博输赢,共赢得程某现金1.9万余元、赌债4万元。设置圈套控制赌博输赢并从中获取钱财的行为,如何定性?[①] 该案中,王某在主观上得知程某有赌博的意思后,即产生与他人合作通过在赌博机上做手脚的方式骗取钱财的犯意,并付诸行动,经与黄某共谋后,由黄某等人通过在赌博机上安装控制器等方式实现控制赌博输赢的结果,并通过此种方式成功"赢"得程某较大数额的钱款,可见王某等人具有非法占有程某钱财的犯罪目的。客观上,王某、黄某等人一方面在赌博机上做手脚,另一方面让同案犯假扮赌客以骗取程某的信任,从而使程某误认为自己是在正常赌博中因为运气不好而"输钱",从而不仅将自己带来的1.9万余元输光,还欠下赌债4万元。因此,本案中所谓的赌博只是王某等人行骗的形式,是以赌博为名行欺骗之实,骗取程某1.9万余元。王某、黄某以非法占有为目的,伙同他人使用欺诈手段控制赌博输赢,骗取程某钱款共计1.9万余元,数额较大,其行为均构成诈骗罪。

(二)诈赌案件的涉案财物处理

根据《刑法》第六十四条的规定,犯罪分子违法所得的一切财物,应当予以追缴或者责令退赔;对被害人的合法财产,应当及时返还;违禁品和供犯罪所用的本人财物,应当予以没收。那么,在诈赌案件中,是否也应当将行为人通过赌博骗取的钱财发还给被害人呢?显然,此类案件的赃款发还问题不同于其他诈骗类案件,因为被害人实际上也参与了赌博这一非法行为。对此,笔者认为,需要在保护被害人合法利益与打击赌博违法犯罪行为之间寻求平衡。

实践中,对诈赌案件的涉案财物,一般区分两种情况处理:第一,如果被害人本来不具有赌博的意思,而是被诱骗、受胁迫参赌,并陷入赌博陷阱,从而被骗取钱财,因被害人不具有通过赌博进行营利的目的,对其合法财产权益应予保护,故对于扣押或者退缴的赃款应当发还被害人,或者责令行为人退赔被害人经济

---

① 参见孟宪利、舒平锋:《王红柳、黄叶峰诈骗案》,载最高人民法院刑事审判第一、二、三、四、五庭主办:《刑事审判参考》总第90集,法律出版社2013年版。

损失。如黄某等人诈赌案中,被害人姚某被黄某等人骗去吃饭而非参加赌博,赌资未带,只有随身的几千元,即其本身并无主动赌博的意愿,后被黄某等人设置圈套诱骗参与赌博,被骗56万余元,姚某属于真正意义上的被害人,应将黄某等人所得的赃款56万余元发还姚某。

第二,如果被害人本身也是参赌人员,由于其具有通过赌博进行营利的目的,其本身积极参与赌博行为,对其赌博行为应当予以打击,故其所输钱款属于赌资,即行为人骗取的赃款,应予追缴没收。如史某诈赌案中,参赌人员并非受史某诱骗、胁迫而参赌,即属于主动参赌人员,其所输钱款属于赌资,即史某骗取的赃款4.8万元,应当予以追缴没收。王某、黄某诈赌案中,被害人主动询问赌博事宜,并携带大量钱财前往赌博,可见其具有赌博意愿,且积极参与赌博,故其所输钱款属于赌资,即王某、黄某骗取的赃款1.9万余元,也应当予以追缴没收。

七 侵入计算机系统篡改数据获取财物的定性

实践中,侵入计算机系统篡改数据获取财物的案件比较常见。其中,获取财物行为主要是骗取财物或者窃取财物,故可能构成诈骗罪、盗窃罪或者职务侵占罪、贪污罪。对于侵入计算机系统篡改数据行为,事实上就是利用计算机实施相关财产犯罪的手段行为,对于该行为能否以犯罪论处?

有观点认为,根据《刑法》第二百八十七条的规定,即"利用计算机实施金融诈骗、盗窃、贪污、挪用公款、窃取国家秘密或者其他犯罪的,依照本法有关规定定罪处罚",凡是利用计算机来实施金融诈骗、盗窃、贪污、挪用公款、窃取国家秘密或者其他犯罪的,不论手段行为是否构成相关计算机犯罪,均应以金融诈骗罪、盗窃罪、贪污罪、挪用公款罪等目的犯罪定罪处罚。[①] 笔者认为,上述观点值得商榷。该规定中的"利用计算机",是指将计算机作为犯罪工具或者手段,并未涉及破坏计算机信息系统的问题,如此,无疑以目的犯定罪处罚。但是,如果在利用计算机实施相关犯罪过程中,破坏了计算机信息系统,此时无视计算机信息系统被破坏的情况而直接以目的犯定罪处罚,显然不合理、不公正。尤其在目的犯尚不构成犯罪,如盗窃数额未达到较大标准,而又严重破坏计算机信息系统的情形下,是否也不以犯罪论处?答案当然是否定的。因此,侵入计算机系统篡改数据的手段行为,存在构成犯罪的可能,主要涉及破坏计算机信息系统等罪名。此时,如果手段行为与目的行为均构成犯罪,则属于牵连犯,应当按照处罚较重的罪名定罪处罚。

获取财物行为是构成诈骗罪还是盗窃罪,关键在于取财行为的手段即骗取财物或者窃取财物,如果侵入计算机系统篡改数据后即可获取财物,则显然是违背被害人意愿而秘密窃取财物的盗窃行为;如果侵入计算机系统篡改数据后,受骗者基于错误认识而"自愿"处分财物,则是不违背受骗者意愿而骗取财物的诈骗行为。区分诈骗罪、盗窃罪与职务侵占罪,关键在于行为人是否利用职务上的便利。如是,认定为职务侵占罪;如否,则认定为诈骗罪或者盗窃罪。对于利用职务上的便利,侵入所在单位的计算机系统,通过篡改数据获取财物的行为,是

① 以该观点处理的相关案例,如公司员工赵某,利用工作上的便利,非法侵入所在单位景点检售系统修改景区门票数据,将允许进入人数从一人修改成多人,以此获取门票收益。具体作案手段为,先以 195 元的价格购买一张一人次的原始电子门票卡,然后侵入检售票系统,根据卡号将人数修改为 6 ~ 8 人,再组织客源进入景区,以每人 170 ~ 190 元的价格出售给游客,共计获取收益 4.2 万余元。对赵某的行为如何定性?生效裁判认为,赵某所侵占的门票收益属于公司所有,能否构成职务侵占罪的关键在于是否利用了职务上的便利。经查,赵某对景区门票收益并无主管、经手和管理等职责,其为获取景区门票收益而修改景区门票数据,其中所必需的公司检售票系统源程序和服务器密码,赵某在其职责范围内也并不掌握,而系通过 PE 光盘启动公司网络部开发组组长的电脑盗取而来,然后再在其自己的笔记本电脑上编写程序,秘密侵入公司检售票系统,修改景区门票数据。可见,赵某在获取景区门票收益过程中,未利用其职责范围内的便利,故其行为性质并非职务侵占而系盗窃。赵某以非法占有为目的,采用秘密手段而非骗取手段,窃取所在公司景点门票收益 4.2 万余元,其行为构成盗窃罪。赵某等人非法侵入景点检售系统修改门票的行为,同时又符合破坏计算机信息系统罪的构成要件,即其行为同时触犯了盗窃罪和破坏计算机信息系统罪,根据《刑法》第二百八十七条之规定,应当以盗窃罪定罪处罚。参见聂昭伟:《赵宏铃等盗窃案》,载最高人民法院刑事审判第一、二、三、四、五庭主办:《刑事审判参考》总第 110 集,法律出版社 2018 年版。

构成职务侵占罪还是贪污罪,关键在于行为人是否为国家工作人员。如是,认定为贪污罪;如否,认定为职务侵占罪。下文结合典型案例,仅就侵入计算机系统篡改数据获取财物的常见类型的定性进行探讨。

(一)不构成诈骗罪等侵财犯罪,但侵入计算机系统篡改数据行为构成破坏计算机信息系统罪

例如,公安交通管理部门协管员非法侵入道路交通违法信息管理系统,清除车辆违章信息,共非法处理违章车辆37辆、违章信息738条,非法获利2.5万余元,对该行为如何定性?[①] 该案中,行为人通过公开手段收取违章人员的钱财,而始终未采取秘密窃取手段,故其行为不构成盗窃罪。违章人员出于少交违章罚款和不被扣分的目的而自愿向行为人交付钱财,并非因对其行为性质的错误认识所致,故其行为亦不构成诈骗罪。行为人违反国家规定,非法进入交警部门道路交通违法信息管理系统,非法删除、修改计算机系统中存储的交通违章信息,收取违章人员的"好处费",且致违章人员被删除的数据已经无法恢复,即其非法操作行为已经致使交付钱财的违章人员实现了消除违章记录且不被扣分的目的,其行为破坏了计算机信息系统,后果特别严重,构成破坏计算机信息系统罪。

(二)侵入计算机系统篡改数据行为不构成破坏计算机信息系统罪,但获取财物行为构成诈骗罪或者盗窃罪

例如,公司员工黄某利用工作上的便利,非法登录公司内部未联网计算机的人事系统,将公司其他员工工资卡号改为其持有的银行账号,骗取公司工资款合计2万余元。黄某非法占有他人工资款的行为如何定性?[②] 该案中,黄某虽然为

---

① 参见吕梅青、朱宏伟:《童莉、蔡少英破坏计算机信息系统案》,载最高人民法院刑事审判第一、二、三、四、五庭主办:《刑事审判参考》总第86集,法律出版社2013年版。

② 参见季志康:《黄某诈骗案》,载最高人民法院刑事审判第一、二、三、四、五庭主办:《刑事审判参考》总第89集,法律出版社2013年版。类似案例还可参见田文军:《篡改数据截留应付款构成诈骗罪》,载《人民司法(案例)》2022年第2期。该案例认为,行为人以非法占有为目的,利用信息优势,通过篡改支付数据,使被害人对应付金额产生错误认识,截留应支付款项据为己有的,构成诈骗罪。

公司员工,但其利用的是工作上的便利而非职务上的便利,故其行为不构成职务侵占罪。黄某以非法占有为目的,利用熟悉工作环境的便利,侵入公司内部未联网的计算机信息系统,将公司人事系统数据进行更改,即虚构事实,公司基于错误认识将本应发放给其他员工的工资款汇入其持有的银行卡账户内,其行为构成诈骗罪。

再如,潘某利用其雅培公司驻沃尔玛超市婴儿奶粉促销员身份,私自登录主管史某的移动ID终端账号,对超市后台系统内"雅培菁挚纯净3段奶粉"的售价进行篡改,先后将每罐售价368元的奶粉改为售价150元和318元,并将上述改价后的奶粉全部购入,后以每罐150~200元不等的价格,将其购买的上述奶粉出售给他人,获利1.6万余元,给沃尔玛超市造成经济损失6.4万余元。对于此案,公诉机关指控,潘某违反国家规定,对计算机信息系统中存储、处理的数据进行修改,造成经济损失6.4万余元,后果特别严重,其行为构成破坏计算机信息系统罪,应判处五年以上有期徒刑。生效裁判认为,潘某虽然修改了沃尔玛超市涉案奶粉价格,但其行为并未影响超市计算机信息系统的运行,亦未造成严重破坏后果,其行为不构成破坏计算机信息系统罪。潘某私自登录他人移动终端账号,对超市后台系统内奶粉售价进行篡改后以低价购入的行为,实质上系以非法占有为目的,在超市工作人员不知情的情况下,通过更改系统价格、支付低价的方法,秘密窃取超市财物,造成超市财产损失,数额巨大,其行为构成盗窃罪。

又如,韩某利用"绿色浏览器"(Green Browser)登录携程公司网站,并在相关银行网站页面上编辑、修改付款金额后,使用购买的他人银行卡付款72.44元,利用携程公司网站不审核具体付款金额的漏洞,将携程公司共计价值223,500元的70张"任我行游票"(系电子游票)非法占为己有。嗣后,韩某将上述游票出售牟利。韩某利用上述浏览器登录银生宝公司网站,编辑、修改该网站页面上的付款金额后,使用购买的他人银行卡,在相关银行网站上付款36.31元,并利用银生宝公司网站不审核具体付款金额的漏洞,向其控制的账户共计充值265,900元。后韩某通过转账后取现、向商联卡充值后消费等方式非法占有银生宝公司钱款共计113,265.29元。韩某还利用IE浏览器登录好享购物公司网站,利用该公司网站程序漏洞,编辑、修改该公司网站页面上的价格数据,后通过相关银行网站实际支付1.2元，将好享购物公司共计价值23,585元的苹果笔记本电脑一台、iPhone5型16G手机一部、科因沃奇手表一只非法占为己有。对于此案，公诉机关指控韩某的行为构成破坏计算机信息系统罪，后果特别严重。生效裁判认为，韩某以非法占有为目的，通过修改相关网页上价格数据或者付款金额数据、支付小额价款的方式，利用被害单位网站的程序漏洞，多次秘密窃取被害单位的财物，其行为构成盗窃罪，且数额巨大。该案中，韩某利用浏览器编辑、修改被害单位网站上价格数据或者相关银行网站上的付款金额数据的行为，仅影响到其本次交易行为，对计算机信息系统安全和通过该网站实施的其他交易行为均不产生影响，即不危及计算机信息系统的安全，且其主观上并无破坏计算机信息系统的故意，故其行为不构成破坏计算机信息系统罪。但是，韩某利用被害单位网站的程序漏洞——只审核付款是否成功、不审核实际付款金额与应当付款金额是否一致，通过修改被害单位网站页面上的价格数据或者相关银行网站支付页面上的付款金额数据，从而以支付较低价款的形式，使得相关银行向被害单位发送已经付款的信息。韩某在被害单位管理者未能及时发现上述程序漏洞的情况下，通过修改价格并以低价"交易"形式秘密地取得被害单位的财物，显然违背了被害单位管理者的意志。韩某主观上具有非法占有目的，客观上实施了不为被害单位管理者所知的秘密窃取财物行为，其行为侵害了被害单位的财产权，符合盗窃罪的构成要件，故以盗窃罪定罪处罚。

（三）侵入计算机系统篡改数据获取财物，同时构成破坏计算机信息系统罪和诈骗罪或者盗窃罪的，属于牵连犯，应当按照处罚较重的罪名定罪处罚

手段行为和目的行为同时构成犯罪的，属于牵连犯，应当按照处罚较重的罪名定罪处罚。例如，杨某为利用网络骗取社会各界对四川汶川地震提供的捐款，在其暂住地使用自行组装的台式电脑，登录某市红十字会网站管理后台，将其本人篡改过的包含虚假募捐账户为"5·12四川汶川地震捐款"的消息链接至该市红十字会网站上，致使网站管理员无法正常管理网站，该市红十字会网站被迫关闭27小时。杨某发布的虚假消息载明募捐账户名为庞某，由其控制。至案发无募捐款项汇入该账号。① 该案中,杨某在汶川地震期间,利用某市红十字会网站源代码漏洞,采取“SQL”漏洞注入的方式非法获取该网站后台登录页面路径和管理员用户名及密码后植入网页木马程序,删除管理后台文件夹,并访问添加和编辑新闻页面,篡改该网站上内容,发布虚假募捐消息,导致网站管理员无法登录后台管理界面,无法正常管理网站,网站被迫关闭24小时以上,影响该市红十字会向地震灾区正常的募捐行为。其行为符合“对计算机信息系统功能进行删除、修改、增加、干扰,造成计算机信息系统不能正常运行”的行为方式,且后果严重,构成破坏计算机信息系统罪。同时,杨某以非法占有为目的,虽然诈骗未遂,但诈骗手段恶劣、危害严重,属于有其他严重情节,构成诈骗罪(未遂)。故杨某同时构成破坏计算机信息系统罪和诈骗罪,系牵连犯,应当按照处罚较重的罪名定罪处罚。本案中,杨某破坏计算机信息系统,后果严重,应处五年以下有期徒刑或者拘役;诈骗未遂,有其他严重情节,在诈骗罪第一档法定刑幅度内量刑,即处三年以下有期徒刑、拘役或者管制,并处或者单处罚金。显然,以破坏计算机信息系统罪定罪处罚属于较重的处罚,即应当以该罪定罪处罚。②

八 “资金操控型”非法证券期货交易的性质

非法证券、期货交易犯罪,属于多发性犯罪。根据《刑法》规定,未经国家有关主管部门批准非法经营证券、期货业务,情节严重的,以非法经营罪定罪处罚。实践中,对于“真实交易型”非法证券、期货交易犯罪案件,因交易行为真实,只是交易平台没有证券、期货交易资质,该行为的违法性主要是未经国家有关主管部门批准从事证券、期货交易,扰乱了证券、期货市场秩序,而以非法经营罪定罪处

① 参见王东:《杨丽涛诈骗案》,载最高人民法院刑事审判第一、二、三、四、五庭主办:《刑事审判参考》总第101集,法律出版社2015年版。

② 当然,该案最终以诈骗罪(未遂)定罪处罚。造成与笔者结论不同的原因在于,诈骗未遂,有其他严重情节的,是在诈骗罪第一档还是第二档法定刑幅度内量刑的问题。与笔者观点不同,该案认为应在诈骗罪第二档法定刑幅度内量刑,如此,以诈骗罪定罪处罚属于较重的处罚。参见王东:《杨丽涛诈骗案》,载最高人民法院刑事审判第一、二、三、四、五庭主办:《刑事审判参考》总第101集,法律出版社2015年版。

罚。因该种行为不涉及骗与被骗,故不存在以诈骗罪定性的问题。例如,徐某在担任公司风控专员、风控主管期间,经公司实际控制人李某等人指使,未经国家相关主管部门批准,为该公司利用掌握的带资股票、期货账户,通过分仓软件等方式,发展代理及客户,从事股票、期货配资业务,从中赚取利差进行资金风险控制。公司收取代理及客户保证金 2 亿余元,配资 6 亿余元。对于此案,生效裁判认为,徐某违反国家规定,未经国家有关主管部门批准非法经营证券、期货业务,扰乱市场秩序,情节特别严重,其行为构成非法经营罪。

但是,对于"资金操控型"非法证券、期货交易,交易平台没有证券、期货交易资质,具有非法性;代理商虚构专业分析师身份并以高额回报为诱饵吸引投资者入金,或者以高额配资为诱饵诱导投资者向虚假股票投资平台入金充值,具有欺诈性;以赚取投资者亏损为目的,通过篡改数据控制涨跌,或者进行人为反向调控、发布反向行情进行欺诈引导,或者设置强制平仓线等方式造成投资者亏损,具有操控性。对于该种行为模式,行为人主观上并非通过非法经营行为牟取手续费等非法利益,而是通过人为操控,故意造成投资者亏损,从而达到非法占有投资者资金的目的即"吃客损及手续费",具有非法占有目的;客观上虚构事实、隐瞒真相,诱骗投资者入金,并通过人为操控造成投资者亏损,最终占有投资者的钱款。相应地,投资者的入金没有进入真实交易市场,主要亏损不是市场波动因素造成,而是被人为操控"骗走"的,该行为背离了市场交易本质,已是骗与被骗的问题,符合诈骗罪构成要件的,以诈骗罪定罪处罚。[①] 在诈骗数额上,以入金

① 在虚拟币交易中,也存在"资金操控型"行为模式,符合诈骗罪构成要件的,以诈骗罪定罪处罚。例如,罗某作为秦某控制的"FBTC"虚拟货币交易平台对应的某市代理部分负责人,组织招募李某等人,通过制发虚假盈利图、指导投资等方式,共同营造与市场接轨的投资运营假象,诱使客户将钱款转账至该平台控制的关联账户,后以客损、手续费提成等名义非法获利,致使被害人损失 7 万余元。对于此案,生效裁判认为,罗某等人以非法占有为目的,虚构事实、隐瞒真相,骗取他人钱款,数额巨大,其行为构成诈骗罪。该案中,罗某等人在主观上明知涉案交易平台是虚假平台,亦明知涉案平台的操作规则及经营模式,仍然伙同他人,利用虚假的虚拟币交易平台,通过发送虚假盈利图、指导投资等方式招揽客户,诱骗被害人在该平台上入金进行虚拟币投资交易。而实际上被害人的入金并未流入真实交易市场,而是进入平台控制的关联账户,罗某等人最终以"吃客损及手续费"的形式获利,非法占有被害人的合法财产,造成被害人经济损失,其主观上具有非法占有被害人钱款的目的,客观上实施了虚构事实、隐瞒真相的行为,其行为符合诈骗罪的构成要件。

金额减去出金金额即净入金金额(又称客损)认定较为合理。

例如,赵某招募张某等为经理参与对业务员培训管理,招募韩某等多人为业务员,以其实际控制经营的网络技术公司名义,通过让业务员添加好友的方式,以高配资为诱饵,诱导多名被害人下载虚假股票投资平台 App 客户端入金充值,并设置强制平仓线等方式造成被害人亏损,从中牟利。该平台涉案金额 300 余万元。对于此案,生效裁判认为,赵某等人以非法占有为目的,采用虚构事实、隐瞒真相的方法,骗取他人财物,数额特别巨大,其行为构成诈骗罪。该案中,行为人通过设置强制平仓线等人为操控方式造成被害人亏损,从而达到"吃亏损及手续费"这一非法占有被害人钱款的目的,而非通过非法经营行为牟取"手续费"等非法利益,故本案构成诈骗罪而不是非法经营罪。[①]

再如,么某联系上家取得所谓的网络期货平台代理并获取潜在客户信息,伙同他人以客服身份,通过电话、微信等方式虚假宣传客户入户并赚钱的事例,隐瞒资金实际并未进入真实期货市场的真相,诱骗被害人将资金投入虚假期货交易网络平台,由平台以"手续费""交易亏损""强制平仓""限制登录"等名目侵吞客户资金,其以被害人亏损额 85% 等高额比例获取分成。么某等人采用上述手段,共计骗取王某等人 96 万余元。对于此案,生效裁判认为,么某等人以非法占有为目的,采用虚构事实、隐瞒真相的方法骗取他人财物,数额特别巨大,其行为构成诈骗罪。该案中,盈利方式主要有两部分:一部分是客户投资期货亏损部分的资金,另一部分是客户交易的手续费。么某与上家平台公司谈妥,客户投资亏损部分及手续费的 85% 归么某等人。被害人对其亏损,误以为是进入真实期货市场后因市场因素造成的,而实际上其入金并未进入真实的期货市场,进入的是虚假的交易平台。么某等人主要通过被害人的亏损来获利,客观上采取了欺骗手段,人为操控资金造成被害人亏损,该种获利模式与非法经营证券、期货中收取佣金、配资费等行为有着本质不同,实质上是骗取他人的"亏损和手续费",其

① 对于利用后台不可操控的大宗商品交易平台,不遵循正常交易规则,通过多种欺诈手段,蓄意造成客户亏损而获取财物的"吃客户亏损"行为,同样符合诈骗罪的构成要件,应以诈骗罪论处。参见骆锦勇、李莹:《利用大宗商品交易平台实施诈骗的认定及处罚》,载《人民司法(案例)》2019 年第 8 期。

行为构成诈骗罪。

需要注意的是，在“资金操控型”非法证券期货交易犯罪中，一些底层业务员虽然知道其所在公司未取得相关从业资质，但是对客户资金是否进入真实交易市场、所在公司是靠“吃客损和手续费”还是仅以收取的佣金、配资费等手续费作为盈利模式并不知晓。此时因其无非法占有的主观故意，根据主客观相统一原则，不能认定为诈骗罪。如果构成非法经营罪，则以该罪定罪处罚。该种情形中，对于具有非法占有目的的，以诈骗罪定罪处罚；对于无非法占有目的，但非法从事了证券、期货经营业务的，以非法经营罪定罪处罚。虽然以不同罪名认定，但其系共同犯罪，即在非法从事证券期货交易犯罪这一层面上有共同故意和共同行为①，故对于地位不高、作用不大的业务员及部分较低层次的管理人员，从罪责刑相适应角度，可认定为从犯。相反，对于地位较高、作用较大的人员，则不宜认定为从犯。例如，王某伙同他人，先后以不同公司名义，招募郭某、周某任经理，胡某、王某、李某任副经理，张某等人为业务员，通过获取各大证券公司客户信息，拨打电话推广所谓的个股期权平台，吸引被害人参与投资。业务员使用QQ、微信等聊天工具提供网络直播间通道，并由相关老师在直播间内进行所谓的讲课。副经理则在直播间冒充客户，以发送虚假盈利图等方式，诱骗被害人入金至指定账户，并以“内部通道”“保证盈利”为幌子诱骗被害人购入指定的个股期权，客户资金实际并未进入金融交易市场，从而达到侵吞被害人投资本金的目的，共计造成客户损失金额 929 万余元。对于此案，生效裁判认为，王某等人以非法占有为目的，采用虚构事实、隐瞒真相的方法，骗取他人财物，数额特别巨大，其行为构成诈骗罪。胡某等人违反国家规定，未经国家有关主管部门批准非法经营证券、期货业务，扰乱市场秩序，情节严重，其行为构成非法经营罪。胡某

① 正如集团式非法集资犯罪一样，对于无非法占有目的的业务员及较低层次的管理人员以非法吸收公众存款罪论处，而对于具有非法占有目的的组织者、策划者、指挥者及较高层次的管理人员以集资诈骗罪定罪处罚。无论是以非法吸收公众存款罪还是以集资诈骗罪定罪处罚，在非法集资上都属于共同犯罪。对于业务员及较低层次的管理人员，可认定为从犯。参见黄祥青等：《涉众型非法集资犯罪的法律、政策规制》，载最高人民法院刑事审判第一、二、三、四、五庭主办：《刑事审判参考》总第 117 集，法律出版社 2019 年版。

等人的鼓吹行为为成功骗取被害人入金起到重要作用,不能认定为从犯。

此外,对于“部分资金操控型”非法证券、期货交易,即行为人通过前期行为诱导投资人开户入金后,截留部分资金作为公司盈利,将剩余资金转付上家进入合法市场交易,而后以提高交易费率等方式掩盖私自截留的行为,笔者认为,对该种行为的性质认定,应区分资金走向,对通过欺骗方法截留的资金部分认定为诈骗罪,而对转付入场交易部分认定为非法经营罪,并进行数罪并罚。

当然,在非法证券、期货交易犯罪中,除前述的“真实交易型”“资金操控型”外,还有“资金对赌型”,即行为人通过前期行为诱导客户入金后,并未将资金投入真实合法的市场交易,仅依据平台显示的真实行情与投资人进行出入金结算,行为人与投资人形成事实上的对赌。此类案件多以股票配资为噱头,且因按市场行情结算、出入金自由等特点而更具迷惑性,行为人及其辩护人多以此为由辩称该行为构成非法经营罪。笔者认为,因行为人并未实际实施为投资者代为买卖证券、期货等非法经营行为,故不能对其以非法经营罪论处。如果平台经营者不参与投资者损益的分配,仅赚取每笔交易的手续费,那么就有开设赌场罪或者赌博罪的适用空间;如果平台经营者进行了虚假广告宣传、“投资顾问”的话术诱导等,并利用“撮合、促成”交易的便利故意制造亏损,以占有投资者的投资款项的,则以诈骗罪定罪处罚更为合适。

总之,办理非法证券、期货交易犯罪案件,首先,应审查平台是否具有资质,从而区分合法经营与非法经营,如无资质,则属于未经国家有关主管部门批准非法经营证券、期货业务;其次,应审查交易是否真实,即投资者的入金是否进入真实合法的市场交易,只有进入市场交易才存在非法经营行为,从而区分非法经营罪与诈骗罪等非经营性犯罪;再次,应审查犯罪手法是否采用了欺诈手段,以及获利方式是“吃客损及手续费”还是仅获取佣金等手续费,从而判断是否成立诈骗罪;最后,审查投资者的主观认知,只有存在被骗,行为人才可能成立诈骗罪,反之,行为人不构成诈骗罪,此时如果投资者的入金并未进入真实合法的市场交易,则应跳出诈骗罪和非法经营罪考虑是否构成其他犯罪。

九　国家工作人员虚假承诺获取财物的定性

（一）典型案例及不同观点

例如，国家工作人员钱某虚构事实、隐瞒真相，谎称能为请托人谋取利益，收受其给予的钱款50余万元，后因钱某未能为请托人谋取到利益而案发。关于钱某行为的定性，一种观点认为，钱某身为国家工作人员，收受请托人财物并作出承诺，虽未实际为请托人谋取到利益，但该行为仍然构成受贿罪。另一种观点则认为，钱某虽然为国家工作人员，但就请托事项而言，其不具有职务便利，其利用国家工作人员这一身份，虚构事实、隐瞒真相，虚假承诺并收受请托人财物的行为，构成诈骗罪。

（二）认定思路：关键在于是否存在权钱交易

诈骗罪与受贿罪具有明显的区别。对于一般主体虚构事实、隐瞒真相，对“请托人”作出虚假承诺并获取财物，符合诈骗罪构成要件的，以该罪定罪处罚。而对于国家工作人员这一特定主体，虚假承诺利用职务上的便利为请托人谋取利益，或者虚假承诺利用本人职权或者地位形成的便利条件，通过其他国家工作人员职务上的行为，为请托人谋取不正当利益，索取或者收受请托人财物的，属于受贿还是诈骗，存在分歧。

有观点认为：“实践中首先应当区分谋取正当利益和谋取不正当利益两种情形。对国家工作人员帮助请托人谋取正当利益情形，如果国家工作人员向请托人谎称已打招呼或者已推进实施，只是结果未兑现，同时可以构成诈骗罪，按照诈骗罪和受贿罪从一重处罚原则处断；对国家工作人员帮助请托人谋取不正当利益情形，不应认定请托人为被害人，因为请托人追求的一般是违法犯罪目的，不应保护，对行贿款不可能返还，故不应认定诈骗罪。国家工作人员的虚构、隐瞒行为可以作为受贿罪的从重处罚情节。”①

笔者认为,国家工作人员作出虚假承诺并获取财物的,是以受贿罪还是以诈骗罪定罪处罚,关键在于国家工作人员作出虚假承诺时是否具有职务上的便利,或者有无利用本人职权或者地位形成的便利条件,通过其他国家工作人员职务上的行为,为请托人谋取不正当利益的可能,即是否存在权钱交易;如是,为受贿;如否,则为诈骗。第一,就一般受贿而言,区分的关键在于国家工作人员作出虚假承诺时是否具有职务上的便利。如有,不论作出的承诺是否真假,也不论事实上是否为请托人谋取了利益,其职务行为的廉洁性和不可收买性即受到侵害,所索取或者收受财物系权钱交易的结果,而非请托人陷于错误认识后交付财物。对于请托人而言,其认识到国家工作人员具有职务上的便利,能够为其谋取利益,不存在错误认识,又怎么会成为被骗者?故此,如认定为诈骗罪,明显不合逻辑。当然,如果不具有职务上的便利,就不是权钱交易,系利用国家工作人员身份骗取他人财物,属于诈骗;对于请托人而言,其误以为该国家工作人员具有职务上的便利而给予财物,系被骗。第二,就斡旋受贿而言,区分的关键在于国家工作人员有无利用本人职权或者地位形成的便利条件,通过其他国家工作人员职务上的行为,为请托人谋取不正当利益的可能。如有可能,按照上述逻辑,系受贿;如无可能,则不是权钱交易,系利用国家工作人员身份骗取他人财物,属于诈骗。

例如,葛某、喻某、张某受贿案。葛某、喻某、张某均系某公安分局民警,该公安分局对钱某非法倒卖外汇立案侦查,并对钱某开设或者代理的B股股东账户以及资金账户予以冻结。葛某接受何某等人的请托,答应设法帮助解冻钱某的上述账户,并与张某、喻某共谋后,由喻某出面寻找他人帮忙。其间,喻某以支付罚款、好处费等为由,通过葛某并由张某经手先后向何某索得420万元。后何某多次催问请托事项的处理结果。葛某、喻某、张某三人又经共谋,在葛某办公室

① 刘晓虎:《司法疑难之77:斡旋受贿案件中未实际为请托人谋取不正当利益的是否影响定性;谎称已向其他国家工作人员打招呼或推进实施的能否认定诈骗罪》,载微信公众号“刑水浮萍”,2019年2月8日。

内,由喻某望风,葛某将单位空白的《解除冻结犯罪嫌疑人存款通知书》复印后,让张某按葛某的口述填写虚假的解冻内容。葛某再复印后交何某阅看,谎称解冻事宜即将解决,再次从何某处索得150万元。葛某、喻某、张某三人共计从何某处索得570万元。对于此案,公诉机关指控葛某、喻某、张某三人的行为构成伪造国家机关公文罪。生效裁判则认为,葛某、张某、喻某身为国家工作人员,利用本人地位形成的便利条件,意图通过其他国家工作人员职务上的行为,为请托人谋取不正当利益,从而索取请托人570万元,其行为均构成受贿罪。本案中,葛某、张某、喻某均系公安民警,在索取钱财过程中虽有虚假承诺和欺诈因素(故意使用伪造的虚假解除冻结通知书骗取请托人信任),但前提是请托人为谋取不正当利益而求助于三人帮忙(主要是葛某出面),并出于对三人的信任而给予钱财;三人也承诺利用其职权或者地位形成的便利条件,在为请托人谋取不正当利益的过程中索取贿赂。三人之所以能够从何某处索取570万元,完全取决于其民警身份和民警的职权及影响,而非请托人误以为真,即三人是以权换钱,请托人是以钱换权,其行为在本质上具有权钱交易特征,故法院作出受贿罪的判决是正确的。

据上,前述案例中的国家工作人员钱某,如其就请托事项作出虚假承诺时不具有职务上的便利,或者无利用本人职权或者地位形成的便利条件,通过其他国家工作人员职务上的行为,为请托人谋取不正当利益的可能,则其系利用国家工作人员这一身份实施诈骗,应以诈骗罪定罪处罚;反之则具有权钱交易这一本质特征,即使未为请托人实际谋取到利益,也应以受贿罪定罪处罚。

十 诈骗罪与招摇撞骗罪竞合的罪名选择

招摇撞骗罪,是指为谋取非法利益,冒充国家机关工作人员招摇撞骗的行为。谋取的非法利益包括财物、爱情、地位、荣誉、信任等。如冒充国家机关工作人员招摇撞骗,谋取的是财物以外的非法利益,显然不涉及诈骗罪问题。但是,如果冒充国家机关工作人员招摇撞骗，仅骗取财物，或者既骗取财物又骗取其他非法利益，无疑符合招摇撞骗罪的构成要件，同时，就骗取财物而言，数额较大的，还符合诈骗罪的构成要件，此时如何定罪处罚？

（一）诈骗罪与招摇撞骗罪之异同

虽然两罪都是“骗”，但区别也是明显的。第一，侵害的客体不同。诈骗罪侵犯的为简单客体，即公私财产权利。而招摇撞骗罪属于妨害社会管理秩序类罪，侵犯的是复杂客体，主要客体是国家机关的威信和社会公共秩序，次要客体为公共利益和公民、法人和其他组织的合法权益。第二，具体行为特征不同。招摇撞骗罪的行骗手段必须是冒充国家机关工作人员，而诈骗罪无此限制，只要采取虚构事实、隐瞒真相的方法即可。第三，行骗目的不同。诈骗罪中，行为人以非法占有他人财物为目的。而在招摇撞骗罪中，行为人的目的是骗取非法利益，包括骗取财物，也包括骗取其他非法利益，如爱情、地位、荣誉、信任等。第四，入罪标准不同。招摇撞骗罪是行为犯，其社会危害性主要表现在对国家机关威信和社会公共秩序所造成的破坏和恶劣影响上，在骗取财物数额方面没有特别要求。而诈骗罪是数额犯，要求骗取“数额较大”的财物的，才构成诈骗罪。

（二）诈骗罪与招摇撞骗罪竞合的定罪量刑

冒充国家机关工作人员招摇撞骗，仅骗取财物，或者既骗取财物又骗取其他非法利益的，此时既触犯招摇撞骗罪，还可能触犯诈骗罪，如何定罪处罚？

1. 只能以一罪定罪处罚

冒充国家机关工作人员招摇撞骗，既骗取财物又骗取其他非法利益的，往往先后实施了数次招摇撞骗行为，但该数次行为均是在同一犯意支配下实施的，符合连续犯的特点，因此，应当将该数次行为作为一罪综合评价，而不能分割评价、实行数罪并罚。[①]

---

① 参见周加海：《梁其珍招摇撞骗案》，载最高人民法院刑事审判第一庭、第二庭编：《刑事审判参考》总第34集，法律出版社2004年版。

2. 冒充国家机关工作人员招摇撞骗,仅骗取财物,或者既骗取财物又骗取其他非法利益,同时构成招摇撞骗罪和诈骗罪的,两罪之间具有交叉法条竞合关系,应当按照重法优于轻法的原则处理

在同时构成两罪的场合,属于法条竞合还是想象竞合,存在不同观点。一种观点认为,以冒充国家机关工作人员的手段诈骗他人财物,数额较大的,既触犯了招摇撞骗罪法条又触犯了诈骗罪法条,这种交叉不是由特定的具体发生的犯罪行为所引起的,是由于《刑法》的直接规定所引起的,招摇撞骗罪与诈骗罪的关系不是想象竞合犯,而是(交叉)法条竞合的关系,应当按照重法优于轻法的原则处理。[①] 另一种观点则认为,招摇撞骗罪非以骗取财物而构成,诈骗罪也非以冒充国家机关工作人员手段骗取财物而要求,两者在构成要件上根本不存在因法条规定形成必然的重合或者交叉关系。招摇撞骗在骗取财物构成犯罪时与普通诈骗罪的竞合,恰恰是因为招摇撞骗罪的法条内容中没有规定特定的具体内容,而行为人的实际行动是以冒充的身份撞骗而骗取财物行为触犯到诈骗罪,即是因为骗取的对象是财物而偶然与普通诈骗罪发生的联系。所以,犯招摇撞骗罪触犯诈骗罪的竞合,恰恰是一种事实上的竞合关系,法律性质是想象竞合犯,而非法条竞合犯,应从一重罪论处。[②]

事实上,在同时构成招摇撞骗罪和诈骗罪的场合,两罪之间无论是属于交叉法条竞合关系还是属于想象竞合关系,结论是一致的,即应从一重罪论处。2011年《诈骗解释》第八条规定:“冒充国家机关工作人员进行诈骗,同时构成诈骗罪和招摇撞骗罪的,依照处罚较重的规定定罪处罚。”2016 年《电信诈骗意见》亦规定:“冒充国家机关工作人员实施电信网络诈骗犯罪,同时构成诈骗罪和招摇撞骗罪的,依照处罚较重的规定定罪处罚。”就两罪的关系而言,笔者赞同交叉法条竞合关系。主要理由为:一方面,两罪都是“骗”,只是对于招摇撞骗罪,要求冒充国家机关工作人员去骗,如果骗取的是财物,两罪就存在竞合,这种竞合是从两

① 参见王作富主编:《刑法分则实务研究(中)》,中国方正出版社 2010 年版,第 1207 页。

② 参见马克昌主编,吴振兴、莫洪宪执行主编:《百罪通论》(下卷),北京大学出版社 2014 年版,第 906 ~ 907 页。

罪的法条规定中得出来的，而不以特定事实的发生为必要；另一方面，冒充国家机关工作人员招摇撞骗，既可能骗取财物，也可能骗取财物以外的非法利益，两罪在骗取财物这一情况下形成交叉竞合。

招摇撞骗罪与诈骗罪之间系交叉法条竞合关系，应当按照重法优于轻法的原则处理。目前虽无招摇撞骗罪的定罪量刑标准，但招摇撞骗罪的两档法定刑与诈骗罪的第一档、第二档法定刑基本相当，而冒充国家机关工作人员骗取财物与普通诈骗相比，社会危害性更大，故在骗取的财物数额较大对应诈骗罪第一档法定刑的，至少对应招摇撞骗罪的第一档法定刑，并可能属于“情节严重”而对应第二档法定刑；在骗取的财物数额巨大对应诈骗罪第二档法定刑的，无疑应当对应招摇撞骗罪的第二档法定刑。具体而言，当两罪竞合时应作如下处理：

第一，骗取的财物数额较大的，以招摇撞骗罪定罪，首先可处三年以下有期徒刑、拘役、管制或者剥夺政治权利，系情节严重的，可处三年以上十年以下有期徒刑。而以诈骗罪定罪，只能处三年以下有期徒刑、拘役或者管制，并处或者单处罚金。显然，以招摇撞骗罪定罪处罚属于较重的处罚。第二，骗取的财物数额巨大的，以招摇撞骗罪定罪，属于情节严重的，处三年以上十年以下有期徒刑。而以诈骗罪定罪，处三年以上十年以下有期徒刑，并处罚金，即多了一个“并处罚金”，此时以诈骗罪定罪处罚属于较重的处罚。通过并处罚金，既确保罪罚相当，又从经济上有力惩治犯罪行为。第三，骗取的财物数额特别巨大的，因招摇撞骗罪的最高法定刑为十年有期徒刑，而此时以诈骗罪定罪，处十年以上有期徒刑或者无期徒刑，并处罚金或者没收财产，显然，以诈骗罪定罪处罚属于较重的处罚。

据上，如果骗取的财物数额巨大或者特别巨大，均应以诈骗罪定罪处罚。需要注意的是，根据《刑法》第二百七十九条的规定，冒充人民警察招摇撞骗的，从重处罚，即属于法定从重处罚情节。故此，即使在法条竞合情况下以诈骗罪定罪，量刑时仍应考虑该法定从重处罚情节。

例如，冒充人民法院法官，骗得他人信任后，多次骗取他人钱财共计4000余元以及其他非法利益。[①] 该案中,行为人冒充国家机关工作人员以骗取他人信任,非法占有他人数额较大(按照案发时该地区的数额标准)财物的行为,同时符合招摇撞骗罪和诈骗罪的犯罪构成,形成交叉竞合关系,应当按照重法优于轻法的原则处理。因其所骗取的财物数额仅达到较大标准,对应诈骗罪第一档法定刑;而在招摇撞骗中,综合其骗取财物及其他非法利益的情况,属于情节严重,对应招摇撞骗罪第二档法定刑处罚,故对其应以招摇撞骗罪定罪处罚。

十一 诈骗罪与合同诈骗等特殊诈骗罪的界限

特殊诈骗罪通常指合同诈骗罪及 8 个金融诈骗罪,即集资诈骗罪、贷款诈骗罪、票据诈骗罪、金融凭证诈骗罪、信用证诈骗罪、信用卡诈骗罪、有价证券诈骗罪和保险诈骗罪。诈骗罪与特殊诈骗罪属于一般与特殊的关系,为此,《刑法》第二百六十六条关于诈骗罪的法条规定:本法另有规定的,依照规定。即对于特殊诈骗罪,按照各自规定定罪处罚。

根据相关司法解释及 2022 年修订的《最高人民检察院、公安部关于公安机关管辖的刑事案件立案追诉标准的规定(二)》的规定,绝大多数特殊诈骗罪的入罪标准或者追诉标准[②]高于普通诈骗罪的入罪标准[③],此时需要注意的是,因特殊

① 参见傅德清、洪冰:《李志远招摇撞骗、诈骗案》,载最高人民法院刑事审判第一庭、第二庭编:《刑事审判参考》总第 24 辑,法律出版社 2002 年版。

② 根据 2010 年《最高人民法院关于在经济犯罪审判中参照适用〈最高人民检察院、公安部关于公安机关管辖的刑事案件立案追诉标准的规定(二)〉的通知》的规定,最高人民法院对相关经济犯罪的定罪量刑标准没有规定的,人民法院在审理经济犯罪案件时,可以参照适用 2010 年《最高人民检察院、公安部关于公安机关管辖的刑事案件立案追诉标准的规定(二)》。

③ 根据 2021 年修正的《非法集资解释》、2018 年修正的《最高人民法院、最高人民检察院关于办理妨害信用卡管理刑事案件具体应用法律若干问题的解释》及 2022 年修订的《最高人民检察院、公安部关于公安机关管辖的刑事案件立案追诉标准的规定(二)》的规定,合同诈骗罪的追诉标准为 2 万元以上,集资诈骗罪的入罪标准为 10 万元以上,恶意透支型信用卡诈骗罪的入罪标准为 5 万元以上,其他类型信用卡诈骗罪的入罪标准为 5000 元以上,贷款诈骗罪、票据诈骗罪、金融凭证诈骗罪、有价证券诈骗罪、保险诈骗罪的追诉标准均为 5 万元以上。目前尚未明确信用证诈骗罪的追诉标准,其他特殊诈骗罪中,除恶意透支型以外的其他类型的信用卡诈骗罪的入罪标准(5000 元以上)可能会低于诈骗罪入罪数额标准(3000 元至 1 万元以上)外,其他犯罪的入罪标准或者追诉标准均在 2 万元或者 5 万元以上。

诈骗罪适用特别规定,故对于不构成特殊诈骗罪的特殊诈骗行为,即使其数额达到了普通诈骗罪的入罪标准,也不得以诈骗罪定罪处罚,而只能作无罪处理。如集资诈骗罪的入罪标准为 10 万元以上,如集资诈骗 5 万元,不构成集资诈骗罪,虽然达到了普通诈骗罪的入罪标准,但不得以诈骗罪定罪处罚。否则,将违背一般法与特别法的适用规则,同时也致使集资诈骗行为适用不同规定,即集资诈骗 10 万元以上的以集资诈骗罪定罪处罚、集资诈骗不满 10 万元的以诈骗罪定罪处罚。

实践中,诈骗罪与合同诈骗罪、保险诈骗罪的界限有时容易混淆,而与其他特殊诈骗罪的界限,往往根据犯罪手段及犯罪对象即可区分。

(一)诈骗罪与合同诈骗罪的界限

合同诈骗罪是指以非法占有为目的,在签订、履行经济合同过程中,骗取对方当事人财物,数额较大的行为。诈骗罪与合同诈骗罪的法定刑大体相同,最高法定刑均为无期徒刑,但定罪量刑标准差别较大,如合同诈骗罪的追诉标准为 2 万元以上,而诈骗罪的入罪数额标准为 3000 元至 1 万元以上,相应地,合同诈骗罪的数额巨大、数额特别巨大标准均高于诈骗罪。故正确区分两罪,关系罪与非罪、罪轻与罪重。如涉案数额为 1 万元,不构成合同诈骗罪,但构成诈骗罪。再如涉案 60 万元,以合同诈骗罪定性,一般认定为数额巨大,处三年以上十年以下有期徒刑,并处罚金;而以诈骗罪定性,属于数额特别巨大,处十年以上有期徒刑或者无期徒刑,并处罚金或者没收财产。也因此,实践中行为人及辩护人针对一些诈骗案件,提出以合同诈骗罪这一“轻罪”定性的辩解及辩护意见,司法机关有时也会因为定性问题产生分歧意见。故准确区分两罪,很有必要。

1. 诈骗罪与合同诈骗罪之异同——关键区别在于是否利用经济合同骗取财物

两罪具有诸多共同点,如客观上都是采取虚构事实、隐瞒真相的方法骗取公私财物,主观上都以非法占有为目的,但两罪之间的界限也是明显的。第一,侵犯的客体不同。诈骗罪属于财产犯罪,仅侵犯公私财产权利;而合同诈骗罪属于经济犯罪,除侵犯公私财产权利外,还扰乱市场秩序,侵犯的是复杂客体。

第二,客观方面不完全相同。诈骗罪表现为采取欺骗方法,使受骗者产生错误认识并基于错误认识而处分财产。诈骗手段多种多样,不限于在签订、履行合同过程中。而合同诈骗罪表现为在签订、履行经济合同过程中,采取虚构事实、隐瞒真相等欺骗手段,骗取合同对方当事人财物。具体包括五种方法:(1)以虚构的单位或者冒用他人名义签订合同的;(2)以伪造、变造,作废的票据或者其他虚假的产权证明作担保的;(3)没有实际履行能力,以先履行小额合同或者部分履行合同的方法,诱骗对方当事人继续签订和履行合同的;(4)收受对方当事人给付的财物、货款、预付款或者担保财产后逃匿的;(5)在签订、履行合同过程中,以其他方法骗取对方当事人财物的。

第三,主体不同。合同诈骗罪的主体包括自然人和单位,而诈骗罪的主体仅为自然人。根据2014年《全国人民代表大会常务委员会关于〈中华人民共和国刑法〉第三十条的解释》的规定,公司、企业、事业单位、机关、团体等单位实施《刑法》规定的危害社会的行为,《刑法》分则和其他法律未规定追究单位的刑事责任的,对组织、策划、实施该危害社会行为的人依法追究刑事责任。即单位实施诈骗犯罪行为的,对组织、策划、实施该诈骗行为的人依法追究刑事责任。

第四,定罪量刑标准不同。例如,在数额标准①上,合同诈骗罪的追诉标准即"数额较大"为2万元以上,且不区分单位犯罪和自然人犯罪,实践中"数额巨大"一般为"数额较大"起点的10倍即20万元以上,"数额特别巨大"一般为"数额巨大"起点的5倍即100万元以上。而诈骗罪的入罪数额即"数额较大"为3000元至1万元以上、"数额巨大"为3万元至10万元以上、"数额特别巨大"为50万元以上。

尽管两罪存在以上区别,但关键在于诈骗行为是否发生在签订、履行经济合同过程中并利用合同骗取财物,扰乱市场秩序。就行为模式而言,即是否利用合同的签订、履行,使合同对方陷入相信行为人有签订合同意愿或者有履行合同能力的错误认识,并基于该错误认识而处分财物。如是,属于合同诈骗;如否,则属

① 两罪的第一档标准均为数额标准,但第二档、第三档均为数额标准或者情节标准。

于普通诈骗。故此，正确界定合同诈骗罪中"合同"的内涵和外延，是对利用"合同"进行诈骗行为的性质进行判断之前提和基础。

2. 合同诈骗罪中"合同"的界定

(1) 合同诈骗罪中"合同"的内涵与外延。合同是平等主体的自然人、法人、其他组织之间设立、变更、终止民事权利义务关系的协议，是市场交易行为的基本法律形式。由合同诈骗罪的性质所决定，该罪中的"合同"并非指一切合同，而限于平等主体之间签订的，规范市场经济秩序及财产流转关系，并通过市场交易行为获取利润的经济合同。该合同具有平等性、市场性、有偿性和营利性等特征。

第一，具有平等性，即合同当事人法律地位平等。对于由行政机关主导，与公民、法人或其他组织签订的协议即行政协议，由于协议双方主体之间具有行政法上的管理与被管理关系，法律地位不平等，故行政协议不属于合同诈骗罪中的"合同"范畴。同样，对于主要规范劳动管理关系的劳动合同，主要规范行政管理关系的国家合同、行政合同等，一方面并非主要规范市场经济秩序，另一方面合同双方法律地位不平等，不符合合同诈骗罪中合同主体的平等性特征，故也不属于合同诈骗罪中的"合同"范畴。

第二，具有市场性、有偿性和营利性，即反映、规范市场经济秩序和财产流转关系，并通过市场交易行为获取利润。对于婚姻、收养、监护等有关身份关系的协议，因与市场经济秩序无关，不属于合同诈骗罪中的"合同"。对于赠予、无偿借用、无偿保管等合同，不具有有偿性即市场交易性质，不能反映经济活动，故也不属于合同诈骗罪中的"合同"。对于借款合同，体现的是当事人之间的债权债务关系，一般会约定利息，具有有偿性，但不具有通过市场交易行为获取利润的营利性特征，且利用借款合同进行诈骗也不会扰乱市场经济秩序，只会侵犯公私财产权利，故也不属于合同诈骗罪中的"合同"。

例如，陈某租用厂房，以开办粉丝制品厂名义申领了临时卫生许可证，办理了临时营业执照，还对租用的厂房进行装修，并运送、安装相关设备。之后，陈某以企业招工为名，通过签订虚假的劳动合同，以"服装费""违约金"的名义，共计骗取29名应聘人员现金1.7万余元。对于此案,陈某虽然利用与应聘人员签订劳动合同的手段骗取应聘人员的钱款,但是陈某与应聘人员之间确立的是雇佣与被雇佣的关系,而不存在市场交易关系,陈某侵犯的仅仅是被害人的财产权利,故其行为构成诈骗罪而非合同诈骗罪。

再如,在明知租用居住公房承租人胡某已死亡,租赁户名无法变更,应由出租人收回房屋的情况下,为获取征收利益,石某召集俞某、李某等人共同签订购房协议,约定共同出资购买该房屋。俞某、李某分别出资25万元后,由石某出面向胡某侄女共支付40余万元,取得涉案房屋租赁凭证及胡某的死亡证明等材料。石某、俞某、李某协商一致由俞某母亲张某假冒胡某配偶,后经石某操办,通过伪造的张某户籍证明、户口簿等材料,将涉案房屋租赁户名变更为张某。后石某、俞某、李某在明知其控制的张某并非合法承租人的情况下,仍以张某名义参与征收,意图骗取涉案房屋征收补偿款(其中被征收房屋补偿金额为104万余元),后因案发而未能获得相应钱款。对于该案,公诉机关以诈骗罪提起公诉,石某及其辩护人辩称本案应认定为合同诈骗罪。生效裁判认为,涉案征收补偿协议不具有规范市场行为的性质,不属于合同诈骗罪中所指的合同范畴。石某等三人为获取涉案房屋的征收补偿款,通过欺骗手段变更房屋承租人,并以他人名义参与征收,其主观上具有非法占有故意,客观上实施了以虚构事实的方法骗取财物的行为,数额特别巨大,其行为均构成诈骗罪,但由于意志以外的原因而未得逞,属犯罪未遂。该案中,一方面,与合同诈骗罪中的合同主体处于平等地位不同,征收补偿协议的双方主体之间具有行政法上的管理与被管理关系,双方法律地位不平等,属于典型的行政协议;另一方面,房屋征收补偿协议是为了实现公共利益和行政管理的需要,与合同诈骗罪中的"合同"以规范市场秩序和财产流转关系明显不同,故征收补偿协议不属于合同诈骗罪中的"合同",对本案以诈骗罪定罪处罚是正确的。

(2)合同诈骗罪中"合同"的形式。关于"合同"的形式,根据《民法典》第四百六十九条的规定,合同有书面形式、口头形式和其他形式等三种形式。那么,合同诈骗罪中的"合同"是否仅限于书面合同,存在不同观点。有的从便于诉讼举证，合同诈骗罪发生在签订、履行合同过程中当然要求存在书面合同等角度，认为限于书面经济合同。也有的认为包括书面合同和口头合同。笔者认为，虽然合同诈骗罪中的“合同”主要表现为书面形式，且书面合同也便于诉讼举证，但并不限于书面合同，在有证据证明确实存在合同关系的情况下，应该包括口头合同。主要理由为：第一，无论是正式的书面合同，还是简易的口头合同，都是《民法典》所承认和保护的合同。在经济生活中存在大量的口头合同，口头合同也经常被不法分子利用进行诈骗，口头合同与书面合同只是形式不同，但都是《民法典》调整的范围。第二，利用口头经济合同进行诈骗与利用书面经济合同进行诈骗，在侵犯市场秩序和公私财产权利方面并无实质区别，而且，《刑法》关于合同诈骗罪的规定并未排除利用口头合同进行诈骗的情形。故此，在经济领域，即便是利用口头合同进行诈骗，只要侵犯了市场秩序和公私财产权利，完全可能构成合同诈骗罪。

例如，从事包装服务业务的宋某接受一公司工作人员的委托，为该公司在火车站发运药品。当日，宋某与该公司就代办运输、劳务费用、履行方式等具体内容达成口头协议。次日，宋某在公司人员的陪同下，将首批应发运的药品从公司药品仓库拉到火车站货场，装入集装箱并加锁。待公司人员走后，宋某将钥匙交给搬运工并指使其将该批药品中的139件卸下并藏匿，然后继续办理托运手续将剩余药品依约发运。后宋某采取同样手段扣下药品8件。宋某两次共计骗取药品147件，价值20余万元，宋某将所扣药品变卖后携赃款逃匿并将赃款全部挥霍。[①] 该案中，从事包装服务业务的宋某与被害单位口头协议的事项为有偿代办托运，属于市场交易行为，符合合同诈骗罪中合同性质的要求。此外，本案所涉口头合同具有确定的权利、义务内容，具备了特定标的、履行方式、劳务费等合同基本要件，且合同已经部分实际履行，结合此前双方已有的代办托运合作关系，足以证明该口头合同的真实存在，故将本案口头合同认定为合同诈骗罪中的“合同”。宋某以非法占有为目的，在签订、履行合同过程中，收受对方当事人给付的

① 参见陈佳茵：《宋德明合同诈骗案》，载最高人民法院刑事审判第一庭、第二庭编：《刑事审判参考》总第39集，法律出版社2005年版。

货物后逃匿,骗取财物20余万元,其行为构成合同诈骗罪。

再如,郭某假借在赶集网上购买二手车,诱骗有意出卖车辆的被害人配合办理过户手续及在未收到购车款的情况下出具收条,郭某再向公安机关谎称已付款,借机非法占有被害人的车辆。郭某使用上述手段骗得被害人王某轿车一辆,价值2.7万余元。后郭某使用上述手段诱骗被害人李某,将其轿车办理过户手续,并让其出具收条。在双方报警后,车辆由李某开至公安机关,并被扣押。经鉴定,被骗车辆价值55万余元。对于此案,一审法院认为,郭某假借买车,骗取被害人配合完成过户手续,在没有实际付款的情况下,诱骗被害人出具收条,在获取收条后借机非法占有被害人的车辆,其行为构成诈骗罪,且诈骗数额特别巨大。后郭某上诉,二审法院改判郭某行为构成合同诈骗罪,且骗取李某车辆行为系犯罪未遂。[①] 该案中,郭某在两次交易过程中没有支付购车款,而是假借买车的名义骗取他人财物。郭某与被害人王某之间虽然无书面协议,但双方亦就二手车买卖的标的、价款、履行期限、地点和方式等意思表示一致,达成了内容明确的口头合同。郭某为实施诈骗与被害人李某签订了一份二手车交易合同,虽然该份合同约定的价款仅为750元,但双方另外口头约定实际交易价格为52万元,形成了买卖合意。郭某在签订、履行买卖合同的过程中骗取对方当事人的财物,侵犯了赶集网上的二手物品交易秩序,其行为构成合同诈骗罪。在第二次犯罪中,郭某虽然诱骗李某变更了车辆登记,但因郭某没有支付购车款,该车并未被李某实际交付,在报警后又被公安机关扣押,郭某始终未能实际控制和支配被骗车辆,李某亦未实际遭受财产损失,合同诈骗的犯罪结果没有发生,其行为属于犯罪未遂。

又如,马甲成立文化艺术投资有限公司,由其担任总经理,马乙担任总监。马甲、马乙为骗取他人钱财,与某艺术品检测中心等数家检测机构谈妥由其带去的每笔检测费为800元至1500元不等,检测机构按其要求出具检测报告,收取的钱款扣除检测费后由检测机构作为回扣返还。马甲、马乙招聘业务员,租赁办公

---

① 参见任素贤、于书生:《郭松飞合同诈骗案》,载最高人民法院刑事审判第一、二、三、四、五庭主办:《刑事审判参考》总第93集,法律出版社2014年版。

点,通过网络发布买卖古玩信息将被害人骗至上述地点,由马乙等人假扮买家代表与被害人当面接洽,并以出售古玩需要检测为名,将被害人带至事先约定的检测机构,诱骗被害人向检测机构支付检测费。检测机构作出事先要求的检测报告,扣除约定的检测费后返还剩余钱款,马甲、马乙等人共计骗取被害人阮某等人80余万元。对于此案,公诉机关以诈骗罪提起公诉。一审法院认为,马甲、马乙等人以非法占有为目的,在签订、履行合同的过程中骗取他人财物,其行为均构成合同诈骗罪。一审宣判后,公诉机关提起抗诉,马甲提起上诉。二审过程中,检察机关撤回抗诉,二审法院裁定准许撤回抗诉,驳回上诉、维持原判。[①] 该案中,马甲通过网络发布买卖古玩信息使持有古玩的卖家上门,接着由马乙假扮买家代表与卖家见面,其他人予以配合,并与检测机构事先达成按要求出具检测报告并返还检测费的约定,诱骗卖家支付检测费,最终以检测结果不能满足买家要求为名,拒绝交易,以此骗取被害人钱财,故马甲、马乙等人骗取的钱财系被害人支付的检测费。虽然被害人与检测公司之间并无签订书面合同,但就检测公司与被害人而言,检测公司向被害人提供检测服务,被害人为此支付检测费,检测公司与被害人是服务合同的双方,一方提供服务后出具检测报告,另一方支付检测费,至此,合同履行完毕。本案诈骗行为发生在口头合同的履行过程中,马甲、马乙等人的行为不仅侵犯他人的财产所有权,还扰乱了市场经济秩序,故本案定性为合同诈骗罪而非诈骗罪。

3.诈骗罪与合同诈骗罪区分的"三步骤"

第一步,看有无利用合同骗取财物,即被害人是否基于合同陷入错误认识而处分财物。没利用合同的,无疑属于普通诈骗。对于利用合同的,无论是书面合同还是口头合同,该合同内容应当具备法律规定的基本要素,如标的、数量、质量、价款、报酬、履行等。[②] 如果不具备前述基本要素,因实质上属于没有利用合同骗取财物,仍然属于普通诈骗。对于涉案合同的内容具备法律规定的基本要

---

① 参见陈昶主编:《2019年上海法院案例精选》,上海人民出版社2021年版,第441~442页。

② 根据《民法典》第四百七十条第一款的规定,合同的内容由当事人约定,一般包括下列条款:(1)当事人姓名或者名称和住所;(2)标的;(3)数量;(4)质量;(5)价款或者报酬;(6)履行期限、地点和方式;(7)违约责任;(8)解决争议的方法。

素的，涉案行为是否构成合同诈骗罪需要继续分析判断。

第二步，看涉案合同是否属于经济合同。实践中简单地以有无合同作为区分标准，认为有合同就是合同诈骗罪、无合同就是诈骗罪的观点是片面的。存有合同的情况下需要分析判断涉案合同是否属于经济合同，只有利用经济合同骗取财物的才可能属于合同诈骗，对于利用“非经济”合同骗取财物的属于普通诈骗。因利用经济合同骗取财物的未必都构成合同诈骗罪，故在区分两罪上还需要进一步作分析判断。

第三步，看是否在签订、履行经济合同过程中骗取对方当事人财物。包括三方面内容：一是骗取财物的时间发生在签订、履行经济合同过程之中，而不是签订、履行合同之前或者之后，否则为普通诈骗；二是骗取的是合同对方当事人的财物，而非骗取其他人的财物，否则为普通诈骗；三是骗取的是合同项下的财物，如合同标的物、定金、预付款、货款等，或者与合同签订、履行有关的财物，如担保财产等，如果骗取的财物与合同签订、履行无关，则不属于合同诈骗，而为普通诈骗。

实践中，不能简单以“签订合同＋骗取财物”为标准来判断构成合同诈骗罪。而应当考察行为人骗取财物与合同本身的内在联系，只有行为人利用经济合同的签订和履行，骗取合同项下或者与合同签订、履行有关的财物，才能认定为合同诈骗罪。如果行为人虽然与被害人签订了合同，但最终获得财物与该合同并没有直接的联系，则不能认定为合同诈骗罪，而属于普通诈骗。

4. 诈骗罪与合同诈骗罪区分的个案展开

（1）未利用签订、履行合同手段骗取财物的构成诈骗罪

例如，王某谎称是某国企计划司司长，并虚构一工程项目，称不需要招标、投标就能够将该工程发包出去。后王某伪造虚假的工程批文，取得他人信任，并以办理工程批文需要活动经费为由，先后骗取杨某等人 101 万元。之后，王某与杨某所属的建设工程集团公司签订虚假的工程施工承包合同，项目总造价 5906 万

元。案发后，除公安机关追回 4 万元外，其余赃款均被王某挥霍。[1] 对于该案，一审法院认为，王某非法占有为目的，以虚构的单位和工程与他人签订合同，骗取他人钱财，数额特别巨大，其行为构成合同诈骗罪。一审判决后，王某上诉，认为其只骗取 30 万元。二审法院认为，王某假冒国家工作人员，虚构工程项目和能揽到工程项目的事实，以许诺给他人承包虚假的工程项目为诱饵，骗取他人财物，其行为构成诈骗罪，诈骗数额特别巨大，一审将王某行为认定为合同诈骗罪不当。该案中，一方面，王某假冒国家工作人员、伪造工程批文、假借承揽项目需要活动经费的名义骗取他人财物的行为都是在签订合同之前实施的，即在与被害人签订所谓施工承包合同之前，王某的诈骗行为已经实施完毕，被害人的财物已经被王某非法占有，其虚构事实骗取钱财的犯罪目的已经实现。另一方面，王某非法获取的被害人钱财是所谓的活动经费，其诈取钱财的行为并没有伴随合同的签订、履行，其非法侵占的财物亦不是合同的标的物或者其他与合同相关的财物。虽然王某事后也与他人签订了虚假的工程施工承包合同，但这仅仅是掩盖其诈骗行为的手段，而不是签订、履行合同的附随结果，是否签订合同已经并不能影响其骗取财物行为的完成。无论是从骗取财物的手段上，还是从骗取财物的性质上，王某的行为均不符合合同诈骗罪的构成要件，不能认定为合同诈骗罪。王某虚构身份，以许诺给他人介绍承包虚假的工程项目为诱饵，以承揽工程需要各种费用为名目，利用他人想承揽有关工程项目的心理，骗取各被害人钱财的行为完全符合诈骗罪的特征，应当以诈骗罪定罪处罚。

(2)以欺骗手段偷逃高速公路通行费的构成诈骗罪

例如，嵇某等为减少公司运输成本，非法利用地方政府对国际标准集装箱运输车辆的优惠政策，购入淘汰的外表破损的国际标准集装箱装运货物，经过对箱体进行铅封，用于内陆运输，还购买相关单证，骗取高速公路收费员的信任，获得相关通行费优惠，偷逃高速公路通行费共计 138 万余元。[2] 对于此案，公诉机关

① 参见黄燕：《王贺军合同诈骗案》，载最高人民法院刑事审判第一、二、三、四、五庭主办：《刑事审判参考》总第 51 集，法律出版社 2006 年版。

② 参见唐海波、李晖：《嵇世勇诈骗案》，载最高人民法院刑事审判第一、二、三、四、五庭主办：《刑事审判参考》总第 103 集，法律出版社 2016 年版。

以诈骗罪提起公诉。一审法院认为，嵇某等虚构事实，隐瞒真相，偷逃高速公路车辆通行费，数额特别巨大，其行为构成诈骗罪。一审宣判后，嵇某不服，以其行为构成合同诈骗罪等为由提出上诉。二审法院裁定驳回上诉，维持原判。该案中，嵇某公司的车辆在高速公路上通行并交纳通行费，与高速公路营运公司之间存在事实上的合同关系，但其利用该合同骗取财物的行为与合同诈骗罪所列举的情形不符，其行为直接侵害的是高速公路营运公司的财产性利益，与扰乱市场经济秩序关系不大。其伪造、虚构符合当地政府规定的交纳优惠通行费的条件，从而达到减免通行费的目的行为，与普通诈骗罪的客观表现并无不同。而且，将其行为定性为诈骗罪符合原司法解释精神。如根据 2002 年《最高人民法院关于审理非法生产、买卖武装部队车辆号牌等刑事案件具体应用法律若干问题的解释》[①]第三条第二款的规定，使用伪造、变造、盗窃的武装部队车辆号牌，骗免养路费、通行费等各种规费，数额较大的，以诈骗罪论处。就本案而言，嵇某虽然不是使用伪造、变造的军牌，但也是通过伪造事实、隐瞒真相的方式，使车辆符合减免通行费条件，从而侵害高速公路营运公司的财产性利益。故此，将本案定性为诈骗罪是适当的。

（3）以适格农民名义低价购买农机出售而骗取国家农机购置补贴款的构成诈骗罪[②]

例如，陈某找到胡某，问胡某能否买到享受政府补贴的插秧机，其愿意加价大量收购，并告知胡某如何规避检查等。根据规定，购买政府补贴的农机，必须是当地农户且每人限购 1 台，2 年内不得转让。胡某随即找到当地农户帮忙，许诺给每人好处费 500 元，后通过 4 名农户签订补贴协议，以每台 7000 元的价格购

① 已被 2011 年《最高人民法院、最高人民检察院关于办理妨害武装部队制式服装、车辆号牌管理秩序等刑事案件具体应用法律若干问题的解释》所代替。根据该解释第六条的规定，实施《刑法》第三百七十五条规定的犯罪行为，同时又构成逃税、诈骗、冒充军人招摇撞骗等犯罪的，依照处罚较重的规定定罪处罚。可以这样理解，使用伪造、变造、盗窃的武装部队车辆号牌，骗免养路费、通行费等各种规费，数额较大的，仍然构成诈骗罪。

② 类似案件，如在家电销售过程中，以非法占有为目的，利用家电下乡补贴政策，采用虚构事实的方法，虚报冒领国家家电下乡补贴资金，数额较大的，侵害了国有财产的所有权，该行为构成诈骗罪。参见苏敏、张军、胡龙汉：《苗辉诈骗案》，载最高人民法院刑事审判第一、二、三、四、五庭主办：《刑事审判参考》总第 91 集，法律出版社 2014 年版。

买了4台插秧机(该机市场价每台为1.9万元,政府对每台补贴1.2万元)。之后,胡某以每台9000元的价格卖给陈某,陈某又以每台13,500元的价格倒卖至他地。后陈某找到彭某,问彭某能否买到享受政府补贴的插秧机,其愿意加价大量收购,并告知彭某如何规避检查等。彭某随即找到当地农户帮忙,并通过3名农户签订补贴协议,以每台7000元的价格购买4台插秧机(其中1台是以彭某自己的名义购买)。之后,彭某以每台10,500元的价格卖给陈某,陈某又以每台13,500元的价格倒卖至他地。[①] 对于此案,一审法院认为,陈某、胡某、彭某无视国家法律,以非法占有为目的,违反严禁倒卖、空套补贴农机的规定,骗购享有政府补贴的农机进行倒卖,其行为均构成合同诈骗罪。一审判决后,陈某以其行为不构成合同诈骗罪,而应构成非法经营罪等为由提出上诉。二审法院认为,陈某、胡某、彭某采取欺骗手段,以符合农机补贴条件的农民名义,与农机主管部门签订购机补贴协议,以低价购得农机并出售,骗取国家的农机购置补贴款,其行为均构成诈骗罪。该案中,陈某等人的行为并未违反国家规定,故其不构成非法经营罪。陈某等人以符合条件的农户名义购买享受政府补贴的农机,其行为既不是欺骗农户也不是欺骗农机销售商,而是钻政策空子,诈骗国家财产,使国家遭受损失,那么其行为构成诈骗罪还是合同诈骗罪?对此关键在于涉案补贴协议是否属于合同诈骗罪中的“合同”。涉案补贴协议,系以农户名义与农机主管部门签订的,财政部和农业部为落实支农惠农政策而拨付农业机械购置补贴,因该协议是政府补贴协议,不受市场经济秩序制约,故不属于合同诈骗罪中的“合同”。因此,陈某等人的行为构成诈骗罪而非合同诈骗罪。

(4)通过口头协议骗租车辆进行典当的构成诈骗罪

余某和杨某以租车名义,将窦某一辆起亚牌汽车租走,伪造窦某的身份证明和轿车手续,以5万元价格将该车在寄卖行典当,余某分得2万余元。后窦某向余、杨二人索还该车,余某因无钱取回该车,遂以租赁汽车使用几天的名义,向其朋友陈某租得奇瑞QQ牌汽车一辆,并将该车以1.9万元价格又在该寄卖行典

① 参见林勇康:《陈景雷等合同诈骗案》,载最高人民法院刑事审判第一、二、三、四、五庭主办:《刑事审判参考》总第102集,法律出版社2016年版。

当,并用此款将之前典当的窦某的轿车赎回退还。经鉴定,被典当的奇瑞QQ牌轿车价值2.6万余元。[①] 对于此案,生效裁判认为,余某以非法占有为目的,以虚构事实的方法诈骗他人轿车一辆,价值2.6万余元,其行为构成诈骗罪。该案中,余某两次都是通过口头合同将车辆骗来后进行典当,进而非法占有典当后的钱款,真正的被害人是轿车所有人而非典当公司。轿车所有人和余某之间达成的口头协议并非基于生产经营目的,而是基于驾驶使用,余某行为侵害的并非汽车租赁这一市场秩序,而是被害人的财产所有权。质言之,涉案口头协议不属于合同诈骗罪中"合同"的范畴,故本案不构成合同诈骗罪。余某以非法占有为目的,连续骗租两辆轿车并予以典当,并最终占有第二辆轿车的典当款,给第二辆轿车的车主造成较大的经济损失,其行为构成诈骗罪。因余某已赎回前车并归还车主,故仅以未赎回轿车的价值计算诈骗金额,即2.6万余元而非典当款1.9万元,之前的诈骗行为作为量刑情节考虑。

(5)利用合同以外的因素骗取财物的构成诈骗罪

例如,吴某、张某、刘某经事先合谋,通过网络指使他人伪造网络科技有限公司等单位企业法人营业执照和印章,用于实施网络关键词诈骗。诈骗过程中,吴某等三人分别冒充上述公司工作人员,与网络关键词持有人取得联系,虚构有买家欲高价收购该网络关键词的事实,诱骗其前往谈判,在谈判过程中,继而虚构网络关键词资源需要制作网络监测报告、专利证书、国际端口申诉等配套产品才能交易的事实,骗取持有人签订网络关键词交易合同,支付有关制作费用。吴某等三人时分时合,采用上述手法,先后五次骗取他人的制作费用共计50万余元。[②] 对于此案,一审法院认为,吴某等三人结伙诈骗他人财物,其行为均构成诈骗罪。吴某、张某结伙伪造国家机关证件,其行为还构成伪造国家机关证件罪,应当数罪并罚。一审宣判后,张某不服,以本案应定性合同诈骗罪等为由提起上诉。二审法院认为,原判定罪准确,量刑适当,诉讼程序合法,裁定驳回上诉、维

① 参见何承斌、李韵梅:《余志华诈骗案》,载最高人民法院刑事审判第一、二、三、四、五庭主办:《刑事审判参考》总第62集,法律出版社2008年版。

② 参见楼炯燕:《吴剑、张加路、刘凯诈骗案》,载最高人民法院刑事审判第一、二、三、四、五庭主办:《刑事审判参考》总第114集,法律出版社2019年版。

持原判。该案涉及网络关键词诈骗。关键词是一种新兴互联网名称资源,是帮助网络用户通过输入中文关键词来直接访问目标网站的技术手段。关键词诈骗是近年来频频出现的诈骗形式,其利用关键词持有人的投资心理,虚构有买家需要购买关键词,从中编造借口要求持有人支付服务费用,骗取持有人钱款。在此类犯罪中,行为人往往会与关键词持有人签订所谓的收购合同,继而实施后续的诈骗活动,本案即属于该种情形。吴某等三人在犯罪过程中与被害人签订收购关键词合同,故本案是构成合同诈骗罪还是诈骗罪存在争议。本案中,吴某等三人通过签订收购合同→诱骗完善关键词→收取所谓的完善关键词制作费用,进而达到骗取财物的目的。可见,签订收购合同只是一个诱饵,被害人并非基于该收购合同交付费用,而是基于后续的完善包装关键词的环节,相应地支付了相关费用。因此,吴某等三人骗取财物的核心手段就是诱骗被害人完善关键词,而这个手段并非基于合同的签订、履行,而合同诈骗罪的本质是被害人基于合同的签订、履行陷入错误认识而交付财物,故本案不符合合同诈骗罪的本质特征。吴某等三人利用收购合同以外的因素,使被害人产生"需要完善关键词"的错误认识而交付财产,其行为构成诈骗罪。

再如,向某注册成立母婴电子商务有限公司,以该公司名义在京东商城平台设立母婴专营店。向某雇用刷单人员在母婴专营店虚设交易订单,之后取消订单申请退款并递交虚假的退货物流信息,制造已经退货的假象。京东公司下属公司据此认为订单符合闪电退款规则,继而支付退款共计 54 万余元。扣除向某商户钱包钱款,至案发京东商城尚损失 48 万余元。对于此案,生效裁判认为,向某以非法占有为目的,虚设订单、制造退货假象,使京东商城陷入错误认识而支付退款,以此骗取京东商城的财物,数额巨大,其行为构成诈骗罪。该案中,向某与被害单位之间虽然存在商户入驻协议,但其并未利用对该协议的签订或者履行使被害单位陷入错误认识。实际上,向某是通过虚设订单、提供虚假物流信息制造退货假象,致使被害单位陷入错误认识,并因此给付退款。被害单位陷入错误认识的原因并非签订或者履行合同的内容,而是向某虚构的退货事实。而且,向某骗取的是被害单位支付的订单退款,而退款并不是基于向某与被害单位之间的合作协议而产生，而是被害单位基于其闪电退款规则而产生，即被害单位处分的财产与合作协议无关。据上，向某的行为实质是虚构事实、隐瞒真相，以此骗取被害单位的财物，其行为构成诈骗罪而非合同诈骗罪。

（6）履行劳务合同过程中骗取财物的构成合同诈骗罪

例如，于某注册成立顺豪公司并担任法定代表人，顺豪公司与美蓓亚公司签订劳务合同，约定由顺豪公司向美蓓亚公司派遣劳务工，顺豪公司先行向社保中心缴纳相关保险费用，再将付款凭证交予美蓓亚公司，美蓓亚公司经审查后将该部分保险费用交至顺豪公司，之后双方正常履行合同。后于某私刻银行印章，多次使用伪造的银行贷记凭证欺骗美蓓亚公司，使该公司相信顺豪公司已经代为向社保中心缴纳了社保金，进而骗取该公司支付社保金49万余元。[①] 对于该案，公诉机关指控于某以非法占有为目的，采用虚构事实的方法多次骗取被害单位财物，数额巨大，其行为构成诈骗罪。一审法院认为，于某以非法占有为目的，在履行合同过程中，骗取被害单位财物，数额巨大，其行为构成合同诈骗罪。一审判决后，公诉机关以该案定性有误为由提起抗诉，于某以量刑过重为由提起上诉。二审过程中，检察机关撤回抗诉。二审法院裁定准予撤回抗诉，驳回上诉、维持原判。

上述案件的争议焦点在于，于某的行为是构成合同诈骗罪还是诈骗罪，而厘清争议的前提在于于某以顺豪公司名义与美蓓亚公司签订的劳务合同是否属于合同诈骗罪中的“合同”。如是，构成合同诈骗罪；如否，构成诈骗罪。所谓劳务合同，是指以劳动形式提供给社会的服务民事合同，是当事人各方在平等协商的情况下就某一项劳务以及劳务成果所达成的协议。显然，劳务合同不属于劳动合同。该案中，顺豪公司（劳务派遣单位）与美蓓亚公司（用工单位）签订的是劳务合同，合同双方均为单位，且地位平等。该合同约定的事项又实际关系着用工单位、劳动者、劳务派遣单位三方利益，应该属于劳务派遣合同，具有雇佣分离的特征，显然不能等同于劳动者直接受雇于用人单位而签订的劳动合同。那么，该劳务合同是否属于合同诈骗罪中的“合同”？首先，从涉案劳务合同的内容来看，

---

① 参见罗开卷：《新型经济犯罪实务精解》，上海人民出版社2017年版，第243～245页。

涉及管理费、代缴社保金等财产内容,而于某正是利用合同的履行骗取合同中的财产部分,实现非法占有目的。其次,涉案劳务合同确认顺豪公司拥有劳务工的劳动力使用权转让给美蓓亚公司的商品交换活动,体现了在市场经济条件下由市场运作而产生的劳务供需关系。再次,涉案劳务合同的签订、履行发生在市场交易领域,受市场规则制约。最后,涉案劳务合同的双方当事人即顺豪公司与美蓓亚公司相互之间并不具有隶属或者领导关系,是两个完全平等的民事主体,在自由意志支配下根据等价有偿原则签订合同,明确了各自的权利和义务,且以书面形式加以固定。综上,涉案劳务合同具备合同诈骗罪中"合同"的特征,属于合同诈骗罪中"合同"的范畴。

就于某行为性质而言,其作为顺豪公司法定代表人,因个人的海鲜生意亏损,萌生了骗钱还债的念头,在顺豪公司与美蓓亚公司的劳务合同履行期间,为牟取非法利益,利用劳务合同骗取美蓓亚公司支付的合同项下的社保金49万余元,其行为不仅侵害了美蓓亚公司的财产权利,而且破坏了劳动力市场的运转秩序,故对其行为以合同诈骗罪论处。

(7)在签订、履行合同过程中收取财物后潜逃境外的构成合同诈骗罪

例如,宗某与松盛公司负责人韩某协商,承包经营松盛公司,对外承揽出国签证咨询业务。同年7月,宗某分别与詹某、张某签订《聘请顾问协议书》为其办理出国签证,并收取3万元。同年8月,宗某在没有注册资金的情况下,注册成立了以其女友为法定代表人的金世纪公司,此后至出逃前,以该公司名义收取赵某等多人出国签证费用人民币21.96万元、美元0.65万元。宗某共计收取他人签证费用人民币24.96万元、美元0.65万元,但未给上述人员办理出国签证,全部款项用于支付房租、归还欠款或者挥霍等,并外逃取得外国国籍。[1] 对于此案,一审法院认为,宗某以非法占有为目的,虚构事实,骗取他人钱财,其行为构成诈骗罪。一审宣判后,宗某以其行为构成合同诈骗罪等为由提出上诉。二审法院认为,宗某以非法占有为目的,在签订、履行合同过程中,收取他人财物后逃匿,

---

① 参见李祥民:《宗爽合同诈骗案》,载最高人民法院刑事审判第一、二、三、四、五庭主办:《刑事审判参考》总第58集,法律出版社2008年版。

其行为符合合同诈骗罪的构成特征。本案的相关犯罪行为由松盛公司、金世纪公司负责人宗某决定,并以公司名义实施,应认定为单位犯罪。鉴于原公诉机关没有对相关单位提起公诉,对宗某应按单位直接负责的主管人员依法追究合同诈骗罪的刑事责任。

上述案件中,宗某分别与詹某、张某等人签订《聘请顾问协议书》,以自己承包的松盛公司及自己成立的金世纪公司的名义,对外承揽出国签证咨询业务,每人收取0.5万元至3.5万元不等的钱款,许诺如办不成出国签证,再如数退还钱款。宗某所签订的《聘请顾问协议书》,表面上像一个咨询性质的协议,具有技术服务性质,但根据其提供的所谓服务内容,实质上是一个代办出国签证性质的委托代理合同。这种委托代理合同,具有一定的代理服务内容并体现一定市场经济活动性质,利用这种合同实施的诈骗犯罪严重扰乱了正常的代办出国签证的市场秩序,因此应认定为与经济活动有关的合同。宗某的诈骗行为发生在合同的签订、履行过程之中,骗取的钱款正是合同约定的报酬标的,在没有为他人办成出国签证的情况下携款潜逃,可以认定为具有非法占有目的,故其诈骗行为构成合同诈骗罪。

(8)经预谋向租车公司租车后变卖的构成合同诈骗罪

例如,卢某伙同他人为牟取非法利益,经预谋使用卢某个人信息在租车公司网上平台,以订立租车合同租用车辆后销赃逃逸的方法实施诈骗,骗得李某价值7万余元的轿车1辆,并以5.5万余元的价格变卖给他人,最终得款1.5万余元。关于卢某行为的定性,存在三种不同意见。第一种意见认为构成侵占罪。卢某租赁的车辆属于“代为保管的他人财物”,其用合法的方式取得对被害人车辆的暂时占有权,故意拒不退还,变合法持有为非法所有,数额较大,构成侵占罪。第二种意见认为构成诈骗罪。卢某经过事先预谋,通过虚构事实或者隐瞒真相的方法,使得车主产生错误认识,在签订租车合同后自愿转移车辆的占有,将车辆交付给卢某,后其将车辆变卖获利,其行为侵犯了他人的财产所有权,构成诈骗罪。第三种意见认为构成合同诈骗罪。卢某以非法占有为目的,在签订、履行合同过程中骗取对方财物,且数额较大。

笔者倾向第三种意见，即经预谋在租车公司网上平台订立租车合同，租用车辆后予以变卖的行为构成合同诈骗罪。此类案件既涉及行为定性也涉及犯罪数额的认定。在定性上，首先，卢某具有非法占有目的，且该非法占有目的在其租赁车辆之前即已产生(租车前有预谋行为)，因此不存在合法占有他人财物的情况，即卢某主观上是骗取的故意而非侵占的故意；其次，卢某在签订、履行合同过程中向租车公司虚构了“租车使用”的事实(本意是租用车辆后予以变卖获利，而非使用)，致使车主产生错误认识并在签订租车合同后自愿将车辆交付给卢某，卢某也因此骗取了涉案车辆并将该车辆变卖获利。卢某的行为不仅侵害了他人的财产所有权，还扰乱了租车市场秩序，其行为符合合同诈骗罪的构成要件，应以该罪定罪处罚。在合同诈骗的数额认定上，因骗取的是车辆，故应当以车辆价值7万余元为准。至于车辆变卖款5.5万余元，是合同诈骗犯罪既遂后的销赃款。

(二)诈骗罪与保险诈骗罪的界限

1.从构成要件区分诈骗罪与保险诈骗罪

两罪的界限主要是客观行为表现及犯罪主体范围不同。第一，客观行为表现上，保险诈骗罪是定向的诈骗，没有诈骗罪侵害的范围广。如根据《刑法》第一百九十八条的规定，保险诈骗罪是指以非法获取保险金为目的，违反保险法规，采用虚构保险标的、保险事故或者制造保险事故等方法，向保险公司骗取保险金，数额较大的行为。保险诈骗行为具体表现为五种情形：(1)投保人故意虚构保险标的，骗取保险金的；(2)投保人、被保险人或者受益人对发生的保险事故编造虚假的原因或者夸大损失的程度，骗取保险金的；(3)投保人、被保险人或者受益人编造未曾发生的保险事故，骗取保险金的；(4)投保人、被保险人故意造成财产损失的保险事故，骗取保险金的；(5)投保人、受益人故意造成被保险人死亡、伤残或者疾病，骗取保险金的。

第二，犯罪主体上，诈骗罪的主体为一般主体，而保险诈骗罪的主体为特殊主体，只能是投保人、被保险人或者受益人，保险事故的鉴定人、证明人、财产评估人故意提供虚假的证明文件，为他人诈骗提供条件的，以保险诈骗的共犯论处。

2. 诈骗罪与保险诈骗罪区分的个案展开

(1)非特殊主体实施保险诈骗的构成诈骗罪

例如，尹某经营汽修店期间，为非法牟利，在客户不知情的情况下驾驶客户车辆故意碰擦石墩，制造虚假单车交通事故19起，共计骗取车辆所投保的平安公司保险理赔款4.4万余元。对于此案，一审法院认为，尹某以非法占有为目的，采用虚构事实、隐瞒真相的方法骗取公司财物，数额较大且多次诈骗，其行为构成诈骗罪。一审宣判后，公诉机关提起抗诉，认为尹某骗取的保险理赔金均来源于涉案车辆投保的商业险，系保险理赔的实际受益人，故尹某的行为构成保险诈骗罪，原判认定尹某犯诈骗罪，适用法律错误。二审法院裁定驳回抗诉，维持原判。

上述案件中，尹某是否构成保险诈骗罪[①]，关键在于其是否符合保险诈骗罪的主体身份以及其是否与本案的投保人、被保险人构成共同犯罪。首先，保险诈骗罪的犯罪主体仅是投保人、被保险人或者受益人。《保险法》第十八条第三款规定："受益人是指人身保险合同中由被保险人或者投保人指定的享有保险金请求权的人。投保人、被保险人可以为受益人。"即保险法上的受益人仅存在于人身保险合同中，而本案车辆保险属于财产保险，对于故意造成财产损失的保险事故、骗取保险金的情形，构成保险诈骗罪的主体要件上限于投保人或者被保险人，不包括受益人。显然，尹某既不是被保险人，也不是投保人，即便认为其系实际受益人，但在本案所属类型的保险诈骗中，因犯罪主体不包括受益人，故尹某不符合保险诈骗罪的主体要件。其次，尹某与投保人或者被保险人并无骗取保险金的共谋以及共同制造保险事故骗取保险金的行为。涉案车辆的投保人、被保险人至尹某的店内清洗、维修车辆，尹某提出其可以修理车辆的受损部位，并可通过保险理赔程序支付修理费。上述人员遂向尹某提供证照、保单以及银行

① 参照修正前即2010年《最高人民检察院、公安部关于公安机关管辖的刑事案件立案追诉标准的规定(二)》的规定，个人进行保险诈骗的追诉标准为1万元以上。

卡号等材料，并在车辆维修完毕后将保险公司打入个人银行卡的理赔费用支付给尹某。在此过程中，尹某与投保人、被保险人并无共谋以及共同制造保险事故骗保的行为。而且，也不能证实投保人、被保险人对尹某制造车辆事故有主观明知。综上，尹某既不符合保险诈骗罪的主体要件，亦不能认定其与有身份者即投保人、被保险人构成共同犯罪，故其行为不构成保险诈骗罪。尹某故意造成财产损失的保险事故，骗取保险金4.4万余元的行为构成诈骗罪。

(2)被保险车辆的实际所有人利用挂靠单位名义实施保险诈骗的构成保险诈骗罪

例如，徐某购买一辆重型自卸货车，并挂靠在运输队，并以运输队名义向中华财险办理盗抢险保险业务，所有上牌、年检、保险的相关费用均由徐某个人支出。后徐某将自己购买的上述重型自卸货车出售给他人，次日即向公安机关及保险公司谎报假案，称车辆失窃，徐某通过运输队从中华财险骗得盗抢险保险金6.3万余元。① 对于此案，生效裁判认为，徐某编造未曾发生的车辆失窃的保险事故，骗取保险金，其行为构成保险诈骗罪。该案中，挂靠车辆的实际所有者作为实际投保人和被保险人，对于保险标的具有直接的保险利益关系，可以成为保险诈骗罪的主体。行为人利用挂靠单位从保险公司骗得盗抢险保险金的行为，属于隐名被保险人(实际投保人)利用显名被保险人(名义投保人)名义实施的保险诈骗行为，构成保险诈骗罪的间接正犯。

十二 诈骗罪与销售伪劣产品、传销等犯罪的区分

实践中，对诈骗罪与销售伪劣产品罪，销售假药罪，组织、领导传销活动罪，伪造、倒卖伪造的有价票证罪等经济犯罪的界限有时难以把握，甚至引起争议。为此，作一探讨。

① 参见方海朗、闻仕君、范莉:《徐开雷保险诈骗案》，载最高人民法院刑事审判第一、二、三、四、五庭主办:《刑事审判参考》总第61集，法律出版社2008年版。

(一)诈骗罪与销售伪劣产品罪的区分

销售伪劣产品罪,即销售者在产品中掺杂、掺假,以假充真,以次充好或者以不合格产品冒充合格产品,销售金额5万元以上的行为。实践中,对于通过以假充真、以次充好等隐瞒真相的方法获取非法利益的,一般不以诈骗罪论处。原因在于:在主观上,销售伪劣产品罪的行为人具有真实交易的意图,只是在产品质量上做了文章,而诈骗罪的行为人根本没有真实交易的意图,交易只不过是欺骗的手段。在客观上,销售伪劣产品罪的行为人具有履行合同的真实意思,一般都交付了标的,尽管标的非真的、好的、合格的,但也并非毫无价值,而且是有一定成本的;但诈骗罪的行为人没有履行合同的真实意图,而是出于非法占有对方钱财的目的,往往不会履行合同交付标的,即使交付,标的也往往是毫无价值或者价值极低的东西,即标的只是幌子。①

换言之,销售伪劣产品罪,是通过市场经营等经济活动获取非法利润,一般存在伪劣的产品或者次产品,行为人只是夸大了质量和功能效果;而诈骗罪中,常常借助某种会展、营销活动来实现犯罪行为,往往没有所说的产品,或者虽然存在产品,但所推荐的产品与其实际具有的价值相差极大,本质上只是充当诈骗的道具。例如,梁某、车某经商议,由车某负责找场地并办理"会议营销"备案登记,梁某负责组织人员,并进货对中老年人实施诈骗。车某租好影剧院场地,并与他人持梁某提供的商品合格证、授权委托书等材料至市场监管部门报备。梁某等人组织人员发放广告,以免费送鸡蛋等宣传方式吸引中老年人参加会销活动。梁某等人在影剧院等地分别开展为期7天的以"善行天下、健康中国"为主题的会销诈骗,其间,雇用他人冒充南京同仁堂老师讲解推销,共计骗取40余万元。对于此案,生效裁判认为,梁某、车某等人的行为构成诈骗罪。再如,梁某伙同李某通过赠送礼品等方式,吸引老年人客户,虚构所销售的"太赫兹能量鞋""富硒麦芽黑谷粉"等产品为宇航员专用,且能够治疗各种疾病的事实。实际上"富硒麦芽黑谷粉"是一款普通的果蔬粉。这款所谓的"黑谷粉"产品虽然出自

① 参见王作富主编:《刑法分则实务研究(上)》,中国方正出版社2006年版,第253页。

正规厂家,经检验均为合格产品,但其主要成分为五谷杂粮,是普通食品,没有任何治病的疗效,成本仅为每盒20元。梁某、李某利用老年人员追求健康的心理,通过高价售卖产品的方式,先后骗取7名被害人,共计骗取4.9万余元。对于此案,生效裁判认为,梁某、李某的行为构成诈骗罪。上述两个案件,行为人都采取了惯用的会销活动,以免费送鸡蛋、赠送礼品为噱头吸引老人;以关爱老人健康名义,邀请假冒的专家进行讲座、推销博取信任;诱惑老人高价买套餐,而真实货物不存在,或者以远高于市场的价格购买实际销售的产品。这些行为本质上是虚构事实的欺骗手段,所推销的产品本质上是诈骗的道具,其目的不是追求真实的经营利润,而是为了非法占有他人财物,故两案均构成诈骗罪,而不构成销售伪劣产品罪。[①]

又如,"酒托"诈骗案件中,宁某等27人分工明确,先由"键盘"冒充女性在网上搭识陌生男性,并以"一夜情"等幌子约被害人见面,再由"酒托女"假冒"键盘"在网络上以虚构的身份诱骗被害人到酒廊消费,其间采用以不合格酒或者廉价酒冒充高档酒等方法,共计骗取21.6万余元。生效裁判认为,宁某等人以非法占有为目的,采用隐瞒真相、虚构事实的方法,结伙诈骗他人财物,其行为均构成诈骗罪。该案中,宁某等人所提供的酒或者系劣质酒,或者系不到20元1瓶的廉价酒,且被害人点酒时,服务员还要用雪碧将酒勾兑,再将勾兑好的半瓶酒倒入扎壶中冒充1瓶酒,然后冒充名酒出售给被害人。显然,所谓的"酒"就是诈骗的道具,而非通过销售获取利润,故对全案以诈骗罪论处。

在经济活动中,销售者为了获取非法利润,在产品中掺杂、掺假,以假充真,以次充好或者以不合格产品冒充合格产品,如果销售金额在5万元以上的,以销售伪劣产品罪定罪处罚。[②] 例如,赖某为牟取非法利益,在明知其所出售的牛肉

---

① 参见刘晓虎:《司法疑难之88:雇人冒充同仁堂医师,夸大产品效果,致使他人以远高于市场的价格购买其推荐产品的,是构成销售伪劣产品罪还是诈骗罪?如何把握"以次充好"型销售伪劣产品与诈骗的界限》,载微信公众号"刑水浮萍",2022年2月6日。

② 根据2001年《最高人民法院、最高人民检察院关于办理生产、销售伪劣商品刑事案件具体应用法律若干问题的解释》第二条第二款的规定,伪劣产品尚未销售,货值金额达到15万元以上的,以生产、销售伪劣产品罪(未遂)定罪处罚。

干系以猪肉假冒的情形下,仍然向他人销售,销售金额6万余元。对于此案,生效裁判认为,赖某向他人销售以假充真的产品,其行为构成销售伪劣产品罪。再如,刘某收购二手“华为MATE10”手机屏幕,并将破碎的手机外屏拆除,清理后替换上其低价采购的玻璃外屏,经加压、贴合后,通过其开设的网上店铺对外销售,以次充好,以此谋取非法利益,销售金额共计9万余元。对于此案,生效裁判认为,刘某以次充好,生产、销售伪劣产品,其行为构成生产、销售伪劣产品罪。

又如,在新型冠状病毒肺炎疫情防控期间,市场急需大量口罩用于防控疫情。为谋取利益,方某批量采购白色二层、三层口罩,在明知该类口罩属于“三无”劣质产品的情况下,仍以非医用口罩的名义向下线及其他不特定人员进行销售。其间,方某共销售该类口罩25万余只,销售金额24万元左右,非法获利7万余元。经鉴定,方某销售的白色二层、三层口罩的过滤效率均不符合标准要求,系不合格产品。案发后,方某采用返回货款共计1.63万元的方式向部分买家召回部分口罩,该部分口罩已被市场监督管理局扣押。[①] 对于此案,生效裁判认为,方某在新型冠状病毒肺炎疫情期间,明知是“三无”劣质口罩仍然予以销售,且销售25万余只,销售金额24万元左右,社会危害性大,其行为构成销售伪劣产品罪。销售伪劣产品罪的客观表现形式为掺杂掺假、以假充真、以次充好、以不合格冒充合格,其行为存在一定的假冒、欺骗成分,与诈骗罪的虚构事实、隐瞒真相、欺骗他人等手段存在一定交叉,因而实践中较容易混淆。准确区分两罪,应当结合以下三个方面:第一,是否发生了交易行为。销售伪劣产品罪客观上确实发生了交易行为,本质上仍属于货物买卖关系,只是交付的货物质量不符合标准;诈骗罪中行为人的目的在于直接占有对方财物,并没有真实的交易意图。第二,实际交付的财物与对方所支付财物的价值是否差距较大。诈骗罪中也有行为人实际或者部分交付财物的情形,但可能是以交付少量财物骗取对方信任后进而诈骗更多财物,或者交付的财物与真实产品质量或者规格相去甚远甚至毫无关联,在成本上可以忽略不计或者价值不大。而销售伪劣产品罪中行为人交

① 参见张文波:《方永胜销售伪劣产品案》,载最高人民法院刑事审判第一、二、三、四、五庭主办:《刑事审判参考》总第121集,法律出版社2020年版。

付的产品价值通常低于真实、合格产品的价值,但也含有一定成本,行为人谋取的是伪劣产品与真实产品的差价,追求的是非法利润,而不是为了骗取对方钱款。第三,从侵犯的客体进行区分。诈骗罪侵犯的客体是公私财物的所有权,而销售伪劣产品罪所侵犯的客体是国家产品质量管理制度和市场经济秩序。本案中,方某批量采购、销售的"三无"口罩,经检验、鉴定,涉案的一次性白色二层耳戴式口罩的过滤效率不符合国家标准要求,达不到一般非医用口罩的正常使用标准,属于不合格产品,应当依法认定为伪劣产品。方某以不合格产品冒充合格产品,销售金额达 24 万元左右,其行为构成销售伪劣产品罪。

(二)诈骗罪与销售假药罪的区分

销售假药罪即明知是假药而销售的行为。根据 2019 年修订的《药品管理法》第九十八条的规定,假药包括:(1)药品所含成份与国家药品标准规定的成份不符;(2)以非药品冒充药品或者以他种药品冒充此种药品;(3)变质的药品;(4)药品所标明的适应症或者功能主治超出规定范围。明知是假药而销售,具有骗的性质,故有时难以区分两罪。

销售假药罪属于经济犯罪范畴,侵害的客体是国家的药品管理制度和人民群众的生命健康权利,显然与属于财产犯罪的诈骗罪有着明显的界限。两罪的关系,正如销售伪劣产品罪与诈骗罪的关系,即对于在经济活动中,销售者为了牟取非法利益,明知是假药而销售的,以销售假药罪定罪处罚;如果是将所谓的假药作为诈骗的道具,其目的不是通过销售行为牟取非法利益,而是为了非法占有他人财物,即以销售假药为名行骗取他人财物之实的,以诈骗罪定罪处罚。例如,罗某用几盒六味地黄丸、六合维生素再加上白酒,经过简单的外形加工后制成"祖传秘方",并号称能点穴、治疑难杂症,先让围观者试着涂药、吃药,再以涂药、吃药者已被药物点穴相要挟,让吃药者按每粒 200 元的价格支付药费,获取钱款 2 万余元。对于此案,生效裁判认为,罗某以非法占有为目的,虚构事实,骗取他人财物,数额较大,其行为构成诈骗罪。[①]

① 参见罗开卷:《新型经济犯罪实务精解》,上海人民出版社 2017 年版,第 41 页。

再如，陈某等人“医托”诈骗案。陈某在他人开设的华夏联合基因健康检测技术服务中心内，与谢某等人纠集余某、肖某、左某、范某等人，以“专家治病”为名，以低价的普通中药材冒充治疗妇科疾病等的“专科药”，通过开具“处方”的方法，以高额的价格“配售”给各被害人骗取钱财。其中，陈某全面负责该中心的日常管理并结账分配赃款；范某等人负责在一些医院门口，将原欲至医院看病的各被害人，骗至该中心“治病”；左某负责在该中心1楼假扮导医，将被害人指引至2楼门诊室；肖某负责挂号、收费，并将“处方”传真至“药房”；余某冒充“余教授”为被害人看病开“处方”；左某华根据肖某传真的“处方”负责将药送至该中心，再取回给范某等人的药。陈某等人结伙先后骗取50名被害人的高额药费。对于此案，生效裁判认为，陈某等人结伙以非法占有为目的，采用虚构事实、隐瞒真相的方法骗取他人钱财，其中陈某、余某、肖某、左某等人诈骗数额巨大，范某诈骗数额较大，其行为均构成诈骗罪。[①] 该案中，陈某等人为获取钱财，明知余某并非中医专家且没有医师执业证书，仍然纠集余某、肖某、左某、范某等人，由范某等人负责诱骗患者、左某假扮导医、肖某负责挂号收费、余某冒充教授为被害人看病开“处方”、左某华等人负责配送药物。这些药是治不好病的低价中药，根本达不到治疗的效果，却被冒充“专科药”后以高价配售。显然，陈某等人主观上具有共同非法占有病人钱财的故意；客观上共同虚构事实、隐瞒真相，并分工负责，共计骗取50名被害人的高额药费。其中，有的参与诈骗数额巨大，有的参与诈骗数额较大，其行为符合诈骗罪的构成要件，均应以诈骗罪追究刑事责任。陈某等人出于非法占有他人财物的目的，虚构“医院、专家、神药”，假冒“病患、导医、医生、收费员、药品发放员”等身份，本质上既非行医也非售药，均为实施诈骗犯罪行为的欺骗手段，其骗取被害人财物的行为构成诈骗罪，而非非法行医罪、销售假药罪或者销售劣药罪等。

又如，熊某等人以穿心莲片假冒三金片而生产、销售，构成生产、销售假药罪

① 参见上海市虹口区人民检察院诉陈新金、余明觉等诈骗案，载《最高人民法院公报》2012年第12期。

还是诈骗罪?[1] 对此,应定生产、销售假药罪。以穿心莲片冒充三金片生产,已属于生产假药的范围。如果假冒的三金片流入社会,病人服用后,延误病情,可能造成严重后果,足以危害人体的健康,符合生产、销售假药罪的特征。熊某等人明知是假药,但出于营利目的而故意生产、销售,其行为构成生产、销售假药罪。此外,生产、销售假药罪以是否足以严重危害人体健康作为构罪标准,而诈骗罪则是以骗取数额较大的公私财物为构罪标准。也就是说,只要生产、销售的假药足以严重危害人体健康,不论是否实施了以假药骗取钱财的行为,即成立生产、销售假药罪。

当然,以虚夸方式销售正规药品,如成立咨询公司招募话务员进行话术培训,并通过话务员定向致电中老年客户,以虚夸药效、恐吓病情影响等方式高价销售药品,系以销售药品为名行诈骗之实,即将药品作为诈骗工具。因涉案药品为正规药品,不构成销售假药罪。[2] 如骗取的钱款数额较大的,构成诈骗罪。行为人将正规药品作为诈骗工具,诈骗数额中是否应扣除涉案药品价值?根据前文论述,涉案药品对被害人没有利用可能性,无法实现被害人预期的交易目的,对弥补被害人所受的财产损失也没有实际意义的,或者对于被害人是否有利用可能性,对弥补被害人所受的财产损失是否有实际意义,难以确定的,一般不予从诈骗数额中扣除涉案药品价值,但考虑作为犯罪工具的涉案药品具有一定价值,可以作为酌定量刑情节考虑。

(三)诈骗罪与组织、领导传销活动罪的区分

尽管两罪的本质特征都是骗取财物,而且在《刑法修正案(七)》出台之前,对部分拉人头、收取入门费型传销以诈骗罪定罪处罚,但两罪仍然存在以下主要区别。

---

① 参见李永松、邓正:《熊漓斌等生产、销售假药案》,载最高人民法院刑事审判第一庭、第二庭编:《刑事审判参考》总第18辑,法律出版社2001年版。

② 如果系无证销售正规药品,还涉及非法经营药品问题。2022年修正的《最高人民法院、最高人民检察院关于办理危害药品安全刑事案件适用法律若干问题的解释》删除了非法经营药品犯罪的定罪量刑标准,故对非法经营药品行为能否再以非法经营罪论处,目前存有争议,此不探讨。

第一,诈骗罪侵犯的客体为公私财物的所有权,而组织、领导传销活动罪侵犯的是复杂客体,主要侵犯经济管理秩序,也侵犯公民的财产权利和社会管理秩序。[①] 第二,诈骗罪在客观方面表现为采用虚构事实、隐瞒真相的方法骗取数额较大的公私财物,而组织、领导传销活动罪表现为通过组织、领导传销活动骗取他人财物。第三,在传销活动中,传销活动的组织者、领导者为了不断发展人员加入传销链,通常以高额回报为诱饵,甚至严重夸大、虚构佣金或者奖金收入;收取高额入门费或者强制购买严重背离合理市价的产品;诱使销售人员超出其销售能力大量进货,却没有完善的退换货制度保证。这些似乎具备诈骗罪的特征,但传销活动的多数加入者是为了追逐高额回报承诺而参与其中,其决定交易是受到利益诱惑而不是因虚假行为误导而产生错误认识,故其行为不是纯正的受害人行为。虽然一般参与者不构成组织、领导传销活动罪,但根据《禁止传销条例》第二十四条第三款的规定,参加传销的,由工商行政管理部门(现在为市场监督管理部门。——笔者注)责令停止违法行为,可以处2000元以下的罚款。因此,不能简单地将传销活动的参与者与诈骗罪中的受害人画等号,特别是一些传销活动的参与者既是受害者又是骗人者。实践中,传销活动参与者通常主张对传销活动的组织者、领导者以诈骗罪定罪处罚,以便自己能处于“受害人”地位,退回被骗财物。对此,需要把握案情,严格认定。[②] 第四,尽管两罪在主观方面都为故意,但诈骗罪系通过虚构事实、隐瞒真相手段直接骗取他人财物,而组织、领导传销活动罪系通过貌似“经营”的传销或者变相传销方式达到牟取非法利益的目的,其实质也是骗取他人财物。

那么,两罪之间是什么关系?笔者认为,《刑法修正案(七)》对组织、领导传销活动罪作出专门、特殊的规定,并将之作为《刑法》第二百二十四条之一即置于

① 参见周道鸾、张军主编:《刑法罪名精释(上)》(第4版),人民法院出版社2013年版,第481页。

② 笔者认为,组织、领导传销活动罪的犯罪主体是传销活动的组织者、领导者,对于其他参与者能否认定为被害人应视具体案情严格认定。第一,对于已经发展下线的参与者,实为骗人者,不能认定为被害人;第二,对于未发展下线且已被骗取财物的底层参与者,可以视情况认定为被害人;第三,对于因拒绝参与传销活动而受到人身限制和伤害的,可以认定为被害人。也因此,根据在案证据,对被害人地位和受损金额可以作出明确认定的,应当将违法所得返还给被害人。

合同诈骗罪之后,表明组织、领导传销活动罪和诈骗罪之间系特殊法条与一般法条的关系,在组织、领导传销活动同时构成两罪的情况下,对传销活动的组织者、领导者应以组织、领导传销活动罪定罪处罚。但在实践中,对于以下几种情况应以诈骗罪定罪处罚:第一,在组织、领导传销活动过程中,传销活动的组织者、领导者临时起意携款潜逃,其行为性质由"经营"牟利向非法占有他人财物转化,应以诈骗罪定罪处罚。第二,如果传销活动的参与者骗取下线入门费后没有上交到传销组织,而是非法占为己有,就应当认定其具有非法占有目的,如果同时符合诈骗罪的其他构成要件,则应当以诈骗罪定罪处罚。第三,对于以传销或者变相传销为幌子,以非法占有为目的,使用诈骗方法骗取他人数额较大财物的,也应当以诈骗罪定罪处罚。①

(四)诈骗罪与伪造、倒卖伪造的有价票证罪的区分

伪造有价票证并出售的,构成伪造有价票证罪;倒卖伪造的有价票证的,构成倒卖伪造的有价票证罪。显然,不管是出售还是倒卖,都是将明知是伪造的有价票证出售给他人,即对他人隐瞒了有价票证是伪造的这一事实,那么该行为是否构成诈骗罪?

例如,杜某以1400元的价格让他人伪造了面额为80元的海滨浴场门票5000张,后将其中3000张以每张30元的价格出售给李某,非法获利9万元。关于杜某行为的定性,一种意见认为,杜某让他人为其伪造海滨浴场门票并出售,构成伪造有价票证罪的共同犯罪,且数额巨大,应处二年以上七年以下有期徒刑,并处一定数额罚金。另一种意见则认为,杜某与他人合谋伪造浴场门票并出售,其手段行为即伪造浴场门票行为构成伪造有价票证罪,目的行为即隐瞒假门票出售给他人的行为构成诈骗罪,成立伪造有价票证罪与诈骗罪的牵连犯,应从一重处即以诈骗罪论处。

伪造、倒卖伪造的有价票证罪属于扰乱市场秩序犯罪,一般以牟取非法利益为目的,即通过伪造、倒卖伪造的有价票证等侵害国家对有价票证的管理秩序行

① 参见罗开卷:《新型经济犯罪实务精解》,上海人民出版社2017年版,第252~253页。

为来牟取非法利益。而诈骗罪属于侵犯财产犯罪,系通过虚构事实、隐瞒真相手段非法占有他人财物。可见,两罪之间的区别是明显的。

伪造、倒卖伪造的有价票证罪与销售伪劣产品罪、销售假药罪等罪一样,都属于经济犯罪,不同于诈骗罪这一财产犯罪。但是,在处理伪造、倒卖伪造的有价票证罪与诈骗罪的关系上,还是存在差异。首先,对于行为人而言,伪造、倒卖伪造的有价票证,基本上是为了牟取非法利益。对于知情的买受者而言,侵害的是国家对有价票证的管理秩序;对于不知情的买受者而言,不仅侵害了国家对有价票证的管理秩序,还侵害了他人的财产权益。在后种情形下,行为人在主观上系通过伪造、倒卖伪造的有价票证达到非法获取他人财物的目的。其次,对于不知情的买受者而言,持该票证行使权利很容易被发现是伪造而遭到拒绝,此时该票证毫无价值,买受者成为受害者即被骗了。最后,伪造、倒卖伪造的有价票证罪的最高法定刑为七年有期徒刑,并处一定数额罚金,对于非法获利数额特别巨大的情形,适用该罪进行规制,难以罚当其罪。而诈骗罪的最高法定刑为无期徒刑,并处罚金或者没收财产,相较而言能够较好地实现罪刑均衡。因此,对于伪造、倒卖伪造的有价票证的行为,存在以诈骗罪定罪处罚的余地。

那么,伪造、倒卖伪造的有价票证罪与诈骗罪是什么关系?笔者认为,在买受者知情的情况下,因为买受者是知假买假,仅构成伪造、倒卖伪造的有价票证罪,不构成诈骗罪。但是,在买受者不知情的情况下,非法获利数额较大的,同时构成伪造、倒卖伪造的有价票证罪和诈骗罪,两罪之间系手段与目的的牵连关系,应从一重处。根据 2011 年《诈骗解释》第五条的规定,诈骗未遂,以数额巨大的财物为诈骗目标的,以诈骗罪定罪处罚。以出售牟利为目的,伪造有价票证,或者买入伪造的有价票证,尚未卖出即案发,如果是以数额巨大的财物为诈骗目标,也同时构成伪造、倒卖伪造的有价票证罪和诈骗罪(未遂),应从一重处。当然,以数额较大的财物为诈骗目标的,不构成诈骗罪。

前述案例中,杜某让他人伪造门票后卖给不知情的他人,骗取他人钱款 9 万元,数额巨大,其行为同时构成伪造有价票证罪和诈骗罪,系牵连犯,应从一重处。以伪造有价票证罪定罪,应处二年以上七年以下有期徒刑,并处罚金;以诈骗罪定罪,应处三年以上十年以下有期徒刑,并处罚金。显然,以诈骗罪定罪处罚属于较重的处罚。

此外,如果伪造的票证不属于有价票证的范围,即使数额较大,也不构成伪造有价票证罪。但是,如果使用这些伪造的票证(如伪造的小区停车票,公司、企业代币券等)骗取数额较大的公私财物,虽然不成立伪造有价票证罪,但可构成诈骗罪。

十三 骗取财物进行抵押或典当的刑事责任认定

实践中,骗取财物后,再将骗取的财物用于抵押、典当获取钱款,对此类案件如何定性,如何认定犯罪数额,如何确定被害人?下面将分别进行探讨。

例如,杨某偷拍办理某安置房产权登记所需材料并进行伪造后,伙同韦某、何某利用伪造的材料,骗取不动产中心的信任,申领10套安置房的不动产权证,登记在杨某名下3套,登记在韦某名下4套,登记在何某名下2套,登记在王某元名下1套,造成被害单位某房产公司重大损失。经鉴定,上述10套房产市场零售价为1769万余元。之后,杨某、韦某、何某将上述10套房产分别向个人及小额贷款公司办理抵押贷款,实际借款824万余元。杨某将上述资金用于偿还个人债务、借款利息、手续费及个人消费等。韦某从中获利9万余元,何某从中获利24万余元。[①] 对于此案,生效裁判认为,杨某、韦某、何某以非法占有为目的,采取虚构事实、隐瞒真相的手段骗取他人财物,数额特别巨大,其行为均构成诈骗罪。该案中,杨某等人利用熟悉办理不动产登记手续流程的便利,伪造相关材料,骗取不动产登记中心的信任。不动产登记中心对办理房产证所需材料进行审查,但无鉴别真伪的能力,其登记行为从法律意义上将物权予以变动,具有处分意义。被害单位由于不动产登记中心受到欺骗而进行的处分行为,丧失了对

---

① 参见王锋、王辉:《杨志诚、韦宁、何文剑诈骗案》,载最高人民法院刑事审判第一、二、三、四、五庭编:《刑事审判参考》总第128集,人民法院出版社2021年版。

涉案房产的控制,无法对抗善意第三人及杨某等人对涉案房产的进一步处分。[①]杨某等人在取得涉案房产初始不动产权登记后,相应获得了包括财产性、支配性等在内的一系列排他性所有权利,在客观上可以自由支配房产,涉案房产完全脱离了被害单位的控制,至此,杨某等人的诈骗行为已经完成。可见,应将杨某等人骗取的实际数额和被害人的实际损失数额即涉案房产的实际价值,认定为诈骗数额。杨某等人对房产进行抵押借款属于诈骗之后的事后行为,其向善意的相对方多次抵押借款的事后行为并不违反相关法律规定,不具有可罚性。综上,全案以骗取房产的事实认定为诈骗罪,诈骗数额为涉案房产的实际价值1769万余元,被害单位为涉案房产的所有者某房产公司。

在上述案件中,用骗取的房产进行抵押借款,对于出借方而言,其根本没有受骗,且为善意第三人,在抵押物价值(1769万余元)远高于出借金额(824万余元)的情况下,该抵押受法律保护,即其债权有保障,不会有经济损失。因此,对于骗取财物后进行抵押借款的刑事责任认定,应以骗取财物行为进行定性和认定诈骗数额,真正的被害人为被骗取的房产的所有权人;诈骗既遂后用骗取的房产进行抵押借款的行为,属于处置赃物的事后不可罚行为。

当然,如果出借方并非善意第三人,此时又如何定性,如何认定犯罪数额,如何确定被害人?例如,经预谋,与汽车租赁公司签订租赁合同,租借轿车一辆,价值40余万元,后伪造车主委托书、车辆行驶证等材料,将该车抵押给他人,获取借款20万元。该案中,出借方知道汽车的来源可能“有问题”,否则行为人不可能以这个价格抵押。显然,此案不能认定出借方为善意第三人。那么,出借方是否被骗呢?答案是否定的。其出借20万元获得了价值40余万元的抵押物,何来被骗?而且,其在明知可能“有问题”的情形下仍然出借20万元,非但没有受骗,反而是为了获取更多的利益,即占有价值更大的抵押物。既然出借方没有被骗,就不可能认定为被害人。故此案的定性,要看行为人获取车辆的行为性质,即通过签订租赁合同骗取汽车租赁公司车辆的行为性质。该行为不仅侵害了他人的财产所有权,还扰乱了租车市场秩序,属于合同诈骗,诈骗数额为车辆的价值40

---

① 此案属于三角诈骗,即受骗人是不动产登记中心,被害单位则为房产的所有者房产公司。

余万元,被害单位为轿车的所有权人汽车租赁公司。[①] 当然,需要注意的是,出借方并非善意第三人,即其不能以行使抵押权对抗刑事追赃。[②] 涉案车辆属于合同诈骗的赃物,应予追缴发还给被害单位汽车租赁公司。至于行为人与出借方形成的20万元债务,可通过民事途径解决。

骗取财物后进行典当获取钱款与骗取财物后进行抵押借款属于类似情况,刑事责任认定方法相同,此不再赘述。

需要注意的是,行为人骗取财物后不论是进行抵押借款还是进行典当获取钱款,都是出于变现的动机,因为诈骗行为既遂,至于是将骗取的财物直接销赃还是用于抵押借款或者通过典当获取钱款等,都是处置赃物的具体方式,即该行为属于事后不可罚行为。故此,不得将骗取财物后进行抵押或者典当所获取的钱款计入犯罪数额。[③]

十四 电信网络诈骗中的共犯认定与责任承担

近年来,电信网络诈骗高发、多发,成为社会公害。当前,电信网络诈骗主要有"刷单返利""虚假投资理财""虚假网络贷款""冒充客服""冒充公检法"等类型,往往采取集团化作案模式,组织化、集团化程度较高。犯罪团伙往往采取公司模式管理内部成员,组织分工明确,大致可以分为负责整体策划的"设计层",

① 有观点认为,行为人以非法占有为目的,租车后通过质押借款方式将汽车价值转化为现金后占有,侵犯的是他人的财产权利,而非汽车租赁的市场秩序,故应当定性为诈骗罪,而非合同诈骗罪。参见周耀凤、郑军强:《骗租车辆质押借款的行为如何定性》,载《检察日报》2022年6月21日,第7版。

② 2011年《诈骗解释》第十条规定:"行为人已将诈骗财物用于清偿债务或者转让给他人,具有下列情形之一的,应当依法追缴:(一)对方明知是诈骗财物而收取的;(二)对方无偿取得诈骗财物的;(三)对方以明显低于市场的价格取得诈骗财物的;(四)对方取得诈骗财物系源于非法债务或者违法犯罪活动的。他人善意取得诈骗财物的,不予追缴。"

③ 如有观点认为,行为人虚构事实、冒用他人名义,与汽车租赁公司签订车辆租赁合同并取得租赁车辆。之后行为人又利用伪造的产权证明将所租车辆质押向他人借款,骗取被害人现金。行为人的两个行为均符合合同诈骗罪的构成要件,依法应以合同诈骗罪定罪处罚,且犯罪数额应为前一行为骗取车辆的价值与后一行为所骗现金价值的总和。参见卢君、谭中平、肖瑶:《利用虚假信息租赁汽车再质押借款构成合同诈骗罪》,载《人民司法(案例)》2015年第6期。笔者认为该观点值得商榷。

负责拨打电话、发送短信、通过网络实施诈骗的“行动层”，负责网上转存、分解资金的“转汇层”，负责提供通信、网络服务支持的“技术层”，以及负责取款提现的“取款层”等。例如，一起电信网络诈骗案中，被告人人数多达59人，在上述被告人中，80%系“行动层”的话务员，15%系“一般管理层”的核单员等，5%系“设计层”中的组织人员。实践中，办理电信网络诈骗犯罪案件，存在的主要问题表现在：第一，诈骗罪共犯与掩饰、隐瞒犯罪所得、犯罪所得收益罪，帮助信息网络犯罪活动罪的区分；第二，共同诈骗犯罪中不同层级人员的诈骗数额认定；第三，共同诈骗犯罪的主从犯认定及量刑平衡。下面结合典型案例进行探讨。

（一）诈骗罪共犯与掩饰、隐瞒犯罪所得、犯罪所得收益罪，帮助信息网络犯罪活动罪的区分

1. 区分的基本思路

《刑法》第三百一十条第二款规定：“犯前款罪，事前通谋的，以共同犯罪论处。”2011年《诈骗解释》第七条规定：“明知他人实施诈骗犯罪，为其提供信用卡、手机卡、通讯工具、通讯传输通道、网络技术支持、费用结算等帮助的，以共同犯罪论处。”2021年《最高人民法院关于审理掩饰、隐瞒犯罪所得、犯罪所得收益刑事案件适用法律若干问题的解释》第五条规定：“事前与盗窃、抢劫、诈骗、抢夺等犯罪分子通谋，掩饰、隐瞒犯罪所得及其产生的收益的，以盗窃、抢劫、诈骗、抢夺等犯罪的共犯论处。”2016年《电信诈骗意见》规定：“明知他人实施电信网络诈骗犯罪，具有下列情形之一的，以共同犯罪论处，但法律和司法解释另有规定的除外：1. 提供信用卡、资金支付结算账户、手机卡、通讯工具的；2. 非法获取、出售、提供公民个人信息的；……或者提供支付结算等帮助的；……8. 帮助转移诈骗犯罪所得及其产生的收益，套现、取现的。……负责招募他人实施电信网络诈骗犯罪活动，或者制作、提供诈骗方案、术语清单、语音包、信息等的，以诈骗共同犯罪论处。”

据上,第一,事前与电信网络诈骗犯罪分子通谋[①],则存在犯意联络,行为人不仅主观上认识到其是在配合他人实施电信网络诈骗犯罪,具有共同的犯意,且客观上其实施的掩饰、隐瞒犯罪所得及其产生的收益的行为、为他人提供技术支持或者帮助行为是共同犯罪的分工,属于共同犯罪的一部分。此时既有共同诈骗故意又有共同诈骗行为,符合共同犯罪的成立要件,应以诈骗犯罪共犯论处。但是,如果并未事前通谋,而是在上游犯罪既遂后明知是电信网络诈骗犯罪所得及其产生的收益,予以转账、套现、取现的,因尚未形成分工合作、相互配合的共同犯意,故不符合共同犯罪成立要件,以掩饰、隐瞒犯罪所得、犯罪所得收益罪定罪处罚。

第二,明知[②]他人实施电信网络诈骗犯罪,为其提供信用卡、手机卡、通讯工具、通讯传输通道、网络技术支持、费用结算等帮助的,以共同犯罪论处。因该帮助行为,系基于与他人有犯意联络,此时亦有共同诈骗故意和共同诈骗行为,符合共同犯罪成立要件。但是,如果仅明知他人利用信息网络实施犯罪,即对他人具体从事电信网络诈骗等犯罪缺乏认知,而为其犯罪提供互联网接入、服务器托管、网络存储、通讯传输等技术支持,或者提供广告推广、支付结算等帮助,因未形成共同犯意联络,就帮助行为而言,情节严重的,以帮助信息网络犯罪活动罪定罪处罚。

第三,明知他人实施电信网络诈骗犯罪,而为其提供互联网接入、服务器托管、网络存储、通讯传输等技术支持,或者提供广告推广、支付结算等帮助,"当行为人与被帮助者之间存在双向的电信网络诈骗犯罪意思联络时,行为人成立帮

---

① 参照 1985 年 12 月 28 日《最高人民法院关于对窝藏、包庇罪中"事前通谋的,以共同犯罪论处"如何理解的电话答复》(已失效)的规定,通谋是指谋划或者合谋,即行为人与他人对犯罪活动有预谋地进行策划、组织、分工,形成分工合作、相互配合的关系。

② 在电信网络诈骗案件中,帮助者构成诈骗罪共犯的主观要件是"明知",但事后帮助者构成诈骗罪共犯的主观要件是"事前通谋"。对于"明知"的内容和程度,一般只要有证据能够证明帮助者认识到对方可能实施诈骗犯罪行为即可,不要求其认识到对方实施诈骗犯罪的具体情况。帮助者主观"明知"的时间节点应在诈骗罪既遂之前。对于主观"明知"的认定,可以从帮助者在提供帮助时对电信网络诈骗是否有所了解、帮助行为本身是否反常以及获利情况等进行综合分析。参见章雅丽:《姜某某诈骗案》,载最高人民法院中国应用法学研究所编:《人民法院案例选》总第 156 辑,人民法院出版社 2021 年版。

助信息网络犯罪活动罪，同时又构成诈骗罪（共同犯罪），择一重罪处”。[①] 即一行为触犯两个罪名，属于想象竞合犯，应从一重处。《电信诈骗意见》亦规定：“实施刑法第二百八十七条之一、第二百八十七条之二规定之行为，构成非法利用信息网络罪、帮助信息网络犯罪活动罪，同时构成诈骗罪的，依照处罚较重的规定定罪处罚。”

第四，明知他人利用信息网络实施犯罪，为其犯罪提供互联网接入、服务器托管、网络存储、通讯传输等技术支持，或者提供广告推广、支付结算等帮助后，[②] 又参与转账等行为的，因帮助信息网络犯罪活动罪不包含对具体涉案财物的处置行为，故前后两个行为分别构成帮助信息网络犯罪活动罪和掩饰、隐瞒犯罪所得、犯罪所得收益罪。但两罪之间“事实上形成原因与结果、手段与目的的关系”[③]，按照牵连犯处断原则，应从一重处。为此，《刑法》第二百八十七条之二第三款规定：“有前两款行为，同时构成其他犯罪的，依照处罚较重的规定定罪处罚。”相比较而言，帮助信息网络犯罪活动罪是轻罪，掩饰、隐瞒犯罪所得、犯罪所得收益罪的处罚更重，应当以掩饰、隐瞒犯罪所得、犯罪所得收益罪定罪处罚。需要指出的是，明知他人实施电信网络诈骗犯罪，既为其提供互联网接入、服务器托管、网络存储、通讯传输等技术支持，或者提供广告推广、支付结算等帮助，又参与转账等行为的，一般以诈骗罪共犯论处，即以一罪处理。因此，仅明知他人利用信息网络实施犯罪而实施上述两种行为的，也只能以一罪论处，否则既导致定罪逻辑不协调，也可能导致处罚上轻重倒挂。

---

① 陈玲：《电信网络诈骗技术帮助行为的司法认定》，载《中国检察官》2022年第9期。

② 对于出租银行卡并提供刷脸帮助的行为如何定性？有观点认为，情节严重的，以帮助信息网络犯罪活动罪追究刑事责任。刷脸等验证服务的作用与U盾、支付密码类似，也是银行保护账户安全的一种手段，行为人提供刷脸帮助和其他行为人出租银行卡，将支付密码、手机银行登录密码告知对方的效果一样，即该行为在形式上属于提供支付结算工具。在他人转账时提供刷脸帮助，客观上属于出租银行卡给他人使用行为的延续。明知他人利用信息网络实施犯罪，仍将名下的银行卡出租，为他人犯罪活动提供支付结算帮助，情节严重的，符合帮助信息网络犯罪活动罪的构成要件。参见杨文金、郑小玲：《如何定性出租银行卡并提供刷脸帮助的行为》，载《检察日报》2022年9月20日，第7版。

③ 刘晓虎：《司法疑难之398：如何在提供银行卡帮助支付结算、转账类案件中区分适用帮助信息网络犯罪活动罪和掩饰、隐瞒犯罪所得、犯罪所得收益罪？》，载微信公众号“刑水浮萍”，2021年11月16日。

2. 提供银行卡及帮助取款行为的性质认定

一般而言,行为人明知他人实施电信网络诈骗犯罪,仍然提供银行卡为其收取被害人的钱款,甚至帮助取款的,或者持有诈骗犯提供的银行卡,在收取被害人钱款后帮助取款的,因上述提供银行卡及帮助取款行为系在与他人有犯意联络后实施的,故属于诈骗犯罪的组成部分,应以共同诈骗犯罪论处。实践中,对于仅明知他人可能将银行卡用于涉及违法犯罪资金走账,仍然提供,并按照要求转账的,因不足以证明行为人主观上是帮助他人实施电信网络诈骗犯罪,故不能认定为诈骗罪共犯,但若能证明其明知是他人犯罪所得及其收益而提供银行卡接收赃款,并予以转账、套现、取现,则以掩饰、隐瞒犯罪所得、犯罪所得收益罪定罪处罚。[①] 需要提及的是,行为人提供银行卡,因主观上是帮助他人掩饰、隐瞒犯罪所得及其收益,而非为他人利用信息网络实施犯罪提供帮助,故该种情形不构成帮助信息网络犯罪活动罪。例如,经人介绍,龙某同意通过为他人涉嫌违法犯罪资金走账提供帮助而牟取非法利益,遂按照他人要求在自己手机上下载“数字人民币”软件并实名注册、绑定银行卡,再将该手机和银行卡提供给他人操作,并在旁边配合刷脸验证、输入密码等,获取好处费 700 元。经查账,上述龙某绑定的银行卡内转入被害人被骗钱款 20 万元。对于此案,龙某明知是他人犯罪所得而予以转移,其行为构成掩饰、隐瞒犯罪所得罪。

关于在被害人将钱款汇入诈骗犯提供的银行卡即诈骗犯控制被害人钱款后,行为人按照要求帮助取款的行为,除共同诈骗犯罪中承担取款分工的以外,因该行为“系电信诈骗犯罪实行行为实施完毕即犯罪既遂之后的帮助行为,属于提供构成要件以外且不具有犯罪支配意义的帮助,不具有成立共同犯罪即帮助

① 有观点认为,明知上家是网络犯罪,仍然帮助收购银行卡及转账的行为构成掩饰、隐瞒犯罪所得罪,收购银行卡行为被吸收,不再单独以帮助信息网络犯罪活动罪定罪。参见姚梦莹:《收购银行卡并帮忙转账构成掩饰、隐瞒犯罪所得罪》,载《人民司法(案例)》2021 年第 35 期。

犯的可能性”①。但该种情形中,明知是电信网络诈骗犯罪所得及其产生的收益,予以转账、套现、取现的,符合掩饰、隐瞒犯罪所得、犯罪所得收益罪的构成要件,以该罪定罪处罚。例如,被害单位会计叶某,在“QQ”聊天工具中收到他人冒用其公司财务总监王某“QQ”资料向其发送转账120万元至指定银行账户的信息,该公司员工按照信息指示,向指定银行账户转账120万元,由曾某等人将上述部分钱款通过银行ATM取出,并按取款金额获取相应提成,所得钱款花用殆尽。对于曾某帮助取款行为的定性,存在两种不同意见。第一种意见认为,曾某明知是他人实施电信网络诈骗犯罪所得而代为转移,构成掩饰、隐瞒犯罪所得罪。第二种意见则认为,根据承继的共犯理论,曾某明知他人实施电信网络诈骗而帮助取款,从而使整个诈骗活动得以完成,构成诈骗罪。笔者认为,对于曾某行为的定性,关键在于其是否属于电信网络诈骗犯罪集团的成员。如否,则曾某虽然在客观上帮助了电信网络诈骗犯罪分子取款,但在诈骗罪的构成要件上,当被害人将钱款汇入指定银行账户时,诈骗罪的全部实行行为已经结束,并不存在曾某加入犯罪,实施后一部分实行行为的可能(取款行为并非诈骗罪的实行行为)。在主观上,曾某在取款之前并未参与共谋,与电信网络诈骗行为人之间缺少犯意联络和沟通,没有形成诈骗犯罪共同故意,不构成诈骗罪的帮助犯,故曾某明知是电信网络诈骗犯罪所得而代为转移,以掩饰、隐瞒犯罪所得罪定罪处罚。如是,即曾某属于电信网络诈骗犯罪集团的成员,虽其只负责开立银行账户、提供通讯技术支持,或者实施取款、转账等帮助行为,但其是在集团从事电信网络诈骗的

① 俞小海:《电信诈骗犯罪中帮助取款行为的罪名判定》,载《人民司法(应用)》2015年第19期。关于帮助取款行为的罪名认定,有观点认为,核心在于将电信诈骗行为人控制被害人的钱款作为电信诈骗犯罪实行行为实施完毕以及诈骗罪既遂的判定标准,进而准确识别帮助取款行为中的电信诈骗犯罪实行行为和非实行行为。在此基础上,将电信诈骗犯罪中的帮助取款行为划分为持自己提供的银行卡帮助取款和持电信诈骗犯罪行为人提供的银行卡帮助取款两种类型。前者系提供工具、收取、保管赃款与取款行为的结合,部分发生于电信诈骗犯罪实行行为实施完毕和既遂之前,成为电信诈骗犯罪实行行为的一部分,应按照诈骗罪共同犯罪论处;后者根据持有银行卡的时间节点进一步区分事前持有和事后持有,事前持有而取款系收取、保管赃款与取款行为的结合,事后持有而取款系单纯的取款行为。由于二者分别发生于电信诈骗犯罪实行行为实施完毕和既遂前后,应分别按照诈骗罪共同犯罪和掩饰、隐瞒犯罪所得罪论处。参见张建、俞小海:《电信诈骗犯罪中帮助取款人的刑事责任分析》,载《法学》2016年第6期。

“统一业务”宗旨下开展活动,事先具有诈骗的共同犯意,其实施的取款行为是共同诈骗犯罪的分工,可以认定为电信网络诈骗的帮助犯,与实行犯构成共同犯罪,应以诈骗罪定罪处罚。

需要注意的是,明知他人实施电信网络诈骗犯罪而提供银行卡的,以共同诈骗犯罪论处。如果在案证据不足以认定行为人明知他人实施电信网络诈骗犯罪,但能够证明其明知他人利用信息网络实施犯罪,而提供银行卡等帮助,情节严重的,以帮助信息网络犯罪活动罪定罪处罚。例如,付某明知他人利用信息网络实施犯罪,仍将其个人的 7 张银行卡出售给他人,先后共有 18 名被害人的被骗资金 40 余万元汇入上述 7 张银行卡内,且 7 张银行卡不明流水共计 150 余万元。对于此案,生效裁判认为,付某明知他人利用信息网络实施犯罪,仍然为其犯罪提供支付结算帮助,情节严重,其行为构成帮助信息网络犯罪活动罪。

(二)电信网络诈骗犯罪中业务员的诈骗数额认定

根据《电信诈骗意见》第四条的规定,三人以上为实施电信网络诈骗犯罪而组成的较为固定的犯罪组织,应依法认定为诈骗犯罪集团。对组织、领导犯罪集团的首要分子,按照集团所犯的全部罪行处罚。对犯罪集团首要分子以外的主犯,应当按照其所参与的或者组织、指挥的全部犯罪处罚。全部犯罪包括能够查明具体诈骗数额的事实和能够查明发送诈骗信息条数、拨打诈骗电话人次数、诈骗信息网页浏览次数的事实。多人共同实施电信网络诈骗,应对其参与期间该诈骗团伙实施的全部诈骗行为承担责任。

实践中,对于集团型电信网络诈骗犯罪,对首要分子和主犯的诈骗数额认定,一般没有争议。业务小组组长对该小组全体组员实施的诈骗数额负责,亦无争议。主要问题是对于业务员的诈骗数额如何认定,即除对其本人实施的诈骗数额负责外,是否需要对团伙内部从事与其同类型诈骗行为的其他业务员的诈骗数额负责。例如,郑某等注册成立强旺公司,租用电信实业大楼房间作为办公场所。季某、孙某、成某、付某等人经郑某等招募进强旺公司担任业务员。在接受郑某等人培训并提供相关诈骗话术后,各业务员根据郑某等人提供的客户电话号码拨打电话骗取钱款。被害人王某等47人将共计250万余元汇入郑某等人实际控制的银行账户内。该案中,季某参与诈骗10名被害人34万余元;成某参与诈骗9名被害人60万余元;田某参与诈骗12名被害人90万余元;孙某参与诈骗11名被害人48万余元;付某参与诈骗6名被害人17万余元;李某参与诈骗5名被害人24万余元;史某参与诈骗5名被害人25万余元。本案中,季某等7人受雇于诈骗头目郑某,郑某的诈骗数额应为其组织、指挥7人实施诈骗的总额250万余元,对此没有争议。但是,对于季某等7名业务员诈骗数额的认定,存在两种意见。第一种意见认为,本案系共同犯罪,即使认定这7名业务员为从犯,根据共同犯罪中“部分承担全部责任”的规定,季某等7名业务员的诈骗数额应均为250万余元,各人的诈骗数额只是量刑因素。第二种意见则认为,被告人众多的电信网络诈骗犯罪,多数是金字塔式的集团犯罪,与一般性分工合作的平行式共同犯罪不同,各业务员,因为相互独立,没有分工和合作,仅对其参与实施的具体罪行负责。否则,罪刑将明显失当。而且,在各自承担各自责任的前提下,只有认定共同犯罪,并根据他们在整个集团犯罪中的地位和作用,一般应将这些业务员认定为从犯,从宽处理,才能确保罪刑均衡。

笔者认为,各业务员是否需要对其他业务员的诈骗数额负责,关键在于各业务员之间有无共同诈骗故意、有无共同诈骗行为、是否共享诈骗利益。在有无共同诈骗故意上,应判断是否事先参加集中培训,内容包括如何选择诈骗对象、如何实施诈骗行为、如何分配非法利益等,即是否对诈骗目标和任务形成统一认识,在共同故意支配下实施诈骗行为。在有无共同诈骗行为上,应判断相互间是分工配合还是单打独斗。在是否共享诈骗利益上,应判断是根据个人业绩进行提成还是共同分赃。如果相互间分工协作,对他人诈骗行为进行加功,事后对他人诈骗所得进行分赃或者共同占有,则应对他人的诈骗行为承担刑事责任。反之,如果各业务员仅按照组长或者上层管理人员要求拨打电话、发送短信等进行诈骗,即针对各自的犯罪对象平行地同步开展,相互间没有关联,不需要配合,且非法获利主要由个人业绩决定,那么各业务员之间既没有共同故意、共同行为,也没有共同利益,除了与上线成立共犯外,各平行的业务员之间不以共同犯罪论处，正如非法集资犯罪中的各业务员一样，仅对自己实施的犯罪数额负责。否则，既难以从共同犯罪角度进行解释，也不利于实现罪罚相当。前述案例中，季某等7名业务员根据郑某等人提供的客户电话号码拨打电话骗取钱款，相互之间无须分工配合，也未共享业绩，故季某等7名业务员之间不成立共同犯罪，仅对自己实施的诈骗数额负责。如此，根据2011年《诈骗解释》的规定，成某参与诈骗60万余元、田某参与诈骗90万余元，均属于诈骗数额特别巨大；而季某参与诈骗34万余元、孙某参与诈骗48万余元、付某参与诈骗17万余元、李某参与诈骗24万余元、史某参与诈骗25万余元，均属于诈骗数额巨大。

当然，如果各成员在主观上明知与其他成员密切配合，客观上按照分工相互协作，并共享非法利益，则应该对其他成员的诈骗数额承担刑事责任。具体而言，如果诈骗集团内以小组为单元，组内各成员分工协作完成诈骗行为，组与组之间相对独立，则各成员应对其所在组的全部诈骗数额承担刑事责任。如果诈骗集团内各成员相互分工协作，则各成员应对集团的全部诈骗数额承担刑事责任。例如，范某与他人共同管理奇盛公司，实施电信网络诈骗活动。奇盛公司以电话推销茶叶为名，先后纠集40余名我国台湾地区居民和40余名大陆女子，并将上述人员分成A、B、C三组，从事电信网络诈骗活动，由公司统一安排食宿。范某等人从台湾地区不法分子处购得大量台湾地区居民信息资料，由简某整理打印后分发给各组人员。黄某等人冒充台湾地区某医院护士，按照简某提供的信息资料拨打电话，告知被害人有人冒用其身份在医院办理保险等业务，取得被害人的初步信任后即提出可帮助报警。随后假扮巡警、警员的郭某、钟某等人在电话中称有人冒用被害人的身份开立了涉嫌洗钱及诈骗的账户，需交警察队长处理。假扮警察队长的谢某等人则声称被害人的合法账户即将被冻结，要求被害人积极配合检察官的调查，否则可能被收押。待被害人相信上述虚构的事实后，王某等人即以检察官的身份要求被害人将账户中的资金提出，交由司法机关保管，待查明真相后返还。被害人接受该建议后，王某等人便要求被害人将提出的现金交给冒充司法工作人员的当地不法分子或者汇入指定账户。为避免被害人怀疑，范某等人在收到被害人交来的钱款后，制作相应的虚假司法文书，通过当地不法分子送交给被害人，并在奇盛公司设置电话查询系统，供被害人电话查询存款情况。范某等43人使用上述诈骗方式，先后骗取陈甲等19名台湾地区被害人钱款共计768万余元。[①] 对于此案，生效裁判认为，范某等43人以非法占有为目的，虚构事实，骗取他人财物，数额特别巨大，其行为均构成诈骗罪，且系共同犯罪。该案中，范某等人组建起比较稳固的犯罪集团实施诈骗，该诈骗集团采取公司化运作模式，各行为人参与流水线诈骗作业，诈骗所得按公司制定的分配比例分给扮演不同角色的成员。范某系奇盛公司负责人，陈乙、简某分别负责财务、文件收发等工作，3人的犯罪行为在诈骗集团中具有总体性、组织性，故3人应对全案犯罪数额负责。其余40人，扮演不同角色具体实施诈骗行为，在主观上受共同诈骗故意支配，客观上相互配合实施共同诈骗行为。在实施诈骗过程中，各组成员间并无严格的界限，存在穿插配合实施诈骗的情况，体现了公司行动的整体性和目标的一致性。最为关键的是，各成员根据公司制定的分配制度，共享诈骗利益，即该40人实施的诈骗行为均系奇盛公司诈骗犯罪的组成部分，行为性质相同，目标一致，故不论“工作业绩”如何，均应对奇盛公司的全部犯罪数额承担刑事责任。

此外，对于事先未共谋而中途加入者，后加入者对先行为人的诈骗行为是否承担责任？根据罪责自负原则，原则上不应承担。但是，如果先行为人实施的诈骗行为处于持续状态，后行为人认识到这种状况而积极加以利用，并事后参与分赃，则后行为人对先行为人的行为应当承担刑事责任，即属于承继的共同犯罪。相应地，对于中途退出者，如果属于普通成员，原则上犯罪数额计算至其退出时点；如果属于骨干成员，因为骨干成员的参与行为，其危害后果能够继续延伸，故除非其采取措施尽力消除其行为对犯罪集团的影响和作用，如及时向公安机关报警等，否则犯罪数额不计算至其退出时点。[②]

---

① 参见蒋小美：《范裕榔等诈骗案》，载最高人民法院刑事审判第一、二、三、四、五庭主办：《刑事审判参考》总第96集，法律出版社2014年版。

② 参见胡公枢：《何上候等人诈骗案》，载最高人民法院刑事审判第一、二、三、四、五庭编：《刑事审判参考》总第128辑，人民法院出版社2021年版。

（三）电信网络诈骗犯罪中的主从犯认定及量刑平衡

1. 主从犯认定

在电信网络诈骗犯罪中，对于组织者、策划者、指挥者以及主要获利者等核心成员，无疑应以主犯论处。对于广大业务员，虽然都是诈骗行为的具体实行者，但其与核心成员相比，无疑地位要低、作用要小，且各业务员在共同犯罪中的地位、作用也往往存在差异，因此有必要区分主从犯，从而实现罪责刑相适应。一般而言，对于仅对自己参与的诈骗数额承担刑事责任的情形，因共犯范围小，相对容易区分主从犯。但是，对于相互协作，需要对其他业务员诈骗数额承担刑事责任的情形，因共犯范围大，在区分主从犯上，需要综合考虑各业务员的"职务"、所扮演角色、入职时间及获利情况等因素。

第一，"职务"上，"职务"越高地位越高，作用往往越大、获利也越多，则认定为主犯的可能性越大。处于底层的广大业务员，虽然是诈骗行为的具体实行者，但在共同犯罪中地位较低，相较而言认定为从犯的可能性要大。第二，所扮演的角色上，如果各成员相互配合，环环相扣①，则越接近诈骗链条末端的角色对诈骗技巧要求越高，对被害人施加的影响越大，其单次诈骗成功率也越高。同时，能够扮演高端的角色也在一定程度上说明诈骗技巧、内部影响力都比较突出，即角色越重要，认定为主犯的可能性越大。相反，如果所扮演的是距离诈骗链条末端较远的非关键角色，从罪责刑相适应角度，认定为从犯的可能性要大。第三，入职时间、诈骗数额及获利上，一般而言，入职时间短，参与程度较低，骗取被害人信任的成功率也较低，且获利较少，在共同犯罪中起次要作用，认定为从犯的可能性较大。而对入职时间长、诈骗数额大、获利多的，因社会危害性相对要严重，故认定为主犯更有利于罪责刑相适应。当然，对于有的入职时间明显较短，主观犯意尚未形成的，则根据主客观相统一原则，一般不能认定为犯罪。

---

① 实践中存在连环诈骗情况，多名行为人形成渐次递进型诈骗链条，相邻行为人间的向下虚假介绍行为系共同犯罪中的帮助行为，相邻行为人为共同犯罪，相隔行为人间不构成共同犯罪。参见张小延：《渐次递进型链式共犯的切分》，载《人民司法（案例）》2020 年第 23 期。

在前述范某等43人电信网络诈骗案中，范某组织、领导犯罪集团实施诈骗行为，是诈骗集团的首要分子，依法按照集团所犯的全部罪行处罚；陈乙、简某等11人在共同犯罪中起主要作用，是主犯，依法按照其所参与的全部犯罪处罚；钟某等31人在诈骗犯罪中起次要、辅助作用，是从犯，依法应当从轻、减轻处罚。其中，黄某等6人犯罪情节较轻，适用缓刑确实不致再危害社会，依法对其宣告缓刑。如此认定，突出打击重点，教育挽救大多数，充分体现罪责刑相适应原则及宽严相济刑事政策。

实践中，对于到案的并非电信网络诈骗团伙核心成员的情形，在案证据能够证明在案人员在共同犯罪中所起作用为次要或者辅助的，仍应认定其为从犯，从而确保量刑平衡。例如，张某等9人在柬埔寨王国金边市某别墅内，由韦某、王某、辛某、陆某、姜某、龚某等人冒充我国电信工作人员，张某、崔某、李某等人冒充公安民警或者检察官等，通过拨打网络电话和电信技术手段，虚构被害人信息遭到泄露且涉嫌贩毒、洗钱案等虚假内容，要求被害人将资金汇入该团伙指定的所谓"安全账户"内，骗取多名被害人共计120余万元。该案系一起有预谋、有组织的团伙犯罪，团伙核心成员尚未到案，但综合全案证据，根据张某等9人在该团伙中的犯罪情节和所处的地位、作用，其均可以认定为从犯。主要理由为：第一，从诈骗行为的整体情况看，团伙核心成员对被招募的人员采取严格管理，诈骗活动组织严密、分工明确，人员之间交流少，一线、二线、三线人员均不了解彼此工作的具体情况。张某等9人虽然都是诈骗行为的具体实行者，但只有各线人员密切配合、环环相扣，诈骗行为才可能最终取得成功，而安排这一整套诈骗流程，对被招募人员进行培训、管理的是该团伙的核心成员。第二，从加入团伙的原因、时间及在团伙中的生活情况看，张某等9人文化程度较低，系通过网络招聘、老乡介绍、路人搭讪等方式进入该团伙，护照被收、外出被限制，靠团伙核心人员预支的费用生活，实施诈骗也是遵从核心人员的安排和管理。张某等9人，除崔某外，其余人员到达柬埔寨参与作案时间相对较短。第三，从获利情况看，张某等9人只从团伙核心人员处预支了少量生活费，约定的报酬及提成均未获得，且其不掌握获取被害人钱款的指定账户信息，涉案钱款到账后在短时间内被取走,而取款并不属于其工作范畴。在案证据无法证实张某等9人与团伙核心成员存在串谋及共同策划、安排等行为,其在共同犯罪中起次要作用,可以认定为从犯。①

2. 从量刑平衡角度可以对从犯减两档判处刑罚

实践中,行为人除系从犯外,如果还具有自首等法定减轻处罚情节,即同时具有两个以上法定减轻处罚情节的,为了确保罪责刑相适应,下二格即减两档判处刑罚,基本无争议。而对于仅具有从犯一个法定情节,下一格即减一档判处刑罚仍然过重,免除处罚又过轻,此时可否减两档判处刑罚?以电信网络诈骗犯罪为例,行为人入职时间短,参与程度低,获利很少即案发,但需对特别巨大的诈骗数额承担刑事责任,即应判处十年以上有期徒刑。虽然认定其为从犯,但如果对其减一档即在三年以上十年以下有期徒刑幅度内判处刑罚,仍显过重,如果对其免除处罚又显过轻,那能否对其减两档即处三年以下有期徒刑、拘役或者管制,并处或者单处罚金?

有的人认为,根据《刑法》第六十三条第一款的规定,即"犯罪分子具有本法规定的减轻处罚情节的,应当在法定刑以下判处刑罚;本法规定有数个量刑幅度的,应当在法定量刑幅度的下一个量刑幅度内判处刑罚",具有法定减轻处罚情节的,原则上只能减一档判处刑罚。因此,如果行为人仅具有从犯一个减轻处罚情节,只能减一档而不能减两档,否则便违反了《刑法》规定。确实需要减两档的,可以案件具有特殊情况,报最高人民法院核准,在法定刑以下判处刑罚。

笔者认为,从量刑平衡角度,对从犯可以减两档判处刑罚。主要理由是:第一,根据《刑法》规定,对于从犯,应当从轻、减轻处罚或者免除处罚。既然对从犯可以免除处罚,"举重以明轻",那就应该既可以减一档也可以根据量刑平衡需要减两档。第二,如果只能减一档,则"在三年以上有期徒刑与免除处罚之间就出现了刑罚的断层,显然违背了罪责刑相适应原则。从刑法规范角度,将减轻处罚与免除处罚并列规定以供法官选择适用,立法者认为二者应当相互衔接。这也意味着在量刑时,对于与免除处罚并列的减轻处罚情节,应当允许法官根据具体

① 参见陆光怡:《核心成员未到案的电信诈骗主、从犯之认定》,载《人民司法(案例)》2016年第8期。

案情在法定刑以下判处刑罚，可以下一格，也可以下二格甚至三格，直至免除处罚”①。第三，《刑法》第六十三条第一款的规定，仅针对具有一个法定减轻处罚情节的情形。根据罪责刑相适应原则，对于具有法定减轻或者免除处罚情节，或者具有两个以上减轻处罚情节的，可不受在法定量刑幅度的下一个量刑幅度内判处刑罚的限制，可以在法定刑以下两个量刑幅度内判处刑罚。“该条第二款特殊减轻处罚适用于没有刑法规定的减轻处罚情节的情况，对于依法可以在法定刑以下多档减轻处罚情节的案件，无须逐级报请最高人民法院核准。”②

当然，对于从犯确需减两档的，应当从程序上予以严格规范，防止任意适用或者滥用，可以设置专业法官会议讨论决定等。

① 张军主编：《〈刑法修正案（八）〉条文及配套司法解释理解与适用》，人民法院出版社2011年版，第57~58页。

② 范冬明、魏海：《刑法第六十三条减轻处罚的正确适用》，载《人民司法（案例）》2020年第26期。

第五章

盗骗交织型犯罪论

盗窃和诈骗是常见的财产犯罪手段。通常情况下,盗窃罪和诈骗罪(包括特殊诈骗罪)是比较容易分辨的,但在盗窃和诈骗两种犯罪手段交织的情况下,是定盗窃罪还是定诈骗类犯罪,往往容易产生分歧。例如,王某、贾某经预谋,选择独行的路人作为目标,然后向被害人展示轿车后备箱中装在编织袋内的铜丝,以着急将铜丝卖掉为由向被害人低价出售,等被害人交付钱款7000余元后,再进行调包,将装有黄土的编织袋交付给被害人。对本案的定性就存在认定盗窃罪或者诈骗罪的争议。由于盗窃罪的入罪和法定刑升格标准往往低于诈骗类犯罪的相应标准,因此,对同类行为的不同定性,有时涉及罪与非罪及不同的法定刑幅度。可见,准确定性、统一认定标准,显得尤为重要。

一 盗骗交织型犯罪的基本定罪思路

(一)基本定罪思路:取决于取得财物行为的主要手段

盗窃罪与诈骗类犯罪的主要区别在于,犯罪行为的客观方面,即行为人是采用秘密窃取的方式使财物所有人、管理人等合法占有人在不知情的情况下失去占有,还是采用欺骗的方法使财物的合法占有人基于错误认识而“自愿”处分财物。故此,对于盗骗交织型犯罪,是认定盗窃罪还是诈骗类犯罪,取决于行为人取得财物的主要手段,即结合具体案情,判断盗窃和诈骗两种行为手段在取得财物中的主次作用。如果是因为合法占有人基于错误认识"自愿"处分财物而取得财物,则以诈骗类犯罪定罪处罚。例如,利用异地刷卡消费反馈时差,要求银行工作人员将款项存入指定贷记卡,当同伙在异地将该贷记卡上的款项刷卡消费完毕,又谎称存款出错,要求撤销该项存款的行为,如何定罪?[①] 本案中,行为人欺骗的内容就是使银行营业员认识不到钱款已经被刷卡取走的事实,从而使营业员将本属于银行所有的钱款存入行为人提供的另一个银行卡账户内,营业员客观上实施了交付财物行为,行为人取得财物的主要手段是诈骗而非窃取,故认定其行为构成诈骗罪而非盗窃罪。

如果采取假相作掩盖,暗中取得公私财物,则以盗窃罪定罪处罚。例如,杨某起意后伙同张某,指使以兼职为由骗招的孙某独自至被害人王某处办理"信用卡代还业务",并利用事先制作的假身份证使王某误以为孙某系卡主,王某按约将3万元转入杨某事先准备的招商银行信用卡后,杨某立即使用该信用卡账户关联的另一张银行卡通过POS机刷卡的方式将上述钱款转移,并挂失该信用卡,使王某无法通过刷卡将该钱款再取回。嗣后,张某分得赃款6000元。公诉机关指控杨某、张某犯盗窃罪。杨某、张某对起诉指控的事实无异议,但辩称其行为系诈骗而非盗窃。生效裁判认为,杨某伙同张某以非法占有为目的,秘密窃取他人财物,其行为均构成盗窃罪。[②] 该案中,杨某虽然以代还信用卡为由,欺骗被害人将钱款划入其信用卡内,但被害人的本意是将划入的钱款立即刷回,并无将钱款交由杨某处分的意思,而且划款时杨某的信用卡亦在被害人的实际管控之下,此时杨某实际上并未取得上述钱款。后杨某瞒着被害人,秘密将划入其信用卡内的钱款转移,造成被害人无法立即刷回相应钱款,其行为系秘密窃取他人财

① 参见方文军、王海防:《张航军等诈骗案》,载最高人民法院刑事审判第一、二、三、四、五庭主办:《刑事审判参考》总第76集,法律出版社2011年版。类似案例,如利用银行网络系统POS机刷卡消费反映到银行计算机上延迟一二分钟的漏洞,以要求银行营业员存款冲正的方式,骗取银行存款,该行为构成诈骗罪。参见张丹丹、曾娇艳:《利用时间差恶意套现构成诈骗罪》,载《人民司法(案例)》2010年第6期。

② 参见郭伟清主编:《2017年上海法院案例精选》,上海人民出版社2018年版,第445~446页。

物,构成盗窃罪而非诈骗罪。再如,陈某遇受害妇女刘某,谎称道士,看出刘某脸上有不祥之气,其在外地的儿子必将出车祸。陈某告知刘某,只要刘某回家取出3000元人民币,他可以在这些人民币上施“仙术”,然后刘某再把这些钱寄给其儿子用,就可以逢凶化吉。刘某信以为真,回家取钱用红纸包好交于陈某手中,陈某取钱在手弄了几下,然后将一红包交还刘某,告知刘某要在回家1小时后才可以打开看,并不可告知任何人。刘某回家后打开红包一看,3000元人民币变成了一沓冥币。该案中,陈某为非法占有刘某财物,既采取了欺骗行为,如伪装道士,施展“仙术”,又采取了窃取行为,趁刘某不备,以假换真,将人民币换成冥币。但陈某非法占有刘某3000元的主要手段是趁刘某不备、以假换真的窃取手段,故其行为构成盗窃罪而非诈骗罪。

综上,就前述王某、贾某案而言,二人的主观目的是非法占有他人财物,客观上非法占有了他人钱款7000余元。故该案的定性,关键在于二人是通过诈骗还是秘密窃取手段获取他人的7000余元。显然,涉案钱款不是从被害人处秘密窃取来的,而是使用诈骗方法,使被害人基于错误认识而自愿交付给二人的,故该案应当以诈骗罪定罪处罚,诈骗数额为7000余元。至于二人在占有被害人的7000余元后,所实施的“调包”及“将装有黄土的编织袋交付给被害人”等行为,貌似“秘密窃取”,实际上都是诈骗手段的组成部分。被害人自始至终没有占有二人“意欲”出售的铜丝,因此不存在二人窃取被害人财物铜丝而构成盗窃罪的问题。相反,如果被害人交付7000余元后取得了对涉案铜丝的占有,二人再趁被害人不备进行“调包”,则系以秘密方式窃取已经属于被害人的铜丝,构成盗窃罪。

(二)基本定罪思路的类型化分析

1. 从财物转移形式不同区分盗窃罪与诈骗类犯罪

财物的所有者、管理者等财物的合法占有人“自愿”将财物交付给行为人的,为诈骗;反之,行为人采取假相作掩盖,暗中从财物的合法占有人处取得财物的,则为盗窃。

(1)曹某案。曹某在收取店主王某交给其挑选好的金项链、金手链及金戒指后,谎称未带钱,让王某随其到家里取钱。在回家取钱途中,曹某趁王某不备溜走的行为,如何定性?① 对于该案,关键在于王某将曹某挑选好的金饰品交付给曹某的行为是否属于诈骗罪中的财物处分行为,以及王某最终失去对金饰品的控制是否主要由曹某的欺骗行为所导致。显然,王某误以为曹某确需购买金饰品,也误以为其会按照承诺的时间、地点付款。王某基于该错误认识,自愿将金饰品包装后交付给曹某。且结合此后王某随曹某一起去曹某家里取钱的事实,王某具有永久将金饰品转移给曹某占有的意思表示,应看作财物处分行为,而并非仅让曹某临时拿一下。曹某占有金饰品之后,趁王某不备溜走,仅是曹某犯罪行为实施完毕逃离现场的后续行为,对定性不产生影响。据上,王某将曹某挑选好的金饰品交付给曹某的行为属于诈骗罪中的财物处分行为,曹某的欺骗行为与王某最终失去财物之间具有刑法上的因果关系,故曹某的行为构成诈骗罪。

(2)张某案。张某在商场将价值 500 元的西服与价值 8000 元的西服的价签调换,店员以为是 500 元的西服,收取 500 元,将 8000 元的西服交付给张某。该案中,张某调换价格标签行为无疑具有秘密性,但其并未通过实施该行为获取 8000 元的西服,而是通过虚构该西服价格为 500 元,店员因此产生错误认识,即对价格产生了错误认识,在收取 500 元后将价值 8000 元的西服"自愿"交付给张某。显然,张某是采取诈骗手段,通过支付 500 元骗取 8000 元的西服,其行为构成诈骗罪,诈骗数额为所骗取的数额或者商家的损失数额 7500 元。

(3)李某案。李某逛商场时,将价值 199 元的台式电扇从包装盒里取出,装入价值 6999 元的平板电脑,然后拿着装有平板电脑的台式电扇包装盒付款,店员仅收取台式电扇的货款 199 元。对于该案,用价格高的平板电脑"替换"价格低的台式电扇,无疑采取了秘密手段。之后,付款 199 元,取得价值 6999 元的平板电脑,店员是否受骗,是否"自愿"将平板电脑交付给李某?很明显,店员以为李某用 199 元购买的是台式电扇,对于其"欲购买"平板电脑,并未存在认知,当

---

① 参见周红希、刘世界、胡尚慧:《曹海平诈骗案》,载最高人民法院刑事审判第一、二、三、四、五庭主办:《刑事审判参考》总第 89 集,法律出版社 2013 年版。

然就不存在错误认识。故此，店员并非“自愿”地将平板电脑交付给李某。李某通过“替换”手段取得平板电脑的行为，违背了店员的意愿，实质上是在店员不知情的情况下通过秘密方式取得，故其行为构成盗窃罪而非诈骗罪①，盗窃数额为所窃取的数额或者商家的损失数额6800元。

(4)顾某案。顾某将价值10,099元的照相机包装盒里的泡沫填充料取出，在包装盒里装入两个相同的照相机，然后拿着装有两个照相机的包装盒付款，店员以为包装盒里只装有一个照相机，仅收取一个照相机的货款10,099元。该案与上述李某案类似，同样以盗窃罪定罪处罚更加合理，盗窃数额为所窃取的数额或者商家的损失数额10,099元。主要理由是，顾某以购买一个照相机为幌子，在店员不知情的情况下将另一个照相机以“夹藏”方式带出，显然店员并不知情，更不存在“自愿”交付行为，即店员未对顾某购买的数量产生错误认识，而是顾某采取秘密手段将另一个照相机占为己有，故其行为构成盗窃罪。②

(5)王某案。王某在网上聊天室发布虚假广告，谎称有视频裸聊服务，与被害人邵某聊天时，谎称付费1元即可参与裸聊，并要求邵某传发其网银卡余额截图，以表示其具有支付能力。其后，王某根据截图知晓邵某余额有10万元，便在事先编好的软件程序中填写欲盗取的金额9.8万元，并将该软件程序发给邵某。邵某按照王某告知的账号及登录口令登录，并在支付页面显示付款1元，然后输入自己的网银卡号和密码并确认，其卡上的9.8万元就自动转入王某的银行卡。对于该案，王某实施了骗术，但被害人仅有处分1元的意思和行为，对于9.8万元不具有处分意思，因此也不存在处分行为，即“处分行为应是主客观相统一的，

① 当然，有观点认为此类案件应定性为诈骗罪。主要理由为，行为人将贵重物品放入价值便宜的包装盒内的行为，显然并非占有财物的行为，真正占有财物的情况实际上发生在通过收银柜台后，也就是行为人以隐瞒真相的方式，使收银员产生错误认识，而将贵重的财物交付给行为人只收取便宜物品的价格，从而使行为人最终占有贵重财物。行为人使用“隐瞒真相”的诈骗方式，从而使收银员在对盒内具体货物的内容产生错误认识的情况下实施了交付行为，该行为完全符合诈骗罪的相关要件。参见刘宪权:《刑法学名师讲演录(分论)》(第3版)，上海人民出版社2021年版，第699页。

② 当然，有观点认为在受骗者没有认识到财产(或财物)的数量但认识到处分了一定的财产时，也宜认定为具有处分意识，即店员以为包装盒里只装有一个照相机，仅收取了一个照相机的货款，店员认识到自己将包装盒里的财物处分给了行为人，也具有处分意识，构成诈骗罪。参见张明楷:《刑法学(下)》(第6版)，法律出版社2021年版，第1308页。

即由客观处分行为与主观处分意识共同构成,缺一不可,没有处分意思的纯粹转移财物占有的动作根本不能称为处分行为"①。王某秘密窃取了该9.8万元,其行为构成盗窃罪。②

(6)王某、杨某、俞某案。王某伙同杨某、俞某等人至游戏机房,将扩音设备贴近赌博机放大其内部信号,而后用与扩音设备相连的录音笔录下,将信号上传至网上,由事先联系好的破译人员进行破解。破译人员根据录下的信号判断赌博机即将开出的扑克牌花色中,哪一种或者两种花色出现的概率较大,然后告知王某,王某随即通知在游戏机房的杨某、俞某等人,以概率出现较大的花色进行押注并获取分值,继而用分值从游戏机房换取现金。王某涉案金额5.8万余元,杨某、俞某涉案金额3.7万余元。对于此案如何定性,存在三种不同意见。第一种意见认为,王某等人的行为系采用非法手段从游戏机内窃取分值,分值本身虽然没有价值,但持有分值即可向店主兑换现金,故本案的关键行为是窃取分值行为,应以盗窃罪论处。第二种意见认为,从表面上看王某等人是利用技术手段窃取游戏机分值,但实质上是店主与王某等人通过游戏机这一媒介实施赌博,王某等人在赌博过程中采用录音、破解等欺诈手段欺骗店主,诱使店主交付赌金,其行为实质上属"诈赌",应以诈骗罪论处。第三种意见认为,在赌局中双方均可采用一定手段提高己方胜率,此为"赌博规则"所容许。实践中,很多店家也会人为调整游戏机的胜率从而保证盈利,但对此一般不作为犯罪处理。本案王某等人虽然通过监听机器内部信号分析花色,但也仅是提高了胜率,并未完全否定赌博的随机性,在王某等人的行为不构成赌博罪的情形下,应作无罪处理。

笔者认为,王某等人并未通过改造、破解赌博机等方式秘密窃取分值,即没有通过这一行为实现财产转移并造成被害人财产损失,故不构成盗窃罪。王某等人是通过不正当手段,获取赌博机的数据信息,提高了对赌的胜率,使赌博的最终结果丧失了输赢的偶然性,其行为实质系"诈赌"即通过隐瞒自己以不正当

① 许浩:《盗窃与诈骗交织类犯罪的定性问题研究》,载《法律适用》2019年第1期。

② 最高人民法院指导案例27号即"臧某泉等盗窃、诈骗案"明确:行为人利用信息网络,诱骗他人点击虚假链接而实际通过预先植入的计算机程序窃取财物构成犯罪的,以盗窃罪定罪处罚;虚构可供交易的商品或者服务,欺骗他人点击付款链接而骗取财物构成犯罪的,以诈骗罪定罪处罚。

手段获取赌博机分值的事实,使被害人陷入错误认识,“自愿”兑换分值,从而造成被害人财产损失,王某等人的行为符合诈骗罪的构成要件,应当以诈骗罪论处。[①]

(7)王某合等8人案。某年9月起,王某合、王某、杜某从五金厂购买集装箱废铁,销售给邓某、刘某万。其间,王某合、邓某、刘某万、杜某预谋在五金厂电子地磅下安装干扰器,通过遥控干扰器使电子地磅对被称物的显示重量少于实际重量,骗取该厂废铁,并由邓某负责联系玩秤人(具体实施安装、遥控电子地磅干扰器人员)。嗣后,王某合将准备在电子地磅做手脚之事告诉王某,王某表示同意。随后,邓某找到边某体让其联系玩秤人。同年11月12日,王某合、王某与五金厂约定分别于次日和14日各购买一车废铁,王某合当即将此事通过电话告诉邓某。当日晚,邓某和边某体、边某胜、边某其及玩秤人开车前往五金厂附近。11月13日凌晨,邓某、边某体等人到达约定地点后,王某合将边某体、边某胜、边某其和玩秤人带至五金厂拆箱车间,由王某合、边某体、边某胜、边某其等人望风,玩秤人将干扰器安装在五金厂的电子地磅下面。同日,王某合、王某从五金厂购买一车废铁,在通过电子地磅称重时,玩秤人利用遥控器发射信号,使干扰器更改电子地磅对被称废铁重量的正确显示,实际重量为32吨多,电子地磅显示为28吨多,少计重4.57吨,价值1万余元。11月14日,王某合、王某又从五金厂购买一车废铁,玩秤人采用同样手段更改电子地磅对被称废铁重量的正确显示,实际重量为36吨多的废铁,电子地磅显示为31吨多,少计重4.61吨,价值1.1万余元。后由邓某、刘某万将废铁销售给废旧物资公司,所得销售款由王某合等人和玩秤人分得。对于本案,公诉机关认为王某合等人以非法占有为目的,在电子地磅下安装干扰器,通过遥控干扰器使电子地磅对被称物的显示重量少于实际重量,系在被害单位不知情的情况下窃取其财物,符合盗窃罪的构成特征。但生效裁判认为,王某合等人以非法占有为目的,采用在电子地磅上安装干扰器,隐瞒废铁真实重量的手段,使被害单位将本不应该少收取的2万余元货款

---

① 参见上海市第一中级人民法院刑事判决书,(2016)沪01刑终2445号。关于该案的定性,一审法院以盗窃罪论处,后被二审法院改判诈骗罪。

“自愿”交出，其行为均构成诈骗罪。①

该案中，王某合等人秘密在电子地磅上安装干扰器，通过遥控干扰器使电子地磅对被称物的显示重量少于实际重量，即使用了盗窃的手段。同时，王某合等人隐瞒事实真相，使被害单位将本不应该少收取的2万余元货款“自愿”地交付给自己，从而非法占有他人财物，即使用了骗的手段。综合本案，王某合等人在实施犯罪行为过程中，也采取了一些秘密手段，如事先踩点、在夜里潜入五金厂拆箱车间秘密在电子地磅上安装电子干扰器，之后利用该装置秘密操作减轻五金厂出售废铁的吨位，而且通过该手段达到了非法占有被害单位货款的目的。整个行为过程，看似极具秘密窃取性质，其实不然。王某合等人的根本意图在于隐瞒遥控干扰器这一事实真相，欺骗被害单位，使被害单位错误地认可废铁过磅的“实际重量”，信以为真而“自愿”地据此少收取2万余元废铁货款，从而达到骗取被害单位货款的目的。确定本案行为性质的关键就在于，王某合等人并不是通过秘密手段直接窃取被害单位存放的现金款项，而是在秘密状态下利用遥控干扰器这一技术手段减轻货物吨位，并隐瞒、掩盖这一事实真相，欺骗被害单位，使其上当受骗，通过被害单位工作人员之手，由其“自愿”地少收取2万余元货款。所以，采取欺骗方法骗取被害单位货款是王某合等人犯罪行为的特征所在。尽管王某合等人相互勾结，在实施犯罪过程中也采取了一些秘密手段，但这丝毫不影响本案诈骗犯罪的根本性质。②

类似案件，如孙某、周某事先商量秘密利用遥控增重小麦吨位的方法获取非法利益，后孙某在某公司踩好粮食收购点。一天夜里，周某伙同事先通谋好的蒋某一起到该粮食收购点，由蒋某在电子地磅上安装了一套电子遥控增重装置，并调试为每次增重13吨、5.5吨、4.5吨。孙某、周某、刘某伙同他人在给该粮食收

① 参见原蚌埠铁路运输法院刑事判决书，(2008)蚌铁刑初字第81号。实践中，也有以盗窃罪定罪处罚的。如陆某利用地磅干扰器盗窃生铁，第一次盗窃生铁9吨，价值24,480元；第二次盗窃生铁8.84吨，价值35,802元，盗窃未遂；还供述11次盗窃生铁92.43吨，价值362,002元。法院以盗窃罪判处陆某有期徒刑10年，并处罚金2万元。参见区倚：《利用地磅干扰器盗窃生铁　发现“商机”却获刑十年》，载光明网－法院频道，2009年5月27日。

② 参见罗开卷、蒋萌、曹军：《盗骗交织型犯罪的罪名确定》，载《铁道警察学院学报》2015年第2期。

购点供小麦过程中，秘密利用遥控增重小麦吨位，从中获取非法利益76万余元。[①] 该案中，孙某等人也不是通过秘密手段直接窃取被害单位的钱款，而是在秘密状态下利用遥控增重这一技术手段增重小麦吨位，并隐瞒、掩盖这一事实真相，欺骗被害单位，使其上当受骗，通过被害单位负责小麦称重和款项支付的工作人员，由其“自愿”地支付“增重增值”的小麦款，即孙某等人采取欺骗方法骗取了被害单位的钱款，故其行为构成诈骗罪。

(8)任某等6人案。任某等6人合伙租用两辆外观一模一样但吨位不同的农用车，从粮站拉粮食销售。他们先用自重吨位大的空车在粮站的计量磅上过磅计重(自重)，然后用自重轻的车拉粮食过磅计重(总重)，从而在结账计算净重时获取两车过磅计重的差额。至案发，任某等以轻车拉粮重车回皮这种方法，从粮站先后14次倒出粮食4万余斤，取得赃款3万余元。该案中，任某等人使用骗术即“轻车拉粮重车回皮”，致使粮站工作人员对粮食的重量产生错误认识，并基于该错误认识而“自愿”地处分4万余斤粮食。粮站工作人员既有处分行为也有处分意思，故任某等人的行为构成诈骗罪。

类似案例，如葛某、姜某在纺织公司收购碎布料期间，经事先商量，采用事先偷偷在运输车辆上装入1.5吨重的石头，同林某一起给“空车”过磅，随后偷偷把石头卸掉才去装载碎布料，再同林某一起满载车辆过磅(或者采用事先偷偷在运输车辆上装入2吨重的水，同林某一起给“空车”过磅之后又偷偷把水放掉才去装载碎布料，再同林某一起给满载车辆过磅)，然后根据两次过磅结果计算车上碎布料的重量，再和林某进行现金交易的方法，在林某没有察觉的情况下，每次交易均从纺织公司额外多运走1.5吨(或者2吨)碎布料。葛某、姜某采用上述方法，先后9次非法取得碎布料共计14.5吨，价值7万余元。该案中，葛某等人采取一种秘密的欺骗手段，但并非直接针对碎布料进行即没有秘密窃取碎布料，而是直接针对“空车”重量，所改变的只是计量标准，致使被害人对车载碎布料的

① 参见赵文超、张西、王文信:《利用遥控装置秘密增重货物获取非法利益构成诈骗罪》，载《人民司法(案例)》2010年第6期。

重量产生错误认识，并因此作出处分决定，故其非法取财行为构成诈骗罪。[①]

2. 从针对不同主体实施骗术取财角度区分盗窃罪与诈骗类犯罪

直接对财物合法占有人实施骗术并取得财物的，属于诈骗。而针对财物合法占有人以外的人实施骗术并取得财物的，因为被骗人对被骗财物没有管理监控义务，也没有处分权利，当然就不存在“自愿”处分财物的意思和行为，该行为实质上是避开合法占有人而秘密取得财物即秘密窃取，构成盗窃罪。

例如，陆某持钥匙至张某住所行窃时，见张某邻居在室外乘凉，便对张某邻居说：“我是张某的朋友，他委托我来为他拿东西的。”张某邻居信以为真，对陆某毫不介意，陆某便入室窃取了张某的大量财物。对于此案，陆某虽然使用了骗术，但其是对财物所有人或者管理人以外的不明真相的人实施的，对财物所有人来说，其仍然是不明知的，即陆某是在张某不知情的情况下以秘密方式取得张某财物的，故应当以盗窃罪定罪处罚。当然，如果张某邻居受其委托照看财物，陆某使用骗术，张某邻居信以为真并将涉案财物交给陆某，此时因张某邻居是财物的管理人，陆某是通过他人的处分行为取得张某财物，而不是以秘密手段窃取，因而应当以诈骗罪定罪处罚。

实践中，对于借财产所有人或者管理人以外的不明真相人之手取得他人财物的，也应当以盗窃罪定罪处罚。例如，黄某对酒店服务员说：“座椅上那个手提包是我的，请递给我。”服务员将手提包递给黄某，黄某遂离开酒店，发现手提包内有钱款1万余元。后失主寻找手提包时，服务员才知晓上当。对于该案，服务员既不是手提包的所有人、管理人，也不是受托的占有人，即手提包并非处于服务员的占有之下，其既无权处分手提包，客观上也没有处分意思。而黄某是借服务员之手，秘密窃取了他人的手提包，故其行为构成盗窃罪，而非诈骗罪。

需要提及的是，财物所有人、管理人等合法占有人对财物均具有处分权，其他基于合法原因取得财物者，也对财物具有处分权。有的情况下具有财物处分权人虽然并未认识到其具有处分权，但不能因此否定其处分行为的效力。例如，

---

① 参见聂昭伟：《葛玉友等诈骗案》，载最高人民法院刑事审判第一、二、三、四、五庭主办：《刑事审判参考》总第101集，法律出版社2015年版。

兰某看见王某在马路上捡到一个钱包,谎称是自己刚丢的,王某便认为钱包是兰某的,将钱包交给兰某。对于兰某的行为如何定性?虽然王某可能并未认识到其为钱包的合法占有者,但事实上其为钱包的合法占有者,其在兰某实施骗术后信以为真,将钱包"还给失主"的行为,实质上系"自愿"处分财物的行为,故兰某的行为构成诈骗罪,而非盗窃罪。

值得注意的是,诈骗类犯罪要求被害人(三角诈骗中为受骗者)基于行为人的欺骗行为对事实真相产生错误认识,并出于真实的内心意思而"自愿"处分财产。这就要求诈骗犯罪中的被害人或者受骗者必须能够正确表示自己的意思、有处分能力的人。如果从没有行为能力的精神病人、婴儿、幼儿手中骗取财物,虽然其行为从表面上看是一种诈骗行为,而且其似乎没有施行盗窃行为,但理论通说仍认为这种情况应当以盗窃罪论处。因为这些无行为能力人虽然合法占有财物,但他们并不是财物的真正处分权人,行为人从这些人手中取得财物时,真正处分权人并不知情,行为人主观上也知道真正处分权人并未发觉,故其行为无论是主观上还是客观上都符合秘密取财的特征,应当认定为盗窃罪。

3.从被盗对象不同区分盗窃罪与诈骗类犯罪

盗窃有价支付凭证、有价证券、有价票证,手续齐全,可以直接获取财物的,属于盗窃。因为此类凭证、证券和票证"本身包含了实际价值,盗窃得手就等于已经窃取了该财物的价值,至于窃取后的冒领行为,只是实现已经窃取到手价值的一种手段,应该视为盗窃行为的延续"①。窃取的有价支付凭证、有价证券、有价票证,已经过期、作废或者欠缺必要的法律手续的,因为此类凭证、证券和票证无法代表该财物的实际价值,即仅持有还不能直接取得该财物,故不构成盗窃罪。但是,如果将之加以变造或者伪造,冒用他人印章、签名等,用以骗取财物、款项,应当视为伪造有价证券、票证、印章等的犯罪,属于诈骗类犯罪的牵连行为,应当以诈骗类犯罪论处。

① 周道鸾、张军主编:《刑法罪名精释(上)》(第4版),人民法院出版社2013年版,第647页。

二　盗窃有价支付凭证并冒用的性质认定

有价支付凭证,包括信用卡、支票、本票、汇票以及各种有价识别磁卡等。有价支付凭证承载的是财产权益,故盗窃有价支付凭证的,构成盗窃罪。2013 年《盗窃解释》第五条为此类盗窃的数额认定明确了方法。实践中,盗窃有价支付凭证案件,常见的如盗窃空白支票、存单、信用卡等,盗窃之后只有冒用,才会实现非法占有他人财产的目的。虽然冒用行为涉及诈骗,但对于行为人而言,主要取财手段是“盗”,即窃取了他人的财产,而不是骗取了他人的财产。如盗窃信用卡并使用,是窃取了持卡人的财产,而不是骗取了银行或者金融机构的财产,以盗窃罪定罪处罚[①]。

(一)盗窃空白支票并冒用的定性

例如,多次趁公司财务人员不在之机至公司财务室,窃得该公司空白转账支票数张并偷盖该公司财务章、法人专用章,后在支票上填写金额并套现,共计 21 万余元。有观点认为,行为人明知是伪造的支票而使用,构成票据诈骗罪。生效裁判认为,行为人以非法占有为目的,秘密窃取公司财产,其行为构成盗窃罪。

笔者认为上述判决是正确的。票据诈骗罪,是指以非法占有为目的,利用价值基础不真实的违法票据予以给付,骗取他人财物或者财产性利益,数额较大的行为。行为人形式上向他人交付票据以“履行”义务,实际上由于票据价值基础不真实而得以非法占有他人财物。该罪中的被害人应为基于受骗而交付财物并

---

① 需要注意的是,窃取他人开卡邮件并激活信用卡使用的,因该卡并未激活,尚不具备信用卡具有的消费、提取现金等支付功能,实际上等同于作废、无效的卡片。行为人真正取得财物是通过激活信用卡并冒用的行为,故不构成盗窃罪而应以信用卡诈骗罪论处。参见马飞:《王立军等信用卡诈骗案》,载最高人民法院刑事审判第一、二、三、四、五庭主办:《刑事审判参考》总第 93 集,法律出版社 2014 年版。相反,对于盗取他人未激活信用卡,后骗得被害人激活信用卡后透支使用该信用卡的行为,可解释为“盗窃信用卡并使用”,以盗窃罪定罪处罚。参见赵越:《盗取信用卡骗得被害人激活后透支构成盗窃罪》,载《人民司法(案例)》2015 年第 20 期。

最终承担损失的单位或者个人。本案中,银行虽然向行为人给付了相应支票金额的财产,但银行并非因受骗而给付,而是基于该支票上的印鉴等支票要素符合《票据法》规定才见票即付,也就是银行仅进行表面审核后(只需审核印章是否齐全、与预留印章是否一致,支票形式上是否真实,是否在有效期内,提款人身份证上的姓名是否与票面上的受款人一致)即见票即付。同时,该种情况下兑付行为产生的财产损失是由支票记载的出票人承担,故本案的被害单位并非银行而是公司。在实施盗窃空白支票到加盖印鉴等,再予以套现的全过程中,被害公司并未因受骗而自愿交付财产;相反,其对支票的被盗、财产的转移均不知情,财产的交付也违背其意愿,故行为人系以秘密窃取手法非法占有被害公司财产,取财的方式为盗窃而非票据诈骗。

根据《盗窃解释》第五条的规定,盗窃记名的有价支付凭证,已经兑现的,按照兑现部分的财物价值计算盗窃数额;没有兑现,但失主无法通过挂失、补领、补办手续等方式避免损失的,按照给失主造成的实际损失计算盗窃数额。上述案件已经兑现,属于盗窃既遂,盗窃数额为兑现的财物价值。但实践中也存在尚未兑现或者仅部分兑现的案件。例如,盗窃公司法定代表人已签名并能即时兑现的空白支票,在其中一张支票填写金额为新加坡元 1 万元、收款人为本人后,至银行兑现人民币 5.2 万余元。后又在另一张支票上填写金额为新加坡元 6 万元(折合人民币 31 万余元)、收款人为本人后,至银行兑现时,因公司已向银行申请挂失而未能成功。本案中,行为人以非法占有为目的,采用秘密方法窃取他人财物,其行为构成盗窃罪。在窃取的一张支票上填写金额 31 万余元,因意志以外原因没有得逞,是犯罪未遂。

可以说,盗窃印章齐全、已填写好票面金额的现金支票,或者盗窃空白支票,再加盖真实印章、填写票面金额的行为,本质上与盗窃等额的现金无异,即使未及时兑现,也应以盗窃罪论处,没有争议。因为此种情形下,印章齐全且与预留印章一致,支票真实且在有效期内,提款人身份证上的姓名与票面上的受款人一致,银行或者金融机构进行表面审核后即见票即付。但是,对于盗取空白现金支票伪造后使用的如何定性,存在争议。例如,至一公司盗窃尚未填写数额和加盖印章的空白现金支票,然后私自刻制印章,加盖于所盗支票上,并填写金额,然后去银行提款,因银行核票后发现有诈,未得逞。该案涉及盗窃(未遂)、伪造公司印章、伪造金融票证、票据诈骗(未遂)等罪名,如何定罪处罚?应当说,尚未加盖出票人印章的空白现金支票与印章齐全的现金支票完全不同,其性质如同一张废纸,故盗窃尚未加盖也未能偷盖印章的空白支票,系盗窃未遂,一般不以犯罪论处。加盖私刻的印章后,该票据的价值基础不真实,向银行进行兑付的,实为骗取银行钱款,故属于票据诈骗,但未得逞的为未遂。另外,本案还可能构成伪造公司印章罪和伪造金融票证罪。但对于票据诈骗目的而言,伪造公司印章及伪造金融票证是手段行为,应按照牵连犯从一重处。据上,盗取空白现金支票伪造后使用,如果同时构成伪造公司印章罪、伪造金融票证罪和票据诈骗罪,应择一重罪定罪处罚。

(二)盗窃定期存单并从银行冒名取款的定性

定期存单作为一种记名有价支付凭证,在存款未取出之前,其票面数额只具有财产权利上的象征意义,仅盗窃定期存单并不能实现对其财产所有人财产权益的侵犯。只有将存单票面金额内的资金兑现或者转账才能真正占有他人财产,从而实现非法占有他人财产的犯罪目的。

盗窃定期存单并从银行冒名取款的行为,往往涉及盗窃存单和冒名取款两种行为即盗骗交织。例如,窃取他人定期存单,并采用欺骗手段获得存款人身份证领取存款。该案中,由于行为人取款的直接依据是定期存单,身份证仅是取款的辅助方式,故应当认定为盗窃罪。而且,被害人的财产损失并非诈骗所致,而是由存单遭他人窃取而产生。因此,诈骗手段仅是实现非法占有目的的辅助条件,而非直接原因。[①]

例如,关于盗窃他人的定期存单后,伪造身份证件至银行取款的行为如何定性?此类案件也是盗骗交织,但被害人失去对财物控制的根本原因在于存单被

① 参见王涛:《盗窃存单后骗取他人身份证取款行为的认定——江苏徐州中院裁定张恋恋诈骗案》,载《人民法院报》2011年7月28日,第6版。

盗,即盗窃存单行为在非法占有财物过程中起了决定性作用。而且从被害人来看,真正的受害者是存单的主人而非银行,其财产受侵犯不是因为受到诈骗,而是因为存单被盗窃。因此,本案的基本特征是盗窃而不是诈骗,应认定为盗窃罪。[①]

三 行骗及承运货物过程中调包取财的定性

(一)行骗过程中调包取财的定性

1. 骗取信用卡后进行调包并使用的定性

例如,吴某、伍某结伙至超市二楼,在施某面前佯装拾得钱包(包内有面额为1万元的秘鲁币及少量外币零钱)。吴某、伍某以与施某平分拾得财物为诱,由吴某假意回家取钱来换,要求施某及伍某交出随身财物、银行信用卡作为担保并报出信用卡密码。施某拿出现金700元、手机一部及信用卡两张作为担保与拾得物放在一起,并向吴某报出信用卡密码,伍某也假意交出其信用卡并报出密码。吴某将拾得钱包及施某、伍某所交付的财物放入事先准备的黑色公文包中让施某保管。在此过程中,吴某趁施某不备,将所有财物从包中取出。嗣后,吴某以取钱来换取拾得物为由离开,伍某也以陪同吴某一起取钱为由离开。当日,吴某、伍某持施某银行信用卡取现金1万元、购物支付2万元。关于吴某、伍某行为的性质,存在两种观点。第一种观点认为构成信用卡诈骗罪。吴某、伍某骗取施某的银行信用卡并使用,数额较大,其行为均构成信用卡诈骗罪。第二种观点认为构成盗窃罪。吴某、伍某先是骗取施某的银行信用卡和密码,再通过调包的方式获取施某的银行信用卡并使用,本案的关键行为是调包,即通过调包秘密窃取了施某的银行信用卡,故吴某、伍某的行为是窃取信用卡并使用,数额较大,构成盗窃罪。

---

① 参见邱丽萍:《张泽容、屈自强盗窃案》,载最高人民法院刑事审判第一、二、三、四、五庭主办:《刑事审判参考》总第52集,法律出版社2007年版。

本案中，行为人在骗得他人信用卡及密码后予以调包的行为，属于骗盗交织行为，即取得他人信用卡及密码是通过欺骗行为，而占有他人信用卡是通过调包的盗窃行为。对骗盗交织行为的性质，如果认为是诈骗行为，则根据《最高人民法院、最高人民检察院关于办理妨害信用卡管理刑事案件具体应用法律若干问题的解释》第五条第二款的规定，应以信用卡诈骗罪定罪处罚。① 如果认为是盗窃行为，则需根据《刑法》第一百九十六条第三款的规定，以盗窃罪定罪处罚。可见，正确认定本案中吴某、伍某行为的性质，直接影响对二人的定罪与量刑。

对于盗骗交织行为性质的认定，应取决于主要行为的性质，即对实现犯罪目的起决定性作用的行为的性质。本案中，吴某、伍某以非法占有施某财物为目的，先是采取欺骗手段，施某随即交出银行信用卡并告知信用卡密码，但施某并没有基于错误认识而处分自己的财物，即没有由于受骗而将财物交给吴某和伍某，交出银行信用卡并报出信用卡密码仅是作为担保之用，主要是吴某和伍某趁施某不备，采取调包手段秘密窃取施某的银行信用卡，使用施某的银行信用卡进行提款、消费，进而达到非法占有施某财物的目的。因此，从整个行为过程来看，对吴某、伍某非法占有施某财物起决定性作用的行为应为之后的调包行为。具体来说，吴某、伍某采取的“抛物”诈骗行为方式，是为实现调包行为所采取的手段，或者说诈骗手段仅是二人实现非法占有目的的辅助条件，而非直接原因。其实，吴某和伍某也明知通过“抛物”诈骗难以直接实现非法占有施某财物的目的，而通过“抛物”诈骗掩施某耳目，再行调包比较容易得逞。根据《刑法》第一百九十六条第三款的规定，盗窃信用卡并使用的，以盗窃罪定罪处罚，故对吴某、伍某应以盗窃罪论处。

2. 诱导转移注意力并趁机调包取财的定性

例如，某日中午，王某、杨某至一银行附近与“眼镜”见面后得知被害人赵某欲兑换日元，后由“眼镜”在银行内将王某、杨某介绍给被害人赵某，随后其先行离开。王某、杨某在被害人赵某从银行取出日元后，与赵某一同至相邻的酒店。

---

① 参见聂昭伟：《骗取他人信用卡及密码并使用构成信用卡诈骗罪》，载《人民司法（案例）》2019 年第 2 期。

三人坐在酒店大堂沙发处，被害人赵某将装有150万日元的信封交给杨某，杨某清点后更换了装日元的信封并交给王某，王某假装在信封上做记号。此时，杨某与被害人赵某谈话转移其注意力，王某趁赵某不备将信封调包。得手后，王某、杨某佯称要去银行取款再来兑换，将已调包的信封（内有人民币2000元、美元124元）还给被害人赵某，伺机先后逃离。关于本案王某、杨某行为的定性，一种观点认为，王某、杨某共同盗窃他人财物，其行为均构成盗窃罪。另一种观点则认为，王某、杨某通过诈骗方法骗取被害人钱款，且钱款是被害人自愿交付而不是秘密窃取的，应构成诈骗罪。

本案属于盗骗交织型犯罪，既有虚构兑换日元的欺骗行为，也有趁被害人不备进行调包的秘密窃取行为。那么，王某、杨某的行为性质是属于采取欺骗手段，秘密获取他人财物的盗窃行为，还是属于虚构兑换日元的事实，隐瞒调包的真相，非法占有他人财物的诈骗行为？

本案中，装在原信封内的150万日元的占有人无疑是被害人赵某，王某利用被害人和杨某谈话不备之际，在150万日元尚未脱离被害人的实际控制和支配的情况下进行调包。虽然王某、杨某为将150万日元置于自己控制下采用了许诺予以兑换的欺骗手段，但在相应兑换款未到手之前，被害人赵某并没有也不可能基于此而作出转移该150万日元占有权的错误意思表示。其将150万日元交给杨某的行为，也只是让杨某进行兑换前的清点，不具有实际处分该笔钱款的性质。王某、杨某获得对钱款的实际控制，是通过秘密调包及后续借口去银行取款名义逃离行为而实现的，秘密调包行为的实质就是秘密窃取，后续借口取款离开现场的行为是秘密窃取完成后的逃跑行为，故王某、杨某的行为构成盗窃罪。

（二）承运货物过程中调包取财的定性

个人（承运人）根据运输合同规定，将货物从起运地点运输到约定地点的过程中，将承运货物暗中调包后交付给收货人的行为，因不属于运输公司人员承运货物，不涉及职务犯罪问题，此时是定性为盗窃罪还是诈骗类犯罪？

例如，张某与王某预谋，利用张某承运公司豆粕之际，伙同他人用低蛋白豆粕偷偷调换其运输的高蛋白质豆粕1000余包，共计70吨，价值25万余元。对于此案，一审法院认为，张某等人以非法占有为目的，秘密窃取他人财物，其行为均构成盗窃罪。一审宣判后，张某等人均以其行为不构成盗窃罪为由提出上诉。二审法院经审理认为，张某等人以非法占有为目的，在签订、履行合同过程中，骗取对方当事人财物，其行为均构成合同诈骗罪，遂依法改判。①

笔者认为，二审法院改判是正确的。首先，不能因为张某等人采用了暗中调包行为，就认为其行为构成盗窃罪。根据《民法典》第八百一十二条、第八百三十二条等的规定，承运人应当按照约定的或者通常的运输路线将货物运输到约定地点；承运人对运输过程中货物的毁损、灭失承担赔偿责任，但是，承运人证明货物的毁损、灭失是因不可抗力、货物本身的自然性质或者合理损耗以及托运人、收货人的过错造成的，不承担赔偿责任。显然，托运人将货物交给承运人后，承运人即取得货物的控制权，其本人作为货物的监管人，需对货物的毁损、灭失承担赔偿责任。也就是说，承运人在承运过程中对货物进行调包的情形，如果收货人知晓的不予收货，承运人需根据合同约定承担赔偿责任，此时无疑不能认定其秘密窃取了其本人合法占有、相当于自己的货物，故本案张某等人的行为不构成盗窃罪。其次，张某等人的行为能否得逞，取决于"交货"是否成功。根据《民法典》第八百三十条、第八百三十一条等的规定，货物运输到达后，承运人知道收货人的，应当及时通知收货人，收货人应当及时提货；收货人提货时应当按照约定的期限检验货物。如果在交货时，收货人未发现以假乱真的调包行为，致使其产生错误认识即已按质按量收到所运货物，是因为收货人受骗，张某等人才实现对涉案财物的非法占有，则其行为在本质上符合诈骗类犯罪的特征，应当认定为诈骗犯罪。具体而言，张某事先签订合同，并在履行合同过程中伙同他人将承运的优质豆粕暗中调换为劣质豆粕，事后又按合同约定运送至约定地点，其正是利用合同实施了诈骗活动，不但侵害了他人财物的所有权，而且严重扰乱了正常的市场经济秩序。张某等人以非法占有为目的，在履行经济合同过程中骗取他人财

① 参见傅庆涛：《张某等合同诈骗案》，载最高人民法院刑事审判第一、二、三、四、五庭主办：《刑事审判参考》总第89集，法律出版社2013年版。

物,价值25万余元,其行为均构成合同诈骗罪。

类似案件,如荔旭公司委托杨某为三湘公司的施工工地运输钢材。杨某经事先与李某合谋,由杨某指使其雇用的驾驶员从承运的钢材中卸下价值2万余元的钢材,李某则以低价予以收购。嗣后,在驾驶的车辆事先加装的水箱内加注等重的水,再将剩余钢材运至三湘公司施工工地。对于本案中杨某、李某行为的定性,有观点认为构成盗窃罪。笔者认为,本案与前述张某等合同诈骗案类似,不应以盗窃罪论处,而应定性为诈骗类犯罪。首先,杨某受荔旭公司委托承运钢材,在承运过程中对钢材负有监管义务,需承担钢材毁损、灭失的赔偿责任,故其“以水换钢材”的以假乱真行为,不能认定为秘密窃取本人合法占有、相当于自己货物的盗窃行为。其次,杨某“以水换钢材”的以假乱真行为能否得逞,取决于三湘公司施工方是否顺利“收货”。本案中,三湘公司施工方因未能及时发现杨某“以水换钢材”的行为,致使对杨某所运钢材的质量,产生符合要求的错误认识,进而接收货物,杨某因为收货方受骗才实现对涉案钢材的非法占有,故其行为符合诈骗类犯罪的特征,应当认定为诈骗犯罪。再次,本案涉及的运输合同属于能够体现市场秩序的经济合同,杨某以非法占有为目的,在履行经济合同过程中骗取他人财物,价值2万余元,其行为构成合同诈骗罪。最后,杨某与李某事先合谋“以水换钢材”,之后李某以低价收购,李某与杨某构成上游犯罪即合同诈骗罪的共犯,而非单独构成掩饰、隐瞒犯罪所得罪。

四 借打手机及试车购买类侵财犯罪的罪名认定

(一)借打手机类侵财犯罪的罪名认定

此类案件,通常以谎称忘带手机、手机没电等为由,借用他人手机拨打电话,在取得他人手机后趁被害人不备偷偷溜走,或者公然逃跑,或者借故离开现场等,从而非法占有他人的手机,即以借打之名行非法占有他人手机之实。对于此类案件如何定性,盗窃、诈骗还是抢夺,争议较大。笔者认为,需要分为三种类型进行具体分析。

1. 偷偷溜走型的罪名认定

例如，杨某将被害人约至饭店吃饭，以借打手机、记电话号码为由借用被害人手机，后趁被害人不备，携手机迅速离开饭店。杨某先后非法占有8名被害人的8部手机，价值共计1.1万余元。对于杨某行为的定性，主要有诈骗罪和盗窃罪两种观点。第一种观点认为构成诈骗罪。主要理由为，杨某假借请他人吃饭将被害人骗至饭店后，又借口手机没电，要使用被害人的手机打电话、记电话号码，将被害人的手机骗到手，被害人基于杨某的欺骗产生错误认识，而自愿将手机交予杨某，杨某拿到手机后迅速离开饭店，将手机占为己有。该行为符合诈骗罪的构成要件，应以诈骗罪论处。第二种观点认为构成盗窃罪。主要理由为，杨某在获取被害人手机的过程中，虽然也使用了欺诈手段，但是这种欺诈手段并非直接导致被害人失去手机的原因，导致被害人失去手机的是杨某秘密离开饭店的行为。而且被害人也仅是将手机借给杨某使用，而非自愿处分该手机。

笔者赞同第二种观点，即杨某的行为构成盗窃罪。主要理由是，被害人并未基于错误认识而将手机处分给杨某，而是出借给杨某暂时使用，被害人随时可以要求杨某归还手机，即杨某虽然直接持有手机，但仍应认为手机处于被害人的支配和控制之下，杨某持有手机属于占有弛缓的情形。一般而言，诈骗罪中的"处分"财物并非处分所有权，而是处分占有，即转移占有，而占有弛缓并非处分占有。本案中，手机的占有、支配关系在法律上并未转移，亦即被害人并未对手机作出处分。然而，杨某为了取得对手机的有效支配和控制，趁被害人不备，携手机偷偷溜走，从而非法占有被害人的手机，即通过秘密窃取手段非法占有了被害人的手机，符合盗窃罪的构成要件，应以盗窃罪论处。易言之，杨某非法占有被害人的手机，主要手段是通过秘密窃取而非诈骗，其事先使用诈骗方法骗取手机进行暂时使用，是为下一步偷偷溜走即秘密窃取手机做准备。

2. 公然逃跑型的罪名认定

例如，王某与靳某(另处)商议骗取手机，然后卖掉手机换钱。某日，王某、靳某二人在一电子游戏室内碰到正在打电子游戏的屠某，王某谎称自己的手机没电了,有事要与朋友联系,向屠某借打手机(价值1330元)。王某用屠某的手机拨打了电话,随后将手机交给一旁的靳某。靳某边打手机边往门口走,当快走到门口时拔腿就跑。一旁已有警觉的屠某见状立刻去追,但未追上。当屠某返回电子游戏室再找王某时,王某早已离去。屠某以手机被骗为由向公安机关报案。对于此案,公诉机关认为,王某的行为构成抢夺罪。[①] 主要理由是,王某与靳某从屠某处借得手机后,该手机始终处于一旁的屠某的控制范围内,靳某公然把手机从屠某的视线控制下夺走,该行为符合抢夺罪的构成要件。辩护人提出,王某的行为属于普通诈骗行为。主要理由是,王某以非法占有为目的,虚构事实,使屠某信以为真自愿地把手机交给王某,王某的行为符合诈骗行为的要件;该行为发生时屠某旁边没有他人,不符合抢夺罪中关于公然夺取公私财产的客观要件,况且屠某也是以手机被骗为由向公安机关报案,公安机关最后以诈骗罪立案。生效裁判认为,王某虚构事实从被害人屠某处得到的只是手机的使用权,屠某并未基于错误认识而错误地处分所有权,且该手机始终处于其视线控制之下,王某公然夺取手机的行为符合抢夺罪的构成要件,应当以抢夺罪定罪处罚。[②]

笔者认为上述认定是正确的。本案中,被害人屠某并未基于错误认识而将手机处分给王某和靳某,而是出借给二人暂时使用。而且屠某一直密切注视着手机,手机始终处于其视线范围内即处于其支配、控制之下,并随时可以要求二人将手机归还,即二人持有手机属于占有弛缓的情形。王某和靳某为了摆脱屠某对手机的有效支配和控制,采用公然携手机逃跑的方法,从而非法占有屠某的手机,其行为系公然夺取财物,构成抢夺罪。换言之,王某与靳某非法占有屠某的手机,主要手段不是通过诈骗,而是通过公然夺取实现的,其之前使用诈骗方法骗取手机进行暂时使用,是为下一步公然夺取手机做准备。

需要注意的是,虽然屠某是以手机被骗为由向公安机关报案,公安机关最后也是以诈骗罪立案,但案件最终如何定性,应取决于法律的具体规定。尽管以抢

---

① 涉案当时,抢夺罪的数额起点为500元至2000元以上,而案件所在省份规定的数额起点为1000元以上。

② 参见浙江省舟山市定海区人民法院刑事判决书,(2005)定刑初字第103号。

夺罪定性可能偏离了部分群众的一般认知，但尚处于可容忍范围，而且以抢夺罪定罪处罚相较于诈骗罪要重，故更有利于打击此类犯罪。

3. 借故离开型的罪名认定

例如，丁某多次冒充帮助民警办案的工作人员，专门搭识未成年人，以发生案件需要辨认犯罪嫌疑人、需向被害人借手机拍照等为由，借得候某等多名被害人的手机等财物，在让被害人原地等候时逃离。之后，丁某将赃物销售，所得赃款挥霍殆尽。对于此案，一审法院认为，丁某以非法占有为目的，多次秘密窃取他人财物，数额较大，其行为构成盗窃罪。一审宣判后，公诉机关以定性错误、量刑畸重为由提出抗诉。主要理由是，丁某以虚构事实的方式取得被害人信任，被害人自愿交出手机等财物并在原地等候，丁某系在被害人同意下公然离开现场，没有实施趁人不备、秘密逃离的盗窃行为，故本案应认定为诈骗罪；原判因定性错误导致量刑失当。二审法院认为，丁某以非法占有为目的，多次骗取他人财物，数额较大，其行为构成诈骗罪，遂依法改判。[①]

笔者认为，对上述案件以诈骗罪定性是正确的。主要理由为：第一，被害人将手机等财物借给丁某使用，显然并未转移占有，即未对手机等财物作出处分，丁某持有手机等财物属于占有弛缓。但是，当丁某得到被害人的同意离开现场时，手机等财物就不再处于被害人的支配和控制之下，而是转移至丁某的支配和控制之下，即此时被害人“自愿”处分了占有，导致占有转移，故被害人交付手机等财物并允许丁某带离现场，应当视为处分了财物。如此，被害人基于丁某虚构的事实而产生错误认识，并基于错误认识而处分了手机等财物，丁某的行为符合诈骗罪的构成特征。第二，如果认为被害人没有作出处分行为，则丁某的行为是盗窃或者抢夺，但是丁某并非偷偷溜走，而是取得被害人同意后离开，显然与盗窃罪的秘密窃取特征不符。同时，丁某在取得被害人同意后离开，不存在公然夺取，故也不符合抢夺罪的构成要件。第三，以诈骗罪定罪处罚符合社会一般观

---

① 参见上海市第一中级人民法院刑事判决书，(2015)沪一中刑终字第1769号；任素贤、秦现锋：《丁某诈骗案》，载最高人民法院刑事审判第一、二、三、四、五庭主办：《刑事审判参考》总第108集，法律出版社2017年版。

念。相反，如果认定为盗窃，与一般社会认知相距甚远，不足为取。

据上，行为人先使用欺骗手段借用被害人的手机等财物，后以“信号不好”等为由借故将财物带离现场时，被害人未表示反对或者未采取积极措施保持对财物的占有，而是默认、同意行为人完全取得对财物的占有的，应认定被害人基于受骗而“自愿”处分了财物。相应地，行为人骗取了财物，符合诈骗罪的构成特征。

类似案件，如詹某目睹被害人张某驾驶的机动车与一辆载客摩托车发生碰撞，摩托车司机逃逸，被载女子受伤（经事后交警部门认定，张某无责）。詹某遂以帮助张某处理交通事故并愿意证明该起事故张某无责为由，获取张某信任。詹某跟随张某至张某长期包住的酒店大堂，以欲代替张某给伤者送医药费为由骗取张某1600元。后又以观赏及让伤者安心为由，将张某佩戴的劳力士牌手表戴在自己手上，并借故离开酒店大堂。之后，张某有所察觉，追赶出酒店大堂，看到詹某拦了一辆出租车离开。张某赶至医院向伤者核实情况，又拨打詹某的电话未通，发觉被骗遂报案。詹某将劳力士牌手表销赃得款1万元。对于此案，詹某以为伤者送医药费为由获取1600元的行为无疑具有诈骗性质，但是因为诈骗数额问题尚不构成诈骗罪。对于詹某非法占有被害人劳力士牌手表的行为，行为之初是占有弛缓，后借故离开酒店大堂，被害人未表示反对，应该是默认或者同意其离开酒店大堂，此时发生了占有转移，即詹某实现了对劳力士牌手表的完全占有。虽然被害人看到詹某拦了一辆出租车离开，但詹某对被害人追赶出酒店大堂并看到其搭载出租车离开的事实并不知晓，其离开酒店大堂行为既不是偷偷溜走也非“不告而辞”地公然离去，而是借故离开。被害人基于詹某的欺骗行为，在詹某携带劳力士牌手表离开时未表示反对，而是默认或者同意其离开，应认定被害人基于受骗而“自愿”处分了劳力士牌手表，故詹某的行为构成诈骗罪。①

“借打手机”类案件主要为以上三种类型，但也不限于这三种类型。如以借

① 参见上海市第一中级人民法院刑事判决书，(2017)沪01刑终1082号。对于该案，一审法院以盗窃罪定性，后被二审法院改判诈骗罪。

打之名取得他人手机后，以暴力、威胁或者其他方法，使被害人不敢反抗、不能反抗或者不知反抗而非法占有其手机，则应以抢劫罪论处。

（二）试车购买类侵财犯罪的罪名认定

此类案件系以"试车购买"为由行非法占有他人车辆之实，在性质认定上可参照"借打手机"类案件。具体而言，"试车购买"是骗局，为之后开走车辆并占为己有做准备，因此，需要着重把握非法占有车辆的手段行为性质，从而对案件进行准确定性。

1. 以试车为名秘密开走车辆并占为己有的罪名认定

一般而言，车主方会对试车区域、路段、时间作出明确规定，有的还会安排人员看管试车，如跟车或者通过视线监控等。如果行为人在试车过程中利用被害人的不注意、疏忽及处理其他事情之机，秘密地开走车辆并占为己有，该行为显然违背被害人意愿，不符合诈骗罪的本质特征，同时该行为并非利用被害人的不备或者来不及保护而公然夺取，亦不构成抢夺罪。行为人秘密开走车辆并占为己有，数额较大的，其行为构成盗窃罪。例如，朱某至一电动车专卖店，以试车为由（未交钱），趁店内工作人员不注意将该店的一辆电动车骑走。经评估，被盗电动车价值3000余元。此案中，朱某以非法占有为目的，采用秘密手段窃取他人数额较大的财物，其行为构成盗窃罪。

2. 被害人未对试车行为采取管控措施情形下以试车为名开走车辆并占为己有的罪名认定

趁人不备以及利用被害人来不及保护，开走车辆并占为己有的公然夺取行为，显然违背了被害人的意愿。在被害人同意的情形下进行试车，如果被害方没有安排人员跟车，也没有对试车行为进行管控，而任由行为人将车开至户外进行试车，则当行为人启动车辆，驶离被害人控制区域后，车辆不再处于被害人的支配和控制之下，而完全处于行为人的占有控制之下。此时，行为人以试车为由将车辆开走并占为己有的，并不违背被害人的意愿，该行为既不是秘密窃取，也不是公然夺取，而是通过使用"欲购买车辆并试车"的骗术获取被害人信任，被害人基于错误认识而将车辆的占有“自愿”处分给行为人，行为人最终在试车过程中将车辆开走并占为己有，其行为符合诈骗罪的构成特征。而且，以诈骗罪定性，符合社会的一般认知。

类似案件，如李某来到车行找洪某，称要购买一款奥迪车，并要求试车，洪某欣然应允。后李某开着车离开，但一去不复返。原来李某直接把车开回了家，并以20万元的价格将该车出卖给他人。此案中，李某是在洪某同意后进行试车，因洪某对李某的试车行为未采取管控措施，故李某可以“自由地”试车，当车辆驶离洪某的控制区域后，洪某因未采取管控措施，失去对车辆的占有，而转由李某实际占有和控制。李某取得对车辆的占有，不是通过秘密窃取手段，也不是通过公然夺取手段，而是通过虚构事实的欺骗手段，致使洪某以为李某是“试车”，“一会儿就回来”。李某以非法占有为目的，直接将车开走并占为己有，即基于洪某的上当受骗实现了对车辆的非法占有，其行为构成诈骗罪。

实践中，对此类案件尚存在意见分歧，亦存在盗窃罪和诈骗罪两种不同处理结果。例如，张某至周某的车行，以欲购买摩托车为由要求试车，周某同意，在挑中一辆摩托车后张某驾驶该车进行试车。一小时后，张某未回，周某意识到上当受骗，遂报警。该摩托车价值6500元。对于此案，一种意见认为，张某以非法占有为目的，采用虚构事实的方法，骗取了被害人周某的摩托车，应以诈骗罪论处。另一种意见则认为，张某在实施犯罪过程中，采取了欺骗手段，即无意购车却以购买为由要求试车，而且通过这种手段达到了非法占有他人摩托车的目的，从表面上看，张某似乎利用欺骗手段使被害人“自愿”将摩托车交给他，完全符合诈骗罪的构成特征，其实不然，虽然张某以欺骗手段骗取了被害人的信任，使被害人将摩托车交给他进行试车，但被害人并没有对摩托车作出处分，而只是同意张某试车而已，即没有将摩托车转移给张某占有的处分意思和处分行为。从这个角度看，被害人并没有因为张某的欺骗行为而对摩托车作出处分，故本案不符合诈骗罪的构成特征。假如张某的行为构成诈骗罪，则意味着张某在取得摩托车进行试车时便成立诈骗既遂，即使张某在试车后将摩托车还给被害人，也属于诈骗既遂后的返还行为，这显然难以让人信服。事实上，被害人将摩托车交给张某进行试车，此时被害人仍然支配和控制着摩托车，而张某采取假相作掩盖，利用试车的机会违背被害人意志秘密将摩托车骑走，从而非法占有被害人的摩托车，其行为完全符合盗窃罪的构成特征。

对于上述案件的定性，笔者认为取决于张某完全占有和控制摩托车的手段行为性质。显然，张某在征得周某同意后进行试车，结合"一小时后，张某未回，周某意识到上当受骗"，可见周某对张某的试车行为并未采取管控措施，而任其"自由地"试车，那么张某何来秘密窃取，何时秘密窃取？而且周某的反应是"上当受骗"而非"失窃"，故本案以诈骗罪处理更为合理。至于何时既遂，应以车辆驶离被害人的控制区域为准。当然，如果张某在试车后将摩托车还给被害人，此时难以证明其有非法占有目的，一般也不会案发。

3. 以试车为名公然开走车辆并占为己有的罪名认定

例如，王某至一摩托车专卖店，与店老板曾某说欲购买一辆二手摩托车，曾某遂向其介绍店内一辆二手摩托车，王某说想试车，曾某应允。王某即去试车，后驾驶该摩托车脱离曾某视线后加速逃离，曾某发现看不到王某后便骑摩托车去追赶，未发现王某，遂报警。本案中，王某虽以试车为由持有摩托车，但因为其未付车款，摩托车仍处于曾某的支配和控制之下，且曾某通过视线进行控制，故王某仅是占有弛缓。王某为了取得对摩托车的占有和控制，在脱离曾某视线后加速逃离，即在曾某来不及保护的情形下，公然夺取其所有的摩托车，其行为符合抢夺罪的构成特征，应以抢夺罪论处。

上述案件中，王某是在脱离曾某视线后驾驶摩托车加速逃离，显然并非秘密窃取，不以盗窃罪论处。而且，曾某发觉后即追赶，说明其并未处分摩托车，即王某的行为亦不符合诈骗罪的构成要件。

此外，在试车过程中，趁他人不备，即利用他人来不及保护，公然将车辆开走并占为己有的，也应以抢夺罪论处。例如，张某来到汪某的摩托车经销店，看中一辆三轮摩托车，就与汪某议价并要求试车，汪某让张某试车并坐在车后边。试了一会儿，张某称车把太紧，汪某修理后又继续试车。后张某又说车把太松了，在汪某下车准备试车时，张某趁机加油门驶离。本案中，张某是在老板汪某跟车的情况下进行试车，其趁汪某不备加油门驶离并将车辆占为己有的行为，显然不构成诈骗罪和盗窃罪，而应构成抢夺罪。具体而言，客观上，张某以车把有问题为由有意把汪某支开，在汪某下车准备试车时，趁其不备，加油门将车开走，该行为属于公然夺取财物；主观上，张某以欲购车的名义，在试车时趁老板汪某不备将车开走，具有非法占有他人财物的主观目的，张某的行为符合抢夺罪的构成要件。

以试车购买为由开走车辆类案件主要为以上三种类型，但也不仅限于这三种类型。假借买车，以试车为名，以暴力、威胁或者其他方法，使被害人不敢反抗、不能反抗或者不知反抗而将车辆劫走的，应以抢劫罪论处。

五 利用系统故障及漏洞获取财物的行为性质

实践中，有的是利用系统故障及漏洞获取财物，有的系统本身没有故障和漏洞，但利用系统的规则漏洞获取财物，还有的在发现系统存在漏洞后，通过修改数据获取财物。针对三种情形的行为性质，下文将分别予以探讨。

（一）利用系统故障及漏洞获取财物的行为性质

一般认为，如果人工智能及其操作系统和硬件（设施）处于正常工作状态，应当视为管理者意志的体现，可以认为是属于“有意识的主体”，故可以成为诈骗的对象。然而，处于故障状态的人工智能系统和机器因已经丧失独立的意思表示能力，不能正确识别相关代码，作出的决定不能代表其管理者的真实意志，不能代表其管理者真正处分财物，如同没有行为能力的精神病患者、婴儿、幼儿一样，不能成为诈骗的对象。据此，如从出现故障的 ATM 中恶意取走钱款，ATM 因为未能识别银行卡信息和指令，完全违背其智能操作系统和管理者的要求，吐出存款，不能视为银行的真实意思表示，故而不能认定为诈骗，只能认定为盗窃。许某案①即是适例。

同样，对于系统存在漏洞的，其所作出的决定也不能代表其管理者的真实意思表示，不能代表其管理者真正处分财物，故此时也不存在被骗问题。如利用系统漏洞获取他人财物，系在他人不知情的情况下秘密窃取财物，构成盗窃罪。例如，在对一公司运营的网络游戏“炎龙骑士”游戏卡进行充值时，利用“易宝支付”交易平台正在升级期间的系统漏洞，恶意输入虚假的卡号、密码等信息，在没有实际支付充值金额的情况下获取该公司价值58，194元的游戏点数，成功交易238笔，后将该游戏点数在淘宝网上折价售卖，获利1.1万余元，造成公司财产损失58，194元。该案中的“易宝支付”平台存在系统漏洞，类似于出故障的ATM，未能正确识别支付代码，其下达的发货指令不能看作其管理者和操作系统正常的意思表示和财产处分行为，故本案不构成诈骗罪而构成盗窃罪。本案系盗窃虚拟财产，获利1.1万余元属于销赃数额，应以给涉案公司造成的实际损失58，194元认定盗窃数额。②

例如，平安付公司系平安集团旗下子公司，壹钱包系平安付公司推出的移动客户端产品，花漾卡系平安付公司联合平安银行共同推出的互联网银行信用卡，且系壹钱包移动客户端中的一项服务产品。花漾卡有别于普通信用卡和借记卡，无授信额度，使用额度等于用户壹钱包账户余额，无透支功能。某日，平安付公司壹钱包花漾卡资金转入渠道出现系统故障，用户将借记卡资金转入壹钱包花漾卡时，该借记卡并未发生实际资金扣减，但壹钱包花漾卡显示资金转入成功

---

① 2006年4月21日晚10时许，许某到广州黄埔大道西平云路上的一家商业银行的ATM取款机上取款，但在取款过程中却发现取款机系统出现错误，他本想取款100元，结果ATM取款机出钞1000元，而银行卡账户里却只被扣除存款1元。于是，许某用自己的银行卡连刷171次，共计取走17.5万元。2007年11月29日广州市中级人民法院以盗窃罪对许某判处无期徒刑。许某不服一审判决，上诉至广东省高级人民法院，2008年1月14日广东省高级人民法院将该案发回重审。2008年3月31日广州市中级人民法院作出重审判决，以盗窃罪对许某改判有期徒刑5年，并处罚金2万元，继续追缴非法所得173，826元。许某仍对判决不服并提出上诉，2008年5月22日广东省高级人民法院作出二审裁定，驳回上诉，维持原判。

② 参见丁晓青、伍红梅：《邓玮铭盗窃案》，载最高人民法院刑事审判第一、二、三、四、五庭主办：《刑事审判参考》总第85集，法律出版社2012年版。类似案例还可详见马建兵：《利用程序漏洞虚假充值构成盗窃罪》，载《人民司法（案例）》2022年第26期。

并增加相应可用余额,客户可对余额进行提现、消费、转账。叶某在住所地使用其“小辣椒”手机上拉卡拉支付终端进行从借记卡向其实际使用的其妻黄某名下花漾卡充值操作时发现上述情况,重复上述充值操作350余次,获取平安付公司资金1125.63万元,并将其中的884万余元购买平安银行理财产品、241万余元用于购买黄金、轿车及归还个人债务。对于此案,叶某辩称银行卡里的钱是系统有问题的银行自行转入,其确实使用了其中的238万元购买黄金、轿车及归还个人债务,但是属于正常使用,且用的是自己的钱,其行为不是盗窃,不构成犯罪,还提出其所使用的是平安银行花漾卡,并未和平安付公司有联系。叶某的辩护人辩称,叶某主观上没有非法占有目的,客观上亦未实施秘密窃取行为,不构成犯罪,仅是民事范畴的不当得利,要求宣告叶某无罪。生效裁判认为,叶某以非法占有为目的,秘密窃取公私财物,数额特别巨大,其行为构成盗窃罪。[1] 该案中,叶某利用系统漏洞进行恶意操作的行为、次数和获取巨额资金后使用情况,均表明其目的就是非法占有被害单位的钱款,故其行为并非不当得利。叶某明知平安付公司壹钱包花漾卡资金转入渠道出现系统漏洞,其为了非法获取被害单位的资金,并抱着在手机上操作不易被被害单位当场发现的侥幸心理,利用系统漏洞进行数百次操作,非法占有、使用被害单位巨额钱款,在被平安付公司发现制止后,仍未向被害单位归还全部款项。故叶某在财物所有人没有发现系统漏洞的情况下获取被害单位的钱财,明显违背了财物所有人的意志,其行为符合盗窃罪中“秘密窃取”的特征,构成盗窃罪。

例如,朱某在玩“洪荒神话”等网络游戏过程中,获知该游戏的第三方支付平台即宝付公司在使用中国银行储蓄卡在线充值过程中存在漏洞,即在银行账户余额不足的情况下仍能进行充值操作并获取游戏币,遂利用该漏洞,明知自己的中国银行储蓄卡内余额不足,仍使用该卡为其注册的游戏账户及他人的游戏账户充值189次。经审计,朱某通过上述虚假充值操作,共计充值183万余元,并获得该游戏虚拟游戏币1832万余个,均用于游戏消费。宝付公司根据与第三纪公司的合作协议,已将上述充值款全额支付给第三纪公司。对于此案,公诉机关指

① 参见陈昶主编:《2019年上海法院案例精选》,上海人民出版社2021年版,第409~410页。

控朱某的行为构成诈骗罪。生效裁判认为,朱某利用第三方支付平台漏洞虚假充值获取游戏币的行为构成盗窃罪。朱某虽不具有法定减轻处罚情节,但考虑到被害单位宝付公司的支付系统存在漏洞,朱某获取的游戏币在网络游戏中消费而并未在现实交易中获利,且退赔部分经济损失等情节,对朱某在法定刑以下判处刑罚。笔者认为,对朱某的定罪量刑是适当的。首先,朱某具有非法占有的主观故意。当朱某获知在使用存款余额不足的中国银行储蓄卡进行充值操作仍能获取游戏币时,遂利用充值漏洞进行百余次的在线充值操作,充值金额高达183万余元,这充分反映其利用充值漏洞分文未付却控制并占有宝付公司为此需支付183万余元的游戏币的主观意图。其次,朱某获取的游戏币具有相应的财产价值。根据网络游戏运营商第三纪公司为涉案游戏币所做的官方定价,两者之间产生1元人民币购买10个游戏币的对应关系,并可以兑换或者交换。这种相对固定的等价交换关系使游戏币与现实货币发生联结交互,使游戏币具有了刑法意义上的财产属性,朱某通过充值获取游戏币也可以结算为相应的钱款。再次,朱某实施的侵财行为具有刑事处罚性。朱某利用支付平台的漏洞进行充值操作,以致支付系统通知第三纪公司发放游戏币,宝付公司为此向第三纪公司支付相应的游戏币对价,即将充值款用现实货币结算给第三纪公司从而导致宝付公司损失183万余元。作为第三方支付平台的宝付公司固然存在系统漏洞,但不能因此而降低对朱某行为的法律性质评价。朱某的行为是危害结果发生的决定性因素,而支付平台存在的漏洞是朱某行为实施时的具体条件,朱某的充值行为与被害单位宝付公司的财产损失之间具有刑法上的因果关系。故朱某的行为构成财产犯罪,应当在刑法上作出否定评价。最后,朱某利用第三方支付平台漏洞控制并占有宝付公司的财产从而获取游戏币,符合秘密窃取的行为特征,应当以盗窃罪论处。

再如,陈某在邢某住处,用笔记本电脑登录百联集团官方网站进行网上虚拟会员卡充值积点时发现,利用OPERA浏览器打开充值页面并进行相关设置后,会同时出现多个充值确认页面(正常情况下出现一个充值页面),在通过银行转账付款对第一个充值页面确认后(1元人民币对应充值一个积点),其他充值页面仍然存在并无须付款即可充值成功。陈某将此情况告知邢某,并与邢某商量后,决定利用该网络漏洞窃取百联网上会员积点,再将窃取的积点通过网上消费或者转积点充值实体卡(联华 OK 卡)、购买网络游戏点卡等方法套取现金。邢某向其表哥周某借款,与陈某一起将7000余元存入以毛某身份开设的招商银行账户作为充值本金。而后,陈某、邢某上网申请了多个百联电子商务公司虚拟会员卡账号,通过财付通从工商银行和招商银行账户中支付5800余元,采用上述手段进行无须付款的重复充值,获取百联电子商务公司价值28万余元的积点。陈某先后在其招商银行账户中存入钱款作为充值本金,再通过财付通从招商银行账户中支付12,000余元,采用上述相同方法获取百联电子商务公司价值81万余元的积点。该案系利用网站设置漏洞进行充值,生效裁判认定陈某、邢某的行为构成盗窃罪。本案中,陈某、邢某以银行账户中的实际钱款在被害单位的官网上购买相同价值的积点,使用积点在网上进行消费或者购物,或者将积点转入实体消费卡,其实质是以现金购买等价的消费卡。二人合伙在互联网上将百联电子商务公司100万余元的财产占为己有,致百联电子商务公司财产受到实际侵害,应当追究刑事责任。二人发现被害单位网站上的漏洞后,以非法占有被害单位财物为目的,在被害单位不知情的情况下,利用网络漏洞积极实施了将被害单位网站上的积点窃为己有的行为,其行为符合盗窃罪的构成特征。二人将被害单位的积点充值到其注册并掌握的虚拟会员卡,已经实际取得了对该积点的控制权,可以随意处分卡内的积点,事实上已经将部分积点进行了处分,如进行网上消费、购物或者转入实体卡等,二人非法占有被害单位财产的盗窃行为已经实施完毕,应认定为盗窃罪既遂。

类似案例,例如,利用网站系统漏洞,反复兑换积分后转兑成支付宝内现金的,符合盗窃罪的构成要件,以盗窃罪定罪处罚。① 再如,发现移动公司网络系统漏洞后,大量购买电话号码卡,利用系统兑换积分却不扣话费的漏洞盗兑积分、换取商品的行为,亦符合盗窃罪的构成要件,以盗窃罪论处;盗窃数额应扣除购

① 参见杨旭、黄婷玉:《利用网站漏洞虚增积分后兑现构成盗窃罪》,载《人民司法(案例)》2013年第20期。

卡的成本即号码卡里的话费。①

此外，对于以非法占有为目的，利用网络平台的系统漏洞，以技术手段造成系统错误，进而取得财物，数额较大的，也应认定为盗窃罪。② 对于在信用卡交易规则内通过 POS 机来刷卡套现的，对提供 POS 机的商户可以非法经营罪认定，而持卡人则可能构成信用卡诈骗罪。与之不同的是，如果行为人利用银行系统漏洞，在信用卡交易规则之外进行空卡套现，由于银行对所套取的资金并未行使处分权，应当以盗窃罪论处。③ 对于利用支付服务公司的系统技术漏洞，以该公司明确禁止的信用卡转账还信用卡的方式套取商业银行特别巨大资金用于个人存款、偿还债务和个人消费，且发卡行并未催收，行为人的犯罪对象也非信用卡限额的，应定盗窃罪而非信用卡诈骗罪。④

（二）利用系统的规则漏洞获取财物的行为性质

上文中，利用系统故障和漏洞获取财物的，以盗窃罪定罪处罚。如果系统并不存在故障和漏洞，其所作出的决定系代表其管理者的真实意志，能够代表其管理者真正处分财物，则存在被骗问题，不存在被盗问题。此时，行为人虚构事实，利用系统的规则漏洞获取财物的，即系统受骗后“自愿”处分财物的，应以诈骗罪定罪处罚。⑤

例如，李某在使用天翼电子商务公司的翼支付平台时，发现翼支付平台退款结算规则存在漏洞，即用户与商户在交易完成后如发生退款，由商户发起退款流程，翼支付平台以其自有资金先行垫付给用户，再从与商户的下一日待结算交易

---

① 参见李兵、王东宇：《恶意盗兑积分换取商品构成盗窃罪》，载《人民司法(案例)》2020 年第 35 期。

② 参见葛立刚：《利用网络平台漏洞取财的定性》，载《人民司法(案例)》2020 年第 8 期。

③ 参见聂昭伟：《利用银行系统漏洞在 POS 机上空卡套现的罪名认定》，载《人民司法(案例)》2017 年第 23 期。

④ 参见肖福林：《利用支付系统漏洞套取银行资金构成盗窃罪》，载《人民司法(案例)》2016 年第 35 期。

⑤ 利用网约车平台漏洞刷单，侵害他人财产的行为构成盗窃罪还是诈骗罪？因网约车平台在行为当时并未为应用程序设置检验订单是否真实的功能，因此该平台的软件未能识别刷单行为，只能被评价为“漏洞”，而非预设功能无法实现的“故障”，即此类案件系利用规则漏洞侵害财产权案件。行为人以虚构订单的诈骗手段，使被害人遭受财产损失，数额较大的，符合诈骗罪的构成要件。参见于改之：《行为人骗取网约车平台车费垫付款行为解析》，载《人民检察》2021 年第 8 期。

资金中扣收。若商户在退款流程完成后再无新的交易,则无待结算资金以供翼支付平台扣除先行垫付的退款。后李某利用上述规则,分别使用其本人及亲属、亲友、同事、邻居的翼支付账号在本人掌握的“华盛汽修”等11家商户进行200余笔虚假交易,在密集进行虚假交易后,集中发起退款申请,待收到翼支付平台先行垫付的退款后,李某掌握的上述商户的翼支付账号无余额且再无新的交易,导致翼支付平台无法扣款。李某以上述方式累计获取天翼电子商务公司垫付的款项共计52万余元。对于本案,生效裁判认为,李某以非法占有为目的,采用虚构事实、隐瞒真相的方法,骗取被害单位财物,数额特别巨大,其行为构成诈骗罪。① 本案中,李某利用翼支付平台退款结算规则方面的漏洞,这一规则体现的显然是平台背后“人”的意思表示,而不是系统本身存在的漏洞,其通过发起虚假交易获取退款的行为,致使平台背后的“人”基于错误认识作出先行垫付钱款的处理决定,故李某的行为构成诈骗罪而非盗窃罪。

类似案件,如庞某在携程网上频繁购买各大航空公司机票后,再立即向携程网申请退票退款,利用携程网对退款订单先行垫付的漏洞,在明知携程网已经为其办理退票退款的情况下,仍然继续使用机票或者向航空公司再次退票退款共计28次,造成携程网损失11万余元。此案亦系利用系统的规则漏洞获取财物,故生效裁判认定,庞某在明知携程网存在垫付退款、不实时结算的漏洞后,以非法占有为目的,恶意利用结算漏洞,频繁购买各大航空公司机票后,立即向携程网申请退票退款,在明知退票退款成功后,仍然继续使用机票或者向航空公司再次退票退款,虚构事实、隐瞒真相,诈骗他人财物,数额巨大,其行为构成诈骗罪。② 该案中,庞某在长达2年的时间内,用相同手法作案高达20余次,涉案金额高达11万余元,其恶意利用携程网的结算漏洞,骗取他人财物,足见其主观上具有非法占有目的。客观上,庞某频繁在携程网购买机票后申请退票退款,在明

① 参见陈昶主编:《2019年上海法院案例精选》,上海人民出版社2021年版,第430~431页。相关案例还可参见许淑华:《以收取手续费为目的恶意退款构成诈骗》,载《人民司法(案例)》2020年第8期。该案例认为,以牟利为目的,利用退款规则,冒充用户身份,虚构退款事由,通过多种欺诈手段恶意申请退款,造成游戏公司损失而获得财物的行为,构成诈骗罪。

② 参见陈昶主编:《2021年上海法院案例精选》,上海人民出版社2022年版,第425~426页。

知退票退款成功后,故意隐瞒已经退款的真相,欺骗航空公司,使航空公司产生庞某持有有效机票的错误认识,并基于该错误认识为其办理乘机手续,或者再次为其办理退票退款。由此,庞某骗取了多的退票款或者乘机的财产性利益。本案属于三角诈骗。因庞某购买的机票已经出票,携程网依照与航空公司的结算规则,根据票号将机票票款划转给航空公司,并先行垫付了庞某申请的退票款。到结算日时,航空公司发现该机票已经使用或者已办理退票,拒绝把携程网垫付的退票款返还给携程网。至此,携程网无法追回垫付的退款,其财产利益受到损害。该案属于三角诈骗,受骗人是航空公司,而财产的实际受损人是携程网。

(三)修改数据并利用系统漏洞获取财物的行为性质

实践中,对于以非法占有为目的,通过修改相关网页上价格数据或者付款金额数据、支付小额价款的方式,利用被害单位网站的程序漏洞,获取被害单位财物的,也构成盗窃罪。例如,利用"绿色浏览器"登录某公司网站,并在相关银行网站页面上编辑、修改付款金额后,使用购买的他人银行卡付款72.44元,利用该公司网站不审核具体付款金额的漏洞,将该公司共计价值223,500元的70张电子游票非法占为己有。因本案行为并不危及计算机信息系统的安全,故不构成破坏计算机信息系统罪。行为人利用计算机软件篡改购物网站商品价格数据,并以篡改后的低价"购买"商品的行为,本质上侵犯了购物网站的财产权利,应以相关财产犯罪论处。具体而言,篡改购物网站商品价格数据,并以篡改后的低价"购买"商品的行为,看似是采用虚构事实、隐瞒真相手段,骗取他人财物的诈骗行为。但被害单位在对订单的审核中并不存在错误认识,因为被害单位网站存在程序漏洞——只审核付款是否成功、不审核实际付款金额与应当付款金额是否一致,即行为人获取财物的关键不在于其之前实施的虚构事实、隐瞒真相行为,而在于其利用被害单位对订单审核的漏洞或者说是盲点,故本案不构成诈骗罪。行为人获取财物的关键手段,系利用被害单位对订单审核的盲点,在其不知情的情况下通过"交易"形式秘密窃取其财物,该行为符合盗窃罪的构成要件,应以盗窃罪定罪处罚。

六 涉第三方支付侵财犯罪的类型梳理及定罪统一

微信、支付宝等第三方支付,目前已成为主要的支付方式。相应地,涉微信、支付宝等第三方支付侵财犯罪案件,呈现多种类型,亦有一定的案件数量。关于此类案件的定性,主要涉及盗窃罪与诈骗类犯罪,理论界存在不同认识,实务界亦存在不同做法。因盗窃罪与诈骗类犯罪的定罪量刑标准不一,导致类案不同判,尤其涉及"罪与非罪"、"罪轻与罪重"或者"一罪与数罪",极大影响被告人的权益,也影响司法公信和权威。如在他人不知情的情况下登录其微信,从与其微信账户绑定的银行卡内转款4000元,如认定为盗窃行为,构成盗窃罪;如认定为信用卡诈骗行为,因未达到入罪门槛(入罪门槛为5000元以上),不构成犯罪。如在他人不知情的情况下登录其支付宝,从其支付宝账户内的"借呗"申请借款1万元,如认定为盗窃行为,构成盗窃罪;如认定为贷款诈骗行为,因未达到入罪门槛(立案追诉标准为5万元以上[①]),不构成犯罪。又如在他人不知情的情况下从其支付宝余额转款5000元,从与其支付宝账户绑定的银行卡内转款1万元,向其支付宝账户内的"借呗"申请借款5万元,如果在行为性质认定上"一盗到底",则全案认定为盗窃罪一罪;如果将从支付宝余额转款行为认定为盗窃,将从与支付宝账户绑定的银行卡内转款行为认定为信用卡诈骗,将从支付宝账户内的"借呗"申请借款行为认定为贷款诈骗,则需要以盗窃罪、信用卡诈骗罪和贷款诈骗罪三罪并罚。

应当说,学术上见仁见智有助于启迪智慧,但司法裁判需要统一标准,否则类案不同判。鉴于此,先梳理此类案件的主要类型,并着重就定罪中存在的类案不同判提出破解思路,以促进适法统一,实现类案同判。

① 根据2022年修订的《最高人民检察院、公安部关于公安机关管辖的刑事案件立案追诉标准的规定(二)》第四十五条的规定,以非法占有为目的,诈骗银行或者其他金融机构的贷款,数额在5万元以上的,应予立案追诉。

(一)在他人不知情的情况下,非法占有其微信、支付宝等第三方支付平台中的资金以及与其微信、支付宝账户绑定的银行卡内资金的定性梳理及倾向意见

1. 捡拾、借用等情形下获取他人手机,在其不知情的情况下登录其微信、支付宝,消费或者转走"微信零钱""零钱通""支付宝余额""余额宝"中资金的,如何定性

绝大多数观点以盗窃罪定性,实践中对此类案件也以盗窃罪定罪处罚。但也有观点认为,此类行为本身是通过正确的账户和密码"欺骗"第三方支付平台进而取财的过程,即涉第三方支付方式侵财行为属于"被动交付"的诈骗类犯罪,而非"主动获取"的盗窃犯罪。而且,即使第三方支付账户与信用卡账户存有差异,但考虑到二者在功能与使用方式上的高度重合,将第三方支付方式理解为信用卡在网络技术支持下支付方式的延伸,可能更符合事物的本来面目,所以将此类侵财行为认定为信用卡诈骗罪不仅有利于司法实践,更具有深厚的理论基础与支持。具体而言,无论第三方支付平台是否绑定信用卡,也无论窃取的是第三方支付平台账户内的资金还是绑定的信用卡内的资金,都应当以信用卡诈骗罪一罪定性。对于非法获取第三方支付平台内理财产品资金的行为,也应认定为信用卡诈骗罪。[①] 还有观点认为构成诈骗罪,主要理由为:行为人输入他人支付宝用户名和密码,将他人支付宝账户内资金私自转出,因实施了虚构其为支付宝用户本人或得到用户授权的事实,从而让支付宝误以为转账行为是用户的意思表示,该行为应以诈骗罪定罪处罚。[②]

笔者倾向于以盗窃罪定性。主要理由为:第一,无论是"微信零钱""支付宝余额"中的余额资金还是基金产品微信"零钱通"、支付宝"余额宝"中的理财资金,所有权都属于微信、支付宝用户;第二,以非法占有为目的,在他人不知情的

① 参见刘宪权、林雨佳:《"求同存异"抓住侵财行为本质准确定性处理》,载《检察日报》2019年5月17日,第3版;刘宪权:《刑法学名师讲演录(分论)》(第3版),上海人民出版社2021年版,第533~534页。

② 参见石坚强、王彦波:《将他人支付宝账户内资金私自转出构成诈骗罪》,载《人民司法(案例)》2016年第11期。

情形下转走或者消费其第三方支付平台中的资金,实质上是秘密窃取他人财物,数额较大的,构成盗窃罪;第三,以盗窃罪定罪处罚,符合社会公众的一般认知。

2. 捡拾、借用等情形下获取他人手机,在其不知情的情况下登录其微信、支付宝,消费或者转走与其微信、支付宝账户绑定的银行卡内资金的,如何定性

对此争议较大,主要存在盗窃罪和信用卡诈骗罪两种观点,实践中有的定性盗窃罪,有的定性信用卡诈骗罪。

第一种观点认为构成盗窃罪。[①] 如张明楷教授认为,这样的案件中根本没有欺骗自然人的行为,因为机器不可能被骗。即使承认机器可以被骗,也不成立信用卡诈骗罪,因为行为人没有直接使用他人储蓄卡,只是使用了微信与支付宝。不能因为钱源于储蓄卡,就认定行为人冒用了他人信用卡。也就是说,使被害人遭受财产损失的是从微信、支付宝中转钱的行为,但这个行为并没有使用储蓄卡的账号与密码。既然造成他人财产损失的行为本身没有使用储蓄卡,当然就不能认定为信用卡诈骗罪,而应认定为盗窃罪。对于行为人盗窃他人手机后,发现他人手机上的微信、支付宝里没有钱,但微信、支付宝绑定了储蓄卡,于是先将他人储蓄卡里的钱转入他人的微信、支付宝中,然后再将他人微信、支付宝中的钱转入自己的微信、支付宝的,同样只成立盗窃罪。因为行为人虽然使用了他人的储蓄卡,但是,使用储蓄卡的行为本身并不是犯罪行为,因为行为人使用储蓄卡时,只是将被害人的储蓄卡里的钱变为被害人微信、支付宝中的钱,相当于将被害人左口袋里的钱装入被害人的右口袋,这一行为不可能构成犯罪;行为如果到此为止,被害人不会有任何财产损失。造成被害人财产损失的是后面从微信、支付宝中转钱的行为,但这一行为没有使用被害人的储蓄卡账号与密码,当然不构成信用卡诈骗罪,故只能认定为盗窃罪。[②] 还有的认为,未经许可登录他人微信、

---

① 有案例认为,盗用他人身份信息注册支付宝后,利用支付宝消费他人银行卡内资金的,应定性为盗窃罪。参见刘砺兵:《盗用他人信息注册支付宝并消费的行为定性》,载《人民司法(案例)》2019 年第 11 期。还有案例认为,微信钱包不是信用卡,微信钱包绑定的银行卡及微信支付密码等信息不属于刑法中的信用卡信息资料。行为人擅自使用他人手机,利用知晓的微信支付密码,通过微信转账将他人微信绑定的银行卡内资金占为己有的,构成盗窃罪。参见王东:《利用微信转账窃取银行卡内资金定性》,载《人民法院报》2016 年 9 月 8 日,第 6 版。

② 参见张明楷:《刑法学(下)》(第 6 版),法律出版社 2021 年版,第 1252 ~ 1253 页。

支付宝的目的是获取他人第三方支付平台中的资金，至于是平台中的余额资金、理财资金、信贷资金还是与平台绑定的银行卡内的资金，都在概括故意范围之内，不应根据具体资金来源的不同而区分定罪。而且，在银行卡已被平台绑定的情况下，行为人系与第三方支付平台发生联系，与银行并不存在联系，银行没有识别义务，故也不存在被骗问题，不能认定为信用卡诈骗罪。[①] 如果将非法占有第三方支付平台内的资金的行为认定为盗窃罪，而将非法占有与平台绑定的银行卡内的资金的行为定性为信用卡诈骗罪，因为两罪的入罪门槛和法定刑不尽相同，就会对类似行为评判不一从而导致罪刑失衡。尤其是从同一用户第三方支付平台转走余额资金、理财资金及转走与平台绑定的银行卡内的资金，对行为人分别认定盗窃罪和信用卡诈骗罪，予以并罚，将影响罪罚相当。[②]

第二种观点认为构成信用卡诈骗罪。主要理由为：以支付宝为例，将支付宝账户与银行卡（此处指储蓄卡，其实也可以是贷记卡）进行关联即绑定，开通快捷支付（支付宝联合各大银行推出的一种全新的支付方式），输入支付宝支付密码而无须输入银行卡密码，即可通过支付宝将银行卡内的资金进行网上消费或者转账（有的小额消费无须输入密码）。因此，未经许可重置他人支付宝密码，或者通过其他非法方式获取他人支付宝密码的，就可直接获取他人信用卡信息资料，并可以进行网上消费或者转账。这种行为貌似窃取了他人信用卡信息资料，就可以非法占有他人财物的盗窃行为，但其行为实质，是行为人窃取了他人信用卡信息资料之后，还需冒用持卡人身份向相关银行发出支付指令，银行在接到指令后，错误地认为系持卡人发出指令而予以同意支付。显然，以上行为属于冒用他人信用卡、以无磁交易方式实施的诈骗行为，不仅侵害了国家对信用卡的管理制度，而且侵害了他人的财产所有权，与仅侵害公私财产所有权的盗窃行为存在本质区别。正是基于“窃取他人信用卡信息资料并通过互联网、通讯终端等使用”

① 如有观点认为，在被害人已经绑定银行卡的情况下，行为人窃取被害人的支付宝账户、密码后，通过支付宝交易密码从银行卡中处分、转移资金的，银行并未进行身份鉴别即没有被骗，应认定为盗窃罪。参见张超：《冒名注册支付宝账户并绑定信用卡套现的定性》，载《人民司法（案例）》2018 年第 29 期。

② 参见黄伯青、宋文健：《涉第三方支付类侵财案件的刑事规制解析》，载《人民法院报》2019 年 2 月 14 日，第 5 版。

不同于“盗窃信用卡并使用”,《最高人民法院、最高人民检察院关于办理妨害信用卡管理刑事案件具体应用法律若干问题的解释》第五条第二款第三项明确规定,“窃取、收买、骗取或者以其他非法方式获取他人信用卡信息资料,并通过互联网、通讯终端等使用的”属于信用卡诈骗罪中“冒用他人信用卡”情形。也就是说,通过窃取方式获取他人信用卡信息资料,并通过互联网、通讯终端等使用,骗取财物数额较大的,构成信用卡诈骗罪。①

理论上存在较大分歧,实践中亦存在不同判法:

有的以盗窃罪定罪处罚。例如,汪某借用杜某手机,后趁杜某不注意,采用短信验证获取支付密码后通过支付宝转账的方法,分两次将杜某手机支付宝账号绑定的中国农业银行借记卡账户内的资金转账至其本人的中国农业银行借记卡账户,共计3500元。生效裁判认为,汪某以非法占有为目的,秘密窃取他人财物,数额较大,其行为构成盗窃罪。

有的以信用卡诈骗罪定罪处罚。例如,阮某与董某系男女朋友关系,阮某在董某不知情的情况下,通过重置密码、多次转账等方式,盗刷与董某的支付宝、微信账户绑定的银行卡内资金,共计3.3万余元。生效裁判认为,阮某以非法占有为目的,冒用他人信用卡进行诈骗活动,数额较大,其行为构成信用卡诈骗罪。再如,李某在购买姚某原先使用的手机卡号后,发现该手机号绑定了姚某的支付宝和银行卡,遂利用该手机号重置了支付宝账号密码,并利用支付宝与银行卡的绑定关系,通过支付宝进行网上消费、转账,共计1.5万元。生效裁判认为,李某的行为构成信用卡诈骗罪。

显然,类案不同判是不严肃的。但是,在定性存有较大分歧又暂无法律和司法解释予以明确规定的情形下,难以评判孰是孰非,而只有处罚上更具有合理性、处理上更具有实操性、效果上更容易为社会所接受的问题。

笔者之前认为以信用卡诈骗罪定罪处罚更为合理,相关理由已在上文作了阐释,且有的情况下有利于被告人,如涉案数额不足5000元的不以犯罪论处。

① 参见罗开卷、舒平锋:《盗用他人支付宝绑定的银行卡内资金构成信用卡诈骗罪》,载《人民司法(案例)》2016年第35期。

应当说,如果案件本身只涉及消费或者转走与微信、支付宝账户绑定的银行卡内的资金,以信用卡诈骗罪定罪处罚不存在问题。但是,既消费或者转走他人微信、支付宝账户中的资金,又消费或者转走与他人微信、支付宝账户绑定的银行卡内的资金的,如果对前者定性为盗窃罪、对后者定性为信用卡诈骗罪,并予以两罪并罚,则存在一些难以解释及罪刑不均衡的问题。例如,在他人不知情的情况下,非法占有其支付宝账户中的资金4000元及与其支付宝账户绑定的银行卡内的资金5万元。该案如果以盗窃罪和信用卡诈骗罪两罪并罚,解释上难以对两种行为作实质性的区分,社会效果上被害人往往认为是被盗而不是被骗。如果以两罪并罚,在无减轻处罚情节的情形下,需判处五年以上有期徒刑;如果全案以盗窃罪定罪处罚,根据司法解释规定,盗窃3万元至10万元以上的为“数额巨大”,即盗窃5.4万元在有的地区可能认定为数额较大,处三年有期徒刑以下刑罚,有的地区可能认定为数额巨大,处三年以上十年以下有期徒刑,总体上轻于两罪并罚。当然,造成处罚上的上述困惑,与当前信用卡诈骗罪的罪刑结构及定罪量刑标准不甚合理有关。如“窃取他人信用卡并使用,非法占有他人财物5.4万元”的盗窃行为,与“捡拾他人信用卡并使用,非法占有他人财物5.4万元”的信用卡诈骗行为相比,无疑前者的社会危害性要大,但处罚上则很可能要轻,导致轻重倒挂。就此,确有必要完善信用卡诈骗罪的罪刑结构及定罪量刑标准。

综上,在未完善信用卡诈骗罪的罪刑结构及定罪量刑标准前,且基于同一案件往往同时存在消费或者转走微信、支付宝账户中的资金及绑定的银行卡内的资金这种情形,从便于解释及操作、实现处罚平衡及尽可能符合社会认知上,目前以盗窃罪定罪处罚似乎更为合理。主要理由如下:第一,在严格解释为冒用型信用卡诈骗罪上有难度。因为在绑定银行卡时开通了快捷支付,进入他人微信、支付宝账户,输入支付密码(有的是小额免密)就可转走银行卡内的资金,行为人主观上并未认识到获取了他人的信用卡信息资料,客观上也并未获取到他人的信用卡信息资料,连卡号和密码都不知晓,因此难以解释为司法解释规定的冒用型信用卡诈骗罪。有观点认为,微信和支付宝相当于信用卡,获取微信和支付宝支付密码就相当于获取了信用卡信息资料,故上述行为属于冒用型信用卡诈骗罪。该观点将微信和支付宝视为信用卡,目前既没有法律的明确规定,也难以为社会所接受。第二,以盗窃罪定罪符合主客观相统一原则。主观上,无论是消费或者转走账户内的资金,还是消费或者转走与账户绑定的银行卡内的资金,行为人都是在被害人不知情的情况下,通过秘密的方式非法占有其财物,并无意破坏国家对信用卡的管理制度。具体而言,在消费场合,行为人不在乎是何种类型的资金,关键看支付顺序及排序在前的支付方式是否还有足够的资金;即使消费的是绑定的银行卡内的资金,也往往意识不到。在转账场合,无疑会认识到账户是否有余额,以及账户是否绑定了银行卡,即明知涉案资金是账户资金还是与账户绑定的银行卡内的资金,但行为人主观上仍然是为了非法占有他人财物,并无破坏国家对信用卡的管理制度之意图。行为方式上,无论是消费或者转走何种类型的资金,都是通过使用被害人的手机,登录其微信、支付宝,操作支付功能,点击并输入支付密码即可(如需要的情形),也就是行为方式相同,且都是侵犯被害人的财产权益。可见,两种行为性质相同,对于秘密获取绑定的银行卡内资金的行为,也认定为盗窃罪,符合主客观相统一原则。如果根据资金来源不同而区别定罪,因为两罪的入罪门槛和法定刑不尽相同,就会对同类行为评判不一,并导致罪刑失衡。第三,以盗窃罪定罪更符合社会一般认知。在他人不知情的情况下,秘密地非法占有与其微信、支付宝账户绑定的银行卡内资金的行为,侵犯了他人的财产权益,被害人的感受是被偷而不是被骗,故认定为盗窃罪更符合社会公众的一般认知。

类似案件,如段某利用其本人及他人的身份信息,在"VV 商户"(随行付)微信公众号平台注册段某等 5 个资金账户,并绑定相关银行卡账户。段某在非法获得他人"银联钱包"App 内设定的付款二维码信息后,利用"VV 商户"账户的扫码功能,采用扫描付款二维码的方法,将他人在"银联钱包"App 所绑定的银行卡账户内资金转至其控制的个人银行账户,获取资金共计 7 万余元。公诉机关指控段某犯信用卡诈骗罪。一审法院认为,段某以非法占有为目的,采用刷取非法获得的他人付款二维码的方法,获得他人账户资金,数额巨大,其行为构成盗窃罪。一审判决后,公诉机关提出抗诉,认为段某的行为符合司法解释规定的

“窃取、收买、骗取或者以其他非法方式获取他人信用卡信息资料,并通过互联网、通讯终端等使用”的情形,属于冒用他人信用卡,应当认定为信用卡诈骗罪,原判认定罪名不正确,导致适用法律不当。二审法院认为,段某的行为不属于冒用他人信用卡,本案应以段某扫码转移银行卡内资金的行为来认定罪名。段某在他人不知情的情况下,擅自使用付款二维码扫码支付,获取关联银行卡内资金,其行为本质上符合秘密窃取的特征,应当认定为盗窃罪。据此,驳回抗诉,维持原判。[①] 将该案定性为盗窃罪,较为合理。主要理由为,第一,付款二维码不能等同于信用卡,二维码信息也不能视为信用卡信息资料。二维码支付是一种移动电子支付模式,与现金支付、信用卡支付等支付方式一样,都实现了资金的转移,本质上是一种支付方式。一般情况下,付款二维码信息不包含与客户银行卡密码、支付密码有关的支付敏感信息,即付款二维码信息不属于信用卡信息资料,不能说获取了付款二维码信息即得到了他人信用卡信息资料。特殊情况下,即本案情况,付款二维码含有客户支付账户、银行卡账号等相关的账户信息,且对此必须经过加密处理,产生了付款二维码信息与客户账户信息加密隔断的效果,也难以说获取了付款二维码信息即得到了他人的信用卡信息资料。据此,段某的行为不属于司法解释规定的以非法方式获取他人信用卡信息资料的行为。第二,冒用他人付款二维码支付的行为不属于冒用他人信用卡行为。段某并未获取到客户的银行卡账号、密码等相关信用卡信息资料,也没有任何使用银行卡的具体行为,其实际上是冒用他人支付账户和付款二维码,不能简单地将冒用他人付款二维码的行为视作冒用他人信用卡行为。另根据银联用户服务协议,用户在注册使用“银联钱包”时,已经绑定银行卡和设定支付密码,消费结算时只需登录平台、输入支付密码即可完成交易。“银联钱包”平台并不对使用者的真实身份进行核实,仅仅是依据支付指令将划扣请求发送给银行,银行据此进行支付。也就是说,通过商户扫描“银联钱包”付款二维码进行支付时,行为人并不直接和银行发生关系,银行只是依据“银联钱包”平台的支付指令正常地履行划款义务。所以,段某的行为不涉及信用卡的管理和使用,银行的信用卡管理秩序并

① 参见金果:《扫描付款二维码转移财产构成盗窃罪》,载《人民司法(案例)》2019 年第 20 期。

未受到侵害。第三,段某的行为构成盗窃罪。段某分别实施了以下行为:(1)注册商户。段某利用自己及亲友等人的身份信息和伪造的营业执照,在“VV 商户”平台上注册商户、绑定银行卡,获取商户资质并开通扫码收款功能。(2)非法获取二维码。段某从同案犯处非法获取绑定银行卡的“银联钱包”付款二维码。(3)扫码交易。段某利用非法获取的他人付款二维码,冒用他人名义进行扫码消费,占有他人银行卡内资金。通过对上述行为的分析,虽然段某实施了骗取“VV 商户”开通扫码支付功能、虚构商品交易事实等欺骗行为,但利用非法获取的付款二维码进行扫码交易,才是实现其非法占有他人钱款最终目的的决定性行为,故本案应以段某扫码转移银行卡内资金的行为性质来认定罪名。段某在他人不知情的情况下,擅自使用付款二维码扫码支付,获取关联银行卡内资金,其行为本质上是窃取他人钱款,被害人也在不知情的情况下遭受损失,符合秘密窃取的特征。而且,认定为盗窃罪符合交易习惯和社会公众的一般认知。根据银联用户平台服务协议,客户注册完毕后,具有妥善保管账户用户名和密码的义务,只要登录人使用正确的账户名和密码登录,银联平台都视为客户本人所为。在这种支付流程下,银联平台和银行都没有产生错误认识而被骗;相反,由于段某利用获取的他人付款二维码扫码交易,导致客户在不知情的情况下其银行卡内钱款被划走,客户的钱款是被偷而非被骗,故对该行为认定为盗窃罪符合社会公众的一般认知。

基于上述观点,对于骗取他人开通支付宝“亲密付”,在他人不知情的情况下通过“亲密付”非法占有与其支付宝绑定的银行卡内资金的行为,应以盗窃罪论处。例如,张某在网上发布虚假的共享单车客服电话,王某通过手机 App 申请退还共享单车押金时遭遇系统异常,后王某拨通张某发布的客服电话寻求帮助。张某以快速退还押金需要绑定支付宝“亲密付”①为由,骗取王某为张某的支付宝开通“亲密付”,并随即转出王某账户内金额 2.8 万元。该案中,首先,王某无自愿处分财物的意识,张某不构成诈骗罪。其次,张某并没有非法获取王某信用卡信息资料,更不能独立地冒用王某的名义使用或者控制王某的账户资金,王某始

① “亲密付”是支付宝为亲人、密友等亲密关系打造的极简支付服务,亲人、密友在预先设定的额度内消费时无须开通者确认,可直接从开通者账户中支付款项。

终对自己支付宝账户财产拥有占有使用权，故张某的行为并未妨害国家对信用卡的管理秩序，不符合信用卡诈骗罪的构成要件。最后，张某诱骗王某开通“亲密付”只是为下一步转移资金提供便利，其手段是在王某不知情的情况下通过“亲密付”将王某账户内的资金转移到自己手中，符合盗窃罪的构成要件。[①]

3. 捡拾、借用等情形下获取他人手机，在其不知情的情况下登录其微信、支付宝，消费或者转走其“微信零钱”“零钱通”“支付宝余额”“余额宝”中的资金，及与其微信、支付宝账户绑定的银行卡内资金的，如何定性

主要存在三种观点：统一认定为盗窃罪一罪；统一认定为信用卡诈骗罪一罪；以盗窃罪与信用卡诈骗罪两罪并罚。笔者已在上文中论述，即统一认定为盗窃罪一罪，具体理由不再赘述。

4. 通过抢劫、盗窃、诈骗等方式获取他人手机，后发现该手机上有微信和支付宝，于是消费或者转走“微信零钱”“零钱通”“支付宝余额”“余额宝”中的资金，以及与微信、支付宝账户绑定的银行卡内的资金，或者为非法占有他人“微信零钱”“零钱通”“支付宝余额”“余额宝”中的资金及与微信、支付宝绑定的银行卡内的资金，而抢劫、盗窃、诈骗他人手机的，如何定性

对此，存在三种不同观点。第一种观点认为构成抢劫、盗窃、诈骗一罪。主要理由为，对于行为人是为了获取微信、支付宝账户中的资金及绑定的银行卡内的资金而先非法获取手机，还是在非法获取手机后才起意窃取微信、支付宝账户中的资金及绑定的银行卡内的资金，实践中通常难以认定，可以统一根据非法获取手机的行为性质定罪。该种情形类似于“抢劫银行卡并使用、消费的认定为抢劫”，因之后的取款行为是之前抢劫行为的自然延续，不宜作数罪处理。或者认为，行为人只有一个犯意，后续侵财行为应当视作之前行为的延续。抢劫、盗窃、诈骗他人手机行为为主行为，根据主行为吸收从行为的原则，可以按照获取手机行为的性质定罪。

第二种观点认为，对非法获取手机的行为按行为性质认定，后续消费或者转

---

① 参见石美君：《骗取他人开通支付宝亲密付进而转账的定性》，载《人民司法(案例)》2019 年第 2 期；孙静翊：《欺骗“客户”开通“亲密付”并转账构成盗窃罪》，载《检察日报》2019 年 5 月 10 日，第 3 版。

走微信、支付宝账户中的资金及绑定的银行卡内资金的行为认定为盗窃罪。主要理由为,2005年《两抢意见》中规定,抢劫信用卡后使用、消费的,其实际使用、消费的数额为抢劫数额。对抢劫信用卡并使用的行为,不分当场还是事后,从整体上认定抢劫罪,值得商榷。对该规定宜理解为拟制规定,不能由此类推抢劫手机后使用、消费手机上微信、支付宝账户中的资金及绑定的银行卡内资金也构成抢劫罪一罪。而且对信用卡的取得和使用行为,对象都是针对信用卡,而上述情形中取得的对象是手机,使用的对象是手机上微信、支付宝账户,故两类行为存在明显差异,不能简单类比。

第三种观点认为,对非法获取手机的行为按行为性质认定,后续消费或者转走微信、支付宝账户中的资金及绑定的银行卡内资金的行为认定盗窃罪和信用卡诈骗罪。主要理由为,前行为不能吸收后行为,但后续行为应根据转走或者消费的资金的不同来源认定不同罪名。或者认为,系出于两个犯罪故意、独立实施两个犯罪的行为,应以盗窃罪和信用卡诈骗罪并罚为妥。如系盗窃手机后又利用手机网银侵犯他人财产所有权,以盗窃罪和信用卡诈骗罪数罪并罚。因为盗窃信用卡并使用的以盗窃罪论处,其不包括非法获取信用卡信息资料并使用的情形。盗窃他人手机后又试出密码,利用手机网银网络客户端进行消费等侵犯他人财产所有权的行为,只要系以手机绑定的信用卡为媒介的,即属于冒用他人信用卡的行为,数额较大的,应当以盗窃罪和信用卡诈骗罪数罪并罚。

笔者认为,需要区分不同情形认定为不同罪名。第一,以获取他人手机上微信、支付宝账户中的资金或者与微信、支付宝账户绑定的银行卡内资金为目的而抢劫、盗窃、诈骗他人手机的,因非法占有他人账户资金及与账户绑定的银行卡内资金的行为属于侵财行为,故应根据非法获取手机的不同方式,以抢劫罪、盗窃罪或者诈骗罪一罪定罪处罚,累计手机的价值及从微信、支付宝账户和绑定的银行卡中实际获取的资金,认定为抢劫、盗窃或者诈骗的数额。因微信和支付宝已成为常态的支付方式,行为人以抢劫、盗窃、诈骗等方式获取他人的智能手机,往往兼具非法占有他人“微信零钱”“零钱通”“支付宝余额”“余额宝”中的资金及与微信、支付宝绑定的银行卡内资金这一目的。例如,何某化名刘某,通过网络结识被害人钱某,后以办理贷款业务、合租房屋等为由,至钱某的暂住处借宿。某日晚间,何某趁钱某不备,向钱某所饮用的饮料瓶内掺入其随身携带的兽用麻醉药“速眠新Ⅱ”盐酸赛拉嗪注射液。次日凌晨,何某趁钱某饮用上述饮料陷入昏睡后,使用事先窥得的密码,解锁钱某所使用的手机,对钱某的支付宝账户进行交易付款、提现、转账等操作,在确定可以控制该账户后,携该手机及钱某的一部miniPOS机(经价格认定,手机及POS机分别价值2640元、75元)离开钱某住处。同时,何某又联系张某,以急需套取现金等为由,将张某约至附近。其后何某操作钱某的支付宝账户,以提现、交易套现等形式,从账户余额及绑定的银行卡账户内共计转账7.3万余元,通过张某将上述钱款取现,后用于个人消费。对于此案,生效裁判认为,何某以非法占有为目的,使用化名与被害人联系,在借宿于被害人住处期间,将随身携带的兽用麻醉药物掺入饮料中,骗被害人饮用,又趁被害人在药力作用下昏睡之机,当场拿取被害人手机、miniPOS机,还使用事先窥得的密码,转取被害人资金达7.3万余元。何某当场使用麻醉药物与取得被害人手机、miniPOS机及7.3万余元资金之间具有刑法上的因果关系,其当场使用药物麻醉的方式,强行劫取被害人财物的行为构成抢劫罪,且数额巨大。[①] 需要注意的是,本案的转账取财行为部分发生在被害人昏睡时,无疑应认定为抢劫;部分发生在被害人醒来以后,对于该部分转账取财行为,因系之前抢劫故意的进一步实现,正如抢劫信用卡并使用一样,同样应认定为抢劫,而非盗窃。第二,如果仅是抢劫、盗窃或者诈骗他人手机,之后再起意占有他人手机上微信、支付宝账户中的资金或者与微信、支付宝账户绑定的银行卡内资金,前面已经论述,非法占有他人手机的行为构成犯罪的,以抢劫罪、盗窃罪或者诈骗罪定罪处罚,而之后的非法取财行为,数额较大的,构成盗窃罪,故该种情形可能构成抢劫罪与盗窃罪、诈骗罪与盗窃罪两罪,或者盗窃罪一罪。第三,抢劫手机且当场要求被害人说出登录密码和支付密码,并在现场或者事后非法占有被害人手机上微信、支付宝账户中的资金或者与微信、支付宝账户绑定的银行卡内资金的,无疑应当以抢劫罪论处。

---

① 参见陈昶主编:《2021年上海法院案例精选》,上海人民出版社2022年版,第401~402页。

5. 通过偷看等非正常方式获取他人支付宝账号和密码，后登录其支付宝，消费或者转走“支付宝余额”“余额宝”中的资金及与支付宝账户绑定的银行卡内资金的，如何定性

存在两种不同观点。第一种观点认为构成盗窃罪。主要理由为，支付宝账号和密码不属于信用卡信息资料，所以该行为不属于非法获取他人信用卡信息资料并在互联网、通讯终端等使用的情形，不构成信用卡诈骗罪。另外，非正常方式获取他人支付宝账号和密码属于非法获取公民个人信息行为，未必构成侵犯公民个人信息罪，但之后未经他人同意登录其支付宝，非法占有其“支付宝余额”“余额宝”中的资金及与支付宝账户绑定的银行卡内资金的行为，都属于秘密窃取他人财物行为，以盗窃罪论处。

第二种观点认为，应以盗窃罪与信用卡诈骗罪两罪并罚。主要理由为，非正常方式获取他人支付宝账号和密码属于非法获取公民个人信息行为，未必构成侵犯公民个人信息罪，但对之后未经他人同意登录其支付宝，非法占有其“支付宝余额”“余额宝”中的资金及与支付宝账户绑定的银行卡内资金的行为，应根据具体资金来源的不同认定为不同罪名，即秘密窃取他人“支付宝余额”“余额宝”中的资金属于盗窃，冒用他人名义非法占有与其支付宝绑定的银行卡内的资金属于信用卡诈骗，即以盗窃罪和信用卡诈骗罪两罪并罚。

笔者倾向于第一种观点。非法获取他人支付宝账号和密码的行为尚不构成犯罪，但在他人不知情的情况下登录其支付宝，通过秘密方式非法占有其财物，数额较大的，以盗窃罪定罪处罚。例如，黄某以在QQ群里发送二维码的方式来获取群成员的财产。黄某申请了十几个QQ号，并利用十几个QQ号建群，把该群设定为全体禁言，只有群主黄某可以发言，其他群成员只能够抢红包或者扫码转账。黄某通过雇请他人拉人进群或者在群内散发小额红包的方式，不断吸引他人进群，当群成员达到一定人数时，发布定时发送红包的消息，并准时发送多个小额红包。QQ群成员在抢红包过程中，黄某就会往群里发送之前制作好的288元、366元的不等额收费二维码，配上“识别扫码支付0.01元即可领取288元、366元、588元”的虚假信息。这些二维码带有木马病毒，群成员使用QQ钱包、微信、支付宝等第三方支付平台扫码进行支付时,在支付页面看到的是支付0.01元,但实际上支付的是288元、366元、588元。涉案金额共计8万余元。本案中,黄某主观上具有秘密窃取他人在第三方支付平台绑定的银行卡内资金的故意,客观上在他人不知情的情况下转移了其对银行卡内资金的占有,侵犯了他人的财产所有权,其行为符合盗窃罪的构成要件,且数额巨大,应以盗窃罪定罪处罚。

6. 因正常使用他人支付宝而记取他人支付宝账号和密码,后擅自登录其支付宝,消费或者转走“支付宝余额”“余额宝”中的资金及与支付宝账户绑定的银行卡内资金的,如何定性

存在两种不同观点。第一种观点认为构成盗窃罪。主要理由为,尽管记取他人支付宝账号和密码的行为不能进行法律评价,但之后擅自登录他人支付宝并消费、转款的行为,明显违背他人意志。该非法占有他人“支付宝余额”“余额宝”中的资金及与支付宝绑定的银行卡内资金的行为,属于秘密窃取他人财物的行为,应当以盗窃罪论处。

第二种观点认为,应以盗窃罪与信用卡诈骗罪两罪并罚。主要理由为,对于采取秘密手段,非法占有他人“支付宝余额”“余额宝”中的资金,及与支付宝绑定的银行卡内资金的行为性质,应根据具体资金来源的不同认定为不同罪名,即以盗窃罪和信用卡诈骗罪两罪并罚。

笔者倾向于第一种观点,具体理由不再赘述。

7. 经许可登录他人微信、支付宝,趁机消费或者转走“微信零钱”“零钱通”“支付宝余额”“余额宝”中的资金,以及与微信、支付宝账户绑定的银行卡内资金的,如何定性

存在三种不同观点。第一种观点认为构成盗窃罪。主要理由为,虽经许可登录他人微信、支付宝,并知晓支付密码,但并不意味着占有账户内和与账户绑定的银行卡内资金,故趁机消费或者转款的行为不属于侵占,在被害人不知情的情况下占有资金的,符合秘密窃取他人财物的特征,应当以盗窃罪论处。

第二种观点认为,应以盗窃罪和信用卡诈骗罪两罪并罚。主要理由为,应根据非法占有的资金具体来源不同认定为不同罪名,理由同前。

第三种观点认为构成侵占罪。主要理由为，经许可登录他人微信、支付宝，并知晓支付密码，就意味着其资金在一定时段内处于行为人的实际管控之下，行为人可以独立实施消费和转款行为。此时，账户内及与账户绑定的银行卡内资金可视为行为人临时保管的他人资金，行为人违背他人意愿趁机消费或者转款，并拒绝退还的，实为侵占，符合《刑法》规定的，可以侵占罪自诉。

笔者倾向于第三种观点，具体理由不再赘述。

8. 保管他人手机期间，依法扣押他人手机期间，消费或转走“微信零钱”“零钱通”“支付宝余额”“余额宝”中的资金，及与微信、支付宝账户绑定的银行卡内资金的，如何定性

存在三种不同观点。第一种观点以身份、职责认定，构成侵占罪或者贪污罪。主要理由为，保管他人手机，该手机上微信、支付宝账户中的资金及与微信、支付宝账户绑定的银行卡内资金，自然属于受托保管的他人财产，如非法占为己有，拒不退还，数额较大的，构成侵占罪。依法扣押他人手机，手机上微信、支付宝账户中的资金及与微信、支付宝账户绑定的银行卡内资金也处于依法扣押之中，即以公共财产论①，如消费或转走微信、支付宝账户中的资金及与微信、支付宝账户绑定的银行卡内资金，属于利用职务之便非法占有公共财产，应当认定为贪污罪。

第二种观点认为构成盗窃罪。主要理由为，保管他人手机，并不意味着一并保管他人手机上微信、支付宝账户中的资金及与微信、支付宝账户绑定的银行卡内资金，事实上他人既不会向行为人特别交代账户资金情况，也不会向其告知登录密码和支付密码，故该资金不属于受托保管的他人财产，如非法占为己有，不能认定为侵占罪。同理，依法扣押他人手机，并不意味着一并扣押了他人微信、支付宝账户中的资金及与微信、支付宝账户绑定的银行卡内资金，此时，扣押清单只会列明“手机”，而不列明相关账户资金情况。既然这些资金不处于扣押之中，则仍然处于他人占有之下，不以公共财产论。如他人处于自由状态，即使其

① 在国家机关、国有公司、企业、集体企业和人民团体管理、使用或者运输中的私人财产，以公共财产论，即执法扣押的私人财产属于公共财产。

手机被扣押,其仍然可以通过其他方式使用、控制这些资金。此时,行为人利用保管他人手机的工作便利,登录该手机,消费或转走微信、支付宝账户中的资金及与微信、支付宝账户绑定的银行卡内资金,实质上是秘密窃取他人财物,不属于贪污,数额较大的,应当以盗窃罪论处。当然,如果明确他人微信、支付宝账户中的资金及与微信、支付宝账户绑定的银行卡内资金属于保管对象或者扣押对象,此时行为人利用保管之便或者职务之便将该资金非法占为己有的,则属于侵占或者贪污。

第三种观点认为,应以盗窃罪和信用卡诈骗罪两罪并罚。主要理由为,微信、支付宝账户中的资金及与微信、支付宝账户绑定的银行卡内资金不属于受托保管的他人财产,在他人不知情的情况下,通过秘密方式非法占有其微信、支付宝账户中资金的行为构成盗窃罪,非法占有与其微信、支付宝账户绑定的银行卡内资金的行为构成信用卡诈骗罪。

笔者倾向于第二种观点,即一般情形下以盗窃罪论处。但是,如果明确他人微信、支付宝账户中的资金及与微信、支付宝账户绑定的银行卡内资金属于保管对象或者扣押对象的,则应认定为侵占或者贪污行为。例如,民警刘某在办理李某涉嫌诈骗罪一案中对李某的一部手机进行保管(无扣押手续)。刘某在证据整理中,发现李某支付宝账户绑定了用于消费的银行卡两张,则根据已掌握的手机解锁密码试探出了支付宝的支付密码,并从银行的扣费短信中获知银行卡余额。刘某因网络赌博欠下赌债,遂产生使用李某银行卡内的资金进行赌博的想法,后其多次使用李某的支付宝进行扫码支付,充值自己的赌博账号用于赌博,又使用李某的银行卡注册新的赌博账号,采用相同的方式多次充值进行赌博。至案发,刘某前后19次使用李某支付宝绑定的两张银行卡充值赌博账号共计12万元,且全部输完。[①] 该案中,刘某并未将李某支付宝账户绑定的两张银行卡内的资金明确为保管对象或者扣押对象,故两张银行卡内的资金不以公共财产论,其非法占有李某银行卡内资金的行为不构成贪污罪。两张银行卡内的资金仍然处于李某

① 参见张雷、肖霄:《民警利用职务之便套取当事人支付宝资金如何定性》,载《中国检察官》2021年第6期。

的占有和控制之下，刘某在办案中利用保管李某手机的工作便利，试探出李某支付宝的支付密码，并在李某不知情也未授权许可的情况下将其支付宝账户绑定的银行卡内资金充值到赌博账户进行赌博，属于秘密窃取李某财物，符合盗窃罪的构成要件，应以盗窃罪论处。

9. 盗窃他人银行卡，并将该卡与微信、支付宝关联，消费或者转走银行卡内资金的，如何定性

无论窃取的银行卡是借记卡还是信用卡并使用，都属于盗窃信用卡并使用的行为，应依照《刑法》第一百九十六条第三款的规定，以盗窃罪定罪处罚。例如，陈某与被害人金某一起乘坐游轮至日本游玩，其间，陈某窃取金某的中国农业银行卡，并将该卡与自己的微信绑定，后将该卡内资金1.98万元分别转入4个不同的微信账号内，并为自己的手机充值100元，涉案金额共计1.99万元。生效裁判认为，陈某以非法占有为目的，秘密窃取他人财物，数额较大，其行为构成盗窃罪。① 本案中，陈某趁被害人不备窃得其银行卡，并利用事先掌握的被害人的身份证号码、手机开机密码，在绑定微信的过程中获取验证码，从而顺利绑定银行卡，获取卡内资金。陈某秘密窃取他人银行卡，并将该卡与其微信绑定使用，符合"盗窃信用卡并使用"的行为特征，应当以盗窃罪论处。

10. 通过偷窥、骗取等方式获取他人银行卡卡号，然后将该卡号与微信、支付宝关联，消费或者转走卡内资金的，如何定性

存在三种不同观点。第一种观点认为构成盗窃罪。主要理由为，通过偷窥、骗取等方式获取他人银行卡卡号的行为不构成犯罪，只需对后续取财行为进行定性。与微信、支付宝账户绑定的银行卡内资金，属于平台内的资金，行为人秘密地将这些资金非法占为己有，属于盗窃。或者认为，单纯的绑定银行卡行为本身不会也没有导致转移被害人的财产，只有使用微信或者支付宝付款、转款的行为，才会侵害被害人的财产法益，但使用微信或者支付宝时并没有再使用银行卡的账号和密码，因而不构成信用卡诈骗罪，只能认定为盗窃罪。②

---

① 参见茆荣华主编：《2018年上海法院案例精选》，上海人民出版社2020年版，第398～399页。

② 参见张明楷：《刑法学(下)》(第6版)，法律出版社2021年版，第1253页。

第二种观点认为构成信用卡诈骗罪。主要理由为，银行卡卡号属于信用卡信息资料，而不属于“盗窃信用卡并使用”中的有形信用卡，故不能依照《刑法》第一百九十六条第三款的规定认定盗窃罪，但上述行为符合司法解释关于“窃取、收买、骗取或者以其他非法方式获取他人信用卡信息资料，并通过互联网、通讯终端等使用”的规定，应当以冒用型信用卡诈骗罪论处。①

第三种观点认为，窃取信用卡卡号的认定为盗窃罪，骗取信用卡卡号的认定为信用卡诈骗罪。主要理由为，信用卡卡号属于信用卡的核心信息，窃取信用卡卡号并使用，属于“盗窃信用卡并使用”，故应当依照《刑法》第一百九十六条第三款的规定认定为盗窃罪。以骗取等其他方式获取信用卡卡号并使用的，则适用司法解释的规定认定为信用卡诈骗罪。

应当说，对该问题的定性，第二种观点是主流，即根据司法解释的规定认定为信用卡诈骗罪。因为非法获取了他人的银行卡卡号，就是非法获取了他人的信用卡信息资料，再通过支付平台使用的，属于冒用型信用卡诈骗。但笔者认为，根据前文论述，从系统思维角度，还是存在认定为盗窃罪的空间。主要理由为：第一，将通过偷窥方式获取的银行卡卡号与微信、支付宝账户绑定并使用，与盗窃信用卡并在 ATM 使用，并无实质区别，都是秘密窃取他人钱款的行为，定性为盗窃罪具有合理性。第二，对非法转走与他人微信、支付宝账户绑定的银行卡内资金的行为以盗窃罪定性，对将窃取的银行卡卡号与微信、支付宝账户绑定并

① 以非法方式获取他人信用卡信息资料并通过互联网、通讯终端使用的，以冒用型信用卡诈骗罪论处。例如，王某在宿舍内，趁无人之机，利用被害人杨某放在宿舍内的手机、信用卡和身份证，冒用杨某的身份注册支付宝账户，并绑定杨某的 3 张信用卡，先后 5 次通过网上消费支付的手段，共计套取 1 万余元。生效裁判认为，王某的行为构成信用卡诈骗罪。该案例认为，行为人冒名注册支付宝账户并绑定他人信用卡，在银行进行身份审核时冒用被害人的身份，骗过银行的身份鉴别过程，从而使银行误以为是被害人本人的操作而将卡内金额与支付宝账户挂钩，实际上就是变相骗取了另一把获取卡内金额的钥匙。在这一过程中，对于银行一方的“骗”是非法获取被害人财产的主行为，故应认定为信用卡诈骗罪。参见张超：《冒名注册支付宝账户并绑定信用卡套现的定性》，载《人民司法（案例）》2018 年第 29 期。举重以明轻，对于从拾到的手机中看到被害人的银行卡信息资料，擅自将被害人的微信与银行卡绑定，然后利用微信支付功能将被害人银行卡上的资金转至自己的微信钱包的，也应以冒用型信用卡诈骗罪论处。参见周孚林：《将他人微信与银行卡绑定后转走资金构成信用卡诈骗罪》，载《人民司法（案例）》2018 年第 20 期。又如，以欺骗的方式非法获取被害人借记卡信息资料后，通过支付宝将被害人钱款转出占为己有的行为，属于冒用他人信用卡，构成信用卡诈骗罪。参见上海市第二中级人民法院刑事裁定书，(2014)沪二中刑终字第 1234 号。

使用这一相对较重的行为,因为多了一节窃取银行卡卡号的行为,适用比信用卡诈骗罪相对要重的罪名盗窃罪定罪处罚,更符合罪罚相当原则。第三,窃取他人银行卡卡号的行为一般不构成犯罪,绑卡行为亦不构成犯罪,故只需评价后续取财行为的性质,即非法转走与他人微信、支付宝绑定的银行卡内资金的性质,根据前述,当然是认定为盗窃罪。同样,骗取他人银行卡卡号及绑卡行为均不构成犯罪,而非法占有绑定的卡内资金的行为属于盗窃,故对通过骗取方式获取他人银行卡卡号,然后将该卡号与微信、支付宝关联,消费或者转走卡内资金的行为亦应认定为盗窃罪。

11. 通过木马程序窃取他人手机微信或者支付宝用户信息,然后消费或者转走"微信零钱""零钱通""支付宝余额""余额宝"中的资金及与微信、支付宝账户绑定的银行卡内资金的,如何定性

存在两种不同观点。第一种观点认为构成盗窃罪。主要理由为,通常情况下,通过木马程序窃取他人手机微信或者支付宝用户信息,属于非法获取公民个人信息行为,未必构成侵犯公民个人信息罪。且第三方支付平台的用户信息也不属于信用卡信息资料,不能依照司法解释的规定认定为信用卡诈骗罪。就非法占有他人微信、支付宝账户中的资金及与微信、支付宝账户绑定的银行卡内资金的行为,根据前述,以盗窃罪论处。[①] 第二种观点认为,应以盗窃罪与信用卡诈骗罪两罪并罚。主要理由为,根据前述,应根据具体资金来源的不同认定为不同罪名,即非法占有他人微信、支付宝账户中的资金,以盗窃罪论处;非法占有与他

---

① 例如,"使用手机木马程序盗取他人支付宝账户信息及资金的构成盗窃罪——陈卫明、孟鑫等盗窃案"认定,行为人虚构买家的身份,诱骗淘宝卖家使用手机接收并安装其发送的伪装成购买货物图片的木马病毒,截获并转移对方手机短信,从而获得对方的验证码,进而对被害人的支付宝账户进行密码重设等操控后,盗走被害人账户及关联银行卡内资金的行为,构成盗窃罪。参见浙江省杭州市中级人民法院刑事判决书,(2014)浙杭刑终字第781号。再如,"利用偷窥到的他人支付宝账号、密码等,登录他人支付宝账号窃取钱款的,构成盗窃罪——张某某、李某某盗窃罪案"认定,通过购买木马软件,发送假网站截图、假邮件、假链接等方式,引诱被害人登录虚假网站,偷窥被害人支付宝账号、密码及验证码后,登录被害人支付宝账户窃取钱款,是在被害人不知晓的情况下秘密进行的。对于被害人来说,虽然被诱骗输入账号和密码,登录了虚假网站,但其目的是解除对支付宝账户的监管,收取货款,并非陷入错误的认识之后向行为人自愿交出财物。由此,行为人的行为不是诈骗,而均构成了盗窃罪。参见孙玲:《利用木马软件骗取账户密码窃取钱财　天津首例网购犯罪案宣判　两名"支付宝"大盗领刑》,载《人民法院报》2013年1月10日,第3版。

人微信、支付宝账户绑定的银行卡内资金,以信用卡诈骗罪论处。

笔者倾向于第一种观点,具体理由不再赘述。

(二)未经许可登录他人支付宝,或者盗取他人账号、密码或其他身份信息后,以他人名义向"借呗"等网络贷款平台申请贷款,放款成功后将钱款转出或者用于消费的定性梳理及倾向意见

1. 正当手段获取他人手机,或者正常使用他人手机,未经许可登录其支付宝,并以其名义向"借呗""花呗"等网络贷款平台申请贷款,放款成功后将钱款转出或者用于消费的,如何定性

主要存在四种不同观点。第一种观点认为构成盗窃罪。主要理由为,从"借呗""花呗"中获取的资金实际上属于信贷资金,但对于行为人而言,不必与相关金融机构建立直接沟通或者联系,进入该平台就可以获取。而且该"借款"系以他人名义取得并转至其支付平台账户,此时的资金属于他人第三方支付平台内的资金,故行为人通过输入账号、密码窃取他人第三方支付平台内的资金,利益受损人是他人,构成盗窃罪。① 例如,赵某为被害人张某操作手机办理网络贷款时知悉其支付宝密码,遂趁其不备,从其支付宝账户"借呗"中提取1万元转入其支付宝账户"余额宝"中,后赵某将该款转入其个人使用的支付宝账户。生效裁判认为,赵某以非法占有为目的,秘密窃取他人财物,数额较大,其行为构成盗窃罪。再如,张某在公司宿舍内,趁被害人李某熟睡之际,用之前偷窥到的李某的手机解屏密码,将李某手机解屏后,利用同样是偷窥到的李某的身份证号码及

① 参见陈洁、吴雷超:《冒用他人蚂蚁花呗构成盗窃罪》,载《人民司法(案例)》2022年第2期。该案例认为,"花呗"的发行机构并非商业银行(含邮政金融机构),因此,"花呗"不属于刑法意义上的信用卡,冒用他人"花呗"的行为不构成信用卡诈骗罪。"花呗"具备信用卡的表观功能,根据"花呗"用户服务合同约定,冒用他人"花呗"购物或者套现的行为,无须重新签订合同,责任由账户本人负担,因此,冒用他人"花呗"的行为不构成合同诈骗罪或者贷款诈骗罪。冒用他人"花呗"的行为,在手段上具有隐秘性,系直接获取他人"花呗"账户上财产,因此,该行为符合盗窃罪秘密窃取他人财物的特征,应认定为盗窃罪。还可参见尹志望、张浩杰:《冒用他人支付宝账户进行蚂蚁花呗套现的定性》,载《人民法院报》2016年11月10日,第6版。该案认为,"花呗"不属于刑法意义上的信用卡,其所设置的消费额度虽与信用卡的授信额度类似,但冒用他人支付宝账户进行"花呗"套现的犯罪行为不构成信用卡诈骗罪或诈骗罪,应以盗窃罪定罪处罚。

工商银行卡卡号,修改李某的支付宝密码,并通过扫自己支付宝收款码的方式,从李某支付宝"花呗"中向自己支付宝账户转款3800元。张某又以帮助李某清理手机垃圾软件为由取得李某手机,从李某支付宝"借呗"中借出3.9万元,通过支付宝转账将该笔钱款从李某的支付宝账户转至其本人支付宝账户内,并将李某的支付宝App从手机中删除。生效裁判认为,张某的行为构成盗窃罪。

第二种观点认为构成贷款诈骗罪。主要理由为,"借呗""花呗"只是借贷平台,从该平台获取的借款来自授信[①]机构,具体来自小额贷款公司等金融机构。行为人以非法占有为目的,以他人名义向"借呗""花呗"申请借款,实质就是骗取金融机构的贷款,成立贷款诈骗罪。例如,陈某在与李某交往期间,擅自使用李某丈夫刘某(在服刑)的支付宝账户,冒用刘某名义通过"借呗""花呗"等方式获得贷款资金、虚假购物并套现使用,数额合计2万余元。生效裁判认为,陈某以非法占有为目的,骗取其他金融机构的贷款,数额较大,其行为构成贷款诈骗罪。[②]

第三种观点认为构成合同诈骗罪。主要理由为,尽管向"借呗""花呗"所借的钱款来自小额贷款公司或者相关金融机构,但向"借呗""花呗"申请贷款本身并不等同于向金融机构借款,故不能认定为贷款诈骗罪。冒用他人名义向"借呗""花呗"申请借款,需先阅知和同意借款协议,实质系冒用他人名义签订借款合同,从而通过"借呗""花呗"骗取授信资金,数额较大的,构成合同诈骗罪。

---

① 授信,是指商业银行向非金融机构客户直接提供的资金,或者对客户在有关经济活动中可能产生的赔偿、支付责任作出的保证,包括贷款、贸易融资、票据融资、融资租赁、透支、各项垫款等表内业务,以及票据承兑、开出信用证、保函、备用信用证、信用证保兑、债券发行担保、借款担保、有追索权的资产销售、未使用的不可撤销的贷款承诺等表外业务。简单来说,授信是指银行向客户直接提供资金支持,或对客户在有关经济活动中的信用向第三方作出保证的行为。

② 2022年最高人民检察院、公安部修正《关于公安机关管辖的刑事案件立案追诉标准的规定(二)》前,贷款诈骗罪的立案追诉标准为2万元以上。类似案例,如曹某、徐某经预谋,利用网上泄露的个人身份信息和建设银行"e付卡"注册漏洞,并借助支付宝"借呗"平台的漏洞,冒用陈某等人的真实身份信息通过支付宝实名认证,并利用陈某等人的真实信用额度从"借呗"平台骗取贷款21笔,共计20万余元。生效裁判认为,曹某、徐某以非法占有为目的,冒用他人支付宝账号诈骗其他金融机构的贷款,其行为均构成贷款诈骗罪。该案例认为,"借呗"平台性质上属于网络小额借贷公司,已被中国人民银行纳入其他金融机构范畴。以非法占有为目的冒用他人支付宝账户骗取"借呗"贷款的犯罪行为,依法构成贷款诈骗罪。参见郑永建、郭朝晖:《冒用他人支付宝账户骗取蚂蚁"借呗"贷款的定性》,载《人民法院报》2017年8月10日,第6版。

第四种观点认为可能成立信用卡诈骗罪。主要理由为,从“借呗”中获取的资金往往先进入他人绑定的银行卡,如再从该银行卡转出资金,则属于冒用他人名义实施的信用卡诈骗行为。例如,张某趁同住人高某不注意,在高某手机上重置其支付宝支付密码并增设登录方式。后张某在自己手机上登录高某的支付宝,以高某名义向“借呗”共计借款1.5万元至高某支付宝绑定的建设银行卡内,后将上述钱款再转至其支付宝账户,并提现至银行卡内花用殆尽。生效裁判认为,张某以非法占有为目的,冒用他人信用卡进行诈骗活动,数额较大,其行为构成信用卡诈骗罪。对此类案件,也有的认定为盗窃罪。再如,王某以玩手机游戏为由,从同事戚某处借得手机,利用事先获悉的戚某手机开机密码、支付宝及微信支付密码,向“借呗”借款8200元,并将该款转至戚某支付宝及微信绑定的邮政银行储蓄卡账户上。后王某又将该款分两次以微信转账方式转至其个人账户,并将该钱款用于信用卡还款及个人消费。生效裁判认为,王某以非法占有为目的,秘密窃取他人财物,数额较大,其行为构成盗窃罪。或者认为,对于冒用他人名义从第三方支付平台中透支消费,而消费后不予归还资金的行为,因为第三方支付是信用卡支付的“延伸通道”,第三方支付平台中的透支消费功能与信用卡支付中的透支消费功能也并无本质区别,在本质上仍然是冒用他人信用卡进行恶意透支,所以完全应当将此类行为认定为冒用型信用卡诈骗罪。①

笔者倾向认为,此类盗骗交织行为的定性,取决于行为人获取财物主要是通过盗窃还是诈骗。具体而言,如果在案发前账号用户已经开通贷款功能,账号和贷款平台关联为一个整体,行为人窃取账号后输入账号、验证码就可以获得贷款,此时盗窃方式起主要作用,应当认定为盗窃罪。如果行为人获得身份信息后需要开通贷款功能,经过操作、验证和贷款平台的审核才能获得贷款,此时行为人主要是通过欺骗的方式获得贷款,应认定为诈骗类犯罪。其中,网络贷款平台具有金融机构资质的,成立贷款诈骗罪;不具有相关金融机构资质又以贷款为主

① 参见刘宪权、林雨佳:《“求同存异”抓住侵财行为本质准确定性处理》,载《检察日报》2019年5月17日,第3版;刘宪权:《刑法学名师讲演录(分论)》(第3版),上海人民出版社2021年版,第534~535页。

要业务的,则可以认定为合同诈骗罪。

认定为盗窃罪的主要理由如下:第一,从犯罪对象及侵害客体来看,此类危害行为真正侵害的是被冒用身份者对财产的占有,而非网络贷款平台对财产的占有,财产被害人是被冒用身份者。网络贷款平台依据接受的规范信息放贷,并无过错责任可言,无须承担财产损失。故准确认定财产犯罪的被害人,是正确定罪的关键所在。一方面,开通"借呗""花呗",系统会根据用户的资信情况给出不同的授信额度,用户可以在额度内借款,即相当于用户办理了一张拥有一定授信额度的信用卡,并与支付宝绑定。用户根据协议规定,有审慎保管好手机和账号、支付密码的义务,而且只要输入支付密码和短信验证码,提供资金方就会提供贷款。除非提供资金方有过错,用户都要承担还本付息义务。如此,行为人冒用用户名义套取资金的,其实就是窃取了属于被害人的授信资金,用户属于被害人。因为是通过秘密手段获取属于被害人的资金,故为盗窃而非诈骗。另一方面,以向"借呗"借款为例,相关资金进入用户的支付平台账户,可能进入"支付宝余额"也可能进入用户关联的银行卡。其实,无论是谁申请的借款,所借钱款都进入了用户的账户,也就是说,这些资金归属于用户,处于用户的占有控制之下。但此时行为人违背用户的意愿,秘密地转走这些资金,无疑侵犯了用户的财产权益,属于盗窃而非诈骗。第二,从危害行为特征来看,造成财产侵害的转款或消费行为,均是在被冒用身份者不知情的情况下秘密实施的,符合盗窃罪秘密窃取的行为特征。第三,从行为人的主观认知来看,此类行为更符合窃取被害人财物的内心想法,而非从被害人处骗取财物。将此类行为认定为盗窃罪,更符合行为人的主观认知和社会公众的一般认知。第四,从罪刑均衡来看,盗窃罪的入罪数额标准远低于贷款诈骗罪,将此类行为认定为盗窃罪,相较于贷款诈骗罪而言,不会造成罪刑失衡和法律适用的盲区。而且,因为"借呗""花呗"相当于信用卡,冒用用户名义套取资金的行为,同非法转走与用户微信、支付宝绑定的银行卡内资金的行为,具有同质性,以盗窃定性具有合理性。

对于行为人获取他人身份信息后,以他人名义开通"借呗""花呗"等贷款功能,继而获取相关贷款的情形,正如在他人不知情的情况下,利用其身份信息以其名义申请贷款。此时若将被冒用者视为被害人,显然不合理。因为被冒用者没有去申请信用额度,所以不存在其授信资金被他人非法占有的问题。上述情形属于假冒他人名义申请贷款,构成犯罪的,应当以贷款诈骗罪定罪处罚。当然,如果认为网络贷款平台不属于金融机构,则可以合同诈骗罪定罪处罚。因为假冒他人名义向“借呗”“花呗”借款,需阅知和点击同意相关协议,即需要签订借款合同,该行为既扰乱了市场秩序,也侵犯了相关公司的财产权益,数额较大的,可构成合同诈骗罪。事实上,在涉及贷款类犯罪时,贷款诈骗罪与合同诈骗罪往往形成法条竞合关系,根据《刑法》规定,应当从一重处。[①] 因此,如果对此类行为以贷款诈骗罪定性存在争议,也可以合同诈骗罪论处。以贷款诈骗罪或者合同诈骗罪定罪处罚时,因被冒用者无过错,被害对象则为“借呗”“花呗”所在公司,即行为人应对“借呗”“花呗”所在公司承担退赔责任。

此外,如果是征得被害人同意后为其开通网络借款功能,再以欺骗或者秘密方法,以其名义申请贷款并占为己有,此时非法占有的是被害人的授信资金,应当以诈骗罪或者盗窃罪定罪处罚。例如,陈某以有渠道可以帮助王某、孙某通过手机操作 App 网贷赚钱为由骗取王某、孙某的信任,获取二人的支付宝账号和密码、身份证、银行卡、手机验证码等信息后,利用上述信息操作开通“马上金融消费”“平安惠普”“中金支付”“借呗”“建设银行快 E 贷”“微众银行”“重庆苏宁小额贷款”“中邮消金”等多个手机 App 网贷平台,在所贷钱款到账后陈某陆续通过支付宝、微信等渠道转至其名下账户,共骗得王某 8 万余元、孙某 38 万余元。生效裁判认为,陈某以非法占有为目的,骗取他人钱财,其行为构成诈骗罪;责令陈某退赔违法所得发还被害人。

2. 抢劫、盗窃、诈骗他人手机,之后以他人名义向“借呗”“花呗”申请借款的,如何定性

存在四种不同观点。第一种观点认为构成抢劫、盗窃、诈骗一罪。主要理由

---

① 关于两罪竞合时如何处理,可参见罗开卷:《单位实施贷款诈骗的罪名选择》,载《人民法院报》2016 年 6 月 16 日,第 7 版。需要注意的是,2022 年修订《最高人民检察院、公安部关于公安机关管辖的刑事案件立案追诉标准的规定(二)》前,贷款诈骗罪与合同诈骗罪的立案追诉标准均为 2 万元以上;修订后,贷款诈骗罪的立案追诉标准为 5 万元以上,而合同诈骗罪的立案追诉标准仍为 2 万元以上。

为,该情形下应当将获取手机行为和后续冒用他人名义“借款”行为进行整体评价,行为人在行为初始可能就具有实施后行为的犯意,且行为人只有一个犯意,后行为是前行为的延续,不宜将前后两个行为割裂。

第二种观点认为,对非法获取手机的行为按行为性质认定,后续通过第三方支付平台向“借呗”“花呗”借款的行为构成盗窃罪。主要理由为,前后是两个独立的取财行为,虽然抢劫、盗窃、诈骗他人手机是后续冒用他人名义向“借呗”“花呗”借款的手段,但该手段行为与目的行为之间不具有惯常性,不能认定为牵连犯,而应当数罪并罚。后续行为获取的虽然是授信资金,但属于他人第三方支付平台内的资金,成立盗窃罪。

第三种观点认为,应当以抢劫罪、盗窃罪或者诈骗罪与贷款诈骗罪两罪并罚。主要理由为,非法占有手机的行为与之后冒用他人名义向“借呗”“花呗”借款的行为之间不具有牵连关系,应当独立评价,如果抢劫、盗窃、诈骗手机行为构成抢劫罪、盗窃罪、诈骗罪,后行为成立贷款诈骗罪,则需两罪并罚。

第四种观点认为,应当择一重罪处罚。主要理由为,前后行为系目的行为与手段行为的牵连,具有牵连关系,应择一重罪处断。具体而言,对非法获取手机的行为按行为性质认定,后续冒用他人名义向“借呗”“花呗”借款的行为构成贷款诈骗罪或者合同诈骗罪,从一重处。

笔者认为,如何定性,需要具体情况具体分析。第一,以冒用他人名义向“借呗”“花呗”申请借款为目的而抢劫、盗窃、诈骗他人手机的,因以他人名义向“借呗”“花呗”申请借款行为属于侵财行为,故全案应以非法获取手机的行为性质认定,即认定为抢劫罪、盗窃罪或者诈骗罪一罪。第二,如果的确是抢劫、盗窃、诈骗他人手机后,再行起意冒用他人名义向“借呗”“花呗”申请借款的,应当独立评价前后两个行为,即对非法获取手机的行为按行为性质认定,对后续向“借呗”“花呗”借款的行为以盗窃罪论处。如此,存在以抢劫罪或者诈骗罪与盗窃罪两罪并罚,或者以盗窃罪一罪处理的可能。

需要注意的是,对于抢劫他人手机,并当场要求他人说出登录密码、支付密码,并以其名义向“借呗”“花呗”申请借款的,此时,对抢劫手机行为当以抢劫论处。对于当场要求他人说出密码并从“借呗”“花呗”申请借款的行为,也应认定为抢劫罪,即全案以抢劫罪论处。主要理由为,第一,他人被迫说出密码,意味着行为人在获取密码后即可以向“借呗”“花呗”成功借款。第二,行为人逼迫他人说出密码后向“借呗”“花呗”获取钱款,对于行为人而言,就是在形式上已征得他人许可,以他人名义先从“借呗”“花呗”获取钱款,再将这些所有权已经归属他人的钱款占为己有,并要求他人向“借呗”“花呗”所在公司承担还款责任;对于他人而言,其说出了密码,意味着不仅知晓行为人将以其名义向“借呗”“花呗”借款,而且知晓行为人将非法占有其所借钱款。换言之,对于涉案钱款,虽系向“借呗”“花呗”所借,但行为人意欲劫取的是所有权转化为他人的钱款,而他人也知道以其名义所借的钱款最终将被行为人所劫取。此类案件与强行要求他人向银行借款,后将他人所借钱款非法占为己有的抢劫案件具有同质性。第三,如果将劫取手机行为评价为抢劫罪,而将强行要求他人说出密码并向“借呗”“花呗”借款行为评价为其他犯罪,则人为地割裂了属于一个整体的抢劫行为,也不符合社会公众一般认知。例如,胡某采用持刀威胁等方法向杨某索要钱款,逼迫杨某交出农业银行卡、工商银行卡各1张,并逼问取得相关密码后使用杨某手机进行“微粒贷”“借呗”贷款、信用卡取现,在获取8万余元后转入上述2张银行卡内占为己有。生效裁判认为,胡某以非法占有为目的,以胁迫方法劫取他人财物,其行为构成抢劫罪。

(三)偷换商家支付宝或者微信收款二维码,从而获取他人应该支付给商家的钱款的,如何定性

存在两种不同观点。第一种观点认为构成盗窃罪。主要理由为,基于处分意识而作出处分行为,是认定诈骗罪的关键。如果说被骗的是商家,行为人调换了二维码使其误以为这就是其本人的二维码,但其对调换二维码并不知情,基于“虚构事实、隐瞒真相”而陷入错误认识更无从谈起,故不符合认定诈骗罪对被害人应当具有处分意识的要求。商户经济受损正是因为行为人秘密调换了收款二维码,即在商户不知情的情况下将商户的营业收入秘密转入其控制的账户,符合盗窃罪的构成要件。对于顾客而言,经商家指示扫描二维码付款,至于该二维码是否系商家实际控制,并不在其审查义务范围内,其扫码支付只要按照商家的指示,就完成了其作为交易一方的付款义务,故顾客也不存在被骗问题。或者认为,虽然顾客对钱款是否实际支付给商家存在错误认识,但顾客并无处分商家钱款的权限,故排除诈骗罪。①

第二种观点认为构成诈骗罪。第一种论述理由是该行为属于三角诈骗,通过偷换二维码的手段虚构事实,既欺骗了商家,也欺骗了顾客,使商家和顾客都陷入错误认识,以为该二维码就是商家的收款二维码,顾客据此作出处分财物的行为,商家因此遭受财物损失。② 第二种论述理由是行为人的行为属于一般诈骗,其通过偷换二维码的手段虚构事实,既欺骗了商家,也欺骗了顾客,使商家和顾客都陷入错误认识,以为该二维码就是商家的收款二维码,商家据此作出了处分其对顾客所享有的债权的行为,即指示顾客扫二维码付款,并因此遭受了财产损失,故构成诈骗罪。③

笔者倾向于第一种观点,具体理由不再赘述。例如,倪某将事先准备的微信二维码偷贴于多处商家用于收取货款的微信二维码上,从而获取顾客通过微信扫描支付给商家的钱款,共计 5000 余元。生效裁判认为,倪某以非法占有为目的,秘密窃取他人财物,其行为构成盗窃罪。类似案件,如李某因经济拮据,竟借客户要求维修其 POS 机之机,将绑定妻子名下银行卡的"李鬼"POS 机邮寄给客户使用,结果其客户通过 POS 机收取一笔 9 万元的货款,在次日扣除手续费后,89,922 元就转入李某妻子的银行卡中,李某随后将该款项转出并用于个人消费。生效裁判认为,李某以非法占有为目的,盗窃他人财物,数额巨大,其行为构成盗

① 参见许浩:《偷换商家收款二维码的行为定性》,载《人民司法(案例)》2018 年第 35 期。该案例认为,偷换商家收款二维码,获取顾客意图支付给商家的钱款,作为被害人的商家确实因行为人的虚构事实行为产生了错误认识,但其受骗后指示顾客扫码付款的行为,缺乏将财物处分给行为人的意思,不能认定为诈骗罪中的处分行为,故该行为不构成诈骗罪,而应构成盗窃罪。

② 有观点认为,二维码案属于新类型的三角诈骗,受骗者基于认识错误处分了自己的财产(在传统类型的三角诈骗中,受骗者处分的是被害人的财产),使他人(被害人)遭受财产损失。参见张明楷:《刑法学(下)》(第 6 版),法律出版社 2021 年版,第 1316 页。

③ 参见许浩:《盗窃与诈骗交织类犯罪的定性问题研究》,载《法律适用》2019 年第 1 期。

窃罪。李某最初隐瞒真相调换被害人 POS 机的目的并不是骗取财物,且被害人对钱款将进入李某账户也完全不知情,不存在基于错误认识而产生的处分行为,故李某的行为不构成诈骗罪。

当然,使用支付宝或者微信收款二维码实施诈骗的,则应当以诈骗罪定罪处罚。例如,李某在互联网上以出售游戏道具等为由,要求被害人丁某扫描陈某等人制作的二维码,骗取丁某 12 万余元。李某、石某在互联网上以低价出售 Q 币为由,要求被害人任某扫描其提供的二维码,骗取任某 3.9 万余元。生效裁判认为,李某、石某等人以非法占有为目的,诈骗他人财物,数额巨大,其行为均构成诈骗罪。

第六章

职务侵占罪论

职务侵占罪是指公司、企业或者其他单位的人员，利用职务上的便利，将本单位财物非法占为己有，数额较大的行为。

一 职务侵占罪审查要点

实践中，主要审查三个方面：第一，犯罪主体是否属于公司、企业或者其他单位人员；第二，客观上是否利用职务上的便利；第三，是否将数额较大的单位财物非法占为己有。

（一）犯罪主体是否属于公司、企业或者其他单位人员

本罪属于非国家工作人员职务犯罪，犯罪主体为非国家工作人员即公司、企业或者其他单位人员，具体包括公司人员、企业人员和其他单位人员。一人公司的员工系公司人员，符合职务侵占罪的主体要件。国有公司、企业及国有控股、参股公司、企业中除国家工作人员以外的人员，以及其他公司、企业的工作人员，均属于公司、企业人员。如根据2001年《最高人民法院关于在国有资本控股、参股的股份有限公司中从事管理工作的人员利用职务便利非法占有本公司财物如何定罪问题的批复》的规定，在国有资本控股、参股的股份有限公司中从事管理

工作的人员，除受国家机关、国有公司、企业、事业单位委派从事公务的以外，不属于国家工作人员；对其利用职务上的便利，将本单位财物非法占为己有，数额较大的，应当以职务侵占罪论处，即国有控股、参股公司、企业中除国家工作人员以外的人员均属于公司、企业人员。

1.“其他单位人员”的认定

其他单位人员，即公司、企业以外的其他单位的人员。关于“其他单位”的范畴，2008 年《最高人民法院、最高人民检察院关于办理商业贿赂刑事案件适用法律若干问题的意见》第二条作了规定，“其他单位”既包括事业单位、社会团体、村民委员会、居民委员会、村民小组①等常设性的组织，也包括为组织体育赛事、文艺演出或者其他正当活动而成立的组委会、筹委会、工程承包队等非常设性的组织。也就是说，上述常设性组织和非常设性组织中的工作人员，都属于其他单位人员。

实践中，对于国家机关、事业单位、人民团体中从事劳务的人员，也应当认定为“其他单位的人员”，利用职务上的便利将本单位财物非法占为已有，属于职务侵占。

第一，虽未登记注册但正在筹建的公司属于“其他单位”。此类“公司”显然还不能以公司论处，但其类似于《最高人民法院、最高人民检察院关于办理商业贿赂刑事案件适用法律若干问题的意见》规定的组委会、筹委会、工程承包队等非常设性组织，也应属于“其他单位”，筹建公司的人员属于其他单位人员。另根据 2000 年《最高人民检察院关于挪用尚未注册成立公司资金的行为适用法律问题的批复》的规定，筹建公司的工作人员挪用尚未注册成立的公司资金的行为，属于挪用资金行为。同理，筹建公司的人员利用职务上的便利，将尚未注册成立的公司资金非法占为己有，数额较大的，应当以职务侵占罪论处。

第二，个人独资企业属于“其他单位”。2011 年《最高人民法院研究室关于个人独资企业员工能否成为职务侵占罪主体问题的复函》规定：《刑法》第二百七十一

① 1999 年《最高人民法院关于村民小组组长利用职务便利非法占有公共财物行为如何定性问题的批复》规定，对村民小组组长利用职务上的便利，将村民小组集体财产非法占为己有，数额较大的行为，以职务侵占罪定罪处罚。即将村民小组认定为常设性组织，属于“其他单位”，村民小组组长则属于其他单位人员。

条第一款规定中的“单位”,包括“个人独资企业”。主要理由是:《刑法》第三十条规定的单位犯罪的“单位”与《刑法》第二百七十一条职务侵占罪的单位概念不尽一致,前者是指作为犯罪主体应当追究刑事责任的“单位”,后者是指财产被侵害需要《刑法》保护的“单位”,责任追究针对的是该“单位”中的个人。有关司法解释之所以规定,不具有法人资格的独资企业不能成为单位犯罪的主体,主要是考虑:此类企业无独立财产,个人与企业行为的界限难以区分;不具备独立承担刑事责任的能力。《刑法》第二百七十一条第一款立法的目的基于保护单位财产,惩处单位内工作人员利用职务上的便利,侵占单位财产的行为,因此该款规定的“单位”应当也包括个人独资企业。故此,个人独资企业员工可以成为职务侵占罪的犯罪主体。

第三,小区业主委员会属于“其他单位”。小区业主委员会显然不是公司也不是企业,能否认定为“其他单位”,直接关系业主委员会工作人员将业主委员会资金非法占为己有的行为能否构成职务侵占罪。笔者认为,已经登记注册并取得组织机构代码证的小区业主委员会,类似于村民小组,属于“其他单位”,业主委员会工作人员属于其他单位人员,可以成为职务侵占罪的犯罪主体。业主委员会具有属于自己的财产,名下银行账户内的资金属于全体业主共有,应当认定为业主委员会“本单位资金”。业主委员会工作人员利用职务上的便利,将业主委员会资金非法占为己有,数额较大的,应当以职务侵占罪论处。

第四,个体工商户不属于公司、企业或者其他单位。由于个体工商户是实质的个人,既不是公司、企业,也不属于其他单位,故个体工商户的雇员不能成为职务侵占罪的犯罪主体。如个体工商户雇员将代为看管的财物占为己有,拒不退还,数额较大的,侵犯了个体工商户的财产所有权,构成侵占罪。①

2. 合同工、临时工、劳务派遣人员等非在编人员均属于公司、企业或者其他单位人员

聘用的合同工、临时工虽然不属于在编人员,但其与在编人员一样,与所在

① 参见曾超杰:《张建忠侵占案》,载最高人民法院刑事审判第一庭、第二庭编:《刑事审判参考》总第40集,法律出版社2005年版。

单位具有劳动合同关系，都属于在公司、企业或者其他单位工作的职员，均应认定为公司、企业或者其他单位人员。根据劳务派遣协议及相关规定，虽然劳务派遣人员不属于用工单位员工即在编人员，但其与用工单位员工一样，都属于用工单位的工作人员。因此，被派遣至公司、企业或者其他单位工作的劳务派遣人员，也属于公司、企业或者其他单位人员，[①]符合职务侵占罪的主体要件。综上，公司、企业或者其他单位人员既包括在编人员，也包括合同工、临时工、劳务派遣人员等非在编人员。

此外，对于用工合同到期后还未与公司、企业或者其他单位续签合同，继续在原岗位工作，主管、管理或者经手单位财物的，因其实际上还在原单位工作，具有职务上的便利，故其仍属于公司、企业或者其他单位人员，符合职务侵占罪的主体要件。[②]

需要注意的是，公司、企业或者其他单位的实习生、兼职人员，在一定时期内实际履行着单位职责，甚至承担着与单位正式职工相同的工作任务，同样应当认定为公司、企业或者其他单位人员。[③]

3. 公司股东属于公司人员

公司股东无疑属于公司的人员，故公司股东符合职务侵占罪的主体要件。对于公司股东利用职务上的便利将公司财产占为己有的行为，不仅损害了其他股东的利益，而且对公司的偿债能力是一种破坏，即可能侵犯公司债权人的利益，数额较大的，应当以职务侵占罪论处。

需要注意的是，一人公司[④]股东也属于公司人员，形式上符合职务侵占罪的

---

① 参见罗开卷：《劳务派遣人员职务犯罪主体身份辨析》，载《法律适用》2019 年第 17 期。

② 参见张亚静、沈莉波：《刘宏职务侵占案》，载最高人民法院刑事审判第一、二、三、四、五庭主办：《刑事审判参考》总第 65 集，法律出版社 2009 年版。

③ 参见黄祥青：《刑法适用要点解析》，人民法院出版社 2011 年版，第 276 页。

④ 根据《公司法》第五十七条的规定，一人公司是指只有一个自然人股东或者一个法人股东的有限责任公司。从学理上，可将一人公司划分为形式意义上的一人公司和实质意义上的一人公司。形式意义上的一人公司，是指设立时只有一个股东，或者设立时有两个以上股东，但在存续过程中由于出资和股权转让、继承、赠予等原因导致仅剩一个股东的公司。而实质意义上的一人公司，则是指公司有两个以上的股东但实质只有一个真正股东，其余股东或是未实际出资却持有股权的挂名股东，或者因股权转让而未进行工商变更登记等。

主体要件。但一人公司只有一个股东,其利用职务上的便利将公司财产占为己有的,是否会侵害公司的财物所有权,是否会侵害他人财产或者说是否会给他人造成财产损失,即对其能否以职务侵占罪论处?有观点认为,职务侵占罪所保护的是本单位的财产,而没有将其他单位或者个人财产作为保护对象;一人公司股东将公司财产据为己有,从实质上看,其行为没有侵害他人财产,没有给他人(包括其他单位)造成财产损失,故不宜认定为职务侵占罪。倘若通过将公司财产据为己有的方式逃避债务等,则只能以其他犯罪(如诈骗罪等)论处。[①] 但实践中也有观点认为,公司有其独立的财产、人格,一人公司亦不例外。故无论是形式意义上的一人公司还是实质意义上的一人公司,公司的一切财产都属于公司本身而不属于股东一人。一人公司的唯一股东,利用职务上的便利将公司财产占为己有的行为,同样侵害了公司及债权人的利益,数额较大的,仍然可构成职务侵占罪。例如,丰某系一人公司股东,其利用对公司经营管理的实际控制权,以还款、付租金、备用金、设计费及工资等为由,自制报销凭证,将公司资金1000余万元转入其个人名下的银行账户,用于个人消费及为家人购房等。公诉机关指控丰某的行为构成职务侵占罪。丰某辩称其系公司的唯一出资人、实际控制人和实际负责人,有权处置公司财产,其控制公司财产的行为不符合职务侵占罪构成要件。生效裁判认为,丰某身为公司的实际控制人,利用经营管理公司的职务便利,非法占有公司资金1000余万元,其行为侵犯了公司独立的财产权,降低了公司承担债务的能力,损害了公司债权人的利益,具有社会危害性,构成职务侵占罪。

笔者认为,根据《公司法》第三条的规定,公司是企业法人,有独立的法人财产,享有法人财产权,公司以其全部财产对公司的债务承担责任,即公司一经成立便确立公司独立的法人主体资格,且拥有其独立支配的、独立于股东的财产,也就是公司的一切财产都属于公司本身而不属于股东个人。职务侵占罪的客体

---

① 参见张明楷:《刑法学(下)》(第6版),法律出版社2021年版,第1337页。

为公司、企业或者其他单位的财物所有权[①]，一人公司股东利用职务上的便利将公司财产占为己有，数额较大的，无疑侵害了公司的财物所有权，形式上符合职务侵占罪的构成要件。但是，典型的职务侵占案件，无论是公司、企业或者其他单位人员利用职务上的便利将本单位财物占为己有，还是公司其他股东利用职务上的便利将本单位财物占为己有，都会侵害单位的财物所有权，也会给他人（包括单位）造成财产损失，社会危害性严重的，当以职务侵占罪论处。而在一人公司中，唯一股东侵害公司的财物所有权，实质上就是侵害其自身的利益，不存在侵害其他股东财产的问题，此时社会危害性较轻，无须以犯罪论处。例外的是，如果公司对外负有债务，股东侵占公司财产的行为足以影响债务清偿，则其职务侵占行为将损害债权人的利益，此时其侵害公司财物所有权的行为具有较大的社会危害性，存在以职务侵占罪论处的必要。

当然，与一人公司不同，个人独资企业系由一个自然人投资，财产为投资人个人所有，投资人以其个人财产对企业债务承担无限责任的经营实体，故个人独资企业投资人利用职务上的便利将企业财产占为己有，实质上就是将自己的财产占为己有，且因投资人对企业债务承担无限责任，不存在逃避债务问题，对其“职务侵占”行为显然不能以犯罪论处。如此，个人独资企业投资人不能成为职务侵占罪的犯罪主体。

（二）客观上是否利用职务上的便利

职务侵占罪属于典型的职务犯罪，若公司、企业或者其他单位人员无职务上的便利，则单独不能构成本罪。

“职务”是对职位的称呼，是指“职位规定应当担任的工作”[②]，“是一项由单位分配给行为人持续地、反复地从事的工作”[③]，“既包括在一定单位中担任管理

---

① 参见高铭暄、马克昌主编：《刑法学》（第 10 版），北京大学出版社、高等教育出版社 2022 年版，第 517 页。

② 《现代汉语词典》，商务印书馆 2002 年版，第 1626 页。

③ 刘明祥：《财产罪比较研究》，中国政法大学出版社 2001 年版，第 370 页。

职责,也包括从事具体的业务活动"①。当然,不能将职务与职权画等号。"职权"是指"职务范围以内的权力"②,含义相对狭窄一些,与担负单位管理职责相关。持续、反复地而非临时性地在某一工作岗位上工作、履行职务,就可能产生职务上的某些便利。

"职务上的便利"直接基于行为人的工作职责而产生。有的基于管理职责,如公司的董事、经理、仓库保管员等,产生主管、管理本单位财物的便利。有的基于从事具体的业务活动包括劳务活动,如公司业务员、超市收银员、单位搬运工等,产生经手本单位财物的便利。故本罪中的"职务上的便利",是指行为人在公司、企业或者其他单位所具有的一定职务,并因这种职务所产生的主管、管理或者经手本单位财物的便利。所谓主管,一般是指对单位财物有调拨、安排、使用、决定的权力。所谓管理,是指具有决定、办理、处置某一事务的权力并由此权力而对人事、财物产生制约和影响。所谓经手,是指因工作需要在一定时间内控制单位的财物,包括因工作需要合法持有单位财物的便利,而不包括因工作关系熟悉作案环境、容易接近单位财物等方便条件。

1. 对所侵占财物无独立管理权,单独利用共同管理权非法占有本单位财物的应当认定为"利用职务上的便利"

实践中,主管、管理、经手单位财物的通常不是一人,出于相互制约、相互监督的需要,单位财物的支配权、处置权及管理权往往由两人或两人以上共同行使。对于由两人或两人以上共同管理本单位财物的情形,行为人虽无独立的管理权,但其权限仍及于职责范围的全部,相关权能以及因该权能所产生的便利不因有其他共同管理人而受到影响,即其对本单位财物具有职务上的便利,其单独利用职务上的便利将该财物非法占为己有的,不影响其"利用职务上的便利"的认定,其行为属于职务侵占。例如,二人共同保管公司仓库,其中一人趁另一人不在,进入仓库,将公司数额较大的相关财物运离,非法占为己有。此案中,公司人员利用保管仓库财物的职务便利,将本单位数额较大的财物非法占为己有,其

① 黄祥青:《刑法适用要点解析》,人民法院出版社 2011 年版,第 314 ~ 315 页。

② 《现代汉语词典》,商务印书馆 2002 年版,第 1626 页。

行为构成职务侵占罪。①

2. 是否具有职务上的便利，关键看职责而非看身份

公司、企业或者其他单位人员，无论是在编人员还是非在编人员如合同工、临时工、劳务派遣人员等，其是否具有职务上的便利，参照国家工作人员认定思路，关键看职责而非看身份②，即认定其是否具有职务上的便利，不能以其为在编人员还是非在编人员为划分标准，而应当结合其所在的岗位和所担负的工作看其有无主管、管理或者经手单位财物的职责。

单位正式职工作案，如果没有利用职务上的便利，当然不符合职务侵占罪的构成要件。但是，即使是单位临时工，如果有职务上的便利，并且利用该职务上的便利非法占有单位财物，数额较大的，应当认定为职务侵占罪。例如，单位招聘的搬运工，虽其职务是从事搬运的劳务工作，但其在搬运货物过程中对相关货物具有一定的管理权和经手权，其利用当班管理、经手这些财物的职务之便，将本单位财物（包括单位管理、使用、运输中的其他单位财产和私人财产）非法占为己有，数额较大的，以职务侵占罪定罪处罚。③

需要注意的是，刑法注重实质判断。对于名义职务与实际职务不一致的，只要行为人具有并利用其特定的职务将本单位财物非法占为己有，无论其职务是如何获得，也不论其是否应当具有这种职务，均不影响其行为可以构成职务侵占罪。事实上，2004 年《最高人民法院研究室关于对行为人通过伪造国家机关公文、证件担任国家工作人员职务并利用职务上的便利侵占本单位财物、收受贿赂、挪用本单位资金等行为如何适用法律问题的答复》，即“行为人通过伪造国家机关公文、证件担任国家工作人员职务以后，又利用职务上的便利实施侵占本单

① 参见张亚静、沈莉波：《刘宏职务侵占案》，载最高人民法院刑事审判第一、二、三、四、五庭主办：《刑事审判参考》总第 65 集，法律出版社 2009 年版。

② 参见罗开卷：《刑法中国家工作人员认定的“三步骤”及其展开》，载《刑法论丛》2020 年第 3 卷。

③ 参见马守锋：《贺豫松职务侵占案》，载最高人民法院刑事审判第一、二、三、四、五庭主办：《刑事审判参考》总第 57 集，法律出版社 2007 年版。相关案例还可参见黄喜安：《临时装卸工窃取托运物品应定职务侵占罪》，载《人民司法（案例）》2007 年第 8 期。该案例认为，认定行为人是否具有职务上的便利，不能以其是正式职工、合同工还是临时工为划分标准，而应当从其所在的岗位和所担负的工作上看其有无管理或者经手单位财物的职责。临时工利用在本单位中从事劳务活动而合法持有、保管、使用、支配单位财产的便利，非法占有本单位财物的，应以职务侵占罪定罪处罚。

位财物、收受贿赂、挪用本单位资金等行为,构成犯罪的,应当分别以伪造国家机关公文、证件罪和相应的贪污罪、受贿罪、挪用公款罪等追究刑事责任,实行数罪并罚”,对以欺骗手段获得国家工作人员身份,并利用职务上的便利实施职务犯罪的人员认定为国家工作人员,亦体现了对职务的判断注重实质的精神。

3.“利用职务上的便利”包括利用与本人职务上有隶属关系的其他人员的职务便利

一般而言,“利用职务上的便利”是利用本人职务上的便利,但也不排除利用与本人职务上有隶属关系的其他人员的职务便利。因其他人员的职务隶属本人,则本人对其他人员具有领导、管理和监督职权,故利用职务上有隶属关系的其他人员的职务便利,实质上就是利用本人的职权。

(三)是否将数额较大的本单位财物非法占为己有

1.“本单位财物”的认定

首先,本单位财物在所有制性质上包括国有财产、集体财产和其他非公有财产。一般情况下,公司、企业或者其他单位的财物为集体财产和其他非公财产。当然,在有些情况下,国有财产亦可成为职务侵占罪中的“本单位财物”。如国有单位中从事劳务的人员,利用职务上的便利将本单位财物非法占为己有,属于职务侵占,侵占对象是国有财产。国有控股、参股公司、企业中除国家工作人员以外的人员,利用职务上的便利将本单位财物非法占为己有的,也属于职务侵占,侵占对象包含国有财产份额。

其次,本单位财物在对象上包括本单位所有的财物以及本单位管理、使用和运输中的他人财物。本单位所有的财物,既包括已经在本单位占有、管理之下的财物,也包括本单位尚未占有、支配但属于本单位所有的财物,如债券、应收账款等。根据《刑法》第九十一条的规定,在国家机关、国有公司、企业、集体企业和人民团体管理、使用或者运输中的私人财产,以公共财产论。同理,依照法律规定或者合同约定,在本单位管理、使用或者运输中的非单位所有的他人财物,也应当以本单位财物论。因为本单位需对他人财物的灭失、短缺和毁损,依法承担民事赔偿责任。如果公司、企业或者其他单位人员非法占有了这些财物,行为人所在单位将依法向他人承担民事赔偿责任,实质上侵犯了本单位的财产所有权。例如,公司仓库保管员,利用管理仓库的职务之便,将仓库内部分货物予以变卖,非法占为己有,数额较大。后查实,被变卖的货物并非公司所有,而是公司代为保管的他人财物。对于本案,公司管理中的他人财物应视为公司财物,故仓库保管员利用职务上的便利将公司代为保管的他人财物非法占为己有的行为,构成职务侵占罪。

最后,本单位财物在表现形式上包括现实财产和虚拟财产。虚拟财产具有财产属性,单位所有的虚拟财产属于单位财物,受法律保护。例如,网络公司副经理,利用职务上的便利,盗卖公司所有的游戏"武器、装备",非法获利200余万元。本案中,盗卖公司所有的游戏"武器、装备",侵害了公司的财产权益,与侵害公司的现实财产没有本质区别,故利用职务上的便利盗卖单位游戏"武器、装备"的行为,构成职务侵占罪。[①] 对于职务侵占虚拟财产如何认定犯罪数额,前文盗窃罪部分对此作了论述,即不宜简单地以厂商定价计算,而要在坚持填平原则的基础上,以被害单位的实际损失认定犯罪数额,具体根据虚拟财产的价值体现形式、损失形态等认定。

例如,沈某职务侵占案。欢乐互娱公司主营电子游戏的开发、发行、运营,与"360wan""4399"等多家游戏平台合作运营该公司自行开发的电子游戏"街机三国"。"街机三国"游戏玩家以出资充值游戏账户的方式从欢乐互娱公司购买游戏币"元宝",用于提升游戏装备、游戏人物属性等。沈某入职欢乐互娱公司,从事游戏运营策划工作,其在欢乐互娱公司任职期间,利用游戏运营管理权限,未经授权擅自修改后台数据,为游戏玩家李某、姬某等人的游戏账户添加游戏币"元宝",并从李某、姬某等人处获取钱款157,100元。对于此案,公诉机关指控沈某犯破坏计算机信息系统罪,一审法院认定沈某的行为构成非法获取计算机信息系统数据罪。二审法院则认为,沈某进入游戏后台管理系统无须上级审批,

① 参见张海棠主编:《上海法院30年经典案例(1978—2008)》(下卷),上海人民出版社2009年版,第1494~1496页。

未对计算机信息系统实施侵入，其行为不构成非法获取计算机信息系统数据罪。沈某系转移数据而非破坏数据，且其修改数据的行为未影响数据的正常运行，不构成破坏计算机信息系统罪。涉案游戏币“元宝”通常需玩家通过充值获取，玩家可对个人游戏账户中的“元宝”进行排他、独立的占有，同时可在相对稳定的交易市场进行交换，故“元宝”具有了《刑法》中财物的典型特征，可以成为财产犯罪的对象。沈某实施的是利用其在公司负责充值返利等职务上的便利，使用公司配发的管理账号登录“街机三国”游戏系统并违规向玩家账户添加游戏币“元宝”，非法收取玩家费用的行为。该行为的违法性主要不在于造成的数据变化，或破坏相关数据，而在于其在修改数据过程中未要求相关玩家向游戏公司支付合理对价，其行为主要侵害了游戏公司对数据的控制及其代表的财产权，因此以职务侵占罪定性更为妥当。游戏公司通过正常渠道销售游戏币，涉案玩家是否充值、充值多少金额均不确定，如果根据游戏币的市场定价认定犯罪数额为 180 万元并责令退赔，会造成对游戏公司的不确定利益进行超额保护，使之因犯罪行为而获利，并不妥当。本案中的实际销赃价格 15 万余元可大体反映沈某与游戏玩家的合意价格，以及游戏厂商通过实际经营可从该类玩家处获取的价格，以此为依据，结合沈某长达半年向多人违规发放游戏币等情节，综合认定其职务侵占数额较大。[①]

2.“非法占为己有”的认定

即以非法占有为目的，利用职务上的便利，一般采用侵吞、窃取、骗取等非法手段将本单位财物非法占为己有。对于“占为己有”，不可片面地理解为由本人非法占有，也包含行为人以非法占有为目的，利用其职务上的便利将本单位财物交由他人非法占有的情形。

非法占为己有，以控制涉案财物为既遂。行为人一旦控制，所在单位即失控。例如，职务侵占 100 万元，被单位发现后因被约谈退出 20 万元，尚有 80 万元没有退出，于是单位报案案发。本案中，虽然案发前退出 20 万元，但这是犯罪既

① 参见于书生、吴亚安：《非法获取游戏币等虚拟物品的司法认定》，载最高人民法院中国应用法学研究所编：《人民法院案例选》总第 172 辑，人民法院出版社 2022 年版。

遂后的表现，故本案的犯罪数额应为 100 万元而非 80 万元。

此外，职务侵占罪为数额犯，即公司、企业或者其他单位的人员，利用职务上的便利，将本单位财物非法占为已有，数额较大的方构成犯罪。根据 2016 年《最高人民法院、最高人民检察院关于办理贪污贿赂刑事案件适用法律若干问题的解释》第十一条的规定，6 万元以上为“数额较大”。[①]

二　职务侵占罪与经济纠纷的界限

在一些职务侵占案件中，行为人提出其与单位之间存在经济纠纷，其占有单位财物的行为并非职务侵占。在一些股东职务侵占案件中，行为人提出公司账目不明、分配不公、股东间有约定等，其所占有的财物系应得利润，其行为不属于职务侵占。对此，需要重点查明行为人是否具有非法占有目的。如无非法占有目的，不以职务侵占罪论处，而应通过民事途径解决行为人与单位之间存在的经济纠纷。

（一）是否具有非法占有目的之审查判断

实践中，可以综合以下四个方面推定行为人是否具有非法占有目的。第一，行为人与所在单位之间是否存在经济纠纷。该纠纷应该客观存在，且相关诉求具有一定的正当理由，而不是无理纠缠。如果行为人与所在单位之间确实存在经济纠纷，其占有单位财物也是为了解决该纠纷，则不能简单认定其具有非法占有单位财物的目的。第二，行为人占有单位财物后对涉案财物的保管与处置方式。一般而言，如果占有单位财物是为了解决其与单位之间的经济纠纷，则其会

① 值得注意的是，2022 年修订的《最高人民检察院、公安部关于公安机关管辖的刑事案件立案追诉标准的规定（二）》第七十六条规定，公司、企业或者其他单位的人员，利用职务上的便利，将本单位财物非法占为已有，数额在 3 万元以上的，应予立案追诉，即新修订的立案追诉标准低于司法解释规定的入罪标准。对此，在司法解释未作修订前，职务侵占罪的定罪量刑标准仍然应适用司法解释的相关规定。

对涉案财物予以妥善保管和正常处置。如果存在将涉案财物予以隐匿或者任意处置等不正常行为，则其可能是以经济纠纷之名行非法占有单位财物之实，需要进一步审查。第三，行为人占有单位财物后的态度。正常情况下，行为人占有单位财物后会通过一定方式让单位知晓，或者在单位追问下予以认可，而不是搪塞，并不再向单位主张相关诉求，即已经“两抵”。如果占有单位财物后既不通过一定方式让单位知晓，在单位追问下也不予认可，甚至有意搪塞，说明其并非要与单位“两抵”，而是存在非法占有单位财物的可能。第四，行为人占有的单位财物价值与其对单位的经济诉求是否大致相当。一般而言，只有相当或者大致相当，才可以“两抵”。明显不成比例的，就应看其是否及时将多余部分返还单位；未及时返还的，则应看其是否存在未能及时返还的正当事由。既未及时返还，也不存在未能及时返还的正当事由，甚至还将涉案财物予以隐匿或者任意处置的，则至少说明其对于多余部分存在非法占有的可能。

例如，公司驾驶员，因讨要工资遭公司负责人殴打而将其运输的公司货物出售变现作为抵扣，其行为符合职务侵占罪的客观要件，但是否构成职务侵占罪，关键应看其是否具有非法占有公司财物的主观目的。该案中，驾驶员与其所在公司之间存在劳资纠纷，其出售货物的变现款小于其向公司主张的钱款数额，且其妥善保管变现款并寻求公力救济解决欠薪纠纷，虽其客观上实施了暂时占有本公司财物的行为，但这种暂时占有并不以非法占为己有为目的，故其行为不构成职务侵占罪。

（二）股东职务侵占案件中对无罪意见的审查判断

针对股东的无罪辩解意见，重点应结合公司章程、财务管理、出资情况、利润分配、股东间约定等，查明涉案股东是否具有非法占有公司财物的目的，以认定其占有公司财物的行为是分取公司利润、解决股东间的经济纠纷，还是构成职务侵占罪。

例如，范某以其母亲名义与邱某共同投资设立一公司，各占50%股份。范某负责公司的日常管理、财务管理，兼任出纳以及部分矿棉出口业务。第二年年初,因业务需要,以范某名义在英属维尔京群岛注册成立 EAI 公司,并在渣打银行(香港)以范某个人名义开设离岸账户,用于结算公司与海外客户的货款。后范某利用掌控该离岸账户的便利条件,将账户内 46 万余美元先后转入其本人及亲友个人账户。范某还利用其负责公司财务管理的便利条件,使用虚开运输费发票等手段,以支票形式从公司提取资金共计 87 万余元,并通过其朋友设立的公司账户套现;利用其分管公司财务报销的便利条件,将其个人及亲属的消费发票列入公司的经营费用中,共计报销 13 万余元。该案中,范某提出其与另一股东邱某之间存在各自业务各自获利的口头约定,且其所做的内账中将各自业务分开列支,取走的均是应得利润,故其行为不构成职务侵占罪。显然,本案的争议焦点在于,范某将公司财产转入其私人名下的行为是否构成职务侵占罪。具体从以下四个方面进行分析:第一,范某与另一股东邱某之间是否存在关于利润分配的相关约定。经查,公司存在两份账册,其中一份系对外账册,另一份系由范某本人制作的“内账”。综合公司员工及历任财务的证言,不能证实股东间存在业务各做各的关系,且在公司对外账册中也未体现出该约定;而范某本人制作的“内账”并未得到另一股东邱某的确认,也未附有任何单据,更无其他证据予以佐证,故对该“内账”的真实性难以认定。即便“内账”存在分开列支两名股东各自的业务情况,亦无法反映出双方之间存在关于利润分配的约定。第二,范某是否具有职务上的便利。范某负责公司日常经营管理、账务管理,并兼任出纳,公司所有的资金往来均由范某本人操作,故其具有职务上的便利。第三,范某的行为是否构成对公司财产的侵占。范某与另一股东邱某均以公司名义对外开展业务,所得利润均应归属公司。范某作为公司股东,依法对公司利润享有相应权利,若公司另一股东邱某未按约分红,其应得的股东权益完全可以通过民事途径予以实现,而范某在未得到公司另一股东邱某同意且在其不知情的情况下,私自以各种非法手段将公司财产占为己有,其行为系侵占公司财产,既侵害了公司另一股东的利益,也降低了公司对外偿债的能力。第四,范某是否具有非法占有目的。结合前面几个方面,再根据范某将公司货款转入其本人及亲友账户,使用虚开发票等手段提取公司资金,报销个人及亲友消费发票等行为,足以认定其具有非法占有公司财物的主观故意。综上所述，范某虽系公司股东，但其在未经公司另一股东邱某同意的情况下，利用分管财务的职务便利，将公司财物420万余元非法占为己有，其行为构成职务侵占罪。

三 利用职务身份骗取财物的定性

公司、企业或者其他单位人员，在工作中虚构事实、隐瞒真相，骗取他人(包括单位)财物的，本身符合诈骗类犯罪的构成要件。但行为人之所以能够骗取他人财物，往往是因为利用了职务身份，如有的是滥用职务，有的是利用工作人员的身份，故而认为该行为又属于职务侵占犯罪，真正的被害人是行为人所在单位，即所在单位需对被骗者承担民事赔偿责任。此外，相较于诈骗类犯罪(主要是诈骗罪和合同诈骗罪)，职务侵占罪的定罪量刑标准相对要高，故行为人往往会提出以轻罪即职务侵占罪论处。

笔者认为，对于利用职务身份骗取他人财物的行为，能否以轻罪即职务侵占罪论处，应当紧扣职务侵占罪的构成要件，重点把握以下两个方面。

(一)是否利用了职务上的便利

第一，具有职务上的便利，而且利用了职务上的便利，虽然一般是滥用职务，如以各种名义多收取钱款等，但如果成立表见代理，则该行为对本单位有法律效力，具有职务性。相反，如果不成立表见代理，且事后未得到单位追认，则该行为对本单位无法律效力，当然就否定其职务性。

*例如，煤气公司业务员，冒用公司名义以低于市场价格与纸箱厂签订瓶装液化石油气买卖协议，收取纸箱厂预付款后出具收据，而后将货款截留自用，其行为是否构成职务侵占罪？*该案中，业务员为了使纸箱厂与其签订合同，消除关于定价过低的疑惑，故意欺骗纸箱厂，称其公司卖出的液化气来源于走私，故低于市场价格，可见纸箱厂在签订此合同时，系基于对方告知所卖产品系走私而故意

购买,其主观上存在谋取不正当利益、损害国家利益的恶意,不属于善意相对人。业务员冒用其所在公司名义与纸箱厂签订的液化石油气买卖协议不成立表见代理,且事后煤气公司也没有对该协议的效力进行追认,故其与纸箱厂所签协议的效力不及于煤气公司。相应地,其收取纸箱厂的合同款不属于煤气公司所有,故其侵占该款项的行为没有侵害到其所在单位煤气公司的利益,而侵害的是纸箱厂的财产利益,其行为不构成职务侵占罪。但其明知没有履行合同的能力,以非法占有为目的,以先履行部分合同的方法欺骗纸箱厂,制造自己有能力履行的假象,不断诱骗纸箱厂继续签订合同支付预付款,收取纸箱厂预付款 155 万余元,最终给纸箱厂造成 47 万余元损失,其行为构成合同诈骗罪。[①]

第二,并未利用职务上的便利,而是利用工作上的便利,即利用身份骗取他人钱款的,即使成立表见代理,因该行为与职务无关而不具有职务性,不符合职务侵占罪的构成要件;符合诈骗类犯罪构成要件的,以诈骗类犯罪论处。

例如,售房公司人员,本不具有决定房屋售价及收受房屋销售款的职务便利,但其利用在工作过程中可以接触公司印章和接待客户的工作便利,未经公司许可,擅自调低房屋售价,与客户签订房屋销售合同,虚构其他业主因故退房急需退款以及公司要求将钱款付至该退房业主个人账户的事实,并伪造付款指令单、收款确认书,加盖公司销售专用章,骗取客户的信任,使客户将购房首付款中的 90 万元划入其控制的账户内。嗣后,其将上述钱款用于买车、购买奢侈品等花用殆尽。对于该案,行为人系利用工作上的便利,以非法占有为目的,虚构事实、隐瞒真相,骗取他人财物,其行为不构成职务侵占罪,而构成诈骗罪。

需要说明的是,公司、企业或者其他单位人员利用职务身份骗取他人财物的行为,是否成立表见代理,仅涉及民事责任如何承担的问题,并不能决定行为的性质。如成立表见代理,行为人所在单位可能承担相应的民事责任,但并不意味着该行为就构成职务侵占罪、所在单位就是被害单位。因为成立表见代理,行为人可能是利用了职务上的便利,也可能是利用了工作上的便利。显然,如果并未

① 参见华伟、凌蔚:《谭某合同诈骗案》,载最高人民法院刑事审判第一、二、三、四、五庭主办:《刑事审判参考》总第 70 集,法律出版社 2010 年版。

利用职务上的便利,谈何职务侵占罪呢?此外,也不能因为案发后行为人所在单位向被骗人(被骗单位)承担了民事责任,就认为其所在单位就是被害单位、其行为构成职务侵占罪。因为单位承担民事责任的原因,主要基于管理上的责任。

(二)是否将本应属于单位的财物非法占为己有

如果行为人利用职务上的便利骗取了他人财物,对其行为能否以职务侵占罪论处,还应判断其所骗取的钱款是否应该归属单位。也就是说,如果应该归属单位,则是将单位财物非法占为己有,属于职务侵占。如果不应该归属单位,则其并非将本单位财物非法占为己有,其行为并未给单位造成财产损失,显然不符合职务侵占罪的构成要件。

例如,银行客户经理,在开展授信贷款业务中,利用签订贷款合同的职务便利,虚构融资利率有部分需以财务顾问费名义支付至银行指定的第三方财务顾问公司的事实,向借款方收取额外利润,并非法占为己有,共计400余万元。公诉机关指控,行为人利用职务上的便利,将本归属银行的贷款利息收入非法占为己有,其行为构成职务侵占罪。生效裁判认为,银行按协议发放贷款并按协议收取贷款利息和相应手续费,借款方也按约支付利息和按期还款,即银行利益并未受损,不应该再以顾问费等名义向借款方收取额外利润。也就是说,行为人向借款方收取的额外利润400余万元不归属于银行,其非法占有行为并未给银行造成财产损失,故其行为不构成职务侵占罪。但其以非法占有为目的,在签订借款合同中,虚构融资利率有部分需以财务顾问费名义支付至银行指定的第三方财务顾问公司的事实,骗取借款方钱财,其行为构成合同诈骗罪。

再如,房地产公司项目售楼部销售经理,明知公司并未决定对外销售项目二期商铺,为骗取他人财物,对来项目部咨询的人员虚构商铺即将对外销售的事实,要求被害人将订购商铺的款项汇入其个人银行账户。其还利用其保管的购房合同、房屋销售专用章、副总经理印章与被害人签订房屋买卖合同,共计骗取1000余万元,用于赌博及个人消费。该案中,行为人仅为销售经理,负责销售登记和销售合同的签订与审查核对等工作,并无管理、经手客户认购款的相关职务,即其骗取钱款的行为并未利用职务上的便利,而是利用工作上的便利即职务身份,故对不具有职务性而骗取的钱款不归属所在单位,事实上也未进入单位账户,而是由被害人直接汇至其个人银行账户,即其并未将本单位财物非法占为己有,其行为不符合职务侵占罪的构成要件。其以非法占有为目的,利用职务身份,采用虚构事实、隐瞒真相、一铺多卖等手段,使被害人基于错误认识而处分自己的财产,导致财产损失。之后,其将所得钱款用于赌博及个人消费,为防止犯罪事实被发现,又采取私刻单位公章签订虚假租赁合同等手段,继续欺瞒被害人直至案发,其行为符合诈骗罪的构成要件。①

需要注意的是,行为人并非骗取他人财物,而是利用职务上的便利,在获取他人财物后采取不入账等手段,将本应归属单位的财物非法占为己有,应以职务侵占罪论处。例如,公司副总经理,负责原材料供应,本来只需向业务单位购进3吨货物,却先后从业务单位购进38吨货物。其收到货物后,采用收货不入账的隐蔽手段,擅自处置其中35吨货物,并将所得的44万余元货款占为己有。该案中,行为人作为副总经理,以公司名义与业务单位发生业务关系,业务单位按照惯例销售38吨货物,是正常经营行为。其在收到本应交给公司的货物后,以非法占有为目的,擅自将货物销售,并将货款予以侵吞,其行为构成职务侵占罪。②事实上,该案行为具有职务性,属于有权代理,业务单位并未受骗,且行为人是通过超需购入货物后予以变卖,达到非法占有本单位财物的目的,故其利用代理公司业务的职务之便,将签订合同所得之财物占为己有的行为,应以职务侵占罪论处。

① 参见郑娟、李济森:《杨涛诈骗案》,载最高人民法院刑事审判第一、二、三、四、五庭主办:《刑事审判参考》总第111集,法律出版社2018年版。

② 参见杨日洪:《虞秀强职务侵占案》,载最高人民法院刑事审判第一、二、三、四、五庭主办:《刑事审判参考》总第61集,法律出版社2008年版。

四 不同身份者共同非法占有单位财物的罪名选择

（一）内外勾结共同非法占有单位财物的罪名认定

1. 相关规定

2000年《最高人民法院关于审理贪污、职务侵占案件如何认定共同犯罪几个问题的解释》（以下简称《贪污、职务侵占解释》）第二条规定："行为人与公司、企业或者其他单位的人员勾结，利用公司、企业或者其他单位人员的职务便利，共同将该单位财物非法占为己有，数额较大的，以职务侵占罪共犯论处。"职务侵占罪为身份犯，前述规定体现了无身份者可以与有身份者构成身份犯的共同犯罪原理。无身份者与公司、企业或者其他单位的人员勾结，利用公司、企业或者其他单位的人员的职务便利共同将该单位财物非法占为己有，整个犯罪行为被打上了职务的烙印，故以职务侵占罪共犯论处。

2. 典型案例：内外勾结骗取房产公司奖品的罪名认定

周某、金某夫妇至房产公司售楼处购买房产时，由该售楼处销售员戴某接待。戴某为从单位举办的通过抽奖给其中一位购房者奖励轿车一辆的活动中牟取利益，经与周某事先商量，由戴某和周某、金某双方暗里进行配合，保证周某、金某抽得可折抵购房款的价值10万元的轿车一辆，事成后周某、金某需支付给戴某一半车价的钱款。某日晚上，该售楼处举行抽奖活动，戴某将金某领取的抽奖号码粘贴在抽奖箱内壁上，受戴某纠集的该售楼处主持人曹某在挑选儿童作为抽奖嘉宾时，假装选中由金某带至现场的杨某上台抽奖，杨某按照戴某、曹某的授意抽取上述号码，使得周某、金某中奖。后周某、金某与该房产公司签订商品房预售合同，将获取的实际价值23万元的轿车一辆奖品折抵为购房款，周某通过银行转账支付给戴某5万元，因奖品实际价值多于当初商定的价值，在戴某的一再要求下，周某又通过银行转账支付给戴某5000元。①

关于周某、金某行为的定性，一种观点认为，周某、金某与房产销售员相互勾结，“暗箱操作”获取奖品，再由周某、金某按照事先约定将奖品折抵钱款后的一部分分给房产销售员，该行为侵犯的是房产公司其他购房人员公平获奖的权利，故应定性为对非国家工作人员行贿罪。另一种观点认为，周某、金某与房产销售员相互勾结，利用房产销售员的职务便利，共同侵吞房产公司财产，是对公司财产权利的侵犯，应定性为职务侵占罪。而且，行贿类犯罪的资金来源为行贿者的财物，而周某、金某送给房产销售员戴某等人的钱款实为房产公司所有，故本案不构成行贿类犯罪。

笔者认为，本案系周某、金某与戴某等人，内外勾结骗取房产公司财物的职务侵占犯罪案件，具体理由如下：第一，涉案人员在主观上具有非法占有房产公司奖品的故意，而非行贿或者受贿的故意。本案犯意由房产销售员戴某提出，其得知所在房产公司将通过抽奖奖励其中一名购房者的活动后，为从中牟利，先后与购房人员周某、主持公司抽奖活动的曹某预谋，由曹某在抽奖活动中“暗箱操作”，使得周某妻子即金某成为获奖者，而后再按事先约定分取奖品。可见，涉案人的主观故意内容一致，即以非法占有房产公司奖品为目的。其实对周某、金某而言，主观上均不具有向戴某等人行贿的故意，戴某等人也不具有收受贿赂的故意。

第二，房产销售员利用职务上的便利，内外勾结，共同侵吞公司奖品。本案涉案人分工明确，由房产销售员戴某等人利用职务上的便利徇私舞弊，操纵抽奖活动，金某则按照活动要求带一名儿童参加抽奖活动，并按照戴某等人事先告知的地点取得抽奖号码，最终获奖。如果按照正常的工作流程，周某、金某确实存在获奖的机会，但只是一种可能性，即是否中奖具有偶然性。而周某、金某为了能确保中奖，通过戴某等人作弊，成为唯一的获奖者，即通过不法手段获取了奖品。可见，涉案人为了将房产公司奖品非法占为己有，内外勾结、分工配合，最终达到了侵吞目的。

---

① 参见郭伟清主编：《2017年上海法院案例精选》，上海人民出版社2018年版，第463～464页。

第三,本案主要侵犯了房产公司的财产所有权。周某为感谢戴某让其获奖,按约定给予戴某钱款,根据前述,该钱款并非贿赂款,但该笔钱款实际上为房产公司出于业务需要策划抽奖活动而设置的奖品被折抵为钱款后的一部分,故本案侵犯了房产公司的财产所有权。当然,涉案人员内外勾结、“暗箱操作”获取奖品,无疑也侵犯了其他购房人员中奖的机会,但相比较而言,本案主要侵犯了房产公司的财产所有权。

第四,有身份者与无身份者相勾结,利用有身份者的身份因素共同实行犯罪的,一般应当以有身份者所触犯之罪认定共同犯罪的性质。因为非身份犯只有通过身份犯才能实施和完成共同犯罪,身份犯起主要和决定作用。故本案应以有身份者即房产销售员戴某等人所触犯的职务侵占罪认定共同犯罪的性质。

综上,周某、金某伙同房产销售员戴某等人,利用房产销售员的职务便利,非法侵吞房产公司奖品,数额达20余万元,对其均应以职务侵占罪的共同犯罪论处。

(二)非国家工作人员与国家工作人员勾结共同非法占有本单位财物的罪名认定

1. 相关规定

《贪污、职务侵占解释》第一条规定:“行为人与国家工作人员勾结,利用国家工作人员的职务便利,共同侵吞、窃取、骗取或者以其他手段非法占有公共财物的,以贪污罪共犯论处。”第三条规定:“公司、企业或者其他单位中,不具有国家工作人员身份的人与国家工作人员勾结,分别利用各自的职务便利,共同将本单位财物非法占为己有的,按照主犯的犯罪性质定罪。”

2003年《全国法院审理经济犯罪案件工作座谈会纪要》中规定,对于在公司、企业或者其他单位中,非国家工作人员与国家工作人员勾结,分别利用各自的职务便利,共同将本单位财物非法占有的,应当尽量区分主从犯,按照主犯的犯罪性质定罪。在司法实践中,如果根据案件的实际情况,各共同犯罪人在共同犯罪中的地位、作用相当,难以区分主从犯的,可以贪污罪定罪处罚。

2. 几点解读

(1)《贪污、职务侵占解释》第一条的规定与《刑法》第三百八十二条第三款[①]的规定,精神一致,符合无身份者可以与有身份者构成身份犯的共同犯罪的通说观点。贪污罪的主体为特殊主体,即国家工作人员和受国家机关、国有公司、企业、事业单位、人民团体委托管理、经营国有财产的人员,故贪污罪为身份犯。通说认为,无身份者可以与有身份者构成身份犯的共同犯罪,即无身份者须与有身份者利用有身份者的身份实行犯罪。故此,无身份者即非国家工作人员,与有身份者国家工作人员勾结,利用后者职务上的便利共同非法占有公共财物,或者无身份者如并非受委托管理、经营国有财产的人员,与有身份者如受委托管理、经营国有财产的人员勾结,利用后者职务上的便利共同非法占有国有财产的,因无身份者与有身份者实施的整个犯罪行为都被打上了职务的烙印,故以贪污罪共犯论处。

(2)《贪污、职务侵占解释》第三条针对的是公司、企业或者其他单位中既有国家工作人员又有非国家工作人员的场合,两者勾结,又分别利用各自的职务便利共同将本单位财物非法占为己有的如何定罪的问题。在国家机关中,大部分为国家工作人员,但也有从事劳务等非职权性、非管理性的非国家工作人员。在国有公司、企业、事业中,除少数从事公务的国家工作人员外,绝大部分为非国家工作人员。在国家出资企业中,往往既有受委派从事公务的国家工作人员,也有大量公司、企业人员,属于非国家工作人员。如此等等。

在同一家公司、企业或者其他单位中,国家工作人员与非国家工作人员并存是客观事实,如果两者并不勾结实施职务犯罪,则按照各自身份定罪即可。如果两者勾结,但仅利用国家工作人员的职务便利或者非国家工作人员的职务便利,则仍然属于以贪污罪共犯或者职务侵占罪共犯论处的范畴,即其中一人相当于无身份者。而《贪污、职务侵占解释》第三条针对的是,国家工作人员与非国家工作人员勾结,并分别利用各自的职务便利共同将本单位财物非法占为己有。显

---

① 《刑法》第三百八十二条第三款规定,与国家工作人员和受国家机关、国有公司、企业、事业单位、人民团体委托管理、经营国有财产的人员勾结,伙同贪污的,以共犯论处。

然,这是两个有身份者实施的共同犯罪问题。尽管此时往往同时成立贪污罪和职务侵占罪,但根据共同犯罪原理,只能以同一罪名认定。对此,上述第三条规定按照主犯的犯罪性质定罪。换言之,根据两者在共同犯罪中的地位和作用,如果国家工作人员为主犯,全案以贪污罪共犯论处;如果非国家工作人员为主犯,则全案以职务侵占罪共犯论处。

(3)针对《贪污、职务侵占解释》第三条关于国家工作人员与非国家工作人员勾结实施职务犯罪,如各共同犯罪人在共同犯罪中的地位、作用相当,难以区分主从犯,《全国法院审理经济犯罪案件工作座谈会纪要》提出可以贪污罪定罪处罚。从用语上看,此处是"可以"而非"应当",意味着也可不以贪污罪定罪处罚,相应地以职务侵占罪定罪处罚。但从实践来看,一般应当以贪污罪定罪处罚,除非例外。相关规范性文件亦如此指引,如2010年《最高人民法院印发〈关于处理自首和立功若干具体问题的意见〉的通知》规定:"具有自首或者立功情节的,一般应依法从轻、减轻处罚;犯罪情节较轻的,可以免除处罚。"而《刑法》第六十七条仅规定:对于自首的犯罪分子,可以从轻或者减轻处罚。其中,犯罪较轻的,可以免除处罚。也就是说,《刑法》的规定是"可以"从轻或者减轻处罚,而指导性文件规定"一般应"依法从轻、减轻处罚。

关于第三条中"按照主犯的犯罪性质定罪"的规定及《全国法院审理经济犯罪案件工作座谈会纪要》中在难以区分主从犯的情况下可以贪污罪定罪处罚的规定,有观点认为:"有其合理因素,但不够科学。故意犯罪的性质,是根据实行犯的实行行为的性质来决定的。如果实行犯是主犯,自然不会发生问题。如果教唆犯是主犯,按教唆犯犯罪性质定罪,就与刑法理论不合,因为实行犯的犯罪性质只能根据其实行行为的性质来决定。如果教唆犯与实行犯都是主犯,根据谁来定罪,就会不知所从。因此,无身份者教唆、帮助有身份者实施或与之共同实施真正身份犯时,应依有身份者的实行犯的实行行为来定罪,即依有身份者所实施的犯罪构成要件的行为来定罪,即使无身份者是主犯,也不影响上述定罪原则。"[①]亦有观点认为:"都定贪污罪的话无法体现有利于被告人的精神,必然对其

① 马克昌主编:《犯罪通论》,武汉大学出版社2006年版,第584页。

中的不具有国家工作人员身份的人不公平。最妥当的做法是按各自的犯罪性质定罪,也就是说,对其中的国家工作人员定贪污罪,对其中不具有国家工作人员身份的人定职务侵占罪,如此才能最大限度地实现罪责刑的均衡。故建议,如果不具有国家工作人员身份的人与国家工作人员都是主犯,按各自的犯罪性质定罪。"①

笔者认为,《贪污、职务侵占解释》第三条中关于"按照主犯的犯罪性质定罪"的规定是合理的,但《全国法院审理经济犯罪案件工作座谈会纪要》中关于在难以区分主从犯的情况下可以贪污罪定罪处罚的规定需兼顾罪责刑的均衡,而不能绝对地以贪污罪定罪处罚。主要理由如下:第一,该解释第三条的规定,要求不具有国家工作人员身份的人与国家工作人员勾结,即具有共同犯罪的故意。同时要求分别利用各自的职务便利共同将本单位财物非法占为己有,即具有共同犯罪的行为。该行为是涉及各自职务的、将本单位财物非法占为己有的实行行为,而不存在其中一方仅实施了教唆、帮助行为,另一方则实施了利用其职务上的便利将其单位财物非法占为己有的实行行为的情况。也就是说,该解释第三条规定中的不具有国家工作人员身份的人与国家工作人员,都为实行犯,规定"按照主犯的犯罪性质定罪",其实质就是按照主要实行犯的犯罪性质定罪,应该具有合理性。虽然"主犯"是量刑情节,但在不具有国家工作人员身份的人与国家工作人员都为实行犯的场合,作为在共同犯罪起主要作用的主犯,将其理解为主要的实行犯并无不妥。故此,在能够区分主从犯的前提下,按照主犯的犯罪性质以贪污罪或者职务侵占罪定罪处罚是合理的。

第二,《全国法院审理经济犯罪案件工作座谈会纪要》中关于在难以区分主从犯的情况下可以贪污罪定罪处罚的规定,对国家工作人员的贪污行为进行了充分的评价,但因为贪污罪与职务侵占罪两罪的入罪门槛高低不一②(职务侵占

---

① 刘宪权:《刑法学名师讲演录(总论)》(第3版),上海人民出版社2021年版,第283页。

② 根据《刑法》及2016年《最高人民法院、最高人民检察院关于办理贪污贿赂刑事案件适用法律若干问题的解释》第一条、第十一条的规定,贪污罪的定罪量刑标准为"数额+情节"标准,如贪污数额在3万元以上,或者贪污数额在1万元以上不满3万元但具有特定情节的,构成贪污罪;而职务侵占罪的定罪量刑标准仅为数额标准,如数额在6万元以上的,构成职务侵占罪。

罪入罪门槛高、法定刑存在较大的差异①),即职务侵占罪法定刑明显要轻,则有可能导致对不具有国家工作人员身份的人不公平(数额未达到6万元的情况需承担贪污罪的刑事责任,数额在6万元以上的可能需要承担比职务侵占罪更重的刑罚)。事实上,在难以区分主从犯的情况下可以贪污罪定罪处罚,为何就不能从有利于被告人角度以职务侵占罪定罪处罚?对此,显然难以给出满意的答案。在难以区分主从犯的情况下可以贪污罪定罪处罚,如果国家工作人员具有2016年《最高人民法院、最高人民检察院关于办理贪污贿赂刑事案件适用法律若干问题的解释》规定的"曾因贪污、受贿、挪用公款受过党纪、行政处分""曾因故意犯罪受过刑事追究"等情节,涉案数额在1万元以上不满3万元的也构成贪污罪,假如不具有国家工作人员身份的人在共同犯罪前对国家工作人员具有上述特定情节并不明知,此时因为全案以贪污罪定罪处罚也需承担刑事责任,显然是客观归罪,具有不合理性。故此,从有利于被告人及兼顾罪责刑的均衡出发,实践中可将《全国法院审理经济犯罪案件工作座谈会纪要》中关于在难以区分主从犯的情况下可以贪污罪定罪处罚的规定细化为:

一是涉案数额在6万元以上,在难以区分主从犯的情况下,全案可以贪污罪定罪处罚,但对不具有国家工作人员身份的人的量刑应兼顾职务侵占罪的规定。此时因涉案数额在6万元以上,同时构成贪污罪和职务侵占罪,故存在的不是是否应当承担刑事责任的问题,而是承担多大刑事责任的问题。2021年3月1日施行的《刑法修正案(十一)》对职务侵占罪作出修正后,贪污罪与职务侵占罪的法定刑,除了贪污罪的最高法定刑为死刑、职务侵占罪的最高法定刑为无期徒刑外,其余基本一致。② 但因为职务侵占罪的入罪门槛相较于贪污罪要高,相应地,

---

① 根据《刑法》规定,犯贪污罪,最高法定刑为死刑,并处没收财产;犯职务侵占罪,最高法定刑为无期徒刑,并处罚金。

② 贪污罪的法定刑为"数额较大或者有其他较重情节的,处三年以下有期徒刑或者拘役,并处罚金""数额巨大或者有其他严重情节的,处三年以上十年以下有期徒刑,并处罚金或者没收财产""数额特别巨大或者有其他特别严重情节的,处十年以上有期徒刑或者无期徒刑,并处罚金或者没收财产;数额特别巨大,并使国家和人民利益遭受特别重大损失的,处无期徒刑或者死刑,并处没收财产"。职务侵占罪的法定刑为"数额较大的,处三年以下有期徒刑或者拘役,并处罚金""数额巨大的,处三年以上十年以下有期徒刑,并处罚金""数额特别巨大的,处十年以上有期徒刑或者无期徒刑,并处罚金"。

法定刑升格门槛也要高。如此,涉案数额可能对应两罪同一法定刑幅度,但因职务侵占罪的入罪门槛高,以该罪定罪处罚,量刑相对要轻;如对应不同的法定刑幅度,往往是对应贪污罪较高的法定刑幅度,而对应职务侵占罪较低的法定刑幅度,此时以职务侵占罪定罪处罚,量刑明显要轻。

二是涉案数额在 3 万元以上不满 6 万元,在难以区分主从犯的情况下如全案以贪污罪定罪处罚,对不具有国家工作人员身份的人一般应酌情从宽处罚。此时对不具有国家工作人员身份的人可以贪污罪定罪的理由,除了其与国家工作人员属于共同犯罪的因素外,在于其明知国家工作人员的身份且法律法规等对国家工作人员有严格要求,仍然与国家工作人员勾结实施犯罪。从实践情况看,在同一单位中,国家工作人员往往是利用审批管理权,危害甚大,故此种情况下对不具有国家工作人员身份的人以贪污罪定罪处罚并不违反主客观相统一原则。尽管全案以贪污罪定罪处罚,但一般情况下基于法律法规及社情民意对国家工作人员有更加严格的要求,在量刑上对不具有国家工作人员身份的人一般应酌情从宽处罚,以体现有所区别。

三是涉案数额在 1 万元以上不满 3 万元,在难以区分主从犯的情况下,如果涉案对象系《最高人民法院、最高人民检察院关于办理贪污贿赂刑事案件适用法律若干问题的解释》规定的"救灾、抢险、防汛、优抚、扶贫、移民、救济、防疫、社会捐助等特定款物",或具有"赃款赃物用于非法活动""拒不交待赃款赃物去向或者拒不配合追缴工作,致使无法追缴""造成恶劣影响或者其他严重后果"等情节的,对全案可以贪污罪定罪处罚;对不具有国家工作人员身份的人一般应酌情从宽处罚。对具有以上特定情节的,尽管数额在 1 万元以上不满 3 万元,但同样具有严重的社会危害性,对不具有国家工作人员身份的人也可以贪污罪定罪处罚的理由,除了前文所述外,还在于行为涉及特定情节或者其行为成为特定情节。

四是涉案数额在 1 万元以上不满 3 万元,在难以区分主从犯的情况下,国家工作人员具有《最高人民法院、最高人民检察院关于办理贪污贿赂刑事案件适用法律若干问题的解释》规定的"曾因贪污、受贿、挪用公款受过党纪、行政处分"

“曾因故意犯罪受过刑事追究”等前科情节的,对国家工作人员无疑可以贪污罪定罪处罚;对于不具有国家工作人员身份的人,其明知国家工作人员具有相关前科情节仍然与之勾结的,对其可以贪污罪定罪处罚;反之,如果并不明知,也不涉及《最高人民法院、最高人民检察院关于办理贪污贿赂刑事案件适用法律若干问题的解释》规定的其他情节,根据主客观相统一原则,对其不以贪污罪定罪处罚,当然也不构成职务侵占罪。

第三,对于共同犯罪,如无实行过限等特殊情况,一般应统一认定罪名,除非《刑法》有特别规定。故笔者不赞同在难以区分主从犯的情况下予以分别定罪以实现罪责刑均衡的观点;相反,按照笔者设计的上述四种处理方式,既能确保共同犯罪的罪名同一,也能较好地实现罪责刑的均衡。

3. 典型案例:非国家工作人员与国家工作人员勾结,共同非法占有国家出资企业财物的罪名认定

倪某受国有公司委派至国家出资企业新天地公司担任董事长兼总经理,全面负责新天地公司的行政管理工作。倪某利用职务上的便利,授意并指使行政办公室主任赵某、办公室主任助理蒋某、财务部副经理费某、财务部经理助理栾某利用各自的职务便利,结伙使用虚假业务往来发票冲账,从新天地公司套取20余万元购买用于投资的金条,归个人所有。五人各分得一套金条,每套金条价值4万余元。

关于本案的定性,就倪某而言,其属于受国有公司委派至国家出资企业新天地公司从事公务的国家工作人员,其利用职务上的便利非法占有国家出资企业财物的行为无疑构成贪污罪。对于赵某、蒋某、费某和栾某,尽管四人在国家出资企业中从事管理工作,但并未受国有单位的委派,不以国家工作人员论。对赵某等四人行为的定性,一种观点认为,赵某等四人作为非国家工作人员即公司工作人员,利用职务上的便利非法占有本单位财物,其行为均构成职务侵占罪。另一种观点则认为,赵某等四人虽为非国家工作人员,但其与国家工作人员倪某相勾结,共同非法占有本单位财物,由于倪某在共同犯罪中地位更高、作用更大,为主犯,故全案应以贪污罪定罪处罚。

笔者认为,该案中国家工作人员倪某,与其同单位不具有国家工作人员身份的赵某、蒋某、费某和栾某勾结,利用各自的职务便利,非法占有本单位财物20余万元。显然,倪某与赵某、蒋某、费某和栾某系共同犯罪,属于《贪污、职务侵占解释》第三条规定的情形,应按照主犯的犯罪性质定罪。根据该案事实,在共同犯罪中,倪某地位更高、作用更大,起主要作用,系主犯,赵某、蒋某、费某和栾某起次要作用,均系从犯,按照主犯的犯罪性质定罪即按照倪某的犯罪性质定罪,故对该案应以贪污罪定罪处罚。

五　职务侵占罪与贪污罪的区分——关键看犯罪主体是否为国家工作人员

职务侵占罪与贪污罪都属于职务犯罪,主要区别在于:第一,犯罪主体不同,如贪污罪的主体主要为国家工作人员,受国家机关、国有公司、企业、事业单位、人民团体委托管理、经营国有财产的人员亦可成为贪污罪主体。而职务侵占罪主体为非国家工作人员即公司、企业或者其他单位人员。第二,犯罪对象不同,如贪污罪的犯罪对象为公共财物;受国家机关、国有公司、企业、事业单位、人民团体委托管理、经营国有财产的人员成立贪污罪的,犯罪对象则为国有财产。而职务侵占罪的犯罪对象更为广泛,包括国有财产、集体财产和其他非公有财产。

实践中,主要以犯罪主体是否为国家工作人员区分职务侵占罪与贪污罪。如《刑法》第一百八十三条规定,保险公司的工作人员利用职务上的便利,故意编造未曾发生的保险事故进行虚假理赔,骗取保险金归自己所有的,以职务侵占罪定罪处罚;国有保险公司工作人员和国有保险公司委派到非国有保险公司从事公务的人员有上述行为的,以贪污罪定罪处罚。第二百七十一条第二款亦规定,对于国有公司、企业或者其他国有单位中从事公务的人员和国有公司、企业或者其他国有单位委派到非国有公司、企业以及其他单位从事公务的人员有第一款职务侵占行为的,以贪污罪定罪处罚。2010年《最高人民法院、最高人民检察院关于办理国家出资企业中职务犯罪案件具体应用法律若干问题的意见》第一条第一款规定：国家工作人员或者受国家机关、国有公司、企业、事业单位、人民团体委托管理、经营国有财产的人员利用职务上的便利，在国家出资企业改制过程中故意通过低估资产、隐瞒债权、虚设债务、虚构产权交易等方式隐匿公司、企业财产，转为本人持有股份的改制后公司、企业所有，应当依法追究刑事责任的，以贪污罪定罪处罚；贪污数额一般应当以所隐匿财产全额计算；改制后公司、企业仍有国有股份的，按股份比例扣除归于国有的部分。该条第三款规定：第一款规定以外的人员实施该款行为的，以职务侵占罪定罪处罚；第一款规定以外的人员与第一款规定的人员共同实施该款行为的，以贪污罪的共犯论处。

具体而言，对于国家机关、国有公司、企业、事业单位、人民团体等国有单位中具有主管、管理或者经手本单位财物的人员，往往系从事公务的人员，属于国家工作人员，利用职务上的便利将本单位财物非法占为己有的，以贪污论处。对于国有控股、参股公司、企业等非国有公司、企业中具有主管、管理或者经手本单位财物的人员，因其未必属于受国有公司、企业或者其他国有单位委派至非国有公司、企业从事公务的国家工作人员，故其利用职务上的便利将本单位财物非法占为己有的行为属于贪污还是职务侵占，关键在于其是否属于国家工作人员。如是，以贪污论处；如否，则为职务侵占。

例如，胡某、刘某职务侵占案[①]。中国神华能源股份有限公司（以下简称中国神华）属于国有控股企业，神东煤炭分公司是中国神华的分公司，布尔台煤矿是神东煤炭分公司的下属单位。胡某系与布尔台煤矿签订劳动合同的正式员工，并经该煤矿通风队队委会讨论后决定担任仪器标校班班长，后其利用负责管理和发放便携式检测仪的职务便利，将矿用便携式检测仪通过该煤矿劳务派遣员工刘某卖掉获取利益，非法侵占煤矿矿用财物，数额7万余元。对于该案，一审法院认为，胡某、刘某作为公司工作人员，利用职务上的便利将本单位财物非法占为己有，数额较大，其行为均构成职务侵占罪，判处胡某有期徒刑2年8个月，判处刘某有期徒刑2年2个月。一审判决后，公诉机关以胡某系国家出资企业

① 参见内蒙古自治区鄂尔多斯市中级人民法院刑事判决书，（2016）内06刑终2号。

中从事公务的人员、胡某与刘某的行为应构成贪污罪等为由提出抗诉。二审法院认为，胡某虽然经国家出资企业布尔台煤矿通风队队委会讨论后决定担任仪器标校班班长，负责管理和发放便携式检测仪，客观上从事管理、经手公共财物的职务活动，但其既未经国家机关、国有公司、企业、事业单位提名、推荐、任命、批准等在布尔台煤矿从事公务，也未经布尔台煤矿或其上级单位中国神华、神东煤炭分公司中负有管理、监督国有资产职责的组织批准或者研究决定，代表其在布尔台煤矿从事公务，故胡某不属于受委派从事公务的人员，不以国家工作人员论。胡某勾结刘某，利用职务上的便利将本单位财物非法占为己有的行为构成职务侵占罪。鉴于二审期间 2016 年《最高人民法院、最高人民检察院关于办理贪污贿赂刑事案件适用法律若干问题的解释》施行，对胡某改判有期徒刑 2 年 2 个月，对刘某改判有期徒刑 1 年。

此外，关于村干部侵吞土地补偿费的行为如何定性，属于贪污还是职务侵占？对此，关键看村干部是否属于《全国人民代表大会常务委员会关于〈中华人民共和国刑法〉第九十三条第二款的解释》规定的协助人民政府从事土地征收、征用补偿费用管理的“其他依照法律从事公务的人员”。例如，涉案款项虽是土地征用补偿费，但当村委会在协助乡镇政府给村民个人分发时才属于协助人民政府从事行政管理工作。该补偿费一旦分发到村民个人手中即属于村民个人财产；当村委会从乡镇政府领取属于村集体的补偿费时，村委会属于收款人，与接收补偿费的村民个人属于同一性质，该补偿费一旦拨付到村委会，即属于村民集体财产。此时，村委会不具有协助人民政府从事行政管理工作的属性，即此时的村干部不属于“其他依照法律从事公务的人员”，其实施犯罪利用的是村干部的职务便利，共同私分的是村集体财产，侵犯了村集体财产权，数额较大的，其行为构成职务侵占罪。[①]

再如，某村支书，以村集体土地需要办理国有土地使用权证为由，增收租地单位土地租金，不属于村基层组织人员协助人民政府从事“国有土地的经营和管

① 参见康瑛、马宇舟：《曹建亮等职务侵占案》，载最高人民法院刑事审判第一、二、三、四、五庭主办：《刑事审判参考》总第 92 集，法律出版社 2014 年版。

理”,即其不属于“其他依照法律从事公务的人员”。其利用管理本村财产的职务便利,将集体财产即增收的土地租金非法占为己有,数额较大,其行为构成职务侵占罪。[①]

六 职务侵占罪与盗窃罪的区分——关键看利用职务上的便利还是利用工作上的便利

职务侵占罪与盗窃罪在犯罪主观方面相同,都具有非法占有不属于自己财产的目的;在客观行为上具有一定的相似性,均可以表现为采取秘密窃取手段非法占有他人财物。但两罪的区别也比较明显:第一,犯罪手段不同。职务侵占罪表现为行为人利用职务上的便利,将本单位财物非法占为己有;而盗窃罪表现为行为人通过秘密窃取方式将公私财物非法占为己有。这是两罪的最大区别。第二,犯罪对象不同。职务侵占罪侵犯的是行为人所在单位的财产,有的行为人在犯罪前已经占有了犯罪对象;而盗窃罪侵犯的对象比较广泛,既可以是本单位财产也可以是其他公私财产,行为人在犯罪前一般没有占有犯罪对象。第三,犯罪主体不同。职务侵占罪主体为特殊主体即公司、企业或者其他单位人员,而盗窃罪主体为一般主体。

对于公司、企业或者其他单位人员窃取[②]本单位财物的行为是以职务侵占罪还是以盗窃罪定罪处罚,取决于犯罪时是利用职务上的便利还是利用工作上的便利。如利用职务上的便利,属于职务侵占。如利用工作上的便利,即在工作过程中形成的对环境及人员较为熟悉的有利条件,如熟悉环境、容易混入现场、易接近目标等,将本单位财物非法占为己有,则属于盗窃。

---

① 参见孙炜、范莉:《钱银元贪污、职务侵占案》,载最高人民法院刑事审判第一、二、三、四、五庭主办:《刑事审判参考》总第75集,法律出版社2010年版。

② 此处探讨的问题,仅限于采用窃取手段,如采用骗取手段,则可能构成诈骗罪。

（一）“三步骤”区分思路

1.第一步看行为人是否为公司、企业或者其他单位人员

如否，单独不构成职务侵占罪而构成盗窃罪，但与公司、企业或者其他单位人员勾结的，则可构成职务侵占罪的共犯；如是，则看第二步。这一步比较容易判断。

2.第二步看行为人在公司、企业或者其他单位的职务即是否具有主管、管理或者经手涉案财物的职责

如有，则很可能构成职务侵占罪；如否，则构成盗窃罪。如有，还需看第三步。这一步是关键，决定案件定性。例如，电信公司员工，其与外部人员勾结，侵入电信业务系统，通过解除宽带账号和设备端口的绑定等手段，盗取电信内部宽带账号19个，价值6万余元，后向社会高价出售牟利。其行为是构成职务侵占罪还是盗窃罪，关键在于其是否具有职务上的便利。该案中，其工作职责是在网络监控中心负责技术维护，即发现和处理电信网络故障，保障网络正常运行，不具有管理、经手公司内部宽带的职责，不具有解绑公司内部宽带账户的权力。故其作为电信公司内部员工，与他人勾结，利用工作中形成的便利条件，共同窃取本单位具有财产性价值的宽带账号的行为，构成盗窃罪。[①]

再如，在电力公司担任巡视员的纪某，对电力公司所有的电缆进行巡查、看护，防止破坏和被盗情况的发生。其在看管地下电缆期间，逐步掌握了地下电缆的埋设及使用情况，经与他人商议后，决定盗挖地下不再使用的电缆，变卖后分赃。纪某等三人身着工作服，其中二人还佩戴工作证，指挥雇佣人员将价值1万余元的电缆线挖出，锯断后搬运至货车上，后被人赃俱获。该案中，纪某负责对电力公司所有的电缆进行巡查、看护，防止破坏和被盗情况的发生，但其不具有管理和经手财物的职能，其正是利用工作中形成的熟悉情况的便利，盗挖不再使用的电缆。纪某等三人在盗挖电缆过程中均身着制服，二人还佩戴工作证，也是

---

① 参见黄莹、郭榕榕：《许赞良、汤焯杰盗窃案》，载最高人民法院刑事审判第一、二、三、四、五庭主办：《刑事审判参考》总第115集，法律出版社2019年版。

利用工作中形成的有制服及工作证的便利。虽然纪某等人是在众目睽睽之下盗挖电缆,貌似职务行为,欺骗了在场的社会公众,但其是在电缆的所有人电力公司不知情的情况下秘密进行的,故其行为系利用工作上的便利窃取所在公司的财物,数额较大,构成盗窃罪。①

3. 第三步看行为人在非法占有本单位财物之时是否利用其职务上的便利

如是,且财物数额较大的,构成职务侵占罪。实践中,也存在例外情况,如在轮流值班制场合,行为人在当班期间具有职务上的便利,但在他人当班期间,则不再具有职务上的便利,而只具有工作上的便利。此时,在他人当班期间利用熟悉环境、容易混入现场、易接近目标等工作上的便利,将本单位财物非法占为己有的,则属于盗窃。例如,张某所在单位实行轮流值班制,其作为收银员,现金抽屉的钥匙也是轮流掌管。张某利用其掌管钥匙之机配制了钥匙伺机作案,在他人值班之时窃取应由他人掌管的属于本单位所有的现金。其实施窃取行为时利用的并非本人的职务之便,而是利用其在工作中产生的便利条件,故其行为构成盗窃罪而非职务侵占罪。但是,如果张某在其本人值班时窃取其直接经手、管理的现金,则是利用职务上的便利将本单位现金占为己有,其行为无疑构成职务侵占罪。

(二)门卫保安非法占有本单位财物的定性

实践中,对于公司、企业或者其他单位的门卫保安(门卫并非全是保安)将本单位财物非法占为己有的行为是否构成职务侵占罪,应结合门卫保安的岗位职责判断,即判断其对涉案财物是否具有看管职责。具体而言:

第一,无看管职责,单独或者与外部人员勾结,窃取或者骗取本单位财物的,以盗窃罪或者诈骗罪定罪处罚。如果门卫保安的职责为负责人员、车辆、物资进出的登记、核查、收费,以及单位内巡查,做好安全防范等,则其仅从事劳务性质工作,即其职责仅是“看大门”而已。虽其在单位内需要进行安全巡查,做好安全防范,但单位内的物资并非处于其管理控制之下,其并不能合法地进行“调度”或

① 参见沈志先主编:《2010年上海法院案例精选》,上海人民出版社2011年版,第453～454页。

者“处置”,即其对涉案财物并无看管职责,不具有职务上的便利。其利用熟悉环境、易接近目标、进出单位方便等工作上的便利,单独或者勾结外部人员,窃取或者骗取本单位财物的,不构成职务侵占罪,应根据其是采用窃取还是骗取手段而以盗窃罪或者诈骗罪定罪处罚。例如,银行保安对银行 ATM 内的资金显然无保管职责,其利用工作上的便利,用偷取的钥匙打开 ATM,将其中的数万元现金取走,其行为构成盗窃罪。

第二,无看管职责,但与内部人员勾结,为内部人员利用职务上的便利非法占有本单位财物提供放行便利,往往与内部人员构成职务侵占罪的共犯。当然,如果内部人员也无职务上的便利,此时提供放行便利,往往应根据内部人员是采用窃取还是骗取手段而以盗窃罪共犯或者诈骗罪共犯定罪处罚。

第三,有看管职责,单独或者与外部人员勾结,将本单位财物非法占为已有的,以职务侵占罪定罪处罚。如果门卫保安的职责除了负责人员、车辆、物资进出的登记、核查、收费,以及单位内巡查等劳务工作外,还要根据单位安排对相关财物进行看管,此时,其职责不仅是要“看大门”还要看管特定财物,即其对特定财物有看管职责,具有职务上的便利,此时其利用职务上的便利,单独或者勾结外部人员将该财物非法占为已有,数额较大的,构成职务侵占罪。

在有看管职责的场合,还需考虑门卫保安往往采取轮班制这一情形,故应判断其在犯罪时是否处于当班期间,即对于具有职务便利者,只有当班期间利用职务上的便利将本单位财物非法占为已有,才构成职务侵占罪。如在他人当班期间,则仅具有工作上的便利,此时若将本单位财物非法占为已有,不构成职务侵占罪。

第四,门卫保安代收停车费的,此时就收取停车费而言具有职务上的便利,如采用各种手段将本应上交给公司、企业或者其他单位的停车费占为已有,数额较大的,应以职务侵占罪定罪处罚。例如,某大型医院门卫,未将收取的全部停车费上交给医院,截留 8 万余元占为已有,其行为系利用收取停车费的职务便利,非法占有本单位财物,数额较大,构成职务侵占罪。

第五,对于物业公司派驻居民小区的门卫保安,虽然其要对小区进行安全巡逻,做好安全防范,但居民室内、室外财物均处于居民的占有、支配之下,即小区居民财物不属于物业公司的财物。门卫保安将居民室内室外财物非法占为己有,往往是利用工作上的便利,不构成职务侵占罪,需根据其采用的犯罪手段,以盗窃或者诈骗等犯罪定罪处罚。

(三)货运驾驶员窃取所运货物的定性

对于货运驾驶员在运输途中窃取所运货物的行为属于盗窃还是职务侵占,同样取决于其在窃取货物时是利用了职务上的便利还是利用了工作上的便利。

1. 以李某职务侵占案①为切入点

(1)简要案情

李某系上海沪深航空货运服务有限公司(以下简称沪深航公司)驾驶员,朱某、熊某系沪深航公司搬运工。2008 年 1 月 12 日下午,李某与朱某、熊某(均另案处理)三人按照沪深航公司的指令将一批货物从公司仓库运至上海浦东国际机场。李某负责驾驶车辆、清点货物、按单交接并办理空运托运手续,朱某、熊某负责搬运货物。当日下午 4 时许,在运输途中,三人经合谋共同从李某驾驶的货车内取出一箱品名为“纪念品”的货物,从该封存箱内窃得价值共计 16 万余元的 30 枚梅花鼠年纪念金币并予以瓜分。后在沪深航公司的追问下,李某和朱某、熊某三人将窃得的 30 枚梅花鼠年纪念金币退至沪深航公司,由沪深航公司退还给托运人。

一审法院认为,李某系沪深航公司的驾驶员,在完成运输任务过程中,不仅负有安全及时地将货物运至目的地的职责,还负有清点货物、按单交接及办理空运托运手续的职责。因此,李某对其运输途中的货物负有保管职责。托运人将涉案金币交付给沪深航公司承运,由此沪深航公司取得了对涉案金币的控制权。李某受沪深航公司委派具体负责运输该批货物,其在运输途中亦合法取得了对该批货物的控制权。根据本案事实,托运人对涉案金币所采取的包装措施,仅是

---

① 参见沈志先主编:《公报案例精析》,法律出版社 2010 年版,第 82 ~ 84 页;上海市长宁区人民检察院诉李某职务侵占案,载《最高人民法院公报》2009 年第 8 期。

将金币等货物用纸箱装好后以胶带封缄。该包装措施虽然在一定程度上宣示了托运人不愿他人打开封存箱的意思,但主要作用在于防止货物散落。托运人办理托运时,就已整体地将保管、运输该批货物的义务交付给沪深航公司,托运人在整个运输过程中客观上已无力控制、支配该批货物。因此,李某作为涉案货物承运人沪深航公司的驾驶人员,在运输涉案货物途中,对涉案货物负有直接、具体的运输、保管职责。李某正是利用这种自身职务上的便利,伙同他人将本单位承运的货物非法占有。李某身为公司工作人员,伙同他人利用其控制、保管运输途中的货物的职务便利,将本单位承运的货物非法占为己有,其行为构成职务侵占罪。

一审法院判决后,公诉机关以一审判决认定罪名错误等为由提出抗诉。主要理由是:①托运人将货物交给沪深航公司托运时,未进行货物保险,也没有说明货物的价值和品种,而是将已经封存好的货物箱按照一般货物进行托运,可见托运人将封存箱交付托运时,对封存箱中的货物仍宣示其享有控制权。②从沪深航公司承运货物的收费和赔偿标准看,沪深航公司和李某在运输途中对封存箱中的货物不具有直接、具体的保管职责,在货物缺损时也不会向托运人进行全额赔偿。③李某的职责仅为保证封存箱的完好、不丢失,无权打开封存箱,因此,李某伙同他人在运输途中秘密开启封存箱,盗窃其中财物的行为是超越其职权的,其行为并未利用职务上的便利,而是利用工作上的便利。④对李某的行为以盗窃罪定罪处罚,符合我国《刑法》的立法精神。根据《刑法》第二百五十三条第二款的规定,对于邮政工作人员私自开拆或者隐匿、毁弃邮件、电报而窃取财物的,依照盗窃罪从重处罚。本案中,李某所在沪深航公司系货运服务公司,在承运各种货件业务方面与邮政局并无本质差别,故将李某的行为认定为盗窃与上述规定所体现的立法精神一致。

李某的辩护人认为,李某具备职务侵占罪的主体要件,李某系沪深航公司的驾驶员,负责将货物安全运送到目的地,具有经手、管理、控制涉案货物的职务便利。李某侵犯的是本公司的财物,公司负责运送的货物应当视为本单位的财物。李某客观上利用自己运输、保管货物的职务便利窃取了自己控制的本单位财物,属于职务侵占的行为。因此,李某的行为符合职务侵占罪的犯罪构成,一审判决正确。

二审法院认为,按照普通货物运输惯例,沪深航公司在依据运输合同接收涉案货物后,就取得了该货物的直接控制权,李某在具体负责该货物的运输过程中不仅实际控制该货物,而且负有保管货物、将货物运至目的地并办理托运的职责。因此,李某在实施涉案犯罪行为时,具有职务上的便利。李某利用自己运输、保管涉案货物的职务便利,伙同他人私自拆开涉案货物封箱,将公司承运的货物非法占为己有,其行为构成职务侵占罪。一审法院适用法律正确,审判程序合法。据此,二审法院裁定驳回抗诉,维持原判。

(2)争议问题

本案中,李某系公司工作人员,其非法占有的价值16万余元财物系处于其所在公司运输、保管的他人财物即属于本公司财物,这是不争的事实。存在争议的是,李某对运输途中的公司货物是否具有保管职责,即其将所在公司价值16万余元财物非法占为己有,是利用了职务上的便利还是利用了工作上的便利。

2. 货运驾驶员对其所运货物是否具有保管职责

(1)辅助占有情形无保管职责

一般认为,如有人跟车押运,或者有人跟车负责送货,则所运货物均处于押运人、送货人的占有、控制之下,货运驾驶员只是辅助占有,如在运输途中趁押运人、送货人疏忽之机或者骗得财物保管权后窃取货物,在这种情况下,对于驾驶员而言产生的只是工作上的便利,故其行为属于盗窃而非职务侵占。例如,公司驾驶员知晓公司有人将至外地送货后,产生非法占有公司财物的念头,遂准备了作案工具。运输途中,其以修车为由,骗取送货人的信任,承诺将看管好车上的货物,后其将车开至一汽车修理店,趁修理人员维修轮胎之际,用事先准备好的作案工具调包了部分货物,价值20余万元。该案中,因有送货人押车,故驾驶员对涉案货物无保管职责,但其为了非法占有涉案货物,骗取送货人的信任,取得对车上货物的暂时保管权,其代为保管不过是为之后实施秘密窃取行为创造便利条件而已,故其行为构成盗窃罪而非职务侵占罪。

(2)非辅助占有情形,采用非集装箱运输货物,货运驾驶员具有保管职责

在采用非集装箱运输的场合,驾驶员基于单位安排不仅现实地占有货物而且负有保管货物、将货物运至目的地的职责,对于驾驶员而言产生的是职务上的便利。如果驾驶员在运输途中窃取所运货物,数额较大的,一般应以职务侵占罪定罪处罚。

(3)非辅助占有情形,采用集装箱运输货物,货运驾驶员亦具有保管职责

一般将集装箱视为封缄物。所谓封缄物,亦称"包装物""加密物"等,是指被装在加锁或者密封的容器中,外表盖有封印或者有其他防护措施的物体,典型的封缄物如贴有封条的集装箱、加锁的手提箱、密封的邮包等。

关于驾驶员窃取集装箱内货物的行为如何定性,理论上争议较大,实践中以职务侵占罪或者盗窃罪定性的都有。主要有三种观点,即区别说、非区别说和修正区别说。① 区别说认为,集装箱整体由受托人(货运公司,下同)占有,但是集装箱的内容为委托人(货主,下同)占有。驾驶员在运输过程中不法占有集装箱整体的,系利用职务上的便利,成立职务侵占罪;取出集装箱中内容的,系利用工作上的便利,成立盗窃罪。② 非区别说认为,集装箱整体与其中的内容没有区别,性质相同。其中有观点认为均由受托人占有,也有观点认为均由委托人占有。依受托人占有观点,驾驶员在运输过程中不法占有集装箱整体或者取出集装箱中内容的,系利用职务上的便利,均成立职务侵占罪;依委托人占有观点,驾驶员在运输过程中不法占有集装箱整体或者取出集装箱中内容的,系利用工作上的便利,均成立盗窃罪。修正区别说认为,集装箱整体由受托人占有,但其中的内容由受托人与委托人共同占有。因此,驾驶员在运输过程中不法占有集装箱整体的,系利用职务上的便利,成立职务侵占罪;不法取得其中的内容的,既利用了职

① 参见张明楷:《刑法学(下)》(第6版),法律出版社2021年版,第1234页。

② 如有案例认为,委托人在将财物交由受托人代为保管之前进行了包装、封缄或者上锁,这种行为表明委托人已排除了受托人对封存财物的控制与支配。委托人尽管将整个包装物交给了受托人,但并没有失去对封存财物的控制,其对于包装物内财物的占有支配权依然存在。由于盗窃罪的特征之一就是占有的他人性,也就是说,盗窃罪的对象必须是他人占有的财物。因此,如果受托人以非法占有为目的,对包装物进行破坏并取出其中的财物,就属于侵害了委托人的占有,应以盗窃罪论处。参见聂昭伟、陈玲英:《承运人盗取已封缄货物构成盗窃罪》,载《人民司法(案例)》2009年第10期。

务上的便利也利用了工作上的便利,成立职务侵占罪与盗窃罪的竞合,从一重处即以盗窃罪定罪处罚。

相比较而言,笔者认为非区别说中的受托人占有观点即职务侵占说,更具有合理性,也更具有实操性。主要理由为:第一,货主将货物委托货运公司(受托人)运输,就整体地将保管、运输该批货物的义务交付给了货运公司,客观上货主也不再能控制、支配该批货物。相应地,该批货物应视为货运公司财产,已处于货运公司的占有和控制之下。

第二,驾驶员运输其所在单位的货物,或者按照其所在货运公司安排运输他人货物,无论是采用集装箱还是采用非集装箱形式,所运货物客观上已经转移至驾驶员的实际占有和控制之下,驾驶员在运输过程中不仅负有保管货物的职责,而且负有将货物安全及时运送至目的地的职责。

第三,虽未经许可驾驶员不得打开盖有封印、加锁或采取其他防护措施的集装箱[①],也尽管其对集装箱内的货物未必有明确、具体的认知,但是,既然整个集装箱处于驾驶员的占有和控制之下,那么集装箱内的货物当然也处于其占有和控制之下,即应当视为一个整体看待。质言之,驾驶员不仅对集装箱整体具有保管职责,而且对箱内货物也具有保管职责。如果将集装箱整体与箱内货物的占有和控制问题予以区别,那货主或者货运公司对运输途中的集装箱内货物如何进行占有和控制,显然难以作出令人信服的回答。

第四,虽然职务侵占罪与盗窃罪的最高法定刑均为无期徒刑,但职务侵占罪的定罪量刑标准明显高于盗窃罪,相比较而言,以盗窃罪定罪处罚显得更为严厉。如果按照区别说和修正区别说,将会导致罪刑轻重倒挂,即非法占有集装箱整体的成立职务侵占罪,而非法占有集装箱内货物的成立处罚更为严厉的盗窃罪,显然非法占有整体的社会危害性更为严重,故上述区别定罪将明显导致罪刑不协调、不合理。

第五,驾驶员非法占有集装箱整体和非法占有集装箱内货物两种行为,都是

① 如授权驾驶员可以打开,如持有钥匙等,就意味着驾驶员对集装箱内的货物具有保管职责,该情形无须探讨。

将自己占有、控制下的货物非法占为己有,并无实质差异,应统一定罪。而且,对于窃取自己占有、控制下的集装箱内货物的行为,对社会治安的危害并不明显,主要还是侵犯了所在单位的财产权益和职务行为的廉洁性,故以职务侵占罪定性更为合理。

第六,非法占有整个集装箱后不开箱取货,概率极低,而开箱取货,非法占有集装箱内全部货物或者部分货物才是常态,因为只有这样才能实现非法占有目的。故区别说、修正区别说及非区别说中委托人占有观点,实践中将出现一致的结果:难有定性职务侵占罪的可能,基本定性盗窃罪,即理论上区分不同情形定罪的“两罪说”,实践中则变成了基本只有一种情形的“盗窃一罪说”,显然不尽合理。

第七,对驾驶员窃取其所运货物的行为,不区分装载货物形式,也不区分非法占有集装箱整体还是非法占有集装箱内货物,肯定其对集装箱整体和集装箱内货物均具有保管职责,统一以职务侵占罪定罪处罚,相较而言理论上讲得更通、实践中更便于操作,无疑是解决此类争议问题的较好选择。

需要提及的是,邮件属于封缄物,与此处探讨的集装箱类同。《刑法》第二百五十三条第二款关于邮政工作人员私自开拆邮件并窃取财物的以盗窃罪从重处罚的规定,实与区别说观点一致。笔者认为,该规定是专门针对具有特殊主体身份的邮政工作人员的立法,属于法律拟制。在对区别说观点存在争议的情况下,不宜以上述《刑法》规定来推广适用于其他领域。

当然,对驾驶员窃取集装箱内货物的行为以职务侵占罪定性,那么驾驶员所在单位就是被害单位,即驾驶员应该对其所在单位承担退赔责任。同时,驾驶员所在单位(一般为货运公司)需按照相关法律法规向货主承担民事赔偿责任。

3. 对李某职务侵占案的评析

第一,李某作为沪深航公司驾驶员,属于公司人员,符合职务侵占罪的主体要件。

第二,李某在实施犯罪行为时具有职务上的便利。按照普通货物运输惯例,沪深航公司在依据运输合同接收货物后,就取得了涉案货物的直接控制权。沪深航公司作为承运人,在履行合同过程中不仅负有将货物安全及时地送达目的地的义务,同时对该货物负有直接保管的职责。李某作为沪深航公司的驾驶员,在履行职务的过程中实际控制该货物并负有保管货物、将货物运至目的地并办理托运的职责,故李某在实施涉案犯罪行为时具有职务上的便利。

第三,李某在实施涉案犯罪行为时利用了职务上的便利。虽然李某无权私自拆开涉案货物封箱,但其正是利用自己运输、保管涉案货物的职务便利,伙同他人非法占有了封箱内的物品。

第四,李某将其所在公司的财物非法占为己有。涉案货物虽系他人所有,但处于沪深航公司保管、运输之下,应视为沪深航公司的财物,即李某非法占有了沪深航公司财物。

综上,李某身为公司人员,伙同他人利用职务上的便利,将公司承运的货物非法占为己有,价值 16 万余元,其行为构成职务侵占罪。一、二审法院的判决是正确的。

(四)快递从业人员窃取快递件中财物的定性

关于快递公司从业人员在收寄、分拣、运输、投递等环节,窃取快递件中财物的行为如何定性,理论上存在分歧,实践中存在不同判现象,下文分别论述。

1. 快递员窃取快递件中财物的定性

快递员在收寄、运输、投递快递件过程中,窃取快递件中财物的行为,实践中存在盗窃罪与职务侵占罪两种判法。一是以盗窃罪定性,被害人(单位)为寄件人或者收件人。例如,快递公司快递员与货运司机,在送货途中,从车厢内取出 1 件快递包裹,拆包后窃得包裹内的手表 2 块、手链 2 条,价值 3000 余元。生效裁判认为,快递员与货运司机结伙,以非法占有为目的,秘密窃取他人(寄件人)财物,其行为均构成盗窃罪。二是以职务侵占罪定性,被害人(单位)为快递公司。例如,北京"手机变砖头"案。快递公司营业点经理,伙同两名快递员,私拆快递包裹,将其中的手机、保健品、高档运动鞋、首饰等贵重物品取出后放入砖块或者廉价替代品,再以收件人拒收为由将包裹退回寄件人,涉案物品总价值近 4 万元。2012年3月15日,北京市通州区人民法院作出一审判决,认为3名被告人以非法占有为目的,利用职务上的便利,将本单位财物非法占为己有,数额较大[①],其行为均构成职务侵占罪。[②]

导致上述不同判决的原因,与窃取封缄物中的财物存在不同定性一样,也就是依据快递件中的财物是否处于快递员的占有和控制之下,如是,有职务上的便利,属于职务侵占;如否,则没有职务上的便利,只有工作上的便利,属于盗窃。

笔者认为,对快递员窃取快递件中财物的定性,应参照前文关于货运驾驶员窃取所运货物以职务侵占罪定性的观点。具体而言:第一,快递件与集装箱一样都属于封缄物,快递件处于快递公司的保管和运输之中,视为快递公司的财物。第二,快递公司的快递员属于公司人员,快递员根据快递公司的安排收寄、运输、投递快递件,属于职务行为。第三,快递员根据快递公司的安排收寄、运输、投递快递件,快递件整体和快递件中的财物均处于快递员的占有和控制之下,即快递员不仅对快递件整体具有保管职责,而且对快递件中的财物具有保管职责。第四,快递员在收寄、运输、投递快递件的过程中,无论是将快递件整体占为己有还是窃取快递件中的财物,均利用了职务上的便利,即将应属于快递公司的财物非法占为己有,数额较大的,以职务侵占罪定罪处罚。

对快递员窃取快递件中财物的行为以职务侵占罪定性,那么快递公司就是被害单位,即快递员应该对其所在的快递公司承担退赔责任。同时,快递公司应该按照法律规定向寄件人或者收件人承担民事赔偿责任。

当然,集装箱内一般为财物,而快递件中有的为财物,有的为信件,涉及通信自由和通信秘密。如果快递员非法拆开他人快递,不为窃取财物,而是侵犯他人通信自由和通信秘密,情节严重的,构成侵犯通信自由罪。

2.分拣员窃取快递件中财物的定性

分拣员在分拣快递件过程中,窃取快递件中财物的行为,实践中同样存在盗

① 在2016年《最高人民法院、最高人民检察院关于办理贪污贿赂刑事案件适用法律若干问题的解释》出台前,根据2010年《最高人民检察院、公安部关于公安机关管辖的刑事案件立案追诉标准的规定(二)》第八十四条的规定,职务侵占5千元至1万元以上的,属于数额较大,应予立案追诉。解释出台后,职务侵占6万元以上的,才属于数额较大。

② 《3快递员私拆手机调包为砖头　被判职务侵占获刑》,载新华网,2012年3月15日。

窃罪与职务侵占罪两种判法。导致上述不同判决的原因,在于快递件中的财物是否处于分拣员的占有和控制之下,如是,有职务上的便利,属于职务侵占;如否,则没有职务上的便利,只有工作上的便利,属于盗窃。

如有观点认为,分拣员与快递员虽然都属于快递公司的员工,但工作性质显然不同,分拣员仅在短时间内“握有”财物,或者财物仅从手中过一下,其并无法律意义上占有、控制、持有财物的意思和行为。一方面,分拣员应当迅速、准确地将快递运送物品从其储位或者其他区位拣取出来,并按一定的方式进行分类、集中,多人流水、共同作业的工作性质决定了其不可能也无须对财物享有独立的占有、处分权限;另一方面,分拣货物的全过程必须在公司监控器的监视下进行,被害单位通过监视这一措施表明其对财物的独立占有和控制权,分拣员最多属于占有辅助者,其并不是代表单位独立占有、处分流水线上的物品,也谈不上与单位其他作业的同事共同占有、处分单位财物,因为监控装置的存在,流水线上的所有分拣人员都对财物没有独立的占有、处分权限。[①] 分拣员在不具有管理、经手本单位财物职务便利的情形下,利用在短时间内“握有”本单位财物或者本单位财物仅从其手中“过一下”的机会,窃取快递件或者快递件中的财物,与单纯利用工作机会窃取他人占有的财物相同,应以盗窃罪论处。

笔者倾向认为,分拣员窃取快递件中财物的行为也应认定为职务侵占罪。主要理由为:其一,从工作内容来看,快递员、分拣员只是单位内部职责分工不同,均对所经手的财物负有安全保管责任,快递与分拣均属于职务行为,具有职务行为所要求的持续性、反复性特征,应当作一体评价。在分拣区域是否装有监控装置,不影响分拣员对其所经手的快递件负有监管职责。其二,从法律责任来看,分拣员在工作中造成物品损坏丢失的,所在快递公司同样应当承担赔偿责任。相应地,认定分拣员的行为构成职务侵占罪,其应该对所在的快递公司承担退赔责任,快递公司按照法律规定向寄件人或者收件人承担民事赔偿责任。

需要提及的是,对于被派遣至邮政单位从事快递包裹分拣工作的临时工,在分拣过程中,非法占有包裹内财物的,如何定性,存在争议。笔者认为,《刑法》第

---

① 参见周光权:《职务侵占罪客观要件争议问题研究》,载《政治与法律》2018 年第 7 期。

二百五十三条第二款是法律拟制,即将邮政工作人员既侵犯他人通信自由(私自拆开邮件)又侵犯他人财产权利(窃取邮件内财物)的行为,拟制为盗窃行为。按照前文关于犯罪主体性质看职责而非看身份的观点,被派遣至邮政单位从事快递包裹分拣工作的临时工,视为邮政工作人员。因其负责快递包裹分拣工作,系从事劳务,故其属于非国家工作人员。其在分拣包裹过程中利用职务便利将包裹内财物非法占为己有的行为,仅是一个侵财行为,并未侵犯他人的通信自由,故不适用《刑法》第二百五十三条第二款的规定,应以职务侵占罪论处。当然,如果劳务派遣人员在邮政单位从事的工作具有公务性质,对其以国家工作人员论,则其利用职务便利将他人包裹内财物(以公共财产论)非法占为己有的行为,属于贪污。

第七章

挪用资金罪论

挪用资金罪,是指公司、企业或者其他单位的工作人员,利用职务上的便利,挪用本单位资金归个人使用或者借贷给他人,数额较大、超过三个月未还的行为,或者虽未超过三个月,但数额较大、进行营利活动的行为,或者进行非法活动的行为。

一 挪用资金罪审查要点

实践中,主要审查两个方面:第一,犯罪主体是否为公司、企业或者其他单位工作人员;第二,客观上是否利用职务上的便利挪用资金“归个人使用”。

(一)犯罪主体是否为公司、企业或者其他单位工作人员

本罪与职务侵占罪一样,都属于非国家工作人员职务犯罪,犯罪主体为特殊主体,即公司、企业或者其他单位的工作人员,具体包括公司工作人员、企业工作人员和其他单位工作人员。国有公司、企业以及国有控股、参股公司、企业中除国家工作人员以外的人员,以及其他公司、企业工作人员,均属于公司、企业工作人员。其他单位工作人员,即公司、企业以外的其他单位的工作人员。

在职务侵占罪部分论述到,一人公司的员工系公司人员,符合职务侵占罪的

主体要件，当然也符合挪用资金罪的主体要件。对于一人公司的唯一股东，利用职务上的便利挪用公司资金"归个人使用"的，虽然侵害了公司对财产的占有权、使用权和收益权①，形式上符合挪用资金罪的构成要件，但因为该行为侵害的是公司对财产的占有权、使用权和收益，与职务侵占行为侵害公司的财物所有权相比，社会危害性要小，故在职务侵占行为一般不以犯罪论处的情形下，对于挪用资金行为，更无须以犯罪论处。

何谓"其他单位"？2008 年《最高人民法院、最高人民检察院关于办理商业贿赂刑事案件适用法律若干问题的意见》第二条作了规定，即"其他单位"既包括事业单位、社会团体、村民委员会、居民委员会、村民小组等常设性的组织②，也包括为组织体育赛事、文艺演出或者其他正当活动而成立的组委会、筹委会、工程承包队等非常设性的组织。据上，对尚未正式成立但又实际运作的单位，因已经具有一定的组织性质，应将其纳入"其他单位"范畴。事实上，2000 年《最高人民检察院关于挪用尚未注册成立公司资金的行为适用法律问题的批复》亦体现该精神，即"筹建公司的工作人员在公司登记注册前，利用职务上的便利，挪用准备设立的公司在银行开设的临时账户上的资金，归个人使用或者借贷给他人，数额较大、超过三个月未还的，或者虽未超过三个月，但数额较大、进行营利活动的，或者进行非法活动的，以挪用资金罪追究刑事责任"。也就是说，虽未登记注册但正在筹建的公司，属于"其他单位"；筹建公司的工作人员，属于其他单位工作人员。

根据 2011 年《最高人民法院研究室关于个人独资企业员工能否成为职务侵占罪主体问题的复函》的规定，个人独资企业属于"单位"，个人独资企业员工可以成为职务侵占罪的犯罪主体，当然也可以成为挪用资金罪的犯罪主体。因个人独资企业投资人以其个人财产对企业债务承担无限责任，故其利用职务上的

① 参见高铭暄、马克昌主编：《刑法学》（第 10 版），北京大学出版社、高等教育出版社 2022 年版，第 519 页。

② 对于在国家机关中从事劳务的人员，如劳务派遣人员，也属于其他单位工作人员，即此时的国家机关属于公司、企业以外的"其他单位"。参见罗开卷：《贪污贿赂罪实务精解》，法律出版社 2020 年版，第 15 页。

便利挪用企业资金“归个人使用”的，不构成挪用资金罪。如此，个人独资企业投资人不能成为挪用资金罪的犯罪主体。

小区业主委员会显然不是公司也不是企业，能否认定为“其他单位”，直接关系业主委员会工作人员挪用业主委员会资金的行为能否构成挪用资金罪。例如，某业主委员会主任，利用职务上的便利，挪用该业主委员会账户内资金40万元进行营利活动，同时挪用4万元借贷给他人、超过三个月未还，其行为是否构成挪用资金罪存在争议。生效裁判认为，该业主委员会主任的行为构成挪用资金罪。具体而言，如果业主委员会成立后在行政主管机关进行了备案登记，取得了统一的组织机构代码证，则具备“其他单位”的特征。业主委员会工作人员属于其他单位人员，可以成为挪用资金罪的犯罪主体。业主委员会具有属于自己的财产，名下银行账户内的资金属于全体业主共有，应当认定为业主委员会的“本单位资金”。业主委员会工作人员利用职务上的便利，挪用业主委员会资金归个人使用或者借贷给他人，数额较大、超过三个月未还的，或者虽未超过三个月，但数额较大、进行营利活动的，或者进行非法活动的，应当以挪用资金罪定罪处罚。①

根据2000年《最高人民法院关于对受委托管理、经营国有财产人员挪用国有资金行为如何定罪问题的批复》的规定，对于受国家机关、国有公司、企业、事业单位、人民团体委托，管理、经营国有财产的非国家工作人员，利用职务上的便利，挪用国有资金归个人使用构成犯罪的，以挪用资金罪定罪处罚。即受委托管理、经营国有财产的人员，一般为非国家工作人员，属于公司、企业或者其他单位工作人员，不能成为挪用公款罪的犯罪主体，但可以成为挪用资金罪的犯罪主体。例如，刘某与县有奖募捐委员会办公室签订销售福利彩票协议，取得彩票销售权。刘某认为当日销售的彩票还未出现中奖号码，遂利用自身销售彩票的便利，未缴纳投注金即从彩票投注机上一次性打出15张总金额为55.692万元的彩票，以期中得大奖，而后再用奖金归还投注金。但中奖号码揭晓后，刘某仅中奖

① 参见张冰、赵靓：《王江浩挪用资金案》，载最高人民法院刑事审判第一、二、三、四、五庭主办：《刑事审判参考》总第122集，法律出版社2020年版。

8320 元。在当晚开奖前,福彩中心即发现刘某负责销售的投注站销售异常,迅速派人调查。后刘某因无法支付巨额彩票投注金企图逃匿被抓获。本案中,刘某受彩票机构委托,从事彩票销售经营活动,属于受事业单位委托管理、经营公益财产的非国家工作人员即其他单位的工作人员。刘某利用其管理、经营福利彩票投注站的职务便利,违反有关规定,在没有缴纳投注金的情况下,擅自打印并获取巨额彩票,其行为属于利用职务上的便利,变相挪用单位巨额资金进行投机活动即用于营利活动,应以挪用资金罪定罪处罚。

(二)客观上是否利用职务上的便利挪用资金"归个人使用"

根据 2000 年《最高人民法院关于如何理解刑法第二百七十二条规定的"挪用本单位资金归个人使用或者借贷给他人"问题的批复》的规定,公司、企业或者其他单位的非国家工作人员,利用职务上的便利,挪用本单位资金归本人或者其他自然人使用,或者挪用人以个人名义将所挪用的资金借给其他自然人和单位,构成犯罪的,以挪用资金罪定罪处罚。

挪用资金罪系公司、企业或者其他单位工作人员实施的职务犯罪行为,即个人决定将本单位资金归个人使用或者借贷给他人。如果经单位领导集体研究决定,或者单位负责人为了单位利益决定将本单位资金给个人使用,则属于单位行为而非个人的私用行为,当然不构成挪用资金罪。

如何理解和把握挪用资金罪中的"归个人使用"?2022 年修订的《最高人民检察院、公安部关于公安机关管辖的刑事案件立案追诉标准的规定(二)》第七十七条第二款的规定可作参考,即具有下列情形之一的,属于该罪中的"归个人使用":(1)将本单位资金供本人、亲友或者其他自然人使用的;(2)以个人名义将本单位资金供其他单位使用的;(3)个人决定以单位名义将本单位资金供其他单位使用,谋取个人利益的。事实上,上述规定与 2002 年《全国人民代表大会常务委员会关于〈中华人民共和国刑法〉第三百八十四条第一款的解释》即对挪用公款“归个人使用”所作的立法解释[①],基本精神一致。

1. 将本单位资金供本人、亲友或者其他自然人使用

该种情形,实质上是将本单位资金非法置于个人的支配之下,是挪用资金“归个人使用”的最常见形式。无论是以个人名义还是以单位名义,只要将本单位资金供本人、亲友或者其他自然人使用,都是“归个人使用”。

根据2010年《最高人民法院、最高人民检察院关于办理国家出资企业中职务犯罪案件具体应用法律若干问题的意见》第三条的规定,国家出资企业的工作人员在公司、企业改制过程中为购买公司、企业股份,利用职务上的便利,将公司、企业的资金或者金融凭证、有价证券等用于个人贷款担保的,以挪用资金罪或者挪用公款罪定罪处罚。同时参照2003年《全国法院审理经济犯罪案件工作座谈会纪要》的规定,即“挪用金融凭证、有价证券用于质押,使公款处于风险之中,与挪用公款为他人提供担保没有实质的区别,符合刑法关于挪用公款罪规定的,以挪用公款罪定罪处罚,挪用公款数额以实际或者可能承担的风险数额认定”。因金融凭证、有价证券本身属于单位资金,故挪用金融凭证、有价证券用于个人贷款担保与挪用单位资金用于个人贷款担保实质一样,且挪用单位的资金或者金融凭证、有价证券用于个人贷款担保的行为,使单位的资金或者金融凭证、有价证券处于风险之中,属于挪用单位的资金或者金融凭证、有价证券“归个人使用”,构成犯罪的,根据涉案主体是否属于国家工作人员,以挪用公款罪或者挪用资金罪定罪处罚。对此类挪用犯罪的数额,以实际或者可能承担的风险数额认定。

例如,崔某利用职务上的便利,擅自挪用所在单位资金350万元用于支付个人购房款,不到三个月崔某冒用单位名义向外单位甲公司借款350万元,归还挪用的单位资金350万元。后崔某又挪用单位资金360万元,用于归还向甲公司的借款本息,并再冒用单位名义向外单位乙公司借款360万元,归还挪用的单位资

① 该立法解释明确,挪用公款“归个人使用”包括以下三种情形:(1)将公款供本人、亲友或者其他自然人使用的;(2)以个人名义将公款供其他单位使用的;(3)个人决定以单位名义将公款供其他单位使用,谋取个人利益的。

金360万元……至案发,崔某尚欠外单位丁公司460万元未归还,且借款尚不满三个月,但第一次挪用单位资金至案发已超过三个月。[①] 本案系冒用单位名义向外借款(成立表见代理)用于填补先前挪用单位资金所造成的亏空,至案发尚未归还对外借款的,是否属于挪用单位资金"归个人使用"?答案显然是肯定的。一方面,崔某多次借新债还旧债,都是为继续挪用本单位资金做准备;另一方面,因为成立表见代理,崔某所在单位须为崔某的对外借款行为承担还款义务,如此,被害单位资金始终处于被崔某挪用的状态,故其行为系挪用单位资金"归个人使用"行为。至案发,崔某尚欠外单位丁公司460万元未还,虽然该笔借款尚不满三个月,但其挪用单位资金"归个人使用"(用于营利活动和非法活动以外的其他活动即支付个人购房款)超过三个月仍未归还的有360万元,应认定为挪用资金罪。

对于公司股东提供个人担保,擅自以本公司名义对外借款300万元,后该笔资金进入本公司对公账户,然后再挪用该笔资金用于个人投资、还款及消费的,因该笔资金的性质已经属于本公司的资金,故应当认定公司股东利用职务上的便利,挪用单位资金归个人使用,其行为构成挪用资金罪。[②]

2. 以个人名义将本单位资金供其他单位使用

该种情形,也是将本单位资金非法置于个人的支配之下,并未以本单位名义与对方单位建立债权债务关系,故属于挪用资金"归个人使用"。参照2003年《全国法院审理经济犯罪案件工作座谈会纪要》关于挪用公款罪的规定,对于将本单位资金供其他单位使用的,认定是否属于"以个人名义",不能只看形式,要从实质上把握。对于行为人逃避财务监管,或者与使用人约定以个人名义进行,或者借款、还款都以个人名义进行,将本单位资金给其他单位使用的,应认定为"以个人名义"。

3. 个人决定以单位名义将本单位资金供其他单位使用,谋取个人利益

参照2003年《全国法院审理经济犯罪案件工作座谈会纪要》关于挪用公款

① 参见茆荣华主编:《2018年上海法院案例精选》,上海人民出版社2020年版,第391~392页。
② 参见徐艳:《柯远鹏挪用资金案》,载最高人民法院中国应用法学研究所编:《人民法院案例选》总第121辑,人民法院出版社2018年版。

罪的规定,“个人决定”既包括行为人在职权范围内决定,也包括超越职权范围决定。“谋取个人利益”既包括行为人与使用人事先约定谋取个人利益实际尚未获取的情况,也包括虽未事先约定但实际已获取了个人利益的情况。其中的“个人利益”,既包括不正当利益也包括正当利益;既包括财产性利益也包括非财产性利益,但这种非财产性利益应当是具体的实际利益,如升学、就业等。

个人决定以单位名义将本单位资金供其他单位使用,如并未谋取个人利益,此时,本单位和使用单位之间建立了债权债务关系,属于归单位使用而非“归个人使用”。相反,个人决定以单位名义将本单位资金供其他单位使用,如果谋取个人利益,则行为人是将本单位资金作为其牟取私利的工具,此时属于“归个人使用”而非归单位使用。

2018 年 5 月 31 日,最高人民法院再审改判张某无罪,其中关于其行为不构成挪用资金罪的理由,即涉及涉案资金均系在单位之间流转,反映的是单位之间的资金往来,是否属于挪用资金“归个人使用”,以及是否挪用资金为个人牟利的问题[①]。原判关于挪用资金罪部分认定,1997 年,张某与泰康公司董事长陈某、中国国际期货有限公司董事长田某挪用泰康公司 4000 万元资金申购新股为个人牟利,共盈利 1000 余万元。原判以挪用资金罪对张某判处有期徒刑一年。最高人民法院经再审认为,张某与陈某、田某共谋,并利用陈某职务上的便利,将陈某所在泰康公司 4000 万元资金转至卡斯特投资咨询中心股票交易账户进行营利活动的事实清楚,证据确实。但在案证据显示,涉案资金均系在单位之间流转,反映的是单位之间的资金往来,没有进入个人账户;在案证据中没有股票账户交易的记录,该账户上的具体交易情况及资金流向不明,无证据证实张某等人占有了申购新股所得盈利;关于挪用资金归个人使用的证据都属于言词证据,且存在供证不一、前后矛盾等问题。因此,原判认定张某挪用资金归个人使用、为个人牟利的事实不清、证据不足。故原判认定张某的行为构成挪用资金罪,属于

① 参见最高人民法院刑事判决书,(2018)最高法刑再 3 号。

认定事实和适用法律错误，应当依法予以纠正。[①]

实践中，个人决定以单位名义将本单位资金供本人或者与本人有共同经济利益关系人所有或者持有股份的公司、企业使用的，显然是为了谋取个人利益，属于“归个人使用”。

需要注意的是，个人决定以单位名义将本单位资金供一人公司使用的，如并未否定一人公司人格，则一人公司为单位，属于“归单位使用”。如谋取个人利益，属于“归个人使用”。其中，如一人公司系本人或者与本人有共同经济利益关系的人所有，系为谋取个人利益。相反，如否定一人公司人格，则属于个人决定以单位名义将本单位资金供本人、亲友或者其他自然人使用，属于挪用资金“归个人使用”。

二 挪用资金“进行营利活动”的界定

挪用资金归个人使用，有的用于非法活动，有的用于营利活动，还有的用于非法活动和营利活动以外的其他活动。由于挪用资金用于三种不同活动所反映的行为人的主观恶性及其社会危害性不同，《刑法》对挪用资金用于三种不同活动的入罪门槛作了不同规定，即挪用资金进行非法活动的，没有数额和时间的限制；挪用资金进行营利活动的，要求数额较大，不受挪用时间和是否归还的限制；挪用资金进行其他活动的，不仅要求数额较大，还要求自挪用之日起，超过三个月未还。当然，2016 年《最高人民法院、最高人民检察院关于办理贪污贿赂刑事案件适用法律若干问题的解释》对三种挪用资金用于不同活动的入罪门槛规定了不同的数额标准，即进行非法活动，数额在 6 万元以上的，或者进行营利活动，数额在 10 万元以上的为“数额较大”，或者用于其他活动超过三个月未还，数额

① 《依法保护产权和企业家合法权益的“标杆”案件——最高人民法院审判监督庭负责人就张文中案改判答记者》，载新华网，2018 年 5 月 31 日；《最高人民法院再审改判张文中无罪》，载《人民法院报》2018 年 6 月 1 日，第 1、2 版。

在10万元以上的为“数额较大”。

挪用资金用于非法活动,即用于违法犯罪活动。用于营利活动,即用于一切为了获取经济利益所从事的经济行为。仅限于合法的营利活动,如用于非法的营利活动,属于用于非法活动。用于其他活动,主要用于个人消费。参照2003年《全国法院审理经济犯罪案件工作座谈会纪要》的相关规定,第一,挪用资金归还个人欠款的,应当根据产生欠款的原因,分别认定属于挪用资金的何种情形。归还个人进行非法活动或者进行营利活动产生的欠款,应当认定为挪用资金进行非法活动或者进行营利活动。第二,申报注册资本是为进行生产经营活动做准备,属于成立公司、企业进行营利活动的组成部分。因此,挪用资金归个人用于公司、企业注册资本验资证明的,应当认定为挪用资金进行营利活动。

实践中,挪用资金进行营利活动最为常见。对于挪用资金用于办理银行卡资金证明的是否属于挪用资金进行营利活动,存在争议。例如,王某系公司工作人员,其利用职务上的便利,先将单位资金26万元存入其工商银行账户,再转至其子银行账户,用于办理有一定存款数额要求并具有投资理财功能的招商银行“金葵花”钻石卡。不到一个月,王某之子将26万元归还至其工商银行账户,其再归还单位。王某的行为是否属于挪用资金进行营利活动,存在不同观点。

第一种观点认为,不能认定为挪用资金“进行营利活动”,王某的行为不构成挪用资金罪。首先,涉案招商银行“金葵花”钻石卡具有多种功能,投资理财属于功能之一,办理该卡仅为投资理财营利提供了可能性。办理该卡后可以进行营利活动,但是否进行营利活动不好确定,以后既可以用以投资、申请优惠贷款,也可以仅享受银行优质服务,故使用银行卡进行营利活动,是一种期待性利益。王某之子客观上没有使用该卡进行投资理财活动,不能以该卡具有相应功能而认定其行为系进行营利活动。其次,参照1998年《最高人民法院关于审理挪用公款案件具体应用法律若干问题的解释》第二条的规定,即挪用公款存入银行、用于集资、购买股票、国债等,属于挪用公款进行营利活动。无论是集资、购买股票、国债,还是存入银行获取利息,均是通过该行为直接获利,而挪用资金用作办卡的资金证明,并不能产生经济利益,不能将该行为直接认定为挪用资金进行营利活动。最后,上述司法解释规定的“挪用公款存入银行”,就其实质内容而言是为了获取存款利息的活动,对于并非为了获取利息而存入银行用作资金证明的,不能依此认定为“进行营利活动”。本案中,王某主观上是为了办卡,存入银行客观上产生的利息并非其主观追求目的,根据主客观相一致原则,其将单位资金转入其子银行账户用于办卡资金证明的行为,不属于挪用资金存入银行的营利活动。王某挪用资金系用于其他活动,尽管数额较大,但其挪用时间未超过三个月,其行为不构成挪用资金罪。

第二种观点认为,应认定为挪用资金“进行营利活动”,王某的行为构成挪用资金罪。首先,挪用资金存入银行客观上有所盈利。办理招商银行“金葵花”钻石卡的要求是“必须达到存款500万元,至少资金停留一周”,王某将单位资金转入其子账户虽不足一个月,但客观上也会产生利息。参照前述司法解释规定,王某只要将挪用的单位资金存入银行,不管是定期还是活期,都属于营利活动。其次,王某将单位资金存入银行的目的虽不在于获取利息,但其主观上仍有营利的意图。办理招商银行“金葵花”钻石卡,客户有期待性的经济利益,持有“金葵花”钻石卡的客户如参与招商银行的投资理财活动,回报率比一般的理财产品高,如短期信贷、透支,利息和手续费更低。王某明知其子办理该卡是为了投资理财更为便利、优惠,而将单位资金挪给其子办理该卡,虽然该卡尚未被实际使用、获利,但是办卡的意图是获得投资理财的优惠和利益,可认定其主观上具有营利意图。最后,参照2003年《全国法院审理经济犯罪案件工作座谈会纪要》的规定,即挪用公款归个人用于公司、企业注册资本验资证明的,应当认定为挪用公款进行营利活动。验资行为虽然并非直接营利行为,只是营利性准备,但也应认定为系进行营利活动。挪用单位资金作为办卡的资金证明,虽不能直接获得经济利益,但使用该卡可以获得投资理财的优惠利益,使用该卡投资理财获取利益的行为可视为营利活动,办理该卡的行为是营利活动的向前延伸,应认定为进行营利活动。

笔者赞同第二种观点,即王某的行为系挪用资金进行营利活动,数额较大,其行为构成挪用资金罪。本案中,王某明知其子办卡是为了投资理财享受优惠,仍将挪用的资金转入其子银行账户，不仅客观上产生了利息，实际使用中会产生经济利益，而且主观上也具有牟利意图，从主客观相一致角度，应将挪用资金用于办卡资金证明的行为认定为挪用资金进行营利活动。王某挪用资金 26 万元，属于数额较大，其行为构成挪用资金罪。

三 挪用资金“超过三个月未还”的时间节点确定

根据《刑法》规定，挪用资金用于营利活动和非法活动，在入罪上无须要求“超过三个月未还”，而挪用资金用于营利活动、非法活动以外的个人活动的，只有“数额较大”，且“超过三个月未还”的方可构成犯罪。

《刑法》规定的“挪用资金超过三个月未还”，三个月的起点是挪用之时，至“何时”才超过三个月，目前尚无明确规定，致使实践中存在一些争议。例如，挪用单位资金 8 万元用于个人活动，到被害单位报案时未满三个月，到公安机关立案之日已超过三个月，到被采取强制措施之日已超过三个月，到法院判决之日也已超过三个月，那么该案是否属于“挪用资金超过三个月未还”而构成挪用资金罪？显然，如计算至被害单位报案之时，因未满三个月，不构成挪用资金罪；如计算至立案、被采取强制措施或者判决之日，则已超过三个月未还，构成挪用资金罪。

根据挪用资金罪的立法精神和目的，为最大限度地保护单位资金安全，笔者同意该观点，即《刑法》规定的“挪用资金超过三个月未还”属于一种持续行为，不因“报案”“立案”“采取强制措施”等介入因素而中断。质言之，只要行为人挪用资金归个人使用，数额较大，该行为持续的时间超过三个月未还即构成挪用资金罪。[①] 依此，上述案例属于“挪用资金超过三个月未还”情形，应以挪用资金罪追究刑事责任。

---

① 参见范凯：《李毅挪用资金案》，载最高人民法院刑事审判第一、二、三、四、五庭主办：《刑事审判参考》总第 109 集，法律出版社 2017 年版。

四　“挪而未用”的既未遂认定

例如,王某在担任英纳雪公司副总经理期间,将该公司的10具空气呼吸器及10只碳纤维气瓶以11.9万元的总价销售给他人。王某在收到上述货款后,虽经英纳雪公司多次催要,但以与该公司存在纠纷为由拒绝交付货款,时间长达一年多。案发后,王某退回部分货款10万元。关于王某的行为是否构成挪用资金罪,是既遂还是未遂,存在争议。第一种观点认为,“挪用”即“挪+用”,“挪”指移动,“用”指使用,只有既挪又用资金的行为,才能叫作挪用资金,只挪而未用的,不构成挪用资金罪。第二种观点认为,行为人挪用的目的是用,只挪而未用的,构成挪用资金罪的未遂。第三种观点认为,“挪”是前提,“用”是目的,对于“挪用”犯罪而言,并不是以行为人实现了“用”的目的才构成既遂,对于“挪而未用”的情况应该认定为挪用资金罪的既遂形态。①

笔者认为,“挪用”不是复合行为,而是单一行为。从行为关系看,“挪”是挪用资金罪的实行行为,“用”只是“挪”的后续行为,“挪”才是《刑法》打击本罪的根本所在。虽然行为人只是挪出单位资金而没有投入实际使用,但这种“挪而未用”的行为仍然可以构成挪用资金罪的既遂形态。

一方面,挪用资金罪的客体为公司、企业或者其他单位对资金的占有、使用、收益权,即公司、企业或者其他单位的财产所有权。行为人将单位资金转移到自己或者他人的控制之下,单位失去了对该笔资金的控制,即标志单位资金的占有、使用、收益权已经实际地遭受侵犯。因此,“挪而未用”的行为对挪用资金罪客体的侵害已经完成,如果挪用资金的数额和时间符合立案标准,就应该构成挪用资金罪,且为既遂形态。至于是否投入实际使用,使用时间的长短,只是量刑时应考虑的情节。

另一方面,虽然《刑法》对挪用资金罪中的“使用”规定了三种情形,但其主

① 参见罗开卷:《挪而未用的司法认定》,载《人民司法(案例)》2009年第18期。

要用意和目的不是强调行为人实际使用挪用单位资金以后才构成挪用资金罪的既遂,其着眼点在于这三种情形所反映的行为人的主观恶性不同,需要作不同的规定。也就是说,立法者既不是出于将是否实际“使用”这一行为本身作为挪用资金罪的客观构成要件而区分罪与非罪的界限功能的考虑,也不是出于将其作为区分犯罪既未遂形态的标准之一的考虑,而是因为三种不同的使用情况所反映的行为人的主观恶性不同,需要在构成犯罪的规格上作出不同处理的一种刑事政策上的考量。所以,立法者设立挪用资金罪注重的是单位资金是否被挪出以及行为人对单位资金的“用途”,而不是单位资金是否被投入实际使用。这样,应将“挪”理解为挪用资金罪的客观要件,“用”为主观要件,为了个人使用而“挪”出单位资金的行为,其实就具备了挪用资金罪的实行行为。行为人将单位资金挪出后,在不考虑行为人是否按照预先的目的将单位资金投入实际使用的情况下,从性质上来说,这种挪用行为已经符合挪用资金罪中挪用单位资金进行一般活动的情形,如果还符合数额较大、超过三个月未还的要件,就构成挪用资金罪的既遂。在此基础上,再考虑挪用行为是否符合挪用资金罪中挪用单位资金进行营利活动或非法活动的情形。因此,对“挪而未用”的行为,只要具备《刑法》规定的其他构成要件的,应认定为挪用资金罪(既遂)。

由于挪用资金罪与挪用公款罪系近似罪名,都属于挪用犯罪,在构成要件上主要存在犯罪主体和犯罪对象的差异。在司法实践中,不仅挪用资金犯罪中存在“挪而未用”现象,挪用公款犯罪中也同样存在“挪而未用”现象。笔者认为,前文对“挪而未用”行为的定性分析,除了适用于挪用资金犯罪外,还应适用于挪用公款犯罪。也就是说,对国家工作人员利用职务上的便利“挪出公款没有投入实际使用”的行为,只要符合《刑法》关于挪用公款罪的构成要件的,也应认定为挪用公款罪(既遂)。①

那么,对“挪而未用”的行为是按照非法活动型还是按照营利活动型或一般活动型的规定进行定罪处罚?基于挪用资金罪与挪用公款罪两罪之间的类似性,在司法实践中,对挪用资金罪尚无具体司法解释及规定时,常常参照挪用公

① 参见罗开卷:《贪污贿赂罪实务精解》,法律出版社2020年版,第123~124页。

款罪的相关司法解释及规定进行定罪处罚。基于这样的理由,2003 年《全国法院审理经济犯罪案件工作座谈会纪要》的相关规定可以作为参考。该纪要第四条第七项规定,挪用公款后尚未投入实际使用的,只要同时具备数额较大和超过三个月未还的构成要件,应当认定为挪用公款罪,但可以酌情从轻处罚。可见,该纪要在肯定了“挪而未用”的行为可以构成挪用公款罪(既遂)、“未投入实际使用”仅作为量刑情节考虑外,还认为“挪而未用”的行为在一般情况下应按照一般活动型的规定进行定罪处罚。

笔者认为上述纪要的规定是中肯的。就挪用资金罪而言,在行为人还没有将单位资金投入实际使用的情况下,单位资金到底是用于非法活动、营利活动还是一般活动,仍处于不确定状态。即使行为人在挪用单位资金时确有进行非法活动或者营利活动的意图,也不能排除其以后改变主意,将单位资金用于一般活动。在难以确定行为人挪用意图的情况下以一般活动型的规定进行定罪处罚,可以防止因主观归罪而加重行为人的刑事责任。这样处理,不仅有利于被告人,而且便于司法操作。当然,按照一般活动型的规定进行定罪处罚,必须同时符合数额较大和超过三个月未还的要件。如果数额没有达到较大标准,或者挪用时间没有超过三个月,只能认定为无罪。值得注意的是,在确有证据证明行为人挪出单位资金系进行非法活动的意图,或者挪出数额较大的单位资金系进行营利活动的意图的情况下,不能排除对“挪而未用”的行为有按照非法活动型或者营利活动型的规定进行定罪处罚的可能。

前述案例中,王某身为公司工作人员,本应在收到公司货款 11.9 万元后及时上交公司,而王某则以与公司存在纠纷为由扣留公司货款,并在公司的多次催要下仍然拒绝交付,时间长达一年多。尽管没有充分证据证实王某有使用的意图且已经使用了该笔款项(所谓的“挪而未用”),但其利用职务上的便利,无理扣留公司货款并拒绝交付的行为,与挪出单位资金转移到自己控制之下的行为并无两样,侵犯了单位资金的占有、使用、收益权。而且,王某挪用单位资金数额较大,超过三个月未还,符合《刑法》关于挪用单位资金进行一般活动的定罪标准。综上,王某“挪而未用”的行为,符合挪用资金罪的主客观要件,构成挪用资金罪,且为既遂。

五 不退还情形下挪用资金罪与职务侵占罪的区分

正如挪用公款罪与贪污罪的区分一样,挪用资金罪与职务侵占罪的界限,关键在于行为人是否具有非法占有目的。如只是将本单位资金暂时挪归自己使用,并打算在使用之后将资金归还,为挪用资金;如以非法占有为目的,企图改变财物所有权的归属并将财物占为己有,则为职务侵占。具体而言,对下列情形应当以职务侵占罪定罪处罚:

第一,携带挪用的资金潜逃的,对携带挪用的资金部分以挪用资金罪定罪处罚。行为人携带挪用的资金潜逃,表明行为人的主观犯意发生了变化,即由暂时使用单位资金转化为非法占有单位资金。例如,某公司业务员,收取单位货款100余万元不入账并携款潜逃,数年后被抓获。对于此案,应以职务侵占罪追究刑事责任。

当然,如果行为人不是携带挪用的资金潜逃,而是因挪用资金案发,由于客观原因不能归还,行为人畏罪潜逃的,仍应以挪用资金罪定罪处罚。行为人携带挪用的资金潜逃的,对其携带挪用的资金部分以职务侵占罪定罪处罚,对挪用的其他部分仍应以挪用资金罪定罪处罚,此时需以挪用资金罪和职务侵占罪并罚。例如,某公司销售员利用职务上的便利,挪用本单位销售款100余万元用于"百家乐"赌博,输掉50余万元。因挪用之事败露,便携带剩余钱款潜逃,后被抓获。对于该案中用于赌博活动输掉的50余万元,因客观上无力归还,应认定为挪用资金罪,而对携带剩余钱款潜逃的行为应认定为职务侵占罪,即以挪用资金罪和职务侵占罪并罚。

第二,挪用资金后采取虚假发票平账、销毁有关账目等手段,使所挪用的资金已难以在财务账目上反映出来,且没有归还行为的,应当以职务侵占罪定罪处罚。采取虚假发票平账、销毁有关账目等,表明行为人已经不是暂时使用单位资金,而是不想归还挪用的资金,此时犯意发生了转化。例如,某公司职员利用在公司从事财务工作的职务便利,挪用单位资金50万元用于炒股,事后通过虚列开支、虚假发票平账,至案发未予归还。对于此案,应当以职务侵占罪追究刑事责任。当然,没有平账的,原则上以挪用资金罪定罪处罚。

第三,截取单位收入不入账,非法占有,使所占有的资金难以在单位财务账目上反映出来,且没有归还行为的,应当以职务侵占罪定罪处罚。此种情形下,说明行为人具有非法占有目的,且实际没有归还行为的,意味着非法占有了单位资金。例如,某公司业务员,收取业务单位钱款后不入单位账户,而用于个人挥霍、赌博。在已无能力归还单位资金的情况下,再次截留单位钱款200余万元,用于网络赌博花用殆尽。此案中,公司业务员利用职务上的便利,以收款不入账方式,截留并侵吞单位钱款用于个人花用、赌博,其行为构成职务侵占罪。

第四,有证据证明有能力归还所挪用的资金而拒不归还,并隐瞒挪用的资金去向的,应当以职务侵占罪定罪处罚。如果行为人挪用单位资金后,有归还能力,因为主观上不想归还而实际上没有归还,特别是还隐瞒挪用的单位资金去向的,表明行为人的犯意发生了转化,即由暂时使用单位资金转化为非法占有单位资金,故应当以职务侵占罪定罪处罚。当然,需要证据证明,防止客观归罪。

此外,对于挪用单位资金用于赌博等高风险活动致使无法归还,构成挪用资金罪还是职务侵占罪,不能一概而论,而应结合案情进行综合分析判断。如果挪用的单位资金数额特别巨大,存在"赌一把"心态,且从常理判断其本人明显无力归还,倾向于以职务侵占罪论处。此时的主观心态是"成功了就还,失败就算了",具有非法占有单位资金的间接故意(对单位资金日后不能归还持放任态度)。相反,如果挪用的单位资金数额并非特别巨大,且从常理判断其本人具有一定归还能力,即使存在"赌一把"心态,从刑法谦抑角度,宜以挪用资金罪论处。

六 挪用资金罪与其他挪用类犯罪的界限

主要是指与挪用公款罪和挪用特定款物罪的界限。

(一)挪用资金罪与挪用公款罪的界限

挪用资金罪与挪用公款罪都属于挪用犯罪,两罪之间既有相同点,也有明显区别。相同点有:客观上均要求犯罪主体利用职务上的便利,行为方式为挪用;主观方面均为故意。不同点主要有:第一,犯罪主体不同。挪用资金罪的主体为非国家工作人员即公司、企业或者其他单位工作人员,而挪用公款罪的主体为国家工作人员。第二,犯罪对象不同。挪用资金罪的犯罪对象为公司、企业或者其他单位的资金,对于行为人而言,为本单位资金。而挪用公款罪的犯罪对象包括两种即公款和用于救灾、抢险、防汛、优抚、扶贫、移民、救济的特定款物。尽管也可将挪用资金罪的犯罪对象称为公款,但与挪用公款罪中的公款在性质上显然不同。

可见,挪用公款罪与挪用资金罪的界限是比较清晰的。在司法实践中,对于某种挪用行为是构成挪用资金罪还是挪用公款罪,争议焦点一般在于行为人是否系国家工作人员。如是,构成挪用公款罪;如否,构成挪用资金罪。例如,王某受镇政府委派至镇属集体企业担任党委书记、董事长,后王某与他人结伙,利用职务上的便利,将该企业自有资金1000万元及向镇政府借来的400万元共计1400万元借给他人用于新设公司的注册验资费用。公诉机关指控王某等人的行为构成挪用公款罪。生效裁判认定,集体企业不含有国有资产,王某至集体企业担任党委书记、董事长虽受镇政府委派,但其并非代表国有单位行使国有资产保值增值的职能,即不属于从事公务,故对王某不以受委派从事公务的国家工作人员论;另涉案款项中的400万元虽来自镇政府,但系集体企业所借,已属于集体企业资金,故王某作为非国家工作人员即企业工作人员,与他人结伙挪用集体企业钱款供他人用于营利活动的行为,构成挪用资金罪而非挪用公款罪。

根据《刑法》第二百七十二条第二款的规定,国有公司、企业或者其他国有单位中从事公务的人员和国有公司、企业或者其他国有单位委派到非国有公司、企业以及其他单位从事公务的人员,挪用其所在的非国有单位的资金归个人使用或者借贷给他人的,以挪用公款罪定罪处罚。上述规定中的非国有单位,是指含有国有资产的单位,一般指国有控股、参股公司、企业。如不含有国有资产,则挪用的资金不属于挪用公款罪中的“公款”,不以挪用公款罪论处,而以挪用资金罪定罪处罚。

实践中,根据2000年《全国人民代表大会常务委员会关于〈中华人民共和国刑法〉第九十三条第二款的解释》(已被修改)的规定,村民委员会等村基层组织人员协助人民政府从事有关法律规定的行政管理工作,共七项[①],属于“其他依照法律从事公务的人员”,以国家工作人员论。对于协助人民政府从事行政管理工作的七项事务,村基层组织人员以国家工作人员论,由于七项事务中所涉款项为公款,利用的是从事公务之便,故村基层组织人员利用该职务之便挪用这些款项的行为构成挪用公款罪;如果村基层组织人员从事的并非立法解释规定的七项事务,而是村内自治管理服务工作,其所利用的是村内自治管理服务工作之便,故利用该职务之便挪用村集体资金的行为构成挪用资金罪。在农村基层组织人员所挪用款项的具体性质即属于七项事务所涉及的公款还是属于村集体资金,以及利用何种职务之便即利用七项事务的职务之便还是利用村内自治管理服务的职务之便难以查清的情况下,由于无法区分他们究竟是利用何种职务便利以及挪用何种款项,主体身份亦无法明确,需要根据刑法谦抑原则,从有利于被告人角度,以挪用资金罪论处。

例如,王某原系村党支部书记。公诉机关指控,王某应黄某要求,利用职务之便擅自将该村结余的动拆迁补偿款中的60万元划至该村下属公司,并以该公司名义为黄某贷款提供质押担保,使黄某获得50万元贷款进行经营活动。公诉机关认为,王某与黄某共谋,利用职务上的便利挪用公款归个人使用,进行营利活动,二者行为均构成挪用公款罪。经审理查明,被挪用的60万元系村级资产在国家建设征地中作为被拆迁人而获取的补偿款。在国家建设征地中,征地部

① 根据2009年《全国人民代表大会常务委员会关于修改部分法律的决定》第二条的规定,将2000年《全国人民代表大会常务委员会关于〈中华人民共和国刑法〉第九十三条第二款的解释》中的“征用”修改为“征收、征用”。故七项事务为:(1)救灾、抢险、防汛、优抚、扶贫、移民、救济款物的管理;(2)社会捐助公益事业款物的管理;(3)国有土地的经营和管理;(4)土地征收、征用补偿费用的管理;(5)代征、代缴税款;(6)有关计划生育、户籍、征兵工作;(7)协助人民政府从事的其他行政管理工作。

门将属于村民集体和村民个人的补偿款一并发放至村里,村里再将不属于村集体的份额发放至村民个人。在此过程中,村基层组织人员对建设征地补偿款的管理、发放,属于协助人民政府从事对土地征用补偿费用的管理。然而,当村基层组织人员将村民个人的补偿款予以发放,并将属于村集体的补偿款反映在村财务上后,协助人民政府从事土地征用补偿费用的管理工作即告完成。对村集体取得的60万元补偿款,权属已归村集体所有,此时村基层组织人员对该笔资金进行占有和管理,属于村内事务,而非协助人民政府从事对土地征用补偿费用的管理。故此,生效裁判认为,王某不属于其他依照法律从事公务的人员,而属于其他单位工作人员,其与黄某共谋,利用职务上的便利挪用村集体所有的动拆迁补偿款60万元用于营利活动,二者行为均构成挪用资金罪。

(二)挪用资金罪与挪用特定款物罪的界限

根据《刑法》第二百七十三条的规定,挪用特定款物罪是指挪用用于救灾、抢险、防汛、优抚、扶贫、移民、救济款物,情节严重,致使国家和人民群众利益遭受重大损害的行为。挪用资金罪与挪用特定款物罪都属于挪用犯罪,两罪在客观行为方式上都表现为“挪用”,主观上都为故意,但仍然存在一些不同之处,主要为:第一,犯罪对象不同。挪用资金罪的犯罪对象为本单位资金,而挪用特定款物罪的犯罪对象仅为专款专物专用的特定款物。根据2003年《最高人民检察院关于挪用失业保险基金和下岗职工基本生活保障资金的行为适用法律问题的批复》的规定,挪用失业保险基金和下岗职工基本生活保障资金属于挪用救济款物;挪用失业保险基金和下岗职工基本生活保障资金,情节严重,致使国家和人民群众利益遭受重大损害的,对直接责任人员,以挪用特定款物罪追究刑事责任;国家工作人员利用职务上的便利,挪用失业保险基金和下岗职工基本生活保障资金归个人使用,构成犯罪的,以挪用公款罪追究刑事责任。根据2003年《最高人民法院、最高人民检察院关于办理妨害预防、控制突发传染病疫情等灾害的刑事案件具体应用法律若干问题的解释》第十四条的规定,挪用用于预防、控制突发传染病疫情等灾害的款物归个人使用,构成犯罪的,根据行为人的主体性质,以挪用公款罪或者挪用资金罪定罪,依法从重处罚;挪用用于预防、控制突发传染病疫情等灾害的救灾、优抚、救济等款物,构成犯罪的,对直接责任人员以挪用特定款物罪定罪处罚。第二,挪用的含义不同。挪用资金罪中的"挪用"表现为挪用本单位资金归个人使用或者借贷给他人,其实质是单位资金私用,以拟归还为前提;而挪用特定款物罪中的"挪用"表现为违反专款专物专用原则,将特定款物挪作其他公共用途,未能专款专物专用。将特定款物挪作他用,或者说"挪作公用"[①]"挪作其他公用"[②],"一般是挪用后被消耗或者生成、置换成仍归单位所有的其他动产或者不动产,如挪用特定款物建造宾馆、办公楼,挪用特定款物购买小汽车等。因此,不问事后是否归还仍以挪用特定款物罪论处"[③]。如果国家工作人员挪用特定款物是为了私人使用,以挪用公款罪从重处罚。第三,犯罪客观方面不同。挪用资金罪要求挪用本单位资金归个人使用或者借贷给他人,数额较大、超过三个月未还,或者虽未超过三个月,但数额较大、进行营利活动,或者进行非法活动的行为;而挪用特定款物罪要求情节严重,达到致使国家和人民群众利益遭受重大损害的结果。第四,犯罪主体不同。挪用资金罪的犯罪主体是特殊主体,即公司、企业或者其他单位工作人员;挪用特定款物罪的犯罪主体也是特殊主体,即主管、经营、经手特定款物的直接责任人员,包括国家工作人员和非国家工作人员,实践中多为国家工作人员。

例如,陈某原系某市劳动局局长,利用职务上的便利,违反国家财经管理制度,先后五次挪用其下属劳动服务公司管理的用于救济的失业保险金共计2000万元,分别用于购买公车和建造办公楼。生效裁判认为,陈某违反国家财经管理制度,挪用救济款物,情节严重,其行为构成挪用特定款物罪。再如,高某原系某村委会支部书记,喻某原系村委会主任,二人在负责村移民建镇工作期间,利用领取和发放移民资金的职务便利,将代领的移民资金25万余元不及时发放给农户,而用于村集体开支,致使群众意见很大,引起群体上访。生效裁判认为,高

① 参见刘宪权:《刑法学名师讲演录(分论)》(第3版),上海人民出版社2021年版,第742页。
② 参见贾宇主编:《刑法原理与实务》(第4版),中国政法大学出版社2017年版,第393页。
③ 王作富主编:《刑法分则实务研究(下)》(第4版),中国方正出版社2010年版,第1742页。

某、喻某违反国家专款专用管理制度，将移民建镇资金用于村集体的其他开支，情节严重，其行为构成挪用特定款物罪。

又如，夏某原系公办幼儿园的在编教师，被其所在幼儿园委派至一民办幼儿园支教，负责财务、后勤管理等工作。夏某经与周某合谋，由夏某线上联系买家胡某，将受慈善基金会委托、应发放给幼儿园幼儿的合计价值14万余元的奶粉以6万余元的价格销售给胡某，并将所得款项存入用于幼儿园日常开支、发放教师工资等的农业银行卡中。对于此案，公诉机关认为，夏某利用担任公办幼儿园委派至民办幼儿园支教的职务便利，在负责财务、后勤管理的过程中，伙同周某，擅自将受慈善基金会委托发放给幼儿园幼儿的奶粉销售给他人，并将钱款占为己有，应当以贪污罪追究其刑事责任。夏某、周某辩称其主观上不具有非法占有的故意，其行为不构成贪污罪；辩护人认为，二人的行为构成挪用特定款物罪。生效裁判认为，夏某作为公办幼儿园委派至民办幼儿园支教并负责财务、后勤管理等工作的人员，周某作为幼儿园的法定代表人，对受慈善基金会委托应发放给幼儿园幼儿的奶粉负有保管、分配的职责，应当严格遵守特定款物专用的财经管理制度，而夏某、周某却违反相关规定，擅自挪用特定款物，其行为构成挪用特定款物罪。对于本案的定性，除了挪用特定款物罪与贪污罪外，还存在是否认定挪用公款罪的争议。本案的犯罪对象系用于扶贫、救济等的特定款物，夏某、周某二人将其销售后，并未将销售所得款项据为己有，而是存入用于幼儿园日常开支、发放教师工资等的农业银行卡中，可见二人在主观上不具有将特定款物占为己有的故意，其行为不构成贪污罪。二人将销售所得款项存入用于幼儿园日常开支、发放教师工资等的农业银行卡中，不能认定二人为了个人使用而挪用即公款私用，而系挪用于其他公共用途，实际上是为了谋取小集体利益，且不存在归还问题，故其行为亦不构成挪用公款罪。夏某、周某二人属于对保管、分配特定款物直接负责的主管人员和其他直接责任人员，本应严格遵守特定款物专用的国家财经管理制度，做到专款专物专门使用，但违反相关规定，擅自将相关款物挪作他用，其行为构成挪用特定款物罪。

第八章

敲诈勒索罪论

敲诈勒索罪,是指以非法占有为目的,以威胁或者要挟的方法强索公私财物,数额较大或者多次敲诈勒索的行为。

一 敲诈勒索罪审查要点

主要审查三个方面:第一,是否以威胁或者要挟的方法强索公私财物;第二,是否以非法占有为目的;第三,是否强索数额较大的公私财物或者实施多次敲诈勒索行为。

(一)是否以威胁或者要挟的方法强索公私财物

对被害人使用威胁或者要挟方法强索财物,是敲诈勒索罪的本质特征。也就是说,被害人是因为受到威胁或者要挟后产生恐惧心理而被迫交付财物,与诈骗罪中被害人因为受到欺骗而"自愿"交付财物存在本质区别。

敲诈勒索罪中的"威胁和要挟",都是能够使他人心理上产生恐惧的精神强制方法;就程度而言,足以使他人产生恐惧心理即可,不要求现实上使被害人产生恐惧心理。如果被害人并未基于行为人的威胁或者要挟产生恐惧心理,而是因为怜悯或者其他原因将财物交付给行为人,成立敲诈勒索罪未遂。关于威胁和要挟，二者没有本质区别，略有细微差别，即“威胁”可以用任何侵害他人的方法相恐吓，而“要挟”通常是指抓住他人的把柄，以揭露其隐私相恐吓，如尚未暴露的受贿、盗窃等违法犯罪事实或者婚外情等生活作风问题。威胁和要挟的方式可以多种多样，如可以当着被害人的面用口头、书面或者其他方式表示，也可以通过电话、传真、书信、微信等方式表示；可以是行为人亲自发出，也可以是委托第三者转达；可以明示，也可以暗示。威胁和要挟的对象，可以是财物所有人或者持有人，也可以是同财物所有人、持有人有某种利害关系的人。

敲诈勒索罪中的“威胁”包括非暴力威胁和暴力威胁。非暴力威胁，如揭发隐私、损害人格、名誉、毁坏财产等，可以当场实现，也可以在将来的某个时间实现。而暴力威胁，仅限于在将来的某个时间实现。不能满足行为人的要求，当场使用暴力相威胁，使被害人产生恐惧心理不敢反抗，进而交付财物的，应认定为抢劫罪。

敲诈勒索行为与他人交付财物之间，可以表现为三种不同的情况：[①]一是行为人要求被害人必须在指定的时间和地点交付财物，否则会在日后将其威胁的内容付诸实现；二是行为人当面对被害人以当场实施暴力相威胁，要求其答应在规定的时间和地点交付财物；[②]三是行为人以日后要对被害人实施侵害行为相威胁，要求其当场交付财物。可见，与劫抢罪的成立要求“两个当场”不同，就敲诈勒索罪而言，不能同时要求当场以实现威胁的内容相恐吓，并当场非法占有他人财物。

实践中，对于实施轻微暴力，并当场非法占有他人财物的，是认定为抢劫罪还是敲诈勒索罪，存在争议。显然，实施轻微暴力不足以使被害人不敢反抗、不能反抗，故不符合抢劫罪的构成要件。但是，实施轻微暴力，足以使他人产生恐

① 参见高铭暄、马克昌主编：《刑法学》（第10版），北京大学出版社、高等教育出版社2022年版，第522～523页。

② 对于该情形，有观点认为成立抢劫罪。参见张明楷：《刑法学（下）》（第6版），法律出版社2021年版，第1271页。就本书所持立场，成立抢劫罪要求“两个当场”，如果行为人当面对被害人以当场实施暴力相威胁，而未当场非法占有被害人财物，仅是要求被害人答应在规定的时间和地点交付财物，不宜认定为抢劫罪，以敲诈勒索罪论处更为合理。

惧心理,并当场非法占有他人财物的,符合敲诈勒索罪的构成要件,以该罪定罪处罚。

需要提及的是,对于“车辆碰瓷”类刑事案件,是构成敲诈勒索罪还是诈骗罪、抢劫罪、以危险方法危害公共安全罪等,需要结合主客观方面进行分析。如果以非法占有为目的,故意制造交通事故,并造成事故系被害人过错所致的假象,继而以此为要挟,迫使被害人赔偿的,符合敲诈勒索罪的构成要件。如果故意制造交通事故,隐瞒事故真相,使被害人基于事故产生原因的错误认识而给付“赔偿”的,符合诈骗罪的构成要件。① 驾车碰撞他人车辆后,又以暴力或者实施暴力相威胁而索取钱财的,符合抢劫罪的构成要件。如果实施的“碰瓷”行为足以严重危害公共安全,则符合以危险方法危害公共安全罪的构成要件。如果不足以危害公共安全,且由于主客观原因,也没有进一步实施诈骗、敲诈勒索或者抢劫行为,对于只撞毁车辆,符合故意毁坏财物罪构成要件的,可以故意毁坏财物罪论处;致人伤亡的,根据具体情况以故意伤害罪或者故意杀人罪论处;既符合故意毁坏财物罪,又符合故意伤害罪或者故意杀人罪的,按照想象竞合犯的原则处理。②

事实上,2020 年《最高人民法院、最高人民检察院、公安部关于依法办理“碰瓷”违法犯罪案件的指导意见》也明确规定:第一,实施“碰瓷”,虚构事实、隐瞒真相,骗取赔偿的,以诈骗罪定罪处罚;骗取保险金的,以保险诈骗罪定罪处罚。实施“碰瓷”,捏造人身、财产权益受到侵害的事实,虚构民事纠纷,提起民事诉讼的,以虚假诉讼罪定罪处罚;同时构成其他犯罪的,依照处罚较重的规定定罪从重处罚。第二,实施“碰瓷”,具有下列行为之一,敲诈勒索他人财物的,以敲诈勒索罪定罪处罚:(1)实施撕扯、推搡等轻微暴力或者围困、阻拦、跟踪、贴靠、滋扰、

① 相关案例可参见覃榕:《何某、马某芬诈骗案》,载最高人民法院中国应用法学研究所编:《人民法院案例选》总第 167 辑,人民法院出版社 2022 年版。该案例认为,行为人主观上有非法占有他人财物的目的,客观上以“碰瓷”方式制造虚假交通事故,致使被害人基于错误认识而处分自身财产,造成财物损失的,应以诈骗罪定罪处罚。

② 参见赵俊甫:《刘飞抢劫案》,载最高人民法院刑事审判第一、二、三、四、五庭主办:《刑事审判参考》总第 85 集,法律出版社 2012 年版。

纠缠、哄闹、聚众造势、扣留财物等软暴力行为的;(2)故意制造交通事故,进而利用被害人违反道路通行规定或者其他违法违规行为相要挟的;(3)以揭露现场掌握的当事人隐私相要挟的;(4)扬言对被害人及其近亲属人身、财产实施侵害的。第三,实施“碰瓷”,当场使用暴力、胁迫或者其他方法,当场劫取他人财物的,以抢劫罪定罪处罚。第四,实施“碰瓷”,采取转移注意力、趁人不备等方式,窃取、夺取他人财物的,分别以盗窃罪、抢夺罪定罪处罚。第五,实施“碰瓷”,故意造成他人财物毁坏的,以故意毁坏财物罪定罪处罚。第六,实施“碰瓷”,驾驶机动车对其他机动车进行追逐、冲撞、挤别、拦截或者突然加减速、急刹车等可能影响交通安全的行为,因而发生重大事故,致人重伤、死亡或者使公私财物遭受重大损失的,以交通肇事罪定罪处罚。第七,为实施“碰瓷”而故意杀害、伤害他人或者过失致人重伤、死亡的,分别以故意杀人罪、故意伤害罪、过失致人死亡罪、过失致人重伤罪定罪处罚。第八,实施“碰瓷”,为索取财物,采取非法拘禁等方法非法剥夺他人人身自由或者非法搜查他人身体的,分别以非法拘禁罪、非法搜查罪定罪处罚。

同样,对于“吊模宰客”类刑事案件,是构成强迫交易罪还是敲诈勒索罪、抢劫罪等,也应结合主客观方面进行分析。第一,从事正常经营活动的单位或者个人,为获取更高的经营利润,采用“吊模宰客”手段拉生意,为促成交易使用较轻暴力、胁迫手段,强买强卖,如果其经营行为基本正常、稳定,所追求和获取的经济利益主要源于商业经营活动,且基本符合商业利润的发生规律,情节严重的,符合强迫交易罪的构成要件。第二,并非从事正常经营活动的行为人,以经营活动为幌子或者诱饵,追求的主要不是商业利润,而是商业利润以外的他人财产,并且通过暴力或者威胁手段取得的,如使用的是非暴力胁迫,或者是非当场兑现的暴力胁迫,则符合敲诈勒索罪的构成要件;如果以当场实施暴力相威胁或者直接实施暴力劫取财物,则符合抢劫罪的构成要件。

(二)是否以非法占有为目的

敲诈勒索罪属于取得财物的犯罪(取得罪),行为人以非法占有公私财物为目的。故此,如果没有非法占有目的,即使实施了威胁或者要挟行为,也不以敲诈勒索罪论处。如债权人以将要向法院起诉"威胁"债务人尽快还债,因债权人是为了实现债权,没有非法占有目的,而且,即使债务人交付了财物其也不存在财产损失问题,故债权人的行为不构成敲诈勒索罪。一般认为,在行使权利中,如果具有权利基础即有事实根据和法律依据,则在权利范围内主张权利的行为具有正当性,可以排除非法占有的主观故意,加之行使权利的手段具有必要性和相当性,不构成非法拘禁等犯罪,即行使的权利本身具有正当性,行使的手段具有必要性和相当性的,不以敲诈勒索罪论处。

例如,马某在为货代公司承运甲、乙、丙三家公司共计10个集装箱货物的过程中,利用上述货物亟待海运出口的情况,以扣箱不予进港的方式相要挟,先后索取甲、乙、丙三家公司共计120万元。该案中,马某先以扣箱不运相要挟,货主基于货物无法按时发货造成的违约后果而产生害怕心理,迫不得已在已经向货代公司支付货款的情况下又向马某支付钱款120万元而受到损失,马某最终也在收款后才将货物运至指定港口,其行为貌似构成敲诈勒索罪。但经查实,马某在货代公司拖欠其运费的情况下,即对货代公司再次委托其运输的三家公司的货物采取扣箱行为,要求货代公司支付拖欠的运费,其实质就是依据《民法典》的规定①行使留置权,即马某作为债权人在此情况下行使留置权既有事实根据也有法律依据,具有正当性。而且,马某行使权利的手段即通过紧急扣押货物不予运输行使留置权,具有必要性和相当性。马某行使留置权并向货代公司主张支付拖欠的运费,既实现了向货代公司施压,又实现了由货代公司向货主转压。虽然马某行使权利的指向对象与最终付出钱款的相对方是分离的,但是其行使的权利仍是法律规定的留置权,而货物的实际所有人基于自身公司考虑,因害怕耽误运输影响交易而向马某直接支付货款的行为,应为第三人主动为债务人代为履行,其所受损失可依据法律向货代公司索偿,第三人的主动代为履行不能改变马某依法行使留置权的行为性质。综上,马某扣留货物并索要运费的行为属于依

① 《民法典》第四百四十七条规定:"债务人不履行到期债务,债权人可以留置已经合法占有的债务人的动产,并有权就该动产优先受偿。前款规定的债权人为留置权人,占有的动产为留置财产。"

法行使留置权,其要求并最终所得的金额与货代公司所欠金额一致,对该钱款无非法占有的主观故意,客观上该钱款虽然由第三人货主给付,但其扣箱行为符合留置权的手段行为,第三人的给付行为系主动为债务人履行,即其客观上未对货主实施敲诈勒索行为,其行为不构成敲诈勒索罪。①

需要注意的是,敲诈勒索罪属于财产犯罪,以非法占有为目的,不同于强迫交易罪等经济犯罪以牟取非法利益为目的。在具有交易形式的案件中,区分敲诈勒索罪与强迫交易罪,关键在于犯罪行为是否发生在真实的交易过程中,取财是否有相应的事实依据。强迫交易依托一定的事实基础,如市场交易、产品服务等,行为人取得非法利益必须要依托这些事实基础;而敲诈勒索则多表现为行为人以虚构的事实对被害人实施心理强制,进而强行获取非法利益,也即敲诈勒索中的取财不具备相应的客观事实基础。

例如,"黑中介"与承租人签订房屋租赁合同后,采用威胁、滋扰等软暴力手段强行收取不合理费用,或者编造各种理由,终止合同并迫使承租人搬出房屋,拒不退还应退钱款的行为,构成敲诈勒索罪还是强迫交易罪?强迫交易是在违背正常市场交易规范前提下获取不当利益,是一种不对等的利益获取,系有偿占有利益性质;而敲诈勒索则是完全的非法占有利益,系无偿占有利益性质。本案中,行为人与被害人签订房屋租赁合同仅作为欺骗的一种手段,行为人未实际履行合同,不存在本质上的交易行为,实质上只是一种非法占有财产的手段行为。行为人以房屋租赁为幌子,直接侵占被害人基于房屋租赁合同而交付的租金、押金等钱款,后又采取滋扰、暴力、胁迫等手段胁迫被害人交付额外钱款,包括强迫被害人退租且拒不退还租赁款项,最终目的均是无偿占有被害人的钱款,故对其应以敲诈勒索罪定罪处罚。② 当然,行为人主观上是为了达成交易,牟取不法利益的,则应以强迫交易罪定罪处罚。例如,邹某等人驾驶装载某品牌糖果等物品的货车发生侧翻,车上货物散出,被当地村民哄抢。刘某、吴某、罗某等人以不让

---

① 参见陈春丹:《马贵彬敲诈勒索案》,载最高人民法院中国应用法学研究所编:《人民法院案例选》总第142辑,人民法院出版社2020年版。

② 参见付想兵、刘杰:《刘康等人敲诈勒索案》,载最高人民法院刑事审判第一、二、三、四、五庭主办:《刑事审判参考》总第120集,法律出版社2020年版。

他们帮助看守、转运货物,货物将被抢光相威胁,邹某被迫答应支付2000元"看守"费;而后,刘某等人又以联系车子转运货物为由,索要邹某6000元"转运"费。刘某等人后又要求给邹某装货,邹某被迫支付1500元"搬货"费。本案中,虽然刘某等人采用威胁手段迫使邹某交出明显不合理的费用,但邹某确有接受该项服务的现实需求,且刘某等人的目的在于达成交易,并从提供该项服务中牟取不法利益,故其行为构成强迫交易罪。①

(三)是否强索数额较大的公私财物或者实施多次敲诈勒索行为

敲诈勒索公私财物,只有数额较大或者实施多次敲诈勒索的,才构成敲诈勒索罪。

1. 强索数额较大的公私财物

根据2013年《敲诈勒索解释》第一条的规定,敲诈勒索公私财物价值2000元至5000元以上、3万元至10万元以上、30万元至50万元以上的,应当分别认定为"数额较大""数额巨大""数额特别巨大"。

根据《敲诈勒索解释》第二条的规定,敲诈勒索公私财物,具有下列情形之一的,"数额较大"的标准可以减半确定,即:(1)曾因敲诈勒索受过刑事处罚的;(2)一年内曾因敲诈勒索受过行政处罚的;(3)对未成年人、残疾人、老年人或者丧失劳动能力人敲诈勒索的;(4)以将要实施放火、爆炸等危害公共安全犯罪或者故意杀人、绑架等严重侵犯公民人身权利犯罪相威胁敲诈勒索的;(5)以黑恶势力名义敲诈勒索的;(6)利用或者冒充国家机关工作人员、军人、新闻工作者等特殊身份敲诈勒索的;(7)造成其他严重后果的。《敲诈勒索解释》第四条还规定,敲诈勒索公私财物,具有上述第3项至第7项规定的情形之一,数额达到"数额巨大""数额特别巨大"80%的,可以分别认定为"其他严重情节""其他特别严重情节"。

敲诈勒索罪的犯罪对象"公私财物"包括虚拟财产。例如,刘某非法侵入某集团计算机信息系统,窃取大量信息,并在网络上发帖宣称出售近5亿条信息。

① 参见湖南省蓝山县人民法院刑事判决书,(2013)蓝刑初字第78号。

后刘某为谋取非法利益，多次向被害单位的高层管理人员发送电子邮件，以向他人出售上述信息为要挟，向被害单位索要60个比特币或者4000个门罗币（当时购买至少需要花费260余万元），被害单位未予支付即案发。公安机关从刘某住处查获的硬盘和其发给被害单位高层管理人员的电子邮件中，共检出15万余条一般公民个人信息和10万余条公民住宿信息。对于该案，生效裁判认为，刘某窃取公民个人信息，情节特别严重，其行为构成侵犯公民个人信息罪；其以向他人出售所窃得的公民个人信息相威胁，勒索被害单位财物，数额特别巨大，其行为又构成敲诈勒索罪，系犯罪未遂，应予两罪并罚。①

2. 实施多次敲诈勒索行为

将“多次敲诈勒索”纳入刑事打击范围，严密了法网。根据《敲诈勒索解释》第三条的规定，二年内敲诈勒索三次以上的，应当认定为“多次敲诈勒索”。

关于“多次敲诈勒索”的认定，宜参考本书中关于“多次盗窃”的认定要点。第一，“数额较大”的入罪标准具有优先性，“多次敲诈勒索”是敲诈勒索罪入罪的兜底规定；第二，“多次敲诈勒索”中的每次敲诈勒索行为是指基于同一或者概括的敲诈勒索犯意实施的一次敲诈勒索行为，包括既遂、未遂、中止三种形态；第三，“多次敲诈勒索”中的敲诈勒索行为并不要求未经处理的，但不包括已经刑事处罚的；第四，应当从整体上考量多次敲诈勒索行为是否具有严重的社会危害性、是否达到了刑事处罚标准，只有在罪量上与“数额较大”的敲诈勒索行为具有相当性的，才以犯罪论处。

二 维权行为与敲诈勒索罪的界限

区分维权行为与敲诈勒索，涉及罪与非罪，有时争议较大，甚至引起社会关注。实践中，有一定比例的敲诈勒索案件，因肯定维权行为，否定行为人具有非法占有目的，最终法院判决无罪或者公诉机关撤回起诉。

① 参见上海市长宁区人民法院刑事判决书，（2019）沪0105刑初790号。

笔者认为，区分维权行为与敲诈勒索，首先应判断是真维权还是假维权，对于假维权行为，因为系以维权为名行非法占有之实，符合敲诈勒索罪构成要件的，当以犯罪论处；对于真维权行为，应查明索取财物是否具有法律上的依据、是否在正当权利范围内行使以及行使权利的手段是否具有必要性和相当性。“行使民事权利的行为，阻却敲诈勒索罪的违法性。这里的民事权利，是法定的民事权利，或者说具有民法根据的民事权利，而不是行为人自己主张的道德权利。”① 第一，索取财物是否具有法律上的依据。一般而言，只有具有法律上的依据，才有行使正当权利的前提。行为人索取财物只是为了获得赔偿或者补偿，就没有非法占有被害人财物的主观故意，被害人也就不会有财产损失，因索取财物行为具有正当性而排除敲诈勒索罪的适用。第二，是否在正当权利的范围内行使。索取财物行为只有在正当的权利范围之内才能被认为是行使正当权利，否则可能成立敲诈勒索罪。第三，行使权利的手段是否具有必要性和相当性。行使权利行为本质上是一种私力救济，虽然具有正当性，但应当予以必要限制。手段行为是否具有相当性，需要具体案情具体分析。一般来说，债权本身的重大性、手段行为侵害相对方权益的程度、手段行为本身是否合法、行为人是否存在实施其他行为的可能性等，均是需要考量的因素。

（一）知假买假的维权行为与敲诈勒索的界限

对此，实践中存在四种不同观点。第一种观点认为，应当区分职业打假与普通消费维权。以维权为名的职业打假行为往往以牟利为目的，具有主观目的上的不正当性，如职业打假人以举报或者曝光等手段为要挟超过合理范围索要赔偿的，可能构成敲诈勒索罪。消费者在正常消费中遇到商品瑕疵后有权进行索赔，即便以威胁手段超出合理范围索取赔偿的，因事出有因，不认定为敲诈勒索罪。

第二种观点认为，不应区分职业打假与普通消费维权。无论是职业打假还是普通消费维权，如果索取的赔偿数额属于合理范围时，因不具有非法占有目

① 参见张明楷：《刑法学（下）》（第6版），法律出版社2021年版，第1333页。

的，故无论手段如何，均不构成敲诈勒索罪。但是，如果以威胁手段，超出合理范围索取赔偿时，可推定具有非法占有目的，可能构成敲诈勒索罪。

第三种观点认为，应当区分职业打假与普通消费维权，但普通消费维权亦可能构成敲诈勒索罪。对于超出合理范围索取赔偿的情形，若为职业打假，对手段行为要求应适当宽松，举报或者曝光等要挟行为均可成为敲诈勒索的手段行为；若为普通消费维权，对手段行为要求应相对严格，举报或者曝光等行为不能被界定为敲诈勒索行为，只有以暴力相威胁及程度相当的行为才能被界定为敲诈勒索行为。

第四种观点认为，对于维权行为，包括职业打假行为，因事出有因，即使超过合理范围索要赔偿的，一般不以犯罪论处，可以通过非刑事手段解决。但是，对于职业“打假”行为，因缺乏维权基础，系以非法占有为目的，如采用威胁、要挟、恫吓等手段，迫使被害人（单位）交出财物，数额较大或者多次实施敲诈勒索的，以敲诈勒索罪论处。

笔者认为，知假买假的维权行为一般不构成敲诈勒索罪。但对于虚构维权事实进而通过威胁、要挟等方式索赔的职业“打假”行为，或者采用非法手段超过法定赔偿标准，明显具有非法占有公私财物目的的所谓职业打假行为，可以依法认定敲诈勒索罪。主要理由如下：第一，从法秩序统一性来看，民法及消费者权益保护法等法律赋予了职业打假人索赔的请求权基础和消费者地位，刑法不宜将具备法律权利基础，且未被法律禁止的维权行为评价犯罪行为。[①] 第二，从风险分担来看，知假买假案件中，商家因自身的售假行为而陷入赔偿的风险，属于自陷风险，应当承担由此产生的赔偿责任。第三，从非法占有目的来看，索赔数额的高低属于私法上权利自治的范畴，不能因索赔数额过高就由此推定行为人

① 《消费者权益保护法》《食品安全法》等未禁止食品领域以牟利为目的的知假买假行为。如《最高人民法院关于审理食品药品纠纷案件适用法律若干问题的规定》第三条规定：“因食品、药品质量问题发生纠纷，购买者向生产者、销售者主张权利，生产者、销售者以购买者明知食品、药品存在质量问题而仍然购买为理由进行抗辩的，人民法院不予支持。”

具有非法占有的目的。[①] 第四,从社会效果来看,职业打假行为对于维护消费者权利,增强商家产品责任意识,净化社会主义市场经济秩序有积极作用,刑法不宜过度介入。第五,对于职业"打假"行为,行为人不具有维权的事实基础和权利基础,其通过虚构事实的方式索赔,主观上具有非法占有的目的,客观上通过威胁、要挟、恫吓等手段使商家产生恐惧心理并进行赔付,符合敲诈勒索罪的构成要件。

例如,孟某与李某、刘某、曹某等人,采取由专人分工负责的方式,在多家大中型超市寻找过期食品并分单购买后,以孟某为主持购物小票、过期食品与超市谈判,要求超市按照每单1000元给予赔偿,并声称不赔偿将向市场监督管理部门举报或者向法院起诉,以此获取33,200元赔偿款。公诉机关指控孟某、李某、刘某、曹某的行为构成敲诈勒索罪。一审法院认为,孟某等四人以非法占有为目的,多次勒索他人财物,且数额较大,其行为均构成敲诈勒索罪。一审判决后,孟某不服,以其行为不构成犯罪为由提出上诉。孟某表示,消费者向市场监督管理部门举报过期食品或者向法院起诉维权,是消费者权益保护法赋予的法定权利,知假买假的打假人也是消费者,在消费者权益保护法规定的法定10倍或者每一单最高1000元幅度内索赔应当得到支持,不应评价为敲诈勒索的犯罪手段。购买过期食品是职业打假"知假买假"的消费行为,不具有任何违法性,其向食品药品监管部门、市场监督管理部门投诉,与经营者协商亦不属于敲诈勒索罪中的威胁或者要挟行为。我国法律没有明确禁止食品领域不可以职业打假,也没有明确规定打假索赔构成刑事犯罪。在二审法院审理中,检察机关认为,孟某伙同他人在部分超市共同多次购买过期食品,向超市索赔,得不到赔偿便"威胁"向市场监督管理部门举报或者向法院起诉,实现对超市钱款的占有,合计获取超市赔偿款3万余元的事实清楚,证据确实、充分;但孟某实施的索赔方式系法律所规定

① 有观点认为,如果确有侵权事实发生,无论提出数额多大的赔偿要求,都属于正当的权利行使行为。参见刘艳红主编:《刑法学(下)》(第2版),北京大学出版社2016年版,第302页。还有观点认为,在行为人与被害方存在正当民事权利义务关系的前提下,行为人以网上发帖披露对方不规范不合法经营情况,形成威胁并索要权利范围内的相关财物,即使数额超常,也应视为民事争议。这种过度维权行为不能认定为以非法占有为目的,不构成敲诈勒索罪;过度维权的手段如触犯其他罪名,以其他罪名论处。参见徐英荣、杨云欣:《过度维权不构成敲诈勒索的考量》,载《人民司法(案例)》2021年第11期。

且索赔要求及内容均在法律框架之内，由此认定孟某对他人财物占有手段的“胁迫性”乃至主观“恶性”不足，从而导致其行为的刑事违法性缺失，依法不应认定其构成敲诈勒索罪，建议二审法院依法改判。二审法院认为，孟某等人以牟利为目的，知假买假后向超市索要赔偿，其行为不符合敲诈勒索罪的构成要件，虽有不当，但不能认定为犯罪，判决孟某及李某、刘某、曹某无罪。[①]

（二）维权行为还是敲诈勒索的典型案例评析

例如，对农村征地纠纷引发的“索财”行为，能否以敲诈勒索罪论处？一种意见认为构成敲诈勒索罪。理由是：行为人以煤矿占用土地补偿过低为由，多次煽动、邀约村民围堵煤矿的公路和井口，严重影响煤矿正常生产。煤矿按照协议支付了占地补偿款，并在村、镇协调下，多次提高标准，但行为人仍向煤矿提出赔偿青苗补偿费、集体土地补偿费、行政拘留损失、民事诉讼败诉损失等要求，并以堵井口、堵公路、焚灭煤矿等相威胁，迫使煤矿董事长赔偿12万元。行为人主观上以非法占有为目的，客观上采用语言威胁和聚众滋事的手段，强索财物，数额巨大，其行为构成敲诈勒索罪。另一种意见认为不构成敲诈勒索罪。理由是：行为人的行为系因农村征地中对土地补偿费不满而引发的纠纷，行为人作为村民主张自己的民事权利，不具有非法占有目的。对于此案，生效裁判同意公诉机关撤回起诉，即上述行为不构成敲诈勒索罪。第一，本案事出有因，系农村发展中企业征地引起的权利纠纷。客观上，确因补偿标准过低，在人民调解委员会的调解下，煤矿两次提高补偿标准。第二，行为人就侵犯村民权利提起诉讼，被一审法院驳回起诉后又提出上诉，可见其并没有蔑视法律的存在，其具有通过法律裁断维护权利的主观意愿。第三，行为人虽然有以堵井口、公路，让煤矿无法正常生产，把煤矿搞垮，提几十斤汽油焚灭煤矿等相威胁的语言，迫使被害人支付了各种赔偿款、补偿款12万元，从客观上看具有一定的危害性。然而，对上述行为有必要结合农村地区农民的受教育程度和法治观念进行评价。受法治意识淡薄的

---

① 参见刘希平：《“职业打假人”一审获刑，二审无罪，改判原因披露！》，载《南方周末》2021年3月14日，第5版。

影响,农村地区的维权方式难免存在不符合法律规定的情形。如果一律将这些行为入罪,难免打击面过于扩大。因此,对于后果不是特别严重,情节不是特别恶劣的,不宜不加区别地一律作为犯罪处理。[①]

又如,拆迁户以举报开发商违法行为为手段索取巨额补偿款的,是否构成敲诈勒索罪?第一种意见认为构成敲诈勒索罪。主要理由为:第一,举报开发商违法行为属于威胁、要挟的方法,据此索取财物的属于强索财物;第二,在已经得到拆迁补偿费用的情形下再向开发商提出巨额费用,不属于合理获偿范围,而是意图非法占有开发商的巨额财产。第二种意见认为不构成敲诈勒索罪。主要理由为:第一,提出索赔的数额虽然巨大,但基于民事争议而提出,因而不能认定其具有非法占有目的;第二,举报不属于敲诈勒索罪中"威胁、要挟"的手段,而是争取民事权利的一种方法,且本案中的索赔不具有主动性,而是开发商主动协商的结果。对于此案,一审法院认定构成敲诈勒索罪;二审法院认为,虽然行为人以要挟为手段索赔,获取了巨额钱财,但该索赔是基于在房屋拆迁、坟墓搬迁中享有一定的民事权利提出的,故认定非法占有为目的的证据不足,遂作出无罪判决。[②]该案中,行为人就房屋拆迁等向开发商提出赔偿是一项正常的主张自身民事权利的行为,不具备非法敲诈他人财产的主观故意。而且,举报不属于敲诈勒索罪中"威胁、要挟"的手段,而是争取民事权利的一种方法;与开发商接触是一个民事谈判的过程,不是敲诈对方的过程,开发商主动与行为人协商并支付相关钱款是自愿的,而非行为人主动提出,即本案不具备敲诈勒索的客观要件。

再如,2017 年 9 月 11 日,沈某与某公司签订劳动合同,约定沈某任该公司土建项目经理一职。2018 年 8 月 8 日,沈某通过管理平台向公司人事主管陈某提出离职申请,内容是 2018 年 9 月 11 日合同到期,不再续约,后因公司未为其报销油费而撤销申请,并于同年 8 月 13 日向公司发出书面申请,主要内容为劳动合同即将到期,请公司明确是否与其续签。同年 8 月 15 日,公司向沈某发出解除

① 参见张波、蒋桂芸:《廖举旺等敲诈勒索案》,载最高人民法院刑事审判第一、二、三、四、五庭主办:《刑事审判参考》总第 102 集,法律出版社 2016 年版。

② 参见陈克娥、潘勤勤:《夏某理等人敲诈勒索案》,载最高人民法院刑事审判第一、二、三、四、五庭主办:《刑事审判参考》总第 64 集,法律出版社 2009 年版。

劳动合同通知书，以沈某“严重失职、营私舞弊，给公司造成重大损失”为由与其解除劳动关系。沈某接到通知后即联系陈某，提出解除理由不实，要求公司支付解除劳动合同赔偿金及加班费等费用。遭拒后，沈某即开始陆续向相关部门举报某公司未按规定缴纳民工社保及其客户公司在某项目中存在违章搭建等问题。公司董事长王某从他人处得知沈某举报之事后，安排陈某约谈沈某，陈某于同年8月18日左右与沈某见面后，沈某提出要求公司支付其解除劳动合同赔偿金、加班费等，商谈未果。同年8月20日左右，王某主动约沈某至其办公室“商谈”并私下录音，其间，沈某表明公司应向其支付解除合同赔偿金、加班费、绩效考核、高温费、社保等费用及相关支付依据，而王某对沈某提及的上述费用予以回避，直接向沈某提出撤回举报需要多少钱，并表明如沈某撤回对客户公司违章搭建的举报支付其6.5万元，撤回对公司社保事宜的举报支付其7万元，共计13.5万元。同年8月27日前后，王某再次主动“约谈”沈某并私下录音，要求沈某就13.5万元出具承诺书。沈某手写一份后，王某对付款事由提出异议。因几次商谈不成，沈某开始准备劳动仲裁的申请材料。同年9月11日，王某以沈某敲诈公司巨额钱款为由向公安机关报案。同年9月17日，沈某向仲裁委员会递交了仲裁申请，要求公司向其赔偿加班费等总计143,022元。同年9月20日，沈某接陈某通知至公司领退工单，王某又主动提出可以先支付一部分钱款给沈某，并经与沈某协商确定金额后以公司转账的方式向沈某支付了3万元，同时公司打印好收款事由等内容后由沈某在收据上签名，收款事由为“撤销对公司投诉的费用”。此次商谈与付款过程也由公司私下录音。同年10月19日，公安机关将沈某抓获。原定同年10月22日开庭的劳动争议仲裁案因沈某被抓中止审理。对于此案，公诉机关指控沈某的行为构成敲诈勒索罪。沈某辩称其没有犯罪。生效裁判认为，沈某不具有非法占有目的，也未实施“以威胁、要挟为手段强索公私财物”的敲诈勒索行为，其行为不构成敲诈勒索罪，故判决沈某无罪。[①] 该案

① 参见李红、黄龙：《合法行使权利行为不构成敲诈勒索》，载《人民司法(案例)》2021年第8期。该案例认为，行使权利的行为是否构成敲诈勒索罪，应从行为人目的的合法性和手段的合法性两个方面进行综合考量，如果目的合法、手段合法，则不构成敲诈勒索罪。

中，首先，沈某不具有非法占有公司财产的主观故意。沈某与公司之间确实存在劳动争议纠纷，其在与公司商谈中始终提出要求公司支付解除合同赔偿金、加班费、年假费等劳动争议款项，且在商谈失败后即申请仲裁；其也未在劳动争议款项之外另行向公司索要撤回举报的钱款，故其不存在非法占有公司财产的主观故意。其次，沈某未实施以威胁、要挟手段强索公私财物的客观行为。一方面，沈某的举报行为不属于敲诈勒索罪中的“威胁、要挟”手段，而是其争取民事权利的一种方法，且事后证明其举报内容属实。另一方面，沈某讨要钱款不具有主动性，从商谈金额到出具承诺书再到支付 3 万元，均系公司主动的结果，尤其是公司已经报案并由公安机关立案后仍主动要求先向沈某支付 3 万元，明显不符合敲诈勒索案中被害人受胁迫、不得不为之的情形。

又如，高某和薛某以薛某的名义投资一项目 600 万元，占股 20%（高某和薛某各占一半），后经股权确认为占股 16%。后高某提出退股以 600 万元转让其 8%股份，高某、薛某和徐某签订转让协议，约定将高某持有的 8%股份由徐某一次性出资 460 万元收购，徐某将 460 万元转入高某银行账户。后高某以上述项目投资的一进口商品直销中心歇业后剩余的固定资产、流动资金、货物未体现在账目中为由，继续向徐某讨要 140 万元未果。为此，高某找人拍摄了上述项目的违章建筑照片进行编辑，发给租赁该违章建筑的沈某，让其转发给该项目股东何某，后何某将照片发给徐某。徐某让其公司副总经理董某打电话联系高某，高某说要把违章建筑照片举报给相关部门，说对退股的钱不满意，还会找公司以 600 万元的价格退他原来持有的 8%的股份。后徐某至公安机关报案，高某被刑事拘留。对于此案，公诉机关认为高某以非法占有为目的，以举报要挟方式欲强行索取他人财物，数额特别巨大，应当以敲诈勒索罪追究其刑事责任，同时认定高某系犯罪未遂，可以比照既遂犯从轻或者减轻处罚。高某辩称其是追讨股份转让款，拍摄违章照片后也未举报，不构成敲诈勒索罪。其辩护人认为，高某与徐某签订的转让协议存在显失公平和欺诈，高某有权变更协议，要求查清公司账目，以证实高某向徐某继续追讨 140 万元是其应得的份额，其没有非法占有他人财物的主观故意；且高某拍摄违章建筑的照片，想要举报的行为不违反法律规定，不是威胁或者要挟,不符合敲诈勒索罪的客观要件,故高某不构成敲诈勒索罪。生效裁判认为,高某的行为不构成敲诈勒索罪,故判决高某无罪。[①] 该案中,高某将股份转让给徐某后,认为该项目投资的相关资产未体现在账目中,继续向徐某讨要140万元,主观上认为这是其股份转让应得的份额,本案系股份转让引发的纠纷,依据在案证据,尚不能证实高某具有非法占有他人财物的主观故意,故其行为不符合敲诈勒索罪的构成要件。

当然,对于没有维权基础,却以投诉举报等维权名义相要挟,向商家索要"顾问费"等钱款,数额较大的,以敲诈勒索罪定罪处罚。例如,王某为牟取不法利益,以多家超市卖场、亲子教育机构等被害单位为目标,通过向消防、市场监督管理等部门投诉举报相关被害单位存在消防安全隐患等方式,利用被害单位维护经营希望减少投诉等心理,从而胁迫被害单位向其支付"顾问费"等共计5.6万余元。王某还以"顾问费"名义多次向某网络科技公司索要钱款,但均未能得逞。生效裁判认为,王某以非法占有为目的,采用威胁、要挟方法,强行索取公私财物,其行为构成敲诈勒索罪。[②] 本案中,第一,王某收取商家"顾问费"没有法律依据,其具有非法占有被害单位财产的主观故意。第二,王某实施了敲诈勒索行为。王某先向消防、市场监督管理等部门实名举报投诉,消防、市场监督管理等部门按照相关规定必须予以处理,在相关单位调查处理过程中,其再向被害单位提出不给钱就继续举报,以此给被害单位施加压力,符合敲诈勒索罪的客观方面。第三,被害单位基于恐惧心理向王某支付了钱款。被害单位系超市卖场、亲子教育机构等,支付给王某钱款的名义虽然是"顾问费",但实际上被害单位根本不需要王某充当"顾问",即并非因为需要王某为其充当"顾问"而支付给王某相应费用,而是因为惧怕王某不断投诉,为了维护经营减少投诉而迫不得已支付钱款,"顾问费"只是王某敲诈勒索被害单位的幌子。

对于事出有因即有维权基础继而借机敲诈勒索,符合敲诈勒索罪构成要件的,应以犯罪论处。例如,某行为人在明知自家电线被误剪后,采取阻拦等方式

① 参见上海市浦东新区人民法院刑事判决书,(2018)沪0115刑初748号。

② 参见上海市长宁区人民法院刑事判决书,(2019)沪0105刑初374号。

拒不配合恢复供电，之后放弃正当维权途径，采取拖欠电费，私自转接电线供他人用电，威胁电力公司工作人员致使不能依法行使职务，多次至电力公司负责人办公室影响其办公等方式索要巨额赔偿费，致使电力公司在被逼无奈的情况下支付6.8万元。[①] 该案中，虽事出有因，但行为人放弃正当维权途径，阻挠被害人依法主动弥补损失的积极行为，并利用各种胁迫手段，迫使被害人支付明显超过实际损失的大额赔偿，其主观上具有非法占有他人财物的目的，客观上实施了要挟、威胁行为，其行为不是正当维权，而是借机敲诈勒索，且数额巨大，构成敲诈勒索罪。类似案例，如在旅游过程中遭受不公待遇或者发现违规经营等问题时，向有关部门投诉或者利用网络维权，是行为人可以采取的正当措施，但其利用网上发贴曝光或将要曝光负面信息的手段，假借消费维权之名，实则以此为生财之道，在短时间内针对类似主体以类似手法多次收取或索取他人出于压力而支付其并未消费的钱款或者明显超过其消费金额的钱款，其行为已明显超过了利用网络民事维权的范围，非法占有目的明显，社会危害性较大，具有应受刑罚处罚性，应当以敲诈勒索罪追究刑事责任。[②]

此外，对于以存在男女不正当关系为由，采取暴力、威胁等不合法手段索要他人钱财，数额较大的，能否以敲诈勒索罪论处？如因怀疑他人与其妻子存在不正当关系，纠集他人使用暴力殴打、言语威胁等手段，迫使被害人当场写下一张50万元的借条，且造成被害人身体轻微伤的，能否认定为敲诈勒索罪？[③] 该案中，假若被害人与行为人妻子之间确实存在被道德规范所谴责的不正当男女关系，也应该以合法的手段维护自身合法权益，这不能成为行为人据此威胁对方、索要钱财的出罪事由。行为人使用暴力殴打、言语威胁等手段，迫使被害人基于内心恐惧而写下借条，主观上具有向被害人索要巨额财物的非法占有目的，客观

---

① 参见龙微、莫劲枝：《李洪炳敲诈勒索案》，载最高人民法院中国应用法学研究所编：《人民法院案例选》总第147辑，人民法院出版社2020年版。

② 参见王东：《周禄宝敲诈勒索案》，载最高人民法院刑事审判第一、二、三、四、五庭主办：《刑事审判参考》总第122集，法律出版社2020年版。

③ 参见冀敏：《李某、姜某、涂某敲诈勒索案》，载最高人民法院中国应用法学研究所编：《人民法院案例选》总第138辑，人民法院出版社2020年版。

上实施了敲诈勒索行为,其行为具有违法性和危害性,构成敲诈勒索罪,系犯罪未遂。

三 敲诈勒索既未遂标准及控制下交付的既未遂认定

在敲诈勒索犯罪中,部分被害人受到威胁或者要挟后往往选择报警,并在警察的监控下在约定的时间和地点向行为人交付财物,此时是属于敲诈勒索既遂还是未遂?

(一)敲诈勒索罪的既未遂标准

敲诈勒索罪属于取得罪,故一般而言,被害人受到威胁或者要挟后产生恐惧心理而被迫交付财物的行为与行为人或者第三者取得财物的结果同时发生。对于有的被害人已按行为人的要求将财物交付于特定地点或者交付于行为人所指定的特定人员,但行为人尚未前往取得即被抓获的情况,表面上被害人交付财物和行为人取得财物在时间上并不一致,但实质上被害人按照行为人指定的地点或者人员进行交付就应视为行为人可以实际取得该财物。故此,以行为人是否取得对公私财物的实际控制和支配作为敲诈勒索罪既未遂标准,比较合理。

对敲诈勒索未遂的,如何处理?《敲诈勒索解释》未予规定。对此,笔者认为可以参照《盗窃解释》和2011年《诈骗解释》的相关规定,对于敲诈勒索未遂,以数额巨大的财物为敲诈勒索目标的,宜定罪处罚。而对于以数额较大的财物为敲诈勒索目标的,不以犯罪论处。在具体量刑上,以数额巨大的财物为敲诈勒索目标,未遂的情形,与"敲诈勒索数额较大的财物,既遂的情形"相当,故对于该种敲诈勒索未遂,应在第一档法定刑幅度内量刑,即处三年以下有期徒刑、拘役或者管制,并处或者单处罚金。相应地,敲诈勒索未遂,以数额特别巨大的财物为敲诈勒索目标的,在第二档法定刑幅度内量刑,即处三年以上十年以下有期徒刑,并处罚金。

(二)控制下交付的既未遂认定

以吴某案为例。张某多次将钱款汇入吴某女儿钱某银行账户内,吴某先后三次出具金额为57万元、67万元、75万元的借条;张某后又汇入吴某银行账户内2万元,汇入钱某银行账户内12万元、41万元,吴某出具了41万元的借条,并与前面所借的钱款写明共计254万元,于约定日期归还,年利息10%。后吴某找张某,要求张某给付钱款,双方发生争吵,并至派出所。当日14时许,吴某与张某及俞某、孙某至某咖啡馆碰面,吴某要求张某给付钱款,并以向张某单位及张某之妻反映其曾与张某有婚外情为要挟,让张某于次日交付钱款。次日16时30分许,张某依约至咖啡馆,将现金50万元交予吴某,吴写下"一共拿张某304万元整,以前254万元整,今天50万元整,以后不拿"的字条。当吴某欲离开咖啡馆时,当场被公安人员人赃俱获。对于此案,一审法院认为,吴某以非法占有为目的,敲诈他人钱款,数额特别巨大,其行为构成敲诈勒索罪。张某将共计254万元的钱款汇入钱某、吴某的银行账户内,吴某均出具了借条,且张某均未向公安机关报案,故指控吴某敲诈张某197万元的证据不足,应认定系借款。吴某敲诈张某50万元,不仅有张某的陈述笔录予以证实,且有证人俞某、孙某的证词予以印证,应予认定。一审判决后,吴某认为其未对张某进行敲诈勒索,所收钱款系借款;其辩护人认为本案系控制下交付,吴某构成敲诈勒索罪的未遂,应予减轻处罚。二审法院认为,吴某以向张某单位及张某之妻告发张某与其曾有婚外情为要挟,向张某勒索数额特别巨大钱款的事实,证据确实、充分。张某遭吴某勒索50万元,并约定于咖啡馆内交付,次日上午,张某向公安机关报案,并将交付钱款的金额、时间、地点告知了公安机关,公安人员在张某向吴某交付钱款时,已在咖啡馆外布控,当吴某得款欲离开现场时被人赃俱获。张某在交付钱款前向公安机关报案,表明其主观上已无向吴某交付钱款的意愿,公安机关根据张某报案,在张某向吴某交付钱款时已先行布控,表明吴某不可能实际占有张某交付的钱款,故吴某系敲诈勒索犯罪的未遂,依法予以减轻处罚。[①]

笔者认为,上述案件中二审法院认定吴某敲诈勒索张某 50 万元系犯罪未遂是正确的。因为"行为人在约定地点收受被害人的财物后,被早已布控好的公安人员当场抓获。鉴于公安机关采取了控制下交付的侦查手段,被害人不会真正失去对财物的控制,且未基于恐惧心理处分财产,故行为人构成敲诈勒索罪未遂"[②]。或者说,在这种情况下,虽然交付了财物,但并不是在处分财产,而是在协助警察逮捕罪犯,所以只能被认定为敲诈勒索罪未遂。[③] 质言之,控制下交付行为,就被害人而言,其并未真正处分财物或者说并未真正失去对财物的控制;就行为人而言,其也不可能实际取得财物或者形成对财物的控制,故无论是交付说(失控说)还是取得说(控制说),认定为敲诈勒索罪未遂更为合理。

当然,按照笔者的观点,敲诈勒索未遂,以数额特别巨大的财物为敲诈勒索目标的,直接在第二档法定刑幅度内量刑,而无须先对应第三档法定刑幅度,再用未遂情节予以减轻处罚。此外,笔者还认为,因在入罪和对应法定刑幅度时,已经充分发挥了未遂情节的作用,故在具体量刑时一般不应再考虑未遂情节。

四 敲诈勒索罪与勒索型绑架罪的界限

关于敲诈勒索罪与抢劫罪的界限,已在抢劫罪部分作了阐释,不再赘述。关于敲诈勒索罪与诈骗罪的界限,前文也提及过,较易区分,关键在于被害人是基于被骗而"自愿"处分财物还是受到威胁或者要挟后产生恐惧心理而被迫交付财物。实践中,关于敲诈勒索罪与勒索型绑架罪的界限,有时存在分歧,下文结合

① 参见何仁利、孙红日:《控制交付条件下敲诈勒索罪的犯罪形态》,载《人民司法(案例)》2015 年第 20 期。

② 沈言:《控制交付条件下取得敲诈勒索的财产构成敲诈勒索罪未遂》,载《人民司法(案例)》2015 年第 20 期。

③ 参见张明楷:《"站住! 把手机交出来!"是敲诈勒索还是抢劫?》,载《人民法院报》2022 年 5 月 12 日,第 6 版。

典型案例进行分析。

例如，将被害人杀死后，以被害人被绑架为名，向被害人亲属勒索钱款的，如何定性？[①] 因被害人已经死亡，不能成为被绑架的对象，没有被绑架人，当然就不构成绑架罪。行为人以虚构的被害人被绑架事实向被害人的亲属勒索钱款，尽管被害人亲属可能会相信其虚构的事实，但其绝不会"自愿地"向其交出钱款，如果向其交出被索要的钱款，那只能是在精神上受胁迫，不得已才交出，所以也不构成诈骗罪。行为人以非法占有为目的，以被害人被绑架为名向被害人亲属勒索钱款，显然该方法会使被害人亲属为被害人的安危担忧，心理上受到严重的精神强制，即对被害人亲属实施了威胁方法，故其行为符合敲诈勒索罪的构成要件，应以该罪论处。

又如，利用被害人年幼将其哄骗至外地继而敲诈其家属钱财的，如何定性？[②] 敲诈勒索罪属于侵犯财产犯罪，不要求具有人身伤害性。而绑架罪属于侵犯人身权利犯罪，人身自由是侵犯的主要客体，可能同时侵犯他人的财产权利及其他权利。因此，区分诱拐型敲诈勒索罪与勒索型绑架罪，关键是确定行为人是否真正绑架了被害人，也即其行为对被害人人身自由的剥夺是否达到严重程度、是否严重危及被害人人身安全。该案中，行为人主观上敲诈勒索财物的犯罪故意非常明显，客观上实施了用被害人的安全来对其家属进行恐吓，使其家属产生恐惧心理，试图敲诈被害人家属财产的犯罪行为。但行为人没有对被害人进行人身强制，其行为侵害的客体主要为被害人家属的财产权利，故其行为完全符合敲诈勒索罪的构成要件。当然，行为人的行为比一般的敲诈勒索犯罪多了一个拐骗被害人的情节，但这一情节只是其实施敲诈行为的辅助手段，且并未达到完全限制被害人人身自由的实际控制程度，即尚未上升为绑架他人作为人质进行勒索的绑架行为，故对其行为以敲诈勒索罪定罪处罚，更符合主客观相一致的原则。

---

① 参见黄国民、胡守根：《陈宗发故意杀人、敲诈勒索案》，载最高人民法院刑事审判第一庭、第二庭编：《刑事审判参考》总第34集，法律出版社2004年版。

② 参见徐俊、孙江：《张舒娟敲诈勒索案》，载最高人民法院刑事审判第一、二、三、四、五庭主办：《刑事审判参考》总第56集，法律出版社2007年版。

再如,与人质谈好"报酬"后将人质释放,事后索要"报酬"的,如何定性?[①]对于此案,应以敲诈勒索罪定罪处罚,主要理由为:第一,"报酬"协议不合法因而无效。该协议是人质在失去人身自由的情况下被迫与行为人达成的,属于非法行为,其取得财物报酬无合法依据。第二,释放人质后索要"报酬",其实质是敲诈勒索,其手段是人身安全威胁,威胁的内容就是再次让被害人失去人身自由。第三,从被害人角度看,因为其先前被绑架过,担心不给予"报酬"会再次失去人身自由。为了免受伤害,才在被迫的情况下交付钱款,即被害人交付钱款是受到威胁的结果。

五 勒索财物情形下敲诈勒索罪与受贿罪的区分

例如,媒体记者李某,系国有事业单位人员,为谋取非法利益,通过负面新闻逼迫相关公司支付合作费用,或者收取相关公司的"保护费",承诺不对其进行负面报道。关于李某行为的性质,一种观点认为,李某系国家工作人员,利用职务上的便利向相关公司勒索财物,属于受贿。另一种观点则认为,李某虽系国家工作人员,但其对相关公司无职务上的制约关系,其滥用记者权力进行新闻敲诈而非舆论监督,构成敲诈勒索罪。

笔者认为,对于一般主体勒索财物,如符合敲诈勒索罪构成要件,以该罪论处。而对于国家工作人员这一特定主体勒索财物的,是以敲诈勒索罪还是以受贿罪定罪处罚,关键在于国家工作人员是否利用了职务上的便利。

(一)敲诈勒索罪与受贿罪的界限

一般情况下,两罪的界限是明晰的,主要区别在于:第一,侵犯的客体不同。敲诈勒索罪侵犯的客体是公私财物的所有权,而受贿罪侵犯的客体是国家工作

① 参见郝红鹰:《李彬、袁南京、胡海珍等绑架、非法拘禁、敲诈勒索案》,载最高人民法院刑事审判第一、二、三、四、五庭主办:《刑事审判参考》总第69集,法律出版社2009年版。

人员职务行为的廉洁性和不可收买性(权钱交易)。第二,客观表现不同。敲诈勒索罪在客观方面不要求利用职务上的便利,系采取威胁、要挟等手段,如以杀死、伤害被害人及其亲属或者毁坏财产、揭发隐私手段进行恐吓,给被害人造成精神上的恐惧,使其不得不交出财物。敲诈勒索罪的行为构造一般可表述为:"对他人实施威胁、要挟等—对方产生恐惧心理—对方基于恐惧心理处分财产—行为人或者第三人取得财产—被害人遭受财产损失。"而受贿罪在客观方面表现为利用职务之便索取他人财物,或者非法收受他人财物,并为他人谋取利益。第三,犯罪主体不同。敲诈勒索罪的主体为一般主体,而受贿罪的主体是特殊主体即国家工作人员。

(二)勒索财物情形下敲诈勒索罪与受贿罪的界分,关键在于国家工作人员是否利用了职务上的便利

实践中,对索贿型受贿,特别是勒索贿赂,行为人不仅是主动要求对方给予财物,还需要给对方形成心理强制,故勒索贿赂行为是以受贿罪还是以敲诈勒索罪论处,容易产生争议。如有的认为,两罪的本质特征截然不同,区分两罪的关键在于行为人是否利用职务上的便利;[①]在他人有求于国家工作人员的事项必须利用职务上的便利才能实现的条件下,行为人利用他人所处的困境,索取财物的,属于索贿行为。[②] 还有的认为,如果勒索贿赂同时构成其他犯罪如敲诈勒索罪,可以按照想象竞合来处理。[③]

笔者认为,虽然勒索型受贿与勒索型敲诈勒索具有相似之处,但两者具有本

① 参见马克昌主编:《百罪通论》(下卷),北京大学出版社 2014 年版,第 1190 页。

② 参见高铭暄、马克昌主编:《刑法学》(第 10 版),北京大学出版社、高等教育出版社 2022 年版,第 646 页。

③ 参见刘艳红主编:《刑法学(下)》(第 2 版),北京大学出版社 2016 年版,第 450 页。依照想象竞合犯的观点,对于派出所民警利用治安管理权,以扣押证件、行政拘留等相要挟,向嫖娼人员勒索财物,因利用职权、以权索利,其行为首先构成受贿罪。同时,利用嫖娼者害怕事情闹大的惶恐心理,以曝光隐私相恫吓,使对方心生恐惧并基于恐惧交付钱财,其行为又构成敲诈勒索罪。一行为同时触犯两个罪名,但两罪之间不存在重合或者交叉,属于想象竞合而非法条竞合。因敲诈勒索罪的定罪量刑标准低于受贿罪的标准,一般应当以敲诈勒索罪定罪量刑。参见钱岩:《利用职务上的便利敲诈勒索的认定》,载《人民司法(案例)》2021 年第 11 期。

质的不同,关键在于国家工作人员勒索财物是否利用了职务上的便利。详言之,被勒索者有求于国家工作人员,请托事项在国家工作人员职权范围之内,即国家工作人员对被勒索者具有利益上的直接制约关系和权钱交易的可能性,国家工作人员利用其职务上的便利向其勒索财物的,无论是否给对方形成心理强制,于双方而言这都是一种权钱交易,而非国家工作人员以非法占有为目的强行勒索财物,成立受贿。相反,不具有国家工作人员身份或者未利用职务上的便利向他人勒索财物的,不成立受贿,符合敲诈勒索罪构成要件的,以该罪定罪处罚。

事实上,在勒索型受贿、行贿场合,行贿人(未必构成行贿罪,除非获得不正当利益)尽管被勒索给予国家工作人员财物,但其有求于国家工作人员,其行为动机具有不法性,且其也意识到给予国家工作人员财物是为了换取该国家工作人员的权力,故行贿人不是被害人。因此,即使认为勒索财物情形下可成立受贿罪与敲诈勒索罪的竞合,也应属于法条竞合,即特殊法条优先于一般法条适用,以受贿罪论处。关于可成立想象竞合犯的观点,则值得商榷。因成立想象竞合犯,需从一重处,尽管受贿罪的最高法定刑为死刑,敲诈勒索罪的最高法定刑为十五年有期徒刑,但根据《敲诈勒索解释》的规定,敲诈勒索罪"数额较大""数额巨大""数额特别巨大"的标准均远低于受贿罪的相应标准①,故多数情况下将以敲诈勒索罪定罪处罚。如以敲诈勒索罪定罪处罚,行贿人则成了被害人,需将被勒索给予国家工作人员的财物返还给行贿人,此举显然不合逻辑。

按照区分的关键在于国家工作人员勒索财物是否利用了职务上的便利的观点,实践中相关案例可作为参考。例如,李某、唐某受贿案。《经济日报(农村版)》报社是国有事业单位,《经济日报(农村版)》报社广西记者站是该报社的派出机构。李某、唐某在分别担任《经济日报(农村版)》报社广西记者站副站长、工作人员期间,利用职务之便,在采访广西全区"对农民直接补贴与储备粮订单

① 如根据2016年《最高人民法院、最高人民检察院关于办理贪污贿赂刑事案件适用法律若干问题的解释》的规定,受贿数额在3万元以上不满20万元的,应当认定为"数额较大",构成受贿罪,对应法定刑"三年以下有期徒刑或者拘役,并处罚金"。而根据《敲诈勒索解释》的规定,敲诈勒索公私财物2000元至5000元的,为"数额较大",构成敲诈勒索罪,对应法定刑"三年以下有期徒刑、拘役或者管制,并处或者单处罚金"。

挂钩试点工作”过程中，利用各粮食系统因粮食直补工作中存在一些问题害怕上报、曝光的心理，共同索取来宾市的象州县、兴宾区粮食局各1万元，贵港市覃塘区粮食局6万元，桂平市粮食局6万元和河池市环江县粮食局8万元，以上共计现金22万元，得款后二人均分，各分得11万元。生效裁判认为，李某、唐某作为国有事业单位《经济日报(农村版)》报社聘用的记者和工作人员，代表报社对广西粮食系统直补工作进行调查采访，履行社会舆论监督职能，行使对国家公共事务的管理监督权力，属于国有事业单位中从事公务的人员，应以国家工作人员论。李某、唐某在采访过程中，利用相关单位工作中存在的问题，向相关单位索取钱款，得款后二人平分，其行为构成受贿罪。[①] 本案中，记者从事的新闻报道等工作，是履行职务的行为。国有媒体记者对国家和社会公共事务进行新闻报道和舆论监督，是国家赋予的权力，是从事公务的一种表现形态。故此，国有媒体记者利用采访报道等实现舆论监督的手段，索取他人财物，符合受贿罪的构成特征。

又如，刘某、胡某受贿、敲诈勒索案。国有事业单位法治网广东频道原主编刘某、《南方日报》地方新闻中心原主任助理胡某，多次收受某公司法人代表魏某的贿赂款共计31.5万元，二人按照魏某的要求，在报业或者网络平台上发表有关报道，利用舆论向法院施加压力，为其在案件审理中谋取利益。刘某、胡某还以报道广东省茂名市某旅馆“内幕”新闻、韶关市某镇非法开采稀土矿、河源市某镇非法开采稀土矿为要挟，向他人共索取财物16万元；以删除南方网关于深圳市某局公款旅游的报道为由，向他人索取财物1.8万元。生效裁判认为，刘某、胡某利用职务上的便利，共同收取魏某钱款共计31.5万元，为其谋取利益，二者行为均构成受贿罪；刘某、胡某还以非法占有为目的，伙同他人利用媒体采访新闻的权力，以所谓“新闻曝光”或者删除处理网络信息为由，勒索他人财物共计17.8万元，二者行为又构成敲诈勒索罪。[②]

---

① 参见王玉琦、牛克乾：《李万、唐自成受贿案》，载最高人民法院刑事审判第一、二、三、四、五庭主办：《刑事审判参考》总第72集，法律出版社2010年版。

② 参见张文：《两记者以曝光为由受贿敲诈勒索被判刑》，载《羊城晚报》2014年6月23日，第1版。

上述李某、唐某受贿案中，二人作为《经济日报(农村版)》报社广西记者站副站长、工作人员，代表报社对广西粮食系统直补工作进行调查采访，其对被勒索者即相关粮食局在履行社会舆论监督职能方面具有利益上的直接制约关系和权钱交易的可能性，故其系利用职务上的便利向相关粮食局勒索财物，对二人应以受贿罪论处。刘某、胡某受贿、敲诈勒索案中，刘某、胡某属于国有事业单位中从事公务的人员，应以国家工作人员论。其中受贿部分系非法收受他人贿赂，故以受贿罪论处无争议。关于敲诈勒索部分，刘某、胡某利用媒体采访新闻的权力，以所谓"新闻曝光"或者删除处理网络信息为由向他人勒索财物，与李某、唐某受贿案相比，被勒索者并非其履行社会舆论监督的相对特定的对象，即其对被勒索者不具有利益上的直接制约关系和权钱交易的可能性，其实质是利用新闻工作者身份而非利用职务上的便利，滥用媒体采访新闻的权力，以非法占有为目的向他人勒索财物，故其行为不具有权钱交易的本质特征，不构成受贿罪，但符合敲诈勒索罪的构成要件。

同理，前述案例中的李某，虽然其系国家工作人员，但其对相关公司无职务上的制约关系。其通过负面新闻逼迫相关公司支付合作费用，或者收取相关公司的"保护费"，承诺不对其进行负面报道的行为，实质上并非履行舆论监督职责，而系通过滥用媒体采访新闻的权力来实现其非法占有相关公司财物的目的，显然不具有权钱交易的本质特征，属于财产犯罪范畴，应以敲诈勒索罪定罪处罚。此类新闻敲诈案，如曾经广受社会关注的"二十一世纪新闻敲诈案"即是典型。该案部分事实为，二十一世纪传媒公司及其总裁沈某，与相关媒体、广告公司、财经类公关公司相互勾结，选择正处于拟上市、资产重组商业敏感期等情形的公司，以刊登负面报道相要挟或者采取有偿撤稿、删稿、不跟踪报道等"有偿不闻"的方法，勒索他人财物或者强迫实施广告经营交易，谋取非法利益。生效裁判对该部分犯罪事实以敲诈勒索罪、强迫交易罪定罪处罚。[①]

再如，周某系派出所民警，其分别与马某、戴某共谋，先物色吸毒等违法行为

---

① 参见李昭翼:《二十一世纪传媒公司原总裁沈颢因敲诈勒索、强迫交易等一审获刑四年》，载新华网，2015年12月25日。

对象，再利用其民警身份前去抓捕，在抓捕过程中向他人索取钱财。戴某与夏某等人在某处共同吸毒后，通过微信的方式将所在位置发给周某，周某伙同马某至上述地址，用手铐铐住夏某，周某向夏某出示人民警察证并电话联系其所属派出所查询夏某的前科等身份信息，对夏某等人进行盘问和尿液毒品检测，在夏某涉嫌容留吸毒的情况下，与夏某商定只要其支付钱款就可将其释放的协议。随后，收取夏某给付的钱款7.6万元，并将夏某予以释放。周某等人的行为是受贿、滥用职权还是敲诈勒索？[①] 关键在于作为民警的周某是利用身份之便还是利用职务上的便利。本案中，周某虽然具有国家工作人员的身份，拥有一定的工作便利，可以安插线人，可以获取他人的违法犯罪线索，可以持有手铐、尿检试纸等办案工具，可以通过同事查获当事人前科劣迹情况，但上述便利都是其在工作中形成和获取的。周某查获吸毒人员的职务行为不具有合法性、真实性的前提，首先，其动机目的违法，以"求财"为目的，有预谋在先；其次，其抓捕行为违法，既没有向有关部门报告，获得有关部门批准，也没有与其他民警一同前往，而是与自己的同伙共同行动；最后，其采用手段违法，对被害人实施殴打并索要钱款。因此，周某在非正常、合法的履行职务过程中，采用要挟手段，获取钱财并占为己有，查获吸毒人员的行为不具备职务行为的特征，系利用身份之便敲诈他人财物，而非利用职务之便索取他人财物，不构成受贿罪，但符合敲诈勒索罪的构成要件。

六 敲诈勒索罪与他罪牵连的处理

例如，某行为人窃取他人挖掘机电脑主板，共计价值9万余元，将电脑主板藏匿于附近草丛中等地，并在挖掘机内留下联系电话号码，以汇款入指定账户才将电脑主板归还相要挟，向挖掘机机主共计索得现金5万元，对该行为如何定罪

① 参见茆荣华主编：《2018年上海法院案例精选》，上海人民出版社2020年版，第427页。

处罚?[1] 本案中,被害人考虑重新配置新的电脑主板的价格远高于被敲诈勒索的现金,且为了减少停工损失,被迫按照要求将被勒索的款项汇入指定账户,行为人确认款项到账后即电话告知被害人藏匿电脑主板的地点,让被害人自行找回。上述盗窃行为属于手段行为,打电话要挟索财行为属于目的行为,分别触犯盗窃罪和敲诈勒索罪,两罪之间系手段与目的相牵连的牵连犯,一般应从一重处。相比较而言,盗窃 9 万元与敲诈勒索 5 万元相比,以盗窃罪定罪处罚属于较重的处罚。

又如,某行业人以勒索钱财为目的多次盗窃他人机动车号牌,未来得及向有关号牌所有人勒索钱财即被抓获的,如何定罪处罚?[2] 该案中,机动车号牌不属于盗窃国家机关证件罪中的国家机关证件,但可以成为盗窃罪的对象。盗窃机动车号牌的行为属于手段行为,勒索钱财行为才是目的行为,两行为之间具有牵连关系。行为人虽未敲诈得手,但其盗窃行为已经既遂,盗窃数额为被害人的财产损失数额。机动车牌照本身不能买卖,不具有经济价值,但其具有使用价值,所有人需支付相应办理牌照的费用才能获取,故被害人因盗窃所遭受的经济损失就是需支付的补办牌照的费用,以被害人补办车牌所需费用作为盗窃数额具有合理性,数额较大的,对行为人以盗窃罪论处。当然,盗窃机动车号牌后又索取财物,数额均达到盗窃罪和敲诈勒索罪立案标准的,属牵连犯,应从一重处,由于盗窃罪相对敲诈勒索罪是重罪,一般应以盗窃罪论处。[3]

再如,以编造爆炸威胁等恐怖信息的方式向有关单位进行敲诈勒索的,如何定罪处罚? 该案与前述案例类似,即行为人出于非法占有被害单位财物的目的,通过编造虚假恐怖信息的方式(手段行为)向被害单位勒索财物(目的行为),分别触犯了编造虚假恐怖信息罪和敲诈勒索罪,两罪之间具有牵连关系,成立牵连犯,一般应从一重处。

---

① 参见陈克娥:《张超群、张克银盗窃案》,载最高人民法院刑事审判第一、二、三、四、五庭主办:《刑事审判参考》总第 54 集,法律出版社 2007 年版。

② 参见刘扬:《杨聪慧、马文明盗窃机动车号牌案》,载最高人民法院刑事审判第一、二、三、四、五庭主办:《刑事审判参考》总第 70 集,法律出版社 2010 年版。

③ 参见王路真:《机动车号牌不属于国家机关证件》,载《人民司法(案例)》2010 年第 2 期。

第九章 其他侵犯财产罪论

本章重点论述侵占罪、故意毁坏财物罪、破坏生产经营罪、拒不支付劳动报酬罪等其他财产罪中的实务问题，以及财产罪共犯与赃物罪的界分、上下游犯罪间的定罪量刑平衡。

一 侵占罪认定要点及与盗窃罪的界分

侵占罪是指将代为保管的他人财物非法占为己有，数额较大，拒不退还的，或者将他人的遗忘物或者埋藏物非法占为己有，数额较大，拒不交出的行为。

（一）侵占罪认定要点

1. 侵占对象：代为保管的他人财物、遗忘物与埋藏物

代为保管的他人财物，是指基于委托合同关系或者根据事实上的管理而形成的对他人财物的持有、管理。[①] 委托关系发生的原因包括租赁、借用、担保、寄存等。在火车站、地铁、机场、码头等场所，旅客将财物交给安检机来安检，进入传送带之上的物品就存在委托保管关系，该物品在整个安检过程中就属于保管物。此时的保管人应该是民警、保安或者其他工作人员，如果这些人员拿走保管

① 参见贾宇主编：《刑法学》（第 3 版），中国政法大学出版社 2017 年版，第 362 页。

的物品，属于侵占；其他人拿走的，不管其主观上是否知道有人保管，其对他人保管物的占有就是盗窃。在无因管理情况下，行为人为避免他人的利益受损失而自动为他人保管财物，系以合法方式持有他人财物，如果非法据为己有，拒不返还，也是侵占行为。对于通过借贷关系取得的、具有处分权的物品，如钱款，如果到期后拒绝归还或者无力归还，只能作债务纠纷处理，不能认定为侵占罪。实践中，基于不法原因给付的财物，以及窝藏、代为销售的赃物，能否成为侵占罪的对象，争议较大，需要进一步探讨达成共识。①

例如，甲要接收一笔钱 10 万元，但身边没有银行卡，遂与朋友乙商量，请他人将该笔资金打入乙的银行卡账户，届时请乙取现后交与甲，乙允诺。10 万元到账后，乙将钱款用于归还个人欠款，在甲的再三要求之下仍拒不退还。该案中，乙同意接收钱款并答应待钱款到账后取现交给甲，则乙是受托保管该笔钱款，但是当钱款到账后乙即将之用于归还个人欠款，且在甲的再三要求下拒不退还，显然乙是将受托保管的甲的钱款非法占为已有，数额较大，如果甲进行自诉，则乙的行为构成侵占罪。

遗忘物，是指财物所有人或者持有人将所持财物放在某处，由于疏忽忘记带走，从而暂时失去对财物的控制。如买东西将物品忘在柜台上，到他人家里玩耍将东西遗忘在他人家里，乘坐出租车把财物遗忘在出租车里，等等。“遗忘物必须被人‘忘’，至于时间长短、距离远近并不重要”“认定遗忘物不是看距离上的远近，而应该看被害人的主观。主观上忘记，即使其与财物的物理距离很近，其对财物也仍是暂时失控，在没有转移到场所管理方占有或者保管的情况下，仍然

① 但笔者持肯定观点，即不法原因给付的财物可以成为侵占罪的对象。主要理由为：第一，基于不法原因获得的财物也属于“他人财物”，且从事实层面不可否认受托人接受了委托人的委托，即其明知是他人财物，需用于约定的用途，如未用于约定用途应返还委托人，即使认为涉案财物具有非法性而不应返还给委托人，也要上缴国家没收，故其将涉案财物非法占为己有的行为违反了《刑法》的禁止性规定；第二，受托人事实上接受了委托人的委托，如委托人要求其退还涉案财物，理应退还，即使认为委托人无返还请求权，也要基于涉案财物的不法性上缴，由国家没收，而不是非法据为己有，尤其在司法机关介入后要求退还而拒不退还，数额较大的，当然可构成侵占罪；第三，正如不法财物可以成为抢劫罪、盗窃罪等侵犯财产犯罪对象一样，不法原因给付的财物也可成为侵占罪的对象。参见罗开卷：《刍议“截贿”及其对贿赂犯罪的影响》，载《法律适用》2020 年第 1 期。

属于遗忘物”①“在认定遗忘物时，首先应当看被害人主观上是否忘记，如果确实忘记，哪怕距离物品很近，也不宜认为在被害人的事实控制下，可以认定为遗忘物；如果没有忘记，也要结合现场看，如果是在公共场所距离很远，按照常情常理可以判断物品已经脱离控制，那么一般也应认定属于遗忘物。但在相对封闭的特定的公共场所，如列车车厢，即使行李距离物主很远，一般也不应当认定为属于遗忘物”“当行为人将他人占有的财物误认为是遗忘物而据为己有时，如果这种‘误认为’是合情合理的，则只能在主客观相统一的范围内认定为侵占罪；如果这种‘误认为’是不合情理的，将财物据为己有的行为便只能认定为盗窃罪”②。遗忘物不等同于遗失物，后者是失主丢失的财物，失去对财物的控制时间相对较长，一般也不知道丢失的时间和地点，拾捡者一般不知道也难以找到丢失之人。

埋藏物，是指埋藏于地下，所有人不明或者应为国家所有的财物。埋藏物不同于地下的文物，后者年代久远，具有历史、文化、科学、艺术价值，一般应属于国家所有。

2.“非法占为己有”的认定

侵占罪是变合法持有为非法所有。“非法占为己有”需要通过一定的客观行为表现出来，如将代为保管的他人财物进行消费、出卖、赠与、抵偿债务等。

3.“拒不退还”“拒不交出”的认定

“拒不退还”即立案前权利人要求行为人退还代为保管的财物时，明确表示拒不退还的意思表示；“拒不交出”即权利人要求行为人交出遗忘物、埋藏物时，明确表示拒不交出的意思表示。实践中，对于权利人向行为人索要财物，行为人不予退还，但警察等找到行为人后行为人予以退还的，应认定为已经退还。“拒不退还”“拒不交出”是非法占有目的的进一步表示，表明立法者缩小打击面的

---

① 有观点认为，在判断财物是遗忘物还是他人占有的财物时，要以行为人行为时的状态为基础进行判断，即应当以行为人取得财物时被害人在时间上、空间上与财物的距离作为判断标准，而不是以被害人事后发觉的时间为基准进行判断。参见张明楷：《刑法学（下）》（第6版），法律出版社2021年版，第1232页。

② 参见上海检察：《75号咖啡：是“偷”还是“捡”？——“捡拾”传送带上旅客财物的罪名适用》，载微信公众号“上海检察”，2021年2月6日。

意图。①

(二)侵占罪与盗窃罪的界分:关键在于非法占有的对象是否为代为保管的他人财物、遗忘物或者埋藏物

两罪的界限是清晰的。一般而言,盗窃罪中,先有非法占有目的,再实施秘密窃取行为;侵占罪中,变合法持有的代为保管的他人财物、遗忘物或者埋藏物为非法所有,即非法占有目的产生于合法占有行为之后。故区分盗窃罪与侵占罪,关键在于犯罪对象是否为代为保管的他人财物、遗忘物或者埋藏物。或者说,关键是判断作为犯罪对象的财物是否脱离占有以及由谁占有,行为人不可能盗窃自己事实上占有的财物,对自己事实上已经占有的财物只能成立侵占罪。②同理,将代为保管的他人财物藏匿、谎称被盗、遗失等而拒不退还的,是变合法持有为非法所有,与先有非法占有目的再实施诈骗行为的不同,符合侵占罪的构成要件,而不构成诈骗罪。相反,例如,受他人委托炒股,私自使用他人证件以委托人名义开立银行新账户,通过证券业务员卖出原账户内的股票,将所得款转到新账户并取走的行为,因被害人只是委托行为人帮其买卖股票,其股票资金均未脱离其股票账户,股票账户中的资金仍然由被害人占有、支配、控制,即行为人并没有因为被害人全权委托其帮忙炒股而占有被害人股票账户中的资金,不属于“代为保管他人财物”的情形,故其行为不构成侵占罪。行为人隐瞒真相的欺骗行为使证券业务员陷入错误认识,作为受骗者的证券业务员基于上述错误认识处分了被害人的股票款项,相应地,被害人遭受了财产损失、行为人获取了股票款项。作为受委托炒股的行为人擅自取走委托人股款的行为,符合诈骗罪的主客观要件,应当认定为诈骗罪。③

又如,盗卖父母受托保管的财产,因不具有代为保管他人财物的主体身份,

① 参见刘宪权:《刑法学名师讲演录(分论)》(第3版),上海人民出版社2021年版,第717页。

② 参见贾宇主编:《刑法学》(第3版),中国政法大学出版社2017年版,第362页。

③ 参见古加锦:《伍华诈骗案》,载最高人民法院刑事审判第一、二、三、四、五庭主办:《刑事审判参考》总第96集,法律出版社2014年版。

其行为不构成侵占罪,而构成盗窃罪。[①] 行为人对其父母经营活动中所涉及的财物没有控制管理的权利,事实上并不占有这些财物,故其不具有构成侵占罪的主体资格。其在父母不知情的情况下,采取秘密窃取手段,盗卖父母受托保管的他人财产,其行为实际上属于发生在家庭内部的盗窃案件。对于此类盗窃案件的处理,实践中一直采取慎重态度。

例如,以非法占有为目的骗取财物保管权,而后秘密窃取该财物的,因该财物不属于代为保管的财物,故该行为不属于侵占,而应以盗窃罪论处。[②] 表面上,行为人是变合法持有为非法占有,但事实上其先有非法占有目的,然后再骗取财物保管权,其代为保管只不过是为其实施秘密窃取行为创造了便利条件,故涉案财物不属于代为保管的他人财物,其行为构成盗窃罪而非侵占罪。

例如,驾驶人忘记锁闭的汽车不是遗忘物,故偷开他人忘记关窗锁门的汽车的行为,不构成侵占罪,而构成盗窃罪。[③] 因汽车作为财物具有特殊属性,即驾驶人在离开时不仅不可能将其带走,而且是有意识地让其保留在停放处,经常要与驾驶人分离。如果不考虑汽车这种特殊的物质属性,将因驾驶人忘记关车窗、车门、没拔钥匙、便于他人开走的汽车认定为遗忘物,既有悖常理,还会使人们对汽车这种财产所有关系的认识产生混乱。车辆车窗未关、车门未锁、钥匙未拔的不正常状况,只是为实施盗窃行为创造了便利条件,而不能据此否定该行为的秘密窃取性质。当车主不在场的情况下,将其汽车开走就是秘密窃取行为。

例如,对于经营场所包厢内的财物,无论是否属于客人的遗忘物,不能成为其他客人的侵占对象。[④] 经营场所的包厢,虽属公共场所,但系专人经营管理,具有空间上的封闭性和使用上的独占性,与人人皆可自由往来的广场、道路、海滩

---

① 参见聂昭伟:《杨飞侵占案》,载最高人民法院刑事审判第一、二、三、四、五庭主办:《刑事审判参考》总第 70 集,法律出版社 2010 年版。

② 参见贾剑敏:《康金东盗窃案》,载最高人民法院刑事审判第一庭、第二庭编:《刑事审判参考》总第 21 辑,法律出版社 2001 年版。

③ 参见郭彦东:《韦国权盗窃案》,载最高人民法院刑事审判第一、二、三、四、五庭主办:《刑事审判参考》总第 50 集,法律出版社 2006 年版。

④ 参见洪冰:《罗忠兰盗窃案》,载最高人民法院刑事审判第一庭、第二庭编:《刑事审判参考》总第 24 辑,法律出版社 2002 年版。

等公共场所有所区别。即便消费者因故临时离开,其对放在包厢内的随身携带的物品仍然具有实际的控制权。其间任何人进入该独占空间,以非法占有为目的取走消费者存放在此的财物的行为,均属于盗窃行为。当消费者正式结账离开包厢后,包厢内的一切物品包括消费者遗留的物品,即使属于遗忘物,基于特定场所的“双重控制”,亦称“第二重控制”,复归于经营者的控制之下,经营者对消费者遗留的物品负有清点、保管和退还的义务。如果经营者对消费者的遗留物拒不退还,属于侵占。但经营者之外的其他人如以非法占有为目的,擅自进入该包厢取走消费者遗留物的,则属盗窃,而非侵占。①

基于出租车的场所特点,也应采用“双重控制”,即乘客对遗忘在出租车上的财物,虽然暂时失去了控制,但出租车司机有为其代为保管的义务,即物品占有权发生了转移,出租车司机暂时拥有了对该物品的占有权。故出租车司机将乘客的遗忘物非法占为己有,拒不退还,数额较大的,构成侵占罪;假如之后的乘客在出租车司机不知情的情况下,将之前的乘客遗忘在出租车内的财物非法占为己有,数额较大的,构成盗窃罪而非侵占罪。②

例如,某行为人在公路上发现一头猪,然后带走,是盗窃还是侵占?简要案情为,2020 年 6 月 17 日 21 时许,谭某、刘某骑摩托车经过一公共通行的水泥路时,发现一头牲猪在水泥路上转悠,两人见四周无人便萌生带走这头猪的贪念,后联系周某,三人合力将该牲猪拉回家中藏匿。经价格认证,涉案牲猪 196 斤,时价 3528 元。另查明,案发前几天即 6 月 13 日,周某 1 等人合伙买了 7 头牲猪,圈养在上述水泥路附近的猪场,陆续杀了 3 头,还剩 4 头。6 月 18 日 4 时 30 分左右,周某 1 等人准备杀猪卖肉时,发现少了一头猪,系拱脱猪圈栏板跑走。周

① 类似案例,如甲将价值 1 万元的手表遗忘在洗浴场所柜子里。过了约 1 小时,乙去洗浴,柜台将甲用过的浴室柜钥匙给了乙,后乙拿走了甲的手表。该案中,甲将其手表遗忘在浴室柜里,虽然洗浴场所管理者尚不知晓,但事实上该手表已转移为洗浴场所管理者占有。柜台将甲用过的浴室柜钥匙给乙,并无将柜内手表转移为乙占有的意思表示。故此,乙的行为是盗窃而非侵占。

② 当然,也有观点认为,在其他人包括出租车司机没有发现并控制遗忘物的情况下,事实上该遗忘物依然处于失控状态之下,故此时行为人将该遗忘物占为己有的,只可能构成侵占而非盗窃。在出租车司机发现乘客的遗忘物,并将该遗忘物置于自己控制之下时,行为人将该遗忘物秘密窃取的,才可能构成盗窃遗忘物。参见刘宪权:《刑法学名师讲演录(分论)》(第 3 版),上海人民出版社 2021 年版,第 718 页。

某1等人即四处寻找，寻找未果后报警。案发后，周某、谭某、刘某将牲猪返还给了被害人，并取得谅解。对于该案，一审法院认为，周某、谭某、刘某以非法占有为目的，秘密窃取他人财物，数额较大，其行为构成盗窃罪，鉴于该案犯罪情节轻微，对三人均免予刑事处罚。后周某以其行为不构成犯罪为由，提出上诉。二审法院认为，对于涉案物品是否属于遗失物，占有是否丧失，应当根据案件的具体情形，参酌日常社会生活准则和人们一般社会观念，结合具体时空等因素加以判断。对于在路边行走的牲猪一般人都会认为是他人圈养走失的猪或者是运输过程中跌落的猪。谭某、刘某于21时左右在公共通行的水泥路上发现牲猪，其不能明知该牲猪是谁控制或者占有，应认定为遗失物。周某与谭某、刘某出于贪财心理，将牲猪赶上车拉走的行为，属于拾得他人遗失物，没有证据证明系秘密窃取，其行为不构成盗窃罪。三人主观上虽有侵占他人财物的故意，但在公安机关寻找后即予以返还，其行为亦不构成侵占罪。遂宣告周某、谭某、刘某无罪。[①] 笔者认为二审法院改判无罪是正确的。一方面，涉案牲猪已从被圈养的猪场跑走，应该没有回到原处的能力[②]，之后物主四处寻找未果，此时物主丧失对该牲猪的占有。另一方面，不同于在农村居民区附近发现牲猪，从社会观念上可推知该牲猪为附近居民所占有，该案中谭某等人于21时左右在公共通行的水泥路上发现牲猪，其主观上认为是他人圈养走失的猪或者是运输过程中跌落的猪，即不明知该牲猪是谁占有。涉案牲猪系失散的饲养动物，是遗失物。谭某等人在公路上捡拾该牲猪的行为属于民法上的无因管理行为，涉案牲猪在性质上属于谭某等人合法持有的“代为保管的他人财物”，故其行为不构成盗窃罪。谭某等人虽然有将代为保管的他人财物予以侵占的主观故意，但其在公安机关寻找后即将涉案牲猪返还给了被害人，故其行为亦不构成侵占罪。

又如，某持有人将装有现金2万元的信封短暂遗忘在银行大厅的填单台上，银行保安等工作人员也未占有和控制的，该物属于遗忘物，不能成为盗窃罪的对

① 参见湖南省永州市中级人民法院刑事判决书，(2021)湘11刑终380号。

② 一般认为，主人饲养的、具有回到原处能力或者习性的宠物，不管处于何处，都应认定为饲主占有。参见贾宇主编：《刑法学》(第3版)，中国政法大学出版社2017年版，第363页。

象,但可以成为侵占罪的对象。[①] 该案中,第一,持有人将装有现金 2 万元的信封遗忘在银行大厅的填单台上,直至半小时后才想起,表明其暂时失去了对该财物的控制和支配。尽管其遗忘的时间只有半个小时,但不影响涉案财物属于遗忘物的性质。第二,在有不特定多数人同时流动的这一公共空间的大厅里,银行保安等工作人员必须对遗忘物有明确的控制或者支配意识,才能成为该空间内遗忘物的第二控制人。[②] 本案中,持有人将装有现金 2 万元的信封遗忘在银行大厅之时起至行为人将涉案财物拿走时止,银行保安等工作人员并未发现或者意识到填单台上有他人遗忘的财物,故无从认定银行相关人员有持有、支配涉案财物的意思,更无从认定银行相关人员已经控制或者占有了涉案财物,故该种情况下不能认定银行相关人员已经协助持有人对涉案财物进行"第二重控制"。第三,行为人主观上具有非法占有他人财物的主观故意,客观上实施了非法占有他人财物的行为,但其非法占有的他人财物是被害人丢失的遗忘物,不在被害人及银行相关人员的控制和占有之下,故指控其行为构成盗窃罪的意见不能成立。当然,该物属于遗忘物,可以成为侵占罪的对象,如果行为人拒不退还,持有人可以侵占罪自诉。

将出借、出售他人使用的银行卡进行挂失、补卡取款(包括合法钱款及赃款)的行为如何定性的问题,尤其是在电信网络诈骗犯罪中较为常见,即行为人将银行卡出借、出售给他人使用后,又通过挂失、补卡等方式将卡内骗取被害人的钱款占为己有。例如,冯某联系胡某为其办理银行卡,并承诺给予胡某 1500 元好处费,胡某为了谋取非法利益,办理了 1 张电话卡及 4 张银行卡,并将上述电话卡和银行卡交给冯某使用。后胡某将 4 张银行卡提供给冯某使用期间,其银行卡被用于实施网络诈骗犯罪,4 张银行卡内的汇入金额共计 300 万余元,关联被网络诈骗的 5 名被害人。后胡某到建设银行注销其提供给冯某使用的银行卡时,将银行卡内的 2 万余元取走,用于偿还债务。又如,王某为获取非法利益,明

---

① 参见李敏、费晔:《占有他人遗忘物后又归还不构成犯罪》,载《人民司法(案例)》2017 年第 35 期。

② 笔者赞同该观点,即在非公共空间里,管理人或者控制人当然成为该空间内遗忘物的第二控制人,不需要对其有明确而具体的控制意识或支配意识。

知他人利用信息网络实施犯罪,仍按照对方要求办理了5张银行卡出售给他人,非法获利2500元。上述银行卡被用于非法支付结算资金130余万元,其中已查明13名被害人被骗金额近40万元。王某在出售银行卡之前,就想从汇入银行卡的赃款中偷偷转出部分钱款占为己有,遂将5张银行卡都绑定了手机银行App和支付宝。后王某的老板曹某向其借钱,同时,王某通过手机App得知其中的农业银行卡于两日前进账16万余元,遂通过支付宝将该农业银行卡内的2万元转账给曹某。对上述取款行为如何定性存在争议,主要有侵占罪和盗窃罪两种观点,但多数持盗窃罪观点。第一种观点认为构成侵占罪。主要理由为,无论银行卡由谁实际持有并使用,银行卡的权利义务都由申领人承受,卡内资金在法律形式上都处于申领人的控制之下。因此,借用人虽持有银行卡并掌握银行卡的密码,但其一旦将资金存放到借来的卡内,该资金就在法律形式上处于银行卡申领人的控制之下。行为人将银行卡借给他人使用后,通过挂失方式将银行卡内的他人资金取走的行为,是将代为保管的他人财物占为己有,数额较大,拒不退还的,构成侵占罪。[①] 第二种观点认为构成盗窃罪。主要理由为,行为人在租用人掌握密码并实际占有、控制银行卡内存款的情况下,通过挂失、补卡等手段将银行卡内租用人的存款取出并占为己有,其行为属于秘密窃取他人财物,应以盗窃罪定罪处罚。[②] 行为人对卡内钱款并无代为保管义务,该笔钱款亦非遗忘物。明知是他人财产,因产生贪念,以挂失后补卡的方式,在他人不知情的情况下,秘密取走该卡内他人的存款,占为已有。非法占有他人财产的主观故意及秘密转移

① 参见王德录、刘晓辉:《曹成洋侵占案》,载最高人民法院刑事审判第一、二、三、四、五庭主办:《刑事审判参考》总第95集,法律出版社2014年版。北京大学法学院车浩教授亦认为,如果是在出租、出售之时就已有计划,那么整个行为定诈骗罪;如果是在出租、出售之后才起非法占有目的,定侵占罪为宜。此时卡主的挂失和重新办卡行为(也就是转移占有)并不违法,至多是对被害人的违约(但出租本身也不合法),钱款在其占有之下属于代为保管的状态,如果此时对方要求归还而拒不归还,构成侵占。卡主的挂失和重新办卡行为,虽然客观上起到转移占有的效果,但这种行为显然不同于其他转移占有的盗窃行为,因为不可能从法律上禁止一个卡主去实施挂失和重新办卡的行为,且其本身也有挂失和重新办卡的权利和资格(法律上的权利和资格不会因为前面的出租、出借行为而丧失),从这个角度看,挂失和重新办卡行为显然不同于其他转移占有行为,故只能对其转移占有之后的侵占行为进行评价。此外,对该种行为以相对于盗窃罪要轻的侵占罪处理,也是降低和减弱对此类被害人的保护,因为该种租赁或者购买他人银行卡的行为为法律所禁止,本身就降低了保护的必要性。

② 参见上海市黄浦区人民检察院诉崔某、仇某、张某盗窃案,载《最高人民法院公报》2011年第9期。

占有他人财产的客观行为兼具,应以盗窃罪定罪处罚。① 盗窃罪侵犯的是事实占有。事实占有既包括合法占有,也包括非法占有(如占有赃物)。出卖银行卡后,通过挂失取款,或者通过 ATM、支付宝、网上银行转账的方式将卡内资金取出,从而将出卖的银行卡内资金占有的行为,构成盗窃罪。② 盗窃罪的本质是违背财物占有人的意志,以平和的方式改变占有,由于刑法侧重维护财产法益的占有秩序,即使是犯罪所得的赃款,其他人也不能任意盗抢。实际持卡人即上游行为人对银行卡的控制和支配力强于名义持卡人,故在赃款转移到银行卡内后,应当认为上游行为人占有该款项。在上游行为人不知情的情况下转移部分钱款,违背上游行为人的意志改变钱款的占有,构成盗窃罪。出售银行卡帮助上游犯罪提供支付结算,并将被害人汇入的钱款私自转账侵吞,应认定为帮助信息网络犯罪活动罪和盗窃罪,实施数罪并罚。③ 存款的占有在本质上是以存款债权之名,通过法律或者社会一般观念对具有真正权利义务关系项下的存款金额能够予以控制的确认。存款名义人以挂失手段获取其账户内他人钱款,由于其在法律或者社会一般观念上对卡内钱款不具有真正的权利义务关系而并未占有,进而其转账、取现或消费等行为便不具备认定侵占罪的前提。存款名义人在掩饰、隐瞒犯罪所得罪的主观明知下提供银行卡行为后实施侵财行为的或在帮助信息网络犯罪活动罪的主观明知下提供银行卡行为后帮助他人掩饰、隐瞒赃款的过程中实施侵财行为的,均应当以掩饰、隐瞒犯罪所得罪和侵财犯罪数罪并罚。④

---

① 参见张新强、李思萌:《用补卡方式取走已出卖卡中他人款项如何定性》,载《检察日报》2018 年 9 月 7 日,第 3 版。

② 参见钱红英:《将出卖的银行卡内资金占有行为性质的认定》,载最高人民法院中国应用法学研究所编:《人民法院案例选》总第 166 辑,人民法院出版社 2021 年版。

③ 参见刘华、朱慧青:《出售银行卡后私自转移被害人汇入的钱款构成何罪》,载《人民法院报》2022 年 3 月 31 日,第 6 版。

④ 参见赵拥军:《“断卡”行动中涉存款占有归属的侵财行为定性分析》,载《法律适用》2022 年第 8 期。

二　故意毁坏财物罪与任意损毁型寻衅滋事罪的区分

(一)故意毁坏财物罪的认定要点

故意毁坏财物罪,是指故意毁坏公私财物,数额较大或者有其他严重情节的行为。本罪在客观上表现为毁坏公私财物;对象为公私财物,可以是动产也可以是不动产;行为表现为毁坏。在主观上只能出于故意,即明知自己的行为会造成公私财物的毁坏,并且希望或者放任这种结果的发生,行为人主观上没有不法所有公私财物的目的。① 与破坏生产经营罪不同,行为人出于何种动机,不影响本罪的成立。

关于毁坏的含义,主要有四种观点。第一种观点为物质毁坏说,该说认为毁坏是指通过对物的全部或者部分进行物质性破坏、毁损,以致全部不能或者部分不能遵从该财物的本来用法进行使用的行为。根据该观点,使他人鱼池的鱼游失、将他人的戒指扔入海中等行为不属于毁坏。第二种观点为有形侵害说,该说认为毁坏是指针对物体行使有形力,毁损物体或者损害物体的价值、效用的行为。根据该观点,使他人鱼池的鱼游失的行为不是毁坏,但将他人的戒指扔入海中的行为属于毁坏。第三种观点为本来的用法侵害说,该说认为毁坏是指物质性地损害财物的整体或者部分,或者使物达到不能遵从其本来的用法进行使用的状态的行为。第四种观点为一般的效用侵害说,该说认为有损财物的效用的

① 实践中,对于故意砍伐、毁坏他人林木的行为,如果不以非法占有这些林木为目的,而是以非法占地为目的的,不认定为盗伐林木罪,而应认定为故意毁坏财物罪。参见洪秀娟:《蔡培同、陈小坚故意毁坏财物案》,载最高人民法院中国应用法学研究所编:《人民法院案例选》总第 131 辑,人民法院出版社 2019 年版。在某案件中,吴某称因其在被害人李某经营的饭店就餐时受到歧视,为泄愤报复,趁无人之际,三次将李某放置在饭店门口的三箱牛蛙取走并丢入江中。该案中,吴某的行为显然造成了被害人李某的财产损失,但不能证明其具有非法占有李某财物的目的,故其行为不构成盗窃罪,而构成故意毁坏财物罪。参见苏志辉、牟艳梅:《正确区分盗窃罪与故意毁坏财物罪》,载《人民法院报》2022 年 11 月 17 日,第 6 版。

一切行为都是毁坏。①

实践中倾向采取一般的效用侵害说,即不限于从物理上变更或者消灭财物的形体,而是包括丧失或者减少财物的效用的一切行为。所谓财物效用的丧失与减少,不仅包括物理上、客观上的损害导致财物的效用丧失或减少,而且包括心理上、感情上的缘故导致财物的效用丧失或者减少;不仅包括财物本身的丧失或者造成不正常的价值减损,如侵入他人股票账户低价抛售他人股票,而且包括被害人对财物占有的丧失,如将他人的戒指抛入大海等情况。

根据《最高人民检察院、公安部关于公安机关管辖的刑事案件立案追诉标准的规定(一)》第三十三条的规定,故意毁坏公私财物,涉嫌下列情形之一的,应予立案追诉:(1)造成公私财物损失5000元以上的;②(2)毁坏公私财物三次以上的;(3)纠集三人以上公然毁坏公私财物的;(4)其他情节严重的情形。

例如,某行为人携带作案工具老虎钳和螺丝刀,趁他人房门未锁之机,先后进入多处空置毛坯房,采用以作案工具撬开室内电路空气开关盒、将电线抽出剪断的方法,欲窃取电线以销赃获利。后行为人将从上述室内窃取的电线扔至楼下花坛欲窃走时,因被物业工作人员发现而未得逞。本案中,行为人以非法占有为目的,采用破坏性手段盗窃数额较大的财物,虽因意志以外的原因未得逞,不构成盗窃罪,但其行为已造成被害单位财物损毁,数额较大,其行为构成故意毁坏财物罪。③

又如,蔡某与前夫张某发生矛盾,为发泄不满,在其住所猜出张某的账户密码后,通过证券网络交易系统,将张某证券账户内的多只股票按市价全部卖出。

---

① 参见张明楷:《刑法学(下)》(第6版),法律出版社2021年版,第1342页。

② 对于被害人存在过错的,是否应从民事责任角度扣除被害人应该承担的部分?对此,有学者持肯定意见,提出故意毁坏财物之"按民事责任比例计算犯罪数额"评价法。如造成他人车损8000元,被害人有过错,需承担40%的责任,则行为人仅对4800元的损失负责,因而其行为尚不构成故意毁坏财物罪。参见张明楷:《妥善对待维权行为 避免助长违法犯罪》,载《中国刑事法杂志》2020年第5期。

③ 2013年《盗窃解释》第十一条规定:盗窃公私财物并造成财物损毁的,按照下列规定处理:(1)采用破坏性手段盗窃公私财物,造成其他财物损毁的,以盗窃罪从重处罚;同时构成盗窃罪和其他犯罪的,择一重罪从重处罚;(2)实施盗窃犯罪后,为掩盖罪行或者报复等,故意毁坏其他财物构成犯罪的,以盗窃罪和构成的其他犯罪数罪并罚;(3)盗窃行为未构成犯罪,但损毁财物构成其他犯罪的,以其他犯罪定罪处罚。

后蔡某猜出张某新更换的账户密码后,再次将张某该证券账户内的股票按市价全部卖出。蔡某还在1个多小时内,利用张某的证券账户,对挂牌的2个权证进行连续的“高买低抛”交易达100余次,致使张某资金损失共计18万余元。生效裁判认为,蔡某故意毁坏他人财物,数额巨大,其行为构成故意毁坏财物罪。[①] 该案中,虽然股票的涨跌是客观存在的,与蔡某主观上意欲造成他人损失之间并不存在必然的联系,但其在意欲造成他人损失这一主观故意的支配下,擅自违背常理对他人股票实施高买低抛行为,明显是要减损他人股票的价值,且客观上使他人遭受了巨大损失,故其行为符合故意毁坏财物罪的主客观要件,应以该罪定罪处罚。

再如,何某在一非法从事外汇保证金交易的公司担任个人代理期间,诱骗他人投资并代其进行交易,何某在不具备任何交易资质及交易经验的情况下,为赚取佣金,不断进行高频交易,造成他人损失16万余元。本案中,何某在不具备外汇交易的相关知识,诱使他人投入资金,出于赚取代理佣金的目的,在代理他人进行交易的过程中不断进行高频交易,隐瞒实际产生的亏损,放任他人财产的损失,其行为构成故意毁坏财物罪。

需要提及的是,如果涉案的虚拟财产具有财产属性,行为人利用技术手段毁坏他人虚拟财产,造成他人财产损失,数额较大或者情节严重的,应以故意毁坏财物罪论处。

(二)故意毁坏财物罪与任意损毁型寻衅滋事罪的区分

1.区分要点:关键在于损毁公私财物行为是否具有“任意性”

根据《刑法》第二百九十三条第一款第三项的规定,任意损毁公私财物,破坏社会秩序,情节严重的,以寻衅滋事罪定罪处罚。可见,任意损坏型寻衅滋事罪

---

① 参见李蘋、陈柱钊:《以泄愤为目的擅自买卖他人股票之定性》,载《人民司法(案例)》2009年第2期。类似案例,如为泄私愤,侵入他人股票交易账户、篡改密码,并采用高价买进股票后低价卖出的手段,造成他人损失19万余元,其行为构成故意毁坏财物罪。参见沈志先主编:《公报案例精析》,法律出版社2010年版,第89页;上海市静安区人民检察院诉朱某勇故意毁坏财物案,载《最高人民法院公报》2004年第4期。

与故意毁坏财物罪具有相似之处,即在客观方面均表现为损毁公私财物。但两罪的界限也是明显的:第一,犯罪客体不同。任意损坏型寻衅滋事罪侵犯的主要客体为社会公共秩序,次要客体为公私财物的所有权;而故意毁坏财物罪侵犯的客体是公私财物的所有权。第二,犯罪主观方面不同。任意损坏型寻衅滋事罪中,行为人往往是为寻求刺激、发泄情绪、逞强耍横等,无事生非,或者借故生非,任意损坏公私财物;而在故意毁坏财物罪中,行为人具有明确的毁坏特定公私财物的目的。第三,入罪标准不同。寻衅滋事罪以"情节严重"作为入罪标准,即以寻衅滋事行为对社会公共秩序的破坏程度为判断标准,被损毁财物的价值大小只是考量因素之一。根据 2013 年《最高人民法院、最高人民检察院关于办理寻衅滋事刑事案件适用法律若干问题的解释》(以下简称《寻衅滋事解释》)第四条的规定,任意损毁公私财物,破坏社会秩序,价值 2000 元以上的,或者多次任意损毁公私财物,造成恶劣社会影响的,属于"情节严重",以寻衅滋事罪定罪处罚。而故意毁坏公私财物的行为是否构成犯罪,以被毁坏财物的价值大小作为判断标准,"数额较大"的以犯罪论处。目前,故意毁坏公私财物,造成损失 5000 元以上的,为数额较大,可予立案追诉。显然,从被损毁财物的价值大小角度,任意损坏型寻衅滋事罪的入罪标准较故意毁坏财物罪要低。第四,法定刑不同。虽然两罪均有两档法定刑,但寻衅滋事罪的法定刑明显要重于故意毁坏财物罪的法定刑。

综上,任意损毁公私财物,破坏社会秩序,如被损毁财物的价值不满 5000 元,不构成故意毁坏财物罪,但可能构成寻衅滋事罪。对于被损毁财物的价值在 5000 元以上的,该行为在构成寻衅滋事罪的同时,还构成故意毁坏财物罪,此时系想象竞合犯,应从一重处。对此,《寻衅滋事解释》第七条规定:"实施寻衅滋事行为,同时符合寻衅滋事罪和故意杀人罪、故意伤害罪、故意毁坏财物罪、敲诈勒索罪、抢夺罪、抢劫罪等罪的构成要件的,依照处罚较重的犯罪定罪处罚。"

实践中,对于被损毁财物的价值在 2000 元以上不满 5000 元的,因不成立故意毁坏财物罪,在是否构成寻衅滋事罪上,有时存在争议;对于价值 5000 元以上的,因故意毁坏财物罪的法定刑明显要低于寻衅滋事罪的法定刑,此时存在以故意毁坏财物罪还是以寻衅滋事罪定性的争议。[①] 笔者认为,区分故意毁坏财物罪与任意损毁型寻衅滋事罪,关键在于损毁公私财物行为是否具有“任意性”。具体可综合以下三个方面进行判断:

第一,主观上是无事生非、借故生非而“任意”损毁公私财物还是事出有因“有针对性”损毁公私财物。行为人出于寻求刺激、发泄情绪、逞强耍横等动机,无事生非,尤其是酒后滋事,“任意”毁坏公私财物的,应以寻衅滋事罪论处。行为人因日常生活中的偶发矛盾纠纷,借故生非,即小题大做、借题发挥等,“任意”毁坏公私财物的,也应以寻衅滋事罪论处。当然,如果矛盾系由被害人故意引发或者被害人对矛盾激化负有主要责任,则不再是借故生非,而是事出有因,此时毁坏公私财物系“有针对性”,故《寻衅滋事解释》第一条第二款明确将之作为排除行为人系借故生非的法定理由。对于事出有因,行为人出于报复等个人目的,而非基于寻求刺激、发泄情绪、逞强耍横等动机,“有针对性”毁坏特定的公私财物,数额较大的,应以故意毁坏财物罪论处。另外,《寻衅滋事解释》第一条第三款规定:“行为人因婚恋、家庭、邻里、债务等纠纷,实施殴打、辱骂、恐吓他人或者损毁、占用他人财物等行为的,一般不认定为‘寻衅滋事’,但经有关部门批评制止或者处理处罚后,继续实施前列行为,破坏社会秩序的除外。”亦说明前段为事出有因,排除寻衅滋事;后段为借故生非,可认定寻衅滋事。

第二,客观上是“任意”损毁公私财物还是“有针对性”损毁特定的公私财物。这是主观见之于客观的问题。对此,可以采取“双替换”的方法,如果某一损毁财物的行为同时满足双替换的要求,就可以认定该行为具有主观“任意性”,属于寻衅滋事。[②] 一是替换行为人,即把行为人替换成普通的社会人员,如果其在相同情境下一般不可能作出同样或者类似的行为,那就说明行为人的行为具有“任意性”,属于寻衅滋事;如果普通人也可能实施类似行为,则不具备“任意性”,不属于寻衅滋事。二是替换被毁坏财物,由于寻衅滋事行为要求的行为对

① 实践中有相当部分案件虽然最终以寻衅滋事罪定性,但最初却是以涉嫌故意毁坏财物罪对行为人采取强制措施,亦说明故意毁坏财物罪与任意损毁型寻衅滋事罪之间容易产生混淆。

② 参见孙中杰、杨伟:《两方面区分寻衅滋事罪与故意毁坏财物罪》,载《检察日报》2017 年 8 月 28 日,第 3 版。

象是随机的、偶然的，所以其对象应具有可替换性。如果将原有财物替换为其他财物，实施损毁的行为人仍不会停手、停止损毁行为，那足以说明行为人主观方面具有损毁财物的"任意性"，属于寻衅滋事。反之，如果将财物替换掉，行为人不再实施侵犯，则不属于寻衅滋事。而故意毁坏财物罪中的犯罪行为通常是由某种现实原因引起的，行为人可能是出于对财物所有人的打击报复、嫉妒心理或其他类似"有针对性"的心理态度，通过毁坏财物使财物所有人受到财产损失是其犯罪目的，因此其主观上不具有"任意性"而是"有针对性"。换言之，"任意损毁型寻衅滋事罪的对象一般是不特定的，行为人对损毁的对象事前是无预谋的，属于临时起意，不管侵害对象特征发生变化与否，行为人都会实施犯罪。而故意毁坏财物罪的对象一般是特定的，侵害对象一般是事前预谋好的，一旦侵害对象特征发生变化，行为人一般不会实施犯罪"①。

第三，侵犯的客体除了公私财产所有权外，是否还包括社会公共秩序。无事生非、借故生非，任意毁坏公私财物，致使不特定的财物处于不安全的状态之下，当然破坏了社会公共秩序，即行为人所实施的任意损毁财物行为只是为了达到破坏社会公共秩序这一目的的一种手段，也就是说，该种情形下行为人的行为虽然也侵犯了公私财产所有权，但更主要的是破坏了社会公共秩序，情节恶劣的，以寻衅滋事罪论处。相反，如果事出有因，有针对性毁坏特定的公私财物，行为人唯一的、直接的目的就是使被害人财物受到损失，而无破坏社会公共秩序之意图，事实上也不会致使不特定的财物处于不安全的状态之下，毁坏的财物价值数额较大的，以故意毁坏财物罪论处。

2. 案例剖析

案例1：马某饮酒后至银行ATM机室取款，因操作不当导致银行卡被吞。马某为发泄不满情绪，借酒滋事，以拳脚、金属垃圾桶及砖块打砸ATM机，致使ATM机保护屏及外框被损毁，物损2800余元。公诉机关指控马某的行为构成寻衅滋事罪，而马某及其辩护人认为应定性为故意毁坏财物，因数额未达到立案标准尚不构成犯罪。该案中，马某酒后为发泄情绪，借故生非，在公共场所任意打

① 韩广强、崔晨程：《如何区分寻衅滋事罪与故意毁坏财物罪》，载《检察日报》2022年1月18日，第7版。

砸并毁坏ATM机,其行为虽然侵犯了公共财产所有权,但更主要破坏了社会公共秩序,情节恶劣,故生效裁判认定其行为构成寻衅滋事罪。

案例2:黄某因停车事宜与汽修店员工发生口角,后黄某于晚上11时许再次至汽修店门口,用随身携带的红色油漆泼洒该店门面及停放在该店门面前人行道上的一辆轿车,造成该轿车物损1.4万余元。公诉机关指控黄某的行为构成寻衅滋事罪;黄某及其辩护人提出,本案事出有因,应定性为故意毁坏财物罪。该案中,黄某与汽修店员工发生口角后,为发泄情绪,再次至汽修店,用油漆泼洒该店门面及暂停该处人行道上的轿车,如果说用油漆泼洒汽修店门面系事出有因,具有报复性质,但其与停放于人行道上的轿车之主并无过结,用油漆泼洒该轿车的行为则是无事生非,任意毁坏他人财物,破坏社会公共秩序,情节恶劣,故生效裁判认定其行为构成寻衅滋事罪。

案例3:汤某与周某因感情问题发生争执,后为泄愤至停车场,通过使用砖块、充电宝等物敲砸和用脚踢踹的方式,将停放在该处的韩某借给周某使用的轿车损毁,并在车身上划刻辱骂性字眼,涉案轿车物损7200余元。公诉机关指控汤某的行为构成寻衅滋事罪,而辩护人认为构成故意毁坏财物罪。该案中,汤某因与周某产生矛盾,系事出有因,为报复周某,有针对性毁坏周某借用的轿车,即在犯罪对象的选择上是明确的、特定的,犯罪行为具有较强的针对性,侵犯了他人的财产所有权而非社会公共秩序,物损7200余元属于数额较大,故生效裁判认定其行为构成故意毁坏财物罪。

三 破坏生产经营罪的认定及与故意毁坏财物罪竞合的处理

(一)破坏生产经营罪的认定要点

破坏生产经营罪,是指由于泄愤报复或者其他个人目的,毁坏机器设备、残害耕畜或者以其他方法破坏生产经营的行为。本罪破坏的对象必须是用于合法[1]生产经营活动或者与合法生产经营活动有密切联系的生产资料、生产工具、生产对象和生产工艺等。破坏的方法多种多样，只要行为人实施的行为足以使生产经营活动遭到干扰破坏，甚至无法进行，或者使已经进行的生产归于失败，即构成本罪。但如果破坏的是与生产经营无关的财物，或者毁坏已经生产出来的产品，则不构成本罪。本罪在主观方面表现为故意，并且要求具有“泄愤报复或者其他个人目的”。对“其他个人目的”的理解，应当遵循同类规则解释原则，即作出与列举的“泄愤报复”性质相同的解释。实践中，“其他个人目的”一般是指出于个人恩怨而产生的不正当的心理追求，如憎恨、厌恶、不满等。产生的原因多种多样，如因受到领导或者他人的批评而产生不满，自己的要求没有得到满足而产生不满，与他人发生冲突而心生不满，厌烦工作而产生不满，等等。

根据《最高人民检察院、公安部关于公安机关管辖的刑事案件立案追诉标准的规定（一）》第三十四条的规定，破坏生产经营，涉嫌下列情形之一的，应予立案追诉：(1)造成公私财物损失5000元以上的；(2)破坏生产经营三次以上的；(3)纠集三人以上公然破坏生产经营的；(4)其他破坏生产经营应予追究刑事责任的情形。

例如，倪某、蔡某在公司工作期间，因泄愤报复，分别恶意操作机床使机床各自发生碰撞，致使两台机床设备发生不同程度的损坏，维修价格18万余元，严重破坏公司的正常生产经营。生效裁判认为，倪某、蔡某结伙，毁坏机器设备，破坏公司生产经营，二者行为均构成破坏生产经营罪。

又如，杨某因离职泄愤，蓄意删除、修改所在公司运营的网络店铺的计算机数据，致使网络店铺不能正常经营，造成直接经济损失近3万元。生效裁判认为，杨某为泄愤报复，以删除、修改计算机数据的方式破坏生产经营，其行为构成破坏生产经营罪。

---

① 破坏生产经营罪侵犯的客体为国家、集体或者个人生产经营的正常活动和公私财产利益，故破坏非法的生产经营活动，不以破坏生产经营罪论处。但如同赃款赃物、赌资等可以成为抢劫等犯罪的对象一样，用于非法生产经营活动的相关财物也可以成为抢劫、故意毁坏财物等犯罪的对象，故破坏非法的生产经营活动，造成数额较大的财物毁坏的，可以故意毁坏财物罪论处。

再如,徐某兼职为一公司负责会计核算工作,后正式入职该公司担任财务主管,负责会计工作,使用企业财务管理软件金蝶软件进行财务记账、制作财务账册、财务会计报告等。将金蝶软件安装在徐某办公室的电脑内,由徐某负责设置电脑开机密码。后徐某对公司不满提出辞职,离职时其将部分文件拷贝至个人U盘,点击删除办公室电脑内包括会计账簿、财务会计报告等文件,未与公司进行工作对接,亦未交付电脑开机密码后关机离开,致使公司财务系统无法工作,造成公司直接损失2万余元。对于此案,公诉机关指控徐某的行为构成故意销毁会计账簿、财务会计报告罪。一审法院认为,徐某并非为逃避有关监督检查部门依法实施的监督检查而故意销毁会计账簿、财务会计报告,而是为泄愤报复,破坏公司财务系统,其行为构成破坏生产经营罪。一审判决后,公诉机关提出抗诉,认为原审法院认定故意销毁会计账簿、财务会计报告罪需以逃避有关部门监管的目的而实施,系对刑法的限缩解释,定性错误;金蝶软件生产的电子会计数据系会计法、刑法保护的会计账簿、财务会计报告,徐某实施了销毁会计账簿、财务会计报告的客观行为,且有犯罪的主观故意,其行为构成故意销毁会计账簿、财务会计报告罪。二审法院经审理,裁定驳回抗诉、维持原判。[①] 该案中,认定徐某的行为构成破坏生产经营罪,符合主客观相统一原则。首先,隐匿、故意销毁会计凭证、会计账簿、财务会计报告罪系妨害国家对公司、企业的管理秩序犯罪,属于行政犯。《刑法》未规定"销毁""隐匿"的具体表现形式,故应参照相关法律规定来认定。《会计法》第三十五条规定:"各单位必须依照法律、行政法规的规定,接受有关监督检查部门依法实施的监督检查,如实提供会计凭证、会计账簿、财务会计报告和其他会计资料以及有关情况,不得拒绝、隐匿、谎报。"也就是说,为逃避有关监督检查部门依法实施的监督检查而实施的隐匿,才能构成会计法意义上的"隐匿"。相应地,对"销毁"也应作出和"隐匿"行为同等的目的性限缩解释。《会计法》的上述规定,应当成为判断行为人实施的行为是否构成隐匿、故意销毁会计凭证、会计账簿、财务会计报告罪的依据,即该罪侵害的是国家对公司、企业的管理秩序,而非公司内部的管理秩序,将逃避有关监督检查部门依法

① 参见上海市第二中级人民法院刑事裁定书,(2021)沪02刑终595号。

实施的监督检查作为本罪实施的目的符合立法原意。本案中,首先,徐某并非为逃避有关监督检查部门依法实施的监督检查而故意销毁会计账簿、财务会计报告,而是为了泄愤报复,故其行为不构成故意销毁会计账簿、财务会计报告罪。其次,徐某主观上出于泄愤报复的目的,客观上实施了拒不交出工作电脑开机密码、拒绝交接财务工作和仅交还部分财务数据等行为,影响了公司的生产经营并给公司造成经济损失,其行为符合破坏生产经营罪的构成要件,应以该罪定罪处罚。

(二)破坏生产经营罪与故意毁坏财物罪竞合的处理

故意毁坏财物罪与破坏生产经营罪属于毁坏、破坏型财产犯罪,两罪系近似犯罪。虽然故意毁坏财物罪在客观上表现为毁坏公私财物,破坏生产经营罪表现为破坏他人正常的生产经营活动,但实践中往往存在这样的情形,即由于泄愤报复或者其他个人目的,以毁坏财物的手段破坏他人正常的生产经营活动。此时,该种行为可能同时触犯了故意毁坏财物罪与破坏生产经营罪,属于想象竞合,应从一重处。当然,虽然毁坏公私财物,但并未破坏生产经营活动,即使出于泄愤报复或者其他个人目的动机的,或者毁坏公私财物,破坏生产经营活动,但并非出于泄愤报复或者其他个人目的动机的,均不以破坏生产经营罪论处,而构成故意毁坏财物罪。

根据《刑法》规定,故意毁坏公私财物,数额较大或者有其他严重情节的,处三年以下有期徒刑、拘役或者罚金;数额巨大或者有其他特别严重情节的,处三年以上七年以下有期徒刑。由于泄愤报复或者其他个人目的,毁坏机器设备、残害耕畜或者以其他方法破坏生产经营的,处三年以下有期徒刑、拘役或者管制;情节严重的,处三年以上七年以下有期徒刑。相比较而言,两罪的第二档法定刑相同;而第一档法定刑基本相当,区别在于最轻的刑罚规定,即故意毁坏财物罪最轻的法定刑为单处罚金,而破坏生产经营罪最轻的法定刑为管制。管制为主刑,罚金为附加刑,故在涉及两罪第一档法定刑时,破坏生产经营罪属于处罚相对较重的罪名。

例如,付某因不满公司将其开除,为泄愤至公司车间内,采用按压紧急停止键的方式，将四台正在运转的立体综合加工机紧急停机，致使其中一台机器的飞刀片、飞刀盘、治具等损坏，损坏的零件价值 1 万余元。对于此案，一审法院认为，付某故意毁坏公司财物，数额较大，其行为构成故意毁坏财物罪。一审判决后，付某上诉。二审法院认为，付某为泄愤报复，在明知可能导致机器损坏的情况下按压四台正在运转的立体综合加工机紧急停止键，并致使其中一台机器损坏，其实质系以毁坏财物的手段破坏公司的生产经营活动。与作为犯罪手段的故意毁坏财物相比，破坏生产经营罪更能全面评价付某的犯罪动机、行为与后果。而且，付某的行为同时触犯了故意毁坏财物罪与破坏生产经营罪，属于想象竞合，应从一重处。因对应的是两罪的第一档法定刑，故以破坏生产经营罪定罪处罚属于较重的处罚。综上，付某为泄愤报复，故意毁坏机器设备，破坏公司的生产经营，其行为构成破坏生产经营罪。①

四 为追求业绩低于限价销售公司产品的定性

例如，刘某先后担任一贸易公司销售员、店长、产品采购经理等职务，负责电脑产品的销售。其间，刘某为了达到扩大销售业绩以升职的个人目的，故意违反公司限价规定，以低于产品入库成本价销售电脑产品，但报给公司的销售价格则高于限价，即电脑的实际销售价格与上报销售价格每台相差 700 元至 1000 元不等。因公司有不成文规定，当月向大宗客户销售电脑的货款可在两个月后入账，故刘某借机用后面收取的销售款来弥补前账，终因销量过大导致公司成本亏损。经统计，刘某负责销售的电脑产品共计 4088 台，入库成本价计 1393 万余元，其报给公司的销售收入计 1470 余万元，但实际交给公司的销售款计 859 万余元。至案发，造成公司成本计 533 万余元无法收回，且没有发现刘某有其他应收账款。

本案的争议焦点在于刘某的行为是否构成破坏生产经营罪，或者故意毁坏财物罪、国有公司人员滥用职权罪，还是不构成犯罪。对此，存在以下三种观点：

① 参见上海市第一中级人民法院刑事裁定书，(2015)沪一中刑终字 1764 号。

第一种观点认为,刘某的行为构成破坏生产经营罪。第一,刘某低于限价销售公司产品,其行为对公司正常经营活动所造成的破坏,与通过物理手段对公司正常经营活动的破坏仅是表现形式不同而已,实质上都是破坏公司生产经营活动的行为。第二,刘某为了扩大业绩而达到个人升职目的低于限价销售公司产品,反映其具有破坏公司正常经营活动的主观故意。第三,破坏生产经营罪中的“其他个人目的”属于兜底规定,刘某为达到升职的个人目的,没有超出“其他个人目的”的范畴。

第二种观点认为,刘某的行为构成故意毁坏财物罪。理由为:刘某的行为不符合破坏生产经营罪的主客观构成要件,但刘某主观上明知自己没有经济能力填补低价销售的亏空,仍故意以低于公司限价甚至入库成本价的价格销售电脑,造成公司的电脑产品在流通领域内的实际交换价值减少,致使公司不仅未能获取应得的利润,相反亏本500余万元,其所在公司拥有的电脑的实际价值受到了部分丧失,刘某的行为实际上是对公司财产的一种非物理手段的无形毁损,该行为具有破坏性,符合故意毁坏财物罪的构成要件。①

第三种观点认为,刘某的行为不构成犯罪。刘某为扩大业绩而达到个人升职目的,擅自低于限价销售公司产品,造成公司巨额亏损,其行为不符合破坏生产经营罪的构成要件。刘某的行为系滥用公司职权的行为,不符合故意毁坏财物罪的构成要件。刘某系非国有公司人员,也不符合国有公司人员滥用职权罪和徇私舞弊低价折股、出售国有资产罪的构成要件。根据罪刑法定原则,刘某的行为不以犯罪论处。

生效裁判同意第三种观点,即认为刘某的行为虽然具有一定的社会危害性,但因不符合破坏生产经营罪、故意毁坏财物罪的构成要件,也不具备国有公司、企业、事业单位人员滥用职权罪,徇私舞弊低价折股、出售国有资产罪,背信损害上市公司利益罪的构成特征,不构成犯罪,宣告无罪。② 对于该案,笔者分析

① 参见郭伟清、杜文俊主编:《经济刑法实务精析》,上海社会科学院出版社2014年版,第255~259页。

② 参见孙玮、费晔:《刘俊破坏生产经营案》,载最高人民法院刑事审判第一、二、三、四、五庭主办:《刑事审判参考》总第83集,法律出版社2012年版。

如下。

(一)不构成国有公司人员滥用职权罪和徇私舞弊低价折股、出售国有资产罪

《刑法》第一百六十八条、第一百六十九条分别规定了国有公司、企业、事业单位人员滥用职权罪和徇私舞弊低价折股、出售国有资产罪。两罪的主体要求是国有公司、企业和国有事业单位的工作人员,或者其上级主管部门直接负责的主管人员,且造成损失的财产或者出售的资产均系国有资产。本案中,尽管刘某滥用了公司赋予的职权,造成公司巨额损失,但其所在的公司并不属于国有公司,故刘某为非国有公司人员,不具备两罪的主体要件,且损失的财产不是国有资产。因此,刘某的行为不构成国有公司人员滥用职权罪和徇私舞弊低价折股、出售国有资产罪。

(二)不构成故意毁坏财物罪

刘某的行为客观上使财物(电脑)对其所有人(公司)而言造成了不正常的价值减损,并且主观上系故意,至于刘某的行为动机是谋求升职还是其他,并不影响故意毁坏财物罪的构成。因此,从表面上看,刘某的行为符合故意毁坏财物罪的构成要件。但问题的关键在于刘某系该公司负有电脑销售职责的人员,低于公司限价销售电脑的行为系滥用公司职权的行为,这与侵入他人股票账户低价抛售他人股票之类的行为具有本质区别,前者本身具有销售电脑的合法授权,而后者对他人股票账户的控制本身就是非法的,这正是认定行为是否构成本罪的关键。刘某的行为系滥用公司职权的行为,不符合故意毁坏财物罪的构成要件。

(三)是否构成破坏生产经营罪

生效裁判认为,刘某的行为不构成破坏生产经营罪。首先,刘某的行为虽然在客观上给单位造成了巨大的经济损失,但单位的整个经营行为还在正常进行,经营活动并未受到影响也未归于失败。而且,刘某低价销售的电脑产品系公司

库存商品，并不是经营活动中直接使用的开单电脑等设备，其行为不会也不可能使公司的正常生产经营活动遭到破坏。因此，从客观方面来看，刘某的行为不符合破坏生产经营罪的构成要件。其次，刘某用后销售款填补前销售款的行为，足以推定其主观上并不是出于希望犯罪结果发生的直接故意，而是明知自己无经济能力，采用低于公司限价的价格销售电脑会造成公司损失的发生，仍持放任心态造成该犯罪结果发生的间接故意，这与破坏生产经营罪要求主观上为直接故意不相符合。而且，刘某以扩大销售业绩而达到个人升职为目的，其主观目的既不能认定为“泄愤报复”，也不属于与泄愤报复具有相同性质的“其他个人目的”。因此，从主观方面来看，刘某的行为也不构成破坏生产经营罪。

笔者原来亦持上述观点①，但随着实践的发展，有人提出如此处理不利于对非公经济的保护。因为对于非国有公司人员的滥用职权行为，目前无法使用滥用职权类罪予以规制，而有的为追求业绩低于限价销售公司产品行为，动辄给公司造成几十万元、上百万元甚至上千万元的损失，社会危害性大，需要动用刑法保护。而且，低于限价销售公司产品，尤其是低于成本价销售，无疑破坏了公司的正常生产经营活动。加之刑法并未要求“其他个人目的”与“泄愤报复”具有相同性质，虽然不能将“追求业绩”认定为“泄愤报复”，但属于“其他个人目的”。基于上述动用刑法保护的必要性及可行性，对于非国有公司人员为追求业绩低于限价销售公司产品的行为，存在以破坏生产经营罪定罪处罚的空间。当然，规制这种滥用职权行为，需要与处罚职务侵占、挪用资金等犯罪行为保持平衡。如在销售中截留公司货款 6 万元，与低于限价销售公司货物并给公司造成损失 6 万元相比，对公司的危害基本一致，但前者以非法占有为目的，后者不以非法占有为目的，即前者的可罚性更高。根据 2016 年《最高人民法院、最高人民检察院关于办理贪污贿赂刑事案件适用法律若干问题的解释》第十一条的规定，前者正好达到职务侵占罪入罪门槛，故从处罚平衡角度，对后者的入罪数额标准不得低于职务侵占罪的入罪数额标准。

---

① 参见罗开卷、孙玮：《为追求业绩低于限价销售公司产品行为的定性》，载《人民法院报》2012 年 7 月 26 日，第 7 版。

五　拒不支付劳动报酬罪认定要点

拒不支付劳动报酬罪,是指负有向劳动者支付劳动报酬义务的雇主或者用人单位,以转移财产、逃匿等方法逃避支付劳动者的劳动报酬或者有能力支付而不支付劳动者的劳动报酬,数额较大,经政府有关部门责令支付仍不支付的行为。根据2013年《最高人民法院关于审理拒不支付劳动报酬刑事案件适用法律若干问题的解释》的规定,实践中,办理拒不支付劳动报酬案件,需要把握以下要点:

第一,“劳动者的劳动报酬”的认定。“劳动者的劳动报酬”包括工资、奖金、津贴、补贴、延长工作时间的工资报酬及特殊情况下支付的工资等。

第二,“以转移财产、逃匿等方法逃避支付劳动者的劳动报酬”的认定。以逃避支付劳动者的劳动报酬为目的,具有下列情形之一的,应当认定为“以转移财产、逃匿等方法逃避支付劳动者的劳动报酬”:(1)隐匿财产、恶意清偿、虚构债务、虚假破产、虚假倒闭或者以其他方法转移、处分财产的;(2)逃跑、藏匿的;(3)隐匿、销毁或者篡改账目、职工名册、工资支付记录、考勤记录等与劳动报酬相关的材料的;(4)以其他方法逃避支付劳动报酬的。

第三,“数额较大”的认定。以转移财产、逃匿等方法逃避支付劳动者的劳动报酬或者有能力支付而不支付劳动者的劳动报酬,数额较大,经政府有关部门责令支付仍不支付的,才构成犯罪。具有下列情形之一的,应当认定为“数额较大”:(1)拒不支付一名劳动者三个月以上的劳动报酬且数额在5000元至2万元以上的;(2)拒不支付十名以上劳动者的劳动报酬且数额累计在3万元至10万元以上的。

第四,“经政府有关部门责令支付仍不支付”的认定。本罪成立的前置性条件比较多,其中必须要求政府有关部门责令支付且行为人拒绝支付才可以认定,这是为了使行政监管措施与刑事处罚相衔接,既有利于促使劳动监察部门及时、主动地履行职务,也为劳动监察部门开展工作提供了更有力的法律保障。经人力资源社会保障部门或者政府其他有关部门依法以限期整改指令书、行政处理决定书等文书责令支付劳动者的劳动报酬后，在指定的期限内仍不支付的，应当认定为“经政府有关部门责令支付仍不支付”，但有证据证明行为人有正当理由未知悉责令支付或者未及时支付劳动报酬的除外。行为人逃匿，无法将责令支付文书送交其本人、同住成年家属或者所在单位负责收件的人的，如果有关部门已通过在行为人的住所地、生产经营场所等地张贴责令支付文书等方式责令支付，并采用拍照、录像等方式记录的，应当视为“经政府有关部门责令支付”。

第五，“造成严重后果”的认定。拒不支付劳动者的劳动报酬，在构成犯罪的基础上，具有下列情形之一的，应当认定为“造成严重后果”，升格法定刑：(1)造成劳动者或者其被赡养人、被扶养人、被抚养人的基本生活受到严重影响、重大疾病无法及时医治或者失学的；(2)对要求支付劳动报酬的劳动者使用暴力或者进行暴力威胁的；(3)造成其他严重后果的。

拒不支付劳动者的劳动报酬，尚未造成严重后果，在刑事立案前支付劳动者的劳动报酬，并依法承担相应赔偿责任的，可以认定为情节显著轻微危害不大，不认为是犯罪；在提起公诉前支付劳动者的劳动报酬，并依法承担相应赔偿责任的，可以减轻或者免除刑事处罚；在一审宣判前支付劳动者的劳动报酬，并依法承担相应赔偿责任的，可以从轻处罚。对于免除刑事处罚的，可以根据案件的不同情况，予以训诫、责令具结悔过或者赔礼道歉。拒不支付劳动者的劳动报酬，造成严重后果，但在宣判前支付劳动者的劳动报酬，并依法承担相应赔偿责任的，可以酌情从宽处罚。

第六，本罪主体为特殊主体即雇主或者用人单位，包括自然人和单位。不具备用工主体资格的单位或者个人，用人单位的实际控制人，均可成为本罪主体。单位拒不支付劳动报酬，构成犯罪的，对直接负责的主管人员和其他直接责任人员定罪处罚，并对单位判处罚金。

例如，胡某于2010年12月分包了位于四川省双流县黄水镇的三盛翡俪山一期景观工程的部分施工工程，之后聘用多名民工入场施工。施工期间，胡某累计收到发包人支付的工程款51万余元，已超过结算时确认的实际工程款。2011年

6月5日工程完工后，胡某以工程亏损为由拖欠李某等20余名民工工资12万余元。6月9日，双流县人力资源和社会保障局责令胡某支付拖欠的民工工资，胡却于当晚订购机票并在次日早上乘飞机逃匿。6月30日，四川锦天下园林工程有限公司作为工程总承包商代胡某垫付民工工资12万余元。7月4日，公安机关对胡某拒不支付劳动报酬案立案侦查。7月12日，胡某被抓获。生效裁判认定，胡某拒不支付20余名民工的劳动报酬达12万余元，数额较大，且在政府有关部门责令其支付后逃匿，其行为构成拒不支付劳动报酬罪。胡某虽然不具有合法的用工资格，又属没有相应建筑工程施工资质而承包建筑工程施工项目，且违法招用民工进行施工，上述情况不影响以拒不支付劳动报酬罪追究其刑事责任。本案中，胡某逃匿后，工程总承包企业按照有关规定清偿了胡某拖欠的民工工资，其清偿拖欠民工工资的行为属于为胡某垫付，这一行为虽然削减了拖欠行为的社会危害性，但并不能免除胡某应当支付劳动报酬的责任，因此，对胡某仍应当追究刑事责任。鉴于胡某系初犯、认罪态度好，以拒不支付劳动报酬罪判处其有期徒刑一年，并处罚金2万元。[①] 该案例确认，不具备用工主体资格的单位或者个人（包工头），违法用工且拒不支付劳动者报酬，数额较大，经政府有关部门责令支付仍不支付的，应当以拒不支付劳动报酬罪追究刑事责任。不具备用工主体资格的单位或者个人（包工头）拒不支付劳动报酬，即使其他单位或者个人在刑事立案前为其垫付了劳动报酬的，也不影响追究该用工单位或者个人（包工头）拒不支付劳动报酬罪的刑事责任。

六 财产罪共犯与赃物罪的界分及上下游犯罪间的定罪量刑平衡

掩饰、隐瞒犯罪所得、犯罪所得收益罪及洗钱罪是常见的赃物犯罪，亦是典型的下游犯罪，两罪的主要区别在于其犯罪对象是由不同的上游犯罪衍生而来，如为毒品犯罪、贪污贿赂犯罪、金融诈骗犯罪等七类上游犯罪“漂白”犯罪所得及

① 参见胡克金拒不支付劳动报酬案，最高人民法院指导案例28号（2014年）。

其产生的收益的，为洗钱罪；为七类犯罪以外的盗窃、诈骗等其他上游犯罪掩饰、隐瞒犯罪所得及其产生的收益的，为掩饰、隐瞒犯罪所得、犯罪所得收益罪。虽然下游犯罪都具有独立的犯罪构成要件和法定刑，但其犯罪对象是由上游犯罪衍生而来，依附于上游犯罪，即没有上游犯罪就没有下游犯罪。故办理下游犯罪案件，除关注下游犯罪具有相对独立性外，还需准确把握下游犯罪与相应上游犯罪间的密切关联和法理界限，以及准确考量上下游犯罪间的定罪量刑平衡。下文着重探讨财产罪共犯与赃物罪即掩饰、隐瞒犯罪所得、犯罪所得收益罪的界分，以及财产罪与掩饰、隐瞒犯罪所得、犯罪所得收益罪这一上下游犯罪的量刑平衡。

（一）下游犯罪具有相对独立性

下游犯罪相对独立于上游犯罪，主要表现在三个方面：第一，时间逻辑上，先有上游犯罪再可能有相应的下游犯罪。下游犯罪晚于上游犯罪发生，而不可能与上游犯罪同时发生，更不可能先于上游犯罪发生。具言之，在上游犯罪实施完毕后，或者上游犯罪的阶段性行为实施完毕后，为“漂白”或者掩饰、隐瞒上游犯罪的全部或者部分所得及其产生的收益，而衍生出洗钱或者掩饰、隐瞒犯罪所得、犯罪所得收益等下游犯罪。第二，行为特质上，“漂白”或者掩饰、隐瞒犯罪所得及其产生的收益的行为不属于上游犯罪的客观要件内容。如应国家工作人员的要求，提供银行卡为其接收贿赂款的行为，显然属于上游犯罪受贿罪的客观要件内容，不得认定为下游的洗钱罪。第三，非法获利上，除自洗钱外，往往系为“漂白”或者掩饰、隐瞒上游犯罪所得及其产生的收益而独立获取的非法利益。也就是说，如果非法获利来源于上游犯罪中根据具体分工所分取的非法利益，则将该行为认定为上游犯罪共犯更为妥当。

2021 年 3 月 1 日开始施行的《刑法修正案（十一）》规定自洗钱行为亦可构成洗钱罪后，应注重从行为的独立性方面区分上游犯罪和洗钱罪。如在毒品犯罪、贪污贿赂犯罪、金融诈骗犯罪等上游七类犯罪实施完毕后又“漂白”上游犯罪所得及其产生的收益的，此时因自洗钱行为具有相对独立性，应独立评价为洗钱罪,即对行为人以上游犯罪和洗钱罪进行并罚。但是,对于实施七类犯罪以外的犯罪,并自行掩饰、隐瞒犯罪所得、犯罪所得收益的,属于事后不可罚行为,不以犯罪论处。

(二)以“事前是否通谋”区分财产罪共犯与下游的掩饰、隐瞒犯罪所得、犯罪所得收益罪

实践中,办理掩饰、隐瞒犯罪所得、犯罪所得收益犯罪案件,往往会自然而然地去思考,该掩饰、隐瞒犯罪行为是独立于上游的财产犯罪,还是上游财产犯罪中负责掩饰、隐瞒犯罪所得及其产生的收益的共犯行为。如果独立于上游的财产犯罪,构成掩饰、隐瞒犯罪所得、犯罪所得收益罪;如果并未独立于上游的财产犯罪,而是作为上游犯罪的一部分,则为上游财产犯罪的共犯。办理洗钱犯罪案件(为他人洗钱)亦是如此,尤其是“一对一”的情形,要甄别该洗钱行为是独立于上游犯罪还是上游犯罪中负责“漂白”犯罪所得及其产生的收益的共犯行为。如果独立于上游犯罪,构成洗钱罪;如果并未独立于上游犯罪,而是作为上游犯罪的一部分,则为上游犯罪的共犯。

1.“事前是否通谋”的认定要点

如何区分上游的财产罪共犯与下游的掩饰、隐瞒犯罪所得、犯罪所得收益罪(事实上,该问题就是上游犯罪共犯与下游犯罪的区分问题)?《刑法》的相关规定可作参考,如第一百五十六条规定:“与走私罪犯通谋,为其提供贷款、资金、帐号、发票、证明,或者为其提供运输、保管、邮寄或者其他方便的,以走私罪的共犯论处。”第三百一十条第二款规定:“犯前款罪,事前通谋的,以共同犯罪论处。”第三百四十九条第三款规定:“犯前两款罪,事先通谋的,以走私、贩卖、运输、制造毒品罪的共犯论处。”也就是说,事前通谋的,以共犯论处。相关司法解释亦有类似规定,如2021年《最高人民法院关于审理掩饰、隐瞒犯罪所得、犯罪所得收益刑事案件适用法律若干问题的解释》(以下简称《掩饰、隐瞒犯罪所得、犯罪所得收益解释》)第五条规定:“事前与盗窃、抢劫、诈骗、抢夺等犯罪分子通谋,掩饰、隐瞒犯罪所得及其产生的收益的,以盗窃、抢劫、诈骗、抢夺等犯罪的共犯论处。”

可见,区分上游的财产罪共犯和下游的掩饰、隐瞒犯罪所得、犯罪所得收益罪,关键在于行为人与上游犯罪分子之间是否存在"事前通谋"。

是否存在"事前通谋",具体可从两个方面进行把握:第一,是否"事前"通谋。如果上游犯罪实施完毕后,再通谋如何掩饰、隐瞒上游犯罪所得及其产生的收益,此时因为不存在参与和实施上游犯罪的问题,只成立下游的掩饰、隐瞒犯罪所得、犯罪所得收益罪。第二,是否事前就上游犯罪进行"通谋"。参照 1985 年 12 月 28 日《最高人民法院研究室关于对窝藏、包庇罪中"事前通谋的,以共同犯罪论处"如何理解问题的电话答复》(已失效,被《刑法》规定代替)的规定,"通谋"是指"谋划或者合谋",即行为人与他人对犯罪活动有预谋地进行策划、组织、分工,形成分工合作、相互配合的关系。"通谋"既可以是相互明示的,也可以是默示的、双方心照不宣的。对于事先通谋、事后销赃的共犯来说,并不要求其对犯罪的时间、地点、方法、目标等具体情节都参与共谋或者了解,只要其与实行犯共谋了特定的犯罪行为,并事后进行销赃,就可以说双方已形成了"事先通谋",即已经形成共同犯意。具体而言,如果事前与他人就上游犯罪进行谋划或者合谋,则存在犯意联络,行为人不仅主观上认识到其是在配合他人实施上游犯罪,具有共同的犯意,且客观上其实施的掩饰、隐瞒犯罪所得及其产生的收益的行为是共同犯罪的分工,属于共同犯罪的一部分,具有共同的行为,符合共同犯罪成立要件。相反,如果事前并未与他人就上游犯罪进行谋划或者合谋,则无犯意联络,无共同犯意当然就不成立共同犯罪。对于行为人未与他人谋划或者合谋,而只是知道他人要去实施相关犯罪,并允诺事后为其掩饰、隐瞒犯罪所得及其产生的收益的情形,虽有"事前允诺",但因未与他人就上游犯罪进行谋划或者合谋,尚未形成分工合作、相互配合的共同犯意,故不符合共同犯罪成立要件;如实施了掩饰、隐瞒行为,仅成立下游的掩饰、隐瞒犯罪所得、犯罪所得收益罪。

据上,可形成以下认定规则:第一,如果行为人与他人事前就上游犯罪进行通谋,并掩饰、隐瞒上游犯罪所得及其产生的收益,以上游犯罪的共犯论处。第二,如果行为人事前并未与他人就上游犯罪进行通谋,而只是知道他人要去实施相关犯罪,允诺事后为其掩饰、隐瞒犯罪所得及其产生的收益,并实施掩饰、隐瞒行为;或者仅就掩饰、隐瞒犯罪所得及其产生的收益与他人进行通谋,并实施掩饰、隐瞒行为,以下游掩饰、隐瞒犯罪所得、犯罪所得收益罪论处。

2.“事前是否通谋”的具体判断

例如,经某等人盗窃两辆小轿车,交由陈某销售,但陈某销赃后未将赃款分给经某等人。陈某朋友得知其能弄到便宜的小轿车,便托其购买两辆黑色的桑塔纳小轿车。于是陈某联系经某,提出要两辆桑塔纳小轿车。因之前销赃之事,经某等人对陈某不满,不愿与其合作。后陈某至经某等人所在地,当面提出要“买”车,经某等人碍于情面,决定按陈某要求在当月为其弄到车。经某等人窃得一辆价值14万余元的黑色桑塔纳高级轿车,让陈某验车,并欲告知此车来源,陈某阻止并言明“别告诉我车是怎么来的,我只是买车”。后陈某联系买主,将该轿车予以销售。该案中,陈某事先与经某等人联系“购买”、“黑色”的“桑塔纳”轿车,事后为其销赃的行为是否构成盗窃罪共犯?① 该案中,陈某明知经某等人不经营汽车交易,却要其提供“黑色”的“桑塔纳”轿车。加之已经替经某等人销赃两辆汽车,知道其只会通过盗窃获取所谓的“廉价”轿车,并至其所在地“督办”。即陈某实际上用暗示方式让经某等人去盗窃其所要的轿车,以便自己从销赃中谋取利益。故经某等人盗窃桑塔纳轿车的犯意系由陈某的要求所引起,而且是按照陈某所要求的品牌、颜色、车型实施盗窃。此时陈某与经某等人在内心已经形成默契,即主观上已产生意思联络,形成了“你盗我销”的事先通谋,故应以盗窃罪共犯论处。

例如,孙某在一公司附近张贴“回收电子元件”的广告。刘某据此联系到孙某。孙某先后从刘某提供的扬声器、受话器样品(系该公司生产的产品)中指定专门型号收购。确定收购型号后,刘某、朱某先后在该公司单独或者共同盗窃作案,窃得扬声器、受话器共计价值14万余元,均由孙某收购。孙某事先承诺收购指定的特殊产品并在事后低价收购的行为如何定性?② 该案中,首先,因涉及的受话器、扬声器等手机配件具有专业性、定制性、定向性等特点,不可能为刘某、

① 参见汪鸿滨:《陈家鸣等盗窃、销赃案》,载最高人民法院刑事审判第一、二、三、四、五庭主办:《刑事审判参考》总第22辑,法律出版社2001年版。

② 参见陆建红、张静:《孙善凯、刘军、朱康盗窃案》,载最高人民法院刑事审判第一、二、三、四、五庭主办:《刑事审判参考》总第104集,法律出版社2016年版。

朱某个人合法持有，可推定孙某明知其拟要收购的物品应该系通过非法手段获得。其次，孙某的行为属于与刘某、朱某事先通谋的行为。孙某故意在公司附近张贴回收电子元件广告，致刘某通过该广告与其取得联系，孙某张贴广告的行为实质上起到了引诱犯意的作用。刘某在公司附近向孙某提供样品时，孙某看完样品，根据其收购经验和其在该公司工作过的经历，应当知道刘某向其提供的手机配件样品不可能系合法取得，但仍向刘某指定相应的型号予以收购。虽然孙某没有明确说让刘某等人去盗窃，但其承诺收购，就是对刘某等人盗窃行为的支持。故孙某事先承诺收购扬声器、受话器的行为，是刘某、朱某盗窃预谋内容中不可或缺的组成部分。最后，孙某的收购行为发生在犯罪现场或者非正常收购地点。孙某收购刘某、朱某盗窃所得的扬声器、受话器共三次，都是在刘某、朱某盗窃得手后立即予以收购。孙某到盗窃现场或者指定地点低价收购赃物的行为，客观上直接帮助刘某、朱某完成了盗窃犯罪活动。故此，孙某明知刘某出售给其的扬声器、受话器为公司所有，不可能为刘某、朱某个人合法持有，仍然在事前商定收购的型号，事后至公司围墙外或者指定地点接收赃物，其行为性质属事前预谋、事后辅助，在共同犯罪中负责收赃环节，应当认定孙某为刘某、朱某盗窃犯罪的共犯。

例如，孙某通过送油等业务往来结识了石化厂员工孙某江。孙某江向孙某提出要私下“卖”给其一批白油，双方约定事成后孙某以远低于市场价的价格付给孙某江货款。某日凌晨，孙某江让孙某将其送油的油罐车开至石化厂附近的红绿灯处，并告知孙某，其已经跟厂里的门卫、工人讲好，命令门卫关掉监控，让孙某放心。其后，孙某江将孙某的油罐车开进石化厂，孙某留在孙某江的轿车内等候。不久，孙某又接到孙某江的电话称油罐车已经装好，但停在石化厂门口的斜坡开不上来，让孙某过去帮忙，孙某遂进石化厂将油罐车开出。事后，孙某付给孙某江10万余元，将油出卖后赚取3万余元。[①] 该案中，孙某江身为石化厂工作人员，监守自盗，其行为构成职务侵占罪。孙某之前因为送油而多次从石化厂拉油，其知道正规买油、拉油的手续和过程，当孙某江向其提出私下以低价“卖”

① 参见洪永洋、任远航：《孙洪亮职务侵占案》，载最高人民法院刑事审判第一、二、三、四、五庭主办：《刑事审判参考》总第104集，法律出版社2016年版。

给其一批白油时,其明白该价格明显低于市场正常价格,应当知道孙某江所卖的白油是违法所得,在此情况下其同意购买这批白油,并提供了空的油罐车作为犯罪工具。在作案当晚动手之前,孙某江又告知孙某已经跟厂里的门卫、工人讲好了,命令门卫关掉监控,让孙某放心。孙某作为一个智力正常的成年人,应当知道"关掉监控"意味着什么,足以说明孙某在事前就知道孙某江是通过违法犯罪手段获取白油,而其仍在事先与孙某江商量相关事宜,表明二人有共同的意思联络。因此,孙某事前与职务侵占罪的犯罪分子通谋,并实施了掩饰、隐瞒犯罪所得的行为,应当以职务侵占罪的共犯论处。事前与上游犯罪的行为人有共同的意思联络,承诺事后将为犯罪分子销赃,这对与其形成共犯关系的上游犯罪的实行行为人起到很大的鼓励、帮助作用,对最终的犯罪结果发生具有很强的原因力,因而其所实施的掩饰、隐瞒行为就构成上游共同犯罪的一部分。当然,在共同犯罪中的地位、作用,可以根据行为人实际所起的地位、作用认定。

再如,王某与马某等人共谋,答应事后收购马某等人所盗赃物,但其不参与盗窃作案。王某为牟取更大利益,个人决定让陈某收购所盗赃物,而马某等人在盗窃前、盗窃中均不知晓陈某将向王某收购赃物。那么,在盗窃实行犯马某等人不知情的情况下,盗窃帮助犯王某(销赃人)与另一销赃人陈某事先约定、事后出资收购赃物的行为是否构成盗窃罪共犯?① 该案中,王某与盗窃实行犯马某等人事先通谋,事后予以销赃,显然成立盗窃罪共犯。王某并未参与盗窃作案,其让陈某收购赃物系其个人决定,马某等人不仅在盗窃前未就销赃一事与陈某有过直接联系,而且在盗窃前、盗窃中均不知晓陈某将向王某收购赃物,故王某与陈某事先商定收购赃物的行为,不能认定陈某与马某等人存在事前通谋。另外,陈某也未就收购赃物一事与马某等人形成长期、稳定、默契的"合作关系"。因此,可以认定陈某与马某等人没有共同盗窃的意思联络,不具备成立共同盗窃罪中帮助犯的主观要件。其次,陈某与王某商定收购赃物前,马某等人实施盗窃的决意已经形成,陈某对该决意并不产生强化作用(心理帮助);马某等人在盗窃前、

① 参见冉容、哈少朋、李英才:《马俊、陈小灵等盗窃、隐瞒犯罪所得案》,载最高人民法院刑事审判第一、二、三、四、五庭主办:《刑事审判参考》总第61集,法律出版社2008年版。

盗窃中也均不知晓陈某将收购赃物,陈某的行为也没有使马某等人在行窃过程中产生一定心理上的鼓励,即陈某未对马某等人实施心理帮助行为。陈某未至盗窃现场,也未为马某等人实施盗窃提供作案工具或者创造条件,其向王某收购所盗赃物时,马某等人的盗窃行为已经既遂,即其向王某收购赃物的行为发生在马某等人的盗窃行为已经得手并将所盗赃物转移之后,故其行为不属于对马某等人盗窃的帮助行为,也就是未对马某等人实施客观的帮助行为(物理帮助)。陈某的行为不属于共同盗窃罪中的帮助行为,不构成盗窃罪共犯。但是,其明知是他人盗窃所得的赃物而予以收购,其行为构成掩饰、隐瞒犯罪所得罪。

此外,实践中有的行为人发现他人实施盗窃而在现场等待收购赃物,因不具有共同的盗窃犯意,不属于事前与盗窃犯罪分子通谋的情形,不能以盗窃罪的共犯论处,而应当以掩饰、隐瞒犯罪所得、犯罪所得收益罪定罪处罚。[①] 但是,如果收赃人在他人犯罪既遂前实施帮助行为,即使事先没有通谋,也因实施帮助行为而与他人形成共同犯罪的故意,并实施了共同犯罪行为,此时应以他人实施的相关犯罪的共犯论处,而不以掩饰、隐瞒犯罪所得、犯罪所得收益罪定罪处罚。[②]

(三)上游财产犯罪与下游掩饰、隐瞒犯罪所得、犯罪所得收益罪之间的定罪量刑平衡

掩饰、隐瞒犯罪所得、犯罪所得收益等下游犯罪,其行为对象是由上游犯罪衍生而来,二者的社会危害性紧密相连,犯罪成立与否及量刑轻重原则上应依附于上游犯罪的社会危害性程度,即上下游犯罪之间存在重轻、主从关系,定罪量刑时需充分考量上下游犯罪之间的平衡。

1."一对一"上下游犯罪的定罪量刑平衡

第一,原则上只有上游犯罪构成犯罪下游犯罪才可定罪处罚,否则导致处罚不平衡。也因此,2021 年 4 月 13 日修正的《掩饰、隐瞒犯罪所得、犯罪所得收益

---

① 参见高雨欣、陈艳飞:《在盗窃现场等待收赃的行为性质》,载《人民司法(案例)》2020 年第 20 期。

② 如有案例认为,收赃人在他人盗窃既遂之前吊卸集装箱内货物的,构成盗窃罪的共犯。参见薛振、沈言:《收赃人吊卸集装箱内货物构成盗窃罪》,载《人民司法(案例)》2008 年第 22 期。

解释》,删除了“3000 元至 1 万元以上”的入罪数额标准,而规定“应综合考虑上游犯罪的性质、掩饰、隐瞒犯罪所得及其收益的情节、后果及社会危害程度等,依法定罪处罚”。该修正一方面意味着下游犯罪的入罪门槛原则上不得低于上游犯罪的入罪门槛,另一方面顾及不同的上游犯罪存在差异,存在不同的入罪门槛,对下游犯罪当然就不能不视差异而设定统一的入罪门槛,否则不平衡、不协调。

在上游犯罪行为人及涉案赃款赃物存在特定情节的情况下,部分犯罪的入罪门槛可能降低,但是对于销赃人而言,其往往只知晓是赃款赃物,而并不知晓所涉及的特定情节,故上文中的“上游犯罪的入罪门槛”,应为通常情况下的入罪门槛。如普通盗窃 3000 元,为数额较大,即可入罪,对于下游的销赃人,在是否入罪上应考虑“3000 元”这一标准,因其明知的是盗窃所得,而不关注涉案的赃款赃物是否具有入户盗窃、扒窃等不以数额较大为入罪标准的特定情节,也不关注盗窃犯是否具有前科等可能降低入罪门槛的情况。故此,按照“只有上游犯罪构成犯罪下游犯罪才可定罪处罚”的原则,对于明知是盗窃所得的 3000 元财物予以销赃的,在上游犯罪构成盗窃罪的情况下,对于下游的销赃犯可以考虑以掩饰、隐瞒犯罪所得罪定罪处罚;对于入户盗窃 800 元财物,虽上游犯罪构成盗窃罪,但销赃人往往仅明知该价值 800 元财物是盗窃所得,而对特定情节“入户盗窃”不知晓、不关心,此时在是否入罪上应考虑普通盗窃入罪的“3000 元”标准,故该种销赃情形不宜以犯罪论处。

当然,对于下游销赃人是否入罪除了考虑上游行为是否构成犯罪这一重要因素外,根据《掩饰、隐瞒犯罪所得、犯罪所得收益解释》第一条的规定,销赃人具有前科劣迹,或者明知是特定的公用设备、设施及其他特殊财物而掩饰、隐瞒,或者因为掩饰、隐瞒行为妨害司法机关对上游犯罪进行追究,甚至致使上游犯罪无法及时查处,以及因为掩饰、隐瞒行为造成公私财物损失无法挽回的情形,因较之一般情形社会危害性要大,故在是否入罪上也需着重考量。

第二,原则上对下游犯罪的量刑不应重于对上游犯罪的量刑,否则导致刑罚轻重“倒挂”现象。如职务侵占价值 16 万余元的财物,以职务侵占罪定罪,处三年以下有期徒刑或者拘役,并处罚金。行为人明知是职务侵占的赃物仍然予以收购,构成掩饰、隐瞒犯罪所得罪。考虑上下游犯罪之间的量刑平衡,对行为人原则上只能在该罪的第一档法定刑“三年以下有期徒刑、拘役或者管制,并处或者单处罚金”幅度内量刑,且具体量刑原则上不应重于对上游职务侵占罪的量刑。否则,就会出现下游犯罪的量刑重于以上游犯罪共犯论处所应判处刑罚的悖论,明显违反法理和常理,不可取。

需要直面的是,《掩饰、隐瞒犯罪所得、犯罪所得收益解释》第三条规定了掩饰、隐瞒犯罪所得、犯罪所得收益犯罪“情节严重”的数额标准,如第一款第一项明确,“掩饰、隐瞒犯罪所得及其产生的收益价值总额达到十万元以上的”属于“情节严重”,处三年以上七年以下有期徒刑,并处罚金。如此规定统一的“情节严重”数额标准,其前提应该是有统一的入罪数额标准,但实际上没有也难以有统一的入罪数额标准,故不考虑上游犯罪个罪间的差异而对所有的下游犯罪执行相同的法定刑升格数额标准,必然造成下游犯罪的量刑重于上游犯罪量刑的不合理现象。上述案例即是,职务侵占 16 万余元,处三年以下有期徒刑或者拘役,并处罚金;而掩饰、隐瞒职务侵占犯罪所得 16 万余元,属情节严重,处三年以上七年以下有期徒刑,并处罚金,显然不合理。为解决这一问题,一方面建议对上述解释中“情节严重”的相关数额标准进行修正,如可针对存在差异的上游犯罪的入罪数额标准,相应地设定一定倍数标准如“10 倍”左右作为下游犯罪“情节严重”的数额标准,对洗钱罪解释亦可如此设定;另一方面在上述解释未修正前,可充分利用自首、立功、坦白等情节进行量刑调节,确保与上游犯罪的量刑保持平衡。具体而言,第一,如果具有自首或者立功情节,可以通过从轻、减轻处罚功能,实现上下游犯罪的量刑平衡;第二,如果不具有自首或者立功情节,但具有坦白情节,可以通过从轻处罚功能实现上下游犯罪的量刑平衡;如果从轻处罚不足以调节量刑平衡,特定情形下可以考虑“减轻型”坦白的适用;第三,如果不具有自首、立功、坦白等法定情节,可以考虑销赃犯是否受人指使,即认定为从犯,通过从犯情节的从轻、减轻处罚等功能,实现上下游犯罪的量刑平衡。

需要注意的是,针对同一赃款赃物,一次性掩饰、隐瞒,与分二次或者多次掩饰、隐瞒,在评价销赃行为上宜不作区分,即不考虑次数。如针对一笔电信诈骗赃款,分三次或者转入三个账户予以掩饰、隐瞒的,不宜认定为掩饰、隐瞒三次。相应地,《掩饰、隐瞒犯罪所得、犯罪所得收益解释》第三条第一款第二项“掩饰、隐瞒犯罪所得及其产生的收益十次以上,或者三次以上且价值总额达到五万元以上”中的“十次”“三次”,应当是针对不同的赃款赃物及其产生的收益。

此外,对下游犯罪的量刑原则上不应重于对上游犯罪的量刑,并非“一概”不能重于对上游犯罪的量刑,特定情形下可以与上游犯罪的量刑持平甚至要重。如上游共同盗窃犯罪中的帮助犯,罪责小,就可能在量刑上轻于下游的销赃犯。再如,上游犯罪有自首、立功等法定从宽情节,而下游犯罪非但没有从宽情节,还需从重处罚的,则对下游犯罪的量刑可能与上游犯罪的量刑持平甚至要重。

2.“一对多”上下游犯罪的定罪量刑平衡

对于为二个以上的上游违法犯罪行为掩饰、隐瞒犯罪所得及其产生的收益的情形,此时因为下游行为不再仅依附于某个上游行为或者上游犯罪,那么,是否存在上游行为不构成犯罪而下游行为构成犯罪,或者下游行为的量刑重于上游行为量刑的可能?

如甲、乙、丙三人各自盗窃的数额均不满3000元,即均不构成盗窃罪,丁为三人销赃,销赃的总数额无疑超过了3000元,对丁能否以掩饰、隐瞒犯罪所得罪论处?笔者认为,从横向比较,不以犯罪论处确实显失公平,但考虑上下游犯罪间的特殊关系,在上游行为不构成犯罪的前提下,下游的掩饰、隐瞒对象就不是犯罪所得,而是违法所得,该掩饰、隐瞒行为就没有妨害刑事司法活动,仅妨害行政执法活动,故不以犯罪论处更为妥当。

“一对多”上下游犯罪的定罪量刑平衡,实践中需考虑以下三种情形:第一,为二个以上均不构成犯罪的上游行为销赃,根据笔者观点,对下游的销赃行为不以犯罪论处;第二,为二个以上的上游行为销赃,其中部分上游行为构成犯罪、部分不构成犯罪,则下游销赃行为一般构成犯罪,并将为不构成犯罪的上游行为销赃的行为作为量刑情节考虑,如此,对销赃犯的量刑存在重于对上游犯罪量刑的可能;第三,为二个以上均构成犯罪的上游犯罪行为销赃,则下游销赃行为应该构成犯罪,此时对销赃犯的量刑也存在重于对任一上游犯罪量刑的可能。

附　录

侵犯财产罪刑法条文、司法解释及其他规范性文件

一　侵犯财产罪刑法条文

第二百六十三条　【抢劫罪】以暴力、胁迫或者其他方法抢劫公私财物的，处三年以上十年以下有期徒刑，并处罚金；有下列情形之一的，处十年以上有期徒刑、无期徒刑或者死刑，并处罚金或者没收财产：

（一）入户抢劫的；

（二）在公共交通工具上抢劫的；

（三）抢劫银行或者其他金融机构的；

（四）多次抢劫或者抢劫数额巨大的；

（五）抢劫致人重伤、死亡的；

（六）冒充军警人员抢劫的；

（七）持枪抢劫的；

（八）抢劫军用物资或者抢险、救灾、救济物资的。

第二百六十四条　【盗窃罪】盗窃公私财物，数额较大的，或者多次盗窃、入户盗窃、携带凶器盗窃、扒窃的，处三年以下有期徒刑、拘役或者管制，并处或者单处罚金；数额巨大或者有其他严重情节的，处三年以上十年以下有期徒刑，并处罚金；数额特别巨大或者有其他特别严重情节的，处十年以上有期徒刑或者无期徒刑，并处罚金或者没收财产。

第二百六十五条 【盗窃罪】以牟利为目的,盗接他人通信线路、复制他人电信码号或者明知是盗接、复制的电信设备、设施而使用的,依照本法第二百六十四条的规定定罪处罚。

第二百六十六条 【诈骗罪】诈骗公私财物,数额较大的,处三年以下有期徒刑、拘役或者管制,并处或者单处罚金;数额巨大或者有其他严重情节的,处三年以上十年以下有期徒刑,并处罚金;数额特别巨大或者有其他特别严重情节的,处十年以上有期徒刑或者无期徒刑,并处罚金或者没收财产。本法另有规定的,依照规定。

第二百六十七条 【抢夺罪;抢劫罪】抢夺公私财物,数额较大的,或者多次抢夺的,处三年以下有期徒刑、拘役或者管制,并处或者单处罚金;数额巨大或者有其他严重情节的,处三年以上十年以下有期徒刑,并处罚金;数额特别巨大或者有其他特别严重情节的,处十年以上有期徒刑或者无期徒刑,并处罚金或者没收财产。

携带凶器抢夺的,依照本法第二百六十三条的规定定罪处罚。

第二百六十八条 【聚众哄抢罪】聚众哄抢公私财物,数额较大或者有其他严重情节的,对首要分子和积极参加的,处三年以下有期徒刑、拘役或者管制,并处罚金;数额巨大或者有其他特别严重情节的,处三年以上十年以下有期徒刑,并处罚金。

第二百六十九条 【转化的抢劫罪】犯盗窃、诈骗、抢夺罪,为窝藏赃物、抗拒抓捕或者毁灭罪证而当场使用暴力或者以暴力相威胁的,依照本法第二百六十三条的规定定罪处罚。

第二百七十条 【侵占罪】将代为保管的他人财物非法占为己有,数额较大,拒不退还的,处二年以下有期徒刑、拘役或者罚金;数额巨大或者有其他严重情节的,处二年以上五年以下有期徒刑,并处罚金。

将他人的遗忘物或者埋藏物非法占为己有,数额较大,拒不交出的,依照前款的规定处罚。

本条罪,告诉的才处理。

第二百七十一条 【职务侵占罪;贪污罪】公司、企业或者其他单位的工作人员,利用职务上的便利,将本单位财物非法占为己有,数额较大的,处三年以下有期徒刑或者拘役,并处罚金;数额巨大的,处三年以上十年以下有期徒刑,并处罚金;数额特别巨大的,处十年以上有期徒刑或者无期徒刑,并处罚金。

国有公司、企业或者其他国有单位中从事公务的人员和国有公司、企业或者其他国有单位委派到非国有公司、企业以及其他单位从事公务的人员有前款行为的,依照本法第三百八十二条、第三百八十三条的规定定罪处罚。

第二百七十二条 【挪用资金罪;挪用公款罪】公司、企业或者其他单位的工作人员,利用职务上的便利,挪用本单位资金归个人使用或者借贷给他人,数额较大、超过三个月未还的,或者虽未超过三个月,但数额较大、进行营利活动的,或者进行非法活动的,处三年以下有期徒刑或者拘役;挪用本单位资金数额巨大的,处三年以上七年以下有期徒刑;数额特别巨大的,处七年以上有期徒刑。

国有公司、企业或者其他国有单位中从事公务的人员和国有公司、企业或者其他国有单位委派到非国有公司、企业以及其他单位从事公务的人员有前款行为的,依照本法第三百八十四条的规定定罪处罚。

有第一款行为,在提起公诉前将挪用的资金退还的,可以从轻或者减轻处罚。其中,犯罪较轻的,可以减轻或者免除处罚。

第二百七十三条 【挪用特定款物罪】挪用用于救灾、抢险、防汛、优抚、扶贫、移民、救济款物,情节严重,致使国家和人民群众利益遭受重大损害的,对直接责任人员,处三年以下有期徒刑或者拘役;情节特别严重的,处三年以上七年以下有期徒刑。

第二百七十四条 【敲诈勒索罪】敲诈勒索公私财物,数额较大或者多次敲诈勒索的,处三年以下有期徒刑、拘役或者管制,并处或者单处罚金;数额巨大或者有其他严重情节的,处三年以上十年以下有期徒刑,并处罚金;数额特别巨大或者有其他特别严重情节的,处十年以上有期徒刑,并处罚金。

第二百七十五条 【故意毁坏财物罪】故意毁坏公私财物,数额较大或者有其他严重情节的,处三年以下有期徒刑、拘役或者罚金;数额巨大或者有其他特别严重情节的,处三年以上七年以下有期徒刑。

第二百七十六条　【破坏生产经营罪】由于泄愤报复或者其他个人目的,毁坏机器设备、残害耕畜或者以其他方法破坏生产经营的,处三年以下有期徒刑、拘役或者管制;情节严重的,处三年以上七年以下有期徒刑。

第二百七十六条之一　【拒不支付劳动报酬罪】以转移财产、逃匿等方法逃避支付劳动者的劳动报酬或者有能力支付而不支付劳动者的劳动报酬,数额较大,经政府有关部门责令支付仍不支付的,处三年以下有期徒刑或者拘役,并处或者单处罚金;造成严重后果的,处三年以上七年以下有期徒刑,并处罚金。

单位犯前款罪的,对单位判处罚金,并对其直接负责的主管人员和其他直接责任人员,依照前款的规定处罚。

有前两款行为,尚未造成严重后果,在提起公诉前支付劳动者的劳动报酬,并依法承担相应赔偿责任的,可以减轻或者免除处罚。

二　侵犯财产罪司法解释及其他规范性文件

1. 最高人民法院关于审理抢劫案件具体应用法律若干问题的解释(自2000年11月28日起施行)

为依法惩处抢劫犯罪活动,根据刑法的有关规定,现就审理抢劫案件具体应用法律的若干问题解释如下:

第一条　刑法第二百六十三条第(一)项规定的“入户抢劫”,是指为实施抢劫行为而进入他人生活的与外界相对隔离的住所,包括封闭的院落、牧民的帐篷、渔民作为家庭生活场所的渔船、为生活租用的房屋等进行抢劫的行为。

对于入户盗窃,因被发现而当场使用暴力或者以暴力相威胁的行为,应当认定为入户抢劫。

第二条　刑法第二百六十三条第(二)项规定的“在公共交通工具上抢劫”,既包括在从事旅客运输的各种公共汽车,大、中型出租车,火车,船只,飞机等正在运营中的机动公共交通工具上对旅客、司售、乘务人员实施的抢劫,也包括对运行途中的机动公共交通工具加以拦截后,对公共交通工具上的人员实施的抢劫。

第三条 刑法第二百六十三条第(三)项规定的“抢劫银行或者其他金融机构”,是指抢劫银行或者其他金融机构的经营资金、有价证券和客户的资金等。

抢劫正在使用中的银行或者其他金融机构的运钞车的,视为“抢劫银行或者其他金融机构”。

第四条 刑法第二百六十三条第(四)项规定的“抢劫数额巨大”的认定标准,参照各地确定的盗窃罪数额巨大的认定标准执行。

第五条 刑法第二百六十三条第(七)项规定的“持枪抢劫”,是指行为人使用枪支或者向被害人显示持有、佩带的枪支进行抢劫的行为。“枪支”的概念和范围,适用《中华人民共和国枪支管理法》的规定。

第六条 刑法第二百六十七条[①]第二款规定的“携带凶器抢夺”,是指行为人随身携带枪支、爆炸物、管制刀具等国家禁止个人携带的器械进行抢夺或者为了实施犯罪而携带其他器械进行抢夺的行为。

2. 最高人民法院关于审理抢劫、抢夺刑事案件适用法律若干问题的意见(自2005年6月8日起施行)

抢劫、抢夺是多发性的侵犯财产犯罪。1997年刑法修订后,为了更好地指导审判工作,最高人民法院先后发布了《关于审理抢劫案件具体应用法律若干问题的解释》(以下简称《抢劫解释》)和《关于审理抢夺刑事案件具体应用法律若干问题的解释》(以下简称《抢夺解释》)。但是,抢劫、抢夺犯罪案件的情况比较复杂,各地法院在审判过程中仍然遇到了不少新情况、新问题。为准确、统一适用法律,现对审理抢劫、抢夺犯罪案件中较为突出的几个法律适用问题,提出意见如下:

一、关于“入户抢劫”的认定

根据《抢劫解释》第一条规定,认定“入户抢劫”时,应当注意以下三个问题:

---

① 2020年修正的《刑法》第二百六十七条第一款中增加了“或者多次抢夺的”规定,第二款无变动。

一是“户”的范围。“户”在这里是指住所,其特征表现为供他人家庭生活和与外界相对隔离两个方面,前者为功能特征,后者为场所特征。一般情况下,集体宿舍、旅店宾馆、临时搭建工棚等不应认定为“户”,但在特定情况下,如果确实具有上述两个特征的,也可以认定为“户”。二是“入户”目的的非法性。进入他人住所须以实施抢劫等犯罪为目的。抢劫行为虽然发生在户内,但行为人不以实施抢劫等犯罪为目的进入他人住所,而是在户内临时起意实施抢劫的,不属于“入户抢劫”。三是暴力或者暴力胁迫行为必须发生在户内。入户实施盗窃被发现,行为人为窝藏赃物、抗拒抓捕或者毁灭罪证而当场使用暴力或者以暴力相威胁的,如果暴力或者暴力胁迫行为发生在户内,可以认定为“入户抢劫”;如果发生在户外,不能认定为“入户抢劫”。

二、关于“在公共交通工具上抢劫”的认定

公共交通工具承载的旅客具有不特定多数人的特点。根据《抢劫解释》第二条规定,“在公共交通工具上抢劫”主要是指在从事旅客运输的各种公共汽车、大、中型出租车、火车、船只、飞机等正在运营中的机动公共交通工具上对旅客、司售、乘务人员实施的抢劫。在未运营中的大、中型公共交通工具上针对司售、乘务人员抢劫的,或者在小型出租车上抢劫的,不属于“在公共交通工具上抢劫”。

三、关于“多次抢劫”的认定

刑法第二百六十三条第(四)项中的“多次抢劫”是指抢劫三次以上。

对于“多次”的认定,应以行为人实施的每一次抢劫行为均已构成犯罪为前提,综合考虑犯罪故意的产生、犯罪行为实施的时间、地点等因素,客观分析、认定。对于行为人基于一个犯意实施犯罪的,如在同一地点同时对在场的多人实施抢劫的;或基于同一犯意在同一地点实施连续抢劫犯罪的,如在同一地点连续地对途经此地的多人进行抢劫的;或在一次犯罪中对一栋居民楼房中的几户居民连续实施入户抢劫的,一般应认定为一次犯罪。

四、关于“携带凶器抢夺”的认定

《抢劫解释》第六条规定,“携带凶器抢夺”,是指行为人随身携带枪支、爆炸物、管制刀具等国家禁止个人携带的器械进行抢夺或者为了实施犯罪而携带其他器械进行抢夺的行为。行为人随身携带国家禁止个人携带的器械以外的其他器械抢夺,但有证据证明该器械确实不是为了实施犯罪准备的,不以抢劫罪定罪;行为人将随身携带凶器有意加以显示、能为被害人察觉到的,直接适用刑法第二百六十三条的规定定罪处罚;行为人携带凶器抢夺后,在逃跑过程中为窝藏赃物、抗拒抓捕或者毁灭罪证而当场使用暴力或者以暴力相威胁的,适用刑法第二百六十七条第二款的规定定罪处罚。

五、关于转化抢劫的认定

行为人实施盗窃、诈骗、抢夺行为,未达到“数额较大”,为窝藏赃物、抗拒抓捕或者毁灭罪证当场使用暴力或者以暴力相威胁,情节较轻、危害不大的,一般不以犯罪论处;但具有下列情节之一的,可依照刑法第二百六十九条的规定,以抢劫罪定罪处罚;

(1)盗窃、诈骗、抢夺接近“数额较大”标准的;

(2)入户或在公共交通工具上盗窃、诈骗、抢夺后在户外或交通工具外实施上述行为的;

(3)使用暴力致人轻微伤以上后果的;

(4)使用凶器或以凶器相威胁的;

(5)具有其他严重情节的。

六、关于抢劫犯罪数额的计算

抢劫信用卡后使用、消费的,其实际使用、消费的数额为抢劫数额;抢劫信用卡后未实际使用、消费的,不计数额,根据情节轻重量刑。所抢信用卡数额巨大,但未实际使用、消费或者实际使用、消费的数额未达到巨大标准的,不适用“抢劫数额巨大”的法定刑。

为抢劫其他财物,劫取机动车辆当作犯罪工具或者逃跑工具使用的,被劫取机动车辆的价值计入抢劫数额;为实施抢劫以外的其他犯罪劫取机动车辆的,以抢劫罪和实施的其他犯罪实行数罪并罚。

抢劫存折、机动车辆的数额计算,参照执行《关于审理盗窃案件具体应用法律若干问题的解释》[①]的相关规定。

七、关于抢劫特定财物行为的定性

以毒品、假币、淫秽物品等违禁品为对象,实施抢劫的,以抢劫罪定罪;抢劫的违禁品数量作为量刑情节予以考虑。抢劫违禁品后又以违禁品实施其他犯罪的,应以抢劫罪与具体实施的其他犯罪实行数罪并罚。

抢劫赌资、犯罪所得的赃款赃物的,以抢劫罪定罪,但行为人仅以其所输赌资或所赢赌债为抢劫对象,一般不以抢劫罪定罪处罚。构成其他犯罪的,依照刑法的相关规定处罚。

为个人使用,以暴力、胁迫等手段取得家庭成员或近亲属财产的,一般不以抢劫罪定罪处罚,构成其他犯罪的,依照刑法的相关规定处理;教唆或者伙同他人采取暴力、胁迫等手段劫取家庭成员或近亲属财产的,可以抢劫罪定罪处罚。

八、关于抢劫罪数的认定

行为人实施伤害、强奸等犯罪行为,在被害人未失去知觉,利用被害人不能反抗、不敢反抗的处境,临时起意劫取他人财物的,应以此前所实施的具体犯罪与抢劫罪实行数罪并罚;在被害人失去知觉或者没有发觉的情形下,以及实施故意杀人犯罪行为之后,临时起意拿走他人财物的,应以此前所实施的具体犯罪与盗窃罪实行数罪并罚。

九、关于抢劫罪与相似犯罪的界限

1. 冒充正在执行公务的人民警察、联防人员,以抓卖淫嫖娼、赌博等违法行为为名非法占有财物的行为定性

行为人冒充正在执行公务的人民警察“抓赌”、“抓嫖”,没收赌资或者罚款的行为,构成犯罪的,以招摇撞骗罪从重处罚;在实施上述行为中使用暴力或者暴力威胁的,以抢劫罪定罪处罚。行为人冒充治安联防队员“抓赌”、“抓嫖”、没收赌资或者罚款的行为,构成犯罪的,以敲诈勒索罪定罪处罚;在实施上述行为中使用暴力或者暴力威胁的,以抢劫罪定罪处罚。

---

① 已失效。失效依据为2013 年4 月4 日实施的《最高人民法院、最高人民检察院关于办理盗窃刑事案件适用法律若干问题的解释》。

2. 以暴力、胁迫手段索取超出正常交易价钱、费用的钱财的行为定性

从事正常商品买卖、交易或者劳动服务的人,以暴力、胁迫手段迫使他人交出与合理价钱、费用相差不大钱物,情节严重的,以强迫交易罪定罪处罚;以非法占有为目的,以买卖、交易、服务为幌子采用暴力、胁迫手段迫使他人交出与合理价钱、费用相差悬殊的钱物的,以抢劫罪定罪处刑。在具体认定时,既要考虑超出合理价钱、费用的绝对数额,还要考虑超出合理价钱、费用的比例,加以综合判断。

3. 抢劫罪与绑架罪的界限

绑架罪是侵害他人人身自由权利的犯罪,其与抢劫罪的区别在于:第一,主观方面不尽相同。抢劫罪中,行为人一般出于非法占有他人财物的故意实施抢劫行为,绑架罪中,行为人既可能为勒索他人财物而实施绑架行为,也可能出于其它非经济目的实施绑架行为;第二,行为手段不尽相同。抢劫罪表现为行为人劫取财物一般应在同一时间、同一地点,具有"当场性";绑架罪表现为行为人以杀害、伤害等方式向被绑架人的亲属或其他人或单位发出威胁,索取赎金或提出其他非法要求,劫取财物一般不具有"当场性"。

绑架过程中又当场劫取被害人随身携带财物的,同时触犯绑架罪和抢劫罪两罪名,应择一重罪定罪处罚。

4. 抢劫罪与寻衅滋事罪的界限

寻衅滋事罪是严重扰乱社会秩序的犯罪,行为人实施寻衅滋事的行为时,客观上也可能表现为强拿硬要公私财物的特征。这种强拿硬要的行为与抢劫罪的区别在于:前者行为人主观上还具有逞强好胜和通过强拿硬要来填补其精神空虚等目的,后者行为人一般只具有非法占有他人财物的目的;前者行为人客观上一般不以严重侵犯他人人身权利的方法强拿硬要财物,而后者行为人则以暴力、胁迫等方式作为劫取他人财物的手段。司法实践中,对于未成年人使用或威胁使用轻微暴力强抢少量财物的行为,一般不宜以抢劫罪定罪处罚。其行为符合寻衅滋事罪特征的,可以寻衅滋事罪定罪处罚。

5. 抢劫罪与故意伤害罪的界限

行为人为索取债务，使用暴力、暴力威胁等手段的，一般不以抢劫罪定罪处罚。构成故意伤害等其他犯罪的，依照刑法第二百三十四条等规定处罚。

十、抢劫罪的既遂、未遂的认定

抢劫罪侵犯的是复杂客体，既侵犯财产权利又侵犯人身权利，具备劫取财物或者造成他人轻伤以上后果两者之一的，均属抢劫既遂；既未劫取财物，又未造成他人人身伤害后果的，属抢劫未遂。据此，刑法第二百六十三条规定的八种处罚情节中除“抢劫致人重伤、死亡的”这一结果加重情节之外，其余七种处罚情节同样存在既遂、未遂问题，其中属抢劫未遂的，应当根据刑法关于加重情节的法定刑规定，结合未遂犯的处理原则量刑。

十一、驾驶机动车、非机动车夺取他人财物行为的定性

对于驾驶机动车、非机动车（以下简称“驾驶车辆”）夺取他人财物的，一般以抢夺罪从重处罚。但具有下列情形之一，应当以抢劫罪定罪处罚：

（1）驾驶车辆，逼挤、撞击或强行逼倒他人以排除他人反抗，乘机夺取财物的；

（2）驾驶车辆强抢财物时，因被害人不放手而采取强拉硬拽方法劫取财物的；

（3）行为人明知其驾驶车辆强行夺取他人财物的手段会造成他人伤亡的后果，仍然强行夺取并放任造成财物持有人轻伤以上后果的。

3. 最高人民法院关于审理抢劫刑事案件适用法律若干问题的指导意见（自2016年1月6日起施行）

抢劫犯罪是多发性的侵犯财产和侵犯公民人身权利的犯罪。1997年刑法修订后，最高人民法院先后发布了《关于审理抢劫案件具体应用法律若干问题的解释》（以下简称《抢劫解释》）和《关于审理抢劫、抢夺刑事案件适用法律问题的意见》（以下简称《两抢意见》），对抢劫案件的法律适用作出了规范，发挥了重要的指导作用。但是，抢劫犯罪案件的情况越来越复杂，各级法院在审判过程中不断遇到新情况、新问题。为统一适用法律,根据刑法和司法解释的规定,结合近年来人民法院审理抢劫案件的经验,现对审理抢劫犯罪案件中较为突出的几个法律适用问题和刑事政策把握问题提出如下指导意见:

一、关于审理抢劫刑事案件的基本要求

坚持贯彻宽严相济刑事政策。对于多次结伙抢劫,针对农村留守妇女、儿童及老人等弱势群体实施抢劫,在抢劫中实施强奸等暴力犯罪的,要在法律规定的量刑幅度内从重判处。

对于罪行严重或者具有累犯情节的抢劫犯罪分子,减刑、假释时应当从严掌握,严格控制减刑的幅度和频度。对因家庭成员就医等特定原因初次实施抢劫,主观恶性和犯罪情节相对较轻的,要与多次抢劫以及为了挥霍、赌博、吸毒等实施抢劫的案件在量刑上有所区分。对于犯罪情节较轻,或者具有法定、酌定从轻、减轻处罚情节的,坚持依法从宽处理。

确保案件审判质量。审理抢劫刑事案件,要严格遵守证据裁判原则,确保事实清楚,证据确实、充分。特别是对因抢劫可能判处死刑的案件,更要切实贯彻执行刑事诉讼法及相关司法解释、司法文件,严格依法审查判断和运用证据,坚决防止冤错案件的发生。

对抢劫刑事案件适用死刑,应当坚持"保留死刑,严格控制和慎重适用死刑"的刑事政策,以最严格的标准和最审慎的态度,确保死刑只适用于极少数罪行极其严重的犯罪分子。对被判处死刑缓期二年执行的抢劫犯罪分子,根据犯罪情节等情况,可以同时决定对其限制减刑。

二、关于抢劫犯罪部分加重处罚情节的认定

1. 认定"入户抢劫",要注重审查行为人"入户"的目的,将"入户抢劫"与"在户内抢劫"区别开来。以侵害户内人员的人身、财产为目的,入户后实施抢劫,包括入户实施盗窃、诈骗等犯罪而转化为抢劫的,应当认定为"入户抢劫"。因访友办事等原因经户内人员允许入户后,临时起意实施抢劫,或者临时起意实施盗窃、诈骗等犯罪而转化为抢劫的,不应认定为"入户抢劫"。

对于部分时间从事经营、部分时间用于生活起居的场所,行为人在非营业时间强行入内抢劫或者以购物等为名骗开房门入内抢劫的，应认定为“入户抢劫”。对于部分用于经营、部分用于生活且之间有明确隔离的场所，行为人进入生活场所实施抢劫的，应认定为“入户抢劫”；如场所之间没有明确隔离，行为人在营业时间入内实施抢劫的，不认定为“入户抢劫”，但在非营业时间入内实施抢劫的，应认定为“入户抢劫”。

2.“公共交通工具”，包括从事旅客运输的各种公共汽车，大、中型出租车，火车，地铁，轻轨，轮船，飞机等，不含小型出租车。对于虽不具有商业营运执照，但实际从事旅客运输的大、中型交通工具，可认定为“公共交通工具”。接送职工的单位班车、接送师生的校车等大、中型交通工具，视为“公共交通工具”。

“在公共交通工具上抢劫”，既包括在处于运营状态的公共交通工具上对旅客及司售、乘务人员实施抢劫，也包括拦截运营途中的公共交通工具对旅客及司售、乘务人员实施抢劫，但不包括在未运营的公共交通工具上针对司售、乘务人员实施抢劫。以暴力、胁迫或者麻醉等手段对公共交通工具上的特定人员实施抢劫的，一般应认定为“在公共交通工具上抢劫”。

3.认定“抢劫数额巨大”，参照各地认定盗窃罪数额巨大的标准执行。抢劫数额以实际抢劫到的财物数额为依据。对以数额巨大的财物为明确目标，由于意志以外的原因，未能抢到财物或实际抢得的财物数额不大的，应同时认定“抢劫数额巨大”和犯罪未遂的情节，根据刑法有关规定，结合未遂犯的处理原则量刑。

根据《两抢意见》第六条第一款规定，抢劫信用卡后使用、消费的，以行为人实际使用、消费的数额为抢劫数额。由于行为人意志以外的原因无法实际使用、消费的部分，虽不计入抢劫数额，但应作为量刑情节考虑。通过银行转账或者电子支付、手机银行等支付平台获取抢劫财物的，以行为人实际获取的财物为抢劫数额。

4.认定“冒充军警人员抢劫”，要注重对行为人是否穿着军警制服、携带枪支、是否出示军警证件等情节进行综合审查，判断是否足以使他人误以为是军警人员。对于行为人仅穿着类似军警的服装或仅以言语宣称系军警人员但未携带枪支、也未出示军警证件而实施抢劫的，要结合抢劫地点、时间、暴力或威胁的具体情形，依照常人判断标准，确定是否认定为“冒充军警人员抢劫”。

军警人员利用自身的真实身份实施抢劫的，不认定为“冒充军警人员抢劫”，应依法从重处罚。

三、关于转化型抢劫犯罪的认定

根据刑法第二百六十九条的规定，“犯盗窃、诈骗、抢夺罪，为窝藏赃物、抗拒抓捕或者毁灭罪证而当场使用暴力或者以暴力相威胁的”，依照抢劫罪定罪处罚。“犯盗窃、诈骗、抢夺罪”，主要是指行为人已经着手实施盗窃、诈骗、抢夺行为，一般不考察盗窃、诈骗、抢夺行为是否既遂。但是所涉财物数额明显低于“数额较大”的标准，又不具有《两抢意见》第五条所列五种情节之一的，不构成抢劫罪。“当场”是指在盗窃、诈骗、抢夺的现场以及行为人刚离开现场即被他人发现并抓捕的情形。

对于以摆脱的方式逃脱抓捕，暴力强度较小，未造成轻伤以上后果的，可不认定为“使用暴力”，不以抢劫罪论处。

入户或者在公共交通工具上盗窃、诈骗、抢夺后，为了窝藏赃物、抗拒抓捕或者毁灭罪证，在户内或者公共交通工具上当场使用暴力或者以暴力相威胁的，构成“入户抢劫”或者“在公共交通工具上抢劫”。

两人以上共同实施盗窃、诈骗、抢夺犯罪，其中部分行为人为窝藏赃物、抗拒抓捕或者毁灭罪证而当场使用暴力或者以暴力相威胁的，对于其余行为人是否以抢劫罪共犯论处，主要看其对实施暴力或者以暴力相威胁的行为人是否形成共同犯意、提供帮助。基于一定意思联络，对实施暴力或者以暴力相威胁的行为人提供帮助或实际成为帮凶的，可以抢劫共犯论处。

四、具有法定八种加重处罚情节的刑罚适用

1. 根据刑法第二百六十三条的规定，具有“抢劫致人重伤、死亡”等八种法定加重处罚情节的，处十年以上有期徒刑、无期徒刑或者死刑，并处罚金或者没收财产。应当根据抢劫的次数及数额、抢劫对人身的损害、对社会治安的危害等情况，结合被告人的主观恶性及人身危险程度，并根据量刑规范化的有关规定，确定具体的刑罚。判处无期徒刑以上刑罚的，一般应并处没收财产。

2. 具有下列情形之一的，可以判处无期徒刑以上刑罚：

(1)抢劫致三人以上重伤，或者致人重伤造成严重残疾的；

(2)在抢劫过程中故意杀害他人，或者故意伤害他人，致人死亡的；

(3)具有除“抢劫致人重伤、死亡”外的两种以上加重处罚情节，或者抢劫次数特别多、抢劫数额特别巨大的。

3. 为劫取财物而预谋故意杀人，或者在劫取财物过程中为制服被害人反抗、抗拒抓捕而杀害被害人，且被告人无法定从宽处罚情节的，可依法判处死刑立即执行。对具有自首、立功等法定从轻处罚情节的，判处死刑立即执行应当慎重。对于采取故意杀人以外的其他手段实施抢劫并致人死亡的案件，要从犯罪的动机、预谋、实行行为等方面分析被告人主观恶性的大小，并从有无前科及平时表现、认罪悔罪情况等方面判断被告人的人身危险程度，不能不加区别，仅以出现被害人死亡的后果，一律判处死刑立即执行。

4. 抢劫致人重伤案件适用死刑，应当更加慎重、更加严格，除非具有采取极其残忍的手段造成被害人严重残疾等特别恶劣的情节或者造成特别严重后果的，一般不判处死刑立即执行。

5. 具有刑法第二百六十三条规定的“抢劫致人重伤、死亡”以外其他七种加重处罚情节，且犯罪情节特别恶劣、危害后果特别严重的，可依法判处死刑立即执行。认定“情节特别恶劣、危害后果特别严重”，应当从严掌握，适用死刑必须非常慎重、非常严格。

五、抢劫共同犯罪的刑罚适用

1. 审理抢劫共同犯罪案件，应当充分考虑共同犯罪的情节及后果、共同犯罪人在抢劫中的作用以及被告人的主观恶性、人身危险性等情节，做到准确认定主从犯，分清罪责，以责定刑，罚当其罪。一案中有两名以上主犯的，要从犯罪提意、预谋、准备、行为实施、赃物处理等方面区分出罪责最大者和较大者；有两名以上从犯的，要在从犯中区分出罪责相对更轻者和较轻者。对从犯的处罚，要根据案件的具体事实、从犯的罪责，确定从轻还是减轻处罚。对具有自首、立功或者未成年人且初次抢劫等情节的从犯,可以依法免除处罚。

2. 对于共同抢劫致一人死亡的案件,依法应当判处死刑的,除犯罪手段特别残忍、情节及后果特别严重、社会影响特别恶劣、严重危害社会治安的外,一般只对共同抢劫犯罪中作用最突出、罪行最严重的那名主犯判处死刑立即执行。罪行最严重的主犯如因系未成年人而不适用死刑,或者因具有自首、立功等法定从宽处罚情节而不判处死刑立即执行的,不能不加区别地对其他主犯判处死刑立即执行。

3. 在抢劫共同犯罪案件中,有同案犯在逃的,应当根据现有证据尽量分清在押犯与在逃犯的罪责,对在押犯应按其罪责处刑。罪责确实难以分清,或者不排除在押犯的罪责可能轻于在逃犯的,对在押犯适用刑罚应当留有余地,判处死刑立即执行要格外慎重。

六、累犯等情节的适用

根据刑法第六十五条第一款的规定,对累犯应当从重处罚。抢劫犯罪被告人具有累犯情节的,适用刑罚时要综合考虑犯罪的情节和后果,所犯前后罪的性质、间隔时间及判刑轻重等情况,决定从重处罚的力度。对于前罪系抢劫等严重暴力犯罪的累犯,应当依法加大从重处罚的力度。对于虽不构成累犯,但具有抢劫犯罪前科的,一般不适用减轻处罚和缓刑。对于可能判处死刑的罪犯具有累犯情节的也应慎重,不能只要是累犯就一律判处死刑立即执行;被告人同时具有累犯和法定从宽处罚情节的,判处死刑立即执行应当综合考虑,从严掌握。

七、关于抢劫案件附带民事赔偿的处理原则

要妥善处理抢劫案件附带民事赔偿工作。审理抢劫刑事案件,一般情况下人民法院不主动开展附带民事调解工作。但是,对于犯罪情节不是特别恶劣或者被害方生活、医疗陷入困境,被告人与被害方自行达成民事赔偿和解协议的,民事赔偿情况可作为评价被告人悔罪态度的依据之一,在量刑上酌情予以考虑。

4. 最高人民法院、最高人民检察院关于办理抢夺刑事案件适用法律若干问题的解释(自 2013 年 11 月 18 日起施行)

为依法惩治抢夺犯罪,保护公私财产,根据《中华人民共和国刑法》的有关规定，现就办理此类刑事案件适用法律的若干问题解释如下：

第一条　抢夺公私财物价值一千元至三千元以上、三万元至八万元以上、二十万元至四十万元以上的，应当分别认定为刑法第二百六十七条规定的“数额较大”“数额巨大”“数额特别巨大”。

各省、自治区、直辖市高级人民法院、人民检察院可以根据本地区经济发展状况，并考虑社会治安状况，在前款规定的数额幅度内，确定本地区执行的具体数额标准，报最高人民法院、最高人民检察院批准。

第二条　抢夺公私财物，具有下列情形之一的，“数额较大”的标准按照前条规定标准的百分之五十确定：

（一）曾因抢劫、抢夺或者聚众哄抢受过刑事处罚的；

（二）一年内曾因抢夺或者哄抢受过行政处罚的；

（三）一年内抢夺三次以上的；

（四）驾驶机动车、非机动车抢夺的；

（五）组织、控制未成年人抢夺的；

（六）抢夺老年人、未成年人、孕妇、携带婴幼儿的人、残疾人、丧失劳动能力人的财物的；

（七）在医院抢夺病人或者其亲友财物的；

（八）抢夺救灾、抢险、防汛、优抚、扶贫、移民、救济款物的；

（九）自然灾害、事故灾害、社会安全事件等突发事件期间，在事件发生地抢夺的；

（十）导致他人轻伤或者精神失常等严重后果的。

第三条　抢夺公私财物，具有下列情形之一的，应当认定为刑法第二百六十七条规定的“其他严重情节”：

（一）导致他人重伤的；

（二）导致他人自杀的；

（三）具有本解释第二条第三项至第十项规定的情形之一，数额达到本解释第一条规定的“数额巨大”百分之五十的。

第四条 抢夺公私财物,具有下列情形之一的,应当认定为刑法第二百六十七条规定的"其他特别严重情节":

(一)导致他人死亡的;

(二)具有本解释第二条第三项至第十项规定的情形之一,数额达到本解释第一条规定的"数额特别巨大"百分之五十的。

第五条 抢夺公私财物数额较大,但未造成他人轻伤以上伤害,行为人系初犯,认罪、悔罪,退赃、退赔,且具有下列情形之一的,可以认定为犯罪情节轻微,不起诉或者免予刑事处罚;必要时,由有关部门依法予以行政处罚:

(一)具有法定从宽处罚情节的;

(二)没有参与分赃或者获赃较少,且不是主犯的;

(三)被害人谅解的;

(四)其他情节轻微、危害不大的。

第六条 驾驶机动车、非机动车夺取他人财物,具有下列情形之一的,应当以抢劫罪定罪处罚:

(一)夺取他人财物时因被害人不放手而强行夺取的;

(二)驾驶车辆逼挤、撞击或者强行逼倒他人夺取财物的;

(三)明知会致人伤亡仍然强行夺取并放任造成财物持有人轻伤以上后果的。

第七条 本解释公布施行后,《最高人民法院关于审理抢夺刑事案件具体应用法律若干问题的解释》(法释〔2002〕18 号)同时废止;之前发布的司法解释和规范性文件与本解释不一致的,以本解释为准。

5. 最高人民法院、最高人民检察院关于办理盗窃刑事案件适用法律若干问题的解释(自 2013 年 4 月 4 日起施行)

为依法惩治盗窃犯罪活动,保护公私财产,根据《中华人民共和国刑法》、《中华人民共和国刑事诉讼法》的有关规定,现就办理盗窃刑事案件适用法律的若干问题解释如下:

第一条 盗窃公私财物价值一千元至三千元以上、三万元至十万元以上、三十万元至五十万元以上的,应当分别认定为刑法第二百六十四条规定的“数额较大”、“数额巨大”、“数额特别巨大”。

各省、自治区、直辖市高级人民法院、人民检察院可以根据本地区经济发展状况,并考虑社会治安状况,在前款规定的数额幅度内,确定本地区执行的具体数额标准,报最高人民法院、最高人民检察院批准。

在跨地区运行的公共交通工具上盗窃,盗窃地点无法查证的,盗窃数额是否达到“数额较大”、“数额巨大”、“数额特别巨大”,应当根据受理案件所在地省、自治区、直辖市高级人民法院、人民检察院确定的有关数额标准认定。

盗窃毒品等违禁品,应当按照盗窃罪处理的,根据情节轻重量刑。

第二条 盗窃公私财物,具有下列情形之一的,“数额较大”的标准可以按照前条规定标准的百分之五十确定:

(一)曾因盗窃受过刑事处罚的;

(二)一年内曾因盗窃受过行政处罚的;

(三)组织、控制未成年人盗窃的;

(四)自然灾害、事故灾害、社会安全事件等突发事件期间,在事件发生地盗窃的;

(五)盗窃残疾人、孤寡老人、丧失劳动能力人的财物的;

(六)在医院盗窃病人或者其亲友财物的;

(七)盗窃救灾、抢险、防汛、优抚、扶贫、移民、救济款物的;

(八)因盗窃造成严重后果的。

第三条 二年内盗窃三次以上的,应当认定为“多次盗窃”。

非法进入供他人家庭生活,与外界相对隔离的住所盗窃的,应当认定为“入户盗窃”。

携带枪支、爆炸物、管制刀具等国家禁止个人携带的器械盗窃,或者为了实施违法犯罪携带其他足以危害他人人身安全的器械盗窃的,应当认定为“携带凶器盗窃”。

在公共场所或者公共交通工具上盗窃他人随身携带的财物的，应当认定为“扒窃”。

第四条 盗窃的数额，按照下列方法认定：

（一）被盗财物有有效价格证明的，根据有效价格证明认定；无有效价格证明，或者根据价格证明认定盗窃数额明显不合理的，应当按照有关规定委托估价机构估价；

（二）盗窃外币的，按照盗窃时中国外汇交易中心或者中国人民银行授权机构公布的人民币对该货币的中间价折合成人民币计算；中国外汇交易中心或者中国人民银行授权机构未公布汇率中间价的外币，按照盗窃时境内银行人民币对该货币的中间价折算成人民币，或者该货币在境内银行、国际外汇市场对美元汇率，与人民币对美元汇率中间价进行套算；

（三）盗窃电力、燃气、自来水等财物，盗窃数量能够查实的，按照查实的数量计算盗窃数额；盗窃数量无法查实的，以盗窃前六个月月均正常用量减去盗窃后计量仪表显示的月均用量推算盗窃数额；盗窃前正常使用不足六个月的，按照正常使用期间的月均用量减去盗窃后计量仪表显示的月均用量推算盗窃数额；

（四）明知是盗接他人通信线路、复制他人电信码号的电信设备、设施而使用的，按照合法用户为其支付的费用认定盗窃数额；无法直接确认的，以合法用户的电信设备、设施被盗接、复制后的月缴费额减去被盗接、复制前六个月的月均电话费推算盗窃数额；合法用户使用电信设备、设施不足六个月的，按照实际使用的月均电话费推算盗窃数额；

（五）盗接他人通信线路、复制他人电信码号出售的，按照销赃数额认定盗窃数额。

盗窃行为给失主造成的损失大于盗窃数额的，损失数额可以作为量刑情节考虑。

第五条 盗窃有价支付凭证、有价证券、有价票证的，按照下列方法认定盗窃数额：

（一）盗窃不记名、不挂失的有价支付凭证、有价证券、有价票证的，应当按票面数额和盗窃时应得的孳息、奖金或者奖品等可得收益一并计算盗窃数额；

（二）盗窃记名的有价支付凭证、有价证券、有价票证，已经兑现的，按照兑现部分的财物价值计算盗窃数额；没有兑现，但失主无法通过挂失、补领、补办手续等方式避免损失的，按照给失主造成的实际损失计算盗窃数额。

第六条　盗窃公私财物，具有本解释第二条第三项至第八项规定情形之一，或者入户盗窃、携带凶器盗窃，数额达到本解释第一条规定的“数额巨大”、“数额特别巨大”百分之五十的，可以分别认定为刑法第二百六十四条规定的“其他严重情节”或者“其他特别严重情节”。

第七条　盗窃公私财物数额较大，行为人认罪、悔罪，退赃、退赔，且具有下列情形之一，情节轻微的，可以不起诉或者免予刑事处罚；必要时，由有关部门予以行政处罚：

（一）具有法定从宽处罚情节的；

（二）没有参与分赃或者获赃较少且不是主犯的；

（三）被害人谅解的；

（四）其他情节轻微、危害不大的。

第八条　偷拿家庭成员或者近亲属的财物，获得谅解的，一般可不认为是犯罪；追究刑事责任的，应当酌情从宽。

第九条　盗窃国有馆藏一般文物、三级文物、二级以上文物的，应当分别认定为刑法第二百六十四条规定的“数额较大”、“数额巨大”、“数额特别巨大”。

盗窃多件不同等级国有馆藏文物的，三件同级文物可以视为一件高一级文物。

盗窃民间收藏的文物的，根据本解释第四条第一款第一项的规定认定盗窃数额。

第十条　偷开他人机动车的，按照下列规定处理：

（一）偷开机动车，导致车辆丢失的，以盗窃罪定罪处罚；

（二）为盗窃其他财物，偷开机动车作为犯罪工具使用后非法占有车辆，或者将车辆遗弃导致丢失的，被盗车辆的价值计入盗窃数额；

（三）为实施其他犯罪，偷开机动车作为犯罪工具使用后非法占有车辆，或者将车辆遗弃导致丢失的,以盗窃罪和其他犯罪数罪并罚;将车辆送回未造成丢失的,按照其所实施的其他犯罪从重处罚。

第十一条 盗窃公私财物并造成财物损毁的,按照下列规定处理:

(一)采用破坏性手段盗窃公私财物,造成其他财物损毁的,以盗窃罪从重处罚;同时构成盗窃罪和其他犯罪的,择一重罪从重处罚;

(二)实施盗窃犯罪后,为掩盖罪行或者报复等,故意毁坏其他财物构成犯罪的,以盗窃罪和构成的其他犯罪数罪并罚;

(三)盗窃行为未构成犯罪,但损毁财物构成其他犯罪的,以其他犯罪定罪处罚。

第十二条 盗窃未遂,具有下列情形之一的,应当依法追究刑事责任:

(一)以数额巨大的财物为盗窃目标的;

(二)以珍贵文物为盗窃目标的;

(三)其他情节严重的情形。

盗窃既有既遂,又有未遂,分别达到不同量刑幅度的,依照处罚较重的规定处罚;达到同一量刑幅度的,以盗窃罪既遂处罚。

第十三条 单位组织、指使盗窃,符合刑法第二百六十四条及本解释有关规定的,以盗窃罪追究组织者、指使者、直接实施者的刑事责任。

第十四条 因犯盗窃罪,依法判处罚金刑的,应当在一千元以上盗窃数额的二倍以下判处罚金;没有盗窃数额或者盗窃数额无法计算的,应当在一千元以上十万元以下判处罚金。

第十五条 本解释发布实施后,《最高人民法院关于审理盗窃案件具体应用法律若干问题的解释》(法释〔1998〕4 号)同时废止;之前发布的司法解释和规范性文件与本解释不一致的,以本解释为准。

6. 最高人民法院、最高人民检察院关于办理诈骗刑事案件具体应用法律若干问题的解释(自 2011 年 4 月 8 日起施行)

为依法惩治诈骗犯罪活动,保护公私财产所有权,根据刑法、刑事诉讼法有

关规定,结合司法实践的需要,现就办理诈骗刑事案件具体应用法律的若干问题解释如下:

第一条　诈骗公私财物价值三千元至一万元以上、三万元至十万元以上、五十万元以上的,应当分别认定为刑法第二百六十六条规定的"数额较大"、"数额巨大"、"数额特别巨大"。

各省、自治区、直辖市高级人民法院、人民检察院可以结合本地区经济社会发展状况,在前款规定的数额幅度内,共同研究确定本地区执行的具体数额标准,报最高人民法院、最高人民检察院备案。

第二条　诈骗公私财物达到本解释第一条规定的数额标准,具有下列情形之一的,可以依照刑法第二百六十六条的规定酌情从严惩处:

(一)通过发送短信、拨打电话或者利用互联网、广播电视、报刊杂志等发布虚假信息,对不特定多数人实施诈骗的;

(二)诈骗救灾、抢险、防汛、优抚、扶贫、移民、救济、医疗款物的;

(三)以赈灾募捐名义实施诈骗的;

(四)诈骗残疾人、老年人或者丧失劳动能力人的财物的;

(五)造成被害人自杀、精神失常或者其他严重后果的。

诈骗数额接近本解释第一条规定的"数额巨大"、"数额特别巨大"的标准,并具有前款规定的情形之一或者属于诈骗集团首要分子的,应当分别认定为刑法第二百六十六条规定的"其他严重情节"、"其他特别严重情节"。

第三条　诈骗公私财物虽已达到本解释第一条规定的"数额较大"的标准,但具有下列情形之一,且行为人认罪、悔罪的,可以根据刑法第三十七条、刑事诉讼法第一百四十二条①的规定不起诉或者免予刑事处罚:

(一)具有法定从宽处罚情节的;

(二)一审宣判前全部退赃、退赔的;

(三)没有参与分赃或者获赃较少且不是主犯的;

(四)被害人谅解的;

---

① 现为《刑事诉讼法》第一百七十七条,内容有修改。

（五）其他情节轻微、危害不大的。

第四条 诈骗近亲属的财物，近亲属谅解的，一般可不按犯罪处理。

诈骗近亲属的财物，确有追究刑事责任必要的，具体处理也应酌情从宽。

第五条 诈骗未遂，以数额巨大的财物为诈骗目标的，或者具有其他严重情节的，应当定罪处罚。

利用发送短信、拨打电话、互联网等电信技术手段对不特定多数人实施诈骗，诈骗数额难以查证，但具有下列情形之一的，应当认定为刑法第二百六十六条规定的“其他严重情节”，以诈骗罪（未遂）定罪处罚：

（一）发送诈骗信息五千条以上的；

（二）拨打诈骗电话五百人次以上的；

（三）诈骗手段恶劣、危害严重的。

实施前款规定行为，数量达到前款第（一）、（二）项规定标准十倍以上的，或者诈骗手段特别恶劣、危害特别严重的，应当认定为刑法第二百六十六条规定的“其他特别严重情节”，以诈骗罪（未遂）定罪处罚。

第六条 诈骗既有既遂，又有未遂，分别达到不同量刑幅度的，依照处罚较重的规定处罚；达到同一量刑幅度的，以诈骗罪既遂处罚。

第七条 明知他人实施诈骗犯罪，为其提供信用卡、手机卡、通讯工具、通讯传输通道、网络技术支持、费用结算等帮助的，以共同犯罪论处。

第八条 冒充国家机关工作人员进行诈骗，同时构成诈骗罪和招摇撞骗罪的，依照处罚较重的规定定罪处罚。

第九条 案发后查封、扣押、冻结在案的诈骗财物及其孳息，权属明确的，应当发还被害人；权属不明确的，可按被骗款物占查封、扣押、冻结在案的财物及其孳息总额的比例发还被害人，但已获退赔的应予扣除。

第十条 行为人已将诈骗财物用于清偿债务或者转让给他人，具有下列情形之一的，应当依法追缴：

（一）对方明知是诈骗财物而收取的；

（二）对方无偿取得诈骗财物的；

（三）对方以明显低于市场的价格取得诈骗财物的；

（四）对方取得诈骗财物系源于非法债务或者违法犯罪活动的。

他人善意取得诈骗财物的，不予追缴。

第十一条 以前发布的司法解释与本解释不一致的，以本解释为准。

7. 最高人民法院、最高人民检察院、公安部关于办理电信网络诈骗等刑事案件适用法律若干问题的意见（自2016年12月19日起施行）

为依法惩治电信网络诈骗等犯罪活动，保护公民、法人和其他组织的合法权益，维护社会秩序，根据《中华人民共和国刑法》《中华人民共和国刑事诉讼法》等法律和有关司法解释的规定，结合工作实际，制定本意见。

一、总体要求

近年来，利用通讯工具、互联网等技术手段实施的电信网络诈骗犯罪活动持续高发，侵犯公民个人信息，扰乱无线电通讯管理秩序，掩饰、隐瞒犯罪所得、犯罪所得收益等上下游关联犯罪不断蔓延。此类犯罪严重侵害人民群众财产安全和其他合法权益，严重干扰电信网络秩序，严重破坏社会诚信，严重影响人民群众安全感和社会和谐稳定，社会危害性大，人民群众反映强烈。

人民法院、人民检察院、公安机关要针对电信网络诈骗等犯罪的特点，坚持全链条全方位打击，坚持依法从严从快惩处，坚持最大力度最大限度追赃挽损，进一步健全工作机制，加强协作配合，坚决有效遏制电信网络诈骗等犯罪活动，努力实现法律效果和社会效果的高度统一。

二、依法严惩电信网络诈骗犯罪

（一）根据《最高人民法院、最高人民检察院关于办理诈骗刑事案件具体应用法律若干问题的解释》第一条的规定，利用电信网络技术手段实施诈骗，诈骗公私财物价值三千元以上、三万元以上、五十万元以上的，应当分别认定为刑法第二百六十六条规定的“数额较大”“数额巨大”“数额特别巨大”。

二年内多次实施电信网络诈骗未经处理，诈骗数额累计计算构成犯罪的，应当依法定罪处罚。

(二)实施电信网络诈骗犯罪,达到相应数额标准,具有下列情形之一的,酌情从重处罚:

1. 造成被害人或其近亲属自杀、死亡或者精神失常等严重后果的;

2. 冒充司法机关等国家机关工作人员实施诈骗的;

3. 组织、指挥电信网络诈骗犯罪团伙的;

4. 在境外实施电信网络诈骗的;

5. 曾因电信网络诈骗犯罪受过刑事处罚或者二年内曾因电信网络诈骗受过行政处罚的;

6. 诈骗残疾人、老年人、未成年人、在校学生、丧失劳动能力人的财物,或者诈骗重病患者及其亲属财物的;

7. 诈骗救灾、抢险、防汛、优抚、扶贫、移民、救济、医疗等款物的;

8. 以赈灾、募捐等社会公益、慈善名义实施诈骗的;

9. 利用电话追呼系统等技术手段严重干扰公安机关等部门工作的;

10. 利用"钓鱼网站"链接、"木马"程序链接、网络渗透等隐蔽技术手段实施诈骗的。

(三)实施电信网络诈骗犯罪,诈骗数额接近"数额巨大""数额特别巨大"的标准,具有前述第(二)条规定的情形之一的,应当分别认定为刑法第二百六十六条规定的"其他严重情节""其他特别严重情节"。

上述规定的"接近",一般应掌握在相应数额标准的百分之八十以上。

(四)实施电信网络诈骗犯罪,犯罪嫌疑人、被告人实际骗得财物的,以诈骗罪(既遂)定罪处罚。诈骗数额难以查证,但具有下列情形之一的,应当认定为刑法第二百六十六条规定的"其他严重情节",以诈骗罪(未遂)定罪处罚:

1. 发送诈骗信息五千条以上的,或者拨打诈骗电话五百人次以上的;

2. 在互联网上发布诈骗信息,页面浏览量累计五千次以上的。

具有上述情形,数量达到相应标准十倍以上的,应当认定为刑法第二百六十六条规定的"其他特别严重情节",以诈骗罪(未遂)定罪处罚。

上述"拨打诈骗电话",包括拨出诈骗电话和接听被害人回拨电话。反复拨打、接听同一电话号码,以及反复向同一被害人发送诈骗信息的,拨打、接听电话次数、发送信息条数累计计算。

因犯罪嫌疑人、被告人故意隐匿、毁灭证据等原因,致拨打电话次数、发送信息条数的证据难以收集的,可以根据经查证属实的日拨打人次数、日发送信息条数,结合犯罪嫌疑人、被告人实施犯罪的时间、犯罪嫌疑人、被告人的供述等相关证据,综合予以认定。

(五)电信网络诈骗既有既遂,又有未遂,分别达到不同量刑幅度的,依照处罚较重的规定处罚;达到同一量刑幅度的,以诈骗罪既遂处罚。

(六)对实施电信网络诈骗犯罪的被告人裁量刑罚,在确定量刑起点、基准刑时,一般应就高选择。确定宣告刑时,应当综合全案事实情节,准确把握从重、从轻量刑情节的调节幅度,保证罪责刑相适应。

(七)对实施电信网络诈骗犯罪的被告人,应当严格控制适用缓刑的范围,严格掌握适用缓刑的条件。

(八)对实施电信网络诈骗犯罪的被告人,应当更加注重依法适用财产刑,加大经济上的惩罚力度,最大限度剥夺被告人再犯的能力。

三、全面惩处关联犯罪

(一)在实施电信网络诈骗活动中,非法使用"伪基站""黑广播",干扰无线电通讯秩序,符合刑法第二百八十八条规定的,以扰乱无线电通讯管理秩序罪追究刑事责任。同时构成诈骗罪的,依照处罚较重的规定定罪处罚。

(二)违反国家有关规定,向他人出售或者提供公民个人信息,窃取或者以其他方法非法获取公民个人信息,符合刑法第二百五十三条之一规定的,以侵犯公民个人信息罪追究刑事责任。

使用非法获取的公民个人信息,实施电信网络诈骗犯罪行为,构成数罪的,应当依法予以并罚。

(三)冒充国家机关工作人员实施电信网络诈骗犯罪,同时构成诈骗罪和招摇撞骗罪的,依照处罚较重的规定定罪处罚。

(四)非法持有他人信用卡,没有证据证明从事电信网络诈骗犯罪活动,符合刑法第一百七十七条之一第一款第(二)项规定的,以妨害信用卡管理罪追究刑事责任。

(五)明知是电信网络诈骗犯罪所得及其产生的收益,以下列方式之一予以转账、套现、取现的,依照刑法第三百一十二条第一款的规定,以掩饰、隐瞒犯罪所得、犯罪所得收益罪追究刑事责任。但有证据证明确实不知道的除外:

1. 通过使用销售点终端机具(POS 机)刷卡套现等非法途径,协助转换或者转移财物的;

2. 帮助他人将巨额现金散存于多个银行账户,或在不同银行账户之间频繁划转的;

3. 多次使用或者使用多个非本人身份证明开设的信用卡、资金支付结算账户或者多次采用遮蔽摄像头、伪装等异常手段,帮助他人转账、套现、取现的;

4. 为他人提供非本人身份证明开设的信用卡、资金支付结算账户后,又帮助他人转账、套现、取现的;

5. 以明显异于市场的价格,通过手机充值、交易游戏点卡等方式套现的。

实施上述行为,事前通谋的,以共同犯罪论处。

实施上述行为,电信网络诈骗犯罪嫌疑人尚未到案或案件尚未依法裁判,但现有证据足以证明该犯罪行为确实存在的,不影响掩饰、隐瞒犯罪所得、犯罪所得收益罪的认定。

实施上述行为,同时构成其他犯罪的,依照处罚较重的规定定罪处罚。法律和司法解释另有规定的除外。

(六)网络服务提供者不履行法律、行政法规规定的信息网络安全管理义务,经监管部门责令采取改正措施而拒不改正,致使诈骗信息大量传播,或者用户信息泄露造成严重后果的,依照刑法第二百八十六条之一的规定,以拒不履行信息网络安全管理义务罪追究刑事责任。同时构成诈骗罪的,依照处罚较重的规定定罪处罚。

(七)实施刑法第二百八十七条之一、第二百八十七条之二规定之行为,构成非法利用信息网络罪、帮助信息网络犯罪活动罪,同时构成诈骗罪的,依照处罚较重的规定定罪处罚。

（八）金融机构、网络服务提供者、电信业务经营者等在经营活动中，违反国家有关规定，被电信网络诈骗犯罪分子利用，使他人遭受财产损失的，依法承担相应责任。构成犯罪的，依法追究刑事责任。

四、准确认定共同犯罪与主观故意

（一）三人以上为实施电信网络诈骗犯罪而组成的较为固定的犯罪组织，应依法认定为诈骗犯罪集团。对组织、领导犯罪集团的首要分子，按照集团所犯的全部罪行处罚。对犯罪集团中组织、指挥、策划者和骨干分子依法从严惩处。

对犯罪集团中起次要、辅助作用的从犯，特别是在规定期限内投案自首、积极协助抓获主犯、积极协助追赃的，依法从轻或减轻处罚。

对犯罪集团首要分子以外的主犯，应当按照其所参与的或者组织、指挥的全部犯罪处罚。全部犯罪包括能够查明具体诈骗数额的事实和能够查明发送诈骗信息条数、拨打诈骗电话人次数、诈骗信息网页浏览次数的事实。

（二）多人共同实施电信网络诈骗，犯罪嫌疑人、被告人应对其参与期间该诈骗团伙实施的全部诈骗行为承担责任。在其所参与的犯罪环节中起主要作用的，可以认定为主犯；起次要作用的，可以认定为从犯。

上述规定的“参与期间”，从犯罪嫌疑人、被告人着手实施诈骗行为开始起算。

（三）明知他人实施电信网络诈骗犯罪，具有下列情形之一的，以共同犯罪论处，但法律和司法解释另有规定的除外：

1. 提供信用卡、资金支付结算账户、手机卡、通讯工具的；

2. 非法获取、出售、提供公民个人信息的；

3. 制作、销售、提供“木马”程序和“钓鱼软件”等恶意程序的；

4. 提供“伪基站”设备或相关服务的；

5. 提供互联网接入、服务器托管、网络存储、通讯传输等技术支持，或者提供支付结算等帮助的；

6. 在提供改号软件、通话线路等技术服务时，发现主叫号码被修改为国内党

政机关、司法机关、公共服务部门号码,或者境外用户改为境内号码,仍提供服务的;

7.提供资金、场所、交通、生活保障等帮助的;

8.帮助转移诈骗犯罪所得及其产生的收益,套现、取现的。

上述规定的“明知他人实施电信网络诈骗犯罪”,应当结合被告人的认知能力,既往经历,行为次数和手段,与他人关系,获利情况,是否曾因电信网络诈骗受过处罚,是否故意规避调查等主客观因素进行综合分析认定。

(四)负责招募他人实施电信网络诈骗犯罪活动,或者制作、提供诈骗方案、术语清单、语音包、信息等的,以诈骗共同犯罪论处。

(五)部分犯罪嫌疑人在逃,但不影响对已到案共同犯罪嫌疑人、被告人的犯罪事实认定的,可以依法先行追究已到案共同犯罪嫌疑人、被告人的刑事责任。

五、依法确定案件管辖

(一)电信网络诈骗犯罪案件一般由犯罪地公安机关立案侦查,如果由犯罪嫌疑人居住地公安机关立案侦查更为适宜的,可以由犯罪嫌疑人居住地公安机关立案侦查。犯罪地包括犯罪行为发生地和犯罪结果发生地。

“犯罪行为发生地”包括用于电信网络诈骗犯罪的网站服务器所在地,网站建立者、管理者所在地,被侵害的计算机信息系统或其管理者所在地,犯罪嫌疑人、被害人使用的计算机信息系统所在地,诈骗电话、短信息、电子邮件等的拨打地、发送地、到达地、接受地,以及诈骗行为持续发生的实施地、预备地、开始地、途经地、结束地。

“犯罪结果发生地”包括被害人被骗时所在地,以及诈骗所得财物的实际取得地、藏匿地、转移地、使用地、销售地等。

(二)电信网络诈骗最初发现地公安机关侦办的案件,诈骗数额当时未达到“数额较大”标准,但后续累计达到“数额较大”标准,可由最初发现地公安机关立案侦查。

(三)具有下列情形之一的,有关公安机关可以在其职责范围内并案侦查:

1.一人犯数罪的;

2. 共同犯罪的；

3. 共同犯罪的犯罪嫌疑人还实施其他犯罪的；

4. 多个犯罪嫌疑人实施的犯罪存在直接关联，并案处理有利于查明案件事实的。

（四）对因网络交易、技术支持、资金支付结算等关系形成多层级链条、跨区域的电信网络诈骗等犯罪案件，可由共同上级公安机关按照有利于查清犯罪事实、有利于诉讼的原则，指定有关公安机关立案侦查。

（五）多个公安机关都有权立案侦查的电信网络诈骗等犯罪案件，由最初受理的公安机关或者主要犯罪地公安机关立案侦查。有争议的，按照有利于查清犯罪事实、有利于诉讼的原则，协商解决。经协商无法达成一致的，由共同上级公安机关指定有关公安机关立案侦查。

（六）在境外实施的电信网络诈骗等犯罪案件，可由公安部按照有利于查清犯罪事实、有利于诉讼的原则，指定有关公安机关立案侦查。

（七）公安机关立案、并案侦查，或因有争议，由共同上级公安机关指定立案侦查的案件，需要提请批准逮捕、移送审查起诉、提起公诉的，由该公安机关所在地的人民检察院、人民法院受理。

对重大疑难复杂案件和境外案件，公安机关应在指定立案侦查前，向同级人民检察院、人民法院通报。

（八）已确定管辖的电信诈骗共同犯罪案件，在逃的犯罪嫌疑人归案后，一般由原管辖的公安机关、人民检察院、人民法院管辖。

六、证据的收集和审查判断

（一）办理电信网络诈骗案件，确因被害人人数众多等客观条件的限制，无法逐一收集被害人陈述的，可以结合已收集的被害人陈述，以及经查证属实的银行账户交易记录、第三方支付结算账户交易记录、通话记录、电子数据等证据，综合认定被害人人数及诈骗资金数额等犯罪事实。

（二）公安机关采取技术侦查措施收集的案件证明材料，作为证据使用的，应当随案移送批准采取技术侦查措施的法律文书和所收集的证据材料，并对其来源等作出书面说明。

（三）依照国际条约、刑事司法协助、互助协议或平等互助原则，请求证据材料所在地司法机关收集，或通过国际警务合作机制、国际刑警组织启动合作取证程序收集的境外证据材料，经查证属实，可以作为定案的依据。公安机关应对其来源、提取人、提取时间或者提供人、提供时间以及保管移交的过程等作出说明。

对其他来自境外的证据材料，应当对其来源、提供人、提供时间以及提取人、提取时间进行审查。能够证明案件事实且符合刑事诉讼法规定的，可以作为证据使用。

七、涉案财物的处理

（一）公安机关侦办电信网络诈骗案件，应当随案移送涉案赃款赃物，并附清单。人民检察院提起公诉时，应一并移交受理案件的人民法院，同时就涉案赃款赃物的处理提出意见。

（二）涉案银行账户或者涉案第三方支付账户内的款项，对权属明确的被害人的合法财产，应当及时返还。确因客观原因无法查实全部被害人，但有证据证明该账户系用于电信网络诈骗犯罪，且被告人无法说明款项合法来源的，根据刑法第六十四条的规定，应认定为违法所得，予以追缴。

（三）被告人已将诈骗财物用于清偿债务或者转让给他人，具有下列情形之一的，应当依法追缴：

1. 对方明知是诈骗财物而收取的；

2. 对方无偿取得诈骗财物的；

3. 对方以明显低于市场的价格取得诈骗财物的；

4. 对方取得诈骗财物系源于非法债务或者违法犯罪活动的。

他人善意取得诈骗财物的，不予追缴。

8. 最高人民法院、最高人民检察院、公安部关于办理电信网络诈骗等刑事案件适用法律若干问题的意见（二）（自2021年6月17日起施行）

为进一步依法严厉惩治电信网络诈骗犯罪，对其上下游关联犯罪实行全链条、全方位打击，根据《中华人民共和国刑法》《中华人民共和国刑事诉讼法》等法律和有关司法解释的规定，针对司法实践中出现的新的突出问题，结合工作实际，制定本意见。

一、电信网络诈骗犯罪地，除《最高人民法院、最高人民检察院、公安部关于办理电信网络诈骗等刑事案件适用法律若干问题的意见》规定的犯罪行为发生地和结果发生地外，还包括：

（一）用于犯罪活动的手机卡、流量卡、物联网卡的开立地、销售地、转移地、藏匿地；

（二）用于犯罪活动的信用卡的开立地、销售地、转移地、藏匿地、使用地以及资金交易对手资金交付和汇出地；

（三）用于犯罪活动的银行账户、非银行支付账户的开立地、销售地、使用地以及资金交易对手资金交付和汇出地；

（四）用于犯罪活动的即时通讯信息、广告推广信息的发送地、接受地、到达地；

（五）用于犯罪活动的"猫池"（Modem Pool）、GOIP设备、多卡宝等硬件设备的销售地、入网地、藏匿地；

（六）用于犯罪活动的互联网账号的销售地、登录地。

二、为电信网络诈骗犯罪提供作案工具、技术支持等帮助以及掩饰、隐瞒犯罪所得及其产生的收益，由此形成多层级犯罪链条的，或者利用同一网站、通讯群组、资金账户、作案窝点实施电信网络诈骗犯罪的，应当认定为多个犯罪嫌疑人、被告人实施的犯罪存在关联，人民法院、人民检察院、公安机关可以在其职责范围内并案处理。

三、有证据证实行为人参加境外诈骗犯罪集团或犯罪团伙，在境外针对境内居民实施电信网络诈骗犯罪行为，诈骗数额难以查证，但一年内出境赴境外诈骗犯罪窝点累计时间30日以上或多次出境赴境外诈骗犯罪窝点的，应当认定为刑法第二百六十六条规定的"其他严重情节"，以诈骗罪依法追究刑事责任。有证据证明其出境从事正当活动的除外。

四、无正当理由持有他人的单位结算卡的，属于刑法第一百七十七条之一第一款第（二）项规定的“非法持有他人信用卡”。

五、非法获取、出售、提供具有信息发布、即时通讯、支付结算等功能的互联网账号密码、个人生物识别信息，符合刑法第二百五十三条之一规定的，以侵犯公民个人信息罪追究刑事责任。

对批量前述互联网账号密码、个人生物识别信息的条数，根据查获的数量直接认定，但有证据证明信息不真实或者重复的除外。

六、在网上注册办理手机卡、信用卡、银行账户、非银行支付账户时，为通过网上认证，使用他人身份证件信息并替换他人身份证件相片，属于伪造身份证件行为，符合刑法第二百八十条第三款规定的，以伪造身份证件罪追究刑事责任。

使用伪造、变造的身份证件或者盗用他人身份证件办理手机卡、信用卡、银行账户、非银行支付账户，符合刑法第二百八十条之一第一款规定的，以使用虚假身份证件、盗用身份证件罪追究刑事责任。

实施上述两款行为，同时构成其他犯罪的，依照处罚较重的规定定罪处罚。法律和司法解释另有规定的除外。

七、为他人利用信息网络实施犯罪而实施下列行为，可以认定为刑法第二百八十七条之二规定的“帮助”行为：

（一）收购、出售、出租信用卡、银行账户、非银行支付账户、具有支付结算功能的互联网账号密码、网络支付接口、网上银行数字证书的；

（二）收购、出售、出租他人手机卡、流量卡、物联网卡的。

八、认定刑法第二百八十七条之二规定的行为人明知他人利用信息网络实施犯罪，应当根据行为人收购、出售、出租前述第七条规定的信用卡、银行账户、非银行支付账户、具有支付结算功能的互联网账号密码、网络支付接口、网上银行数字证书，或者他人手机卡、流量卡、物联网卡等的次数、张数、个数，并结合行为人的认知能力、既往经历、交易对象、与实施信息网络犯罪的行为人的关系、提供技术支持或者帮助的时间和方式、获利情况以及行为人的供述等主客观因素，予以综合认定。

收购、出售、出租单位银行结算账户、非银行支付机构单位支付账户，或者电信、银行、网络支付等行业从业人员利用履行职责或提供服务便利，非法开办并出售、出租他人手机卡、信用卡、银行账户、非银行支付账户等的，可以认定为《最高人民法院、最高人民检察院关于办理非法利用信息网络、帮助信息网络犯罪活动等刑事案件适用法律若干问题的解释》第十一条第（七）项规定的“其他足以认定行为人明知的情形”。但有相反证据的除外。

九、明知他人利用信息网络实施犯罪，为其犯罪提供下列帮助之一的，可以认定为《最高人民法院、最高人民检察院关于办理非法利用信息网络、帮助信息网络犯罪活动等刑事案件适用法律若干问题的解释》第十二条第一款第（七）项规定的“其他情节严重的情形”：

（一）收购、出售、出租信用卡、银行账户、非银行支付账户、具有支付结算功能的互联网账号密码、网络支付接口、网上银行数字证书5张（个）以上的；

（二）收购、出售、出租他人手机卡、流量卡、物联网卡20张以上的。

十、电商平台预付卡、虚拟货币、手机充值卡、游戏点卡、游戏装备等经销商，在公安机关调查案件过程中，被明确告知其交易对象涉嫌电信网络诈骗犯罪，仍与其继续交易，符合刑法第二百八十七条之二规定的，以帮助信息网络犯罪活动罪追究刑事责任。同时构成其他犯罪的，依照处罚较重的规定定罪处罚。

十一、明知是电信网络诈骗犯罪所得及其产生的收益，以下列方式之一予以转账、套现、取现，符合刑法第三百一十二条第一款规定的，以掩饰、隐瞒犯罪所得、犯罪所得收益罪追究刑事责任。但有证据证明确实不知道的除外。

（一）多次使用或者使用多个非本人身份证明开设的收款码、网络支付接口等，帮助他人转账、套现、取现的；

（二）以明显异于市场的价格，通过电商平台预付卡、虚拟货币、手机充值卡、游戏点卡、游戏装备等转换财物、套现的；

（三）协助转换或者转移财物，收取明显高于市场的“手续费”的。

实施上述行为，事前通谋的，以共同犯罪论处；同时构成其他犯罪的，依照处罚较重的规定定罪处罚。法律和司法解释另有规定的除外。

十二、为他人实施电信网络诈骗犯罪提供技术支持、广告推广、支付结算等帮助，或者窝藏、转移、收购、代为销售及以其他方法掩饰、隐瞒电信网络诈骗犯罪所得及其产生的收益，诈骗犯罪行为可以确认，但实施诈骗的行为人尚未到案，可以依法先行追究已到案的上述犯罪嫌疑人、被告人的刑事责任。

十三、办案地公安机关可以通过公安机关信息化系统调取异地公安机关依法制作、收集的刑事案件受案登记表、立案决定书、被害人陈述等证据材料。调取时不得少于两名侦查人员，并应记载调取的时间、使用的信息化系统名称等相关信息，调取人签名并加盖办案地公安机关印章。经审核证明真实的，可以作为证据使用。

十四、通过国(区)际警务合作收集或者境外警方移交的境外证据材料，确因客观条件限制，境外警方未提供相关证据的发现、收集、保管、移交情况等材料的，公安机关应当对上述证据材料的来源、移交过程以及种类、数量、特征等作出书面说明，由两名以上侦查人员签名并加盖公安机关印章。经审核能够证明案件事实的，可以作为证据使用。

十五、对境外司法机关抓获并羁押的电信网络诈骗犯罪嫌疑人，在境内接受审判的，境外的羁押期限可以折抵刑期。

十六、办理电信网络诈骗犯罪案件，应当充分贯彻宽严相济刑事政策。在侦查、审查起诉、审判过程中，应当全面收集证据、准确甄别犯罪嫌疑人、被告人在共同犯罪中的层级地位及作用大小，结合其认罪态度和悔罪表现，区别对待，宽严并用，科学量刑，确保罚当其罪。

对于电信网络诈骗犯罪集团、犯罪团伙的组织者、策划者、指挥者和骨干分子，以及利用未成年人、在校学生、老年人、残疾人实施电信网络诈骗的，依法从严惩处。

对于电信网络诈骗犯罪集团、犯罪团伙中的从犯，特别是其中参与时间相对较短、诈骗数额相对较低或者从事辅助性工作并领取少量报酬，以及初犯、偶犯、未成年人、在校学生等，应当综合考虑其在共同犯罪中的地位作用、社会危害程度、主观恶性、人身危险性、认罪悔罪表现等情节，可以依法从轻、减轻处罚。犯罪情节轻微的,可以依法不起诉或者免予刑事处罚;情节显著轻微危害不大的,不以犯罪论处。

十七、查扣的涉案账户内资金,应当优先返还被害人,如不足以全额返还的,应当按照比例返还。

9. 最高人民法院、最高人民检察院、公安部、司法部关于办理"套路贷"刑事案件若干问题的意见(自2019年4月9日起施行)

为持续深入开展扫黑除恶专项斗争,准确甄别和依法严厉惩处"套路贷"违法犯罪分子,根据刑法、刑事诉讼法、有关司法解释以及最高人民法院、最高人民检察院、公安部、司法部《关于办理黑恶势力犯罪案件若干问题的指导意见》等规范性文件的规定,现对办理"套路贷"刑事案件若干问题提出如下意见:

一、准确把握"套路贷"与民间借贷的区别

1."套路贷",是对以非法占有为目的,假借民间借贷之名,诱使或迫使被害人签订"借贷"或变相"借贷""抵押""担保"等相关协议,通过虚增借贷金额、恶意制造违约、肆意认定违约、毁匿还款证据等方式形成虚假债权债务,并借助诉讼、仲裁、公证或者采用暴力、威胁以及其他手段非法占有被害人财物的相关违法犯罪活动的概括性称谓。

2."套路贷"与平等主体之间基于意思自治而形成的民事借贷关系存在本质区别,民间借贷的出借人是为了到期按照协议约定的内容收回本金并获取利息,不具有非法占有他人财物的目的,也不会在签订、履行借贷协议过程中实施虚增借贷金额、制造虚假给付痕迹、恶意制造违约、肆意认定违约、毁匿还款证据等行为。

司法实践中,应当注意非法讨债引发的案件与"套路贷"案件的区别,犯罪嫌疑人、被告人不具有非法占有目的,也未使用"套路"与借款人形成虚假债权债务,不应视为"套路贷"。因使用暴力、威胁以及其他手段强行索债构成犯罪的,应当根据具体案件事实定罪处罚。

3.实践中,"套路贷"的常见犯罪手法和步骤包括但不限于以下情形:

(1)制造民间借贷假象。犯罪嫌疑人、被告人往往以"小额贷款公司""投资公司”“咨询公司”“担保公司”“网络借贷平台”等名义对外宣传,以低息、无抵押、无担保、快速放款等为诱饵吸引被害人借款,继而以“保证金”“行规”等虚假理由诱使被害人基于错误认识签订金额虚高的“借贷”协议或相关协议。有的犯罪嫌疑人、被告人还会以被害人先前借贷违约等理由,迫使对方签订金额虚高的“借贷”协议或相关协议。

(2)制造资金走账流水等虚假给付事实。犯罪嫌疑人、被告人按照虚高的“借贷”协议金额将资金转入被害人账户,制造已将全部借款交付被害人的银行流水痕迹,随后便采取各种手段将其中全部或者部分资金收回,被害人实际上并未取得或者完全取得“借贷”协议、银行流水上显示的钱款。

(3)故意制造违约或者肆意认定违约。犯罪嫌疑人、被告人往往会以设置违约陷阱、制造还款障碍等方式,故意造成被害人违约,或者通过肆意认定违约,强行要求被害人偿还虚假债务。

(4)恶意垒高借款金额。当被害人无力偿还时,有的犯罪嫌疑人、被告人会安排其所属公司或者指定的关联公司、关联人员为被害人偿还“借款”,继而与被害人签订金额更大的虚高“借贷”协议或相关协议,通过这种“转单平账”“以贷还贷”的方式不断垒高“债务”。

(5)软硬兼施“索债”。在被害人未偿还虚高“借款”的情况下,犯罪嫌疑人、被告人借助诉讼、仲裁、公证或者采用暴力、威胁以及其他手段向被害人或者被害人的特定关系人索取“债务”。

二、依法严惩“套路贷”犯罪

4. 实施“套路贷”过程中,未采用明显的暴力或者威胁手段,其行为特征从整体上表现为以非法占有为目的,通过虚构事实、隐瞒真相骗取被害人财物的,一般以诈骗罪定罪处罚;对于在实施“套路贷”过程中多种手段并用,构成诈骗、敲诈勒索、非法拘禁、虚假诉讼、寻衅滋事、强迫交易、抢劫、绑架等多种犯罪的,应当根据具体案件事实,区分不同情况,依照刑法及有关司法解释的规定数罪并罚或者择一重处。

5. 多人共同实施“套路贷”犯罪,犯罪嫌疑人、被告人在所参与的犯罪中起主要作用的，应当认定为主犯，对其参与或组织、指挥的全部犯罪承担刑事责任；起次要或辅助作用的，应当认定为从犯。

明知他人实施"套路贷"犯罪，具有以下情形之一的，以相关犯罪的共犯论处，但刑法和司法解释等另有规定的除外：

(1)组织发送"贷款"信息、广告，吸引、介绍被害人"借款"的；

(2)提供资金、场所、银行卡、账号、交通工具等帮助的；

(3)出售、提供、帮助获取公民个人信息的；

(4)协助制造走账记录等虚假给付事实的；

(5)协助办理公证的；

(6)协助以虚假事实提起诉讼或者仲裁的；

(7)协助套现、取现、办理动产或不动产过户等，转移犯罪所得及其产生的收益的；

(8)其他符合共同犯罪规定的情形。

上述规定中的"明知他人实施'套路贷'犯罪"，应当结合行为人的认知能力、既往经历、行为次数和手段、与同案人、被害人的关系、获利情况、是否曾因"套路贷"受过处罚、是否故意规避查处等主客观因素综合分析认定。

6. 在认定"套路贷"犯罪数额时，应当与民间借贷相区别，从整体上予以否定性评价，"虚高债务"和以"利息""保证金""中介费""服务费""违约金"等名目被犯罪嫌疑人、被告人非法占有的财物，均应计入犯罪数额。

犯罪嫌疑人、被告人实际给付被害人的本金数额，不计入犯罪数额。

已经着手实施"套路贷"，但因意志以外原因未得逞的，可以根据相关罪名所涉及的刑法、司法解释规定，按照已着手非法占有的财物数额认定犯罪未遂。既有既遂，又有未遂，犯罪既遂部分与未遂部分分别对应不同法定刑幅度的，应当先决定对未遂部分是否减轻处罚，确定未遂部分对应的法定刑幅度，再与既遂部分对应的法定刑幅度进行比较，选择处罚较重的法定刑幅度，并酌情从重处罚；二者在同一量刑幅度的，以犯罪既遂酌情从重处罚。

7. 犯罪嫌疑人、被告人实施"套路贷"违法所得的一切财物，应当予以追缴或者责令退赔;对被害人的合法财产,应当及时返还。有证据证明是犯罪嫌疑人、被告人为实施“套路贷”而交付给被害人的本金,赔偿被害人损失后如有剩余,应依法予以没收。

犯罪嫌疑人、被告人已将违法所得的财物用于清偿债务、转让或者设置其他权利负担,具有下列情形之一的,应当依法追缴:

(1)第三人明知是违法所得财物而接受的;

(2)第三人无偿取得或者以明显低于市场的价格取得违法所得财物的;

(3)第三人通过非法债务清偿或者违法犯罪活动取得违法所得财物的;

(4)其他应当依法追缴的情形。

8. 以老年人、未成年人、在校学生、丧失劳动能力的人为对象实施“套路贷”,或者因实施“套路贷”造成被害人或其特定关系人自杀、死亡、精神失常、为偿还“债务”而实施犯罪活动的,除刑法、司法解释另有规定的外,应当酌情从重处罚。

在坚持依法从严惩处的同时,对于认罪认罚、积极退赃、真诚悔罪或者具有其他法定、酌定从轻处罚情节的被告人,可以依法从宽处罚。

9. 对于“套路贷”犯罪分子,应当根据其所触犯的具体罪名,依法加大财产刑适用力度。符合刑法第三十七条之一规定的,可以依法禁止从事相关职业。

10. 三人以上为实施“套路贷”而组成的较为固定的犯罪组织,应当认定为犯罪集团。对首要分子应按照集团所犯全部罪行处罚。

符合黑恶势力认定标准的,应当按照黑社会性质组织、恶势力或者恶势力犯罪集团侦查、起诉、审判。

三、依法确定“套路贷”刑事案件管辖

11. “套路贷”犯罪案件一般由犯罪地公安机关侦查,如果由犯罪嫌疑人居住地公安机关立案侦查更为适宜的,可以由犯罪嫌疑人居住地公安机关立案侦查。犯罪地包括犯罪行为发生地和犯罪结果发生地。

“犯罪行为发生地”包括为实施“套路贷”所设立的公司所在地、“借贷”协议或相关协议签订地、非法讨债行为实施地、为实施“套路贷”而进行诉讼、仲裁、公证的受案法院、仲裁委员会、公证机构所在地,以及“套路贷”行为的预备地、开始地、途经地、结束地等。

“犯罪结果发生地”包括违法所得财物的支付地、实际取得地、藏匿地、转移地、使用地、销售地等。

除犯罪地、犯罪嫌疑人居住地外，其他地方公安机关对于公民扭送、报案、控告、举报或者犯罪嫌疑人自首的“套路贷”犯罪案件，都应当立即受理，经审查认为有犯罪事实的，移送有管辖权的公安机关处理。

黑恶势力实施的“套路贷”犯罪案件，由侦办黑社会性质组织、恶势力或者恶势力犯罪集团案件的公安机关进行侦查。

12. 具有下列情形之一的，有关公安机关可以在其职责范围内并案侦查：

(1)一人犯数罪的；

(2)共同犯罪的；

(3)共同犯罪的犯罪嫌疑人还实施其他犯罪的；

(4)多个犯罪嫌疑人实施的犯罪存在直接关联，并案处理有利于查明案件事实的。

13. 本意见自2019年4月9日起施行。

10. 最高人民法院关于审理未成年人刑事案件具体应用法律若干问题的解释(自2006年1月23日起施行)

为正确审理未成年人刑事案件，贯彻“教育为主，惩罚为辅”的原则，根据刑法等有关法律的规定，现就审理未成年人刑事案件具体应用法律的若干问题解释如下：

第一条　本解释所称未成年人刑事案件，是指被告人实施被指控的犯罪时已满十四周岁不满十八周岁的案件。

第二条　刑法第十七条[①]规定的“周岁”，按照公历的年、月、日计算，从周岁

① 该解释中所称《刑法》为2005年修正的《刑法》，现行《刑法》第十七条内容有修改，如将原第二款中“投毒罪”改为“投放危险物质罪”；将原第三款“已满十四周岁不满十八周岁的人……”改为“已满十二周岁不满十四周岁的人……”；增加一款“对依照前三款规定追究刑事责任的不满十八周岁的人，应当从轻或者减轻处罚”。

生日的第二天起算。

第三条 审理未成年人刑事案件,应当查明被告人实施被指控的犯罪时的年龄。裁判文书中应当写明被告人出生的年、月、日。

第四条 对于没有充分证据证明被告人实施被指控的犯罪时已经达到法定刑事责任年龄且确实无法查明的,应当推定其没有达到相应法定刑事责任年龄。

相关证据足以证明被告人实施被指控的犯罪时已经达到法定刑事责任年龄,但是无法准确查明被告人具体出生日期的,应当认定其达到相应法定刑事责任年龄。

第五条 已满十四周岁不满十六周岁的人实施刑法第十七条第二款①规定以外的行为,如果同时触犯了刑法第十七条第二款规定的,应当依照刑法第十七条第二款的规定确定罪名,定罪处罚。

第六条 已满十四周岁不满十六周岁的人偶尔与幼女发生性行为,情节轻微、未造成严重后果的,不认为是犯罪。

第七条 已满十四周岁不满十六周岁的人使用轻微暴力或者威胁,强行索要其他未成年人随身携带的生活、学习用品或者钱财数量不大,且未造成被害人轻微伤以上或者不敢正常到校学习、生活等危害后果的,不认为是犯罪。

已满十六周岁不满十八周岁的人具有前款规定情形的,一般也不认为是犯罪。

第八条 已满十六周岁不满十八周岁的人出于以大欺小、以强凌弱或者寻求精神刺激,随意殴打其他未成年人、多次对其他未成年人强拿硬要或者任意损毁公私财物,扰乱学校及其他公共场所秩序,情节严重的,以寻衅滋事罪定罪处罚。

第九条 已满十六周岁不满十八周岁的人实施盗窃行为未超过三次,盗窃数额虽已达到"数额较大"标准,但案发后能如实供述全部盗窃事实并积极退赃,且具有下列情形之一的,可以认定为"情节显著轻微危害不大",不认为是犯罪:

(一)系又聋又哑的人或者盲人;

① 现行《刑法》第十七条第二款规定的罪名有修改,已将"投毒罪"改为"投放危险物质罪"。

(二)在共同盗窃中起次要或者辅助作用,或者被胁迫;

(三)具有其他轻微情节的。

已满十六周岁不满十八周岁的人盗窃未遂或者中止的,可不认为是犯罪。

已满十六周岁不满十八周岁的人盗窃自己家庭或者近亲属财物,或者盗窃其他亲属财物但其他亲属要求不予追究的,可不按犯罪处理。

第十条　已满十四周岁不满十六周岁的人盗窃、诈骗、抢夺他人财物,为窝藏赃物、抗拒抓捕或者毁灭罪证,当场使用暴力,故意伤害致人重伤或者死亡,或者故意杀人的,应当分别以故意伤害罪或者故意杀人罪定罪处罚。

已满十六周岁不满十八周岁的人犯盗窃、诈骗、抢夺罪,为窝藏赃物、抗拒抓捕或者毁灭罪证而当场使用暴力或者以暴力相威胁的,应当依照刑法第二百六十九条的规定定罪处罚;情节轻微的,可不以抢劫罪定罪处罚。

第十一条　对未成年罪犯适用刑罚,应当充分考虑是否有利于未成年罪犯的教育和矫正。

对未成年罪犯量刑应当依照刑法第六十一条的规定,并充分考虑未成年人实施犯罪行为的动机和目的、犯罪时的年龄、是否初次犯罪、犯罪后的悔罪表现、个人成长经历和一贯表现等因素。对符合管制、缓刑、单处罚金或者免予刑事处罚适用条件的未成年罪犯,应当依法适用管制、缓刑、单处罚金或者免予刑事处罚。

第十二条　行为人在达到法定刑事责任年龄前后均实施了危害社会的行为,只能依法追究其达到法定刑事责任年龄后实施的危害社会行为的刑事责任。

行为人在年满十八周岁前后实施了不同种犯罪行为,对其年满十八周岁以前实施的犯罪应当依法从轻或者减轻处罚。行为人在年满十八周岁前后实施了同种犯罪行为,在量刑时应当考虑对年满十八周岁以前实施的犯罪,适当给予从轻或者减轻处罚。

第十三条　未成年人犯罪只有罪行极其严重的,才可以适用无期徒刑。对已满十四周岁不满十六周岁的人犯罪一般不判处无期徒刑。

第十四条　除刑法规定"应当"附加剥夺政治权利外,对未成年罪犯一般不判处附加剥夺政治权利。

如果对未成年罪犯判处附加剥夺政治权利的，应当依法从轻判处。

对实施被指控犯罪时未成年、审判时已成年的罪犯判处附加剥夺政治权利，适用前款的规定。

第十五条 对未成年罪犯实施刑法规定的“并处”没收财产或者罚金的犯罪，应当依法判处相应的财产刑；对未成年罪犯实施刑法规定的“可以并处”没收财产或者罚金的犯罪，一般不判处财产刑。

对未成年罪犯判处罚金刑时，应当依法从轻或者减轻判处，并根据犯罪情节，综合考虑其缴纳罚金的能力，确定罚金数额。但罚金的最低数额不得少于五百元人民币。

对被判处罚金刑的未成年罪犯，其监护人或者其他人自愿代为垫付罚金的，人民法院应当允许。

第十六条 对未成年罪犯符合刑法第七十二条第一款规定的，可以宣告缓刑。[①] 如果同时具有下列情形之一，对其适用缓刑确实不致再危害社会的，应当宣告缓刑：

（一）初次犯罪；

（二）积极退赃或赔偿被害人经济损失；

（三）具备监护、帮教条件。

第十七条 未成年罪犯根据其所犯罪行，可能被判处拘役、三年以下有期徒刑，如果悔罪表现好，并具有下列情形之一的，应当依照刑法第三十七条的规定免予刑事处罚：

（一）系又聋又哑的人或者盲人；

（二）防卫过当或者避险过当；

（三）犯罪预备、中止或者未遂；

（四）共同犯罪中从犯、胁从犯；

① 现行《刑法》第七十二条第一款已将符合一定条件的未成年人犯罪“可以宣告缓刑”改为“应当宣告缓刑”。

(五)犯罪后自首或者有立功表现;

(六)其他犯罪情节轻微不需要判处刑罚的。

第十八条 对未成年罪犯的减刑、假释,在掌握标准上可以比照成年罪犯依法适度放宽。

未成年罪犯能认罪服法,遵守监规,积极参加学习、劳动的,即可视为"确有悔改表现"予以减刑,其减刑的幅度可以适当放宽,间隔的时间可以相应缩短。符合刑法第八十一条[①]第一款规定的,可以假释。

未成年罪犯在服刑期间已经成年的,对其减刑、假释可以适用上述规定。

第十九条 刑事附带民事案件的未成年被告人有个人财产的,应当由本人承担民事赔偿责任,不足部分由监护人予以赔偿,但单位担任监护人的除外。

被告人对被害人物质损失的赔偿情况,可以作为量刑情节予以考虑。

第二十条 本解释自公布之日起施行。

《最高人民法院关于办理未成年人刑事案件适用法律的若干问题的解释》(法发〔1995〕9号)自本解释公布之日起不再执行。

11. 最高人民法院关于对受委托管理、经营国有财产人员挪用国有资金行为如何定罪问题的批复(自2000年2月24日起施行)

江苏省高级人民法院:

你院苏高法〔1999〕94号《关于受委托管理、经营国有财产的人员能否作为挪用公款罪主体问题的请示》收悉。经研究,答复如下:

对于受国家机关、国有公司、企业、事业单位、人民团体委托,管理、经营国有财产的非国家工作人员,利用职务上的便利,挪用国有资金归个人使用构成犯罪

① 现行《刑法》第八十一条内容有修改,如第一款中原"假释后不致再危害社会"改为"没有再犯罪的危险",第二款中增加"投放危险物质或者有组织的"暴力性犯罪,增加第三款"对犯罪分子决定假释时,应当考虑其假释后对所居住社区的影响"。

的，应当依照刑法第二百七十二条第一款[1]的规定定罪处罚。

12. 最高人民检察院关于挪用尚未注册成立公司资金的行为适用法律问题的批复（自2000年10月9日起施行）

江苏省人民检察院：

你院苏检发研字〔1999〕第8号《关于挪用尚未注册成立的公司资金能否构成挪用资金罪的请示》收悉。经研究，批复如下：

筹建公司的工作人员在公司登记注册前，利用职务上的便利，挪用准备设立的公司在银行开设的临时账户上的资金，归个人使用或者借贷给他人，数额较大、超过三个月未还的，或者虽未超过三个月，但数额较大、进行营利活动的，或者进行非法活动的，应当根据刑法第二百七十二条的规定，追究刑事责任。

13. 最高人民法院关于如何理解刑法第二百七十二条规定的"挪用本单位资金归个人使用或者借贷给他人"问题的批复（自2000年7月27日起施行）

新疆维吾尔自治区高级人民法院：

你院新高法〔1998〕193号《关于对刑法第二百七十二条"挪用本单位资金归个人使用或者借贷给他人"的规定应如何理解的请示》收悉。经研究，答复如下：

公司、企业或者其他单位的非国家工作人员，利用职务上的便利，挪用本单位资金归本人或者其他自然人使用，或者挪用人以个人名义将所挪用的资金借给其他自然人和单位，构成犯罪的，应当依照刑法第二百七十二条第一款的规定定罪处罚。

---

① 该批复中所称《刑法》为1999年修正，现行《刑法》已将原第二百七十二条第一款规定中"或者数额较大不退还的，处三年以上十年以下有期徒刑"改为"挪用本单位资金数额巨大的，处三年以上七年以下有期徒刑；数额特别巨大的，处七年以上有期徒刑"。

14. 最高人民检察院关于挪用失业保险基金和下岗职工基本生活保障资金的行为适用法律问题的批复(自2003年1月30日起施行)

辽宁省人民检察院:

你院辽检发研字〔2002〕9号《关于挪用职工失业保险金和下岗职工生活保障金是否属于挪用特定款物的请示》收悉。经研究,批复如下:

挪用失业保险基金和下岗职工基本生活保障资金属于挪用救济款物。挪用失业保险基金和下岗职工基本生活保障资金,情节严重,致使国家和人民群众利益遭受重大损害的,对直接责任人员,应当依照刑法第二百七十三条的规定,以挪用特定款物罪追究刑事责任;国家工作人员利用职务上的便利,挪用失业保险基金和下岗职工基本生活保障资金归个人使用,构成犯罪的,应当依照刑法第三百八十四条的规定,以挪用公款罪追究刑事责任。

15. 最高人民法院关于在国有资本控股、参股的股份有限公司中从事管理工作的人员利用职务便利非法占有本公司财物如何定罪问题的批复(自2001年5月26日起施行)

重庆市高级人民法院:

你院渝高法明传〔2000〕38号《关于在股份有限公司中从事管理工作的人员侵占本公司财物如何定性的请示》收悉。经研究,答复如下:

在国有资本控股、参股的股份有限公司中从事管理工作的人员,除受国家机关、国有公司、企业、事业单位委派从事公务的以外,不属于国家工作人员。对其利用职务上的便利,将本单位财物非法占为己有,数额较大的,应当依照刑法第二百七十一条第一款[1]的规定,以职务侵占罪定罪处罚。

---

① 该批复所称《刑法》为1999年修正,现行《刑法》第二百七十一条第一款内容有修改,如将原"人员"改为"工作人员",将刑期从"五年以下有期徒刑或拘役"改为"三年以下有期徒刑或者拘役,并处罚金",等等。

16. 最高人民法院关于审理贪污、职务侵占案件如何认定共同犯罪几个问题的解释(自2000年7月8日起施行)

为依法审理贪污或者职务侵占犯罪案件,现就这类案件如何认定共同犯罪问题解释如下:

第一条 行为人与国家工作人员勾结,利用国家工作人员的职务便利,共同侵吞、窃取、骗取或者以其他手段非法占有公共财物的,以贪污罪共犯论处。

第二条 行为人与公司、企业或者其他单位的人员勾结,利用公司、企业或者其他单位人员的职务便利,共同将该单位财物非法占为己有,数额较大的,以职务侵占罪共犯论处。

第三条 公司、企业或者其他单位中,不具有国家工作人员身份的人与国家工作人员勾结,分别利用各自的职务便利,共同将本单位财物非法占为己有的,按照主犯的犯罪性质定罪。

17. 最高人民法院、最高人民检察院关于办理敲诈勒索刑事案件适用法律若干问题的解释(自2013年4月27日起施行)

为依法惩治敲诈勒索犯罪,保护公私财产权利,根据《中华人民共和国刑法》、《中华人民共和国刑事诉讼法》的有关规定,现就办理敲诈勒索刑事案件适用法律的若干问题解释如下:

第一条 敲诈勒索公私财物价值二千元至五千元以上、三万元至十万元以上、三十万元至五十万元以上的,应当分别认定为刑法第二百七十四条规定的"数额较大"、"数额巨大"、"数额特别巨大"。

各省、自治区、直辖市高级人民法院、人民检察院可以根据本地区经济发展状况和社会治安状况,在前款规定的数额幅度内,共同研究确定本地区执行的具体数额标准,报最高人民法院、最高人民检察院批准。

第二条 敲诈勒索公私财物,具有下列情形之一的,"数额较大"的标准可以按照本解释第一条规定标准的百分之五十确定:

(一)曾因敲诈勒索受过刑事处罚的;

(二)一年内曾因敲诈勒索受过行政处罚的;

(三)对未成年人、残疾人、老年人或者丧失劳动能力人敲诈勒索的;

(四)以将要实施放火、爆炸等危害公共安全犯罪或者故意杀人、绑架等严重侵犯公民人身权利犯罪相威胁敲诈勒索的;

(五)以黑恶势力名义敲诈勒索的;

(六)利用或者冒充国家机关工作人员、军人、新闻工作者等特殊身份敲诈勒索的;

(七)造成其他严重后果的。

第三条　二年内敲诈勒索三次以上的,应当认定为刑法第二百七十四条规定的“多次敲诈勒索”。

第四条　敲诈勒索公私财物,具有本解释第二条第三项至第七项规定的情形之一,数额达到本解释第一条规定的“数额巨大”、“数额特别巨大”百分之八十的,可以分别认定为刑法第二百七十四条规定的“其他严重情节”、“其他特别严重情节”。

第五条　敲诈勒索数额较大,行为人认罪、悔罪,退赃、退赔,并具有下列情形之一的,可以认定为犯罪情节轻微,不起诉或者免予刑事处罚,由有关部门依法予以行政处罚:

(一)具有法定从宽处罚情节的;

(二)没有参与分赃或者获赃较少且不是主犯的;

(三)被害人谅解的;

(四)其他情节轻微、危害不大的。

第六条　敲诈勒索近亲属的财物,获得谅解的,一般不认为是犯罪;认定为犯罪的,应当酌情从宽处理。

被害人对敲诈勒索的发生存在过错的,根据被害人过错程度和案件其他情况,可以对行为人酌情从宽处理;情节显著轻微危害不大的,不认为是犯罪。

第七条　明知他人实施敲诈勒索犯罪,为其提供信用卡、手机卡、通讯工具、通讯传输通道、网络技术支持等帮助的,以共同犯罪论处。

第八条 对犯敲诈勒索罪的被告人,应当在二千元以上、敲诈勒索数额的二倍以下判处罚金;被告人没有获得财物的,应当在二千元以上十万元以下判处罚金。

第九条 本解释公布施行后,《最高人民法院关于敲诈勒索罪数额认定标准问题的规定》(法释〔2000〕11号)同时废止;此前发布的司法解释与本解释不一致的,以本解释为准。

18. 最高人民法院关于审理拒不支付劳动报酬刑事案件适用法律若干问题的解释(自2013年1月23日起施行)

为依法惩治拒不支付劳动报酬犯罪,维护劳动者的合法权益,根据《中华人民共和国刑法》有关规定,现就办理此类刑事案件适用法律的若干问题解释如下:

第一条 劳动者依照《中华人民共和国劳动法》和《中华人民共和国劳动合同法》等法律的规定应得的劳动报酬,包括工资、奖金、津贴、补贴、延长工作时间的工资报酬及特殊情况下支付的工资等,应当认定为刑法第二百七十六条之一第一款规定的"劳动者的劳动报酬"。

第二条 以逃避支付劳动者的劳动报酬为目的,具有下列情形之一的,应当认定为刑法第二百七十六条之一第一款规定的"以转移财产、逃匿等方法逃避支付劳动者的劳动报酬":

(一)隐匿财产、恶意清偿、虚构债务、虚假破产、虚假倒闭或者以其他方法转移、处分财产的;

(二)逃跑、藏匿的;

(三)隐匿、销毁或者篡改账目、职工名册、工资支付记录、考勤记录等与劳动报酬相关的材料的;

(四)以其他方法逃避支付劳动报酬的。

第三条 具有下列情形之一的,应当认定为刑法第二百七十六条之一第一款规定的"数额较大":

（一）拒不支付一名劳动者三个月以上的劳动报酬且数额在五千元至二万元以上的；

（二）拒不支付十名以上劳动者的劳动报酬且数额累计在三万元至十万元以上的。

各省、自治区、直辖市高级人民法院可以根据本地区经济社会发展状况，在前款规定的数额幅度内，研究确定本地区执行的具体数额标准，报最高人民法院备案。

第四条　经人力资源社会保障部门或者政府其他有关部门依法以限期整改指令书、行政处理决定书等文书责令支付劳动者的劳动报酬后，在指定的期限内仍不支付的，应当认定为刑法第二百七十六条之一第一款规定的“经政府有关部门责令支付仍不支付”，但有证据证明行为人有正当理由未知悉责令支付或者未及时支付劳动报酬的除外。

行为人逃匿，无法将责令支付文书送交其本人、同住成年家属或者所在单位负责收件的人的，如果有关部门已通过在行为人的住所地、生产经营场所等地张贴责令支付文书等方式责令支付，并采用拍照、录像等方式记录的，应当视为“经政府有关部门责令支付”。

第五条　拒不支付劳动者的劳动报酬，符合本解释第三条的规定，并具有下列情形之一的，应当认定为刑法第二百七十六条之一第一款规定的“造成严重后果”：

（一）造成劳动者或者其被赡养人、被扶养人、被抚养人的基本生活受到严重影响、重大疾病无法及时医治或者失学的；

（二）对要求支付劳动报酬的劳动者使用暴力或者进行暴力威胁的；

（三）造成其他严重后果的。

第六条　拒不支付劳动者的劳动报酬，尚未造成严重后果，在刑事立案前支付劳动者的劳动报酬，并依法承担相应赔偿责任的，可以认定为情节显著轻微危害不大，不认为是犯罪；在提起公诉前支付劳动者的劳动报酬，并依法承担相应赔偿责任的，可以减轻或者免除刑事处罚；在一审宣判前支付劳动者的劳动报酬,并依法承担相应赔偿责任的,可以从轻处罚。

对于免除刑事处罚的,可以根据案件的不同情况,予以训诫、责令具结悔过或者赔礼道歉。

拒不支付劳动者的劳动报酬,造成严重后果,但在宣判前支付劳动者的劳动报酬,并依法承担相应赔偿责任的,可以酌情从宽处罚。

第七条　不具备用工主体资格的单位或者个人,违法用工且拒不支付劳动者的劳动报酬,数额较大,经政府有关部门责令支付仍不支付的,应当依照刑法第二百七十六条之一的规定,以拒不支付劳动报酬罪追究刑事责任。

第八条　用人单位的实际控制人实施拒不支付劳动报酬行为,构成犯罪的,应当依照刑法第二百七十六条之一的规定追究刑事责任。

第九条　单位拒不支付劳动报酬,构成犯罪的,依照本解释规定的相应个人犯罪的定罪量刑标准,对直接负责的主管人员和其他直接责任人员定罪处罚,并对单位判处罚金。

后记

这是我2008年入职法院以来的第三本实务型专著。

写作本书的动力,一方面源于我较长时间主要从事经济、财产及职务犯罪的审判与调研指导工作,有一些心得体会,在已经出版《新型经济犯罪实务精解》和《贪污贿赂罪实务精解》两书的基础上,本书对"剩余"的财产犯罪实务问题做了比较系统的整理,是践行初心的"接续"之作;另一方面源于我2021年11月到上海市浦东新区人民法院工作以后,在办理和讨论案件中遇到的不少新情况、新问题,有必要将高院工作期间的指导性材料和基层法院实践中的案件融合起来,形成理论与实际的"结晶",以便更好地指导实践,促进法律适用统一。

写作本书历时两年有余,其间只能利用工作之余的晚上和节假日时间。先是在高院工作期间,主持调研课题《财产犯罪类案办案要件指南》,与课题组成员即上海高院的潘庸鲁博士、许浩博士和熊理思博士分工协作,针对影响和制约法律适用统一的疑难复杂和新类型问题,提出了审查要点和裁判指引,较好地完成了6万余字的课题任务。本书是调研课题的延续,其中虽多为"个人之见",但不乏有课题成果的"影子",在此,对课题组成员表示衷心的感谢!到浦东新区法院工作后,尤其是2022年上半年,集中精力充电、梳理,带着问题精读了《刑事审判参考》、《人民法院案例选》、《人民司法(案例)》和《上海法院案例选》中的部分财产犯罪案例,以更好地解答"实践之问"。写作过程中,明显感觉力不从心,但时常以"初心"提醒之、激励之、笃行之。本书的成稿,让我再次领悟了"坚持就是胜利”的至深道理。

我的硕士生导师马长生教授(湖南省刑法学研究会名誉会长、湖南师范大学原正校级督导员)、博士生导师张旭教授(中国刑法学研究会副会长、吉林大学刑法学国家重点学科带头人)、博士后合作导师刘宪权教授(中国刑法学研究会原副会长、上海市法学会刑法学研究会会长、华东政法大学刑事法学研究院院长),三位先生德高望重,诲人不倦,桃李满天下。先生们传道授业解惑,让我如沐春风,受益终生。

我在上海高院刑庭工作期间的分管院领导:黄祥青副院长和林立副院长,一直教导我要学以致用,既要能办案、办好案,也要能调研、能授课,不断提升办理疑难复杂和新类型案件的能力和水平。领导们的关心和教诲,催人奋进!林院长还拨冗为本书作序,在此一并表示衷心感谢!

在浦东新区法院工作以来,在朱丹院长等领导的热切关心和同仁的大力支持下,工作忙碌而充实,奋斗有收获,对你们的关心帮助表示衷心的感谢!

感谢最高人民法院研究室副主任周加海,刑事处处长喻海松,刑三庭副庭长陈学勇,刑二庭审判长高洪江、于同志等,有幸经常向你们讨教如何诊断法律上的疑难杂症。感谢潘庸鲁博士、许浩博士、熊理思博士、赵拥军博士等,与你们一起思辨、求真,使本书观点更经得起读者推敲和时间检验。感谢浦东新区法院的同仁,我们经常一起讨论案件,交流思想,启迪智慧,积累经验。感谢夏艳、张罗兰、罗晓楠、官晔,帮助校对书稿,提出意见建议。其他老师、同事、好友的关心、支持和帮助,在此一并谨致谢忱!

数年来,我的父母和爱人几乎包揽了全部家务,使我能充分利用业余时间干自己的事,心中充满愧疚与感动。我和兄长与妹妹之间,关爱有加,互勉互励。孩子们聪明能干,乖巧可爱,给我不竭的力量和快乐。感恩你们,感谢人生!

感谢法律出版社法律应用出版分社社长冯雨春和责任编辑朱海波,你们的鼎力支持和关心鼓励使本书能够顺利问世!

实践出真知,探索无止境!书中探讨的很多问题,本身存有一定争议,因此难有一家之言,也难免挂一漏万。且囿于能力和水平,本书错误和不当之处在所难免,恳请大家批评指正!

罗开卷

2023 年元旦